이 책의 머리말

로이어스 강의 스케줄에 최적화된 교재를 위해 작년에 '선택형 집중(선집)' 시리즈를 선보였습니다. '헌선집', '행선집', '민선집', '민소선집', '상선집', '형선집', '형소선집'의 7종으로 구성된 선집 시리즈의 구성은 작년과 동일하지만 더욱 업그레이드되었습니다.

제1회~제11회 변호사시험(11회분)을 포함하여 최근 치러진 21년~19년 3개년 법전협 모의시험(9회분) 출제분만 모아 진도별로 구성하였으며, 목차별 중요하거나 빠진 쟁점과 관련해서는 다른 연도 시험 출제분에서 추가 수록하였습니다.

따라서 20회분만으로도 빠진 쟁점 기출문제 및 주요 기출문제를 최대한 수록하였기에 최근 출제경향을 비롯하여 핵심내용을 학습하기에는 부족함이 없을 것입니다. 강의를 통해서 주요 기출문제분석과 필수 판례 및 이론을 반복정리함으로써 체계적이고 효율적인 학습을 할 수 있습니다.

주 교재인 선집 시리즈와 선택형 기출 시리즈는 상호보완관계로서, 처음 선택형을 학습할 경우에는 선택형 기출 시리즈로, 변호사시험이 임박하였을 경우 혹은 지난해 선택형 기출 시리즈를 학습한 경우에는 선집 시리즈로 보완한다면 좋은 보완재가 될 것으로 보입니다.

이번 개정판 변경된 특징은 다음과 같습니다.

1. 2단 구성
판형 크기를 선택형 기출 시리즈와 동일하게 하면서 2단으로 구성하였습니다.

2. 개정법령과 변경판례
2022년에 개정된 법령과 변경된 판례를 모두 반영하였습니다. 특히나 이번에 지방자치법이 전부 개정되고, 행정기본법이 제정되면서 공법 해설에 많은 시간을 들여 수정하였습니다.

3. 출제경향분석표
출제경향분석표를 수록하여 최근 어떤 문제들이 출제되었는지 확인할 수 있도록 하였습니다.
다만, 복수 쟁점이 있을 경우, 강의에 맞춰 본문에서 위치 조정을 하였으므로 출제경향분석표는 본문과 순서가 상이할 수 있습니다.

이번 2022년 제11회 변호사시험 선택형문제 출제경향에 대하여, 특히나 민사법과 형사법의 경우에는 시간 소모가 많은 긴 지문들과 헷갈리는 지문들이 다수 출제되어 시간부족으로 인해 체감 난도가 높았다는 평가를 받았습니다. 이렇듯 매 해 문제풀이에 소요되는 시간이 늘어나게 되어 시간 관리의 중요성이 부각되고, 이러한 출제경향으로 인해 앞으로의 기출문제 학습방향은 더 세밀하게 학습하여야 할 것입니다.

사실 기출문제집은 그 자체가 중요하다기 보다, 기본(이론)서에서 어떤 부분이 잘 나오는지 아닌지에 대한 측정도구이며, 이에 따라 강약을 조절할 수 있는 무기이기에, 심리적 안정을 위해 구입하는 것과는 차별성이 있어야 한다고 생각했습니다. 따라서 강의와의 연계는 본서의 최대 강점이며 전과목이 아니더라도 보완할 수 있도록 업데이트하였습니다. 본서는 여러분의 잠재된 능력을 끌어올려 향후 학습에 길잡이가 되기를 바라는 마음을 담았습니다.

2022. 3.

이 책의 구성과 특징

효과적이고 효율적인 학습

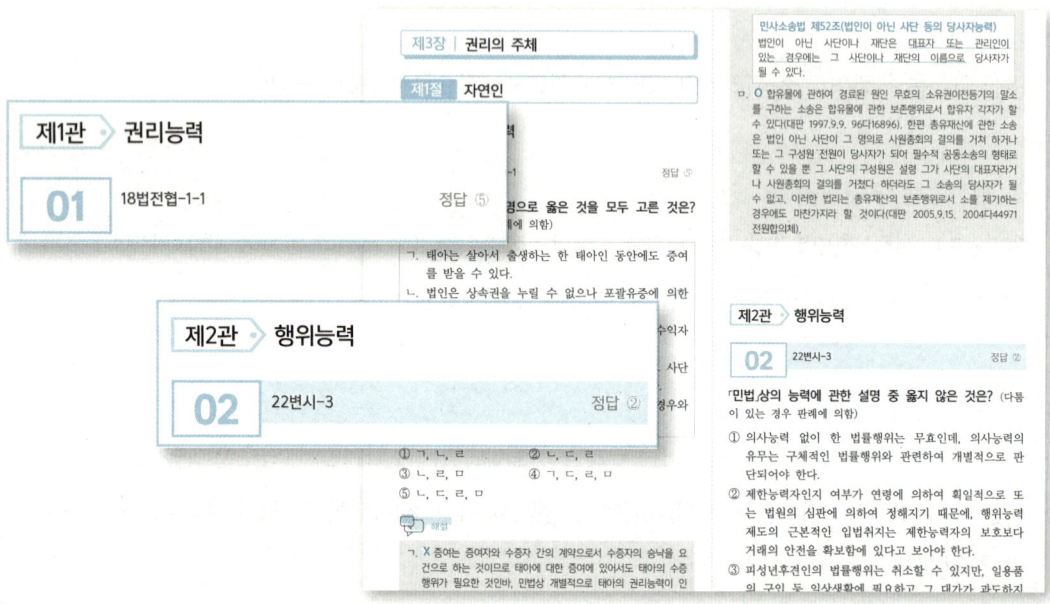

2012년~2022년 11회분의 변호사시험과 2019년~2021년 최근 3개년의 법전협 모의시험(9회분) 출제분만 추출하여 20회차분을 진도별로 구성하였으며, 목차별 중요하거나 빠진 쟁점과 관련해서는 일부 수록을 했습니다만, 모두 수록한 것은 20회차 분입니다.

가볍지만 빈틈없는 학습

그동안 쌓은 문제의 숫자로 볼 때 중복문제가 많고 20회분(변시 11회분과 법전협 9회분)만으로도 빠진 쟁점 기출문제 및 주요 기출문제를 최대한 수록하였기에 최근 출제경향을 비롯하여 핵심내용을 학습하기에는 부족함이 없습니다. 또한, 강의를 통해서 주요 기출문제분석과 필수판례 및 이론을 반복정리함으로써 체계적이고 효율적인 학습을 할 수 있습니다.

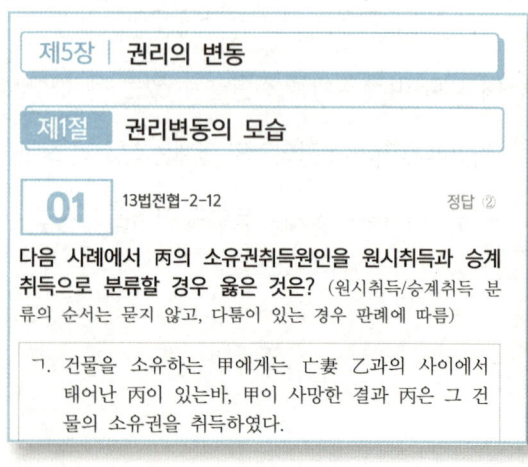

변호사시험과 법전협 모의시험의 구분 및 기출 출처 수록

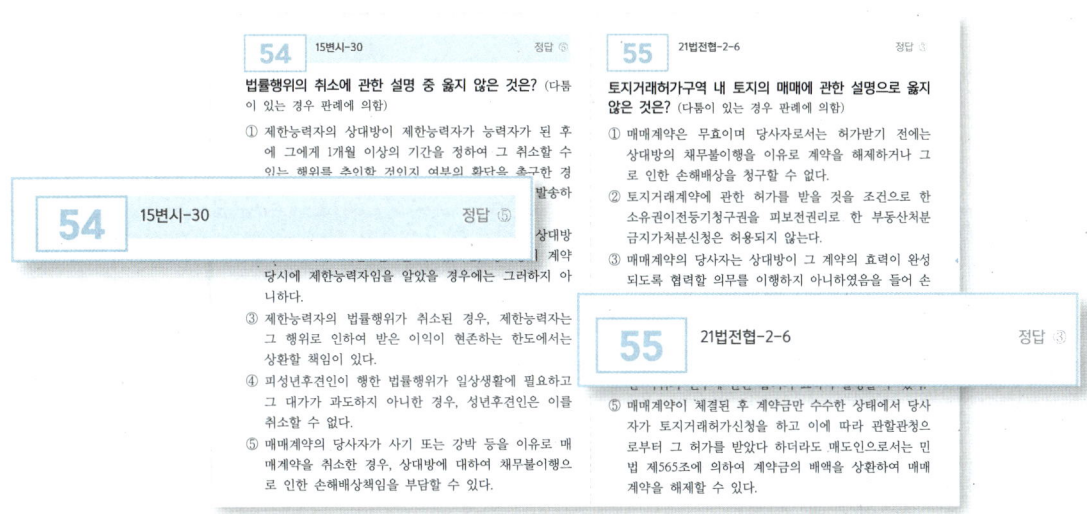

변호사시험 문제에 파란색 박스로 표시하여 법전협 모의시험과 명확하게 구분하여 변호사시험 기출문제만 빠르게 회독 가능하도록 하였습니다. 또한, 각 해당 기출문제 출처를 병기하여 해당 연도에 어떤 문제가 출제되었는지 확인할 수 있습니다. 출처 읽는 방법은 다음과 같습니다.

ex) 22변시-1 → 2022년 변호사시험 1번 문제
    21법전협-3-2 → 2021년 법전협 모의시험 제3차 2번 문제

강의에 최적화된 구성

최신 개정법령과 변경판례를 반영한 2022 로이어스 선택형 기출 시리즈를 기반으로 만들어진 선집 시리즈는 로이어스 강의와 연계된 효율적인 학습을 위한 교재로서, 최신 3개년만 따로 공부하고자 하는 수험생들에게 최적화되어 있는 교재입니다. e-book으로 출간되는 2022 로이어스 선택형 기출 시리즈 문제에도 선집 넘버링을 공유하고 있으므로 어느 교재로도 강의를 수강하는데 전혀 문제가 없도록 하였습니다.

출제경향 분석표

변호사시험	1회 ~ 11회 변호사시험
법전협 모의시험	2011 ~ 2021.10. 모의시험

교재 목차	세부 목차	변시	변모		총 문항수
제1편 총론		–	2	2	2
제2편 소송의 주체	법원	6	12	18	90
	당사자	21	51	72	
제3편 제1심의 소송절차	소송의 개시	23	38	61	212
	변론(심리)	32	57	89	
	증거	19	42	61	
	기타	–	1	1	
제4편 소송의 종료	총설	–	–	–	83
	당사자의 행위에 의한 종료	2	21	23	
	종국판결에 의한 종료	17	43	60	

제5편 병합소송	병합청구소송	7	29	36	134
	다수당사자소송	23	75	98	
제6편 상소심절차	총설	4	16	20	45
	항소	4	12	16	
	상고	–	4	4	
	항고	–	5	5	
제7편 재심절차		3	8	11	11
제8편 채권자대위소송·채권자취소소송·일부청구·집행법	채권자대위소송	2	11	13	36
	채권자취소소송	3	16	19	
	일부청구	1	3	4	
	집행법적 문제	–	1	1	1
합 계		167	447		614

이 책의 목차

제1편 총론 … 2	**제3편 제1심의 소송절차** … 36
제2편 소송의 주체 … 3	**제1장** 소송의 개시 … 36
제1장 법원 … 3	제1절 ǀ 소송요건 … 36
제1절 ǀ 법관의 제척·기피·회피 … 3	제2절 ǀ 소의 이익 … 41
제2절 ǀ 관할 … 5	제3절 ǀ 소송물 … 47
제3절 ǀ 소송의 이송 … 10	제4절 ǀ 소의 제기 … 50
제2장 당사자(원고와 피고) … 14	제5절 ǀ 기타(소멸시효, 압류 등) … 52
제1절 ǀ 당사자확정·당사자능력 … 14	**제2장** 변론(심리) … 64
제2절 ǀ 당사자적격 … 18	제1절 ǀ 일반(심리의 원칙 등) … 64
제3절 ǀ 소송능력 … 24	제2절 ǀ 변론의 준비 … 76
제4절 ǀ 변론능력 … 25	제3절 ǀ 변론의 내용 … 78
제5절 ǀ 소송상 대리인 … 26	제4절 ǀ 변론의 실시 … 85
	제5절 ǀ 송달, 추후보완 … 88
	제6절 ǀ 소송절차의 정지 … 94
	제3장 증거 … 99
	제1절 ǀ 총설, 불요증사실(자백 등) … 99
	제2절 ǀ 증거조사 … 105
	제3절 ǀ 자유심증주의, 증명책임 … 119

제4편 소송의 종료 ··· 126

제1장 총설 ··· 126

제2장 당사자의 행위에 의한 종료 ··· 126

제1절 | 총설 ··· 126

제2절 | 소의 취하 ··· 128

제3절 | 청구의 포기·인낙 ··· 131

제4절 | 화해 ··· 131

제3장 종국판결에 의한 종료 ··· 134

제1절 | 총설 ··· 134

제2절 | 기판력 ··· 138

제3절 | 기타(소송비용, 가집행선고 등) ··· 159

제5편 병합소송 ··· 162

제1장 병합청구소송(청구의 복수) ··· 162

제1절 | 청구의 병합, 변경 ··· 162

제2절 | 반소 ··· 172

제2장 다수당사자소송(당사자의 복수) ··· 177

제1절 | 공동소송 ··· 177

제2절 | 선정당사자 ··· 195

제3절 | 소송참가 ··· 200

제4절 | 당사자의 변경 ··· 211

제6편 상소심절차 ··· 214

제1장 총설 ··· 214

제2장 항소 ··· 218

제3장 상고 ··· 222

제4장 항고 ··· 223

제7편 재심절차 ··· 224

제8편 채권자대위소송·채권자취소소송·일부청구 ··· 228

제1장 채권자대위소송·채권자취소소송 ··· 228

제2장 일부청구 ··· 236

제1편 총론

01   21법전협-3-36   정답 ④

민사소송법상 신의성실의 원칙에 관한 설명 중 옳지 않은 것은? (다툼이 있는 경우 판례에 의함)

① 한쪽 당사자가 다른 청구에 관하여 관할만 발생시킬 목적으로 본래 제소할 의사가 없는 청구를 병합한 것이 명백한 경우에는 관할선택권의 남용으로서 신의칙에 위배되므로, 관련재판적 규정을 적용할 수 없다.

② 특정한 권리나 법률관계에 관하여 분쟁이 있더라도 제소하지 않기로 한 합의에 위반하여 제기한 소는 권리보호의 이익이 없다.

③ 항소심에서 항소인의 추완항소를 받아들여 심리 결과 본안판단에서 항소가 이유 없다고 기각하자 항소인이 상고이유에서 추완항소의 부적법을 주장하는 것은 허용될 수 없다.

④ 무효인 공정증서상 집행채무자로 표시된 자가 그 공정증서를 집행권원으로 한 경매절차 진행 중 변제를 주장하여 매각허가결정에 대한 항고를 하고 매각대금까지 배당받은 후 매수인에 대하여 공정증서의 무효를 이유로 강제경매도 무효라고 주장하더라도 이는 신의칙에 위반되지 않는다.

⑤ 신의성실의 원칙에 반하는 것은 강행규정에 위배되는 것이므로 법원은 당사자의 주장이 없더라도 직권으로 판단할 수 있다.

 해설

① O 민사소송의 당사자와 소송관계인은 신의에 따라 성실하게 소송을 수행하여야 하고(민사소송법 제1조 제1항), 민사소송의 일방 당사자가 다른 청구에 관하여 관할만을 발생시킬 목적으로 본래 제소할 의사 없는 청구를 병합한 것이 명백한 경우에는 관할선택권의 남용으로서 신의칙에 위배되어 허용될 수 없으므로, 그와 같은 경우에는 관련재판적에 관한 민사소송법 제25조의 규정을 적용할 수 없다(대결 2011.9.29. 2011마62).

② O 특정한 권리나 법률관계에 관하여 분쟁이 있어도 제소하지 아니하기로 합의(이하 '부제소 합의'라고 한다)한 경우 이에 위배되어 제기된 소는 권리보호의 이익이 없고, 또한 당사자와 소송관계인은 신의에 따라 성실하게 소송을 수행하여야 한다는 신의성실의 원칙(민사소송법 제1조 제2항)에도 어긋나는 것이므로, 소가 부제소 합의에 위배되어 제기된 경우 법원은 직권으로 소의 적법 여부를 판단할 수 있다(대판 2013.11.28. 2011다80449).

③ O 민사소송의 당사자 및 관계인은 소송절차가 공정 신속하고, 경제적으로 진행되도록 신의에 좇아 성실하게 소송절차에 협력해야 할 의무가 있으므로, 당사자 일방이 과거에 일정 방향의 태도를 취하여 상대방이 이를 신뢰하고 자기의 소송상의 지위를 구축하였는데, 그 신뢰를 저버리고 종전의 태도와 지극히 모순되는 소송행위를 하는 것은 신의법칙상 허용되지 않고, 따라서 원심에서 피고의 추완항소를 받아들여 심리 결과 본안판단에서 피고의 항소가 이유 없다고 기각하자 추완항소를 신청했던 피고 자신이 이제 상고이유에서 그 부적법을 스스로 주장하는 것은 허용될 수 없다(대판 1995.1.24. 93다25875).

④ X 무효인 공정증서상에 집행채무자로 표시된 자가 그 공정증서를 채무명의로 한 경매절차가 진행되고 있는 동안에 공정증서의 무효를 주장하여 경매절차를 저지할 수 있었음에도 불구하고 그러한 주장을 일체 하지 않고 이를 방치하였을 뿐 아니라, 오히려 공정증서가 유효임을 전제로 변제를 주장하여 경락허가결정에 대한 항고절차를 취하였고 경락허가결정확정 후에 경락대금까지 배당받았다면, 특별한 사정이 없는 한 집행채무자로 표시된 자는 경락인에 대하여 그 공정증서가 유효하다는 신뢰를 부여한 것으로서 객관적으로 보아 경락인으로서는 이와 같은 신뢰를 갖는 것이 상당하다고 할 것이므로, 그 후 집행채무자로 표시된 자가 경락인에 대하여 공정증서의 무효임을 이유로 이에 기하여 이루어진 강제경매도 무효라고 주장하는 것은 금반언 및 신의칙에 위반되는 것이라고 보아야 한다(대판 1992.7.28. 92다7726).

⑤ O 신의성실의 원칙에 반하는 것 또는 권리남용은 강행규정에 위배되는 것이므로 당사자의 주장이 없더라도 법원은 직권으로 판단할 수 있다(대판 1989.9.29. 88다카17181).

제2편 소송의 주체

제1장 | 법원

제1절 법관의 제척·기피·회피

01 21법전협-1-37   정답 ②

법관의 제척·기피에 관한 설명으로 옳지 않은 것은?
(다툼이 있는 경우 판례에 의함)

① 피고 종중의 회장 등 그 임원을 선출하고, 그 종중 규약을 개정하는 결의의 무효확인을 구하는 소에서 법관이 피고 종중의 종중원이라는 사실은 제척이유에 해당한다.

② 법관 제척의 이유가 되는 전심관여는 최종변론과 판결의 합의에 관여하거나 종국판결과 더불어 상급심의 판단을 받는 중간적인 재판에 관여하는 것은 물론 최종변론 전의 변론이나 증거조사 또는 기일지정의 재판에 관여하는 경우도 포함된다.

③ 재심사건에 있어서 그 재심의 대상으로 삼고 있는 원재판은 법관의 제척이유에 해당하는 '불복사건의 이전 심급의 재판'에 해당하지 않는다.

④ 평균적 일반인으로서의 당사자의 관점에서 법관이 불공정한 재판을 할 수 있다는 의심을 가질 만한 객관적인 사정이 있는 때에는 실제로 법관에게 편파성이 존재하지 아니하거나 헌법과 법률이 정한 바에 따라 공정한 재판을 할 수 있는 경우에도 기피가 인정될 수 있다.

⑤ 소송당사자 일방이 재판장의 변경에 따라 소송대리인을 교체하였다 하더라도 그와 같은 사유는 법관의 기피를 위한 '재판의 공정을 기대하기 어려운 객관적인 사정이 있는 때'에 해당한다고 할 수 없다.

 해설

① O 종중 규약을 개정한 종중 총회 결의에 대한 무효확인을 구하는 소가 제기되었는데 원심 재판부를 구성한 판사 중 1인이 당해 종중의 구성원인 사안에서, 그 판사는 민사소송법 제41조 제1호에 정한 '당사자와 공동권리자·공동의무자의 관계에 있는 자'에 해당한다(대판 2010.5.13. 2009다102254).

② X 법관의 제척원인이 되는 전심관여(前審關與)라 함은 최종변론과 판결의 합의에 관여하거나 종국판결과 더불어 상급심의 판단을 받는 중간적인 재판에 관여함을 말하는 것이고 최종변론 전의 변론이나 증거조사 또는 기일지정과 같은 소송지휘상의 재판 등에 관여한 경우는 포함되지 않는다(대판 1997.6.13. 96다56115).

③ O 재심사건에서 재심의 대상으로 되어 있는 원재판은 민사소송법 제37조 제5호의 "전심재판"에 해당된다 할 수 없으므로 그 원재판에 관여한 법관이 그 재심사건의 재판에 관여하였다 하여 제척사유나 재심사유에 해당된다고는 할 수 없다(대판 1971.5.11. 71사27).

④ O '법관에게 공정한 재판을 기대하기 어려운 사정이 있는 때'라 함은 우리 사회의 평균적인 일반인의 관점에서 볼 때, 법관과 사건과의 관계, 즉 법관과 당사자 사이의 특수한 사적 관계 또는 법관과 해당 사건 사이의 특별한 이해관계 등으로 인하여 법관이 불공정한 재판을 할 수 있다는 의심을 할 만한 객관적인 사정이 있고, 그러한 의심이 단순한 주관적 우려나 추측을 넘어 합리적인 것이라고 인정될 만한 때를 말한다. 그러므로 평균적 일반인으로서의 당사자의 관점에서 위와 같은 의심을 가질 만한 객관적인 사정이 있는 때에는 실제로 법관에게 편파성이 존재하지 아니하거나 헌법과 법률이 정한 바에 따라 공정한 재판을 할 수 있는 경우에도 기피가 인정될 수 있다(대결 2019.1.4. 2018스563).

⑤ O 민사소송법 제39조 제1항 소정의 "재판의 공정을 기대하기 어려운 사정이 있는 때"라 함은 당사자가 불공정한 재판이 될지도 모른다고 추측할 만한 주관적인 사정이 있는 때를 말하는 것이 아니고, 통상인의 판단으로서 법관과 사건과의 관계로 보아 불공정한 재판을 할 것이라는 의혹을 갖는 것이 합리적이라고 인정될 만한 객관적인 사정이 있는 때를 말하는 것이므로, 설사 소송당사자 일방이 재판장의 변경에 따라 소송대리인을 교체하였다 하더라도 그와 같은 사유가 재판의 공정을 기대하기 어려운 객관적인 사정이 있는 때에 해당할 수 없다(대결 1992.12.30. 92마783).

02 20법전협-1-49   정답 ②

법관의 제척사유에 해당하는 것을 모두 고른 것은? (다툼이 있는 경우 판례에 의함)

> ㄱ. 항소심 법관이 당해 항소사건의 제1심 절차의 변론과 증거조사에 관여하고 판결의 합의와 판결서의 작성에는 관여하지 않은 경우
> ㄴ. 확정판결에 대한 재심소송을 담당하는 법관이 그 대상 사건의 심리와 판결에 관여한 경우
> ㄷ. 종중이 당사자인 사건에 대한 합의부 구성 법관 3인 중 1인이 그 종중의 구성원인 경우
> ㄹ. 법관과 당사자 일방이 부부였으나 이혼한 사이인 경우
> ㅁ. 법관과 당사자 일방의 변호사인 소송대리인이 부부인 경우
> ㅂ. 재판장이 절차를 밟지 않은 증인신청을 철회할 것을 종용하고 변론을 종결할 의향을 표시한 경우
> ㅅ. 법관이 당해 사건의 사실관계와 관련 있는 형사사건의 심리와 판결에 관여한 경우

① ㄱ, ㄴ, ㅂ   ② ㄷ, ㄹ
③ ㄱ, ㄹ, ㅁ   ④ ㅂ, ㅅ
⑤ ㄴ, ㄷ, ㅁ, ㅅ

- ㄱ. ✗ 법관의 제척원인이 되는 전심관여(前審關與)라 함은 최종변론과 판결의 합의에 관여하거나 종국판결과 더불어 상급심의 판단을 받는 중간적인 재판에 관여함을 말하는 것이고 최종변론 전의 변론이나 증거조사 또는 기일지정과 같은 소송지휘상의 재판 등에 관여한 경우는 포함되지 않는다(대판 1997.6.13. 96다56115).
- ㄴ. ✗ 재심사건에서 재심의 대상으로 되어 있는 원판결은 "전심판결"에 해당된다 할 수 없으므로 그 원판결에 관여한 법관이 그 재심판결의 재판에 관여하였다 하여 제척사유나 재심사유에 해당된다고는 할 수 없다(대판 1971.5.11. 71사27).
- ㄷ. ○ 종중 규약을 개정한 종중 총회 결의에 대한 무효확인을 구하는 소가 제기되었는데 원심 재판부를 구성한 판사 중 1인이 당해 종중의 구성원인 사안에서, 그 판사는 민사소송법 제41조 제1호에 정한 '당사자와 공동권리자·공동의무자의 관계에 있는 자'에 해당한다고 한 사례(대판 2010.5.13. 2009다102254).
- ㄹ. ○

> **제41조(제척의 이유)**
> 법관은 다음 각호 가운데 어느 하나에 해당하면 직무집행에서 제척(除斥)된다.
> 1. 법관 또는 그 배우자나 배우자이었던 사람이 사건의 당사자가 되거나, 사건의 당사자와 공동권리자·공동의무자 또는 상환의무자의 관계에 있는 때

- ㅁ. ✗ 제척사유에 해당하지 않는다.
- ㅂ. ✗ 제척사유에 해당하지 않는다.
- ㅅ. ✗ 법관이 사건에 관하여 불복신청된 전심재판에 관여하였던 때라 함은 당해 사건에 관하여 하급심재판에 관여한 경우를 말하며 당해 사건의 사실관계와 관련이 있는 다른 형사사건에 관여한 경우는 이에 해당하지 아니한다(대결 1985.5.6. 85두1).

---

03 20법전협-2-36   정답 ④

법관의 제척에 관한 설명 중 옳지 않은 것은? (다툼이 있는 경우 판례에 의함)

① A사건에 대하여 제1심 법원의 재판장으로 판결을 한 판사가 대법관으로 임명된 경우에 그 판사는 A사건의 상고심에 관여할 수 없다.
② 제1심에서 A사건의 재판장에 대한 기피신청사건에 관여한 판사는 제2심에서 A사건의 합의부원으로 사건에 관여할 수 있다.
③ 甲 종중의 종중재산 처분에 관한 甲 종중 총회결의의 무효확인을 구하는 소송에서 甲 종중의 구성원인 판사는 사건에 관여할 수 없다.
④ A사건의 판결에 관여한 판사가 A사건의 재심에 관여하는 것은 허용되지 않는다.
⑤ A사건의 변론준비나 증거조사에 관여한 판사는 A사건의 상급심 재판에 관여할 수 있다.

①, ②, ⑤ ○

> **제41조(제척의 이유)**
> 법관은 다음 각호 가운데 어느 하나에 해당하면 직무집행에서 제척(除斥)된다.
> 5. 법관이 불복사건의 이전심급의 재판에 관여하였을 때. 다만, 다른 법원의 촉탁에 따라 그 직무를 수행한 경우에는 그러하지 아니하다.

법관의 제척원인이 되는 전심관여(前審關與)라 함은 최종변론과 판결의 합의에 관여하거나 종국판결과 더불어 상급심의 판단을 받는 중간적인 재판에 관여함을 말하는 것이고 최종변론 전의 변론이나 증거조사 또는 기일지정과 같은 소송지휘상의 재판 등에 관여한 경우는 포함되지 않는다(대판 1997.6.13. 96다56115).

③ ○ 민사소송법 제41조 제1호에서 "법관 또는 그 배우자나 배우자였던 사람이 사건의 당사자가 되거나, 사건의 당사자와 공동권리자·공동의무자 또는 상환의무자의 관계에 있는 때"를 제척사유의 하나로 규정하고 있다. 여기서 말하는 사건의 당사자와 공동권리자·공동의무자의 관계라 함은 소송의 목적이 된 권리관계에 관하여 공통되는 법률상 이해관계가 있어 재판의 공정성을 의심할 만한 사정이 존재하는 지위에 있는 관계를 의미하는 것으로 해석할 것이다.

한편, 종중은 종중 소유 재산의 관리방법과 종중 대표자를 비롯한 임원의 선임, 기타 목적사업의 수행을 위하여 성문의 종중 규약을 제정할 수 있고, 종중에 종중 규약이 존재하는 경우에 종중원의 총유로 귀속되는 종중 소유 재산의 사용수익은 종중 규약에 따르고 그 관리·처분도 종중 규약 내지 종중 규약이 정하는 바에 따라 개최된 종중 총회의 결의에 의하며, 종중 임원의 선임권 등 신분상 권리의무 관계에 대하여도 종중 규약에서 정하는 바에 따르게 된다. 따라서 종중의 종중원들은 종중원의 재산상·신분상 권리의무 관계에 직접적인 영향을 미치는 종중 규약을 개정한 종중 총회 결의의 효력 유무에 관하여 공통되는 법률상 이해관계가 있다고 할 것이다(대판 2010.5.13. 2009다102254).

④ ✗ 민사소송법 제37조 제5호에서 말하는 "전심재판"이라 함은 그 불복사건의 하급심재판을 가리키는 것으로서 재심소송에서의 재심대상재판은 이에 해당하지 아니하는 것이므로 그 재심대상재판에 관여한 법관이 이를 대상으로 하는 재심사건의 재판에 관여한다 하더라도 제척사유가 될 수 없는 것이다(대판 1987.4.25. 87무2).

제2절 관할

04 21변시-54   정답 ⑤

서울특별시 서초구(서울중앙지방법원 관할구역)에 사는 甲은 수원시에 사는 乙에게 甲 소유의 X토지(인천광역시 소재)를 대금 2억 원에 매도하였다. 그 후 甲은 乙을 상대로 X토지 매매계약상의 매매대금 2억 원과 소장송달 다음 날부터 다 갚는 날까지 연 12%의 비율에 의한 지연손해금을 청구하는 소를 제기하였다. 이에 관한 설명 중 옳지 않은 것을 모두 고른 것은? (다툼이 있는 경우 판례에 의함)

ㄱ. 甲의 배우자 丙은 변호사 자격이 없더라도 위 소송에서 법원의 허가를 얻어 甲의 소송대리인이 될 수 있다.
ㄴ. 甲이 제1심에서 전부 패소하여 제1심 판결에 대해 항소한 경우, 항소심의 관할법원은 고등법원이다.
ㄷ. 甲이 서울중앙지방법원에 위 소를 제기한 후 소송계속 중 대전광역시로 주소를 이전한 경우, 서울중앙지방법원의 관할은 소멸한다.
ㄹ. 甲이 서울동부지방법원에 위 소를 제기하였는데, 乙이 관할위반의 항변을 하지 아니하고 매매계약의 효력을 다투는 답변서를 제출하여 그것이 진술간주된 경우, 서울동부지방법원은 관할권을 가진다.

① ㄱ, ㄴ ② ㄷ, ㄹ
③ ㄱ, ㄴ, ㄷ ④ ㄴ, ㄷ, ㄹ
⑤ ㄱ, ㄴ, ㄷ, ㄹ

 해설

ㄱ. X 매매대금의 청구는 민사 및 가사소송의 사물관할에 관한 규칙 제2조 단서에 해당하지 않고 소송목적인 매매대금이 1억 원을 넘으므로 배우자라고 하더라도 변호사가 아닌 경우에는 소송대리인이 될 수 없다.

제87조(소송대리인의 자격)
법률에 따라 재판상 행위를 할 수 있는 대리인 외에는 변호사가 아니면 소송대리인이 될 수 없다.

제88조(소송대리인의 자격의 예외)
① 단독판사가 심리·재판하는 사건 가운데 그 소송목적의 값이 일정한 금액 이하인 사건에서, 당사자와 밀접한 생활관계를 맺고 있고 일정한 범위안의 친족관계에 있는 사람 또는 당사자와 고용계약 등으로 그 사건에 관한 통상사무를 처리·보조하여 오는 등 일정한 관계에 있는 사람이 법원의 허가를 받은 때에는 제87조를 적용하지 아니한다.
② 제1항의 규정에 따라 법원의 허가를 받을 수 있는 사건의 범위, 대리인의 자격 등에 관한 구체적인 사항은 대법원규칙으로 정한다.

민사소송규칙 제15조(단독사건에서 소송대리의 허가)
① 단독판사가 심리·재판하는 사건으로서 다음 각 호의 어느 하나에 해당하는 사건에서는 변호사가 아닌 사람도 법원의 허가를 받아 소송대리인이 될 수 있다.
1. 「민사 및 가사소송의 사물관할에 관한 규칙」 제2조 단서 각 호의 어느 하나에 해당하는 사건
2. 제1호 사건 외의 사건으로서 다음 각 목의 어느 하나에 해당하지 아니하는 사건
   가. 소송목적의 값이 소제기 당시 또는 청구취지 확장(변론의 병합 포함) 당시 1억 원을 넘는 소송사건
② 제1항과 법 제88조 제1항의 규정에 따라 법원의 허가를 받을 수 있는 사람은 다음 각호 가운데 어느 하나에 해당하여야 한다.
1. 당사자의 배우자 또는 4촌 안의 친족으로서 당사자와의 생활관계에 비추어 상당하다고 인정되는 경우

ㄴ. X 고등법원은 지방법원 합의부의 제1심 판결에 대한 항소사건을 관할한다. 설문은 지연손해금이 부대목적인 손해배상이므로 소송목적의 값에 산입되지 않고 매매대금이 2억 원을 초과하지 않으므로 합의부관할이 아닌 단독사건이어서 고등법원이 항소사건을 관할하지 않는 경우이다.

제27조(청구를 병합한 경우의 소송목적의 값)
② 과실(果實)·손해배상·위약금(違約金) 또는 비용의 청구가 소송의 부대목적(附帶目的)이 되는 경우에는 그 값을 소송목적의 값에 넣지 아니한다.

법원조직법 제28조(심판권)
고등법원은 다음의 사건을 심판한다. 다만, 제28조의4 제2호에 따라 특허법원의 권한에 속하는 사건은 제외한다.
1. 지방법원 합의부, 가정법원 합의부, 회생법원 합의부 또는 행정법원의 제1심 판결·심판·결정·명령에 대한 항소 또는 항고사건

민사 및 가사소송의 사물관할에 관한 규칙 제2조(지방법원 및 그 지원 합의부의 심판범위)
지방법원 및 지방법원지원의 합의부는 소송목적의 값이 2억원을 초과하는 민사사건 및 민사소송등인지법 제2조 제4항의 규정에 해당하는 민사사건을 제1심으로 심판한다. 다만, 다음 각호의 1에 해당하는 사건을 제외한다.
1. 수표금·약속어음금 청구사건
2. 은행·농업협동조합·수산업협동조합·축산업협동조합·산림조합·신용협동조합·신용보증기금·기술신용보증기금·지역신용보증재단·새마을금고·상호저축은행·종합금융회사·시설대여회사·보험회사·신탁회사·증권회사·신용카드회사·할부금융회사 또는 신기술사업금융회사가 원고인 대여금·구상금·보증금 청구사건
3. 자동차손해배상보장법에서 정한 자동차·원동기장치자전거·철도차량의 운행 및 근로자의 업무상재해로 인한 손해배상 청구사건과 이에 관한 채무부존재확인사건
4. 단독판사가 심판할 것으로 합의부가 결정한 사건

ㄷ. X

제33조(관할의 표준이 되는 시기)
법원의 관할은 소를 제기한 때를 표준으로 정한다.

ㄹ. X (구) 민사소송법 제27조 소정의 응소관할(현 제30조 변론관할)이 생기려면 피고의 본안에 관한 변론이나 준비절차에서의 진술은 현실적인 것이어야 하므로 피고의 불출석에 의하여 답변서 등이 법률상 진술 간주되는 경우는 이에 포함되지 아니한다(대결 1980.9.26. 80마403).

05 16변시-53 변형   정답 ①

소송목적의 값에 관한 설명 중 옳지 않은 것은? (다툼이 있는 경우 판례에 의함)

① 제소 당시 「소액사건심판법」의 적용대상인 소액사건이 그후 병합심리로 인하여 그 소송목적의 값의 합산액이 3,000만 원을 초과할 경우, 소액사건에 해당하지 아니한다.
② 「법원조직법」에서 소송목적의 값에 따라 관할을 정하는 경우 그 값은 소로 주장하는 이익을 기준으로 계산하여 정한다.
③ 특정부동산에 설정된 근저당권등기의 말소를 구하는 소에 있어서 소송목적의 값은 일응 그 피담보채권액에 의할 것이나, 그 근저당권이 설정된 당해 부동산의 가격이 피담보채권액보다 적을 때에는 부동산의 가격에 의한다.
④ 해고무효확인청구와 그 해고가 무효임을 전제로 한 임금지급청구가 1개의 소로 제기되는 경우 그중 다액인 소송목적의 값에 의한 인지만을 소장에 붙이면 된다.
⑤ 과실(果實)·손해배상·위약금(違約金) 또는 비용의 청구가 소송의 부대목적이 되는 경우에는 그 값은 소송목적의 값에 넣지 아니한다.

 해설

① X 1) 소송계속 중에 여러 개의 소액사건을 법원이 변론병합하여 그 합산액이 소액사건의 범위를 넘어도 제소시에 소액사건이었던 이상 소액사건임에는 변함이 없다.

> **관련판례** 소액사건심판법의 적용대상인 소액사건에 해당하는지 여부는 제소 당시를 기준으로 정하여지는 것이므로 병합심리로 그 소가의 합산액이 소액사건의 소가를 초과하였다고 하여도 소액사건임에는 변함이 없다(대판 1992.7.24. 91다43176).

> **관련판례** 소액사건심판법의 적용을 받는 소액사건인지의 여부는 제소한 때를 표준으로 하여 정하여지는 것이므로 소액사건으로 제소되어 소액사건심판법에 따라 심리하여야 할 수개의 소액사건을 법원이 병합심리하게 되어 그 소가의 합산액이 소액사건의 범위를 넘게 된다 하더라도 이미 결정된 소액사건임에 변동이 생기는 것은 아니라 할 것이며, 따라서 각 소액사건으로 제소된 이 사건들이 비록 병합에 의해서 그 소가의 합산액이 소액사건의 범위를 넘게 되었다 하더라도 이 사건은 여전히 소액사건임에 변함이 없다 할 것이다(대판 1986.5.27. 86다137).

2) 그런데 소액사건심판규칙 제1조의2에 따르면 변론의 병합으로 인하여 소가(訴價)가 3,000만 원을 초과하는 사건과 소액사건을 병합하여 심리하는 경우에는 소액사건에 해당하지 않게 된다.

> **소액사건심판규칙 제1조의2(소액사건의 범위)**
> 법 제2조 제1항의 규정에 의한 소액사건은 제소한 때의 소송목적의 값이 3,000만 원을 초과하지 아니하는 금전 기타 대체물이나 유가증권의 일정한 수량의 지급을 목적으로 하는 제1심의 민사사건으로 한다. 다만, 다음 각호에 해당하는 사건은 이를 제외한다.
> 1. 소의 변경으로 본문의 경우에 해당하지 아니하게 된 사건
> 2. 당사자참가, 중간확인의 소 또는 반소의 제기 및 변론의 병합으로 인하여 본문의 경우에 해당하지 않는 사건과 병합심리하게 된 사건

3) 따라서 '수개의 소액사건'을 법원이 병합심리하게 되어 그 소가의 합산액이 3,000만 원을 초과하더라도 이미 결정된 소액사건임에 변동이 생기는 것은 아니어서 소액사건에 해당한다고 할 것이나, '소액사건'에 '소가(訴價)가 3,000만 원을 초과하는 사건'을 병합하여 심리하는 경우에는 소액사건심판규칙 제1조의2에 따라서 소액사건에 해당하지 않게 된다. 지문에서는 병합심리하게 되는 다른 사건의 소가가 얼마인지 정확히 드러나지 않은 점에서 좋은 출제방법은 아니라고 생각된다.

② O 소송목적의 값(소가)이란 원고가 소로써 달성하려는 목적이 갖는 경제적 이익을 화폐단위로 평가한 것을 말한다. 그 값은 원고가 주장하는 이익을 기준으로 계산한다.

③ O 1) 본 지문은 아래의 75다2064판결을 지문으로 출제한 것으로 보인다.

> **관련판례** 특정부동산에 설정된 근저당권등기의 말소를 구하는 소송에 있어서의 소가는 일응 그 피담보채권액에 의할 것이나 그 근저당권이 설정된 당해 부동산의 가격이 피담보채권액보다 적을 때는 부동산의 가격이 소가산정의 기준이 되는 것이다(대판 1976.9.28. 75다2064).

2) 위 판결은 민사소송등인지규칙이 제정되기 전에 나온 판례이고, 현재는 민사소송등인지규칙이 1991.11.23. 제정되어 1992.1.1.부터 시행되고 있다. 따라서 민사소송 등 인지규칙 제13조에 따라, 근저당권등기의 말소를 구하는 소의 경우에 소가의 산정은 채권최고액을 기준으로 해야 하고, 그 말소를 구하는 소가 등기원인의 무효 또는 취소에 기한 경우에는 채권최고액의 1/2을 기준으로 한다.

3) 정답을 확정하는 과정에서의 쟁점은 지문의 '피담보채권액'이 민사소송 등 인지규칙 제13조의 '채권최고액'을 의미하는 것으로 볼 수 있는가 논의가 되었다. 이에 대하여 민사소송 등 인지규칙 제13조의 '채권최고액'이 위 판례 및 동규칙 제13조의 '피담보채권액'의 의미를 근저당권에 있어서 구체적으로 설명하는 것이고 별개의 의미를 표현한 것은 아니므로, 옳은 지문으로 볼 수 있다고 하여 복수정답이 인정되지 않았다.

> **민사소송 등 인지규칙 제13조(등기·등록 등 절차에 관한 소)**
> ① 등기 또는 등록 등(이하 이 조에서는 "등기"라고만 한다) 절차의 이행을 구하는 소의 소가는 다음 각호에 규정된 가액 또는 기준에 의한다.
> 1. 소유권이전등기의 경우에는 목적물건의 가액
> 2. 제한물권의 설정등기 또는 이전등기의 경우에는 다음의 구별에 의한다.
>   가. 지상권 또는 임차권인 경우에는 목적물건가액의 2분의 1
>   나. 담보물권 또는 전세권인 경우에는 목적물건가액을 한도로 한 피담보채권액(근저당권의 경우에는 채권최고액)
>   다. 지역권인 경우에는 승역지 가액의 3분의 1
> 3. 가등기 또는 그에 기한 본등기의 경우에는 권리의 종류에 따라 제1호 또는 제2호의 규정에 의한 가액의 2분의 1
> 4. 말소등기 또는 말소회복등기의 경우에는 다음의 구별에 의한다.
>   가. 설정계약 또는 양도계약의 해지나 해제에 기한 경우에는 제1호 내지 제3호의 규정에 의한 가액
>   나. 등기원인의 무효 또는 취소에 기한 경우에는 제1호 내지 제3호의 규정에 의한 가액의 2분의 1

④ O 해고무효확인청구와 그 해고가 무효임을 전제로 한 임금지급청구가 1개의 소로 병합된 경우에는 비재산권을 목적으로 하는 소송(민사소송등인지규칙 제15조 제4항)과 그 소송의 원인된 사실로부터 발생하는 재산권상의 소송을 병합한 때에 해당하여 그 중 다액인 소가에 의한 인지만을 붙이면 됨(민사소송등인지법 제2조 제5항)에도, 해고무효확인청구의 소가와 임금지급청구의

소가를 합산한 금액을 위 소의 소가로 보고 한 제1심 재판장의 인지보정명령은 위법하고, 그 보정명령이 적법한 것임을 전제로 한 제1심 재판장의 항소장 각하명령 역시 위법하다(대결 1994.8.31. 94마1390).

> **민사소송 등 인지규칙 제15조(회사등 관계소송등)**
> ④ 해고무효확인의 소는 비재산권을 목적으로 하는 소송으로 본다.
>
> **민사소송 등 인지법 제2조(소장)**
> ⑤ 1개의 소로서 비재산권을 목적으로 하는 소송과 그 소송의 원인이 된 사실로부터 발생하는 재산권에 관한 소송을 병합한 경우에는 액수가 많은 소송목적의 값에 따라 인지를 붙인다.

⑤ O

> **제27조(청구를 병합한 경우의 소송목적의 값)**
> ② 과실(果實)·손해배상·위약금(違約金) 또는 비용의 청구가 소송의 부대목적(附帶目的)이 되는 경우에는 그 값은 소송목적의 값에 넣지 아니한다.

06   21법전협-3-37   정답 ⑤

민사재판권에 관한 설명 중 옳지 않은 것은? (다툼이 있는 경우 판례에 의함)

① 우리나라 영토 내에서 행해진 외국의 사법적 행위에 대하여는 재판권의 행사가 외국의 주권적 활동에 대한 부당한 간섭이 될 우려가 있다는 등의 특별한 사정이 없는 한, 그 국가를 피고로 우리나라 법원이 재판권을 행사할 수 있다.
② 우리나라 법원에 외국을 제3채무자로 하는 추심명령에 대한 재판권이 인정되지 않는 경우에는 추심금 소송에 대한 재판권도 인정되지 않는다.
③ 국제재판관할을 결정할 때는 개별 사건에서 법정지와 당사자 및 분쟁이 된 사안의 실질적 관련성을 객관적인 기준으로 삼아 합리적으로 판단하여야 한다.
④ 제조물책임소송에서 손해발생지 법원에 국제재판관할권이 있는지를 판단할 때는 제조업자가 손해발생지에서 사고가 발생하여 그 지역의 법원에 제소될 것임을 합리적으로 예견할 수 있을 정도로 제조업자와 손해발생지 사이에 실질적 관련성이 있는지를 고려하여야 한다.
⑤ 대한민국 법원의 관할을 배제하고 외국법원을 관할법원으로 하는 국제재판관할 합의는 당해 사건이 대한민국 법원의 전속관할에 속하는 경우에도 지정된 외국법원이 그 외국법상 당해 사건에 대하여 관할권을 가지는 한 유효하다.

 해설

① O 우리나라의 영토 내에서 행하여진 외국의 사법적 행위가 주권적 활동에 속하는 것이거나 이와 밀접한 관련이 있어서 이에 대한 재판권의 행사가 외국의 주권적 활동에 대한 부당한 간섭이 될 우려가 있다는 등의 특별한 사정이 없는 한, 외국의 사법적(私法的) 행위에 대하여는 당해 국가를 피고로 하여 우리나라의 법원이 재판권을 행사할 수 있다(대판 1998.12.17. 97다39216 전원합의체).

② O 채권압류 및 추심명령은 제3채무자 소유의 재산에 대한 집행이 아니고, 제3채무자는 집행당사자 아님에도 채권압류 및 추심명령이 있으면 지급금지명령, 추심명령 등 집행법원 강제력 행사의 직접적인 상대방이 되어 이에 복속하게 된다. 이와 같은 점을 고려하면 제3채무자를 외국으로 하는 채권압류 및 추심명령에 대한 재판권 행사는 외국을 피고로 하는 판결절차의 재판권 행사보다 더욱 신중히 행사될 것이 요구된다. 더구나 채권압류 및 추심명령이 제3채무자에 대한 집행권원이 아니라 집행채권자의 채무자에 대한 집행권원만으로 일방적으로 발령되는 것인 점을 고려하면 더욱 그러하다. 따라서 피압류채권이 외국의 사법적 행위를 원인으로 하여 발생한 것이고 그 사법적 행위에 대하여 해당 국가를 피고로 하여 우리나라 법원이 재판권을 행사할 수 있다고 하더라도, 피압류채권의 당사자가 아닌 집행채권자가 해당 국가를 제3채무자로 한 압류 및 추심명령을 신청하는 경우, 우리나라 법원은, 해당 국가가 국제협약, 중재합의, 서면계약, 법정에서 진술 등의 방법으로 사법적 행위로 부담하는 국가의 채무에 대하여 압류 기타 우리나라 법원에 의하여 명하여지는 강제집행의 대상이 될 수 있다는 점에 대하여 명시적으로 동의하였거나, 우리나라 내에 그 채무의 지급을 위한 재산을 따로 할당해 두는 등 우리나라 법원의 압류 등 강제조치에 대하여 재판권 면제 주장을 포기한 것으로 볼 수 있는 경우 등에 한하여 해당 국가를 제3채무자로 하는 채권압류 및 추심명령을 발령할 재판권을 가진다고 볼 것이다. 그리고 이와 같이 우리나라 법원이 외국을 제3채무자로 하는 추심명령에 대하여 재판권을 행사할 수 있는 경우에는 그 추심명령에 기하여 외국을 피고로 하는 추심금 소송에 대하여도 역시 재판권을 행사할 수 있다고 할 것이고, 반면 추심명령에 대한 재판권이 인정되지 않는 경우에는 추심금 소송에 대한 재판권 역시 인정되지 않는다고 보아야 한다(대판 2011.12.13. 2009다16766).

③ O 법원이 국제재판관할권의 유무를 판단함에 있어서 당사자 간의 공평, 재판의 적정, 신속 및 경제를 기한다는 기본이념에 따라 국제재판관할을 결정하여야 하고, 구체적으로는 소송당사자들의 공평, 편의 그리고 예측가능성과 같은 개인적인 이익뿐만 아니라 재판의 적정, 신속, 효율 및 판결의 실효성 등과 같은 법원 내지 국가의 이익도 함께 고려하여야 하며, 이러한 다양한 이익 중 어떠한 이익을 보호할 필요가 있을지 여부는 개별 사건에서 법정지와 당사자의 실질적 관련성 및 법정지와 분쟁이 된 사안과의 실질적 관련성을 객관적인 기준으로 삼아 합리적으로 판단하여야 한다(대판 2010.7.15. 2010다18355).

④ O 물품을 제조하여 판매하는 제조자의 불법행위로 인한 손해배상 책임에 관한 제조물책임 소송에 있어서 손해 발생지의 외국 법원에 국제재판관할권이 있는지 여부는 제조자가 당해 손해 발생지에서 사고가 발생하여 그 지역의 외국 법원에 제소될 것임을 합리적으로 예견할 수 있을 정도로 제조자와 손해 발생지와의 사이에 실질적 관련이 있는지 여부에 따라 결정함이 조리상 상당하고, 이와 같은 실질적 관련을 판단함에 있어서는 예컨대 당해 손해 발생지의 시장을 위한 제품의 디자인, 그 지역에서의 상품광고, 그 지역 고객들을 위한 정기적인 구매상담, 그 지역 내에서의 판매대리점 개설 등과 같이 당해 손해 발생지 내에서의 거래에 따른 이익을 향유하려는 제조자의 의도적인 행위가 있었는지 여부가 고려될 수 있다(대판 1995.11.21. 93다39607).

⑤ X 대한민국 법원의 관할을 배제하고 외국의 법원을 관할법원으로 하는 전속적인 국제관할의 합의가 유효하기 위하여는, 당해 사건이 대한민국 법원의 전속관할에 속하지 아니하고, 지정된 외국법원이 그 외국법상 당해 사건에 대하여 관할권을 가져야 하는 외에, 당해 사건이 그 외국법원에 대하여 합리적인 관련성을 가질 것이 요구된다고 할 것이고, 한편 전속적인 관할 합의가 현저하게 불합리하고 불공정한 경우에는 그 관할 합의는 공서양속에 반하는 법률행위에 해당하는 점에서도 무효이다(대판 2004.3.25. 2001다53349).

07 21법전협-1-38   정답 ⑤

관할에 관한 설명 중 옳지 않은 것을 모두 고른 것은?
(다툼이 있는 경우 판례에 의함)

ㄱ. 재심은 재심을 제기할 판결을 한 법원의 전속관할로 한다.
ㄴ. 특허권 등의 지식재산권에 관한 소를 제기하는 경우에는 민사소송법 제2조부터 제23조까지의 규정에 따른 관할법원 소재지를 관할하는 고등법원이 있는 곳의 지방법원의 전속관할로 한다. 다만 법원은 현저한 손해 또는 지연을 피하기 위하여 필요한 때에는 직권 또는 신청에 따라 결정으로 소송의 전부 또는 일부를 민사소송법 제2조부터 제23조까지의 규정에 따른 지방법원으로 이송할 수 있다.
ㄷ. 원고가 사해행위취소의 소의 채권자인 경우 사해행위취소에 따른 원상회복으로서의 소유권이전등기 말소등기의무의 이행지는 원고의 주소지이다.
ㄹ. 상속에 관한 소를 제기하는 경우에는 상속이 시작된 당시 상속인의 보통재판적이 있는 곳의 법원에 제기할 수 있다.
ㅁ. 사무소 또는 영업소에 계속하여 근무하는 사람이 원고로서 소를 제기하는 경우에는 그 사무소 또는 영업소가 있는 곳을 관할하는 법원에 소를 제기할 수 있다.

① ㄱ, ㄴ, ㄷ   ② ㄱ, ㄹ, ㅁ
③ ㄴ, ㄷ, ㄹ   ④ ㄴ, ㄹ, ㅁ
⑤ ㄷ, ㄹ, ㅁ

해설

ㄱ. O

제453조(재심관할법원)
① 재심은 재심을 제기할 판결을 한 법원의 전속관할로 한다.

ㄴ. O

제24조(지식재산권 등에 관한 특별재판적)
② 특허권 등의 지식재산권에 관한 소를 제기하는 경우에는 제2조부터 제23조까지의 규정에 따른 관할법원 소재지를 관할하는 고등법원이 있는 곳의 지방법원의 전속관할로 한다. 다만, 서울고등법원이 있는 곳의 지방법원은 서울중앙지방법원으로 한정한다.

제35조(손해나 지연을 피하기 위한 이송)
법원은 소송에 대하여 관할권이 있는 경우라도 현저한 손해 또는 지연을 피하기 위하여 필요하면 직권 또는 당사자의 신청에 따른 결정으로 소송의 전부 또는 일부를 다른 관할법원에 이송할 수 있다. 다만, 전속관할이 정하여진 소의 경우에는 그러하지 아니하다.

ㄷ. X [1] 채권자가 사해행위의 취소와 함께 수익자 또는 전득자로부터 책임재산의 회복을 구하는 사해행위취소의 소를 제기한 경우 그 취소의 효과는 채권자와 수익자 또는 전득자 사이의 관계에서만 생기는 것이므로, 수익자 또는 전득자가 사해행위의 취소로 인한 원상회복 또는 이에 갈음하는 가액배상을 하여야 할 의무를 부담한다고 하더라도 이는 채권자에 대한 관계에서 생기는 법률효과에 불과하고 채무자와 사이에서 그 취소로 인한 법률관계가 형성되는 것은 아닐 뿐만 아니라, 이 경우 채권자의 주된 목적은 사해행위의 취소 그 자체보다는 일탈한 책임재산의 회복에 있는 것이므로, 사해행위취소의 소에 있어서의 의무이행지는 '취소의 대상인 법률행위의 의무이행지'가 아니라 '취소로 인하여 형성되는 법률관계에 있어서의 의무이행지'라고 보아야 한다.
[2] 부동산등기의 신청에 협조할 의무의 이행지는 성질상 등기지의 특별재판적에 관한 민사소송법 제19조에 규정된 '등기할 공무소 소재지'라고 할 것이므로, 원고가 사해행위취소의 소의 채권자라고 하더라도 사해행위취소에 따른 원상회복으로서의 소유권이전등기 말소등기의무의 이행지는 그 등기관서 소재지라고 볼 것이지, 원고의 주소지를 그 의무이행지로 볼 수는 없다(대결 2002.5.10. 2002마1156).

ㄹ. X

제22조(상속·유증 등의 특별재판적)
상속(相續)에 관한 소 또는 유증(遺贈), 그 밖에 사망으로 효력이 생기는 행위에 관한 소를 제기하는 경우에는 상속이 시작된 당시 피상속인의 보통재판적이 있는 곳의 법원에 제기할 수 있다.

ㅁ. X 민사소송법상 피고의 근무지에 대한 특별재판적은 있지만 원고의 근무지에 대한 규정은 없다.

제7조(근무지의 특별재판적)
사무소 또는 영업소에 계속하여 근무하는 사람에 대하여 소를 제기하는 경우에는 그 사무소 또는 영업소가 있는 곳을 관할하는 법원에 제기할 수 있다.

08　19법전협-2-36　정답 ③

관할의 합의 중 유효한 것을 모두 고른 것은? (다툼이 있는 경우 판례에 따름)

ㄱ. 분양자와 입주자 사이의 아파트 분양계약에 관한 소송은 분양자가 지정하는 법원을 관할법원으로 한다는 관할의 합의
ㄴ. 甲과 乙 사이의 모든 소송은 서울중앙지방법원을 관할법원으로 한다는 관할의 합의
ㄷ. 종국판결 뒤에 양 쪽 당사자가 상고할 권리를 유보하고 항소를 하지 아니하기로 하는 합의
ㄹ. 甲과 乙 사이의 임대차계약에 관한 소송은 서울중앙지방법원 합의부를 관할법원으로 한다는 관할의 합의
ㅁ. 甲과 乙 사이의 채권양도계약에 관한 제1심 소송은 부산고등법원을 관할법원으로 한다는 관할의 합의

① ㄱ, ㄴ　② ㄱ, ㄷ, ㄹ
③ ㄷ, ㄹ　④ ㄹ, ㅁ
⑤ ㄴ, ㄷ, ㅁ

 해설

ㄱ. X 관할합의가 유효하기 위해서는 관할법원이 특정되어야 하는데 판례(77마284)에 따르면 원고가 지정하는 법원을 관할법원으로 하는 경우 관할법원을 특정할 수 있는 정도로 표시한 것이라 볼 수 없으므로 무효이다.
ㄴ. X 관할합의는 일정한 법률관계가 특정되어야 유효하므로 사안과 같이 모든 법률관계에 관한 소송은 무효이다.
ㄷ. O 명문규정이 있는 소송상 합의로 유효한 계약이다.

> **제390조(항소의 대상)**
> ① 항소(抗訴)는 제1심 법원이 선고한 종국판결에 대하여 할 수 있다. 다만, 종국판결 뒤에 양 쪽 당사자가 상고(上告)할 권리를 유보하고 항소를 하지 아니하기로 합의한 때에는 그러하지 아니하다.

ㄹ. O 관할의 합의 요건을 만족한 유효한 합의이다.
ㅁ. X 합의관할은 임의관할에 인정되므로 1심소송을 부산고등법원을 관할법원으로 한다(심급관할 문제)는 합의는 무효이다.

09　19법전협-3-48　정답 ⑤

전속관할에 관한 다음 설명 중 옳은 것은? (다툼이 있는 경우 판례에 의함)

① 전속관할을 위반한 소를 전속관할권이 없는 법원으로 이송하면 이송받은 법원은 그 소에 관해 심판할 수 없다.
② 법원이 전속관할을 위반한 소에 관해 심리하다가 관할법원으로 이송하면 그때까지 한 심리는 권한 없는 법원이 한 것으로서 무효로 된다.
③ 전속관할을 위반한 판결에 대해서는 항소·상고로 불복할 수 있고, 그 판결이 확정되면 그 확정판결에 대한 재심의 소를 제기할 수 있는 사유로 된다.
④ 항소심 법원이 전속관할 위반을 이유로 제1심판결을 취소한 경우에, 항소법원은 판결로 사건을 관할법원인 제1심법원으로 이송해야 하는 것이 원칙이지만, 당사자의 동의가 있으면 스스로 본안판결을 할 수 있다.
⑤ 상고심법원이 제1심판결의 전속관할 위반을 발견한 경우에는 항소심판결을 파기하고 제1심판결을 취소하여 사건을 전속관할권 있는 제1심법원으로 이송해야 한다.

 해설

① X 이송결정의 기속력은 당사자에게 이송결정에 대한 불복방법으로 즉시항고가 마련되어 있는 점이나 이송의 반복에 의한 소송지연을 피하여야 할 공익적 요청은 전속관할을 위배하여 이송한 경우라고 하여도 예외일 수 없는 점에 비추어 볼 때, 당사자가 이송결정에 대하여 즉시항고를 하지 아니하여 확정된 이상 원칙적으로 전속관할의 규정을 위배하여 이송한 경우에도 미친다(대결 1995.5.15. 94마1059,1060).

② X

> **제40조(이송의 효과)**
> ① 이송결정이 확정된 때에는 소송은 처음부터 이송받은 법원에 계속된 것으로 본다.

③ X 전속관할 위반의 간과판결은 무효인 판결로 볼 수 없으며, 확정 전에는 상소가 가능하나(민사소송법 제424조 제1항 제3호), 확정 후에는 재심사유가 아니므로 재심으로 다툴 수 없다(민사소송법 제451조 참조).

> **제411조(관할위반 주장의 금지)**
> 당사자는 항소심에서 제1심 법원의 관할위반을 주장하지 못한다. 다만, 전속관할에 대하여는 그러하지 아니하다.
>
> **제424조(절대적 상고이유)**
> ① 판결에 다음 각호 가운데 어느 하나의 사유가 있는 때에는 상고에 정당한 이유가 있는 것으로 한다.
> 3. 전속관할에 관한 규정에 어긋난 때

④ X

> **제419조(관할위반으로 말미암은 이송)**
> 관할위반을 이유로 제1심 판결을 취소한 때에는 항소법원은 판결로 사건을 관할법원에 이송하여야 한다.

⑤ O

> **제425조(항소심절차의 준용)**
> 상고와 상고심의 소송절차에는 특별한 규정이 없으면 제1장(항소)의 규정을 준용한다.

10   21법전협-2-38   정답 ⑤

토지관할에 관한 설명 중 옳지 않은 것은? (다툼이 있는 경우 판례에 의함)

① 법인, 그 밖의 사단 또는 재단의 보통재판적은 이들의 주된 사무소 또는 영업소가 있는 곳에 따라 정하고, 사무소와 영업소가 없는 경우에는 주된 업무담당자의 주소에 따라 정한다.
② 선박 또는 항해에 관한 일로 선박소유자, 그 밖의 선박이용자에 대하여 소를 제기하는 경우에는 선적이 있는 곳의 법원에 제기할 수 있다.
③ 대한민국에 주소가 없는 사람 또는 주소를 알 수 없는 사람에 대하여 재산권에 관한 소를 제기하는 경우에는 청구의 목적 또는 담보의 목적이나 압류할 수 있는 피고의 재산이 있는 곳의 법원에 제기할 수 있다.
④ 불법행위로 인한 손해배상과 관련한 손해배상책임의 채무부존재확인소송의 경우 불법행위지에 근거한 토지관할이 인정된다.
⑤ 약속어음은 그 어음에 표시된 지급지가 의무이행지이고, 그 의무이행을 구하는 소송의 토지관할권은 지급지를 관할하는 법원에 있고, 재산권에 관한 소여서 채권자의 주소지에도 토지관할이 인정된다.

 해설

① O

> **제5조(법인 등의 보통재판적)**
> ① 법인, 그 밖의 사단 또는 재단의 보통재판적은 이들의 주된 사무소 또는 영업소가 있는 곳에 따라 정하고, 사무소와 영업소가 없는 경우에는 주된 업무담당자의 주소에 따라 정한다.

② O

> **제13조(선적이 있는 곳의 특별재판적)**
> 선박 또는 항해에 관한 일로 선박소유자, 그 밖의 선박이용자에 대하여 소를 제기하는 경우에는 선적이 있는 곳의 법원에 제기할 수 있다.

③ O

> **제11조(재산이 있는 곳의 특별재판적)**
> 대한민국에 주소가 없는 사람 또는 주소를 알 수 없는 사람에 대하여 재산권에 관한 소를 제기하는 경우에는 청구의 목적 또는 담보의 목적이나 압류할 수 있는 피고의 재산이 있는 곳의 법원에 제기할 수 있다.

④ O

> **제18조(불법행위지의 특별재판적)**
> ① 불법행위에 관한 소를 제기하는 경우에는 행위지의 법원에 제기할 수 있다.

⑤ X 약속어음은 그 어음에 표시된 지급지가 의무이행지이고, 그 의무이행을 구하는 소송의 토지관할권은 지급지를 관할하는 법원에 있고, 채권자의 주소지를 관할하는 법원에 있는 것이 아니다(대결 1980.7.22. 80마208).

제3절   소송의 이송

11   22변시-67   정답 ②

법원의 관할 및 소송의 이송에 관한 설명 중 옳지 않은 것은? (다툼이 있는 경우 판례에 의함)

① 지방법원 합의부가 지방법원 단독판사의 판결에 대한 항소사건을 제2심으로 심판하는 도중에 지방법원 합의부의 관할에 속하는 반소가 제기되더라도 이미 정하여진 항소심 관할에는 영향이 없다.
② 피고가 제1심 법원에서 관할위반의 항변을 하지 않은 채 본안에 관한 답변서를 제출하고서 변론기일 또는 변론준비기일에 불출석함으로써 그 답변서가 진술간주된 경우에도 변론관할은 생긴다.
③ 당사자가 임의관할에 관한 전속적 합의를 하더라도 다른 법원에 변론관할이 생길 수 있다.
④ 전속관할의 규정을 위반하더라도 이송결정이 확정되면 원칙적으로 기속력이 인정되지만, 심급관할위반의 이송결정을 한 경우에는 그 기속력이 이송받은 상급심 법원에까지 미치지 아니한다.
⑤ 재심의 소가 재심제기의 기간 내에 제1심 법원에 제기되었으나 재심사유 등에 비추어 항소심 판결을 대상으로 한 것이라 인정되어 위 재심의 소를 항소심 법원에 이송한 경우, 재심제기의 기간 준수 여부는 제1심 법원에 제기된 때를 기준으로 하여야 한다.

 해설

① O 지방법원 합의부가 지방법원 단독판사의 판결에 대한 항소사건을 제2심으로 심판하는 도중에 지방법원 합의부의 관할에 속하는 반소가 제기되더라도 이미 정하여진 항소심 관할에는 영향이 없고, 민사소송법 제35조는 전속관할인 심급관할에는 적용되지 않아 손해나 지연을 피하기 위한 이송의 여지도 없다(대결 2011.7.14. 2011마65).
② X 민사소송법 제27조 소정의 응소관할이 생기려면 피고의 본안에 관한 변론이나 준비절차에서의 진술은 현실적인 것이어야 하므로 피고의 불출석에 의하여 답변서 등이 법률상 진술 간주되는 경우는 이에 포함되지 아니한다(대결 1980.9.26. 80마403).
③ O 전속관할 위반의 경우에는 변론관할이 생기지 않지만(민사소송법 제31조), 전속적 합의관할은 성질이 임의관할이므로 전속적 합의에 위반하여 제소하더라도 피고가 변론하면 변론관할이 생길 수 있다(박승수, 민사소송법정리2021 p.56).
④ O 심급관할을 위배하여 이송한 경우에 이송결정의 기속력이 이송받은 상급심 법원에도 미친다고 한다면 당사자의 심급의 이익을 박탈하여 부당할 뿐만 아니라, 이송을 받은 법원이 법률심인 대법원인 경우에는 직권조사 사항을 제외하고는 새로운 소송자료의 수집과 사실확정이 불가능한 관계로 당사자의 사실에 관한 주장, 입증의 기회가 박탈되는 불합리가 생기므로, 심급관할을 위배한 이송결정의 기속력은 이송받은 상급심 법원에는 미치지 않는다고 보아야 한다(대결 1995.5.15. 94마1059,1060).
⑤ O 재심의 소가 재심제기 기간 내에 제1심법원에 제기되었으나 재심사유 등에 비추어 항소심판결을 대상으로 한 것이라 인정되어 위 소를 항소심법원에 이송한 경우에 있어서 재심제기기간의 준수여부는 민사소송법 제36조 제1항의 규정에 비추어 제1심법원에 제기된 때를 기준으로 할 것이지 항소법원에 이송된 때를 기준으로 할 것은 아니다(대판 1984.2.28. 83다카1981 전원합의체).

12   16변시-54   정답 ⑤

관할 및 소송의 이송에 관한 설명 중 옳지 않은 것은?
(다툼이 있는 경우 판례에 의함)

① 당사자가 관할위반을 이유로 한 이송신청을 한 경우 이는 단지 법원의 직권발동을 촉구하는 것에 불과하고, 법원은 이 이송신청에 대하여 재판을 할 필요가 없다.
② 심급관할을 위반한 이송결정의 효력(기속력)은 상급심 법원에는 미치지 않는다.
③ 대한민국 법원의 관할을 배제하고 외국의 법원을 관할법원으로 하는 전속적인 국제관할의 합의가 현저하게 불합리하고 불공정하여 공서양속에 반하는 법률행위에 해당하는 경우에는 무효이다.
④ 관할의 원인이 동시에 본안의 내용과 관련이 있는 경우, 법원은 원고가 주장하는 청구원인사실을 기초로 하여 관할권의 유무를 판단할 것이지, 본안의 심리를 한 후에 관할의 유무를 결정할 것은 아니다.
⑤ 부동산 양수인이 근저당권이 설정된 부동산의 소유권을 취득한 특정승계인에 해당할 경우, 근저당권설정자와 근저당권자 사이에 이루어진 관할합의의 효력은 그 부동산 양수인에게도 미친다.

① O 당사자가 관할위반을 이유로 한 이송신청을 한 경우에도 이는 단지 법원의 직권발동을 촉구하는 의미밖에 없는 것이고, 따라서 법원은 이 이송신청에 대하여 재판을 할 필요가 없고, 설사 법원이 이 이송신청을 거부하는 재판을 하였다고 하여도 항고가 허용될 수 없으므로 항고심에서는 이를 각하하여야 한다(대결 1993.12.6. 93마524 전원합의체).

② O 심급관할을 위배하여 이송한 경우에 이송결정의 기속력이 이송 받은 상급심 법원에도 미친다고 한다면 당사자의 심급의 이익을 박탈하여 부당할 뿐만 아니라, 이송을 받은 법원이 법률심인 대법원인 경우에는 직권조사 사항을 제외하고는 새로운 소송자료의 수집과 사실확정이 불가능한 관계로 당사자의 사실에 관한 주장, 입증의 기회가 박탈되는 불합리가 생기므로, 심급관할을 위배한 이송결정의 기속력은 이송 받은 상급심 법원에는 미치지 않는다고 보아야 하나, 한편 그 기속력이 이송 받은 하급심 법원에도 미치지 않는다고 한다면 사건이 하급심과 상급심 법원 간에 반복하여 전전이송 되는 불합리한 결과를 초래하게 될 가능성이 있어 이송결정의 기속력을 인정한 취지에 반하는 것일 뿐더러 민사소송의 심급의 구조상 상급심의 이송결정은 특별한 사정이 없는 한 하급심을 구속하게 되는바 이와 같은 법리에도 반하게 되므로, 심급관할을 위배한 이송결정의 기속력은 이송 받은 하급심 법원에는 미친다고 보아야한다(대결 1995.5.15. 94마1059,1060).

③ O 대한민국 법원의 관할을 배제하고 외국의 법원을 관할법원으로 하는 전속적인 국제관할의 합의가 유효하기 위해서는, 당해 사건이 대한민국 법원의 전속관할에 속하지 아니하고 지정된 외국법원이 그 외국법상 당해 사건에 대하여 관할권을 가져야 하는 외에, 당해 사건이 그 외국법원에 대하여 합리적인 관련성을 가질 것이 요구되고, 그와 같은 전속적인 관할 합의가 현저하게 불합리하고 불공정하여 공서양속에 반하는 법률행위에 해당하지 않는 한 그 관할 합의는 유효하다(대판 2010.5.27. 2010다28185).

④ O 관할권은 법원이 사건에 관하여 재판권을 행사할 권한으로서 청구의 당부에 관하여 본안판결을 할 수 있는 전제요건을 이루는 것이므로 법원은 우선 사건에 관하여 관할권의 유무를 확인한 후에 본안심리에 들어가야 하는 것이고, 관할의 원인이 동시에 본안의 내용과 관련이 있는 때에는 원고의 청구원인사실을 기초로 하여 관할권의 유무를 판단할 것이지, 본안의 심리를 한 후에 관할의 유무를 결정할 것은 아니다(대결 2004.7.14. 2004무20).

⑤ X 관할의 합의는 당사자간의 소송상 합의이므로 당사자와 그 승계인에 대해서만 그 효력이 미친다. 이때 소송물을 이루는 권리관계가 당사자 사이에서 자유로이 정해질 수 있는 채권에 해당하는 경우에는 양수인도 변경된 내용의 권리를 양수한다고 볼 것이나, 그 내용이 정형화되어 있는 물권과 같은 경우 물권의 양수인은 양도인이 한 합의에 구속되지 않는다고 할 것이다.

관할의 합의의 효력은 부동산에 관한 물권의 특정승계인에게는 미치지 않는다고 새겨야 할 것인바, 부동산 양수인이 근저당권 부담부의 소유권을 취득한 특정승계인에 불과하다면(근저당권 부담부의 부동산의 취득자가 그 근저당권의 채무자 또는 근저당권 설정자의 지위를 당연히 승계한다고 볼 수는 없다), 근저당권설정자와 근저당권자 사이에 이루어진 관할합의의 효력은 부동산 양수인에게 미치지 않는다(대결 1994.5.26. 94마536).

13   12변시-70   정답 ②

각 괄호 안에 들어갈 용어로서 옳은 것은?

ㄱ. 소송의 이송이라 함은 일단 소송계속된 사건을 법원의 (A)에 의해 다른 법원으로 이송하는 것을 말한다.
ㄴ. 법원의 관할은 (B)를 표준으로 정한다.
ㄷ. 소제기에 따른 시효중단은 (C)에 그 효력이 생긴다.
ㄹ. 항소는 항소장을 (D) 법원에 제출함으로써 한다.

	A	B	C	D
①	판결	제소시	제소시	항소심
②	결정	제소시	제소시	제1심
③	결정	제소시	소장 부본 송달시	제1심
④	판결	변론종결시	소장 부본 송달시	항소심
⑤	결정	변론종결시	소장 부본 송달시	제1심

ㄱ. **A[결정]** 이송에 대한 판단은 법원이 결정의 형식으로 한다.

> 제34조(관할위반 또는 재량에 따른 이송)
> ① 법원은 소송의 전부 또는 일부에 대하여 관할권이 없다고 인정하는 경우에는 결정으로 이를 관할법원에 이송한다.

ㄴ. **B[제소시]**

> 제33조(관할의 표준이 되는 시기)
> 법원의 관할은 소를 제기한 때를 표준으로 정한다.

ㄷ. **C[제소시]**

> 제265조(소제기에 따른 시효중단의 시기)
> 시효의 중단 또는 법률상 기간을 지킴에 필요한 재판상 청구는 소를 제기한 때 또는 제260조 제2항·제262조 제2항 또는 제264조 제2항의 규정에 따라 서면을 법원에 제출한 때에 그 효력이 생긴다.

ㄹ. **D[제1심]**

> 제397조(항소의 방식, 항소장의 기재사항)
> ① 항소는 항소장을 제1심 법원에 제출함으로써 한다.

---

14 18변시-53 정답 ②

소송의 이송에 관한 설명 중 옳은 것을 모두 고른 것은?
(다툼이 있는 경우 판례에 의함)

> ㄱ. 동일한 지방법원 내에서 합의부와 단독판사의 구별은 사무분담 문제에 불과하므로, 동일한 지방법원 내의 합의부와 단독판사 사이에서는 이송의 여지가 없다.
> ㄴ. 관할위반을 이유로 한 당사자의 이송신청은 단지 법원의 직권발동을 촉구하는 의미밖에 없으므로 이송신청 기각결정에 대하여는 즉시항고가 허용되지 않으나, 법원이 이송신청에 대하여 재판하지 않은 경우에는 재판에 영향을 미친 헌법위반이 있음을 이유로 한 특별항고가 허용된다.
> ㄷ. 당사자가 즉시항고를 하지 아니하여 이송결정이 확정된 경우, 전속관할의 규정을 위반한 이송결정이라고 하더라도 원칙적으로 기속력이 인정된다.
> ㄹ. 심급관할을 위반한 이송결정의 기속력은 이송받은 동일 심급의 법원과 하급심 법원에는 미치지만 상급심 법원에는 미치지 않는다.
> ㅁ. 이송결정이 확정되면 이송결정을 한 법원은 수소법원으로서의 자격을 상실하므로 어떠한 처분도 할 수 없다.

① ㄱ, ㅁ ② ㄷ, ㄹ
③ ㄱ, ㄴ, ㄹ ④ ㄱ, ㄷ, ㅁ
⑤ ㄴ, ㄷ, ㄹ

ㄱ. **X** 우리나라에서는 지방법원단독판사와 지방법원합의부 양자를 소송법상 별개의 법원으로 보기 때문에 양자의 재판권의 분담관계는 사무분담관계가 아니라 관할의 문제이다. 따라서 관할위반의 경우에는 민사소송법 제34조 제1항이 적용된다.

> 제34조(관할위반 또는 재량에 따른 이송)
> ① 법원은 소송의 전부 또는 일부에 대하여 관할권이 없다고 인정하는 경우에는 결정으로 이를 관할법원에 이송한다.

ㄴ. **X** 민사소송법 제31조 제1항(현행 민사소송법 제34조 제1항)의 관할위반에 기한 이송은 원래 법원의 직권조사사항으로서 민사소송법 제31조 제2항(현행 민사소송법 제34조 제2항), 제32조(현행 민사소송법 제35조) 소정의 이송의 경우와는 달리 당사자에게 이송신청권이 있는 것이 아니므로, 당사자가 그 이송신청을 한 경우에도 단지 법원의 직권발동을 촉구하는 의미밖에 없는 것이므로, 그 이송신청에 대한 재판을 할 필요가 없는데도 원심이 그 이송신청을 기각하는 결정을 하였다면, 그 결정은 그 결정에 대한 특별항고인에게 아무런 불이익을 주는 것이 아니며, 그 결정에 대하여 특별항고를 할 어떤 이익도 없는 것이 분명하므로 그 특별항고는 부적법하다(대결 1996.1.12. 95그59).

ㄷ, ㄹ. **O** 전속관할을 위반하여 잘못 이송한 경우에도 원칙적으로 구속력이 있다고 하며, 다만 전속관할 중에서 심급관할 위반으로 인한 이송의 경우에는 당사자의 심급의 이익박탈 등을 이유로 '상급심 법원에는' 그 구속력이 미치지 않는다고 한다(대결 1995.5.15. 94마1059,1060).

ㅁ. **X**

> 제37조(이송결정이 확정된 뒤의 긴급처분)
> 법원은 소송의 이송결정이 확정된 뒤라도 급박한 사정이 있는 때에는 직권으로 또는 당사자의 신청에 따라 필요한 처분을 할 수 있다. 다만, 기록을 보낸 뒤에는 그러하지 아니하다.

15
21법전협-1-39 정답 ④

이송에 관한 설명 중 옳지 않은 것을 모두 고른 것은?
(다툼이 있는 경우 판례에 의함)

> ㄱ. 지방법원 단독판사는 소송에 대하여 관할권이 있는 경우라도 상당하다고 인정하면 직권으로 소송의 전부 또는 일부를 같은 지방법원 합의부에 이송할 수 있으나, 당사자는 이러한 이송에 대해 신청권이 없다.
> ㄴ. 당사자가 관할위반을 이유로 이송신청을 한 경우, 법원이 그 신청에 따른 직권발동으로 이송결정을 한 경우에는 즉시항고가 허용되지만, 항고심에서 당초의 이송결정이 취소되었다 하더라도 이에 대한 신청인의 재항고는 허용되지 않는다.
> ㄷ. 지방법원 본원 합의부가 지방법원 단독판사의 판결에 대한 항소사건을 제2심으로 심판하는 도중에 지방법원 합의부의 관할에 속하는 소송이 새로 추가된 경우에는 지방법원 본원 합의부가 그 소송을 고등법원으로 이송하여야 한다.
> ㄹ. 행정소송법상 항고소송으로 제기하여야 할 사건을 민사소송으로 잘못 제기한 경우에 수소법원이 그 항고소송에 대한 관할도 동시에 가지고 있다고 하여도 수소법원은 사건을 즉시 행정법원으로 이송하여야 한다.

① ㄱ, ㄷ
② ㄴ, ㄹ
③ ㄱ, ㄴ, ㄷ
④ ㄱ, ㄷ, ㄹ
⑤ ㄴ, ㄷ, ㄹ

 해설

ㄱ. X

> 제34조(관할위반 또는 재량에 따른 이송)
> ② 지방법원 단독판사는 소송에 대하여 관할권이 있는 경우라도 상당하다고 인정하면 직권 또는 당사자의 신청에 따른 결정으로 소송의 전부 또는 일부를 같은 지방법원 합의부에 이송할 수 있다.

ㄴ. O 수소법원의 재판관할권 유무는 법원의 직권조사사항으로서 법원이 그 관할에 속하지 아니함을 인정한 때에는 민사소송법 제34조 제1항에 의하여 직권으로 이송결정을 하는 것이고, 소송당사자에게 관할위반을 이유로 하는 이송신청권이 있는 것은 아니다. 따라서 당사자가 관할위반을 이유로 한 이송신청을 한 경우에도 이는 단지 법원의 직권발동을 촉구하는 의미밖에 없다. 한편 법원이 당사자의 신청에 따른 직권발동으로 이송결정을 한 경우에는 즉시항고가 허용되지만(민사소송법 제39조), 위와 같이 당사자에게 이송신청권이 인정되지 않는 이상 항고심에서 당초의 이송결정이 취소되었다 하더라도 이에 대한 신청인의 재항고는 허용되지 않는다(대결 2018.1.19. 2017마1332).

ㄷ. X 지방법원 본원 합의부가 지방법원 단독판사의 판결에 대한 항소사건을 제2심(항소심)으로 심판하는 도중에 지방법원 합의부의 관할에 속하는 소송이 새로 추가되거나 그러한 소송으로 청구가 변경되었다고 하더라도, 심급관할은 제1심 법원의 존재에 의하여 결정되는 전속관할이어서 이미 정하여진 항소심의 관할에는 영향이 없는 것이므로, 추가되거나 변경된 청구에 대하여도 그대로 심판할 수 있다(대판 1992.5.12. 92다2066).

ㄹ. X 행정소송법상 항고소송으로 제기하여야 할 사건을 민사소송으로 잘못 제기한 경우에 수소법원이 그 항고소송에 대한 관할도 동시에 가지고 있다면, 전심절차를 거치지 않았거나 제소기간을 도과하는 등 항고소송으로서의 소송요건을 갖추지 못했음이 명백하여 항고소송으로 제기되었더라도 어차피 부적법하게 되는 경우가 아닌 이상, 원고로 하여금 항고소송으로 소 변경을 하도록 석명권을 행사하여 행정소송법이 정하는 절차에 따라 심리·판단하여야 한다(대판 2020.1.16. 2019다264700).

16
20법전협-3-36 정답 ④

관할 및 이송에 관한 설명 중 옳지 않은 것은?
(다툼이 있는 경우 판례에 의함)

① 관할의 합의의 효력은 부동산에 관한 물권의 특정승계인에게는 미치지 않는다.
② 甲이 乙에게 1억 5천만 원의 지급을 구하는 소를 제기하였다가 소송계속 중 청구취지를 2억 5천만 원으로 확장하는 경우에도 乙이 관할위반의 항변을 하지 않고 본안에 관하여 변론하면 단독판사의 관할이 생기고 이 경우에는 합의부로 이송할 필요가 없다.
③ 고등법원으로 이송할 것을 심급관할을 위반하여 대법원으로 이송한 경우 그 이송결정의 기속력은 이송을 받은 대법원에는 미치지 않는다.
④ 당사자가 관할위반을 이유로 이송신청을 하는 것은 법원의 직권발동을 촉구하는 의미밖에 없으므로 법원이 이송결정을 하거나 이송신청 기각결정을 하여도 이에 대한 즉시항고는 허용되지 않는다.
⑤ 당사자의 관할위반을 이유로 한 이송신청에 대하여 법원이 이송결정을 하였다가 항고심에서 당초의 이송결정이 취소되었다 하더라도 이에 대한 신청인의 재항고는 허용되지 않는다.

 해설

① O 관할의 합의의 효력은 부동산에 관한 물권의 특정승계인에게는 미치지 않는다고 새겨야 할 것인바, 부동산 양수인이 근저당권 부담부의 소유권을 취득한 특정승계인에 불과하다면(근저당권 부담부의 부동산의 취득자가 그 근저당권의 채무자 또는 근저당권설정자의 지위를 당연히 승계한다고 볼 수는 없다), 근저당권설정자와 근저당권자 사이에 이루어진 관할합의의 효력은 부동산 양수인에게 미치지 않는다(대결 1994.5.26. 94마536).

② O

> 제30조(변론관할)
> 피고가 제1심 법원에서 관할위반이라고 항변(抗辯)하지 아니하고 본안(本案)에 대하여 변론(辯論)하거나 변론준비기일(辯論準備期日)에서 진술하면 그 법원은 관할권을 가진다.

> 제33조(관할의 표준이 되는 시기)
> 법원의 관할은 소를 제기한 때를 표준으로 정한다.

같은 법원에 계속중인 여러 개의 소송을 하나의 절차에 병합하여 심판을 하는 경우라 하여도, 그 관할의 유무는 원고가 청구를 확장하였거나 또는 별개의 청구를 추가한 경우와는 달리 역시 소송제기당시를 표준으로 하여야 할 것이므로 병합된 각개청구의 소송물가격의 합산액을 표준으로 할 것이 아니라는 원결정은 정당하고, 원결정에 소론 소송병합에 관한 법리를 오해한 위법이 있다고 할 수 없다(대결 1966.9.28 66마322).

관할은 제소시를 표준으로 함이 원칙이나(민사소송법 제33조) 판례는 청구확장이 있는 경우에는 신소를 기준으로 판단함을 전제한다. 사안은 청구확장에 의해 사물관할위반이 발생하였으나 이는 임의관할로서 피고가 항변하지 않으므로 변론관할이 성립한다(민사소송법 제30조).

③ O 심급관할을 위배하여 이송한 경우에 이송결정의 기속력이 이송받은 상급심 법원에도 미친다고 한다면 당사자의 심급의 이익을 박탈하여 부당할 뿐만 아니라, 이송을 받은 법원이 법률심인 대법원인 경우에는 직권조사 사항을 제외하고는 새로운 소송자료의 수집과 사실확정이 불가능한 관계로 당사자의 사실에 관한 주장, 입증의 기회가 박탈되는 불합리가 생기므로, 심급관할을 위배한 이송결정의 기속력은 이송받은 상급심 법원에는 미치지 않는다고 보아야 하나, 한편 그 기속력이 이송받은 하급심 법원에도 미치지 않는다고 한다면 사건이 하급심과 상급심 법원 간에 반복하여 전전이송되는 불합리한 결과를 초래하게 될 가능성이 있어 이송결정의 기속력을 인정한 취지에 반하는 것일 뿐더러 민사소송의 심급의 구조상 상급심의 이송결정은 특별한 사정이 없는 한 하급심을 구속하게 되는바 이와 같은 법리에도 반하게 되므로, 심급관할을 위배한 이송결정의 기속력은 이송받은 하급심 법원에는 미친다고 보아야한다(대결 1995.5.15. 94마1059,1060).

④ X

> **제29조 (관할의 직권조사)**
> 법원은 관할에 관하여 직권으로 조사할 수 있다.
>
> **제39조(즉시항고)**
> 이송결정과 이송신청의 기각결정(棄却決定)에 대하여는 즉시항고(卽時抗告)를 할 수 있다.

당사자가 관할위반을 이유로 한 이송신청을 한 경우에도 이는 단지 법원의 직권발동을 촉구하는 의미밖에 없는 것이고, 따라서 법원은 이 이송신청에 대하여는 재판을 할 필요가 없고, 설사 법원이 이 이송신청을 거부하는 재판을 하였다고 하여도 항고가 허용될 수 없으므로 항고심에서는 이를 각하하여야 한다(대결 1993.12.6. 93마524 전원합의체).

관할위반을 이유로 한 이송신청을 한 경우라도 이송결정을 하였다면 제39조에 의한 즉시항고가 가능하다(아래 ⑤번 문항 해설 참조).

⑤ O 수소법원의 재판관할권 유무는 법원의 직권조사사항으로서 법원이 그 관할에 속하지 아니함을 인정한 때에는 민사소송법 제34조 제1항에 의하여 직권으로 이송결정을 하는 것이고, 소송당사자에게 관할위반을 이유로 하는 이송신청권이 있는 것은 아니다. 따라서 당사자가 관할위반을 이유로 한 이송신청을 한 경우에도 이는 단지 법원의 직권발동을 촉구하는 의미밖에 없다. 한편 법원이 당사자의 신청에 따른 직권발동으로 이송결정을 한 경우에는 즉시항고가 허용되지만(민사소송법 제39조), 위와 같이 당사자에게 이송신청권이 인정되지 않는 이상 항고심에서 당초의 이송결정이 취소되었다 하더라도 이에 대한 신청인의 재항고는 허용되지 않는다(대결 2018.1.19. 2017마1332). 취소된 이송결정을 다루는 것은 이송을 신청하는 취지이기 때문이다.

제2장 | 당사자(원고와 피고)

제1절 당사자확정·당사자능력

01 20변시-53 정답 ①

당사자의 사망에 관한 설명 중 옳지 않은 것은? (다툼이 있는 경우 판례에 의함)

① 소 제기 당시 이미 사망한 사실을 모르고 원고가 사망한 자를 피고로 표시하여 소를 제기한 경우, 실질적인 피고가 사망자의 상속인이고 다만 그 표시에 잘못이 있는 것에 지나지 않는다고 인정되면, 상고심에서도 사망자의 상속인으로 피고표시정정을 할 수 있다.

② 甲이 소송대리인에게 소송위임을 한 다음 소 제기 전에 사망하였는데, 소송대리인이 甲이 사망한 것을 모르고 甲을 원고로 표시하여 소를 제기하였다면, 소 제기는 적법하고 시효중단 등 소 제기의 효력은 甲의 상속인들에게 귀속된다.

③ 신청 당시 이미 사망한 자를 채무자로 한 처분금지가처분 인용결정이 있어 그 가처분등기가 마쳐진 경우, 채무자의 상속인은 위 가처분등기를 말소하기 위하여 위 결정에 대한 이의신청을 할 수 있으나, 부동산소유권이전등기청구권 보전을 위한 위 가처분의 본안소송에서 승소한 채권자가 그 확정판결에 기하여 소유권이전등기를 마치면 특별한 사정이 없는 한 위 결정에 대한 이의신청을 할 수 없다.

④ 소송계속 중 어느 일방 당사자의 사망에 의한 소송절차의 중단을 간과하고 변론이 종결되어 제1심 판결이 선고된 경우, 위 판결은 당연무효가 아니고 항소의 대상이 된다.

⑤ 신청 당시 이미 사망한 자를 채무자로 한 처분금지가처분 결정은 당연무효이므로 그 효력이 상속인에게 미치지 아니한다.

 해설

① X 민사소송에서 소송당사자의 존재나 당사자능력은 소송요건에 해당하고, 이미 사망한 자를 상대로 한 소의 제기는 소송요건을 갖추지 않은 것으로서 부적법하며, 상고심에 이르러서는 당사자표시정정의 방법으로 그 흠결을 보정할 수 없다(대판 2012.6.14. 2010다105310).

② O 당사자가 사망하더라도 소송대리인의 소송대리권은 소멸하지 아니하므로(민사소송법 제95조 제1호), 당사자가 **소송대리인에게 소송위임을 한 다음 소 제기 전에 사망하였는데 소송대리인이 당사자가 사망한 것을 모르고 당사자를 원고로 표시하여 소를 제기하였다면 소의 제기는 적법하고, 시효중단 등 소 제기의 효력은 상속인들에게 귀속된다.** 이 경우 민사소송법 제233조 제1항이 유추적용되어 사망한 사람의 상속인들은 소송절차를 수계하여야 한다(대판 2016.4.29. 2014다210449).

③ O 이미 사망한 자를 채무자로 한 처분금지가처분신청은 부적법하고 그 신청에 따른 처분금지가처분결정이 있었다고 하여도 그 결정은 당연무효로서 그 효력이 상속인에게 미치지 않는다고 할 것이므로(대판 1982.10.26. 82다카884, 대결 1991.3.29. 89그2 등 참조),

채무자의 상속인은 일반승계인으로서 무효인 그 가처분결정에 의하여 생긴 외관을 제거하기 위한 방편으로 가처분결정에 대한 이의신청으로써 그 취소를 구할 수 있다고 할 것이나, 부동산소유권이전등기청구권 보전을 위한 가처분의 본안소송에서 승소한 채권자가 그 확정판결에 기하여 소유권이전등기를 경료하게 되면 가처분의 목적이 달성되어 그 가처분은 이해관계인의 신청에 따라 집행법원의 촉탁으로 말소될 운명에 있는 것이므로, 특별한 사정이 없는 한 가처분에 대한 이의로 그 결정의 취소를 구할 이익이 없다고 할 것이다(대판 2002.4.26. 2000다30578).

④ O 소송계속중 어느 일방 당사자의 **사망에 의한 소송절차 중단을 간과**하고 변론이 종결되어 판결이 선고된 경우에는 그 판결은 소송에 관여할 수 있는 적법한 수계인의 권한을 배제한 결과가 되는 절차상 위법은 있지만 그 판결이 당연 무효라 할 수는 없고, 다만 그 판결은 대리인에 의하여 적법하게 대리되지 않았던 경우와 마찬가지로 보아 대리권 흠결을 이유로 상소 또는 재심에 의하여 그 취소를 구할 수 있을 뿐이므로, 이와 같이 사망한 자가 당사자로 표시된 판결에 기하여 사망자의 승계인을 위한 또는 사망자의 승계인에 대한 강제집행을 실시하기 위하여는 민사소송법 제481조를 준용하여 승계집행문을 부여함이 상당하다(대결 1998.5.30. 98그7).

⑤ O 이미 사망한 자를 채무자로 한 처분금지가처분신청은 부적법하고 그 신청에 따른 처분금지가처분결정이 있었다고 하여도 그 결정은 당연무효로서 그 효력이 상속인에게 미치지 않는다고 할 것이므로, 채무자의 상속인은 일반승계인으로서 무효인 그 가처분결정에 의하여 생긴 외관을 제거하기 위한 방편으로 가처분결정에 대한 이의신청으로써 그 취소를 구할 수 있다(대판 2002.4.26. 2000다30578).

02 19변시-66   정답 ③

당사자표시정정에 관한 설명 중 옳은 것을 모두 고른 것은? (다툼이 있는 경우 판례에 의함)

ㄱ. 피고로 표시된 자가 이미 사망한 사실을 모른 원고가 그를 피고로 표시하여 제소한 경우, 사망자의 상속인으로 당사자표시정정이 허용되고, 상고심에 이르러서도 당사자표시정정의 방법으로 위와 같은 흠결을 보정할 수 있다.

ㄴ. 피고로 표시된 자가 이미 사망한 사실을 모른 원고가 그를 피고로 표시하여 제소한 경우, 사망자의 제1순위 상속인이 상속을 포기하였다고 하더라도 제1순위 상속인으로 당사자표시정정이 허용된다.

ㄷ. 甲 주식회사의 대표이사 乙이 개인 명의로 소를 제기하였다면 乙로부터 甲 주식회사로 원고의 표시를 변경하는 당사자표시정정은 허용되지 아니한다.

ㄹ. 소장의 당사자표시가 착오로 잘못 기재되고 이와 같이 잘못 기재된 당사자를 표시한 본안판결이 선고되어 확정되었다면, 그 확정판결의 효력은 잘못 기재된 당사자와 동일성이 인정되는 범위 내에서 적법하게 확정된 당사자에 대하여 미친다.

① ㄱ, ㄴ
② ㄴ, ㄷ
③ ㄷ, ㄹ
④ ㄱ, ㄷ, ㄹ
⑤ ㄴ, ㄷ, ㄹ

 해설

ㄱ. X 민사소송에서 소송당사자의 존재나 당사자능력은 소송요건에 해당하고, 이미 사망한 자를 상대로 한 소의 제기는 소송요건을 갖추지 않은 것으로서 부적법하며, 상고심에 이르러서는 당사자표시정정의 방법으로 그 흠결을 보정할 수 없다(대판 2012.6.14. 2010다105310).

ㄴ. X 제1순위 상속인이 아니라 실제 상속인을 피고로 하는 당사자표시정정이 인정된다.

관련판례 원고가 피고의 사망 사실을 모르고 사망자를 피고로 표시하여 소를 제기한 경우에, 청구의 내용과 원인사실, 당해 소송을 통하여 분쟁을 실질적으로 해결하려는 원고의 소제기 목적 내지는 사망 사실을 안 이후 원고의 피고표시정정신청 등 여러 사정을 종합하여 볼 때에, 실질적인 피고는 당사자능력이 없어 소송당사자가 될 수 없는 사망자가 아니라 처음부터 사망자의 상속자이고 다만 그 표시에 잘못이 있는 것에 지나지 않는다고 인정되면 사망자의 상속인으로 피고의 표시를 정정할 수 있다 할 것인바, 상속개시 이후 상속의 포기를 통한 상속채무의 순차적 승계 및 그에 따른 상속채무자 확정의 곤란성 등 상속제도의 특성에 비추어 위의 법리는 채권자가 채무자의 사망 이후 그 1순위 상속인의 상속포기 사실을 알지 못하고 1순위 상속인을 상대로 소를 제기한 경우에도 채권자가 의도한 실질적 피고의 동일성에 관한 위 전제요건이 충족되는 한 마찬가지로 적용이 된다(대판 2009.10.15. 2009다49964).

ㄷ. O 당사자표시정정은 원칙적으로 당사자의 동일성이 인정되는 범위에서만 허용되는 것이므로 회사의 대표이사였던 사람이 개인 명의로 제기한 소송에서 그 개인을 회사로 당사자표시정정을 하는 것은 부적법하다(대판 2008.6.12. 2008다11276).

ㄹ. O 소송당사자가 누구인가는 소장에 기재된 표시 및 청구의 내용과 원인사실 등 소장의 전 취지를 합리적으로 해석하여 확정하여야 하고, 비록 소장의 당사자 표시가 착오로 잘못 기재되었음에도 소송 계속 중 당사자표시정정이 이루어지지 않아 잘못 기재된 당사자를 표시한 본안판결이 선고·확정된 경우라 하더라도 그 확정판결을 당연무효라고 볼 수 없을뿐더러, 그 확정판결의 효력은 잘못 기재된 당사자와 동일성이 인정되는 범위 내에서 위와 같이 적법하게 확정된 당사자에 대하여 미친다(대판 2011.1.27. 2008다27615).

① O 어떤 단체가 고유의 목적을 가지고 사단적 성격을 가지는 규약을 만들어 이에 근거하여 의사결정기관 및 집행기관인 대표자를 두는 등의 조직을 갖추고 있고, 기관의 의결이나 업무집행방법이 다수결의 원칙에 의하여 행하여지며, 구성원의 가입, 탈퇴 등으로 인한 변경에 관계없이 단체 그 자체가 존속되고, 그 조직에 의하여 대표의 방법, 총회나 이사회 등의 운영, 자본의 구성, 재산의 관리 기타 단체로서의 주요사항이 확정되어 있는 경우에는 비법인사단으로서의 실체를 가진다고 할 것이고, 당사자능력이 있는지 여부는 사실심의 변론종결일을 기준으로 하여 판단되어야 할 성질의 것이다(대판 2008.5.29. 2007다63683).
② O 사단법인의 하부조직의 하나라 하더라도 스스로 단체로서의 실체를 갖추고 독자적인 활동을 하고 있다면 사단법인과는 별개의 독립된 비법인사단으로 볼 수 있다(대판 2009.1.30. 2006다60908).
③ O 법인이면 사단법인·재단법인이든, 영리법인·비영리법인이든, 내국법인·외국법인이든 가리지 않는다. 해산·파산되더라도 청산·파산의 목적범위 내에서는 법인격이 있으므로 '청산사무 종결시까지는 당사자능력을 보유한다(대판 1992.10.9. 92다23087 등). 설령 청산종결등기가 되어 있더라도 청산사무가 미종결되었다면 여전히 당사자능력을 갖는다(대판 2005.11.24. 2003후2515).
④ O 종중이 당사자인 사건에 있어서 그 종중의 대표자에게 적법한 대표권이 있는지의 여부는 소송요건에 관한 것으로서 법원의 직권조사사항이다. 직권조사사항은 자백의 대상이 될 수 없다(대판 2002.5.14. 2000다42908).
⑤ X 실종선고의 효력이 발생하기 전에는 실종기간이 만료된 실종자라 하여도 소송상 당사자능력을 상실하는 것은 아니므로 실종선고 확정 전에는 실종기간이 만료된 실종자를 상대로 하여 제기된 소도 적법하고 실종자를 당사자로 하여 선고된 판결도 유효하며 그 판결이 확정되면 기판력도 발생한다고 할 것이고 … 비록 실종자를 당사자로 한 판결이 확정된 후에 실종선고가 확정되어 그 사망간주의 시점이 소 제기 전으로 소급하는 경우에도 위 판결 자체가 소급하여 당사자능력이 없는 사망한 사람을 상대로 한 판결로서 무효가 된다고는 볼 수 없다(대판 1992.7.14. 92다2455).

03 18변시-68 정답 ⑤

당사자의 자격에 관한 설명 중 옳지 않은 것은? (다툼이 있는 경우 판례에 의함)

① 어떤 단체가 소 제기 당시에는 법인 아닌 사단으로서의 실체를 갖추지 못하였으나 사실심 변론종결 시 법인 아닌 사단으로서의 실체를 갖추었다면 그 소는 적법하다.
② 어떤 사단법인의 하부조직이 스스로 법인 아닌 사단으로서의 실체를 갖추고 독자적인 활동을 하고 있다면, 그 하부조직은 그 사단법인과는 별개의 독립된 법인 아닌 사단으로서의 당사자능력을 가진다.
③ 청산종결등기가 이루어졌다 하더라도 청산사무가 종료되지 않았다면 청산법인은 당사자능력을 가진다.
④ 법인 아닌 사단의 대표자 자격에 관하여 상대방 당사자가 자백하더라도 이는 법원을 구속하지 않는다.
⑤ 실종자를 당사자로 한 판결이 특별한 조건 없이 선고되어 확정된 후에 실종선고가 확정되고 그로 인한 사망간주의 시점이 소 제기 전으로 소급하는 경우, 위 판결은 당사자능력이 없는 사망한 사람에 대한 것이므로 무효이다.

04 19법전협-1-37 정답 ①

당사자에 대한 설명 중 옳은 것은? (다툼이 있는 경우 판례에 따름)

① 사단법인의 소속지부에 대하여 금전지급을 명하는 판결이 확정된 경우, 이 확정판결에 기하여 위 법인의 재산에 강제집행을 할 수 없다.
② 조합은 업무집행조합원이 있는 경우 당사자능력이 있다.
③ 당사자능력 유무는 소제기 시를 기준으로 판단한다.
④ 법인에 대하여 청산절차가 진행되어 청산종결의 등기가 경료되면, 실제 청산사무가 종결되었는지 여부를 불문하고 법인의 당사자능력은 소멸한다.
⑤ 비법인사단인지 조합인지 여부는 명칭에 따라서 판단한다.

① O 확정판결의 기판력은 변론을 종결한 뒤의 승계인(변론 없이 한 판결의 경우에는 판결을 선고한 뒤의 승계인) 또는 그를 위하여 청구의 목적물을 소지한 사람 등 법률에 따로 규정되어 있는 경우 외에는 특별한 사정이 없는 한 당해 판결에 표시된 당사자 사이에만 미치고(민사소송법 제218조 참조), 집행력의 범위도 원칙적으로 기판력의 범위에 준한다. 따라서 지부·분회·지회 등 어떤 법인의 하부조직을 상대로 일정한 의무의 이행을 구하는 소를 제기하여 승소 확정판결을 받은 경우 판결의 집행력이 해당 지부·분회·지회 등을 넘어서 소송의 당사자도 아닌 법인에까지 미친다고 볼 수는 없으므로 그 판결을 집행권원으로 하여 법인의 재산에 대해 강제집행을 할 수는 없고, 법인의 재산에 대한 강제집행을 위해서는 법인 자체에 대한 별도의 집행권원이 필요하다(대판 2018.9.13. 2018다231031).
② X 비법인사단과 달리 조합은 당사자능력이 인정되지 않는다.
③ X 소송요건의 존부 판정시기는 사실심변론종결시다(다만 관할권은 제소시를 기준으로 판단).
④ X 법인에 관하여 청산종결등기가 경료된 경우에도 청산사무가 종료되었다고 할 수 없는 경우에는 청산법인으로서 당사자능력이 있다(대판 1997.4.22. 97다3408).
⑤ X 명칭이 아니라 실질에 따라서 판단한다.
참고판례 어떤 단체가 고유의 목적을 가지고 사단적 성격을 가지는 규약을 만들어 이에 근거하여 의사결정기관 및 집행기관인 대표자를 두는 등의 조직을 갖추고 있고, 기관의 의결이나 업무집행방법이 다수결의 원칙에 의하여 행하여지며, 구성원의 가입, 탈퇴 등으로 인한 변경에 관계없이 단체 그 자체가 존속되고, 그 조직에 의하여 대표의 방법, 총회나 이사회 등의 운영, 자본의 구성, 재산의 관리 기타 단체로서의 주요사항이 확정되어 있는 경우에는 비법인사단으로서의 실체를 가진다고 할 것이다(대판 1999.4.23. 99다4504).
참고판례 한국원호복지공단법(1984.8.2. 법률 제3742호로 한국보훈복지공단법으로 개정됨) 부칙 제8조 제2항에 의하여 설립된 원호대상자광주목공조합은 민법상의 조합의 실체를 가지고 있으므로 소송상 당사자능력이 없다(대판 1991.6.25. 88다카6358).

05 20법전협-3-37 정답 ⑤

당사자의 사망에 관한 설명 중 옳지 않은 것을 모두 고른 것은? (다툼이 있는 경우 판례에 의함)

ㄱ. 소 제기 후 소장 송달 전에 피고가 사망한 경우 제1심 판결이 선고되더라도 그 판결은 효력이 없다.
ㄴ. 소 제기 후 소장 송달 전에 피고가 사망한 경우, 1심 판결 후 그 판결에 대한 상속인들의 소송수계신청은 적법하다.
ㄷ. 소 제기 후 소장 송달 전에 피고가 사망하였는데 사망한 자를 피고로 하여 제1심 판결이 선고된 경우, 그 판결에 대한 상속인들의 항소는 적법하다.
ㄹ. 원고가 사망사실을 모르고 그 사망자를 피고로 표시하여 소를 제기한 경우, 선순위 상속인이 상속을 포기한 경우에는 후순위 상속인으로 당사자표시정정을 할 수 있다.
ㅁ. 원고가 사망사실을 모르고 그 사망자를 피고로 표시하여 소를 제기하였다가 상속인들에 대하여 소송수계신청을 한 경우, 법원은 소송수계신청의 적부에 대해서만 판단하여야 하고, 이를 당사자표시정정신청으로 선해하여서는 안 된다.

① ㄱ, ㄴ, ㄷ   ② ㄴ, ㄷ, ㄹ
③ ㄷ, ㄹ, ㅁ   ④ ㄱ, ㄹ, ㅁ
⑤ ㄴ, ㄷ, ㅁ

ㄱ. O ㄴ, ㄷ. X 사망자를 피고로 하는 소제기는 원고와 피고의 대립당사자 구조를 요구하는 민사소송법상의 기본원칙이 무시된 부적법한 것으로서 실질적 소송관계가 이루어질 수 없으므로, 그와 같은 상태에서 제1심 판결이 선고되었다 할지라도 판결은 당연무효이며, 판결에 대한 사망인 피고의 상속인들에 의한 항소나 소송수계신청은 부적법하다. 이러한 법리는 소제기 후 소장부본이 송달되기 전에 피고가 사망한 경우에도 마찬가지로 적용된다(대판 2015.1.29. 2014다34041).
ㄹ. O 원고가 사망 사실을 모르고 사망자를 피고로 표시하여 소를 제기한 경우에, 청구의 내용과 원인사실, 당해 소송을 통하여 분쟁을 실질적으로 해결하려는 원고의 소제기 목적 내지는 사망 사실을 안 이후의 원고의 피고 표시 정정신청 등 여러 사정을 종합하여 볼 때 사망자의 상속인이 처음부터 실질적인 피고이고 다만 그 표시를 잘못한 것으로 인정된다면, 사망자의 상속인으로 피고의 표시를 정정할 수 있다. 그리고 이 경우에 실질적인 피고로 해석되는 사망자의 상속인은 실제로 상속을 하는 사람을 가리키고, 상속을 포기한 자는 상속 개시시부터 상속인이 아니었던 것과 같은 지위에 놓이게 되므로 제1순위 상속인이라도 상속을 포기한 경우에는 이에 해당하지 아니하며, 후순위 상속인이라도 선순위 상속인의 상속포기 등으로 실제로 상속인이 되는 경우에는 이에 해당한다(대결 2006.7.4. 2005마425).
ㅁ. X 실재하지 않은 사망자 명의로 제기된 소는 처음부터 부적법한 것이어서 동인의 재산상속인들의 소송수계신청은 허용될 수 없다(대결 1979.7.24. 79마173). 그러나 비록 전치절차 중에 사망한 피상속인의 명의로 소가 제기되었다고 하더라도 실제 그 소를 제기한 사람들은 망인의 상속인들이고 다만 그 표시를 그릇한 것에 불과하다고 보아야 할 것이므로, 법원으로서는 그 소송수계신청을 당사자표시정정신청으로 보아 이를 받아들여 그 청구를 심리판단하여야 한다(대판 1994.12.2. 93누12206).

제2절 당사자적격

06 | 19변시-69 | 정답 ②

다음 설명 중 옳은 것은? (다툼이 있는 경우 판례에 의함)

① 법원의 직무집행정지가처분결정에 의해 회사를 대표할 권한이 정지된 대표이사가 그 정지기간 중에 체결한 계약은 무효이지만, 그 후 가처분신청의 취하에 의하여 보전집행이 취소되었다면 무효인 계약은 유효하게 된다.
② 「상법」상 비상장 주식회사의 이사가 법령 또는 정관에 위반한 행위를 하여 이로 인하여 회사에 회복할 수 없는 손해가 생길 염려가 있는 경우에는 감사 또는 발행주식의 총수의 100분의 1 이상에 해당되는 주식을 가진 주주는 회사를 위하여 이사에 대하여 그 행위를 유지할 것을 청구할 수 있다.
③ 채권자가 대위권을 행사할 당시 이미 채무자가 권리를 재판상 행사하여 패소의 본안판결을 받았더라도 채권자는 채무자를 대위하여 채무자의 권리를 행사할 당사자적격이 있다.
④ 유언집행자가 있는 경우에도 상속인은 유언집행에 필요한 범위 내의 상속재산에 관하여 원고적격이 있다.
⑤ 주주는 다른 주주에 대한 소집절차의 하자를 이유로 하여 주주총회결의취소의 소를 제기할 수 없다.

① X 법원의 직무집행정지 가처분결정에 의해 회사를 대표할 권한이 정지된 대표이사가 그 정지기간 중에 체결한 계약은 절대적으로 무효이고, 그 후 가처분신청의 취하에 의하여 보전집행이 취소되었다 하더라도 집행의 효력은 장래를 향하여 소멸할 뿐 소급적으로 소멸하는 것은 아니라 할 것이므로, 가처분신청이 취하되었다 하여 무효인 계약이 유효하게 되지는 않는다(대판 2008.5.29. 2008다4537).
② O

> **상법 제402조(유지청구권)**
> 이사가 법령 또는 정관에 위반한 행위를 하여 이로 인하여 회사에 회복할 수 없는 손해가 생길 염려가 있는 경우에는 감사 또는 발행주식의 총수의 100분의 1 이상에 해당하는 주식을 가진 주주는 회사를 위하여 이사에 대하여 그 행위를 유지할 것을 청구할 수 있다.

③ X 채권자대위권은 채무자가 제3채무자에 대한 권리를 행사하지 아니하는 경우에 한하여 채권자가 자기의 채권을 보전하기 위하여 행사할 수 있는 것이어서 채권자가 대위권을 행사할 당시는 이미 채무자가 권리를 재판상 행사하였을 때에는 설사 패소의 본안판결을 받았더라도 채권자는 채무자를 대위하여 채무자의 권리를 행사할 당사자적격이 없다(대판 1992.11.10. 92다30016).
④ X 유언집행자는 유증의 목적인 재산의 관리 기타 유언의 집행에 필요한 모든 행위를 할 권리의무가 있으므로, 유증 목적물에 관하여 마쳐진, 유언의 집행에 방해가 되는 다른 등기의 말소를 구하는 소송에 있어서는 유언집행자가 이른바 법정소송담당으로서 원고적격을 가진다고 할 것이고, 유언집행자는 유언의 집행에 필요한 범위 내에서는 상속인과 이해상반되는 사항에 관하여도 중립적 입장에서 직무를 수행하여야 하므로, 유언집행자가 있는 경우 그의 유언집행에 필요한 한도에서 상속인의 상속재산에 대한 처분권은 제한되며 그 제한 범위 내에서 상속인은 원고적격이 없다(대판 2010.10.28. 2009다20840).
⑤ X 주주는 다른 주주에 대한 소집절차의 하자를 이유로 주주총회결의 취소의 소를 제기할 수도 있다(대판 2003.7.11. 2001다45584).

07 | 18변시-69 | 정답 ④

제3자의 소송담당에 관한 설명 중 옳은 것은? (다툼이 있는 경우 판례에 의함)

① 주한미군 군인의 공무집행 중 불법행위로 인하여 대한민국 국민에게 손해가 발생한 경우, 그 손해배상청구소송에서 대한민국은 피고인 미군 측을 위하여 소송을 수행할 수 있으나 피고가 될 수 없다.
② 채권추심명령을 받은 압류채권자는 채무자가 피압류채권에 관하여 제기한 이행의 소 계속 중 추심의 소를 별도로 제기할 수 없다.
③ 공유자는 각자 보존행위를 할 수 있으나, 보존행위가 소송행위인 경우에는 특별한 사정이 없는 한 단독으로 할 수 없다.
④ 비상장회사의 발행주식총수의 100분의 1 이상에 해당하는 주식을 가진 주주가 회사에 회복할 수 없는 손해가 생길 염려가 없음에도 불구하고, 회사에 대하여 이사의 책임을 추궁할 소의 제기를 청구하지 않고 즉시 회사를 위하여 소를 제기한 경우, 그 소는 부적법하다.
⑤ 사해행위의 수익자 또는 전득자에 대하여 회생절차가 개시된 경우에 채권자는 관리인을 상대로 사해행위의 취소 및 그에 따른 원물반환을 구하는 소를 제기할 수 없다.

① X 주한미군에 대한 손배청구 소송에서 미군측을 위해 나서는 국가는 피고적격을 갖는다(한미행정협정 제23조 제5항). → 제3자의 소송담당 중 법정소송담당
② X 채무자가 제3채무자를 상대로 제기한 이행의 소가 법원에 계속되어 있는 경우에도 압류채권자는 제3채무자를 상대로 압류된 채권의 이행을 청구하는 추심의 소를 제기할 수 있고, 제3채무자를 상대로 압류채권자가 제기한 추심의 소는 채무자가 제기한 이행의 소에 대한 관계에서 민사소송법 제259조가 금지하는 중복된 소제기에 해당하지 않는다(대판 2013.12.18. 2013다202120 전원합의체).
③ X 공유물의 보존행위는 공유물의 멸실, 훼손을 방지하고 그 현상을 유지하기 위하여 하는 행위이다. 사실적 행위는 물론 법률적인 행위도 포함된다. 보존행위는 단독으로 할 수 있으므로 보존행위로 제기하는 방해배제청구권이나 공유물 반환청구는 필수적 공동소송이 아니다.
④ O

> **상법 제403조(주주의 대표소송)**
> ① 발행주식의 총수의 100분의 1 이상에 해당하는 주식을 가진 주주는 회사에 대하여 이사의 책임을 추궁할 소의 제기를 청구할 수 있다.
> ④ 제3항의 기간의 경과로 인하여 회사에 회복할 수 없는 손해가 생길 염려가 있는 경우에는 전항의 규정에 불구하고 제1항의 주주는 즉시 소를 제기할 수 있다.

⑤ X 수익자 또는 전득자에 대하여 회생절차가 개시된 경우 채무자의 채권자가 사해행위의 취소와 함께 회생채무자로부터 사해행위의 목적인 재산 그 자체의 반환을 청구하는 것은 환취권의 행사에 해당하여 회생절차개시의 영향을 받지 아니한다. 따라서 채무자의 채권자는 사해행위의 수익자 또는 전득자에 대하여 회생절차가 개시되더라도 관리인을 상대로 사해행위의 취소 및 그에 따른 원물반환을 구하는 사해행위취소의 소를 제기할 수 있다(대판 2014.9.4. 2014다36771).

08 17변시-68 정답 ⑤

당사자적격에 관한 설명 중 옳지 않은 것은? (다툼이 있는 경우 판례에 의함)

① 丙이 甲의 乙에 대한 채권에 관하여 압류 및 추심명령을 받은 경우, 甲은 위 채권에 대한 이행의 소를 제기할 당사자적격을 상실한다.
② 甲이 乙, 丙, 丁을 상대로 제기한 소송에서 乙이 선정당사자로 선정되어 소송을 수행하던 중 甲이 乙에 대한 소를 취하하면 乙은 선정당사자의 지위를 상실한다.
③ 甲이 乙, 丙의 합유로 소유권이전등기가 마쳐진 부동산에 관하여 명의신탁 해지를 원인으로 한 소유권이전등기절차의 이행을 구할 경우, 乙과 丙 모두를 피고로 하여야 한다.
④ 원인무효의 근저당권설정등기에 터 잡아 근저당권 이전의 부기등기가 마쳐진 경우, 근저당권의 양수인을 상대로 근저당권설정등기의 말소청구를 하여야 한다.
⑤ A주식회사의 정관에 따라 甲을 대표이사로 선출한 주주총회결의의 효력을 다투는 본안소송과 관련하여 甲에 대한 직무집행정지 및 직무대행자선임의 가처분신청을 할 때에는 A주식회사를 피신청인으로 하여야 한다.

① O 채권에 대한 압류 및 추심명령이 있으면 제3채무자에 대한 이행의 소는 추심채권자만이 제기할 수 있고 채무자는 피압류채권에 대한 이행소송을 제기할 당사자적격을 상실한다(대판 2000.4.11. 99다23888).
② O 선정당사자의 자격상실사유로는 ㉠ 선정취소, ㉡ 선정당사자 사망, ㉢ 선정당사자 본인에 대한 부분의 소취하·판결확정 등으로 공동이해관계가 소멸한 경우(대판 2006.9.28. 2006다28775) 등이 해당한다.
③ O 합유로 소유권이전등기가 된 부동산에 관하여 명의신탁 해지를 원인으로 한 소유권이전등기절차의 이행을 구하는 소송은 조합재산인 합유물의 처분에 관한 소송으로서 합유자 전원을 피고로 하여야 할 뿐 아니라 합유자 전원에 대하여 합일적으로 확정되어야 하는 고유필수적 공동소송에 해당하며(대판 1996.12.10. 96다23238, 대판 2011.2.10. 2010다82639 등 참조), 그 명의신탁 해지를 구하는 당사자가 합유자 중의 1인이라는 사유만으로 달리 볼 것은 아니다(대판 2015.9.10. 2014다73794,73800).
④ O 근저당권 이전의 부기등기는 기존의 주등기인 근저당권설정등기에 종속되어 주등기와 일체를 이루는 것으로서 기존의 근저당권설정등기에 의한 권리의 승계를 등기부상 명시하는 것일 뿐, 그 등기에 의하여 새로운 권리가 생기는 것이 아니므로, 근저당권설정자 또는 그로부터 소유권을 이전받은 제3취득자는 피담보채무가 소멸된 경우 또는 근저당권설정등기가 당초부터 원인무효인 경우 등에 근저당권의 현재의 명의인인 양수인을 상대로 주등기인 근저당권설정등기의 말소를 구할 수 있으나, 근저당권자로부터 양수인 앞으로의 근저당권이전이 무효라는 사유를 내세워 양수인을 상대로 근저당권설정등기의 말소를 구할 수는 없다(대판 2003.4.11. 2003다5016).
⑤ X 민사소송법 제407조 제2항 소정의 임시의 지위를 정하기 위한 이사 직무집행정지 가처분에 있어서 **피신청인이 될 수 있는 자는 그 성질상 당해 이사이고, 회사에게는 피신청인의 적격이 없다**(대판 1982.2.9. 80다2424).

09 15변시-60 정답 ①

법인 아닌 사단에 관한 설명 중 옳지 않은 것은? (다툼이 있는 경우 판례에 의함)

① 법인 아닌 사단의 적법한 대표자 자격이 없는 甲이 한 소송행위는 후에 甲이 적법한 대표자 자격을 취득하여 추인을 하더라도 그 행위 시에 소급하여 효력을 가지는 것은 아니다.
② 법인 아닌 사단이 당사자인 사건에 있어서 대표자에게 적법한 대표권이 있는지 여부는 법원의 직권조사사항이다.
③ 법인 아닌 사단이 당사자능력이 있는지 여부는 사실심 변론종결시를 기준으로 판단한다.
④ 법인 아닌 사단의 대표자 乙이 특별한 사정이 없음에도 사원총회의 결의 없이 총유물의 처분에 관한 소송행위를 하였다면, 이는 소송행위를 함에 필요한 특별수권을 받지 않은 경우로서 재심사유에 해당한다.
⑤ 법인 아닌 사단이 타인 간의 금전채무를 보증하는 행위는 총유물의 관리·처분행위라고 볼 수 없다.

① X

제60조(소송능력 등의 흠과 추인)
소송능력, 법정대리권 또는 소송행위에 필요한 권한의 수여에 흠이 있는 사람이 소송행위를 한 뒤에 보정된 당사자나 법정대리인이 이를 추인(追認)한 경우에는, 그 소송행위는 이를 한 때에 소급하여 효력이 생긴다.

제64조(법인 등 단체의 대표자의 지위)
법인의 대표자 또는 제52조의 대표자 또는 관리인에게는 이 법 가운데 법정대리와 법정대리인에 관한 규정을 준용한다.

② O 종중이 당사자인 사건에 있어서 그 종중의 대표자에게 적법한 대표권이 있는지 여부는 소송요건에 관한 것으로서 법원의 직권조사사항이므로, 법원으로서는 그 판단의 기초자료인 사실과 증거를 직권으로 탐지할 의무까지는 없다 하더라도, 이미 제출된 자료들에 의하여 그 대표권의 적법성에 의심이 갈만한 사정이 엿보인다면 상대방이 이를 구체적으로 지적하여 다투지 않더라도 이에 관하여 심리, 조사할 의무가 있다(대판 1991.10.11. 91다21039).
③ O 당사자능력은 소송요건에 관한 것으로서 그 청구의 당부와는 별개의 문제인 것이며, 소송요건은 사실심의 변론종결시에 갖추어져 있으면 되는 것이므로 종중이 비법인사단으로서의 실체를 갖추고 당사자로서의 능력이 있는지 여부는 사실심인 원심의 변론종결시를 기준으로 하여 그 존부를 판단하여야 할 것이다(대판 1991.11.26. 91다31661).
④ O 비법인사단의 대표자가 총유물의 처분에 관한 소송행위를 하려면 특별한 사정이 없는 한 민법 제276조 제1항에 의하여 사원총회의 결의가 있어야 하는 것이지만, 그 결의 없이 소송행위를 하였다고 하더라도 이는 소송행위를 함에 필요한 특별수권을 받지 아니한 경우로서, 민사소송법 제422조 제항 제3호(편집 주: 현행 제451조) 소정의 재심사유에 해당하되, 전연 대리권을 갖지 아니한 자가 소송행위를 한 대리권 흠결의 경우와 달라서 같은 법 제427조(현행 제457조)는 적용되지 아니한다(대판 1999.10.22. 98다46600).
⑤ O 민법 제275조, 제276조 제1항에서 말하는 총유물의 관리 및 처분이라 함은 총유물 그 자체에 관한 이용·개량행위나 법률적·사실적 처분행위를 의미하는 것이므로, 비법인사단이 타인 간의 금전채무를 보증하는 행위는 총유물 그 자체의 관리·처분이 따르지 아니하는 단순한 채무부담행위에 불과하여 이를 총유물의 관리·처분행위라고 볼 수는 없다(대판 2007.4.19. 2004다60072 전원합의체).

10 22변시-53 정답 ②

甲은 乙로부터 3억 원을 빌리면서 그 차용금 채무를 담보하기 위하여 甲 소유의 A 토지에 관하여 채무자 甲, 근저당권자 乙, 채권최고액 3억 3천만 원인 근저당권설정계약을 乙과 체결하고, 이에 관한 근저당권설정등기를 마쳐 주었다. 다음 설명 중 옳은 것을 모두 고른 것은?
(다툼이 있는 경우 판례에 의함)

ㄱ. 甲이 乙로부터 실제로 돈을 빌리지 않았으므로 위 근저당권설정등기는 무효의 등기라고 주장하면서 근저당권설정등기 말소등기절차의 이행을 구하는 소를 제기하였는데, 법원의 심리 결과 甲의 乙에 대한 차용금 채무 1억 원이 존재하는 것으로 밝혀지더라도 그 채무의 변제를 조건으로 위 등기의 말소를 명하는 판결을 할 수 없다.

ㄴ. 甲이 乙의 기망행위로 인해 근저당권설정계약을 체결하였다고 주장하면서 위 근저당권설정계약을 취소하고 그 말소등기를 구하는 소를 제기한 경우, 甲의 3억 원의 부당이득반환채무와 乙의 근저당권설정등기 말소의무는 동시이행관계에 있다고 할 수 없다.

ㄷ. 丙이 乙에 대한 5억 원의 채권에 관한 집행권원을 얻어 乙의 甲에 대한 대여금채권에 대해 압류 및 전부명령을 받아 丙 명의로 A 토지에 관한 근저당권이전의 부기등기를 마친 경우, 甲이 자신의 乙에 대한 차용금채무가 변제로 모두 소멸하였다고 주장하면서 乙을 상대로 제기한 위 근저당권설정등기 말소등기절차의 이행을 구하는 소는 적법하다.

ㄹ. 丙이 乙로부터 乙의 甲에 대한 대여금채권을 유효하게 양도받아 丙 명의로 A 토지에 관한 근저당권이전의 부기등기를 마친 경우, 甲이 자신의 乙에 대한 차용금채무가 변제로 모두 소멸하였다고 주장하면서 丙 명의 근저당권이전의 부기등기 말소등기절차의 이행을 구하는 소는 부적법하다.

① ㄹ
② ㄱ, ㄹ
③ ㄴ, ㄷ
④ ㄱ, ㄴ, ㄹ
⑤ ㄴ, ㄷ, ㄹ

 해설

ㄱ. O 피담보채무가 발생하지 아니한 것을 전제로 한 근저당권설정등기의 말소등기절차이행청구 중에 피담보채무의 변제를 조건으로 장래의 이행을 청구하는 취지가 포함된 것으로는 보여지지 않는다(대판 1991.4.23. 91다6009).

ㄴ. X 甲이 乙과 사이의 A 토지에 관한 매매계약을 기망을 이유로 취소함으로써 그 원상회복으로서 甲이 乙에게 A 토지에 관하여 소유권이전등기의 말소등기절차를 이행할 의무가 있고, 또한 乙은 甲에게 수령한 매매대금을 반환할 의무가 있는바, 甲과 乙 사이의 이러한 각 의무는 동시이행의 관계에 있는 것이므로, 乙은 甲으로부터 소유권이전등기의 말소등기절차를 이행받음과 동시에 위 매매대금을 반환할 의무가 있는 것이어서 甲이 乙을 이행지체에 빠뜨리기 위하여는 소유권이전등기의 말소등기에 필요한 서류 등을 현실적으로 제공할 필요까지는 없으나, 최소한 위 서류 등을 준비하여 두고 그 뜻을 乙에게 통지하여 매매대금의 반환과 아울러 이를 수령하여 갈 것을 최고함을 요한다(대판 2010.10.14. 2010다47438).

ㄷ. X ㄹ. O 근저당권 이전의 부기등기는 기존의 주등기인 근저당권설정등기에 종속되어 주등기와 일체를 이루는 것이어서, 피담보채무가 소멸된 경우 또는 근저당권설정등기가 당초 원인무효인 경우 주등기인 근저당권설정등기의 말소만 구하면 되고 그 부기등기는 별도로 말소를 구하지 않더라도 주등기의 말소에 따라 직권으로 말소되는 것(ㄹ.)이며, 근저당권 양도의 부기등기는 기존의 근저당권설정등기에 의한 권리의 승계를 등기부상 명시하는 것뿐으로, 그 등기에 의하여 새로운 권리가 생기는 것이 아닌 만큼 근저당권설정등기의 말소등기청구는 양수인만을 상대로 하면 족하고 양도인은 그 말소등기청구에 있어서 피고 적격이 없으며, 근저당권의 이전이 전부명령 확정에 따라 이루어졌다고 하여 이와 달리 보아야 하는 것은 아니다(ㄷ.)(대판 2000.4.11. 2000다5640).

11 15변시-54 정답 ①

甲은 乙을 상대로 대여금 청구의 소를 제기하였다(이하에서 丙은 甲의 채권자이다). 다음 설명 중 옳지 않은 것은? (각 지문은 독립적이며, 다툼이 있는 경우 판례에 의함)

① 甲이 乙에게 소구하고 있는 채권을 丙이 가압류한 경우 법원은 甲의 소를 각하하여야 한다.

② 甲이 乙에게 소구하고 있는 채권에 대하여 丙이 압류 및 전부명령을 받고 그 전부명령이 확정된 경우 법원은 甲의 청구를 기각하여야 한다.

③ 丙이 甲을 상대로 신청한 파산절차가 개시되어 파산관재인이 선임된 후, 甲의 파산선고 전에 성립한 위 대여금 채권에 기하여 甲이 위 소를 제기한 경우, 법원은 甲의 소를 각하하여야 한다.

④ 丙이 甲을 대위하여 乙을 상대로 위 대여금의 지급을 구하는 소를 제기하고 甲에게 소송고지한 후 그 소송에서 패소판결이 확정된 경우, 법원은 그 후에 제소된 甲의 乙에 대한 위 대여금 청구를 기각하여야 한다.

⑤ 甲의 乙에 대한 대여금채권에 대해 丙이 압류 및 추심명령을 받아 그 명령이 甲과 乙에게 송달된 후, 甲이 위와 같이 제소하였다면 법원은 甲의 소를 각하하여야 한다.

 해설

① X 일반적으로 채권에 대한 가압류가 있더라도 이는 채무자가 제3채무자로부터 현실로 급부를 추심하는 것만을 금지하는 것일 뿐 채무자는 제3채무자를 상대로 그 이행을 구하는 소송을 제기할 수 있고 법원은 가압류가 되어 있음을 이유로 이를 배척할 수는 없는 것이 원칙이다. 왜냐하면 채무자로서는 제3채무자에 대한 그의 채권이 가압류되어 있다 하더라도 채무명의를 취득할 필요가 있고 또는 시효를 중단할 필요도 있는 경우도 있을 것이며 또한 소송 계속 중에 가압류가 행하여진 경우에 이를 이유로 청구가 배척된다면 장차 가압류가 취소된 후 다시 소를 제기하여야 하는 불편함이 있는데 반하여 제3채무자로서는 이행을 명하는 판결이 있더라도 집행단계에서 이를 저지하면 될 것이기 때문이다(대판 2002.4.26. 2001다59033).

②, ⑤ O 丙이 압류 및 전부명령을 받고 전부명령이 확정되었다면 甲의 채권은 丙에게 이전되므로 甲의 청구를 기각해야 한다. 전부명령이 있는 때에는 피압류채권이 전부명령을 받은 자에게 이전된다. 이는 압류 및 추심명령이 있는 경우에 甲이 피압류채권에 대한 이행소송을 제기할 당사자적격을 상실하는 것과 구별해야 한다. 추심명령이 있게 되면 실체법상의 청구권은 집행채무자에게 있으면서 소송법상의 관리권만 추심채권자에게 넘어가는 제3자 법정소송담당의 관계에 있게 된다.

[관련판례] 금전채권에 대한 압류 및 전부명령이 있는 때에는 압류된 채권은 동일성을 유지한 채로 압류채무자로부터 압류채권자에게 이전되고, 제3채무자는 채권이 압류되기 전에 압류채무자에게 대항할 수 있는 사유로써 압류채권자에게 대항할 수 있는 것 … (대판 2010.3.25. 2007다35152).

[관련판례] 채권에 대한 압류 및 추심명령이 있으면 제3채무자에 대한 이행의 소는 추심채권자만이 제기할 수 있고 채무자는 피압류채권에 대한 이행소송을 제기할 당사자적격을 상실한다(대판 2000.4.11. 99다23888).

> 민사집행법 제229조(금전채권의 현금화방법)
> ① 압류한 금전채권에 대하여 압류채권자는 추심명령(推尋命令)이나 전부명령(轉付命令)을 신청할 수 있다.
> ② 추심명령이 있는 때에는 압류채권자는 대위절차(代位節次) 없이 압류채권을 추심할 수 있다.
> ③ 전부명령이 있는 때에는 압류된 채권은 지급에 갈음하여 압류채권자에게 이전된다.

③ O 파산재단에 속하는 재산의 관리처분권은 파산자로부터 이탈하여 파산관재인에게 전속하게 되어, 파산재단에 관한 소송에서는 법정소송담당으로 파산관재인만이 당사자적격을 갖는다(갈음형 소송담당). 따라서 甲은 당사자적격을 상실하게 되고 甲의 청구는 각하된다.

> 채무자 회생 및 파산에 관한 법률 제359조(당사자적격)
> 파산재단에 관한 소송에서는 파산관재인이 당사자가 된다.
> 채무자 회생 및 파산에 관한 법률 제384조(관리 및 처분권)
> 파산재단을 관리 및 처분하는 권한은 파산관재인에게 속한다.

④ O 甲은 소송고지를 받음으로써 채권자에 의한 대위소송 제기된 사실을 알았을 것이므로 대위소송의 패소확정판결의 기판력이 甲에게 미치게 되고, 전소 패소판결의 기판력이 후소에 미치는 경우 판례는 청구기각판결을 해야 한다는 태도이므로, 甲의 청구는 기각될 것이다.

[관련판례] 채권자가 채권자대위권을 행사하는 방법으로 제3채무자를 상대로 소송을 제기하고 판결을 받은 경우에는 어떠한 사유로 인하였든 적어도 채무자가 채권자 대위권에 의한 소송이 제기된 사실을 알았을 경우에는 그 판결의 효력은 채무자에게 미친다(대판 1975.5.13. 74다1664 전원합의체).

12 20법전협-1-50   정답 ③

당사자능력과 당사자적격에 관한 다음 설명 중 옳지 않은 것은? (다툼이 있는 경우 판례에 의함)

① 법인 아닌 사단에 해산사유가 발생했다고 하더라도 청산사무가 완료될 때까지 청산의 목적 범위 내에서 그 법인의 당사자능력은 계속 유지된다.
② 부부 사이의 이혼소송이 계속 중 당사자 일방이 사망하면 그 소송사건이 종료되므로 법원은 그 사건에 관해 아무런 심리·판단을 하지 않아도 된다.
③ 소송사건의 심리 중에 당사자가 사망하면 그의 당사자능력 흠결이 발생하게 되므로 법원은 곧바로 변론을 종결하고 사망한 당사자의 당사자능력 흠결을 이유로 소각하 판결을 선고해야 한다.
④ 채권자가 제3채무자를 상대로 채권자대위의 소를 제기하더라도 채무자는 제3채무자를 상대로 대위의 대상인 채권에 관한 이행의 소를 제기할 수 있는 당사자적격을 상실하지 않는다.
⑤ 집행채권자가 압류채권에 대한 추심명령을 받은 경우에는 집행채권자가 추심의 소를 제기하지 않았다고 하더라도 집행채무자는 제3채무자를 상대로 압류채권에 관한 이행의 소를 제기할 수 있는 당사자적격을 상실한다.

 해설

① O 비법인사단에 해산사유가 발생하였다고 하더라도 곧바로 당사자능력이 소멸하는 것이 아니라 청산사무가 완료될 때까지 청산의 목적범위 내에서 권리·의무의 주체가 되고, 이 경우 청산 중의 비법인사단은 해산 전의 비법인사단과 동일한 사단이고 다만 그 목적이 청산 범위 내로 축소된 데 지나지 않는다(대판 2007.11.16. 2006다41297).
② O 재판상 이혼청구권은 부부의 일신전속의 권리이므로 이혼소송계속 중 배우자의 일방이 사망한 경우에는 상속인이 그 소송절차를 수계할 수 없음은 물론이고, 또 그러한 경우에 검사가 이를 수계할 수 있는 특별한 규정도 없으므로 이 사건 소송은 청구인의 사망과 동시에 종료하였다고 해석함이 상당하다(대판 1982.10.12. 81므53).
③ X 소송계속 중 당사자가 사망하면 상속인의 수계를 위해 소송절차가 중단되며(민사소송법 제233조 제1항), 당사자능력 흠결을 이유로 소각하해서는 안된다.
④ O 채권자대위소송의 경우 채권자와 채무자 둘 다 당사자적격이 인정(병행형)된다고 하는 것이 다수설이다.
⑤ O 채권에 대한 압류 및 추심명령이 있으면 제3채무자에 대한 이행의 소는 추심채권자만이 제기할 수 있고 채무자는 피압류채권에 대한 이행소송을 제기할 당사자적격을 상실한다(대판 2000.4.11. 99다23888).

13 21법전협-1-40   정답 ①

당사자적격에 관한 설명 중 옳지 않은 것은? (다툼이 있는 경우 판례에 의함)

① 유언을 집행하기 위한 유증 목적물에 관한 소유권이전등기 청구소송에 있어서 유언집행자는 당사자적격이 없다.
② 법인 아닌 사단인 종교단체의 대표자 또는 구성원의 지위에 관한 확인소송에서 그 단체를 상대로 하지 않고 대표자 또는 구성원 개인을 상대로 한 청구는 확인의 이익이 없어 부적법하다.
③ 채권자취소의 소에 있어 상대방은 채무자가 아니라 그 수익자나 전득자가 되어야 한다.
④ 주주총회결의부존재확인소송에 있어서 피고가 될 수 있는 자는 회사로 한정된다.
⑤ 채권에 대한 압류 및 추심명령이 있으면 채무자는 피압류채권에 대한 이행소송을 제기할 당사자적격을 상실하나, 채무자의 이행소송 계속 중에 추심채권자가 압류 및 추심명령 신청을 취하하면 채무자는 당사자적격을 회복한다.

① X 유언의 집행을 위하여 지정 또는 선임된 유언집행자는 유증의 목적인 재산의 관리 기타 유언의 집행에 필요한 행위를 할 권리의무가 있으므로, 유언의 집행에 방해가 되는 유증 목적물에 경료된 상속등기 등의 말소청구소송 또는 유언을 집행하기 위한 유증 목적물에 관한 소유권이전등기 청구소송에 있어서 <u>유언집행자는 이른바 법정소송담당으로서 원고적격을 가진다고 봄이 상당하다</u>(대판 1999.11.26. 97다57733).
② O 법인 아닌 사단인 종교단체의 대표자 또는 구성원의 지위에 관한 확인소송에서 그 대표자 또는 구성원 개인을 상대로 제소하는 경우에는 그 청구를 인용하는 판결이 내려진다 하더라도 그 판결의 효력이 해당 단체에 미친다고 할 수 없기 때문에 대표자 또는 구성원의 지위를 둘러싼 당사자들 사이의 분쟁을 근본적으로 해결하는 가장 유효적절한 방법이 될 수 없으므로, 그 단체를 상대로 하지 않고 대표자 또는 구성원 개인을 상대로 한 청구는 확인의 이익이 없어 부적법하다(대판 2015.2.16. 2011다101155, 대판 1991.7.12. 91다12905, 대판 2011.2.10. 2006다65774 등).
③ O 채권자취소권(사해행위취소권)은 채권자의 공동담보인 채무자의 책임재산의 감소를 방지하기 위한 것이므로 특정물에 대한 소유권이전등기청구권을 보전하기 위하여는 채권자취소권을 행사할 수 없고 <u>또 채권자취소의 소에 있어 상대방은 채무자가 아니라 그 수익자나 전득자가 되어야 한다</u>(대판 1988.2.23. 87다카1586).
④ O 주주총회결의 취소와 결의무효확인판결은 대세적 효력이 있으므로 그와 같은 소송의 피고가 될 수 있는 자는 그 성질상 회사로 한정된다(대판 1982.9.14. 80다2425 전원합의체).
⑤ O 채권에 대한 압류 및 추심명령이 있으면 제3채무자에 대한 이행의 소는 추심채권자만이 제기할 수 있고 채무자는 피압류채권에 대한 이행소송을 제기할 당사자적격을 상실하나, 채무자의 이행소송 계속 중에 추심채권자가 압류 및 추심명령 신청의 취하 등에 따라 추심권능을 상실하게 되면 채무자는 당사자적격을 회복한다. 이러한 사정은 직권조사사항으로서 당사자가 주장하지 않더라도 법원이 직권으로 조사하여 판단하여야 하고, 사실심 변론종결 이후에 당사자적격 등 소송요건이 흠결되거나 그 흠결이 치유된 경우 상고심에서도 이를 참작하여야 한다(대판 2010.11.25. 2010다64877).

14 19법전협-2-37   정답 ③

당사자적격에 대한 설명 중 옳지 않은 것은? (다툼이 있는 경우 판례에 따름)

① 甲 앞으로 원인무효의 근저당권설정등기가 경료된 후 乙 앞으로 근저당권이전의 부기등기가 경료된 경우 저당권설정등기 말소청구의 피고적격은 乙이 갖는다.
② 유언집행자가 있는 경우 그의 유언집행에 필요한 한도에서 상속인의 상속재산에 대한 처분권은 제한되며 그 제한을 받는 범위 내에서 상속인은 당사자적격이 없다.
③ 집합건물의 관리단으로부터 공용부분 변경에 관한 업무를 위임받은 입주자대표회의는 구분소유자들을 상대로 공용부분 변경에 따른 비용을 청구하는 소를 제기할 원고적격이 없다.
④ 종중의 대표자를 선출한 결의의 무효나 부존재의 확인을 구하는 소송에서 피고적격을 가지는 자는 종중이다.
⑤ 채권자대위소송에서 피보전권리가 없는 것으로 밝혀진 경우 법원은 원고적격 흠결을 이유로 소를 각하하여야 한다.

① O 근저당권의 양도에 의한 부기등기는 기존의 근저당권설정등기에 의한 <u>권리의 승계를 등기부상 명시하는 것뿐으로, 그 등기에 의하여 새로운 권리가 생기는 것이 아닌 만큼 근저당권설정등기의 말소등기청구는 양수인만을 상대로 하면 족하고, 양도인은 그 말소등기청구에 있어서 피고적격이 없다</u>(대판 1995.5.26. 95다7550).
② O 유언집행자는 유증의 목적인 재산의 관리 기타 유언의 집행에 필요한 모든 행위를 할 권리의무가 있으므로, 유증 목적물에 관하여 마쳐진, 유언의 집행에 방해가 되는 다른 등기의 말소를 구하는 소송에 있어서는 유언집행자가 이른바 법정소송담당으로서 원고적격을 가진다고 할 것이고, 유언집행자는 유언의 집행에 필요한 범위 내에서는 상속인과 이해상반되는 사항에 관하여도 중립적 입장에서 직무를 수행하여야 하므로, 유언집행자가 있는 경우 그의 유언집행에 필요한 한도에서 <u>상속인의 상속재산에 대한 처분권은 제한되며 그 제한 범위 내에서 상속인은 원고적격이 없다</u>(대판 2010.10.28. 2009다20840).
③ X 집합건물법 제15조 제1항에서 정한 특별결의나 집합건물법 제41조 제1항에서 정한 서면이나 전자적 방법 등에 의한 합의의 방법으로 집합건물의 관리단으로부터 공용부분 변경에 관한 업무를 <u>위임받은 입주자대표회의는 특별한 사정이 없는 한 구분소유자들을 상대로 자기 이름으로 소를 제기하여 공용부분 변경에 따른 비용을 청구할 권한이 있다</u>(대판 2017.3.16. 2015다3570).
④ O 판례에 따르면 선출결의 무효나 부존재 확인의 소에서 피고적격은 대표자가 아니라 단체이다.
⑤ O 판례에 따르면 채권자대위소송은 법정소송담당으로 <u>피보전권리가 없는 경우, 보전의 필요성이 없는 경우, 채무자가 권리를 행사한 경우에는 당사자적격흠결로 소를 각하하여야 한다</u>.

15 19법전협-2-53 정답 ①

당사자적격에 대한 설명 중 옳은 것을 모두 고른 것은? (다툼이 있는 경우 판례에 따름)

ㄱ. 주식회사의 대표이사에 대한 직무집행정지 및 직무대행자 선임의 가처분신청은 당해 대표이사를 피신청인으로 하여야 한다.

ㄴ. 주주총회결의 취소판결은 대세적 효력이 있으므로, 주주총회결의 취소의 소에서는 성질상 회사만 피고가 될 수 있다.

ㄷ. 채무자가 甲과 乙을 피공탁자(지분 각 1/2)로 하여 변제공탁한 경우, 甲은 乙과 내부적인 지분이 다르다는 이유로 乙을 피고로 하여 초과지분에 대한 공탁금출급청구권 존재확인의 소를 제기할 수 있다.

ㄹ. 乙 명의의 부동산에 甲 명의로 소유권이전청구권 보전을 위한 가등기를 마쳤는데, 丙 앞으로 소유권이전등기가 마쳐지고 甲 명의의 가등기가 적법한 원인 없이 말소된 경우, 甲은 乙을 상대로 가등기의 회복등기절차의 이행을 구하는 소를 제기하여야 한다.

① ㄱ, ㄴ
② ㄱ, ㄴ, ㄷ
③ ㄴ, ㄹ
④ ㄴ, ㄷ, ㄹ
⑤ ㄱ, ㄹ

해설

ㄱ. 대판 1982.2.9. 80다2424 등

ㄴ. O 주주총회결의 취소와 결의무효확인판결은 대세적 효력이 있으므로 그와 같은 소송의 피고가 될 수 있는 자는 그 성질상 회사로 한정된다(대판 1982.9.14. 80다2425 전원합의체).

ㄷ. X 채무자가 확정판결에 따라 甲과 乙을 피공탁자(지분 각 1/2)로 하여 판결에서 지급을 명한 금액을 변제공탁한 경우, 甲과 乙은 각자 위 공탁금의 1/2 지분에 해당하는 공탁금을 출급청구할 수 있을 뿐이고, 각자의 지분을 초과하는 지분에 대하여는 甲과 乙이 피공탁자로 지정되어 있지 않으므로 초과지분에 대하여 상대방을 상대로 공탁금출급청구권의 확인을 청구할 수 없다(대판 2006.8.25. 2005다67476).

ㄹ. X 말소된 등기의 회복등기절차의 이행을 구하는 소에서는 회복등기의무자에게만 피고적격이 있는바, 가등기가 이루어진 부동산에 관하여 제3취득자 앞으로 소유권이전등기가 마쳐진 후 그 가등기가 말소된 경우 그와 같이 말소된 가등기의 회복등기절차에서 회복등기의무자는 가등기가 말소될 당시의 소유인 제3취득자이므로, 그 가등기의 회복등기청구는 회복등기의무자인 제3취득자를 상대로 하여야 한다(대판 2009.10.15. 2006다43903).

16 20법전협-2-37 정답 ②

당사자적격에 관한 설명 중 옳지 않은 것은? (다툼이 있는 경우 판례에 의함)

① 이행의 소에서 피고가 실제 의무자인지 여부는 본안에서 가릴 문제이기 때문에 실제 이행청구권자나 의무자가 아닌 것으로 판명되더라도 청구기각을 할 것이지 당사자적격이 없다고 하여 소를 각하해서는 안 된다.

② 등기명의인이나 그 포괄승계인이 아닌 자를 상대로 등기말소청구를 하는 경우, 이는 당사자적격의 문제가 아니라 본안판단의 문제이므로 청구를 기각하여야 한다.

③ 자신을 종중대표자라고 주장하는 자가 대표자지위의 확인을 구할 경우, 종중원 전원을 피고로 하거나 종중을 피고로 하여야 한다.

④ 추심명령이 있으면 추심명령을 받은 자만이 채권의 이행을 청구하는 소를 제기할 수 있고 채무자는 당사자적격을 상실한다.

⑤ 채권자대위소송에서 피보전채권의 존재가 인정되지 않는 경우, 채권자는 원고로서 채무자의 제3채무자에 대한 권리를 대위행사할 당사자적격이 없다.

해설

① O 이행의 소에 있어서는 원고의 청구 자체로서 당사자 적격이 판가름되고 그 판단은 청구의 당부의 판단에 흡수되는 것이므로 지급청구권을 주장하는 자가 정당한 원고이고 의무자로 주장된 자가 정당한 피고라 할 것이니, 종중원이 종중재산에 관하여 보존행위로서 소유권이전등기 말소청구를 한 경우에는 그 말소청구권이 없음을 이유로 청구기각 판결을 할 것이고, 당사자 적격이 없다고 소각하 판결을 할 것이 아니다(대판 1994.6.14. 94다14797; 서울고법 1972.11.6. 72나322 등).

② X 등기의무자, 즉 등기부상의 형식상 그 등기에 의하여 권리를 상실하거나 기타 불이익을 받을 자(등기명의인이거나 그 포괄승계인)가 아닌 자를 상대로 한 등기의 말소절차이행을 구하는 소는 당사자적격이 없는 자를 상대로 한 부적법한 소이다(대판 1994.2.25. 93다39225).

③ O 종중 대표자라고 주장하는 자가 종중을 상대로 하지 않고 종중원 개인을 상대로 하여 대표자 지위의 적극적 확인을 구하는 소송은, 만일 그 청구를 인용하는 판결이 선고되더라도 그 판결의 효력은 당해 종중에는 미친다고 할 수 없기 때문에 대표자의 지위를 둘러 싼 당사자들 사이의 분쟁을 근본적으로 해결하는 가장 유효적절한 방법이 될 수 없고 따라서 확인의 이익이 없어 부적법하나고 할 것이다(대판 1973.12.11. 73다1553; 1996.4.12. 96다6295 등 참조).

④ O 채권에 대한 압류 및 추심명령이 있으면 제3채무자에 대한 이행의 소는 추심채권자만이 제기할 수 있고 채무자는 피압류채권에 대한 이행소송을 제기할 당사자적격을 상실한다(대판 2000.4.11. 99다23888).

⑤ O 채권자대위소송에 있어서 대위에 의하여 보전될 채권자의 채무자에 대한 권리가 인정되지 아니할 경우에는 채권자가 스스로 원고가 되어 채무자의 제3채무자에 대한 권리를 행사할 당사자적격이 없게 되므로 그 대위소송은 부적법하여 각하할 수밖에 없다(대판 1994.6.24. 94다14339).

제3절 소송능력

17 20법전협-2-50 정답 ④

미성년자의 소송능력에 관한 설명 중 옳지 않은 것은?
(다툼이 있는 경우 판례에 의함)

① 법정대리인이 처분을 허락한 재산에 대해서도 미성년자의 소송능력은 인정되지 아니한다.
② 미성년자가 법정대리인으로부터 허락을 얻은 특정 영업에 관한 법률행위에 대해서는 그 범위 내에서 미성년자의 소송능력이 인정된다.
③ 제한능력자인 미성년자와의 소송에서 패소한 상대방이 미성년자의 소송능력의 흠을 주장하며 상소나 재심의 사유로 삼는 것은 허용되지 않는다.
④ 법정대리인이 미성년자의 소송행위에 대하여 추인을 거절하였다가 다시 추인하면 그 소송행위는 행위시로 소급하여 효력이 생긴다.
⑤ 미성년자의 후견인이 상대방의 소 또는 상소제기에 관하여 소송행위를 하는 경우에는 그 후견감독인으로부터 특별한 권한을 받을 필요가 없다.

해설

① O 처분을 허락하였다는 이유로 이에 관하여 미성년자에게 소송능력이 부여되는 것은 아니다.
② O

> **민법 제8조(영업의 허락)**
> ① 미성년자가 법정대리인으로부터 허락을 얻은 특정한 영업에 관하여는 성년자와 동일한 행위능력이 있다.
>
> **제55조(제한능력자의 소송능력)**
> ① 미성년자 또는 피성년후견인은 법정대리인에 의해서만 소송행위를 할 수 있다. 다만, 다음 각 호의 경우에는 그러하지 아니하다.
> 1. 미성년자가 독립하여 법률행위를 할 수 있는 경우

③ O 법정대리권 등의 흠결을 재심사유로 민사소송법이 규정한 취지는 원래 그러한 대표권의 흠결이 있는 당사자측의 보호를 위한 것이므로 그 상대방이 이를 재심사유로 삼기 위하여는 그러한 사유를 주장함으로써 이익을 받을 수 있는 경우에 한한다 할 것이고(대판 1967.2.28. 66다2569 참조) 여기서 이익을 받을 수 있는 경우란 위와 같은 대표권 흠결 이외의 사유로도 종전의 판결이 종국적으로 재심원고의 이익이 되게 변경될 수 있는 경우를 의미한다 할 것인바, 가사 이건 재심대상판결에 소론과 같이 원고 종중의 대표권을 흠결한 재심사유가 있다 하더라도 이건 재심소장에 의하더라도 그 이익되는 사유에 관하여 아무런 주장이 없을 뿐만 아니라 … (중략) … (대판 1983.2.8. 80사50).

④ X

> **제60조(소송능력 등의 흠과 추인)**
> 소송능력, 법정대리권 또는 소송행위에 필요한 권한의 수여에 흠이 있는 사람이 소송행위를 한 뒤에 보정된 당사자나 법정대리인이 이를 추인(追認)한 경우에는, 그 소송행위는 이를 한 때에 소급하여 효력이 생긴다.

그러나 일단 추인거절의 의사표시가 있은 이상 그 무권대리행위는 확정적으로 무효로 귀착되므로 그 후에 다시 이를 추인할 수는 없다(대판 2008.8.21. 2007다79480).

⑤ O

> **민법 제950조(후견감독인의 동의를 필요로 하는 행위)**
> ① 후견인이 피후견인을 대리하여 다음 각 호의 어느 하나에 해당하는 행위를 하거나 미성년자의 다음 각 호의 어느 하나에 해당하는 행위에 동의를 할 때는 후견감독인이 있으면 그의 동의를 받아야 한다.
> 5. 소송행위
>
> **제51조(당사자능력·소송능력 등에 대한 원칙)**
> 당사자능력(當事者能力), 소송능력(訴訟能力), 소송무능력자(訴訟無能力者)의 법정대리와 소송행위에 필요한 권한의 수여는 이 법에 특별한 규정이 없으면 민법, 그 밖의 법률에 따른다.
>
> **제56조(법정대리인의 소송행위에 관한 특별규정)**
> ① 미성년후견인, 대리권 있는 성년후견인 또는 대리권 있는 한정후견인이 상대방의 소 또는 상소 제기에 관하여 소송행위를 하는 경우에는 그 후견감독인으로부터 특별한 권한을 받을 필요가 없다.
> ② 제1항의 법정대리인이 소의 취하, 화해, 청구의 포기·인낙(認諾) 또는 제80조에 따른 탈퇴를 하기 위해서는 후견감독인으로부터 특별한 권한을 받아야 한다. 다만, 후견감독인이 없는 경우에는 가정법원으로부터 특별한 권한을 받아야 한다.

18 19법전협-3-49 정답 ④

소송능력과 법정대리인에 관한 설명 중 옳지 않은 것은?
(다툼이 있는 경우 판례에 의함)

① 미성년자는, 독립하여 법률행위를 할 수 있는 경우가 아니면, 친권자의 동의를 받더라도 소송행위를 할 수 없다.
② 미성년후견인이 소의 취하, 화해, 청구의 포기를 하는 경우에는 후견감독인으로부터 특별한 권한을 받아야 하지만, 상대방의 상소 제기에 관해 소송행위를 하는 경우에는 그러한 권한을 받을 필요가 없다.
③ 제한능력자를 위한 특별대리인이 소의 취하를 하기 위해서는 후견감독인으로부터 특별한 권한을 받아야 한다. 다만, 후견감독인이 없는 경우에는 가정법원으로부터 특별한 권한을 받아야 한다.
④ 미성년자가 당사자인 사건의 소송계속 중 미성년자의 친권자가 사망한 경우에는 소송절차가 중단되지만, 미성년후견인이 사망한 경우에는 후견감독인이 소송행위를 계속할 수 있으므로 소송절차가 중단되지 않는다.
⑤ 법정대리인은 당사자에 준하는 지위를 갖지만, 당해 판결의 효력인 기판력과 집행력이 미치지 않는다.

 해설

① O

> **제55조(제한능력자의 소송능력)**
> ① 미성년자 또는 피성년후견인은 법정대리인에 의해서만 소송행위를 할 수 있다. 다만, 다음 각 호의 경우에는 그러하지 아니하다.
> 1. 미성년자가 독립하여 법률행위를 할 수 있는 경우

② O

> **제56조(법정대리인의 소송행위에 관한 특별규정)**
> ① 미성년후견인, 대리권 있는 성년후견인 또는 대리권 있는 한정후견인이 상대방의 소 또는 상소 제기에 관하여 소송행위를 하는 경우에는 그 후견감독인으로부터 특별한 권한을 받을 필요가 없다.
> ② 제1항의 법정대리인이 소의 취하, 화해, 청구의 포기·인낙 또는 제80조에 따른 탈퇴를 하기 위해서는 후견감독인으로부터 특별한 권한을 받아야 한다. 다만, 후견감독인이 없는 경우에는 가정법원으로부터 특별한 권한을 받아야 한다.

③ O

> **제62조(제한능력자를 위한 특별대리인)**
> ③ 특별대리인은 대리권 있는 후견인과 같은 권한이 있다. 특별대리인의 대리권의 범위에서 법정대리인의 권한은 정지된다.

따라서 소의 취하를 위해서 제56조 제2항에 따라 특별한 권한을 받아야 한다.

④ X

> **제235조(소송능력의 상실, 법정대리권의 소멸로 말미암은 중단)**
> 당사자가 소송능력을 잃은 때 또는 법정대리인이 죽거나 대리권을 잃은 때에 소송절차는 중단된다. 이 경우 소송능력을 회복한 당사자 또는 법정대리인이 된 사람이 소송절차를 수계하여야 한다.

즉, 미성년후견인도 법정대리인이므로 사망으로 인해 소송절차는 중단된다.

⑤ O 법정대리인은 소송무능력자를 보호하는 지위에 있다는 점에서 당사자에 준하는 지위를 인정하는 규정을 두고 있지만, 기판력은 당사자 사이에 한하여 발생하고 제3자에게는 미치지 않는다(민사소송법 제218조 제1항). 즉 법정대리인, 소송대리인, 보조참가인, 통상공동소송인에게는 기판력이 미치지 않는다.

제4절 변론능력

19 18법전협-3-39 정답 ④

변론능력에 대한 설명 중 옳지 않은 것은? (다툼이 있는 경우 판례에 따름)

① 법원이 변론능력의 흠을 간과하여 판결한 경우, 상소나 재심의 소가 허용되지 않는다.
② 법원이 원고에게 진술금지 및 변호사선임을 명하였는데, 당사자가 이에 불응하는 경우 법원은 결정으로 소를 각하할 수 있다.
③ 당사자에게 발언금지명령이 내려진 경우 당해 기일에서만 변론능력이 상실되지만, 진술금지명령이 내려진 경우에는 당해 기일 및 그 이후의 모든 기일에서 변론능력이 상실된다.
④ 준비기일에서는 진술금지명령을 할 수 없다.
⑤ 진술금지명령에 대하여는 즉시항고를 할 수 없다.

 해설

① O 변론능력은 소송의 원활을 위한 것이다. 따라서 변론무능력을 문제 삼지 않고 판결이 되었다면 그 흠은 치유되었다고 보아야 한다.

② O

> **제144조(변론능력이 없는 사람에 대한 조치)**
> ① 법원은 소송관계를 분명하게 하기 위하여 필요한 진술을 할 수 없는 당사자 또는 대리인의 진술을 금지하고, 변론을 계속할 새 기일을 정할 수 있다.
> ② 제1항의 규정에 따라 진술을 금지하는 경우에 필요하다고 인정하면 법원은 변호사를 선임하도록 명할 수 있다.
> ③ 제1항 또는 제2항의 규정에 따라 대리인에게 진술을 금지하거나 변호사를 선임하도록 명하였을 때에는 본인에게 그 취지를 통지하여야 한다.
> ④ 소 또는 상소를 제기한 사람이 제2항의 규정에 따른 명령을 받고도 제1항의 새 기일까지 변호사를 선임하지 아니한 때에는 법원은 결정으로 소 또는 상소를 각하할 수 있다.
> ⑤ 제4항의 결정에 대하여는 즉시항고를 할 수 있다.

③ O 진술금지재판을 받으면 그 심급에서 변론기일에서의 변론능력을 상실하지만 발언금지명령의 경우에는 그 기일에 한하여 변론능력을 상실한다.

④ X

> **제286조(준용규정)**
> 변론준비절차에는 제135조 내지 제138조, 제140조, 제142조 내지 제151조, 제225조 내지 제232조, 제268조 및 제278조의 규정을 준용한다.

⑤ O 즉시항고는 명문에서 즉시항고를 할 수 있다고 규정한 때에 허용된다.

제5절 소송상 대리인

20 22변시-61 　　　　　　정답 ②

소송대리인에 관한 설명 중 옳은 것을 모두 고른 것은?
(다툼이 있는 경우 판례에 의함)

ㄱ. 소송계속 중 당사자가 사망하였어도 소송대리인이 있어 소송절차가 중단되지 아니하는 경우, 그 소송대리인은 상속인들 전원을 위하여 소송을 수행하게 되는 것이며 그 사건의 판결은 상속인들 전원에 대하여 효력이 있다.

ㄴ. 당사자가 소송대리인에게 소송위임을 한 다음 소 제기 전에 사망하였음에도 소송대리인이 당사자의 사망 사실을 모르고 그 당사자를 원고로 표시하여 소를 제기하였다면, 이러한 소의 제기는 적법하고 시효 중단 등 소 제기의 효력은 상속인들에게 귀속된다.

ㄷ. 소송대리권의 범위는 특별한 사정이 없는 한 해당 심급에 한정되므로, 상소 제기의 특별수권을 받지 않은 소송대리인의 소송대리권은 그 심급의 판결을 송달받은 때 소멸된다.

ㄹ. 선정당사자가 변호사와 소송위임계약을 체결하면서 선정자로부터 별도의 수권을 받지 않고 변호사 보수에 관한 약정을 한 경우, 그 약정은 선정자의 추인이 없더라도 선정자에 대하여 효력이 있다.

① ㄱ, ㄴ
② ㄱ, ㄴ, ㄷ
③ ㄱ, ㄷ, ㄹ
④ ㄴ, ㄷ, ㄹ
⑤ ㄱ, ㄴ, ㄷ, ㄹ

ㄱ. O 당사자가 사망하였으나 소송대리인이 있어 소송절차가 중단되지 아니한 경우 원칙적으로 소송수계라는 문제가 발생하지 아니하고 소송대리인은 상속인들 전원을 위하여 소송을 수행하게 되는 것이며 그 사건의 판결은 상속인들 전원에 대하여 효력이 있다 할 것이고, 이때 상속인이 밝혀진 경우에는 상속인을 소송승계인으로 하여 신당사자로 표시할 것이지만 상속인이 누구인지 모를 때에는 망인을 그대로 당사자로 표시하여도 무방하며, 가령 신당사자를 잘못 표시하였다 하더라도 그 표시가 망인의 상속인, 상속승계인, 소송수계인 등 망인의 상속인임을 나타내는 문구로 되어 있으면 잘못표시된 당사자에 대하여는 판결의 효력이 미치지 아니하고 여전히 정당한 상속인에 대하여 판결의 효력이 미친다(대결 1992.11.5. 91마342).

ㄴ. O 당사자가 사망하더라도 소송대리인의 소송대리권은 소멸하지 아니하므로(민사소송법 제95조 제1호), 당사자가 소송대리인에게 소송위임을 한 다음 소 제기 전에 사망하였는데 소송대리인이 당사자가 사망한 것을 모르고 당사자를 원고로 표시하여 소를 제기하였다면 소의 제기는 적법하고, 시효중단 등 소 제기의 효력은 상속인들에게 귀속된다(대판 2016.4.29. 2014다210449).

ㄷ. O 소송대리권의 범위는 특별한 사정이 없는 한 당해 심급에 한정되어, 소송대리인의 소송대리권의 범위는 수임한 소송사무가 종료하는 시기인 당해 심급의 판결을 송달받은 때까지라고 할 것이다(대결 2000.1.31. 99마6205).

ㄹ. X 선정당사자는 선정자들로부터 소송수행을 위한 포괄적인 수권을 받은 것으로서 일체의 소송행위는 물론 소송수행에 필요한 사법상(私法上)의 행위도 할 수 있는 것이고 개개의 소송행위를 함에 있어서 선정자의 개별적인 동의가 필요한 것은 아니라 할 것이므로, 자신과 선정자들을 위한 공격이나 방어를 위하여 필요한 범위에서 특정한 법률관계에 실체법적 효과를 발생시키는 행위나 변제의 수령 등을 할 수 있다고 할 것이지만, 변호사인 소송대리인과 사이에 체결하는 보수약정은 소송위임에 필수적으로 수반되어야 하는 것은 아니므로 선정당사자가 그 자격에 기한 독자적인 권한으로 행할 수 있는 소송수행에 필요한 사법상의 행위라고 할 수 없다. 따라서 선정당사자가 선정자로부터 별도의 수권 없이 변호사 보수에 관한 약정을 하였다면 선정자들이 이를 추인하는 등의 특별한 사정이 없는 한 선정자에 대하여 효력이 없다고 할 것이다(대판 2010.5.13. 2009다105246).

21 21변시-55 　　　　　　정답 ⑤

소송상의 대리인에 관한 설명 중 옳은 것을 모두 고른 것은? (다툼이 있는 경우 판례에 의함)

ㄱ. 대리권 있는 한정후견인이 소의 취하를 하기 위해서는 후견감독인으로부터 특별한 권한을 받아야 하지만, 후견감독인이 없는 경우에는 수소법원의 허가를 받아야 한다.

ㄴ. 의사무능력자를 위한 특별대리인이 재판상 화해를 하는 경우, 법원은 그 행위가 본인의 이익을 명백히 침해한다고 인정할 때에는 그 행위가 있는 날부터 14일 이내에 결정으로 이를 허가하지 아니할 수 있다.

ㄷ. 항소심 판결이 상고심에서 파기되고 사건이 항소심 법원으로 환송되더라도 환송 전 항소심에서의 소송대리인의 소송대리권은 부활하지 않는다.

ㄹ. 당사자에게 여러 소송대리인이 있는 경우, 항소기간은 소송대리인 중 1인에게 최초로 판결정본이 송달되었을 때부터 진행한다.

① ㄱ, ㄴ　　　　② ㄱ, ㄷ
③ ㄱ, ㄹ　　　　④ ㄴ, ㄷ
⑤ ㄴ, ㄹ

ㄱ. X

> **제56조(법정대리인의 소송행위에 관한 특별규정)**
> ① 미성년후견인, 대리권 있는 성년후견인 또는 대리권 있는 한정후견인이 상대방의 소 또는 상소 제기에 관하여 소송행위를 하는 경우에는 그 후견감독인으로부터 특별한 권한을 받을 필요가 없다.
> ② 제1항의 법정대리인이 소의 취하, 화해, 청구의 포기·인낙(認諾) 또는 제80조에 따른 탈퇴를 하기 위해서는 후견감독인으로부터 특별한 권한을 받아야 한다. 다만, 후견감독인이 없는 경우에는 가정법원으로부터 특별한 권한을 받아야 한다.

ㄴ. O

> **제62조의2(의사무능력자를 위한 특별대리인의 선임 등)**
> ① 의사능력이 없는 사람을 상대로 소송행위를 하려고 하거나 의사능력이 없는 사람이 소송행위를 하는 데 필요한 경우 특별대리인의 선임 등에 관하여는 제62조를 준용한다. 다만, 특정후견인 또는 임의후견인도 특별대리인의 선임을 신청할 수 있다.
> ② 제1항의 특별대리인이 소의 취하, 화해, 청구의 포기·인낙 또는 제80조에 따른 탈퇴를 하는 경우 법원은 그 행위가 본인의 이익을 명백히 침해한다고 인정될 때에는 그 행위가 있는 날부터 14일 이내에 결정으로 이를 허가하지 아니할 수 있다. 이 결정에 대해서는 불복할 수 없다.

ㄷ. X 사건이 상고심에서 환송되어 다시 항소심에 계속하게 된 경우에는 상고전의 항소심에서의 소송대리인의 대리권은 그 사건이 항소심에 계속되면서 다시 부활하는 것이므로 환송받은 항소심에서 환송전의 항소심에서의 소송대리인에게 한 송달은 소송당사자에게 한 송달과 마찬가지의 효력이 있다(대판 1984.6.14. 84다카744).

ㄹ. O 민사소송의 당사자는 민사소송법 제396조 제1항에 의하여 판결정본이 송달된 날부터 2주 이내에 항소를 제기하여야 한다. 한편 당사자에게 여러 소송대리인이 있는 때에는 민사소송법 제93조에 의하여 각자가 당사자를 대리하게 되므로, 여러 사람이 공동으로 대리권을 행사하는 경우 그 중 한 사람에게 송달을 하도록 한 민사소송법 제180조가 적용될 여지가 없어 법원으로서는 판결정본을 송달함에 있어 여러 소송대리인에게 각각 송달을 하여야 하지만, 그와 같은 경우에도 소송대리인 모두 당사자 본인을 위하여 소송서류를 송달받을 지위에 있으므로 당사자에 대한 판결정본 송달의 효력은 결국 소송대리인 중 1인에게 최초로 판결정본이 송달되었을 때 발생한다. 따라서 당사자에게 여러 소송대리인이 있는 경우 항소기간은 소송대리인 중 1인에게 최초로 판결정본이 송달되었을 때부터 기산된다(대결 2011.9.29. 2011마1335).

22 15변시-53   정답 ⑤

甲이 乙을 상대로 제기한 X토지의 소유권이전등기말소청구의 소의 항소심법원은 甲에게 소유권이 인정되지 않는다는 이유로 甲이 승소한 제1심 판결을 취소하고 甲의 청구를 기각하는 판결을 선고하였다. 이에 대하여 甲이 상고를 제기하였는데, 상고심 법원은 항소심판결을 파기하고 항소심법원에 환송하는 판결을 선고하였다. 다음 설명 중 옳은 것은? (각 지문은 독립적이며, 다툼이 있는 경우 판례에 의함)

① 항소심에서 판결 작성에 관여한 A판사가 상고심 재판에 관여한 경우, 乙은 법률상 재판에 관여할 수 없는 법관이 관여하였음을 이유로 위 파기환송판결에 대하여 재심의 소를 제기할 수 있다.
② 환송 후 항소심의 판결정본이 환송 전 항소심의 甲의 대리인인 변호사 B에게 송달되면 송달로서의 효력이 생기지 않는다.
③ 환송 전과 환송 후의 항소심은 동일한 심급이므로 환송 전의 항소심판결에 관여한 C판사는 환송 후의 항소심재판에 관여할 수 있다.
④ 이 사건 제1심 법원의 촉탁에 의해 다른 법원의 D판사가 증거조사를 실시한 경우 D판사는 환송 후 항소심의 직무집행에서 제척된다.
⑤ 환송 후의 항소심판결에 대하여 乙이 적법하게 상고를 제기한 경우 환송 전의 상고심에서 乙을 대리하였던 변호사 E의 소송대리권은 환송 후의 상고심에서 부활하지 않는다.

① X 재심제도의 본래의 목적에 비추어 볼 때 재심의 대상이 되는 "확정된 종국판결"이란 당해 사건에 대한 소송절차를 최종적으로 종결시켜 그것에 하자가 있다고 하더라도 다시 통상의 절차로는 더 이상 다툴 수 없는 기판력이나 형성력, 집행력을 갖는 판결을 뜻하는 것이라고 이해하여야 할 것이다. 대법원의 환송판결은 형식적으로 보면 "확정된 종국판결"에 해당하지만, 여기서 종국판결이라고 하는 의미는 당해 심급의 심리를 완결하여 사건을 당해 심급에서 이탈시킨다는 것을 의미하는 것일 뿐이고 실제로는 환송받은 하급심에서 다시 심리를 계속하게 되므로 소송절차를 최종적으로 종료시키는 판결은 아니며, 또한 환송판결도 동일절차 내에서는 철회, 취소될 수 없다는 의미에서 기속력이 인정됨은 물론 법원조직법 제8조, 민사소송법 제406조 제2항 후문의 규정에 의하여 하급심에 대한 특수한 기속력은 인정되지만 소송물에 관하여 직접적으로 재판하지 아니하고 원심의 재판을 파기하여 다시 심리판단하여 보라는 종국적 판단을 유보한 재판의 성질상 직접적으로 기판력이나 실체법상 형성력, 집행력이 생기지 아니한다고 하겠으므로 이는 중간판결의 특성을 갖는 판결로서 "실질적으로 확정된 종국판결"이라 할 수 없다. 종국판결은 당해 심급의 심리를 완결하여 심급을 이탈시킨다는 측면에서 상소의 대상이 되는 판결인지 여부를 결정하는 기준이 됨은 분명하지만 종국판결에 해당하는 모든 판결이 바로 재심의 대상이 된다고 이해할 아무런 이유가 없다. 통상의 불복방법인 상소제도와 비상의 불복방법인 재심제도의 본래의 목적상의 차이에 비추어 보더라도 당연하다. 따라서 환송판결은 재심의 대상을 규정한 민사소송법 제422조 제1항(현행 제451조 제1항) 소정의 "확정된 종국판결"에는 해당하지 아니하는 것으로 보아야 할 것이어서, 환송판결을 대상으로 하여 제기한 이 사건 재심의 소는 부적법하므로 이를 각하하여야 한다(대판 1995.2.14. 93재다27,34(반소) 전원합의체).

② X 사건이 상고심에서 환송되어 다시 항소심에 계속하게 된 경우에는 상고전의 항소심에서의 소송대리인의 대리권은 그 사건이 항소심에 계속되면서 다시 부활하는 것이므로 환송받은 항소심에서 환송전의 항소심에서의 소송대리인에게 한 송달은 소송당사자에게 한 송달과 마찬가지의 효력이 있다(대결 1984.6.14. 84다카744).

③ X

> **제436조(파기환송, 이송)**
> ① 상고법원은 상고에 정당한 이유가 있다고 인정할 때에는 원심판결을 파기하고 사건을 원심법원에 환송하거나, 동등한 다른 법원에 이송하여야 한다.
> ② 사건을 환송받거나 이송받은 법원은 다시 변론을 거쳐 재판하여야 한다. 이 경우에는 상고법원이 파기의 이유로 삼은 사실상 및 법률상 판단에 기속된다.
> ③ 원심판결에 관여한 판사는 제2항의 재판에 관여하지 못한다.

④ X 법관의 제척원인이 되는 전심관여라 함은 최종변론과 판결의 합의에 관여함을 말하는 것이고 그 전의 변론이나 증거조사에 관여한 경우는 포함되지 아니한다(대판 1994.8.12. 92다23537).

⑤ O 소송대리권의 범위는 특별한 사정이 없는 한 당해 심급에 한정되므로, 상고심에서 항소심으로 파기환송된 사건이 다시 상고되었을 경우에는 항소심에서의 소송대리인은 그 소송대리권을 상실하게 되고, 이때 환송 전의 상고심에서의 소송대리인의 대리권이 그 사건이 다시 상고심에 계속되면서 부활하게 되는 것은 아니라고 할 것이어서, 새로운 상고심은 변호사보수의소송비용산입에관한규칙의 적용에 있어서는 환송 전의 상고심과는 별개의 심급으로 보아야 한다(대결 1996.4.4. 96마148).

23 14변시-56 정답 ⑤

피고의 대표이사이던 甲은 대표이사선임결의 무효확인소송의 제1심이 진행 중 대표이사의 직무집행이 정지되었음에도 원고가 제기한 항소심에 이르러 피고를 대표하여 변호사 乙을 피고 소송대리인으로 선임하면서 그에게 상고제기 권한까지 위임하였다. 이에 乙은 항소심에서 피고를 대리하여 모든 소송행위를 하였고 피고 패소의 항소심판결이 선고된 후 상고를 제기하였다. 다음 설명 중 옳지 않은 것은? (다툼이 있는 경우에는 판례에 의함)

① 항소법원은 乙이 소송대리인으로 선임된 후 乙에게 소송대리권의 흠을 보정하도록 명함에 있어, 보정이 지연됨으로써 손해가 생길 염려가 있는 경우에는 乙에게 일시적으로 소송행위를 하게 할 수 있다.

② 위 상고의 제기는 피고를 대리할 권한이 없는 자에 의하여 제기된 것으로서 부적법하다.

③ 위 상고가 각하된다면, 乙이 그 소송수임에 관하여 중대한 과실이 없는 경우 상고비용은 甲이 부담해야 한다.

④ 상고심에서 피고의 적법한 직무대행자 丁에 의하여 선임된 피고 소송대리인 丙이 항소심에서 乙이 한 소송행위 중 상고제기 행위만을 추인하고 그 밖의 소송행위는 추인하지 아니하는 것은 허용되지 않는다.

⑤ 위 ④ 이후, 丙은 항소심에서 乙이 한 소송행위 중 이전에 추인하지 아니하였던 소송행위를 다시 추인할 수 있다.

 해설

① O 甲은 대표이사의 직무집행이 정지된 자이므로 소송위임행위를 할 권한이 없으므로 乙은 소송대리권이 없다. 항소법원은 乙에게 소송대리권의 흠을 보정하도록 명함에 있어, 보정이 지연됨으로써 손해가 생길 염려가 있는 경우에는 乙에게 일시적으로 소송행위를 하게 할 수 있다.

> **제59조(소송능력 등의 흠에 대한 조치)**
> 소송능력·법정대리권 또는 소송행위에 필요한 권한의 수여에 흠이 있는 경우에는 법원은 기간을 정하여 이를 보정(補正)하도록 명하여야 하며, 만일 보정하는 것이 지연됨으로써 손해가 생길 염려가 있는 경우에는 법원은 보정하기 전의 당사자 또는 법정대리인으로 하여금 일시적으로 소송행위를 하게 할 수 있다.

② O 乙은 소송대리권이 없는 자이다. 이 사건 상고는 피고를 대리할 권한이 없는 자에 의하여 제기된 것으로서 부적법하다고 할 것이다.

③ O

> **제107조(제3자의 비용상환)**
> ① 법정대리인·소송대리인·법원사무관등이나 집행관이 고의 또는 중대한 과실로 쓸데없는 비용을 지급하게 한 경우에는 수소법원은 직권으로 또는 당사자의 신청에 따라 그에게 비용을 갚도록 명할 수 있다.
> ② 법정대리인 또는 소송대리인으로서 소송행위를 한 사람이 그 대리권 또는 소송행위에 필요한 권한을 받았음을 증명하지 못하거나, 추인을 받지 못한 경우에 그 소송행위로 말미암아 발생한 소송비용에 대하여는 제1항의 규정을 준용한다.

> **제108조(무권대리인의 비용부담)**
> 제107조 제2항의 경우에 소가 각하된 경우에는 소송비용은 그 소송행위를 한 대리인이 부담한다.

④ O 무권대리인이 행한 소송행위를 일부만 추인할 수 있다고 한다면 절차안정을 해할 수 있기 때문에 일괄하여 추인하는 것이 원칙이다.

관련판례 무권대리인이 행한 소송행위의 추인은, 특별한 사정이 없는 한, 소송행위의 전체를 대상으로 하여야 하는 것이고 그 중 일부의 소송행위만을 추인하는 것은 허용되지 아니한다(대판 2008.8.21. 2007다79480).

⑤ X 일단 추인거절의 의사표시가 있는 이상 그 무권대리행위는 확정적으로 무효로 귀착되므로 그 후에 다시 이를 추인할 수는 없다 할 것이다(대판 2008.8.21. 2007다79480).

24 13변시-54 정답 ④

다음 설명 중 옳지 않은 것은? (다툼이 있는 경우에는 판례에 의함)

① 피고 경정의 경우에는 경정신청서의 제출 시에 시효중단의 효과가 생기지만, 피고 표시정정의 경우에는 소제기 시에 시효중단의 효과가 생긴다.

② 전속적 관할의 합의가 유효하더라도 합의한 법원이 아닌 다른 법원에 변론관할이 생길 수 있고, 법원은 사건을 다른 법정관할법원으로 이송할 수 있다.

③ 실효의 원칙은 항소권과 같은 소송법상의 권리에 대하여도 적용될 수 있지만, 법원은 구체적으로 권리불행사 기간의 장단·당사자 쌍방의 사정·객관적으로 존재한 사정 등을 모두 고려하여 사회통념에 따라 위 원칙의 적용 여부를 합리적으로 판단하여야 한다.

④ 업무에 관한 포괄적 대리권을 가진 상법상 지배인은 법률상 인정된 임의대리인이며, 소액사건의 경우 당사자의 배우자는 법원의 허가를 받아 소송대리인이 될 수 있다.

⑤ 소 또는 상소를 제기한 사람이 진술금지의 명령과 함께 변호사선임명령을 받고 새 기일까지 변호사를 선임하지 않은 때에는 법원은 결정으로 소 또는 상소를 각하할 수 있다.

 해설

① O 피고경정은 새로운 피고에게 신소제기의 성질을 갖는다고 볼 것이어서 경정신청서를 법원에 제출한 때에 시효중단의 효력이 생기나(민사소송법 제265조), 당사자 표시정정은 당사자의 동일성을 유지하는 것이므로 소를 제기한 때에 시효중단의 효력이 생긴다(대판 2011.3.10. 2010다99040).

> **제265조(소제기에 따른 시효중단의 시기)**
> 시효의 중단 또는 법률상 기간을 지킴에 필요한 재판상 청구는 소를 제기한 때 또는 제260조 제2항·제262조 제2항 또는 제264조 제2항의 규정에 따라 서면을 법원에 제출한 때에 그 효력이 생긴다.
>
> **제260조(피고의 경정)**
> ② 피고의 경정은 서면으로 신청하여야 한다.

② O 합의관할은 전속적 합의를 한 경우에도 임의관할이므로 변론관할이 생길 수 있으며(민사소송법 제30조), 법원은 현저한 지연을 피하기 위한 공익적 필요가 있으면 다른 법정관할법원에 이송할 수 있다(제35조).

③ O 실효의 원칙이라 함은 권리자가 장기간에 걸쳐 그 권리를 행사하지 아니함에 따라 그 의무자인 상대방이 더 이상 권리자가 권리를 행사하지 아니할 것으로 신뢰할 만한 정당한 기대를 가지게 된 경우에 새삼스럽게 권리자가 그 권리를 행사하는 것은 법질서 전체를 지배하는 신의성실의 원칙에 위반되어 허용되지 아니한다는 것을 의미하고, 항소권과 같은 소송법상의 권리에 대하여도 이러한 원칙은 적용될 수 있다고 할 것이다. 그리고 실효의 원칙이 적용되기 위하여 필요한 요건으로서의 실효기간(권리를 행사하지 아니한 기간)의 길이와 의무자인 상대방이 권리가 행사되지 아니하리라고 신뢰할 만한 정당한 사유가 있었는지의 여부는 일률적으로 판단할 수 있는 것이 아니라 구체적인 경우마다 권리를 행사하지 아니한 기간의 장단과 함께 권리자측과 상대방측 쌍방의 사정 및 객관적으로 존재한 사정 등을 모두 고려하여 사회통념에 따라 합리적으로 판단하여야 한다(대판 1996.7.30. 94다51840).

④ X

> **소액사건심판법 제8조(소송대리에 관한 특칙)**
> ① 당사자의 배우자·직계혈족 또는 형제자매는 법원의 허가 없이 소송대리인이 될 수 있다.

⑤ O

> **제144조(변론능력이 없는 사람에 대한 조치)**
> ① 법원은 소송관계를 분명하게 하기 위하여 필요한 진술을 할 수 없는 당사자 또는 대리인의 진술을 금지하고, 변론을 계속할 새 기일을 정할 수 있다.
> ② 제1항의 규정에 따라 진술을 금지하는 경우에 필요하다고 인정하면 법원은 변호사를 선임하도록 명할 수 있다.
> ④ 소 또는 상소를 제기한 사람이 제2항의 규정에 따른 명령을 받고도 제1항의 새 기일까지 변호사를 선임하지 아니한 때에는 법원은 결정으로 소 또는 상소를 각하할 수 있다.

25 13변시-64 정답 ③

미성년자인 甲 명의의 소유권이전등기가 마쳐진 X 토지에 관하여 매매를 원인으로 하여 乙 명의로 소유권이전등기가 마쳐졌다. 甲이 乙을 상대로 X 토지에 관한 乙 명의의 소유권이전등기 말소등기절차의 이행을 구하는 소를 제기하였다. 다음 설명 중 옳지 않은 것은? (각 지문은 독립적이고, 다툼이 있는 경우에는 판례에 의함)

① 甲의 법정대리인이 없는 경우, 이해관계인은 소송절차가 지연됨으로써 손해를 볼 염려가 있음을 소명하여 수소법원에 특별대리인의 선임을 신청할 수 있다.

② 전(前) 등기명의인인 甲이 미성년자이기는 하나 일단 乙 명의로 소유권이전등기가 마쳐진 이상, 그 이전등기에 관하여 필요한 절차를 적법하게 거친 것으로 추정된다.

③ 법원은 기간을 정하여 甲의 소송능력을 보정하도록 명하여야 하며, 설령 보정하는 것이 지연됨으로써 손해가 생길 염려가 있는 경우에도 甲에게 소송행위를 하게 할 수 없다.

④ 甲이 직접 소송대리인을 선임하여 제1심의 소송수행을 하게 하였으나 항소심에서 甲의 친권자인 丙이 다른 소송대리인을 선임하여 소송행위를 하면서 아무런 이의를 제기한 바 없이 제1심의 소송결과를 진술한 경우에는 무권대리에 의한 소송행위를 묵시적으로 추인한 것으로 보아야 한다.

⑤ 친권자 丙이 甲을 대리하여 제기한 소송 중에 甲이 성년에 도달하더라도 그 사실을 乙에게 통지하지 아니하면 甲은 丙의 대리권 소멸의 효력을 乙에게 주장하지 못한다.

① O

제62조(제한능력자를 위한 특별대리인)
① 미성년자·피한정후견인 또는 피성년후견인이 당사자인 경우, 그 친족, 이해관계인(미성년자·피한정후견인 또는 피성년후견인을 상대로 소송행위를 하려는 사람을 포함한다), 대리권 없는 성년후견인, 대리권 없는 한정후견인, 지방자치단체의 장 또는 검사는 다음 각 호의 경우에 소송절차가 지연됨으로써 손해를 볼 염려가 있다는 것을 소명하여 수소법원(受訴法院)에 특별대리인을 선임하여 주도록 신청할 수 있다.

② O 어느 부동산에 관하여 등기가 경료되어 있는 경우 특별한 사정이 없는 한 그 원인과 절차에 있어서 적법하게 경료된 것으로 추정된다(대판 2002.2.5. 2001다72029).

③ X 보정하는 것이 지연됨으로써 甲에게 손해가 생길 염려가 있는 경우에는 甲으로 하여금 일시적으로 소송행위를 하게 할 수 있다.

제59조(소송능력 등의 흠에 대한 조치)
소송능력·법정대리권 또는 소송행위에 필요한 권한의 수여에 흠이 있는 경우에는 법원은 기간을 정하여 이를 보정(補正)하도록 명하여야 하며, 만일 보정하는 것이 지연됨으로써 손해가 생길 염려가 있는 경우에는 법원은 보정하기 전의 당사자 또는 법정대리인으로 하여금 일시적으로 소송행위를 하게 할 수 있다.

④ O 미성년자가 직접 변호인을 선임하여 제1심의 소송수행을 하게 하였으나 제2심에 이르러서는 미성년자의 친권자인 법정대리인이 소송대리인을 선임하여 소송행위를 하면서 아무런 이의를 제기한 바 없이 제1심의 소송결과를 진술한 경우에는 무권대리에 의한 소송행위를 묵시적으로 추인된 것으로 보아야 한다(대판 1980.4.22. 80다308).

⑤ O

제63조(법정대리권의 소멸통지)
① 소송절차가 진행되는 중에 법정대리권이 소멸한 경우에는 본인 또는 대리인이 상대방에게 소멸된 사실을 통지하지 아니하면 소멸의 효력을 주장하지 못한다. 다만, 법원에 법정대리권의 소멸사실이 알려진 뒤에는 그 법정대리인은 제56조 제2항의 소송행위를 하지 못한다.

---

26 12변시-55   정답 ①

소송대리인에 관한 설명 중 옳지 않은 것을 모두 고른 것은? (다툼이 있는 경우에는 판례에 의함)

ㄱ. 병원을 운영하는 의료법인이 5,000만 원의 진료비를 청구하는 소송의 항소심에서, 변호사 자격이 없는 위 법인 소속 원무과 담당 직원은 법원의 허가를 얻어 위 법인을 대리하여 소송행위를 할 수 있다.

ㄴ. 당사자에게 소송대리인이 선임되어 있는 경우, 그 당사자가 사망하면 소송대리권은 소멸되어 소송절차가 중단된다.

ㄷ. 항소심 법원이 원고 소송대리인의 대리권 흠결을 이유로 소 각하 판결을 선고하자, 원고 소송대리인이 상고를 제기한 다음 상고심에서 원고로부터 대리권을 수여받아 자신이 종전에 한 소송행위를 모두 추인하였다면, 대법원은 항소심 판결을 파기하여야 한다.

ㄹ. 무권대리인이 소송행위를 한 사건에 관하여 판결이 확정된 경우, 그 소송에서의 상대방이 이를 재심사유로 삼기 위하여는 그러한 사유를 주장함으로써 이익을 받을 수 있는 경우에 한한다.

ㅁ. 원고의 소송복대리인으로 변론기일에 출석하여 변론을 하였던 변호사가 같은 사건의 다른 변론기일에 피고의 소송복대리인으로 출석하여 변론한 경우, 원고가 이에 대하여 이의를 제기하지 않았다면 피고의 소송복대리인으로서 한 위 변론은 유효하다.

① ㄱ, ㄴ   ② ㄱ, ㄷ
③ ㄴ, ㄹ   ④ ㄷ, ㅁ
⑤ ㄹ, ㅁ

ㄱ. X 소송목적의 값이 2억 원 이하이므로 항소심은 지방법원 합의부에서 관할한다.

제88조(소송대리인의 자격의 예외)
① 단독판사가 심리·재판하는 사건 가운데 그 소송목적의 값이 일정한 금액 이하인 사건에서, 당사자와 밀접한 생활관계를 맺고 있고 일정한 범위 안의 친족관계에 있는 사람 또는 당사자와 고용계약 등으로 그 사건에 관한 통상사무를 처리·보조하여 오는 등 일정한 관계에 있는 사람이 법원의 허가를 받은 때에는 제87조를 적용하지 아니한다.
② 제1항의 규정에 따라 법원의 허가를 받을 수 있는 사건의 범위, 대리인의 자격 등에 관한 구체적인 사항은 대법원규칙으로 정한다.

ㄴ. X

제95조(소송대리권이 소멸되지 아니하는 경우)
다음 각호 가운데 어느 하나에 해당하더라도 소송대리권은 소멸되지 아니한다.
1. 당사자의 사망 또는 소송능력의 상실
2. 당사자인 법인의 합병에 의한 소멸
3. 당사자인 수탁자(受託者)의 신탁임무의 종료
4. 법정대리인의 사망, 소송능력의 상실 또는 대리권의 소멸·변경

제238조(소송대리인이 있는 경우의 제외)
소송대리인이 있는 경우에는 제233조 제1항, 제234조 내지 제237조의 규정을 적용하지 아니한다.

제233조(당사자의 사망으로 말미암은 중단)
① 당사자가 죽은 때에 소송절차는 중단된다. 이 경우 상속인·상속재산관리인, 그 밖에 법률에 의하여 소송을 계속하여 수행할 사람이 소송절차를 수계(受繼)하여야 한다.

ㄷ. O 적법한 대표자 자격이 없는 비법인 사단의 대표자가 한 소송행위는 후에 대표자 자격을 적법하게 취득한 대표자가 그 소송행위를 추인하면 행위시에 소급하여 효력을 갖게 되고, 이러한 추인은 상고심에서도 할 수 있다(대판 1997.3.14. 96다25227).

ㄹ. O 민사소송법에서 법정대리권 등의 흠결을 재심사유로 규정한 취지는 원래 그러한 대표권의 흠결이 있는 당사자측을 보호하려는 데에 있으므로, 그 상대방이 이를 재심사유로 삼기 위하여는 그러한 사유를 주장함으로써 이익을 받을 수 있는 경우에 한하고, 여기서 이익을 받을 수 있는 경우란 위와 같은 대표권 흠결 이외의 사유로도 종전의 판결이 종국적으로 상대방의 이익으로 변경될 수 있는 경우를 가리킨다(대판 2000.12.22. 2000재다513).

ㅁ. O 원고 소송복대리인으로서 변론기일에 출석하여 소송행위를 하였던 변호사가 피고 소송복대리인으로도 출석하여 변론한 경우라도, 당사자가 그에 대하여 아무런 이의를 제기하지 않았다면 그 소송행위는 소송법상 완전한 효력이 생긴다(대판 1995.7.28. 94다44903).

27 21법전협-3-38 정답 ①

소송상 대리인에 관한 설명 중 옳지 않은 것은? (다툼이 있는 경우 판례에 의함)

① 당사자가 소송대리인에게 소송위임을 한 다음 소 제기 전에 사망한 것을 소송대리인이 모르고 그 사망한 사람을 원고로 표시하여 소를 제기하였다면 그 소는 부적법하다.

② 소송대리권의 범위는 특별한 사정이 없는 한 당해 심급에 한정되어, 소송대리인의 소송대리권의 범위는 수임한 소송사무가 종료하는 시기인 당해 심급의 판결을 송달받은 때까지다.

③ 무권대리인이 한 소송행위의 추인은 특별한 사정이 없는 한 소송행위의 전체를 대상으로 하여야 하고, 그중 일부의 소송행위만 추인하는 것은 허용되지 아니한다.

④ 이행지체가 있으면 즉시 강제집행을 하여도 이의가 없다는 강제집행 수락의사표시는 소송행위라 할 것이고, 이러한 소송행위에는 민법상의 표현대리규정이 적용 또는 유추적용될 수 없다.

⑤ 원고 소송복대리인으로서 변론기일에 출석하여 소송행위를 하였던 변호사가 피고 소송복대리인으로도 출석하여 변론한 경우라도, 당사자가 그에 대하여 아무런 이의를 제기하지 않았다면 그 소송행위는 소송법상 완전한 효력이 생긴다.

해설

① X 당사자가 사망하더라도 소송대리인의 소송대리권은 소멸하지 아니하므로(민사소송법 제95조 제1호), 당사자가 소송대리인에게 소송위임을 한 다음 소 제기 전에 사망하였는데 소송대리인이 당사자가 사망한 것을 모르고 당사자를 원고로 표시하여 소를 제기하였다면 소의 제기는 적법하고, 시효중단 등 소 제기의 효력은 상속인들에게 귀속된다. 이 경우 민사소송법 제233조 제1항이 유추적용되어 사망한 사람의 상속인들은 소송절차를 수계하여야 한다(대판 2016.4.29. 2014다210449).

② O 소송대리권의 범위는 특별한 사정이 없는 한 당해 심급에 한정되어, 소송대리인의 소송대리권의 범위는 수임한 소송사무가 종료하는 시기인 당해 심급의 판결을 송달받은 때까지라고 할 것이다(대결 2000.1.31. 99마6205).

③ O 무권대리인이 행한 소송행위의 추인은 특별한 사정이 없는 한 소송행위의 전체를 대상으로 하여야 하고, 그 중 일부의 소송행위만을 추인하는 것은 허용되지 아니한다(대판 2008.8.21. 2007다79480).

④ O 이행지체가 있으면 즉시 강제집행을 하여도 이의가 없다는 강제집행 수락의사표시는 소송행위라 할 것이고, 이러한 소송행위에는 민법상의 표현대리규정이 적용 또는 유추적용될 수는 없다(대판 1983.2.8. 81다카621).

⑤ O 제1심에서 피고를 대리하여 소송행위를 하였던 변호사가 항소심에서 원고소송복대리인으로 출석하여 변론을 한 경우라도 당사자가 그에 대하여 아무런 이의를 제기하지 아니하면 그 소송행위는 소송법상 완전한 효력이 생긴다(대판 1990.11.23. 90다4037,4044).

28   21법전협-2-40   정답 ②

소송상의 대리인에 대한 설명 중 옳지 않은 것은? (다툼이 있는 경우 판례에 의함)

① 의사능력이 없는 사람을 상대로 소송행위를 하려고 하거나 의사능력이 없는 사람이 소송행위를 하는데 필요한 경우 수소법원에 특별대리인의 선임을 신청할 수 있다.
② 소송절차가 진행되는 중에 법정대리권이 소멸한 경우에는 본인 또는 대리인이 상대방에게 그 사실을 통지하지 아니하면 소멸의 효력을 주장하지 못하지만, 상대방이 소멸 사실을 알고 있었다면 소멸의 효력을 주장할 수 있다.
③ 국가를 당사자로 하는 소송에서 국가소송수행자로 지정된 자가 소송을 수행하던 중 법무부장관의 승인 없이 한 청구인낙도 그 효력이 있다.
④ 당사자가 소송대리인에게 소송위임을 한 다음 소 제기 전에 사망하였는데 소송대리인이 당사자가 사망한 것을 모르고 당사자를 원고로 표시하여 소를 제기하였다면, 소의 제기는 적법하고 시효중단 등 소 제기의 효력은 상속인들에게 귀속된다.
⑤ 소송상 쌍방대리를 금지한 변호사법 제31조 제1호의 규정에 위반한 변호사의 소송행위에 대하여는 상대방 당사자가 법원에 대하여 이의를 제기하는 경우 그 소송행위는 무효이지만, 상대방 당사자가 그와 같은 사실을 알았거나 알 수 있었음에도 불구하고 아무런 이의를 제기하지 아니하였다면 그 소송행위는 소송법상 효력이 있다.

해설

① O

제62조의2(의사무능력자를 위한 특별대리인의 선임 등)
① 의사능력이 없는 사람을 상대로 소송행위를 하려고 하거나 의사능력이 없는 사람이 소송행위를 하는 데 필요한 경우 특별대리인의 선임 등에 관하여는 제62조를 준용한다. 다만, 특정후견인 또는 임의후견인도 특별대리인의 선임을 신청할 수 있다.

제62조(제한능력자를 위한 특별대리인)
① 미성년자·피한정후견인 또는 피성년후견인이 당사자인 경우, 그 친족, 이해관계인(미성년자·피한정후견인 또는 피성년후견인을 상대로 소송행위를 하려는 사람을 포함한다), 대리권 없는 성년후견인, 대리권 없는 한정후견인, 지방자치단체의 장 또는 검사는 다음 각 호의 경우에 소송절차가 지연됨으로써 손해를 볼 염려가 있다는 것을 소명하여 수소법원(受訴法院)에 특별대리인을 선임하여 주도록 신청할 수 있다.
1. 법정대리인이 없거나 법정대리인에게 소송에 관한 대리권이 없는 경우
2. 법정대리인이 사실상 또는 법률상 장애로 대리권을 행사할 수 없는 경우
3. 법정대리인의 불성실하거나 미숙한 대리권 행사로 소송절차의 진행이 현저하게 방해받는 경우

② X

제63조(법정대리권의 소멸통지)
① 소송절차가 진행되는 중에 법정대리권이 소멸한 경우에는 본인 또는 대리인이 상대방에게 소멸된 사실을 통지하지 아니하면 소멸의 효력을 주장하지 못한다. 다만, 법원에 법정대리권의 소멸사실이 알려진 뒤에는 그 법정대리인은 제56조제2항의 소송행위를 하지 못한다.

③ O 국가를당사자로하는소송에관한법률 제7조에 의하면 국가소송수행자로 지정된 자는 당해 소송에 관하여 대리인의 선임 이외의 모든 재판상의 행위를 할 수 있도록 규정되어 있으므로, 소송수행자는 별도의 특별수권 없이 당해 청구의 인낙을 할 수 있고, 그 인낙행위가 같은법 시행령 제3조 및 같은법 시행규칙 제11조 제5항 소정의 법무부장관 등의 승인 없이 이루어졌다고 하더라도 소송수행자가 내부적으로 지휘감독상의 책임을 지는 것은 별론으로 하고 그 소송법상의 효력에는 아무런 영향이 없다(대판 1995.4.28. 95다3077).

국가를당사자로하는소송에관한법률 제7조(지정대리인의 권한)
제3조 제1항·제2항, 제5조 제1항 또는 제6조 제2항의 규정에 의하여 법무부장관·각급검찰청의 장(第13條의 規定에 의하여 權限이 委任된 경우에 한한다) 또는 행정청의 장이 지정한 자는 그 소송에 관하여 대리인의 선임외의 모든 재판상의 행위를 할 수 있다.

④ O 당사자가 사망하더라도 소송대리인의 소송대리권은 소멸하지 아니하므로(민사소송법 제95조 제1호), 당사자가 소송대리인에게 소송위임을 한 다음 소 제기 전에 사망하였는데 소송대리인이 당사자가 사망한 것을 모르고 당사자를 원고로 표시하여 소를 제기하였다면 소의 제기는 적법하고, 시효중단 등 소 제기의 효력은 상속인들에게 귀속된다. 이 경우 민사소송법 제233조 제1항이 유추적용되어 사망한 사람의 상속인들은 소송절차를 수계하여야 한다(대판 2016.4.29. 2014다210449).

⑤ O 변호사법 제31조 제1호의 규정에 위반한 변호사의 소송행위에 대하여는 상대방 당사자가 법원에 대하여 이의를 제기하는 경우 그 소송행위는 무효이고 그러한 이의를 받은 법원으로서는 그러한 변호사의 소송관여를 더 이상 허용하여서는 아니 될 것이지만, 다만 상대방 당사자가 그와 같은 사실을 알았거나 알 수 있었음에도 불구하고 사실심 변론종결시까지 아무런 이의를 제기하지 아니하였다면 그 소송행위는 소송법상 완전한 효력이 생긴다(대판 2003.5.30. 2003다15556).

29 19법전협-2-38 정답 ②

소송대리인의 권한에 대한 설명 중 옳지 않은 것은? (다툼이 있는 경우 판례에 따름)

① 수인의 소송대리인이 공동하여 소송대리권을 행사하여야 한다는 약정은 소송법상 무효이다.
② 원고의 소취하에 대하여 피고의 소송대리인이 동의하는 것은 특별수권사항이다.
③ 소송대리인의 사실상 진술은 당사자가 이를 곧 취소하거나 경정할 수 있다.
④ 당사자가 소송능력을 상실하여도 소송대리권은 소멸하지 않는다.
⑤ 변호사가 아닌 소송대리인의 소송대리권은 제한할 수 있다.

 해설

① ○

> **제93조(개별대리의 원칙)**
> ① 여러 소송대리인이 있는 때에는 각자가 당사자를 대리한다.
> ② 당사자가 제1항의 규정에 어긋나는 약정을 한 경우 그 약정은 효력을 가지지 못한다.

② ✗ 제90조에 규정된 특별수권사항은 소의 취하이고, 소취하에 대한 동의는 특별수권사항이 아니다.

③ ○

> **제94조(당사자의 경정권)**
> 소송대리인의 사실상 진술은 당사자가 이를 곧 취소하거나 경정(更正)한 때에는 그 효력을 잃는다.

④ ○

> **제95조(소송대리권이 소멸되지 아니하는 경우)**
> 다음 각호 가운데 어느 하나에 해당하더라도 소송대리권은 소멸되지 아니한다.
> 1. 당사자의 사망 또는 소송능력의 상실

⑤ ○

> **제91조(소송대리권의 제한)**
> 소송대리권은 제한하지 못한다. 다만, 변호사가 아닌 소송대리인에 대하여는 그러하지 아니하다.

30 20법전협-1-51 정답 ④

소송대리인(법정대리인 제외)에 관한 설명 중 옳은 것은? (다툼이 있는 경우 판례에 의함)

① 지배인이나 국가소송 수행자 등 법률에 의해 재판상 행위를 할 수 있는 대리인이 반소의 제기, 소의 취하, 화해, 청구의 포기·인낙, 상소의 제기 또는 취하, 대리인의 선임을 하기 위해서는 특별한 권한을 따로 받아야 한다.
② 원고가 국가를 상대로 부동산에 관한 소유권이전등기 청구를 하는 경우에 국가를 위한 소송담당자가 법무부장관의 승인 없이 원고의 청구를 인낙하면, 그 인낙은 효력이 없다.
③ 소액사건심판법이 적용되는 소액사건에 관해서는 당사자의 배우자·직계혈족 또는 형제자매는 법원의 허가 없이 소송대리인이 될 수 있으므로 그들은 신분관계를 서면으로 증명하기만 하면 소송대리인으로 인정된다.
④ 소송대리인이 사임서를 법원에 제출해도 상대방에게 그 사실을 통지하지 않은 이상 그 대리인의 대리권은 존속하므로 그 소송대리인에게 한 변론기일 통지는 적법하다.
⑤ 상대방이 무권대리인에게 대리권이 있는 것으로 믿고 그 믿은 데에 정당한 이유가 있을 때에는 무권대리인을 상대로 소송행위를 한 상대방은 민법상 표현대리의 법리에 의해 그 소송행위가 유효함을 주장할 수 있다.

 해설

① ✗

> **제92조(법률에 의한 소송대리인의 권한)**
> 법률에 의하여 재판상 행위를 할 수 있는 대리인의 권한에는 제90조와 제91조의 규정을 적용하지 아니한다.
>
> **제90조(소송대리권의 범위)**
> ② 소송대리인은 다음 각호의 사항에 대하여는 특별한 권한을 따로 받아야 한다.
> 1. 반소의 제기
> 2. 소의 취하, 화해, 청구의 포기·인낙 또는 제80조의 규정에 따른 탈퇴
> 3. 상소의 제기 또는 취하
> 4. 대리인의 선임

② ✗ 국가를당사자로하는소송에관한법률 제7조에 의하면 국가소송수행자로 지정된 자는 당해 소송에 관하여 대리인의 선임 이외의 모든 재판상의 행위를 할 수 있도록 규정되어 있으므로, 소송수행자는 별도의 특별수권 없이 당해 청구의 인낙을 할 수 있고, 그 인낙행위가 같은법 시행령 제3조 및 같은법 시행규칙 제11조 제5항 소정의 법무부장관 등의 승인 없이 이루어졌다고 하더라도 소송수행자가 내부적으로 지휘감독상의 책임을 지는 것은 별론으로 하고 그 소송법상의 효력에는 아무런 영향이 없다(대판 1995.4.28. 95다3077).

③ ✗

> **소액사건심판법 제8조(소송대리에 관한 특칙)**
> ① 당사자의 배우자·직계혈족 또는 형제자매는 법원의 허가 없이 소송대리인이 될 수 있다.

② 제1항의 소송대리인은 당사자와의 신분관계 및 수권관계를 서면으로 증명하여야 한다. 그러나 수권관계에 대하여는 당사자가 판사의 면전에서 구술로 제1항의 소송대리인을 선임하고 법원사무관등이 조서에 이를 기재한 때에는 그러하지 아니하다.

④ O 소송대리인이 사임서를 법원에 제출하였다 하더라도 상대방에게 그 사실을 통지하지 않은 이상 소송절차의 안정과 명확을 기하기 위하여 그 대리인의 대리권은 여전히 존속한다(대판 1995.2.28. 94다49311).

⑤ X 공정증서가 채무명의로서 집행력을 가질 수 있도록 하는 집행인낙 표시는 공증인에 대한 소송행위로서 이러한 소송행위에는 민법상의 표현대리 규정이 적용 또는 준용될 수 없다(대판 1994.2.22. 93다42047).

31 20법전협-3-38　　　　정답 ②

법인 아닌 사단에 관한 설명 중 옳지 않은 것은? (다툼이 있는 경우 판례에 의함)

① 법인 아닌 사단은 단체 자체가 당사자가 될 수 있다.
② 법인 아닌 사단의 총유재산에 관한 소송은 보존행위인 경우에 한하여 구성원 각자가 소송을 수행할 수 있다.
③ 아파트 부녀회도 회원의 가입, 탈퇴와 상관없이 조직이 유지되고 있고 의사결정기관인 임원진이 구성되어 있으며 대외적으로 부녀회를 대표할 회장과 부회장 등의 대표자가 정해져 있는 경우에는 법인 아닌 사단으로서 당사자능력을 갖는다.
④ 법인 아닌 사단의 당사자능력은 법원의 직권조사사항이다.
⑤ 법인 아닌 사단이 당사자인 소송에서 판결의 기판력은 구성원이 아닌 사단에 대해서만 미친다.

해설

① O
> **제52조(법인이 아닌 사단 등의 당사자능력)**
> 법인이 아닌 사단이나 재단은 대표자 또는 관리인이 있는 경우에는 그 사단이나 재단의 이름으로 당사자가 될 수 있다.

② X 민법 제276조 제1항은 "총유물의 관리 및 처분은 사원총회의 결의에 의한다.", 같은 조 제2항은 "각 사원은 정관 기타의 규약에 좇아 총유물을 사용·수익할 수 있다."라고 규정하고 있을 뿐 공유나 합유의 경우처럼 보존행위는 그 구성원 각자가 할 수 있다는 민법 제265조 단서 또는 제272조 단서와 같은 규정을 두고 있지 아니한바, 이는 법인 아닌 사단의 소유형태인 총유가 공유나 합유에 비하여 단체성이 강하고 구성원 개인들의 총유재산에 대한 지분권이 인정되지 아니하는 데에서 나온 당연한 귀결이라고 할 것이므로 총유재산에 관한 소송은 법인 아닌 사단이 그 명의로 사원총회의 결의를 거쳐 하거나 또는 그 구성원 전원이 당사자가 되어 필수적 공동소송의 형태로 할 수 있을 뿐 그 사단의 구성원은 설령 그가 사단의 대표자라거나 사원총회의 결의를 거쳤다 하더라도 그 소송의 당사자가 될 수 없고, 이러한 법리는 총유재산의 보존행위로서 소를 제기하는 경우에도 마찬가지라 할 것이다(대판 2005.9.15. 2004다44971 전원합의체).

③ O 아파트에 거주하는 부녀를 회원으로 하여 입주자의 복지증진 및 지역사회 발전 등을 목적으로 설립된 아파트 부녀회가 회칙과 임원을 두고서 주요 업무를 월례회나 임시회를 개최하여 의사결정하여 온 경우에 법인 아닌 사단의 실체를 갖추고 있다(대판 2006.12.21. 2006다52723).

④ O 비법인사단이 당사자인 사건에 있어서 대표자에게 적법한 대표권이 있는지 여부는 소송요건에 관한 것으로서 법원의 직권조사사항이므로, 법원으로서는 그 판단의 기초자료인 사실과 증거를 직권으로 탐지할 의무까지는 없다 하더라도 이미 제출된 자료에 의하여 그 대표권의 적법성에 의심이 갈만한 사정이 엿보인다면 그에 관하여 심리·조사할 의무가 있다(대판 2009.1.30. 2006다60908).

⑤ O 기판력이 미치는 주관적 범위는 신분관계소송이나 회사관계소송 등에서 제3자에게도 그 효력이 미치는 것으로 규정되어 있는 경우를 제외하고는 원칙적으로 당사자, 변론을 종결한 뒤의 승계인 또는 그를 위하여 청구의 목적물을 소지한 사람과 다른 사람을 위하여 원고나 피고가 된 사람이 확정판결을 받은 경우의 그 다른 사람에 국한되고, 그 외의 제3자나 변론을 종결하기 전의 승계인에게는 미치지 않는 것이며(제218조 제1항, 제3항), 한편 민사소송법 제52조에 의하여 대표자가 있는 법인 아닌 사단이 소송의 당사자가 되는 경우에도 그 법인 아닌 사단은 대표자나 구성원과는 별개의 주체이므로, 그 대표자나 구성원을 당사자로 한 판결의 기판력이 법인 아닌 사단에 미치지 아니함은 물론 법인 아닌 사단을 당사자로 한 판결의 기판력 또한 그 대표자나 구성원에게 미치지 아니하는 것이 당연하다(대판 2010.12.23. 2010다58889).

제3편 제1심의 소송절차

제1장 | 소송의 개시

제1절 소송요건

01 22변시-57 정답 ②

소송요건에 관한 설명 중 옳지 않은 것은? (다툼이 있는 경우 판례에 의함)

① 상고심 법원은 매매예약완결권이 제척기간 도과로 인하여 소멸되었다는 주장이 적법한 상고이유서 제출기간 경과 후에 상고인에 의하여 주장되었다 할지라도 이를 판단하여야 한다.

② 순차적으로 경료된 소유권이전등기의 전부 말소를 구하는 소송에서, 후순위등기의 말소등기청구가 기각되고 그 판결이 확정됨으로써 직접적으로는 그 전순위등기의 말소등기의 실행이 불가능해졌다면 그 전순위등기의 말소를 구할 소의 이익이 없다.

③ 채권담보의 목적으로 부동산에 관하여 가등기가 경료되었는데 채권자가 그 가등기의 피담보채무의 액수를 다투는 때에는, 채무자는 채권자에게 피담보채무의 변제를 조건으로 가등기를 말소할 것을 미리 청구할 필요가 있다.

④ 근저당권의 피담보채무에 관한 부존재확인의 소는 근저당권이 말소되면 확인의 이익이 없게 된다.

⑤ 「부동산 거래신고 등에 관한 법률」 제10조 제1항(구 「국토의 계획 및 이용에 관한 법률」 제117조 제1항) 소정의 토지거래계약에 관한 허가 구역 내의 토지에 대하여 매매계약이 체결되었는데 계약을 체결한 당사자 중 일방이 허가신청절차에 협력하지 않는 경우, 그 상대방은 위 협력의무의 이행을 소로써 구할 이익이 있다.

해설

① O 매매예약완결권의 제척기간이 도과하였는지 여부는 소위 직권조사 사항으로서 이에 대한 당사자의 주장이 없더라도 법원이 당연히 직권으로 조사하여 재판에 고려하여야 하므로, 상고법원은 매매예약완결권이 제척기간 도과로 인하여 소멸되었다는 주장이 적법한 상고이유서 제출기간 경과 후에 주장되었다 할지라도 이를 판단하여야 한다(대판 2000.10.13. 99다18725).
② X 순차적으로 소유권이전등기가 경료된 경우 후순위등기의 말소등기절차 이행청구가 패소확정됨으로써 직접적으로는 그 전순위등기의 말소등기의 실행이 불가능하게 되었다 하더라도 그 전순위등기의 말소를 구할 소의 이익이 없다 할 수 없다(대판 1993.7.13. 93다20955).

③ O 채권담보의 목적으로 부동산에 관하여 가등기가 경료된 경우 채무자는 자신의 채무를 먼저 변제하여야만 비로소 그 가등기의 말소를 구할 수 있는 것이기는 하지만, 채권자가 그 가등기가 채무담보의 목적으로 된 것임을 다툰다든지 피담보채무의 액수를 다투기 때문에 장차 채무자가 채무를 변제하더라도 채권자가 그 가등기의 말소에 협력할 것으로 기대되지 않는 경우에는 피담보채무의 변제를 조건으로 가등기를 말소할 것을 미리 청구할 필요가 있다 할 것이다(대판 1992.7.10. 92다15376,92다15383).
④ O 확인의 소에서 확인의 대상은 현재의 권리 또는 법률관계일 것을 요하므로 특별한 사정이 없는 한 과거의 권리 또는 법률관계의 존부확인은 인정되지 아니하는바, 근저당권의 피담보채무에 관한 부존재확인의 소는 근저당권이 말소되면 과거의 권리 또는 법률관계의 존부에 관한 것으로서 확인의 이익이 없게 된다(대판 2013.8.23. 2012다17585).
⑤ O 국토이용관리법상의 토지거래규제구역 내의 토지에 대하여 관할 관청의 허가 없이 체결된 매매계약이라 하더라도 동 매매계약이 처음부터 허가를 배제하거나 잠탈하는 내용의 계약으로서 확정적으로 무효일 경우를 제외하고는 당사자 사이에 그 계약이 효력 있는 것으로 완성될 수 있도록 서로 협력할 의무가 있으므로 그 매매계약의 쌍방 당사자는 공동으로 관할 관청의 허가를 신청할 의무가 있고, 이러한 의무에 위배하여 허가신청절차에 협력하지 않는 당사자에 대하여 상대방은 협력의무의 이행을 소로써 구할 수 있다(대판 1992.10.27. 92다34414).

02 17변시-56 정답 ②

甲종중(대표자 乙)은 종중원 丙을 상대로 A토지에 관하여 명의신탁 해지를 원인으로 한 소유권이전등기청구의 소를 제기하였다. 이 소송에서 乙의 대표권에 관한 설명 중 옳지 않은 것은? (다툼이 있는 경우 판례에 의함)

① 乙의 대표권의 유무는 소송요건에 해당하여 법원이 직권으로 조사할 사항이다.

② 乙의 대표권의 유무에 관한 사실은 자백의 대상이 될 수 있다.

③ 丙이 乙의 대표권의 유무에 관하여 주장하지 않더라도 법원으로서는 이미 제출된 자료에 의하여 그 대표권의 유무에 의심이 갈 만한 사정이 엿보인다면 그에 관하여 심리하여야 한다.

④ 丙이 답변서를 제출하지 않았더라도 乙의 대표권의 유무에 의심이 갈 만한 사정이 엿보인다면 법원은 무변론 원고승소판결을 선고할 수 없다.

⑤ 乙의 대표권의 유무에 관하여 그 사실의 존부가 불분명한 경우에는 甲종중이 증명책임을 부담한다.

①, ③ O 법인이 당사자인 사건에 있어서 그 법인의 대표자에게 적법한 대표권이 있는지 여부는 소송요건에 관한 것으로서 법원의 직권조사사항이므로, 법원으로서는 그 판단의 기초 자료인 사실과 증거를 직권으로 탐지할 의무까지는 없다 하더라도, 이미 제출된 자료들에 의하여 그 대표권의 적법성에 의심이 갈 만한 사정이 엿보인다면 상대방이 이를 구체적으로 지적하여 다투지 않더라도 이에 관하여 심리·조사할 의무가 있다(대판 1997.10.10. 96다40578). 이는 비법인사단인 경우에도 마찬가지이다(대판 2009.1.30. 2006다60908. 대판 2011.7.28. 2010다97044).

② X 직권조사사항은 자백의 대상이 될 수 없다(대판 2002.5.14. 2000다42908).

④ O 피고가 소장부본을 송달받은 날로부터 30일 이내에 답변서를 제출하지 않은 경우, 변론 없이 원고 승소 판결을 선고할 수 있다(제256조, 제257조). 다만, 공시송달의 경우, 원고가 청구를 특정하지 않은 경우, 직권조사사항이 있는 경우, 형식적 형성의 소, 자백간주 법리가 적용되지 않는 사건 등의 경우에는 무변론 판결을 선고할 수 없다는 예외가 있다.

> **제256조(답변서의 제출의무)**
> ① 피고가 원고의 청구를 다투는 경우에는 소장의 부본을 송달받은 날부터 30일 이내에 답변서를 제출하여야 한다. 다만, 피고가 공시송달의 방법에 따라 소장의 부본을 송달받은 경우에는 그러하지 아니하다.
>
> **제257조(변론 없이 하는 판결)**
> ① 법원은 피고가 제256조 제1항의 답변서를 제출하지 아니한 때에는 청구의 원인이 된 사실을 자백한 것으로 보고 변론 없이 판결할 수 있다. 다만, 직권으로 조사할 사항이 있거나 판결이 선고되기까지 피고가 원고의 청구를 다투는 취지의 답변서를 제출한 경우에는 그러하지 아니하다.

⑤ O 종중이 당사자인 사건에 있어서 그 종중의 대표자에게 적법한 대표권이 있는지의 여부는 소송요건에 관한 것으로서, 법원의 직권조사사항이다(대판 1995.5.23. 95다5288).

[관련판례] 직권조사사항에 관하여도 그 사실의 존부가 불명한 경우에는 입증책임의 원칙이 적용되어야 할 것인바, 본안판결을 받는다는 것 자체가 원고에게 유리하다는 점에 비추어 직권조사사항인 소송요건에 대한 입증책임은 원고에게 있다(대판 1997.7.25. 96다39301).

따라서 甲종중의 대표자 乙에게 대표권이 있는지 여부가 불분명한 경우 그 증명책임은 원고인 甲종중에게 있다.

03 19변시-64 정답 ②

소송의 제기에 관한 설명 중 옳지 않은 것은? (다툼이 있는 경우 판례에 의함)

① 당사자들이 부제소합의를 쟁점으로 소의 적법을 다투지 아니함에도 법원이 직권으로 부제소합의에 위배되었다는 이유로 소가 부적법하다고 판단하기 위해서는 당사자에게 그와 같은 법률적 관점에 대하여 의견을 진술할 기회를 주어야 하고, 부제소합의를 하게 된 동기 및 경위, 당사자의 진정한 의사 등에 관하여도 충분히 심리를 하여야 하므로 법원이 그와 같이 하지 아니하고 소 각하 판결을 선고하였다면 석명의무를 위반하고 심리미진의 위법을 범한 것이다.

② 감독청의 허가 없이 학교법인이 학교법인의 기본재산인 부동산을 매도하는 계약을 체결한 후 그 부동산에서 운영하던 학교를 감독청의 허가를 받아 신축교사로 이전하고 준공검사까지 마친 경우, 매수인은 미리 청구할 필요가 있다고 하더라도 감독청의 허가를 조건으로 그 부동산에 관한 소유권이전등기절차의 이행을 청구할 수 없다.

③ 혼인무효의 소송 도중 협의이혼으로 혼인관계가 해소되었더라도 혼인무효의 효과가 현재의 법률상태에 직접적이고 중대한 영향을 미치는 경우 혼인무효의 소는 소의 이익이 있다.

④ 공시송달요건에 해당한다고 볼 여지가 충분한데도 공시송달 신청에 대한 허부 재판을 도외시한 채 주소보정 흠결을 이유로 소장각하명령을 하는 것은 위법하다.

⑤ 원고의 소 제기에 대하여 피고가 소장부본을 송달받은 날로부터 30일 이내에 답변서를 제출하지 아니한 경우 피고가 판결선고기일까지 원고의 청구를 다투는 취지의 답변서를 제출하였다면 법원은 변론 없이 판결을 선고할 수 없다.

① O 부제소 합의는 소송당사자에게 헌법상 보장된 재판청구권의 포기와 같은 중대한 소송법상의 효과를 발생시키는 것으로서 그 합의 시에 예상할 수 있는 상황에 관한 것이어야 유효하고, 그 효력의 유무나 범위를 둘러싸고 이견이 있을 수 있는 경우에는 당사자의 의사를 합리적으로 해석한 후 이를 판단하여야 한다. 따라서 당사자들이 부제소 합의의 효력이나 그 범위에 관하여 쟁점으로 삼아 소의 적법 여부를 다투지 아니하는데도 법원이 직권으로 부제소 합의에 위배되었다는 이유로 소가 부적법하다고 판단하기 위해서는 그와 같은 법률적 관점에 대하여 당사자에게 의견을 진술할 기회를 주어야 하고, 부제소 합의를 하게 된 동기 및 경위, 그 합의에 의하여 달성하려는 목적, 당사자의 진정한 의사 등에 관하여도 충분히 심리할 필요가 있다. 법원이 그와 같이 하지 않고 직권으로 부제소 합의를 인정하여 소를 각하하는 것은 예상외의 재판으로 당사자 일방에게 불의의 타격을 가하는 것으로서 석명의무를 위반하여 필요한 심리를 제대로 하지 아니하는 것이다(대판 2013.11.28. 2011다80449).

② X 학교법인이 감독청의 허가 없이 기본재산인 부동산에 관한 매매계약을 체결하는 한편 그 부동산에서 운영하던 학교를 당국의 인가를 받아 신축교사로 이전하고 준공검사까지 마친 경우, 위 매매계약이 감독청의 허가 없이 체결되어 아직은 효력이 없다고

하더라도 위 매매계약에 기한 소유권이전등기절차이행청구권의 기초가 되는 법률관계는 이미 존재한다고 볼 수 있고 장차 감독청의 허가에 따라 그 청구권이 발생할 개연성 또한 충분하므로, 매수인으로서는 미리 그 청구를 할 필요가 있는 한, 감독청의 허가를 조건으로 그 부동산에 관한 소유권이전등기절차의 이행을 청구할 수 있다(대판 1998.7.24. 96다27988).

③ O 협의이혼으로 혼인관계가 해소된 경우에도 과거의 혼인관계의 무효확인을 구할 정당한 법률상의 이익이 있다(대판 1978. 7.11. 78므7).

④ O 제1심에서 원고가 공시송달신청을 하면서 제출한 소명자료와 그 동안의 송달 결과, 특히 법정경위 작성의 송달불능보고서의 내용을 종합하면 민사소송법 제194조가 규정하는 공시송달의 요건인 '당사자의 주소 등 또는 근무장소를 알 수 없는 경우'에 해당한다고 볼 여지가 충분함에도 위 공시송달 신청에 대하여는 아무런 결정을 하지 아니한 채 주소보정 흠결을 이유로 소장각하명령을 한 경우, 항고심으로서는 소장 부본 송달상의 흠결 보정에 관하여 선결문제가 되는 공시송달신청의 허부에 대하여도 함께 판단하여 제1심 재판장의 소장 각하명령의 당부를 판단하였어야 함에도 불구하고 이에 이르지 아니한 채 원고가 최종의 주소보정명령에 따른 주소보정조치를 취하지 아니한 이상 제1심 재판장의 소장각하명령에 위법이 있다고 할 수 없다는 이유 설시만으로 항고를 배척한 것은 위법하다(대결 2003.12.12. 2003마1694).

⑤ O

제257조(변론 없이 하는 판결)
① 법원은 피고가 제256조 제1항의 답변서를 제출하지 아니한 때에는 청구의 원인이 된 사실을 자백한 것으로 보고 변론 없이 판결할 수 있다. 다만, 직권으로 조사할 사항이 있거나 판결이 선고되기까지 피고가 원고의 청구를 다투는 취지의 답변서를 제출한 경우에는 그러하지 아니하다.

---

04 13변시-63 정답 ③

甲은 乙에 대한 대여금 채무를 담보하기 위하여 甲 소유의 X 토지에 관하여 근저당권설정등기를 마쳐주었다. 甲은 대여금 채무가 모두 변제되어 소멸되었다고 주장하며 근저당권설정등기 말소등기절차의 이행을 구하는 소를 제기하였다. 다음 설명 중 옳은 것은? (각 지문은 독립적이고, 다툼이 있는 경우에는 판례에 의함)

① 甲의 소제기에 앞서 위 대여금 채권이 양도되어 丙 앞으로 근저당권 이전의 부기등기가 마쳐진 경우에도, 위 소송에서 피고적격을 갖는 자는 근저당권설정등기의 전(前) 등기명의인이었던 乙이다.

② 乙의 신청으로 X 토지에 관하여 담보권 실행을 위한 경매절차가 개시된 경우, 甲이 공탁원인이 있어 공탁에 의하여 채무를 면하고자 한다면 특별한 사정이 없는 한 피담보채권액이 근저당권의 채권최고액을 초과하더라도 채권최고액과 집행비용을 공탁하면 된다.

③ 위 소송에서 변제액수에 관한 다툼이 있어 심리한 결과 대여금 채무가 남아 있는 것으로 밝혀지면, 법원은 특별한 사정이 없는 한 甲의 청구를 기각하여서는 아니 되고, 잔존채무의 변제를 조건으로 甲의 청구를 일부 인용하는 판결을 선고하여야 한다.

④ 위 소송 중에 위 근저당권설정등기가 경매절차에서의 매각을 원인으로 하여 말소된 경우에는 더 이상 근저당권설정등기의 말소를 구할 법률상 이익이 없게 되어 법원은 甲의 청구를 기각하여야 한다.

⑤ 甲이 乙을 상대로 한 위 소송에서 甲의 승소판결이 확정되었고, 이에 甲이 丁에게 근저당권설정등기를 마쳐주고 이어 乙 명의의 근저당권설정등기 말소등기를 마쳤는데, 乙이 甲을 상대로 위 판결에 대한 재심의 소를 제기하여 "재심대상판결을 취소한다."라는 취지의 조정이 성립한 경우, 丁은 乙에 대하여 乙 명의의 근저당권설정등기의 회복등기절차에 대하여 승낙할 의무를 부담한다.

 해설

① X 현재의 근저당권설정등기의 명의인인 丙을 상대로 말소등기청구를 제기해야 한다.
   관련판례 근저당권의 양도에 의한 부기등기는 기존의 근저당권설정등기에 의한 권리의 승계를 등기부상 명시하는 것뿐으로, 그 등기에 의하여 새로운 권리가 생기는 것이 아닌 만큼 근저당권설정등기의 말소등기청구는 양수인만을 상대로 하면 족하고, 양도인은 그 말소등기청구에 있어서 피고적격이 없다(대판 1995.5.26. 95다7550).

② X 채무자 겸 근저당권설정자인 甲은 피담보채권액 전액을 공탁하여야 한다.
   관련판례 원래 저당권은 원본, 이자, 위약금, 채무불이행으로 인한 손해배상 및 저당권의 실행비용을 담보하는 것이며, 채권최고액의 정함이 있는 근저당권에 있어서 이러한 채권의 총액이 그 채권최고액을 초과하는 경우, 적어도 근저당권자와 채무자 겸 근저당권설정자와의 관계에 있어서는 위 채권 전액의 변제가 있을 때까지 근저당권의 효력은 채권최고액과는 관계없이 잔존채무에 여전히 미친다(대판 2001.10.12. 2000다59081).

③ O 원고가 양도담보로 제공된 부동산의 피담보채무 전액을 변제하였음을 내세워 피고 명의의 소유권이전등기 등의 말소를 청구하면서 그가 원리금이라고 주장하는 금액을 변제 혹은 변제공탁하였으나 변제충당 방법과 이자계산 등에 관한 견해차이로 채무전액을 소멸시키지 못하고 잔존채무가 있음이 밝혀진 경우 원고의 위 청구 중에는 확정된 잔존채무의 변제를 조건으로 위 각 등기의 말소를 청구하는 취지도 포함되었다고 할 것이고, 이는 장래이행의 소로서 피고가 위 각 등기는 대물변제에 기한 것이지 담보가 아니라고 다투고 있는 경우에는 미리 청구할 이익도 있다고 할 것이다. 따라서 피고에게 원고로 부터 잔존채무 및 이에 대한 완제일까지의 지연손해금을 변제 받는 것을 조건으로 위 각 등기의 말소를 명한 원판결은 정당하다(대판 1981.9.22. 80다2270).

④ X 원고 甲의 청구가 소의 이익이 없게 되었으므로 소를 각하해야 한다.

관련판례 [1] 근저당권설정등기의 말소등기절차의 이행을 구하는 소송 도중에 그 근저당권설정등기가 경락을 원인으로 하여 말소된 경우에는 더 이상 근저당권설정등기의 말소를 구할 법률상 이익이 없다.
[2] 원고가 말소등기절차의 이행을 구하고 있는 근저당권설정등기는 상고심 계속중에 낙찰을 원인으로 하여 말소되었으므로 근저당설정등기의 말소를 구할 법률상의 이익이 없게 되었고, 따라서 상고심 계속 중에 소의 이익이 없게 되어 부적법하게 되었다는 이유로 원심판결을 파기하고 소를 각하한 사례(대판 2003.1.10. 2002다57904).

⑤ X '재심대상 판결을 취소한다'는 내용의 조정조항은 당사자들이 자유롭게 처분할 수 있는 권리에 관한 것이 아니어서 당연무효이고, 확정된 재심대상판결이 취소되었다고 할 수 없다. 따라서 甲의 乙에 대한 근저당권 말소등기청구소송의 확정판결에 의한 근저당권설정등기의 말소등기는 원인무효의 등기가 아니고 따라서 丁은 이 사건 근저당권설정등기의 말소회복에 대하여 승낙을 하여야 할 실체법상의 의무를 부담하지 않는다.

관련판례 甲이 乙 주식회사에 마쳐 준 근저당권설정등기의 말소를 구하는 소송을 제기하여 승소판결을 받고 이에 대한 乙 회사의 항소 및 상고가 모두 기각되어 제1심판결이 그대로 확정되었고, 이에 甲이 丙 신용협동조합에 근저당권 및 지상권설정등기를 마쳐 주고 乙 회사 명의의 근저당권설정등기 말소등기를 마쳤는데, 그 후 乙 회사가 甲을 상대로 위 판결에 대한 재심의 소를 제기하여 '재심대상판결 및 제1심판결을 각 취소한다'는 취지의 조정이 성립하였고, 이에 乙 회사가 丙 조합을 상대로 위 말소등기의 회복에 관하여 승낙을 구하는 소를 제기한 사안에서, 위 근저당권설정등기 말소등기는 원인무효가 아니므로 丙 조합은 근저당권설정등기의 말소회복에 대하여 승낙을 하여야 할 실체법상의 의무를 부담하지 않음에도, 이와 달리 본 원심판결에 법리오해의 잘못이 있다고 한 사례(대판 2012.9.13. 2010다97846).

05 19법전협-1-39 정답 ④

소송요건에 관한 설명 중 옳은 것을 모두 고른 것은?
(다툼이 있는 경우 판례에 따름)

ㄱ. 소송요건이 갖추어지지 않은 경우 언제나 판결로 소를 각하하여야 한다.
ㄴ. 직권조사사항인 소송요건의 증명책임은 원고가 진다.
ㄷ. 제1심 법원이 임의관할 위반을 간과하고 판결하였음이 밝혀지는 경우, 항소심법원은 제1심 법원의 판결을 취소하여야 한다.
ㄹ. 소송요건에 흠이 있는 경우 본안에 대하여 판단하여 청구를 기각할 수 없다.
ㅁ. 부적법한 소로서 그 흠을 보정할 수 없는 경우에는 변론 없이 판결로 소를 각하할 수 있다.

① ㄱ, ㄴ, ㄷ   ② ㄴ, ㄹ
③ ㄷ, ㄹ   ④ ㄴ, ㄹ, ㅁ
⑤ ㄴ, ㅁ

 해설

ㄱ. X 보정이 가능하다면 법원은 기간을 정하여 보정하도록 명하여야 한다.

제59조(소송능력 등의 흠에 대한 조치)
소송능력·법정대리권 또는 소송행위에 필요한 권한의 수여에 흠이 있는 경우에는 법원은 기간을 정하여 이를 보정(補正)하도록 명하여야 하며, 만일 보정하는 것이 지연됨으로써 손해가 생길 염려가 있는 경우에는 법원은 보정하기 전의 당사자 또는 법정대리인으로 하여금 일시적으로 소송행위를 하게 할 수 있다.

ㄴ. O 직권조사사항에 관하여도 그 사실의 존부가 불명한 경우에는 입증책임의 원칙이 적용되어야 할 것인바, 본안판결을 받는다는 것 자체가 원고에게 유리하다는 점에 비추어 직권조사사항인 소송요건에 대한 입증책임은 원고에게 있다(대판 1997.7.25. 96다39301).

ㄷ. X 제411조 본문으로 흠이 치유되어 상소·재심으로 다툴 수 없다.

제411조(관할위반 주장의 금지)
당사자는 항소심에서 제1심 법원의 관할위반을 주장하지 못한다. 다만, 전속관할에 대하여는 그러하지 아니하다.

ㄹ. O 소송요건의 선순위성에 관한 문제로 판례는 소송요건선순위성을 긍정한다.

ㅁ. O

제219조(변론 없이 하는 소의 각하)
부적법한 소로서 그 흠을 보정할 수 없는 경우에는 변론 없이 판결로 소를 각하할 수 있다.

06 21법전협-2-43 정답 ①

소의 제기에 관한 설명 중 옳지 않은 것은? (다툼이 있는 경우 판례에 의함)

① 소장의 필수적 기재사항으로 소장에는 당사자, 법정대리인과 소송대리인, 청구의 취지와 원인을 적어야 한다.
② 청구의 취지는 그 내용 및 범위를 명확히 알아볼 수 있도록 구체적으로 특정되어야 하고, 청구취지가 특정되지 않은 경우에는 법원은 그 보정을 명하고, 이에 응하지 않을 때에는 소를 각하하여야 한다.
③ 재판장은 소장을 심사하여 흠이 있는 경우 상당한 기간을 정하고, 그 기간 이내에 흠을 보정하도록 명하여야 하는데, 법원사무관등은 재판장의 명을 받아 보정명령을 할 수 있다.
④ 소장에 일응 대표자의 표시가 되어 있는 이상 설령 그 표시에 잘못이 있다고 하더라도 재판장이 이를 정정 표시하라는 보정명령을 하고 그에 대한 불응을 이유로 소장을 각하하는 것은 허용되지 않으며, 이러한 경우에는 법원이 오로지 판결로써 소를 각하할 수 있을 뿐이다.
⑤ 피고가 청구의 원인이 된 사실을 모두 자백하는 취지의 답변서를 제출하고 따로 항변을 하지 아니한 때에는 법원은 무변론원고승소판결을 선고할 수 있다.

① X 소송대리인은 소장의 필수적 기재사항은 아니다.

> **제249조(소장의 기재사항)**
> ① 소장에는 당사자와 법정대리인, 청구의 취지와 원인을 적어야 한다.

② O 민사소송에서 청구의 취지는 내용 및 범위를 명확히 알아볼 수 있도록 구체적으로 특정되어야 하고 청구취지의 특정 여부는 직권조사사항이므로, 청구취지가 특정되지 않은 경우에는 법원은 직권으로 보정을 명하고 보정명령에 응하지 않을 때에는 소를 각하하여야 한다. 이 경우 당사자가 부주의 또는 오해로 인하여 청구취지가 특정되지 아니한 것을 명백히 간과한 채 본안에 관하여 공방을 하고 있는데도 보정의 기회를 부여하지 아니한 채 당사자가 전혀 예상하지 못하였던 청구취지 불특정을 이유로 소를 각하하는 것은 석명의무를 다하지 아니하여 심리를 제대로 하지 아니한 것으로서 위법하다(대판 2014.3.13. 2011다111459).

③ O

> **제254조(재판장등의 소장심사권)**
> ① 소장이 제249조 제1항의 규정에 어긋나는 경우와 소장에 법률의 규정에 따른 인지를 붙이지 아니한 경우에는 재판장은 상당한 기간을 정하고, 그 기간 이내에 흠을 보정하도록 명하여야 한다. 재판장은 법원사무관등으로 하여금 위 보정명령을 하게 할 수 있다.

④ O 민사소송법 제254조에 의한 재판장의 소장심사권은 소장이 같은 법 제249조 제1항의 규정에 어긋나거나 소장에 법률의 규정에 따른 인지를 붙이지 아니하였을 경우에 재판장이 원고에 대하여 상당한 기간을 정하여 그 흠결의 보정을 명할 수 있고, 원고가 그 기간 내에 이를 보정하지 않을 때에 명령으로써 그 소장을 각하한다는 것일 뿐이므로, 소장에 일응 대표자의 표시가 되어 있는 이상 설령 그 표시에 잘못이 있다고 하더라도 이를 정정 표시하라는 보정명령을 하고 그에 대한 불응을 이유로 소장을 각하하는 것은 허용되지 아니한다. 이러한 경우에는 오로지 판결로써 소를 각하할 수 있을 뿐이다(대결 2013.9.9. 2013마1273).

⑤ O

> **민사소송법 제257조(변론 없이 하는 판결)**
> ① 법원은 피고가 제256조 제1항의 답변서를 제출하지 아니한 때에는 청구의 원인이 된 사실을 자백한 것으로 보고 변론 없이 판결할 수 있다. 다만, 직권으로 조사할 사항이 있거나 판결이 선고되기까지 피고가 원고의 청구를 다투는 취지의 답변서를 제출한 경우에는 그러하지 아니하다.

07 20법전협-2-38 정답 ⑤

소장심사, 보정명령 및 소장각하명령에 관한 설명 중 옳지 않은 것은? (다툼이 있는 경우 판례에 의함)

① 소장에 법정대리인이 아닌 자가 법정대리인으로 잘못 표시되어 있어 재판장이 이를 정당한 법정대리인으로 보정하라는 취지의 보정명령을 하였는데 원고가 보정기간 내에 이에 응하지 않은 경우, 재판장은 소장각하명령을 할 수 없다.
② 소장에 법률의 규정에 따른 인지를 붙이지 않아 재판장이 인지보정명령을 하였는데 원고가 보정기간 내에 소송구조신청을 한 경우, 그 소송구조신청에 대하여 기각결정이 확정되면 재판장으로서는 다시 인지보정명령을 할 필요는 없지만 종전의 인지보정명령에 따른 보정기간 전체가 다시 진행되어 그 기간이 경과된 때에 비로소 소장 등에 대한 각하명령을 할 수 있다.
③ 재판장이 소장심사 후 인지보정명령을 하였는데 원고가 보정기간 내에 이에 응하지 않아 소장각하명령을 한 경우, 원고는 인지보정명령에 대하여는 즉시항고나 통상항고, 특별항고를 할 수 없고, 소장각하명령에 대하여만 즉시항고할 수 있다.
④ 원고가 인지보정명령을 받아 보정기간 내에 인지를 납부하였으나 그 납부서를 보정기간 내에 법원에 제출하지 않아 법원이 소장각하명령을 하였는데 원고가 즉시항고하면서 뒤늦게 위 납부서를 제출한 경우, 원심법원은 재도의 고안에 의하여 소장각하명령을 취소하여야 한다.
⑤ 원고가 보정기간 내에 인지보정명령을 이행하지 않아 재판장이 소장각하명령을 하고 그 원본을 법원사무관에게 교부하였으나 아직 그 명령정본이 당사자에게 고지되기 전에 원고가 부족한 인지를 보정하면서 소장각하명령에 즉시항고한 경우, 원심법원은 재도의 고안에 의하여 소장각하명령을 취소하여야 한다.

① O

제64조(법인 등 단체의 대표자의 지위)
법인의 대표자 또는 제52조의 대표자 또는 관리인에게는 이 법 가운데 법정대리와 법정대리인에 관한 규정을 준용한다.

제249조(소장의 기재사항)
① 소장에는 당사자와 법정대리인, 청구의 취지와 원인을 적어야 한다.

제254조(재판장등의 소장심사권)
① 소장이 제249조 제1항의 규정에 어긋나는 경우와 소장에 법률의 규정에 따른 인지를 붙이지 아니한 경우에는 재판장은 상당한 기간을 정하고, 그 기간 이내에 흠을 보정하도록 명하여야 한다. 재판장은 법원사무관등으로 하여금 위 보정명령을 하게 할 수 있다.
② 원고가 제1항의 기간 이내에 흠을 보정하지 아니한 때에는 재판장은 명령으로 소장을 각하하여야 한다.

민사소송법 제254조에 의한 재판장의 소장심사권은 소장이 같은 법 제249조 제1항의 규정에 어긋나거나 소장에 법률의 규정에 따른 인지를 붙이지 아니하였을 경우에 재판장이 원고에 대하여 상당한 기간을 정하여 그 흠결의 보정을 명할 수 있고, 원고가 그 기간 내에 이를 보정하지 않을 때에 명령으로써 그 소장을 각하한다는 것일 뿐이므로, 소장에 일응 대표자의 표시가 되어 있는 이상 설령 그 표시에 잘못이 있다고 하더라도 이를 정정 표시하라는 보정명령을 하고 그에 대한 불응을 이유로 소장을 각하하는 것은 허용되지 아니한다. 이러한 경우에는 오로지 판결로써 소를 각하할 수 있을 뿐이다(대결 2013.9.9. 2013마1273).

② O [1] 행정소송법 제8조 제2항에 의하여 준용되는 민사소송법상 소송구조는 민사소송 등 인지법 제1조 본문에 정한 '다른 법률에 특별한 규정이 있는 경우'에 해당하므로, 소송구조신청이 있는 경우 원칙적으로 그에 대한 기각결정이 확정될 때까지는 인지첩부의무의 발생이 저지되어 재판장은 소장 등에 인지가 첩부되어 있지 않다는 이유로 소장 등을 각하할 수 없다.
[2] 소송구조신청이 있는 경우 인지첩부의무의 발생이 저지된다는 것은 소송구조신청을 기각하는 재판이 확정될 때까지 인지첩부의무의 이행이 정지 또는 유예되는 것을 의미하고, 소송구조신청이 있었다고 하여 종전에 이루어진 인지보정명령의 효력이 상실된다고 볼 근거는 없으므로, 종전의 인지보정명령에 따른 보정기간 중에 제기된 소송구조신청에 대하여 기각결정이 확정되면 재판장으로서는 다시 인지보정명령을 할 필요는 없지만 종전의 인지보정명령에 따른 보정기간 전체가 다시 진행되어 그 기간이 경과한 때에 비로소 소장 등에 대한 각하명령을 할 수 있다(대판 2008.6.2. 2007무77).

③ O 소장 또는 상소장에 관한 재판장 또는 원심 재판장의 인지보정명령은 민사소송법에서 일반적으로 항고의 대상으로 삼고 있는 같은 법 제409조 소정의 '소송절차에 관한 신청을 기각하는 결정이나 명령'에 해당하지 아니하고 또 이에 대하여 불복할 수 있는 특별규정도 없으므로 인지보정명령에 대하여는 독립하여 이의신청이나 항고를 할 수 없고 다만 보정명령에 따른 인지를 보정하지 아니하여 소장이나 상소장이 각하되면 이 각하명령에 대하여 즉시항고로써 다툴 수밖에 없다(대판 1987.2.4. 86그157).

④ O 민사소송 등 인지법, 민사소송 등 인지규칙, 송달료 규칙, 법원의 송무예규인 인지의 보정명령 및 그 현금 납부에 따른 유의사항(재일 92-4), 재판예규인 송달료규칙의 시행에 따른 업무처리요령(재일 87-4) 등 인지 첩부와 송달료의 예납 및 이에 갈음하는 현금 납부의 절차에 관한 관계 법규와 규정들을 종합하면, 인지 등 보정명령에 따른 인지 등 상당액의 현금 납부에 관하여는 송달료 규칙 제3조에 정한 송달료 수납은행에 현금을 납부한 때에 인지 등 보정의 효과가 발생되는 것이고, 이 납부에 따라 발부받은 영수필확인서 등을 보정서 등 소송서류에 첨부하여 접수

담당 법원사무관 등에게 제출하고 또 그 접수 담당 법원사무관 등이 이를 소장 등 소송서류에 첨부하여 소인하는 등의 행위는 소송기록상 그 납부 사실을 확인케 하기 위한 절차에 불과하다(대결 2000.5.22. 2000마2434; 대결 2007.3.30. 2007마80 등 참조). 그렇다면 앞서 본 바와 같이 재항고인이 원심재판장의 인지 보정명령에 따라 그 보정기간 안에 수납은행 중의 하나인 신한은행 법조타운 법원지점에 부족한 인지액을 납부한 이상 이로써 인지 보정의 효과가 발생하여 위 명령에 따른 보정이 제대로 이행되었다고 할 것이고, 재항고인이 위 납부서를 원심법원에 제출하지 아니하였다고 하여 그 보정의 효과를 부정할 수 없다. 그럼에도 불구하고, 이 사건 상고장을 각하한 원심명령은 인지 보정 등에 관한 법리를 오해하였거나 사실을 오인하여 재판에 영향을 미친 위법이 있다고 할 것이다(대결 2008.8.28. 2008마1073).

⑤ X 판결과 같이 선고가 필요하지 않은 결정이나 명령과 같은 재판은 그 원본이 법원사무관등에게 교부되었을 때 성립한 것으로 보아야 하므로, 이미 각하명령이 성립한 이상 그 명령정본이 당사자에게 고지되기 전에 부족한 인지를 보정하였다 하여 위 각하명령이 위법한 것으로 되거나 재도의 고안에 의하여 그 명령을 취소할 수 있는 것은 아니다(대결 2013.7.31. 2013마670).

제2절 소의 이익

08 22변시-58   정답 ①

유치권에 관한 설명 중 옳지 않은 것은? (다툼이 있는 경우 판례에 의함)

① 원고 소유의 점포를 피고가 점유하고 있는 경우, 원고가 피고를 상대로 위 점포의 인도를 구하는 것과는 별도로 동일한 피고를 상대로 위 점포에 대한 유치권의 부존재확인을 구하는 것도 확인의 이익이 있다.

② 체납처분에 의한 압류가 되어 있는 부동산이라고 하더라도 경매절차가 개시되어 경매개시결정등기가 되기 전에 그 부동산에 관하여 민사유치권을 취득한 유치권자는 경매절차의 매수인에게 유치권을 행사할 수 있다.

③ 부동산 경매절차에서 유치권이 주장되지 아니한 경우에는, 담보목적물이 매각되어 그 소유권이 이전됨으로써 근저당권이 소멸하였더라도 채권자인 근저당권자는 유치권을 주장하는 자를 상대로 유치권 부존재확인을 구할 법률상 이익이 있다.

④ 근저당권자는 부동산 경매절차에서 유치권 신고를 한 사람을 상대로 유치권 전부의 부존재확인뿐만 아니라 유치권을 내세워 대항할 수 있는 범위를 초과하는 부분에 해당하는 유치권 일부의 부존재확인도 구할 법률상 이익이 있다.

⑤ 부동산에 가압류등기가 경료되어 있을 뿐 현실적인 매각절차가 이루어지지 않고 있는 상황에서는 위 부동산에 대한 채무자의 점유가 제3자에게 이전됨으로 인하여 제3자가 위 부동산에 대하여 유치권을 취득하게 된다고 하더라도 이를 '가압류 채권자에게 대항할 수 없는 처분행위'로 볼 수는 없다.

① X 甲 소유의 점포를 乙 주식회사가 점유하고 있는 상황에서 甲이 점포 인도를 구하는 것과 별도로 乙 회사를 상대로 점포에 대한 유치권 부존재확인을 구하는 것은 확인의 이익이 없어 부적법하다(대판 2014.4.10. 2010다84932).
② O 부동산에 관하여 체납처분압류가 되어 있다고 하여 경매절차에서 이를 그 부동산에 관하여 경매개시결정에 따른 압류가 행하여진 경우와 마찬가지로 볼 수는 없다. 따라서 체납처분압류가 되어 있는 부동산이라고 하더라도 그러한 사정만으로 경매절차가 개시되어 경매개시결정등기가 되기 전에 부동산에 관하여 민사유치권을 취득한 유치권자가 경매절차의 매수인에게 유치권을 행사할 수 없다고 볼 것은 아니다(대판 2014.3.20. 2009다60336 전원합의체).
③ O 경매절차에서 유치권이 주장되지 아니한 경우에는, 담보목적물이 매각되어 그 소유권이 이전됨으로써 근저당권이 소멸하였더라도 채권자는 유치권의 존재를 알지 못한 매수인으로부터 민법 제575조, 제578조 제1항, 제2항에 의한 담보책임을 추급할 우려가 있고, 위와 같은 위험은 채권자의 법률상 지위를 불안정하게 하는 것이므로, 채권자인 근저당권자로서는 위 불안을 제거하기 위하여 유치권 부존재확인을 구할 법률상 이익이 있다. 반면 채무자가 아닌 소유자는 위 각 규정에 의한 담보책임을 부담하지 아니하므로, 유치권의 부존재확인을 구할 법률상 이익이 없다(대판 2020.1.16. 2019다247385).
④ O 근저당권자는 유치권 신고를 한 사람을 상대로 유치권 전부의 부존재뿐만 아니라 경매절차에서 유치권을 내세워 대항할 수 있는 범위를 초과하는 유치권의 부존재 확인을 구할 법률상 이익이 있고, 심리 결과 유치권 신고를 한 사람이 유치권의 피담보채권으로 주장하는 금액의 일부만이 경매절차에서 유치권으로 대항할 수 있는 것으로 인정되는 경우에는 법원은 특별한 사정이 없는 한 그 유치권 부분에 대하여 일부패소의 판결을 하여야 한다(대판 2016.3.10. 2013다99409).
⑤ O 부동산에 가압류등기가 경료되어 있을 뿐 현실적인 매각절차가 이루어지지 않고 있는 상황하에서는 채무자의 점유이전으로 인하여 제3자가 유치권을 취득하게 된다고 하더라도 이를 처분행위로 볼 수는 없다(대판 2011.11.24. 2009다19246).

09 20변시-54 정답 ①

다음 설명 중 옳지 않은 것은? (다툼이 있는 경우 판례에 의함)

① 변제공탁의 피공탁자 또는 그 승계인이 아닌 제3자는 피공탁자를 상대로 공탁물출급청구권 확인의 소를 제기하여 전부 인용판결을 받은 다음, 이를 근거로 직접 법원에 공탁물출급청구를 할 수 있다.
② 甲의 채권자 丙이 甲의 乙에 대한 소유권이전등기청구권에 대하여 신청한 가압류결정이 乙에게 송달된 후 甲이 乙을 상대로 제기한 소유권이전등기청구 소송에서, 법원은 위 가압류의 해제를 조건으로 하지 아니하는 한 甲의 청구를 인용해서는 아니 된다.
③ 근저당권의 피담보채무에 관한 부존재확인의 소는 근저당권이 적법하게 말소되면 특별한 사정이 없는 한 확인의 이익이 없다.
④ 확인의 소는 당사자 사이의 법률관계에 한하지 않고 당사자의 일방과 제3자 또는 제3자 상호 간의 법률관계도 그 대상이 될 수 있다.
⑤ 소로써 확인을 구하는 서면의 진부가 확정되어도 서면이 증명하려는 권리관계 또는 법률적 지위의 불안이 제거될 수 없고, 그 법적 불안을 제거하기 위하여 당해 권리 또는 법률관계 자체의 확인을 구하여야 할 필요가 있는 경우에 해당하면 그 증서진부확인의 소는 부적법하다.

① X 변제공탁의 **공탁물출급청구권자**는 피공탁자 또는 그 승계인이고 **피공탁자**는 공탁서의 기재에 의하여 형식적으로 결정되므로, 실체법상의 채권자라고 하더라도 피공탁자로 지정되어 있지 않으면 공탁물출급청구권을 행사할 수 없다. 따라서 피공탁자 아닌 제3자가 피공탁자를 상대로 하여 공탁물출급청구권 확인판결을 받았다 하더라도 그 확인판결을 받은 제3자가 **직접 공탁물출급청구를 할 수는 없고**, 동일한 금액 범위 내의 사해행위취소 및 가액배상을 구하는 소송을 제기한 수인의 취소채권자들 중 누구에게 가액배상금을 지급하여야 하는지 알 수 없다는 이유로 채권자들의 청구금액 중 판결 또는 화해권고결정 등에 의하여 가장 다액으로 확정된 금액 상당을 공탁금액으로 하고 그 취소채권자 전부를 피공탁자로 하여 상대적 불확지공탁을 한 경우, 피공탁자 각자는 공탁서의 기재에 따라 각자의 소송에서 확정된 판결 또는 화해권고결정 등에서 인정된 가액배상금의 비율에 따라 공탁금을 출급청구할 수 있을 뿐이다(대판 2006.8.25. 2005다67476).
② O 소유권이전등기청구권에 대한 압류나 가압류는 채권에 대한 것이지 등기청구권의 목적물인 부동산에 대한 것이 아니고, 채무자와 제3채무자에게 그 결정을 송달하는 외에 현행법상 **등기부에 이를 공시**하는 방법이 없는 것으로서, 당해 채권자와 채무자 및 제3채무자 사이에만 효력이 있을 뿐 **압류나 가압류와 관계가 없는 제3자**에 대하여는 압류나 가압류의 처분금지적 효력을 주장할 수 없게 되므로, 소유권이전등기청구권의 압류나 가압류는 청구권의 목적물인 부동산 자체의 처분을 금지하는 **대물적 효력은 없고**, 또한 채권에 대한 가압류가 있더라도 이는 채무자가 제3채무자로부터 현실로 급부를 추심하는 것만을 금지하는 것이므로 채무자는 제3채무자를 상대로 그 이행을 구하는 소송을 제기할 수 있고 법원은 가압류가 되어 있음을 이유로 이를 배척할 수는 없는 것이지만, 소유권이전등기를 명하는 판결은 의사의 진술을 명하는 판결로서 이것이 확정되면 채무자는 일방적으로 이전

등기를 신청할 수 있고 제3채무자는 이를 저지할 방법이 없게 되므로 위와 같이 볼 수는 없고 이와 같은 경우에는 가압류의 해제를 조건으로 하지 않는 한 법원은 이를 인용하여서는 안되는 것이며, 가처분이 있는 경우도 이와 마찬가지로 그 가처분의 해제를 조건으로 하여야만 소유권이전등기절차의 이행을 명할 수 있다(대판 1999.2.9. 98다42615).

③ O 확인의 소에서 확인의 대상은 **현재의 권리 또는 법률관계일 것을 요**하므로 특별한 사정이 없는 한 과거의 권리 또는 법률관계의 존부확인은 인정되지 아니하는바, 근저당권의 피담보채무에 관한 **부존재확인의 소**는 근저당권이 말소되면 과거의 권리 또는 법률관계의 존부에 관한 것으로서 확인의 이익이 없게 된다(대판 2013.8.23. 2012다17585).

④ O 확인의 소는 반드시 **당사자 간의 법률관계**에 한하지 아니하고, 당사자의 일방과 제3자 사이 또는 **제3자 상호간의 법률관계**도 그 대상이 될 수 있지만, 그 법률관계의 확인이 확인의 이익이 있기 위하여는 그 법률관계에 따라 제소자의 권리 또는 법적지위에 현존하는 위험·불안이 야기되어야 하고, 그 위험·불안을 제거하기 위하여 그 법률관계를 확인의 대상으로 한 확인판결에 의하여 즉시로 확정할 필요가 있고, 또한 그것이 가장 유효·적절한 수단이 되어야 한다(대판 2005.4.29. 2005다9463).

⑤ O 소로써 확인을 구하는 서면의 진부가 확정되어도 서면이 증명하려는 권리관계 내지 법률적 지위의 불안이 제거될 수 없고, 그 법적불안을 제거하기 위하여서는 당해 권리 또는 법률관계 자체의 확인을 구하여야 할 필요가 있는 경우에 해당한다 할 것이므로, 즉시확정의 이익이 없어 부적법하다고 한 사례(대판 1991.12.10. 91다15317)

10 18변시-54 정답 ③

장래이행의 소에 관한 설명 중 옳은 것(O)과 옳지 않은 것(×)을 올바르게 조합한 것은? (다툼이 있는 경우 판례에 의함)

ㄱ. 채무자가 피담보채무 전액을 변제하였음을 이유로 저당권설정등기의 말소등기절차이행을 청구하였지만 피담보채무의 범위에 관한 견해 차이로 피담보채무가 남아있는 경우, 채무자의 청구 중에는 확정된 잔존채무의 변제를 조건으로 그 등기의 말소를 구한다는 취지까지 포함되어 있는 것으로 해석할 여지가 있으나 저당권설정등기의 말소를 미리 청구할 필요가 있다고까지 볼 수는 없다.

ㄴ. 장래의 이행을 명하는 판결을 하기 위해서는 채무의 이행기가 장래에 도래하여야 할 뿐만 아니라 의무불이행사유가 그때까지 존속한다는 것을 소 제기 시에 확정적으로 예정할 수 있어야 하고, 이러한 책임기간이 불확실하여 소 제기 시에 확정적으로 예정할 수 없는 경우에는 장래의 이행을 명하는 판결을 할 수 없다.

ㄷ. 이행보증보험계약에서 구상금채권 발생의 기초가 되는 법률상·사실상 관계가 사실심 변론종결 시까지 존재하고 있고 그러한 상태가 앞으로도 계속될 것으로 예상되며 보험자가 피보험자에게 보험금을 지급하더라도 보험계약자 등의 채무이행을 기대할 수 없음이 명백한 경우, 장래 이행보증보험금 지급을 조건으로 미리 구상금 지급을 구하는 장래이행의 소는 적법하다.

ㄹ. 양도인이 매매계약의 무효를 주장하면서 양수인에게서 받은 매매대금을 변제공탁하였다면, 양도인이 양도부동산에 관한 소유권이전의무의 존재를 다투고 있는 것이므로 양수인으로서는 소유권이전의무의 이행기 도래 전에도 그 이행을 미리 청구할 필요가 있다.

① ㄱ(O), ㄴ(O), ㄷ(×), ㄹ(×)
② ㄱ(O), ㄴ(×), ㄷ(O), ㄹ(×)
③ ㄱ(×), ㄴ(×), ㄷ(O), ㄹ(O)
④ ㄱ(×), ㄴ(O), ㄷ(×), ㄹ(O)
⑤ ㄱ(×), ㄴ(×), ㄷ(O), ㄹ(×)

ㄱ. X 채무자가 피담보채무 전액을 변제하였다고 주장하면서 근저당권설정등기에 대한 말소등기절차의 이행을 청구하였으나 피담보채무의 범위나 그 시효소멸 여부 등에 관한 다툼으로 그 변제한 금액이 채무 전액을 소멸시키는 데 미치지 못하고 잔존채무가 있는 것으로 밝혀진 경우에는, 채무자의 청구 중에는 확정된 잔존채무를 변제하고 그 다음에 위 등기의 말소를 구한다는 취지까지 포함되어 있는 것으로 해석함이 상당하며, 이는 장래이행의 소로서 미리 청구할 이익도 있다(대판 1995.7.28. 95다19829).

ㄴ. X 장래의 이행을 명하는 판결을 하기 위하여는 채무의 이행기가 장래에 도래하는 것뿐만이 아니라 **의무불이행 사유가 그때까지**

계속하여 존속한다는 것을 변론종결당시에 확정적으로 예정할 수 있는 것이어야 하며 이러한 책임기간이 불확실하여 변론종결 당시에 확정적으로 예정할 수 없는 경우에는 장래의 이행을 명하는 판결을 할 수 없다(대판 1987.9.22. 86다카2151 등).

ㄷ. O 이행보증보험계약에 있어서 구상금채권의 발생의 기초가 되는 법률상·사실상 관계가 변론종결 당시까지 존재하고 있고, 그러한 상태가 앞으로도 계속될 것으로 예상되며, 구상금채권의 존부에 대하여 다툼이 있어 보험자가 피보험자에게 보험금을 지급하더라도 보험계약자와 구상금채무의 연대보증인들의 채무이행을 기대할 수 없음이 명백한 경우 장래 이행보증보험금지급을 조건으로 미리 구상금지급을 구하는 장래이행의 소가 적법하다(대판 2004.1.15. 2002다3891).

ㄹ. O 양도인측이 계약이 무효가 되었다고 주장하여 양수인으로부터 받은 매매대금을 변제공탁하였다면 양도인측이 양도 부동산에 관한 소유권이전의무의 존재를 다투고 있는 것이므로 양수인으로서는 위 의무의 이행기 도래 전에도 그 의무의 이행을 미리 청구할 필요가 있다(대판 1993.11.9. 92다43128).

11 15변시-56   정답 ①

다음 사례 중 소의 이익이 인정되지 않는 것은? (다툼이 있는 경우 판례에 의함)

① 경매절차에서 가장임차인의 배당요구에 따라 배당표가 확정된 후, 후순위 진정채권자가 그 배당금지급청구권을 가압류하고 가장임차인을 상대로 배당금지급청구권 부존재의 확인을 구하는 소를 제기한 경우
② 부동산담보권 실행을 위한 경매의 배당절차에서 근저당권자의 채권에 대하여 배당이의를 하며 다투는 물상보증인을 상대로 근저당권자가 피담보채권 존재의 확인을 구하는 소를 제기한 경우
③ 협의이혼으로 혼인관계가 해소되었지만 현재의 법률상태에 영향을 미치고 있어 그 이혼당사자의 한 쪽이 다른 쪽을 상대로 과거의 혼인관계 무효확인을 구하는 소를 제기한 경우
④ 사해행위인 근저당권설정계약에 기한 근저당권설정등기가 경매절차상 매각으로 인하여 말소된 후, 그 등기로 인하여 해를 입게 되는 채권자가 근저당권설정계약의 취소를 구하는 소를 제기한 경우
⑤ 채무자의 채무초과가 임박한 상태에서 채권자가 이미 채무자 소유의 목적물에 저당권이 설정되어 있음을 알면서 자기 채권의 우선적 만족을 위하여 채무자와 통모하여 유치권을 성립시킨 후, 저당권자가 경매절차에서 그 유치권을 배제하기 위하여 유치권자를 상대로 그 부존재의 확인을 구하는 소를 제기한 경우

① **[불인정]** 부당이득금의 반환을 구하는 이행의 소를 제기할 것이지 확인의 소를 제기할 것이 아니다.

관련판례 가장 임차인의 배당요구가 받아 들여져 제1순위로 허위의 임차보증금에 대한 배당이 이루어졌으나 이해관계인들의 배당이의가 없어 그대로 배당표가 확정된 후 그 사실을 알게 된 후순위 진정 채권자에 의해 그 배당금지급청구권이 가압류되어 가장 임차인이 현실적으로 배당금을 추심하지 못한 경우, 배당을 받지 못한 후순위 진정 채권자로서는 배당금지급청구권을 부당이득한 가장 임차인을 상대로 그 부당이득 채권의 반환을 구하는 것이 손실자로서의 권리 또는 지위의 불안·위험을 근본적으로 해소할 수 있는 유효·적절한 방법이므로, 후순위 진정 채권자가 가장 임차인을 상대로 배당금지급청구권 부존재확인을 구하는 것은 확인의 이익이 없다(대판 1996.11.22. 96다34009).

② **[인정]** 근저당권자가 근저당권의 피담보채무의 확정을 위하여 스스로 물상보증인을 상대로 확인의 소를 제기하는 것이 부적법하다고 볼 것은 아니며, 물상보증인이 근저당권자의 채권에 대하여 다투고 있을 경우 그 분쟁을 종국적으로 종식시키는 유일한 방법은 근저당권의 피담보채권의 존부에 관한 확인의 소라고 할 것이므로, 근저당권자가 물상보증인을 상대로 제기한 확인의 소는 확인의 이익이 있어 적법하다(대판 2004.3.25. 2002다20742).

③ **[인정]** 과거의 법률관계의 존부는 확인의 소의 대상이 될 수 없고 현재의 법률상태의 확인을 구해야 하는 것이나, 과거의 법률관계가 현재의 법률상태에 영향을 미치고 분쟁해결의 유효적절한 수단인 경우 예외적으로 과거의 법률관계확인의 소가 허용된다.

관련판례 일반적으로 과거의 법률관계의 존부는 독립의 확인의 소의 대상으로 할 수 없고 그 과거의 법률관계의 영향을 받고 있는 현재의 법률상태의 확인을 구해야 하는 것이다. 왜냐하면 과거의 법률관계의 존부의 확정은 단지 현재의 분쟁해결의 전제로 됨에 불과하여 사인간의 현재 현존하는 분쟁을 해결하려는 민사소송의 목적으로 보아 직접적이고 간명한 방법이 되지 않기 때문이다. 그러나 혼인, 입양과 같은 신분관계나 회사의 설립, 주주총회의결의무효, 취소 등과 같은 사단적 관계, 행정처분과 같은 행정관계는 그것을 기본으로 하여 수많은 법률관계가 계속하여 발생하고 그 효과도 널리 일반 제3자에게까지 미치게 되어 그로 인한 법률 효과도 복잡다기하게 되어 이것을 단순한 대립당사자간의 법률관계로서 그로부터 파생되는 법률관계가 그다지 번잡하지 않은 예컨대 매매와 같은 경우와 동일하게 취급하는 것은 적절하지 않고 위와 같은 법률관계에 있어서는 그것이 과거의 것이라 해도 현재의 법률상태에 영향을 미치고 있는 한 그것을 기본으로 하여 발생하는 현재의 수많은 법률상태에 대하여 일일이 개별적으로 확인을 구해야 하는 번잡한 수속을 반복하는 것 보다는 오히려 현재의 수많은 개개의 분쟁의 근원이 되는 과거의 법률관계 그 자체의 확인을 구하는 편이 직접적이고도 획일적인 해결을 기대할 수 있어 본래의 민사소송의 목적에도 적합하다(대판 1978.7.11. 78므7).

④ **[인정]** "채무자와 수익자 사이의 근저당권설정계약이 사해행위인 이상 그 근저당권 실행에 따른 경매절차에서 타인이 소유권을 취득함으로써 근저당권설정등기가 말소되었다고 하더라도 수익자로 하여금 근저당권자로서 배당을 받게 하는 것은 민법 제406조 제1항의 취지에 반하므로, 수익자에게 그와 같은 부당한 이득을 보유시키지 않기 위하여 그 근저당권설정등기로 말미암아 해를 입게 되는 채권자는 근저당권설정계약의 취소를 구할 이익이 있다(대판 2012.11.15. 2012다65058).

⑤ **[인정]** 채무자가 채무초과의 상태에 이미 빠졌거나 그러한 상태가 임박함으로써 채권자가 원래라면 자기 채권의 충분한 만족을 얻을 가능성이 현저히 낮아진 상태에서 이미 채무자 소유의 목적물에 저당권 기타 담보물권이 설정되어 있어서 유치권의 성립에 의하여 저당권자 등이 그 채권 만족상의 불이익을 입을 것을 잘 알면서 자기 채권의 우선적 만족을 위하여 위와 같이 취약한 재정적 지위에 있는 채무자와의 사이에 의도적으로 유치권의 성립

요건을 충족하는 내용의 거래를 일으키고 그에 기하여 목적물을 점유하게 됨으로써 유치권이 성립하였다면, 유치권자가 그 유치권을 저당권자 등에 대하여 주장하는 것은 다른 특별한 사정이 없는 한 신의칙에 반하는 권리행사 또는 권리남용으로서 허용되지 아니한다. 그리고 저당권자 등은 경매절차 기타 채권실행절차에서 위와 같은 유치권을 배제하기 위하여 그 부존재의 확인 등을 소로써 청구할 수 있다고 할 것이다(대판 2011.12.22. 2011다84298).

12 21법전협-2-37 정답 ④

소의 이익에 관한 설명 중 옳지 않은 것은? (다툼이 있는 경우 판례에 의함)

① 국가를 상대로 한 토지소유권확인청구는 그 토지가 미등기이고 토지대장이나 임야대장상에 등록명의자가 없거나 등록명의자가 누구인지 알 수 없을 때 등 특별한 사정이 있는 경우에 한하여 그 확인의 이익이 있다.

② 당해 건물의 소유권에 관하여 국가가 이를 특별히 다투고 있지도 아니하다면, 국가를 상대로 미등기 건물의 소유권 확인을 구하는 것은 그 확인의 이익이 없어 부적법하다.

③ 근저당권자는 유치권 신고를 한 사람을 상대로 유치권 전부의 부존재뿐만 아니라 경매절차에서 유치권을 내세워 대항할 수 있는 범위를 초과하는 유치권의 부존재 확인을 구할 소의 이익이 있다.

④ 부동산 근저당권자에 대한 채권자취소소송의 계속 중 사해행위인 근저당설정계약에 기해 설정된 근저당설정등기가 경매절차상 매각으로 인하여 말소된 경우 채권자는 원상회복을 위하여 사해행위인 근저당권설정계약의 취소를 구할 소의 이익이 없다.

⑤ 어느 서면에 의하여 증명되어야 할 법률관계를 둘러싸고 이미 소가 제기되어 있는 경우에는 그 소송에서 분쟁을 해결하면 되므로 그와 별도로 그 서면에 대한 진정 여부를 확인하는 소를 제기하는 것은 특별한 사정이 없는 한 확인의 이익이 없다.

  해설

① O 국가를 상대로 한 토지소유권확인청구는 그 토지가 미등기이고 토지대장이나 임야대장상에 등록명의자가 없거나 등록명의자가 누구인지 알 수 없을 때와 그 밖에 국가가 등기 또는 등록명의자인 제3자의 소유를 부인하면서 계속 국가소유를 주장하는 등 특별한 사정이 있는 경우에 한하여 그 확인의 이익이 있다(대판 2009.10.15. 2009다48633).

② O 확인의 소는 분쟁 당사자 사이에 현재의 권리 또는 법률관계에 관하여 즉시 확정할 이익이 있는 경우에 허용되는 것이므로, 소유권을 다투고 있지 않은 국가를 상대로 소유권확인을 구하기 위하여는 그 판결을 받음으로써 원고의 법률상 지위의 불안을 제거함에 실효성이 있다고 할 수 있는 특별한 사정이 있어야 할 것인바, 건물의 경우 가옥대장이나 건축물관리대장의 비치·관리업무는 당해 지방자치단체의 고유사무로서 국가사무라고 할 수도 없는데다가 당해 건물의 소유권에 관하여 국가가 이를 특별히 다투고 있지도 아니하다면, 국가는 그 소유권 귀속에 관한 직접 분쟁의 당사자가 아니어서 이를 확인해 주어야 할 지위에 있지 않으므로, 국가를 상대로 미등기 건물의 소유권 확인을 구하는 것은 그 확인의 이익이 없어 부적법하다(대판 1999.5.28. 99다2188).

③ O 민사집행법 제268조에 의하여 담보권의 실행을 위한 경매절차에 준용되는 같은 법 제91조 제5항에 의하면 유치권자는 경락인에 대하여 피담보채권의 변제를 청구할 수는 없지만 자신의 피담보채권이 변제될 때까지 유치목적물인 부동산의 인도를 거절할 수 있어 경매절차의 입찰인들은 낙찰 후 유치권자로부터 경매목적물을 쉽게 인도받을 수 없다는 점을 고려하여 입찰하게 되고 그에 따라 경매목적 부동산이 그만큼 낮은 가격에 낙찰될 우려가 있다. 이와 같이 저가낙찰로 인해 경매를 신청한 근저당권자의 배당액이 줄어들거나 경매목적물 가액과 비교하여 거액의 유치권 신고로 매각 자체가 불가능하게 될 위험은 경매절차에서 근저당권자의 법률상 지위를 불안정하게 하는 것이므로 위 불안을 제거하는 근저당권자의 이익을 단순한 사실상·경제상의 이익이라고 볼 수는 없다. 따라서 근저당권자는 유치권 신고를 한 사람을 상대로 유치권 전부의 부존재뿐만 아니라 경매절차에서 유치권을 내세워 대항할 수 있는 범위를 초과하는 유치권의 부존재 확인을 구할 법률상 이익이 있고, 심리 결과 유치권 신고를 한 사람이 유치권의 피담보채권으로 주장하는 금액의 일부만이 경매절차에서 유치권으로 대항할 수 있는 것으로 인정되는 경우에는 법원은 특별한 사정이 없는 한 그 유치권 부분에 대하여 일부패소의 판결을 하여야 한다(대판 2016.3.10. 2013다99409).

④ X 채무자와 수익자 사이의 근저당권설정계약이 사해행위인 이상 그로 인한 근저당권설정등기가 경락으로 인하여 말소되었다고 하더라도 수익자로 하여금 근저당권자로서의 배당을 받도록 하는 것은 민법 제406조 제1항의 취지에 반하므로, 수익자에게 그와 같은 부당한 이득을 보유시키지 않기 위하여 그 근저당권설정등기로 인하여 해를 입게 되는 채권자는 근저당권설정계약의 취소를 구할 이익이 있다(대판 1997.10.10. 97다8687).

⑤ O 어느 서면에 의하여 증명되어야 할 법률관계를 둘러싸고 이미 소가 제기되어 있는 경우에는 그 소송에서 분쟁을 해결하면 되므로 그와 별도로 그 서면에 대한 진정 여부를 확인하는 소를 제기하는 것은 특별한 사정이 없는 한 확인의 이익이 없다(대판 2007. 6. 14. 2005다29290,29306).

13   19법전협-2-39   정답 ③

소의 이익에 대한 설명 중 옳지 않은 것은? (다툼이 있는 경우 판례에 따름)

① 건축 중인 건축물을 양수한 자가 건축주 명의변경에 동의하지 않는 양도인을 상대로 그 의사표시에 갈음하여 건축허가서의 건축주 명의변경절차 이행을 구하는 소는 소의 이익이 있다.
② 부제소합의가 있는지 여부는 법원이 당사자의 항변을 기다리지 않고 직권으로 판단할 수 있다.
③ 소의 이익은 소송요건 중 하나이고, 소송요건의 구비 여부는 사실심 변론종결시를 기준으로 판단하기 때문에 상고심 진행 중 소의 이익이 소멸된 경우 상고심은 이를 고려하여 판단할 필요가 없다.
④ 어떤 서면에 의하여 증명되어야 하는 법률관계에 대하여 이미 다른 소송이 제기되어 있다면 특별한 사정이 없는 한 위 서면에 관한 증서진부확인의 소를 제기할 확인의 이익이 없다.
⑤ 확인의 소에서 확인의 대상은 현재의 권리 또는 법률관계일 것을 요하므로, 특별한 사정이 없는 한 과거의 권리 또는 법률관계의 존부확인은 인정되지 아니한다.

① O 대판 1989.5.9. 88다카6754
② O 특정한 권리나 법률관계에 관하여 분쟁이 있어도 제소하지 아니하기로 합의(이하 '부제소 합의'라고 한다)한 경우 이에 위배되어 제기된 소는 권리보호의 이익이 없고, 또한 당사자와 소송관계인은 신의에 따라 성실하게 소송을 수행하여야 한다는 신의성실의 원칙(민사소송법 제1조 제2항)에도 어긋나는 것이므로, 소가 부제소 합의에 위배되어 제기된 경우 법원은 직권으로 소의 적법 여부를 판단할 수 있다(대판 2013.11.28. 2011다80449).
③ X 당사자적격, 권리보호이익 등 소송요건은 직권조사사항으로서 당사자가 주장하지 아니하더라도 법원이 직권으로 조사하여 판단하여야 하고, 사실심 변론종결 이후에 소송요건이 흠결되거나 그 흠결이 치유된 경우 상고심에서도 이를 참작하여야 한다(대판 2017.8.18. 2016두52064).
④ O 어느 서면에 의하여 증명되어야 할 법률관계를 둘러싸고 이미 소가 제기되어 있는 경우에는 그 소송에서 분쟁을 해결하면 되므로 그와 별도로 그 서면에 대한 진정 여부를 확인하는 소를 제기하는 것은 특별한 사정이 없는 한 확인의 이익이 없다(대판 2007.6.14. 2005다29290,29306).
⑤ O 대판 2013.8.23. 2012다17585 등

14   19법전협-3-40   정답 ①

소의 이익에 관한 설명 중 옳은 것은? (다툼이 있으면 판례에 의함)

① 물상보증인이 근저당권자의 채무자에 대한 채권을 다투고 있는 경우 근저당권자는 물상보증인을 상대로 근저당권의 피담보채권의 존재에 관한 확인의 소를 제기할 수 있다.
② 손해배상채무의 부존재확인을 구하는 본소에 대하여 그 채무의 이행을 구하는 반소가 제기된 경우에는 본소청구에 대한 확인의 이익이 소멸한다.
③ 어느 서면에 의하여 증명되어야 할 법률관계를 둘러싸고 소가 제기되어 있는 경우에도 그 법률관계를 증명하는 서면의 진정여부에 관하여 당사자 간에 다툼이 있으면 별도로 증서의 진정여부를 확인하는 소를 제기할 이익이 있다.
④ 매매계약해제의 효과로서 이미 이행한 것의 반환을 구하는 이행의 소를 제기할 수 있는 경우에는 그 기본되는 매매계약의 존부에 대하여 다툼이 있어 즉시확정의 이익이 있더라도 매매계약 해제확인을 구할 이익이 없다.
⑤ 무허가건물대장은 건물에 관한 물권변동을 공시하는 법률상 등록원부가 아니므로 그 건물주명의기재의 말소를 구하는 청구는 소의 이익이 없다.

① O 근저당권자가 근저당권의 피담보채무의 확정을 위하여 스스로 물상보증인을 상대로 확인의 소를 제기하는 것이 부적법하다고 볼 것은 아니며, 물상보증인이 근저당권자의 채권에 대하여 다투고 있을 경우 그 분쟁을 종국적으로 종식시키는 유일한 방법은 근저당권의 피담보채권의 존부에 관한 확인의 소라고 할 것이므로, 근저당권자가 물상보증인을 상대로 제기한 확인의 소는 확인의 이익이 있어 적법하다(대판 2004.3.25. 2002다20742).
② X 소송요건을 구비하여 적법하게 제기된 본소가 그 후에 상대방이 제기한 반소로 인하여 소송요건에 흠결이 생겨 다시 부적법하게 되는 것은 아니므로, 원고가 피고에 대하여 손해배상채무의 부존재확인을 구할 이익이 있어 본소로 그 확인을 구하였다면, 피고가 그 후에 그 손해배상채무의 이행을 구하는 반소를 제기하였다 하더라도 그러한 사정만으로 본소청구에 대한 확인의 이익이 소멸하여 본소가 부적법하게 된다고 볼 수는 없다(대판 1999.6.8. 99다17401,17418).
③ X 어느 서면에 의하여 증명되어야 할 법률관계를 둘러싸고 이미 소가 제기되어 있는 경우에는 그 소송에서 분쟁을 해결하면 되므로 그와 별도로 그 서면에 대한 진정 여부를 확인하는 소를 제기하는 것은 특별한 사정이 없는 한 확인의 이익이 없다(대판 2014.11.13. 2009다3494,3500).
④ X 매매계약해제의 효과로서 이미 이행한 것의 반환을 구하는 이행의 소를 제기할 수 있을지라도 그 기본되는 매매계약의 존부에 대하여 다툼이 있어 즉시 확정의 이익이 있는 때에는 계약이 해제되었음의 확인을 구할 수도 있는 것이므로 매매계약이 해제됨으로써 현재의 법률관계가 존재하지 않는다는 취지의 소는 확인의 이익이 있다(대판 1982.10.26. 81다108).
⑤ X 무허가건물대장이 건물의 물권 변동을 공시하는 법률상의 등록원부가 아니라고 하더라도 그 건물주 명의 기재의 말소를 구하는 청구가 일률적으로 법률상 소의 이익이 없다고 볼 것은 아니고 개별적 사건에 있어 구체적 사정을 고려하여 이를 판단하여야 한다(대판 1998.6.26. 97다48937).

제3절 소송물

15   18변시-61   정답 ①

A 명의로 1943. 6. 1. 소유권보존등기가 적법·유효하게 마쳐진 X 부동산에 대하여 甲이 등기관계서류를 위조하여 1979. 3. 5. 甲 명의로 소유권이전등기를 마쳤다. 그 후 X 부동산에 대하여 乙이 1980. 2. 7. 乙 명의로 소유권보존등기를 마쳤고, 이에 터 잡아 丙이 1981. 5. 4. 丙 명의로 소유권이전등기를 마쳤다. 甲은 소유권에 기하여 乙, 丙을 상대로 위 각 소유권이전등기말소청구의 소를 제기하였다. 이에 관한 설명 중 옳은 것을 모두 고른 것은? (다툼이 있는 경우 판례에 의함)

ㄱ. 甲 명의의 등기는 원인무효의 등기이므로 설령 乙, 丙 명의의 등기가 말소되어야 할 무효의 등기라고 하더라도 특별한 사정이 없는 한 甲은 乙, 丙에게 말소를 청구할 권원이 없다.

ㄴ. 乙 명의의 소유권보존등기는 나중에 이루어진 중복등기로서 1부동산 1등기용지주의를 채택하고 있는 「부동산등기법」상 허용될 수 없는 무효의 등기이고, 이에 터 잡아 마쳐진 丙 명의의 소유권이전등기도 무효의 등기이다.

ㄷ. 등기부취득시효의 완성을 위한 등기는 원인무효의 등기라도 무방하므로, 丙이 취득시효의 완성을 위한 다른 요건을 모두 갖추었다면 丙 명의의 소유권이전등기는 특별한 사정이 없는 한 실체관계에 부합하여 유효하다.

ㄹ. 甲의 채권자가 甲을 대위하여 乙, 丙을 상대로 제기한 소(전소) 계속 중 甲이 乙, 丙을 상대로 동일한 청구를 하는 소(후소)를 제기한 경우, 전소가 소송요건을 명백히 흠결하여 부적법하다면 후소의 변론종결 전에 전소가 취하 또는 각하되지 않더라도 후소는 적법한 것이 된다.

① ㄱ, ㄴ   ② ㄱ, ㄷ
③ ㄴ, ㄹ   ④ ㄱ, ㄴ, ㄷ
⑤ ㄴ, ㄷ, ㄹ

해설

ㄱ. O 원고가 피고들에 대하여 피고들 명의로 마쳐진 소유권보존등기 및 소유권이전등기의 말소를 구하려면 먼저 원고에게 그 말소를 청구할 수 있는 권원이 있음을 주장·입증하여야 하며, 만일 원고에게 이러한 권원이 있음이 인정되지 않는다면 설사 피고들 명의의 등기들이 말소되어야 할 무효의 등기라고 하더라도 원고의 청구를 인용할 수 없다고 할 것이다(대판 1990.5.8. 90다카1097).

ㄴ. O 동일 부동산에 관하여 등기명의인을 달리하여 중복된 소유권보존등기가 마쳐진 경우에는 먼저 된 소유권보존등기가 원인무효가 되지 아니하는 한 뒤에 된 소유권보존등기는 1부동산 1등기용지주의를 채택하고 있는 현행 부동산등기법 아래에서는 무효라고 해석함이 상당하므로, 동일 부동산에 관하여 중복된 소유권보존등기에 터잡아 등기명의인을 달리한 소유권이전등기가 각각 마쳐진

경우에 각 등기의 효력은 소유권이전등기의 선후에 의하여 판단할 것이 아니고, 그 소유권이전등기의 바탕이 된 각 소유권보존등기의 선후를 기준으로 판단하여야 한다(대판 1998.7.14. 97다34693).

ㄷ. X 민법 제245조 제2항은 부동산의 소유자로 등기한 자가 10년간 소유의 의사로 평온·공연하게 선의이며 과실 없이 그 부동산을 점유한 때에는 소유권을 취득한다고 규정하고 있는바, 위 법조항의 '등기'는 부동산등기법 제15조가 규정한 1부동산 1용지주의에 위배되지 아니한 등기를 말하므로, 어느 부동산에 관하여 등기명의인을 달리하여 소유권보존등기가 2중으로 경료된 경우 먼저 이루어진 소유권보존등기가 원인무효가 아니어서 뒤에 된 소유권보존등기가 무효로 되는 때에는, 뒤에 된 소유권보존등기나 이에 터 잡은 소유권이전등기를 근거로 하여서는 등기부취득시효의 완성을 주장할 수 없다(대판 1996.10.17. 96다12511 전원합의체).

ㄹ. X 중복제소금지는 소송계속으로 인하여 당연히 발생하는 소송요건의 하나로서, 이미 동일한 사건에 관하여 전소가 제기되었다면 설령 그 전소가 소송요건을 흠결하여 부적법하다고 할지라도 후소의 변론종결시까지 취하·각하 등에 의하여 소송계속이 소멸되지 아니하는 한 후소는 중복제소금지에 위배하여 각하를 면치 못하게 되는바, 이와 같은 법리는 어느 채권자가 채무자를 대위하여 제3채무자를 상대로 제기한 채권자대위소송이 법원에 계속중 다른 채권자가 같은 채무자를 대위하여 제3채무자를 피고로 하여 동일한 소송물에 관하여 소송을 제기한 경우에도 적용된다(대판 1998.2.27. 97다45532).

16   15변시-69   정답 ⑤

중복된 소 제기의 금지에 관한 설명 중 옳지 않은 것은? (다툼이 있는 경우 판례에 의함)

① 치료비의 일부만 특정하여 그 지급을 청구한 경우에 명시적으로 유보한 나머지 치료비 지급청구를 별도 소송으로 제기하더라도 중복된 소 제기에 해당하지 아니한다.

② 법원에 계속되어 있는 전소가 부적법하더라도 동일한 후소의 변론종결시까지 취하·각하 등에 의하여 소송계속이 소멸되지 아니하는 한 그 후소는 중복된 소 제기의 금지에 저촉되는 부적법한 소로서 각하를 면할 수 없다.

③ 중복된 소 제기에 해당하지 않는다는 것은 소극적 소송요건으로 중복된 소 제기에 해당하면 법원은 피고의 항변을 기다릴 필요없이 후소를 부적법 각하하여야 한다.

④ 계속 중인 전소의 소구채권으로 그 소의 상대방이 청구하는 후소에서 하는 상계항변은 허용된다.

⑤ 중복된 소 제기임을 법원이 간과하고 본안판결을 한 후 그 판결이 확정되었다 하더라도 무효이다.

① O 전 소송에서 불법행위를 원인으로 치료비청구를 하면서 일부만을 특정하여 청구하고 그 이외의 부분은 별도소송으로 청구하겠다는 취지를 명시적으로 유보한 때에는 그 전소송의 소송물은 그 청구한 일부의 치료비에 한정되는 것이고 전 소송에서 한 판결의 기판력은 유보한 나머지 부분의 치료비에까지는 미치지 아니한다 할 것이므로 전 소송의 계속 중에 동일한 불법행위를 원인으로 유보한 나머지 치료비청구를 별도소송으로 제기하였다 하더라도 중복제소에 해당하지 아니한다(대판 1985.4.9. 84다552).

② O 중복제소금지는 소송계속으로 인하여 당연히 발생하는 소송요건의 하나로서, 이미 동일한 사건에 관하여 전소가 제기되었다면 설령 그 전소가 소송요건을 흠결하여 부적법하다고 할지라도 후소의 변론종결시까지 취하·각하 등에 의하여 소송계속이 소멸되지 아니하는 한 후소는 중복제소금지에 위배하여 각하를 면치 못하게 된다(대판 1998.2.27. 97다45532).

③ O 중복제소의 금지는 소송요건의 하나로서 소송장애사유가 된다. 중복제소인가의 여부는 법원이 직권조사를 요하는 사유이기 때문에 피고의 항변을 기다릴 필요 없이 중복제소라면 후소는 부적법하여 판결로서 이를 각하하지 않으면 안된다(대판 1990.4.27. 88다카25274,25281).

④ O 상계의 항변을 제출할 당시 이미 자동채권과 동일한 채권에 기한 소송을 별도로 제기하여 계속 중인 경우, 사실심의 담당재판부로서는 전소와 후소를 같은 기회에 심리·판단하기 위하여 이부, 이송 또는 변론병합 등을 시도함으로써 기판력의 저촉·모순을 방지함과 아울러 소송경제를 도모함이 바람직하였다고 할 것이나, 그렇다고 하여 특별한 사정이 없는 한 별소로 계속 중인 채권을 자동채권으로 하는 소송상 상계의 주장이 허용되지 않는다고 볼 수는 없다(대판 2001.4.27. 2000다4050).

⑤ X

> **제451조(재심사유)**
> ① 다음 각호 가운데 어느 하나에 해당하면 확정된 종국판결에 대하여 재심의 소를 제기할 수 있다. 다만, 당사자가 상소에 의하여 그 사유를 주장하였거나, 이를 알고도 주장하지 아니한 때에는 그러하지 아니하다.
> 10. 재심을 제기할 판결이 전에 선고한 확정판결에 어긋나는 때

[관련판례] 중복제소금지의 원칙에 위배되어 제기된 소에 대한 판결이나 그 소송절차에서 이루어진 화해라도 확정된 경우에는 당연무효라고 할 수는 없다(대판 1995.12.5. 94다59028).

17 14변시-57 정답 ②

중복된 소제기의 금지에 관한 설명 중 옳지 않은 것은?
(다툼이 있는 경우에는 판례에 의함)

① 중복된 소제기임을 법원이 간과하고 본안판결을 하였을 때에는 상소로 다툴 수 있고, 판결이 확정되었다면 당연무효의 판결이라고 할 수 없다.

② 전소와 후소의 판결이 모두 확정되었으나 그 내용이 서로 모순저촉되는 때에는 어느 것이 먼저 제소되었는가에 관계없이 먼저 확정된 종국판결에 대하여 재심의 소를 제기할 수 있다.

③ 전 소송에서 피해자 甲이 가해자 乙에게 불법행위를 원인으로 치료비를 청구하면서 일부만을 특정하여 청구하고 그 이외의 부분은 별도소송으로 청구하겠다는 취지를 명시적으로 유보한 경우, 甲이 전 소송의 계속 중 동일 불법행위를 원인으로 나머지 치료비 청구를 별도소송으로 제기하였다 하더라도 중복된 소제기에 해당하지 않는다.

④ 상계의 항변을 제출할 당시 이미 자동채권과 동일한 채권에 기한 소를 별도로 제기하여 계속 중인 경우, 특별한 사정이 없는 한 별소로 계속 중인 채권을 자동채권으로 하는 소송상 상계의 주장이 허용된다.

⑤ 채권자 丙이 채무자 甲과 수익자 乙 사이의 법률행위의 취소를 구하는 채권자취소소송이 계속 중 甲의 다른 채권자 丁이 甲과 乙 사이의 동일한 법률행위의 취소를 구하는 채권자취소소송을 제기한 경우, 후소는 중복된 소제기가 아니다.

① O 중복된 소제기를 간과하고 본안판결을 한 때는 상소할 수 있다. 그러나 후소 판결이 확정되면 판결은 당연무효가 아니고 하자가 치유되어 재심사유가 되지 아니한다.

② X 중복제소가 있은 후 전후소 판결이 모두 확정되어 판결의 내용이 모순되는 경우에는 전후소와 관계없이 뒤에 확정된 판결이 재심으로 취소된다(민사소송법 제451조 제1항 제10호).

③ O 전 소송에서 불법행위를 원인으로 치료비청구를 하면서 일부만을 특정하여 청구하고 그 이외의 부분은 별도소송으로 청구하겠다는 취지를 명시적으로 유보한 때에는 그 전소송의 소송물은 그 청구한 일부의 치료비에 한정되는 것이고 전 소송에서 한 판결의 기판력은 유보한 나머지 부분의 치료비에까지는 미치지 아니한다 할 것이므로 전 소송의 계속중에 동일한 불법행위를 원인으로 유보한 나머지 치료비청구를 별도소송으로 제기하였다 하더라도 중복제소에 해당하지 아니한다(대판 1985.4.9. 84다552).

④ O 상계의 항변을 제출할 당시 이미 자동채권과 동일한 채권에 기한 소송을 별도로 제기하여 계속 중인 경우, 사실심의 담당재판부로서는 전소와 후소를 같은 기회에 심리·판단하기 위하여 이부, 이송 또는 변론병합 등을 시도함으로써 기판력의 저촉·모순을 방지함과 아울러 소송경제를 도모함이 바람직하였다고 할 것이나, 그렇다고 하여 특별한 사정이 없는 한 별소로 계속 중인 채권을 자동채권으로 하는 소송상 상계의 주장이 허용되지 않는다고 볼 수는 없다(대판 2001.4.27. 2000다4050).

⑤ O 채권자취소권의 요건을 갖춘 각 채권자는 고유의 권리로서 채무자의 재산처분 행위를 취소하고 그 원상회복을 구할 수 있는 것이므로 여러 명의 채권자가 동시에 또는 시기를 달리하여 사해행위 취소 및 원상회복청구의 소를 제기한 경우 이들 소가 중복제소에

해당하지 아니할 뿐만 아니라, 어느 한 채권자가 동일한 사해행위에 관하여 사해행위취소 및 원상회복청구를 하여 승소판결을 받아 그 판결이 확정되었다는 것만으로는 그 후에 제기된 다른 채권자의 동일한 청구가 권리보호의 이익이 없게 되는 것은 아니고, 그에 기하여 재산이나 가액의 회복을 마친 경우에 비로소 다른 채권자의 사해행위취소 및 원상회복청구는 그와 중첩되는 범위 내에서 권리보호의 이익이 없게 된다(대판 2008.4.24. 2007다84352).

18 13변시-53 정답 ①

중복된 소제기의 금지에 관한 설명 중 옳고 그름의 표시(○, ×)가 옳게 조합된 것은? (다툼이 있는 경우에는 판례에 의함)

ㄱ. 채권자가 채무자를 대위하여 제3채무자를 상대로 제기한 채권자대위소송이 계속 중 채무자가 제3채무자를 상대로 채권자대위소송과 소송물이 같은 소를 제기하여 소송이 계속된 경우, 후소는 중복된 소제기에 해당한다.

ㄴ. A소가 제기되어 그 소송계속 중 A소와 당사자 및 소송물이 동일한 B소가 제기되고 양 소에 대한 판결이 선고되어 확정된 경우, 양 판결의 내용이 서로 모순·저촉될 때에는 뒤에 확정된 판결은 무효가 된다.

ㄷ. A가 B의 폭행으로 상해를 입고 B를 상대로 이로 인한 손해배상으로 치료비를 청구하는 소송계속 중에 B를 상대로 동일한 상해에 기한 일실임금을 청구하는 별소를 제기한 경우, 후소는 중복된 소제기에 해당하지 않는다.

ㄹ. A소의 소장 제출일은 2012. 11. 5.이고 소장 부본 송달일은 2012. 12. 26.이며, B소의 소장 제출일은 2012. 11. 7.이고 소장 부본 송달일은 2012. 12. 24.인 경우 중복된 소제기에 해당하는 소는 B소이다(단, A소와 B소는 당사자 및 소송물이 동일함).

ㅁ. 동일한 사건에 관하여 전소가 소송계속 중이라면 설령 그 전소가 소송요건을 흠결하여 부적법하다고 할지라도 후소의 변론종결 시까지 취하·각하 등에 의하여 그 소송계속이 소멸되지 아니하는 한 후소는 중복된 소제기에 해당한다.

① ㄱ(○), ㄴ(×), ㄷ(○), ㄹ(×), ㅁ(○)
② ㄱ(○), ㄴ(×), ㄷ(×), ㄹ(×), ㅁ(○)
③ ㄱ(×), ㄴ(○), ㄷ(×), ㄹ(×), ㅁ(○)
④ ㄱ(×), ㄴ(○), ㄷ(×), ㄹ(○), ㅁ(×)
⑤ ㄱ(○), ㄴ(×), ㄷ(○), ㄹ(○), ㅁ(×)

ㄱ. ○ 채권자가 채무자를 대위하여 제3채무자를 상대로 제기한 채권자대위소송이 법원에 계속중 채무자와 제3채무자 사이에 채권자대위소송과 소송물을 같이하는 내용의 소송이 제기된 경우, 양 소송은 동일소송이므로 후소는 중복제소금지원칙에 위배되어 제기된 부적법한 소송이라 할 것이나, 이 경우 전소, 후소의 판별기준은 소송계속의 발생시기의 선후에 의할 것이다(대판 1992.5.22. 91다41187).

ㄴ. × 중복제소금지의 원칙에 위배되어 제기된 소에 대한 판결이나 그 소송절차에서 이루어진 화해라도 확정된 경우에는 당연무효라고 할 수는 없다(대판 1995.12.5. 94다59028).

> **제451조(재심사유)**
> ① 다음 각호 가운데 어느 하나에 해당하면 확정된 종국판결에 대하여 재심의 소를 제기할 수 있다. 다만, 당사자가 상소에 의하여 그 사유를 주장하였거나, 이를 알고도 주장하지 아니한 때에는 그러하지 아니하다.
> 10. 재심을 제기할 판결이 전에 선고한 확정판결에 어긋나는 때

ㄷ. ○ 손해3분설을 취하는 판례의 태도에 의할 때, A가 청구한 치료비를 구하는 전소는 적극적 손해에 관한 것이나 일실임금을 구하는 후소는 소극적 손해에 관한 것으로 소송물이 동일하지 않으므로 중복된 소제기에 해당하지 않는다.

관련판례 생명 또는 신체에 대한 불법행위로 인하여 입게 된 적극적 손해와 소극적 손해 및 정신적 손해는 서로 소송물을 달리하므로 그 손해배상의무의 존부나 범위에 관하여 항쟁함이 상당한지의 여부는 각 손해마다 따로 판단하여야 한다(대판 2002.9.10. 2002다34581).

ㄹ. × 전소와 후소의 판단은 소장이 피고에게 송달된 때를 기준으로 하므로, 중복제소금지의 원칙에 위배하여 제기된 부적법한 소는 A소이다.

관련판례 전소와 후소의 판별기준은 소송계속의 발생시기 즉 소장이 피고에게 송달된 때의 선후에 의할 것이며, 비록 소제기에 앞서 가압류, 가처분 등의 보전절차가 선행되어 있다 하더라도 이를 기준으로 가릴 것은 아니다(대판 1994.11.25. 94다12517,94다12524).

ㅁ. ○ 중복제소금지는 소송계속으로 인하여 당연히 발생하는 소송요건의 하나로서, 이미 동일한 사건에 관하여 전소가 제기되었다면 설령 그 전소가 소송요건을 흠결하여 부적법하다고 할지라도 후소의 변론종결시까지 취하·각하 등에 의하여 소송계속이 소멸되지 아니하는 한 후소는 중복제소금지에 위배하여 각하를 면치 못하게 된다(대판 1998.2.27. 97다45532).

제4절 소의 제기

19 | 21변시-59 | 정답 ②

중복된 소 제기의 금지에 관한 설명 중 옳지 않은 것은?
(다툼이 있는 경우 판례에 의함)

① 각 채권자가 동일한 사해행위에 관하여 동시 또는 이시에 그 취소 및 원상회복청구의 소를 제기한 경우, 이들 소에 관해서는 중복된 소 제기 금지의 원칙은 문제되지 않는다.
② 채권자대위소송이 이미 법원에 계속되어 있을 때 같은 채무자의 다른 채권자가 동일한 소송물에 대하여 채권자대위권에 기한 소를 제기한 경우, 채무자가 선행하는 대위소송의 존재를 안 경우에 한하여 나중에 계속된 소송은 중복된 소 제기 금지의 원칙에 위배된다.
③ 중복된 소 제기 금지의 원칙에 위배되어 제기된 소에 대한 확정판결 또는 그 소송절차에서 성립된 화해는 당연무효라고 할 수 없다.
④ 채무자가 제3채무자를 상대로 제기한 이행의 소(전소)가 법원에 계속되어 있는 중에 압류채권자가 제3채무자를 상대로 제기한 추심의 소는 전소와의 관계에서 중복된 소 제기에 해당하지 않는다.
⑤ 보전처분 신청이 중복신청에 해당하는지 여부는 후행 보전처분 신청의 심리종결 시를 기준으로 판단하여야 하고, 보전명령에 대한 이의신청이 제기된 경우에는 그 이의신청에 대한 심리종결 시가 기준이 된다.

해설

① O 채권자취소권의 요건을 갖춘 각 채권자는 고유의 권리로서 채무자의 재산처분 행위를 취소하고 그 원상회복을 구할 수 있는 것이므로 각 채권자가 동시 또는 이시에 채권자취소 및 원상회복 소송을 제기한 경우 이들 소송이 중복제소에 해당하는 것이 아니다(대판 2003.7.11. 2003다19558).
② X 채권자대위소송이 이미 법원에 계속중에 있을 때 같은 채무자의 다른 채권자가 동일한 소송물에 대하여 채권자대위권에 기한 소를 제기한 경우 시간적으로 나중에 계속하게 된 소송은 중복제소금지의 원칙에 위배하여 제기된 부적법한 소송이 된다(대판 1994.2.8. 93다53092).
즉, 채무자의 인식과 무관하다.
③ O 중복제소금지의 원칙에 위배되어 제기된 소에 대한 판결이나 그 소송절차에서 이루어진 화해라도 확정된 경우에는 당연무효라고 할 수는 없다(대판 1995.12.5. 94다59028).
④ O [다수의견] (가) 채무자가 제3채무자를 상대로 제기한 이행의 소가 이미 법원에 계속되어 있는 상태에서 압류채권자가 제3채무자를 상대로 제기한 추심의 소의 본안에 관하여 심리·판단한다고 하여, 제3채무자에게 불합리하게 과도한 이중 응소의 부담을 지우고 본안 심리가 중복되어 당사자와 법원의 소송경제에 반한다거나 판결의 모순·저촉의 위험이 크다고 볼 수 없다.
(나) 압류채권자는 채무자가 제3채무자를 상대로 제기한 이행의 소에 민사소송법 제81조, 제79조에 따라 참가할 수도 있으나, 채무자의 이행의 소가 상고심에 계속 중인 경우에는 승계인의 소송참가가 허용되지 아니하므로 압류채권자의 소송참가가 언제나 가능하지는 않으며, 압류채권자가 채무자가 제기한 이행의 소에 참가할 의무가 있는 것도 아니다.

(다) 채무자가 제3채무자를 상대로 제기한 이행의 소가 법원에 계속되어 있는 경우에도 압류채권자는 제3채무자를 상대로 압류된 채권의 이행을 청구하는 추심의 소를 제기할 수 있고, 제3채무자를 상대로 압류채권자가 제기한 추심의 소는 채무자가 제기한 이행의 소에 대한 관계에서 민사소송법 제259조가 금지하는 중복된 소제기에 해당하지 않는다고 봄이 타당하다(대판 2013.12.18. 2013다202120 전원합의체).
⑤ O 보전처분 신청에 관하여도 중복된 소제기에 관한 민사소송법 제259조의 규정이 준용되어 중복신청이 금지된다. 이 경우 보전처분 신청이 중복신청에 해당하는지 여부는 후행 보전처분 신청의 심리종결 시를 기준으로 판단하여야 하고, 보전명령에 대한 이의신청이 제기된 경우에는 이의소송의 심리종결 시가 기준이 된다(대결 2018.10.4. 2017마6308).

20 | 19법전협-3-51 | 정답 ⑤

다음 설명 중 옳지 않은 것은? (다툼이 있으면 판례에 의함)

ㄱ. 당사자는 법원에 계속되어 있는 사건과 동일한 사건에 대하여 다시 소를 제기하지 못하는데 당사자와 소송상 청구가 동일하면 동일한 사건에 해당한다.
ㄴ. 전소와 후소는 소송계속의 발생시점의 선후에 의하여 정해지는데 소제기에 앞서 보전절차가 선행되어 있는 때에는 이를 고려하여 전·후소를 정하게 된다.
ㄷ. 채권자대위소송의 계속 중에 같은 채무자의 다른 채권자가 동일한 소송물에 대하여 채권자대위권에 기한 소를 제기한 경우 채무자가 전소의 소송계속 사실을 알지 못한 때에는 나중에 계속하게 된 소송은 중복제소에 해당하지 아니한다.
ㄹ. 불법행위를 원인으로 치료비의 지급을 청구하면서 일부만을 특정하여 청구하고 그 외의 부분은 별도 소송으로 청구하겠다는 취지를 명시적으로 유보한 때에는 소송물은 그 청구한 일부의 치료비에 한정되는 것이므로, 전 소송의 계속 중에 별소로 유보한 나머지 치료비의 지급을 청구하더라도 중복제소에 해당되지 아니한다.
ㅁ. 전소에 관한 판결절차가 현존하기만 하면 소송요건을 흠결하더라도 소송계속의 효과가 발생하므로 채권자대위소송 계속 중에 같은 채무자의 다른 채권자가 채권자대위권에 기한 소를 제기한 때에는 전 소인 채권자대위소송이 각하된 경우에도 후소는 중복제소에 해당한다.

① ㄱ, ㄴ, ㄷ ② ㄴ, ㄷ, ㄹ
③ ㄷ, ㄹ, ㅁ ④ ㄱ, ㄹ, ㅁ
⑤ ㄴ, ㄷ, ㅁ

ㄱ. O

> 제259조(중복된 소제기의 금지)
> 법원에 계속되어 있는 사건에 대하여 당사자는 다시 소를 제기하지 못한다.

즉 전소와 후소의 당사자와 청구가 동일하여야 하면 전소 계속 중에 후소가 제기되어야 한다.

ㄴ. X 채권자대위소송의 계속중 다른 채권자가 같은 채무자를 대위하여 같은 제3채무자를 상대로 법원에 출소한 경우 두 개 소송의 소송물이 같다면 나중에 계속된 소는 중복제소금지의 원칙에 위배하여 제기된 부적법한 소가 된다 할 것이고, 이 경우 전소와 후소의 판별기준은 소송계속의 발생시기 즉 소장이 피고에게 송달된 때의 선후에 의할 것이며, 비록 소제기에 앞서 가압류, 가처분 등의 보전절차가 선행되어 있다 하더라도 이를 기준으로 가릴 것은 아니다(대판 1994.11.25. 94다12517,94다12524).

ㄷ. X 채권자대위소송이 이미 법원에 계속중에 있을 때 같은 채무자의 다른 채권자가 동일한 소송물에 대하여 채권자대위권에 기한 소를 제기한 경우 시간적으로 나중에 계속하게 된 소송은 중복제소금지의 원칙에 위배하여 제기된 부적법한 소송이 된다(대판 1994.2.8. 93다53092).

ㄹ. O 전 소송에서 불법행위를 원인으로 치료비청구를 하면서 일부만을 특정하여 청구하고 그 이외의 부분은 별도소송으로 청구하겠다는 취지를 명시적으로 유보한 때에는 그 전소송의 소송물은 그 청구한 일부의 치료비에 한정되는 것이고 전 소송에서 한 판결의 기판력은 유보한 나머지 부분의 치료비에까지는 미치지 아니한다 할 것이므로 전 소송의 계속중에 동일한 불법행위를 원인으로 유보한 나머지 치료비청구를 별도소송으로 제기하였다 하더라도 중복제소에 해당하지 아니한다(대판 1985.4.9. 84다552).

ㅁ. X 중복제소금지는 소송계속으로 인하여 당연히 발생하는 소송요건의 하나로서, 이미 동일한 사건에 관하여 전소가 제기되었다면 설령 그 전소가 소송요건을 흠결하여 부적법하다고 할지라도 후소의 변론종결시까지 취하·각하 등에 의하여 소송계속이 소멸되지 아니하는 한 후소는 중복제소금지에 위배하여 각하를 면치 못하게 되는바, 이와 같은 법리는 어느 채권자가 채무자를 대위하여 제3채무자를 상대로 제기한 채권자대위소송이 법원에 계속중 다른 채권자가 같은 채무자를 대위하여 제3채무자를 피고로 하여 동일한 소송물에 관하여 소송을 제기한 경우에도 적용된다(대판 1998.2.27. 97다45532). 즉 후소가 소송요건흠결로 인해 각하되었으므로 중복제소에 해당하지 않는다.

---

21 21법전협-1-36 정답 ④

甲은 乙에 대하여 가지는 A 채권을 보전하기 위하여 乙을 대위하여 乙의 丙에 대한 B 채권의 이행을 구하는 소를 제기하였다. 다음 설명 중 옳지 않은 것은? (다툼이 있는 경우 판례에 의함)

① 甲의 채권자대위권 행사의 효과는 乙에게 귀속하므로, 甲의 소 제기에 따라 B 채권의 소멸시효는 중단된다.
② 甲의 대위소송에서 丙은 乙에 대한 항변사유로써 甲에게 대항할 수 있으나, 甲은 자신과 丙 사이의 독자적 사정에 기한 사유를 주장할 수는 없다.
③ 甲의 소 제기 전에 丙이 乙을 피고로 하여 제기한 B 채권의 부존재확인소송의 승소판결이 확정된 경우, 그 판결의 기판력은 甲의 대위소송에 미친다.
④ 甲의 대위소송 계속 중 乙이 丙을 상대로 B 채권의 이행을 구하는 소를 제기한 경우, 乙이 위 대위의 소 제기 사실을 알고 있었던 때에 한하여 중복제소에 해당한다.
⑤ 甲의 대위소송 계속 중 乙의 다른 채권자 丁이 丙을 상대로 B 채권의 이행을 구하는 대위의 소를 제기한 경우, 전소인 甲의 대위의 소가 각하된다면 후소는 중복제소에 해당하지 않는다.

① O 채권자대위권 행사의 효과는 채무자에게 귀속되는 것이므로 채권자대위소송의 제기로 인한 소멸시효 중단의 효과 역시 채무자에게 생긴다(대판 2011.10.13. 2010다80930).
② O 채권자대위권은 채무자의 제3채무자에 대한 권리를 행사하는 것이므로, 제3채무자는 채무자에 대해 가지는 모든 항변사유로 채권자에게 대항할 수 있으나, 채권자는 채무자 자신이 주장할 수 있는 사유의 범위 내에서 주장할 수 있을 뿐 자기와 제3채무자 사이의 독자적인 사정에 기한 사유를 주장할 수는 없다(대판 2009.5.28. 2009다4787).
③ O 제3자(편집 주: 대위채권자)가 채권자(편집 주: 대위소송의 채무자)를 대위하여 채무자(편집 주: 대위소송의 제3채무자)를 상대로 제기한 소송과 이미 확정판결이 되어 있는 채권자와 채무자간의 기존소송이 실질적으로 동일내용의 소송이라면 위 확정판결의 효력은 채권자대위권행사에 의한 소송에도 미친다(대판 1981.7.7. 80다2751).
④ X 판례는 채무자의 인식과 무관하게 중복제소에 해당한다는 입장이다. 원고가 소유권이전등기말소소송을 제기하기 전에 이미 원고의 채권자가 같은 피고를 상대로 채권자대위권에 의하여 원고를 대위하여 그 소송과 청구취지 및 청구원인을 같이하는 내용의 소송을 제기하여 계속중에 있다면, 양 소송은 비록 그 당사자는 다르다 할지라도 실질상으로는 동일소송이므로, 원고가 제기한 소송은 민사소송법 제234조 소정의 이른바 중복소송 금지규정에 저촉되는 것이다(대판 1995.4.14. 94다29256).
⑤ O 중복제소금지는 소송계속으로 인하여 당연히 발생하는 소송요건의 하나로서, 이미 동일한 사건에 관하여 전소가 제기되었다면 설령 그 전소가 소송요건을 흠결하여 부적법하다고 할지라도 후소의 변론종결시까지 취하·각하 등에 의하여 소송계속이 소멸되지 아니하는 한 후소는 중복제소금지에 위배하여 각하를 면치 못하게 되는바, 이와 같은 법리는 어느 채권자가 채무자를 대위하여 제3채무자를 상대로 제기한 채권자대위소송이 법원에 계속중 다른 채권자가 같은 채무자를 대위하여 제3채무자를 피고로 하여 동일한 소송물에 관하여 소송을 제기한 경우에도 적용된다(대판 1998.2.27. 97다45532).

제5절 기타(소멸시효, 압류 등)

22 20변시-63   정답 ④

채권압류 및 추심명령에 관한 설명 중 옳지 않은 것은?
(다툼이 있는 경우 판례에 의함)

① 임대차보증금반환채권이 양도된 후에 양수인의 채권자가 임대차보증금반환채권에 대하여 채권압류 및 추심명령을 받은 경우 위 채권양도계약이 통정허위표시로서 무효인 때에는, 양수인의 채권자는 이로 인해 외형상 형성된 법률관계를 기초로 실질적으로 새로운 이해관계를 맺은 「민법」 제108조 제2항 소정의 제3자에 해당한다.

② 채권압류 및 추심명령의 제3채무자가 압류채권자에게 압류된 채권액 상당에 관하여 지체책임을 지는 것은 집행법원으로부터 추심명령을 송달받은 때가 아니라 추심명령이 발령된 후 압류채권자로부터 추심금청구를 받은 다음날부터이다.

③ 채권압류 및 추심명령의 제3채무자는 위 명령을 송달받은 후 압류채무자에게 채무를 이행하더라도 압류채권자에게 대항할 수 없어 추심명령을 받은 압류채권자에게 채무를 이행하여야 할 의무를 부담하게 된다.

④ 채권자가 채권압류 및 추심명령을 신청하면서 채무자와 제3채무자 사이의 소송의 판결결과에 따라 제3채무자가 채무자에게 지급하여야 하는 금액을 피압류채권으로 표시한 경우에는, 채권자가 받은 채권압류 및 추심명령의 효력은 위 소송결과에 따라 제3채무자가 채무자에게 실제 지급하여야 하는 판결금채권에 한하여 미치는 것으로 보아야 한다.

⑤ 채권압류명령을 받은 제3채무자가 압류채무자에 대한 반대채권을 가지고 있는 경우 상계로써 압류채권자에게 대항할 수 있기 위해서는, 압류의 효력이 발생할 당시에 대립하는 양 채권이 상계적상에 있거나 그 당시 반대채권의 변제기가 도래하지 아니한 때에는 그것이 피압류채권의 변제기와 동시에 또는 그보다 먼저 도래하여야 한다.

 해설

① O 임대차보증금반환채권이 양도된 후 양수인의 채권자가 임대차보증금반환채권에 대하여 채권압류 및 추심명령을 받았는데 임대차보증금반환채권 양도계약이 허위표시로서 무효인 경우 채권자는 그로 인해 외형상 형성된 법률관계를 기초로 실질적으로 새로운 법률상 이해관계를 맺은 제3자에 해당한다(대판 2014.4.10. 2013다59753).

② O 추심명령은 압류채권자에게 채무자의 제3채무자에 대한 채권을 추심할 권능을 수여함에 그치고, 제3채무자로 하여금 압류채권자에게 압류된 채권액 상당을 지급할 것을 명하거나 그 지급기한을 정하는 것이 아니므로, 제3채무자가 압류채권자에게 압류된 채권액 상당에 관하여 지체책임을 지는 것은 집행법원으로부터 추심명령을 송달받은 때부터가 아니라 추심명령이 발령된 후 압류채권자로부터 추심금 청구를 받은 다음날부터라고 하여야 한다(대판 2012.10.25. 2010다47117).

③ O 압류의 처분금지 효력은 **절대적인 것이 아니고**, 채무자의 처분행위 또는 제3채무자의 변제로서 처분 또는 변제 전에 집행절차에 참가한 압류채권자나 배당요구채권자에게 대항하지 못한다는 의미에서의 **상대적 효력만을 가지는 것이어서, 압류의 효력 발생 전에 채무자가 처분하였거나 제3채무자가 변제한 경우**에는, 그 보다 먼저 압류한 채권자가 있어 그 채권자에게는 대항할 수 없는 사정이 있더라도, 그 처분이나 변제 후에 압류명령을 얻은 채권자에 대하여는 유효한 처분 또는 변제가 된다(대판 2003.5.30. 2001다10748).

④ X 판결 결과에 따라 제3채무자가 채무자에게 지급하여야 하는 금액을 피압류채권으로 표시한 경우 해당 소송의 소송물인 실체법상의 채권이 채권압류 및 추심명령의 대상이 된다고 볼 수 밖에 없고, 결국 채권자가 받은 채권압류 및 추심명령의 효력은 거기에서 지시하는 소송의 소송물인 청구원인 채권에 미친다고 보아야 한다.
원고가 '압류 및 추심할 채권의 표시'에 위 부당이득반환소송의 사건번호를 기재하였다고 하더라도 이는 피압류채권을 그 소송에서의 청구원인 채권으로 특정하기 위한 것이지 그 범위를 단순히 그 소송의 결과에 따라 소외 1이 실제 지급하여야 하는 판결금채권만으로 한정하고자 하는 의미로 볼 수는 없다(대판 2018.6.28. 2016다203056).

⑤ O 채권압류명령 또는 채권가압류명령(이하 채권압류명령의 경우만을 두고 논의하기로 한다)을 받은 제3채무자가 압류채무자에 대한 반대채권을 가지고 있는 경우에 상계로써 압류채권자에게 대항하기 위하여는, 압류의 효력 발생 당시에 대립하는 양 채권이 상계적상에 있거나, 그 당시 반대채권(자동채권)의 변제기가 도래하지 아니한 경우에는 그것이 피압류채권(수동채권)의 변제기와 동시에 또는 그보다 먼저 도래하여야 한다(대판 2012.2.16. 2011다45521 전원합의체).

23 22변시-63   정답 ④

乙이 丙에 대하여 가지는 A 부동산에 관한 소유권이전등기청구권이 甲에 의하여 가압류된 경우에 관한 설명 중 옳지 않은 것은? (다툼이 있는 경우 판례에 의함)

① 乙은 丙에 대하여 위 부동산에 관한 소유권이전등기절차의 이행을 구하는 소를 제기할 수 있고, 법원은 가압류가 되어 있음을 이유로 이를 배척할 수 없는 것이 원칙이다.
② 어떠한 경로로 丙으로부터 乙 명의로 위 부동산에 관한 소유권이전등기가 마쳐졌다면 甲은 부동산 자체를 가압류하거나 압류하면 되고 위 소유권이전등기의 말소를 구할 필요는 없다.
③ 乙이 丙을 상대로 위 부동산에 관한 소유권이전등기절차의 이행을 구하는 소를 제기한 경우, 丙이 위 가압류 사실을 주장하고 증명하였다면 법원은 가압류의 해제를 조건으로 하지 않는 한 소유권이전등기절차의 이행을 명할 수 없다.
④ 丙이 위 부동산에 관하여 丁에게 소유권이전등기를 해 주었다면, 甲이 丁에 대하여 위 소유권이전등기가 가압류에 저촉되어 원인무효라고 주장하며 한 말소등기청구는 인용되어야 한다.
⑤ 乙이 위 부동산에 관한 소유권이전등기절차의 이행을 구하는 소를 제기하였으나, 丙이 이에 적극적으로 응소하지 않음으로써 가압류의 사실이 주장되지 않아 乙의 승소로 소유권이전등기가 된 후 결과적으로 그 부동산이 丁에게 소유권이전등기가 되어 甲에게 손해를 입혔다면, 丙은 甲에 대하여 불법행위에 기한 손해배상책임을 부담한다.

④ X 소유권이전등기청구권에 대한 압류나 가압류가 되어 있는 경우 제3채무자나 채무자로부터 소유권이전등기를 넘겨받은 제3자에 대하여 원인무효를 주장하여 등기의 말소를 청구할 수 없다(대판 1992.11.10. 92다4680 전원합의체).
⑤ O 소유권이전등기청구권에 대한 압류가 있는 부동산에 대하여 소유권이전등기를 명하는 판결은 의사의 진술을 명하는 판결로서 이것이 확정되면 채무자는 일방적으로 이전등기를 신청할 수 있고 제3채무자는 이를 저지할 방법이 없으므로, 소유권이전등기청구권이 압류된 경우에는 변제금지의 효력이 미치고 있는 제3채무자로서는 일반 채권이 압류된 경우와는 달리 채무자 또는 그 채무자를 대위한 자로부터 소유권이전등기 청구소송이 제기되었다면 이에 응소하여 그 소유권이전등기청구권이 압류된 사실을 주장하고 자신이 송달받은 압류결정을 제출하는 방법으로 입증하여야 할 의무가 있다고 할 것이고, 만일 제3채무자가 고의 또는 과실로 위 소유권이전등기 청구소송에 응소하지 아니한 결과 의제자백에 의한 판결이 선고·확정됨에 따라 채무자에게 소유권이전등기가 경료되고 다시 제3자에게 이전등기가 경료됨으로써 채권자가 손해를 입었다면, 이러한 경우는 제3채무자가 채무자에게 임의로 소유권이전등기를 경료하여 준 것과 마찬가지로 불법행위를 구성한다(대판 2000.2.11. 98다35327).

 해설

①, ③ O 소유권이전등기청구권에 대한 압류나 가압류는 채권에 대한 것이지 등기청구권의 목적물인 부동산에 대한 것이 아니고, 채무자와 제3채무자에게 그 결정을 송달하는 외에 현행법상 등기부에 이를 공시하는 방법이 없는 것으로서, 당해 채권자와 채무자 및 제3채무자 사이에만 효력이 있을 뿐 압류나 가압류와 관계가 없는 제3자에 대하여는 압류나 가압류의 처분금지적 효력을 주장할 수 없게 되므로, 소유권이전등기청구권의 압류나 가압류는 청구권의 목적물인 부동산 자체의 처분을 금지하는 대물적 효력은 없고, 또한 채권에 대한 가압류가 있더라도 이는 채무자가 제3채무자로부터 현실로 급부를 추심하는 것만을 금지하는 것이므로 채무자는 제3채무자를 상대로 그 이행을 구하는 소송을 제기할 수 있고 법원은 가압류가 되어 있음을 이유로 이를 배척할 수는 없는 것이지만(①), 소유권이전등기를 명하는 판결은 의사의 진술을 명하는 판결로서 이것이 확정되면 채무자는 일방적으로 이전등기를 신청할 수 있고 제3채무자는 이를 저지할 방법이 없게 되므로 위와 같이 볼 수는 없고 이와 같은 경우에는 가압류의 해제를 조건으로 하지 않는 한 법원은 이를 인용하여서는 안되는 것(③)이며, 가처분이 있는 경우도 이와 마찬가지로 그 가처분의 해제를 조건으로 하여야만 소유권이전등기절차의 이행을 명할 수 있다(대판 1999.2.9. 98다42615).
② O 부동산소유권이전등기청구권의 가압류는 채무자 명의로 소유권을 이전하여 이에 대하여 강제집행을 할 것을 전제로 하고 있으므로 소유권이전등기청구권을 가압류하였다 하더라도 어떠한 경로로 제3채무자로부터 채무자 명의로 소유권이전등기가 마쳐졌다면 채권자는 부동산 자체를 가압류하거나 압류하면 될 것이지 등기를 말소할 필요는 없다(대판 1992.11.10. 92다4680 전원합의체).

24 20변시-59   정답 ②

가압류에 관한 설명 중 옳지 않은 것은? (다툼이 있는 경우 판례에 의함)

① 甲은 乙에 대하여 1억 원의 대여금채권을 가지고 있다. 甲에 대한 1억 원의 매매대금채권자 丙은 위 대여금채권에 대하여 2019. 10. 1. 법원에 압류 및 전부명령을 신청하였고, 법원은 같은 달 4. 위 신청에 따른 명령을 발령하였으며, 위 명령은 같은 달 7. 乙에게, 같은 달 8. 甲에게 각 송달된 후 확정되었다. 한편, 甲에 대한 1억 원의 매매대금채권자 丁은 2019. 9. 26. 법원에 위 대여금채권에 대한 가압류신청을 하였고, 법원은 같은 달 30. 위 신청에 따른 가압류결정을 하였으며, 위 가압류결정이 같은 해 10. 8. 乙에게 송달되었다면, 위 가압류결정은 효력이 없다.

② 「주택임대차보호법」상 대항요건을 갖춘 임차인의 임대차보증금반환채권이 가압류된 상태에서 임대주택이 양도되면 양수인이 채권가압류의 제3채무자 지위를 승계하지만, 가압류채권자는 임대주택의 양도인과 양수인 모두에 대하여 위 가압류의 효력을 주장할 수 있다.

③ A 토지에 대하여 2019. 7. 1. 임의경매가 개시되었고, A 토지 지상 B 건물에 대하여 같은 해 8. 1. 가압류등기가 마쳐진 후 같은 해 11. 1. 강제경매가 개시되었다. 甲은 같은 해 10. 1. 乙로부터 B 건물의 점유를 이전받아 위 건물에 관한 공사대금채권을 피담보채권으로 하는 유치권을 취득하였다. 丙이 위 각 경매절차에서 A 토지와 B 건물에 관한 매각허가결정을 받아 매각대금을 지급한 경우, 특별한 사정이 없는 한 甲은 丙에게 B 건물에 대한 유치권을 주장할 수 있다.

④ 甲은 乙에게 대여금채권을 가지고 있다. 甲은 丙에게 위 대여금채권을 양도하고 乙에게 확정일자 있는 채권양도통지를 하였으며, 甲의 채권자 丁은 甲에 대한 매매대금채권을 피보전권리로 하여 甲의 乙에 대한 위 대여금채권에 대하여 가압류결정을 받았다. 乙에 대한 위 채권양도통지의 도달일과 위 가압류결정의 송달일이 같은 날이지만 그 선후를 알 수 없는 경우, 乙은 법원에 변제공탁을 함으로써 丙과 丁에 대한 책임을 면할 수 있다.

⑤ 동일한 채권에 대하여 확정일자 있는 채권양도통지의 도달과 채권가압류결정의 송달이 같은 날 위 채권의 채무자에게 이루어졌는데, 그 선후관계에 대하여 달리 증명이 없으면 동시에 도달·송달된 것으로 추정한다.

 해설

① O 전부명령은 그 명령이 확정되면 그 명령이 제3채무자에게 송달된 때에 소급하여 피압류채권이 집행채권의 범위 안에서 당연히 전부채권자에게 이전되고 동시에 집행채권 소멸의 효력이 발생되는 것이므로, **전부명령이 제3채무자에게 송달될 당시를 기준**으로 압류가 경합되지 않았다면 그 후에 이루어진 채권압류가 그 전부명령의 효력에 영향을 미칠 수 없으며, 이러한 법리는 피압류채권이 장래에 발생하는 조건부채권이라 하더라도 달라질 수 없다(대판 2000.10.6. 2000다31526).

② X 주택임대차보호법상 대항력을 갖춘 임차인의 임대차보증금반환채권이 가압류된 상태에서 임대주택이 양도된 경우, 양수인이 채권가압류의 제3채무자 지위를 승계하며, 이 경우 가압류채권자는 양수인에 대하여만 가압류의 효력을 주장할 수 있다(대판 2013.1.17. 2011다49523 전원합의체).

③ O 토지에 대한 담보권 실행 등을 위한 경매가 개시된 후 그 지상건물에 가압류등기가 경료되었는데, 甲이 채무자인 乙 주식회사에서 건물 점유를 이전받아 **그 건물에 관한 공사대금채권을 피담보채권으로 한 유치권을 취득하였고**, 그 후 건물에 대한 강제경매가 개시되어 丙이 토지와 건물을 낙찰받은 사안에서, 건물에 가압류등기가 경료된 후 乙 회사가 甲에게 건물 점유를 이전한 것은 처분행위에 해당하지 않아 **가압류의 처분금지효에 저촉되지 않으므로**, 甲은 丙에게 건물에 대한 **유치권을 주장할 수 있다**고 한 사례(대판 2011.11.24. 2009다19246).

④, ⑤ O 채권가압류명령과 채권양도통지가 동시에 제3채무자에게 송달된 경우, 제3채무자는 송달의 선후가 불명한 경우에 준하여 채권자를 알 수 없다는 이유로 변제공탁을 할 수도 있고(대판 1994.4.26. 93다24223 전원합의체 참조), 또한 민사집행법 제291조, 제248조 제1항에 의하여 **가압류에 관련된 금전채권에 대한 집행공탁**을 할 수도 있으며, 위와 같은 사유를 들어 채권자 불확지 변제공탁과 집행공탁을 합한 혼합공탁을 할 수도 있다. 한편 공탁자는 자기의 책임과 판단하에 변제공탁이나 집행공탁 또는 혼합공탁을 선택하여 할 수 있으므로, 제3채무자가 그중 어느 공탁을 한 것인지는 피공탁자의 지정 여부, 공탁의 근거조문, 공탁사유, 공탁사유신고 등을 종합적·합리적으로 고려하여 판단할 것이다(대판 2013.4.26. 2009다89436).

25 20변시-62 정답 ①

가압류, 압류명령, 전부명령에 관한 설명 중 옳지 않은 것은? (다툼이 있는 경우 판례에 의함)

① 당사자 사이에 양도금지의 특약이 있는 채권에 대하여 집행채권자가 양도금지의 특약이 있는 사실을 알면서 전부명령을 받은 경우 위 전부명령은 무효이다.
② 적법한 집행권원에 의한 압류 및 전부명령에 기하여 채권자가 제3채무자를 상대로 전부금청구의 소를 제기한 경우, 법원은 특별한 사정이 없는 한 그 집행채권(채권자가 채무자에 대하여 가지는 채권)의 소멸에 대하여 심리·판단할 필요가 없다.
③ 임대차보증금반환채권이 전부된 후 임대차계약이 해지된 경우, 임대인이 위 전부채권자에게 잔존임대차보증금반환채무를 현실적으로 이행하거나 그 채무이행을 제공하였음에도 임차인이 목적물을 인도하지 않았다는 점에 대하여 임대인이 주장·증명하지 않았다면, 임차인의 목적물에 대한 점유는 불법점유라고 볼 수 없다.
④ 채무자와 제3채무자가 아무런 합리적 이유 없이 채권의 소멸만을 목적으로 계약관계를 합의해제한다는 등의 특별한 경우를 제외하고는, 제3채무자는 채권에 대한 가압류가 있은 후에도 채권의 발생원인인 법률관계를 합의해제하고 이로 인하여 가압류채권이 소멸되었다는 사유를 들어 가압류채권자에게 대항할 수 있다.
⑤ 甲이 乙의 丙에 대한 금전채권을 압류하여 그 압류명령이 丙에게 송달된 후 丙이 乙에게 채무를 일부 변제하고 그 후에 乙의 다른 채권자인 丁이 위 금전채권을 압류하여 그 압류명령이 丙에게 송달된 경우, 丙의 乙에 대한 위 채무 변제는 丁에 대해서는 유효하다.

 해설

① X 당사자 사이에 **양도금지의 특약**이 있는 채권이라도 압류 및 전부명령에 따라 이전될 수 있고, 양도금지의 특약이 있는 사실에 관하여 압류채권자가 선의인가 악의인가는 전부명령의 효력에 영향이 없다(대판 1976.10.29. 76다1623).
② O **집행력 있는 채무명의에 기하여 채권의 압류 및 전부명령이 적법하게 이루어진 이상** 피압류채권은 집행채권의 범위내에서 당연히 집행채권자에게 이전하는 것이어서 그 집행채권이 이미 소멸하였거나 소멸할 가능성이 있다고 하더라도 위 채권의 압류 및 전부명령의 효력에는 아무런 영향이 없다 할 것이므로 전부금 청구사건에 있어서는 특단의 사정이 없는 한 그 **집행채권의 소멸 또는 소멸가능성**에 대하여 심리판단이 필요없다(대판 1976.5.25. 76다626).
③ O 건물의 임대차계약이 해지된 후에, 임대인인 피고가 잔존임차보증금 반환청구채권을 전부받은 원고에게 잔존임차보증금 반환채무를 현실적으로 이행하였거나 그 채무이행을 제공하였음에도 불구하고(미리 원고가 잔존임차보증금을 변제받기를 거절하였다든지 위 소외인이 이 사건 건물명도의무의 이행을 거절한 경우에는 구두의 제공으로 족할 것이다), 위 소외인이 이 사건 건물을 명도하지 않음으로써 위 소외인의 임차목적물 반환채무가 이행지체에 빠지는 등의 사유로 위 소외인이 동시이행의 항변권을 상실하게 되었다는 점에 관하여 피고가 주장·입증을 하지 않은 이상, 위 소외인의 이 사건 건물에 대한 점유는 동시이행의 항변권에 기한 것이어서 위 소외인이 이 사건 건물을 불법점유하였다고 볼 수 없을 것이다(대판 1989.10.27. 89다카4298).

④ O 채권에 대한 가압류는 제3채무자에 대하여 채무자에게의 지급금지를 명하는 것이므로 **채권을 소멸 또는 감소시키는 등의 행위**는 할 수 없고 그와 같은 행위로 채권자에게 **대항할 수 없는** 것이지만, 채권의 발생원인인 법률관계에 대한 **채무자의 처분까지도 구속하는 효력은 없다** 할 것이므로 **채무자와 제3채무자가 아무런 합리적 이유 없이 채권의 소멸만을 목적으로 계약관계를 합의해제한다는 등의 특별한 경우를 제외하고는,** 제3채무자는 채권에 대한 가압류가 있은 후라고 하더라도 채권의 발생원인인 법률관계를 합의해제하고 이로 인하여 가압류채권이 소멸되었다는 사유를 들어 가압류채권자에 대항할 수 있다(대판 2001.6.1. 98다17930).
⑤ O 압류의 처분금지 효력은 **절대적**인 것이 아니고, 채무자의 처분행위 또는 제3채무자의 변제로써 처분 또는 변제 전에 집행절차에 참가한 압류채권자나 배당요구채권자에게 대항하지 못한다는 의미에서의 **상대적 효력만을 가지는 것이어서, 압류의 효력 발생 전에 채무자가 처분하였거나 제3채무자가 변제한 경우**에는, 그 보다 먼저 압류한 채권자가 있어 그 채권자에게는 대항할 수 없는 사정이 있더라도, **그 처분이나 변제 후에 압류명령을 얻은 채권자에 대하여는 유효한 처분 또는 변제가 된다**(대판 2003.5.30. 2001다10748).

26 22변시-60 정답 ②

소멸시효에 관한 설명 중 옳지 않은 것은? (다툼이 있는 경우 판례에 의함)

① 채무자가 소멸시효 완성 후 채무를 일부 변제한 때에는 액수에 관하여 다툼이 없는 한 채무 전체를 묵시적으로 승인한 것으로 보아야 하고, 이 경우 시효 완성의 사실을 알고 소멸시효의 이익을 포기한 것으로 추정된다.
② 부진정연대채무에서 채무자 1인에 대한 재판상 청구 또는 채무자 1인이 행한 채무의 승인 등 소멸시효의 중단 사유나 시효이익의 포기는 다른 채무자에게 효력을 미친다.
③ 채권자가 전소로 이행청구를 하여 승소 확정판결을 받은 후 그 채권의 시효 중단을 위한 후소를 제기하는 경우, 후소로 재판상의 청구가 있다는 점에 대하여만 확인을 구하는 형태의 확인의 소도 허용된다.
④ 채권자가 채무자의 제3채무자에 대한 채권을 압류 또는 가압류한 경우, 압류 또는 가압류된 채무자의 제3채무자에 대한 채권에 대하여는 시효 중단의 효력이 생긴다고 할 수 없다.
⑤ 가압류에 의한 시효 중단은 경매절차에서 부동산이 매각되어 가압류등기가 말소되기 전에 배당절차가 진행되어 가압류채권자에 대한 배당표가 확정되는 등의 특별한 사정이 없는 한, 채권자가 가압류 집행에 의하여 권리행사를 계속하고 있다고 볼 수 있는 가압류등기가 말소된 때 중단사유가 종료되어, 그때부터 새로 소멸시효가 진행한다.

해설

① O 채무자가 소멸시효 완성 후 채무를 일부 변제한 때에는 액수에 관하여 다툼이 없는 한 채무 전체를 묵시적으로 승인한 것으로 보아야 하고, 이 경우 시효완성의 사실을 알고 이익을 포기한 것으로 추정되므로, 소멸시효가 완성된 채무를 피담보채무로 하는 근저당권이 실행되어 채무자 소유의 부동산이 경락되고 대금이 배당되어 채무의 일부 변제에 충당될 때까지 채무자가 아무런 이의를 제기하지 아니하였다면, 경매절차의 진행을 채무자가 알지 못하였다는 등 다른 특별한 사정이 없는 한, 채무자는 시효완성의 사실을 알고 채무를 묵시적으로 승인하여 시효의 이익을 포기한 것으로 볼 수 있기는 하다(대판 2017.7.11. 2014다32458).

② X 부진정연대채무에서 채무자 1인에 대한 재판상 청구 또는 채무자 1인이 행한 채무의 승인 등 소멸시효의 중단사유나 시효이익의 포기는 다른 채무자에게 효력을 미치지 않는다(대판 2017.9.12. 2017다865).

③ O 시효중단을 위한 후소로서 이행소송 외에 전소 판결로 확정된 채권의 시효를 중단시키기 위한 조치, 즉 '재판상의 청구'가 있다는 점에 대하여만 확인을 구하는 형태의 '새로운 방식의 확인소송'이 허용되고, 채권자는 두 가지 형태의 소송 중 자신의 상황과 필요에 보다 적합한 것을 선택하여 제기할 수 있다고 보아야 한다(대판 2018.10.18. 2015다232316 전원합의체).

④ O 채권자가 채무자의 제3채무자에 대한 채권을 압류 또는 가압류한 경우에 채무자에 대한 채권자의 채권에 관하여 시효중단의 효력이 생긴다고 할 것이나, 압류 또는 가압류된 채무자의 제3채무자에 대한 채권에 대하여는 민법 제168조 제2호 소정의 소멸시효 중단사유에 준하는 확정적인 시효중단의 효력이 생긴다고 할 수 없다(대판 2003.5.13. 2003다16238).

⑤ O 가압류에 의한 시효중단은 경매절차에서 부동산이 매각되어 가압류등기가 말소되기 전에 배당절차가 진행되어 가압류채권자에 대한 배당표가 확정되는 등의 특별한 사정이 없는 한, 채권자가 가압류집행에 의하여 권리행사를 계속하고 있다고 볼 수 있는 가압류등기가 말소된 때 그 중단사유가 종료되어, 그때부터 새로 소멸시효가 진행한다고 봄이 타당하다(대판 2013.11.14. 2013다18622,18639).

27 20변시-60  정답 ③

소 제기에 의한 소멸시효 중단의 효과에 관한 설명 중 옳은 것은? (다툼이 있는 경우 판례에 의함)

① 甲은 乙이 사망한 사실을 모르고 乙을 피고로 표시하여 제기한 대여금청구 소송에서 승소하였는데, 乙의 단독상속인 丙이 이러한 사실을 알고 위 판결에 대하여 항소한 경우에는 甲이 소를 제기한 때에 위 대여금채권의 소멸시효가 중단된 것으로 보아야 한다.

② 甲이 그 소유의 A 차량을 운전하던 중에 乙이 운전하던 B 차량과 충돌하여 상해를 입자, A 차량의 보험회사인 丙 회사가 甲에게 보험금을 지급한 후 乙을 상대로 구상금청구의 소를 제기하였는데, 甲이 丙 회사 측에 보조참가하여 乙의 과실 존부 등에 관하여 다툰 경우에는 甲의 보조참가로 인해 甲의 乙에 대한 손해배상채권의 소멸시효가 중단된 것으로 볼 수 없다.

③ 甲이 乙을 대위하여 丙을 상대로 부당이득반환을 원인으로 A 토지에 관한 소유권이전등기청구의 소를 제기하였는데, 甲의 乙에 대한 피보전채권이 인정되지 않음을 이유로 한 소각하 판결이 2019. 3. 15. 확정되었고, 乙의 다른 채권자 丁이 2019. 6. 14. 乙을 대위하여 丙을 상대로 위와 같은 내용의 소를 제기한 경우에는 乙의 丙에 대한 위 소유권이전등기청구권의 소멸시효는 甲이 채권자대위소송을 제기한 때에 중단된 것으로 보아야 한다.

④ 대여금채무자 겸 근저당권설정자 甲이 대여금채권자 겸 근저당권자 乙을 상대로 그 대여금채무의 소멸을 원인으로 한 근저당권설정등기말소청구의 소를 제기한 경우, 乙이 응소하여 자신의 甲에 대한 대여금채권이 존재한다고 적극적으로 주장함으로써 위 대여금채권의 소멸시효 중단의 효력을 발생시키기 위해서는 乙은 자신의 응소행위로 위 대여금채권의 소멸시효가 중단되었음을 주장하여야 하는데, 그 시효중단의 주장은 답변서 제출 시에 하여야 한다.

⑤ 乙에 대한 대여금채권자 甲이 2019. 7. 9. 乙을 상대로 지급명령을 신청하였고, 법원의 지급명령에 대하여 乙이 2019. 9. 10. 이의신청을 함으로써 사건이 소송으로 이행된 경우에는 위 지급명령에 의한 소멸시효 중단의 효력이 2019. 9. 10. 발생한다.

해설

① X 민법 제170조 제1항은 재판상 청구가 민법 제168조에 의하여 시효중단사유가 됨을 전제로 "재판상의 청구는 소송의 각하, 기각 또는 취하의 경우에는 시효중단의 효력이 없다."고 규정하고, 같은 조 제2항은 "전항의 경우에 6월내에 재판상의 청구, 파산절차참가, 압류 또는 가압류, 가처분을 한 때에는 시효는 최초의 재판상 청구로 인하여 중단된 것으로 본다."고 규정함으로써 최초의 재판상 청구에 소송요건의 결여 등의 흠이 있는 경우 일정기간 내에 새로운 재판상 청구 등이 이루어지면 최초의 제소 시로 시효중단의 소급을 인정하고 있다.

그런데 이미 사망한 자를 피고로 하여 제기된 소는 부적법하여 이를 간과한 채 본안 판단에 나아간 판결은 당연무효로서 그 효력이 상속인에게 미치지 않고, 채권자의 이러한 제소는 권리자의 의무자에 대한 권리행사에 해당하지 않으므로, 상속인을 피고로 하는 당사자표시정정이 이루어진 경우와 같은 특별한 사정이 없는 한, 거기에는 애초부터 시효중단 효력이 없어 민법 제170조 제2항이 적용되지 않는다고 봄이 타당하고, 법원이 이를 간과하여 본안에 나아가 판결을 내린 경우에도 마찬가지라고 보아야 한다(대판 2014.2.27. 2013다94312).

② X 甲이 자신의 차량을 운전하던 중 乙 주식회사 소유의 차량을 충돌하여 상해를 입었는데, 甲 차량의 보험자인 丙 주식회사가 甲에게 보험금을 지급한 후 乙 회사를 상대로 구상금청구의 소를 제기하였고 甲이 丙 회사 측 보조참가인으로 참가하여 乙 회사의 과실 존부 등에 관하여 적극적으로 다툰 사안에서, 甲의 손해배상청구권의 소멸시효는 위 보조참가로 중단되었다고 본 원심판단을 수긍한 사례(대판 2014.4.24. 2012다105314).

③ O 채권자 甲이 채무자 乙을 대위하여 丙을 상대로 부동산에 관하여 부당이득반환을 원인으로 한 소유권이전등기절차 이행을 구하는 소를 제기하였다가 피보전권리가 인정되지 않는다는 이유로 소각하판결을 선고받아 확정되었고, 그로부터 3개월 남짓 경과한 후에 다른 채권자 丁이 乙을 대위하여 丙을 상대로 같은 내용의 소를 제기하였다가 丙과 사이에 피보전권리가 존재하지 않는다는 취지의 조정이 성립되었는데, 또 다른 채권자인 戊가 조정 성립일로부터 10여 일이 경과한 후에 乙을 대위하여 丙을 상대로 같은 내용의 소를 다시 제기한 사안에서, 채무자 乙의 丙에 대한 위 부동산에 관한 부당이득반환을 원인으로 한 소유권이전등기청구권의 소멸시효는 甲, 丁, 戊의 순차적인 채권자대위소송에 따라 최초의 재판상 청구인 甲의 채권자대위소송 제기로 중단되었다고 본 원심판단을 정당하다고 한 사례(대판 2011.10.13. 2010다80930).

④ X [1] 취득시효를 주장하는 자가 원고가 되어 소를 제기한 데 대하여 권리자가 피고로서 응소하고 그 소송에서 적극적으로 권리를 주장하여 그것이 받아들여진 경우에는 민법 제247조 제2항에 의하여 취득시효기간에 준용되는 민법 제168조 제1호, 제170조 제1항에서 시효중단사유의 하나로 규정하고 있는 재판상 청구에 포함된다. [2] 시효를 주장하는 자가 원고가 되어 소를 제기한 경우에 있어서, 피고가 응소행위를 하였다고 하여 바로 시효중단의 효과가 발생하는 것이 아니고, 변론주의 원칙상 시효중단의 효과를 원하는 피고로서는 당해 소송 또는 다른 소송에서의 응소행위로서 시효가 중단되었다고 주장하지 않으면 아니 되고, 피고가 변론에서 시효중단의 주장 또는 이러한 취지가 포함되었다고 볼 만한 주장을 하지 아니하는 한, 피고의 응소행위가 있었다는 사정만으로 당연히 시효중단의 효력이 발생한다고 할 수는 없는 것이나, 응소행위로 인한 시효중단의 주장은 취득시효가 완성된 후라도 사실심 변론종결 전에는 언제든지 할 수 있다(대판 2003.6.13. 2003다17927,17934).

⑤ X 지급명령이란 금전 그 밖에 대체물이나 유가증권의 일정한 수량의 지급을 목적으로 하는 청구에 대하여 법원이 보통의 소송절차에 의함이 없이 채권자의 신청에 의하여 간이, 신속하게 발하는 이행에 관한 명령으로 지급명령에 관한 절차는 종국판결을 받기 위한 소의 제기는 아니지만, 채권자로 하여금 간이, 신속하게 집행권원을 취득하도록 하기 위하여 이행의 소를 대신하여 법이 마련한 특별소송절차로 볼 수 있다. 그런데 재판상 청구에 시효중단의 효력을 인정하는 근거는 권리자가 재판상 그 권리를 주장하여 권리 위에 잠자는 것이 아님을 표명하고 이로써 시효제도의 기초인 영속되는 사실상태와 상용할 수 없는 다른 사정이 발생하였다는 점에 기인하는 것인데, 그와 같은 점에서 보면 지급명령 신청은 권리자가 권리의 존재를 주장하면서 재판상 그 실현을 요구하는 것이므로 본질적으로 소의 제기와 다르지 않다. 따라서 민법 제170조 제1항에 규정하고 있는 '재판상의 청구'란 종국판결을 받기 위한 '소의 제기'에 한정되지 않고, 권리자가 이행의 소를 대신하여 재판기관의 공권적인 법률판단을 구하는 지급명령 신청도 포함된다고 보는 것이 타당하다. 그리고 민법 제170조의 재판상 청구에 지급명령 신청이 포함되는 것으로 보는 이상 특별한 사정이 없는 한, 지급명령 신청이 각하된 경우라도 6개월 이내 다시 소를 제기한 경우라면 민법 제170조 제2항에 의하여 시효는 당초 지급명령 신청이 있었던 때에 중단되었다고 보아야 한다(대판 2011.11.10. 2011다54686). 즉 2019. 7. 9.에 소멸시효 중단의 효력이 발생한다.

28 16변시-69 정답 ①

압류채권자가 제기하는 추심의 소에 관한 설명 중 옳지 않은 것을 모두 고른 것은? (다툼이 있는 경우 판례에 의함)

ㄱ. 추심명령을 받은 압류채권자는 채무자가 제3채무자를 상대로 제기하여 계속 중인 소에 「민사소송법」 제81조(승계인의 소송참가), 제79조(독립당사자참가)에 따라 언제든지 참가할 수 있다.

ㄴ. 추심의 소에서 피압류채권의 존재는 채권자인 원고가 증명하여야 한다.

ㄷ. 추심의 소에서 제3채무자인 피고는 집행채권의 부존재나 소멸을 항변으로 주장하여 집행채무의 변제를 거절할 수 없다.

ㄹ. 채무자가 제3채무자를 상대로 제기한 이행의 소가 법원에 계속되어 있는 경우, 추심명령을 얻은 압류채권자가 제3채무자를 상대로 제기한 추심의 소는 채무자가 제기한 이행의 소에 대한 관계에서 「민사소송법」 제259조가 금지하는 중복된 소제기에 해당하지 않는다.

① ㄱ
② ㄱ, ㄷ
③ ㄴ, ㄹ
④ ㄱ, ㄷ, ㄹ
⑤ ㄴ, ㄷ, ㄹ

해설

ㄱ. X '언제든지' 참가할 수 있는 것은 아니다. 채무자의 이행의 소가 상고심에 계속 중인 경우에는 소송참가가 허용되지 않는다.

관련판례 압류채권자는 채무자가 제3채무자를 상대로 제기한 이행의 소에 민사소송법 제81조, 제79조에 따라 참가할 수도 있으나, 채무자의 이행의 소가 상고심에 계속 중인 경우에는 승계인의 소송참가가 허용되지 아니하므로 압류채권자의 소송참가가 언제나 가능하지는 않으며, 압류채권자가 채무자가 제기한 이행의 소에 참가할 의무가 있는 것도 아니다(대판 2013.12.18. 2013다202120 전원합의체).

ㄴ. O 채권압류 및 추심명령에 기한 추심의 소에서 피압류채권의 존재는 채권자가 증명하여야 한다(대판 2015.6.11. 2013다40476).

ㄷ. O 집행채권의 부존재나 소멸은 집행채무자가 청구이의의 소에서 주장할 사유이지 추심의 소에서 제3채무자가 이를 항변으로 주장하여 집행채무의 변제를 거절할 수 있는 것이 아니다(대판 1994.11.11. 94다34012).

ㄹ. O [1] 채무자가 제3채무자를 상대로 제기한 이행의 소가 이미 법원에 계속되어 있는 상태에서 압류채권자가 제3채무자를 상대로 제기한 추심의 소의 본안에 관하여 심리·판단한다고 하여, 제3채무자에게 불합리하게 과도한 이중 응소의 부담을 지우고 본안 심리가 중복되어 당사자와 법원의 소송경제에 반한다거나 판결의 모순·저촉의 위험이 크다고 볼 수 없다.
[2] 채무자가 제3채무자를 상대로 제기한 이행의 소가 법원에 계속되어 있는 경우에도 압류채권자는 제3채무자를 상대로 압류된 채권의 이행을 청구하는 추심의 소를 제기할 수 있고, 제3채무자를 상대로 압류채권자가 제기한 추심의 소는 채무자가 제기한 이행의 소에 대한 관계에서 민사소송법 제259조가 금지하는 중복된 소제기에 해당하지 않는다고 봄이 타당하다(대판 2013.12.18. 2013다202120 전원합의체).

29   16변시-55   정답 ②

채권의 압류 및 추심명령, 채권양도에 관한 설명 중 옳지 않은 것은? (다툼이 있는 경우 판례에 의함)

① 제3채무자가 압류채권자에게 압류된 채권액 상당에 관하여 지체책임을 지는 것은 추심명령이 발령된 후 압류채권자로부터 추심금청구를 받은 다음 날부터이다.

② 임대인이 임차인으로부터 임대차보증금반환채권의 양도통지를 받은 후에 임대인과 임차인 사이에 임대차계약기간 연장에 관하여 합의가 있을 경우 그 합의의 효과는 그 채권의 양수인에 대하여도 미친다.

③ 채권양도통지와 채권가압류결정 정본이 같은 날 도달되었는데 그 선후관계에 대하여 달리 증명이 없으면 동시에 도달된 것으로 추정한다.

④ 채권에 대한 압류 후에 피압류채권이 제3자에게 양도된 경우 그 채권양도는 압류채무자에 대한 다른 채권자와의 관계에서 유효하다.

⑤ 금전채권에 대한 가압류가 있더라도 가압류채무자는 제3채무자를 상대로 그 이행을 구하는 소를 제기할 수 있고, 법원은 가압류가 되어 있음을 이유로 그 청구를 배척할 수 없다.

① O 추심명령은 압류채권자에게 채무자의 제3채무자에 대한 채권을 추심할 권능을 수여함에 그치고, 제3채무자로 하여금 압류채권자에게 압류된 채권액 상당을 지급할 것을 명하거나 그 지급 기한을 정하는 것이 아니므로, 제3채무자가 압류채권자에게 압류된 채권액 상당에 관하여 지체책임을 지는 것은 집행법원으로부터 추심명령을 송달받은 때부터 아니라 추심명령이 발령된 후 압류채권자로부터 추심금 청구를 받은 다음 날부터라고 하여야 한다(대판 2012.10.25. 2010다47117).

② X 채무자는 채권양도 통지를 받은 후 발생한 양도인에 대하여 생긴 사유로써 양수인에게 대항하지 못한다. "임대인이 임대차보증금반환청구채권의 양도통지를 받은 후에는 임대인과 임차인 사이에 임대차계약의 갱신이나 계약기간 연장에 관하여 명시적 또는 묵시적 합의가 있더라도 그 합의의 효과는 보증금반환채권의 양수인에 대하여는 미칠 수 없다(대판 1989.4.25. 88다카4253)."

③ O 채권양도 통지와 채권가압류결정 정본이 같은 날 도달되었는데 그 선후관계에 대하여 달리 입증이 없으면 동시에 도달된 것으로 추정한다(대판 1994.4.26. 93다24223 전원합의체).

④ O 채권에 대한 압류의 처분금지가 상대적 효력을 갖는데 불과하기 때문이다. "채권에 대한 압류의 처분금지의 효력은 절대적인 것이 아니고, 이에 저촉되는 채무자의 처분행위가 있어도 그 압류의 효력이 미치는 범위에서 압류채권자에게 대항할 수 없는 상대적 효력을 가지는 데 그치므로, 압류 후에 피압류채권이 제3자에게 양도된 경우 그 채권양도는 압류채무자의 다른 채권자 등에 대한 관계에서는 유효하다. 그리고 채권양도 행위가 사해행위로 인정되어 그 취소 판결이 확정된 경우에도 그 취소의 효과는 그 사해행위 이전에 이미 그 채권을 압류한 다른 채권자에게는 미치지 아니한다(대판 2015.5.14. 2014다12072).

⑤ O 채권가압류가 된 경우, 제3채무자는 채무자에 대하여 채무의 지급을 하여서는 안되고, 채무자는 추심, 양도 등의 처분행위를 하여서는 안되지만, 이는 이와 같은 변제나 처분행위를 하였을 때에 이를 가압류채권자에게 대항할 수 없다는 것이며, 채무자가 제3채무자를 상대로 이행의 소를 제기하여 채무명의를 얻더라도 이에 기하여 제3채무자에 대하여 강제집행을 할 수는 없다고 볼 수 있을 뿐이고 그 채무명의를 얻는 것까지 금하는 것은 아니라고 할 것이다(대판 1989.11.24. 88다카25038).

30   14변시-66   정답 ①

소송계속 중 소멸시효의 중단에 관한 설명 중 옳지 않은 것은? (다툼이 있는 경우에는 판례에 의함)

① 청구의 대상으로 삼은 채권 중 일부만을 청구한 경우에도 그 취지로 보아 채권 전부에 관하여 판결을 구하는 것으로 해석되는 경우에는 그 동일성의 범위 내에서 그 전부에 관하여 시효중단의 효력이 발생하지만, 이러한 법리는 특정 불법행위로 인한 손해배상채권에 대한 지연손해금청구의 경우에는 적용되지 않는다.

② 甲이 乙을 상대로 채권자대위권에 기하여 대여금청구를 하다가 당해 피대위채권 자체를 양수하여 양수금청구로 소를 교환적으로 변경하였다 하더라도 당초 채권자대위소송으로 인한 시효중단의 효력은 소멸하지 않는다.

③ 乙은 丙에 대한 대여금채권을 담보하기 위하여 丙 소유 부동산에 관하여 乙 명의의 가등기를 마쳤다. 이후 위 부동산을 취득한 甲이 乙을 상대로 그 가등기가 허위의 매매계약에 기하여 마쳐진 것이라는 주장을 하면서 가등기의 말소를 구하는 소를 제기하였다. 이에 乙이 丙에 대한 대여금채권의 존재를 주장하면서 응소하였다 하더라도 시효중단의 효력 있는 응소행위라고 볼 수 없다.

④ 채무자 甲이 채권자 겸 근저당권자인 乙을 상대로 피담보채권인 대여금채권이 부존재함을 이유로 근저당권설정등기말소청구의 소를 제기하였다. 이에 乙은 청구기각 판결을 구하면서 위 대여금채권이 유효하게 성립된 것이어서 이를 피담보채권으로 하는 위 근저당권설정등기는 유효하다는 답변을 하였고 위 주장이 받아들여졌다면 위 대여금채권에 대한 소멸시효의 진행은 중단된다.

⑤ 채권양도의 대항요건을 갖추기 전에 양도인 甲이 채무자 乙을 상대로 제기한 재판상 청구가 소송 중에 乙이 채권양도의 효력을 인정함으로써 기각되고 그 후 6월 내에 양수인 丙이 재판상 청구를 한 경우, 甲의 최초의 재판상 청구로 인하여 시효가 중단된다.

① X 청구의 대상으로 삼은 채권 중 일부만을 청구한 경우에도 그 취지로 보아 채권 전부에 관하여 판결을 구하는 것으로 해석되는 경우에는 그 동일성의 범위 내에서 그 전부에 관하여 시효중단의 효력이 발생하고, 이러한 법리는 특정 불법행위로 인한 손해배상채권에 대한 지연손해금청구의 경우에도 마찬가지로 적용된다(대판 2001.9.28. 99다72521).

② O 원고가 채권자대위권에 기해 청구를 하다가 당해 피대위채권 자체를 양수하여 양수금청구로 소를 변경한 사안에서, 이는 청구원인의 교환적 변경으로서 채권자대위권에 기한 구 청구는 취하된 것으로 보아야 하나, 그 채권자대위소송의 소송물은 채무자의 제3채무자에 대한 계약금반환청구권인데 위 양수금청구는 원고가 위 계약금반환청구권 자체를 양수하였다는 것이어서 양 청구는 동일한 소송물에 관한 권리의무의 특정승계가 있을 뿐 그 소송물은 동일한 점, 시효중단의 효력은 특정승계인에게도 미치는 점, 계속 중인 소송에 소송목적인 권리 또는 의무의 전부나 일부를 승계한 특정승계인이 소송참가하거나 소송인수한 경우에는 소송이 법원에 처음 계속된 때에 소급하여 시효중단의 효력이 생기는 점, 원고는 위 계약금반환채권을 채권자대위권에 기해 행사하다가

다시 이를 양수받아 직접 행사한 것이어서 위 계약금반환채권과 관련하여 원고를 '권리 위에 잠자는 자'로 볼 수 없는 점 등에 비추어 볼 때, 당초의 채권자대위소송으로 인한 시효중단의 효력이 소멸하지 않는다(대판 2010.6.24. 2010다17284).

③ O 응소로 인해 시효가 중단되기 위해서는 의무 있는 자가 제기한 소송에서 권리자가 의무 있는 자를 상대로 응소해야한다. 甲은 대여금채무자가 아니므로 甲에 대한 응소로 시효가 중단되지 않는다.

관련판례 민법 제168조 제1호, 제170조 제1항에서 시효중단사유의 하나로 규정하고 있는 재판상의 청구라 함은, 권리자가 시효를 주장하는 자를 상대로 소로써 권리를 주장하는 경우뿐 아니라, 시효를 주장하는 자가 원고가 되어 소를 제기하는 데 대하여 피고로서 응소하여 그 소송에서 적극적으로 권리를 주장하고 그것이 받아들여진 경우도 포함되는 것으로 해석되고 있으나(대판 1993.12.21. 92다47861 전원합의체 참조), 시효를 주장하는 자의 소 제기에 대한 응소행위가 민법상 시효중단사유로서의 재판상 청구에 준하는 행위로 인정되려면 의무 있는 자가 제기한 소송에서 권리자가 의무 있는 자를 상대로 응소하여야 할 것이므로, 담보가등기가 설정된 후에 그 목적 부동산의 소유권을 취득한 제3취득자나 물상보증인 등 시효를 원용할 수 있는 지위에 있으나 직접 의무를 부담하지 아니하는 자가 제기한 소송에서의 응소행위는 권리자의 의무자에 대한 재판상 청구에 준하는 행위에 해당한다고 볼 수 없다(대판 2007.1.11. 2006다33364).

④ O 시효중단사유인 재판상 청구에는 응소행위도 포함되는 바, 응소에 의해 시효가 중단되기 위해서는 채무자가 제기한 소송에 응소하여 적극적으로 권리를 주장하고 그로 인해 승소할 것이 요구된다. 채무자 甲이 제기한 소송에서 대여금채권의 존재를 적극적으로 주장하여 승소했으므로 시효가 중단된다.

관련판례 민법 제168조 제1호, 제170조 제1항에서 시효중단사유의 하나로 규정하고 있는 재판상의 청구라 함은, 통상적으로는 권리자가 원고로서 시효를 주장하는 자를 피고로 하여 소송물인 권리를 소의 형식으로 주장하는 경우를 가리키지만, 이와 반대로 시효를 주장하는 자가 원고가 되어 소를 제기한 데 대하여 피고로서 응소하여 그 소송에서 적극적으로 권리를 주장하고 그것이 받아들여진 경우도 마찬가지로 이에 포함되는 것으로 해석함이 타당하다(대판 1993.12.21. 92다47861 전원합의체).

⑤ O 채권양도 후 대항요건이 구비되기 전의 양도인은 채무자에 대한 관계에서는 여전히 채권자의 지위에 있으므로 채무자를 상대로 시효중단의 효력이 있는 재판상의 청구를 할 수 있고, 이 경우 양도인이 제기한 소송 중에 채무자가 채권양도의 효력을 인정하는 등의 사정으로 인하여 양도인의 청구가 기각됨으로써 민법 제170조 제1항에 의하여 시효중단의 효과가 소멸된다고 하더라도, 양도인의 청구가 당초부터 무권리자에 의한 청구로 되는 것은 아니므로, 양수인이 그로부터 6월 내에 채무자를 상대로 재판상의 청구 등을 하였다면, 민법 제169조 및 제170조 제2항에 의하여 양도인의 최초의 재판상 청구로 인하여 시효가 중단된다(대판 2009.2.12. 2008두20109).

---

31 12변시-62   정답 ①

甲과 乙이 골재채취업을 동업하다가 2005. 3. 20. 甲이 위 동업관계에서 탈퇴하게 되자 乙은 甲에게 정산금으로 3,000만 원을 지급하기로 하되 같은 날 이를 甲으로부터 차용한 것으로 하고 변제기를 2005. 6. 20.로 약정하였다('이 사건 약정'). 그 후 甲은 2011. 9. 27. 乙을 상대로 (1) 위 3,000만 원의 지급을 구하는 대여금청구의 소를 제기하면서, (2) 이 사건 약정 당시 위 3,000만 원에 대하여 연 10%의 이자도 정하였다고 주장하며 위 3,000만 원에 대한 약정이자 및 지연손해금으로 이 사건 약정일인 2005. 3. 20.부터 다 갚는 날까지 연 10%의 비율에 의한 금원의 지급도 아울러 청구하였다. 이에 대하여 乙은, 甲의 청구원인사실 중 (1) 이 사건 약정의 존재에 관하여는 다투지 아니하나 (2) 이자지급 약정의 존재에 관하여는 부인하는 주장을 함과 아울러, 이 사건 약정에 의하여 발생한 甲의 채권은 상사채권으로서 위 소제기시 이미 변제기로부터 5년의 상사시효가 경과하여 소멸하였다고 항변하였다. 한편 甲은 그 주장하는 바와 같은 이자지급 약정의 존재를 증명하지 못하였다. 이 경우 법원이 내려야 할 판단에 관한 설명 중 옳은 것을 모두 고른 것은? (다툼이 있는 경우에는 판례에 의함)

ㄱ. 이 사건 약정을 경개 또는 준소비대차 중 어느 것으로 볼 것인가는 일차적으로 당사자의 의사에 따라 결정되고, 만약 당사자의 의사가 명백하지 않을 때에는 특별한 사정이 없는 한 준소비대차로 보아야 한다.

ㄴ. 이 사건 약정과 같은 동업자 사이의 계산은 상행위라 하더라도 계산상 부담할 채무를 현실로 수수함이 없이 소비대차로 전환한 것인 이상 민사행위가 되어 위 차용금채무에 대하여는 일반 민사채권의 시효기간인 10년이 적용되므로, 乙의 소멸시효 항변은 배척되어야 한다.

ㄷ. 甲이 주장하는 이자지급 약정이 인정되지 않는 이상, 법원은 甲의 이자 및 지연손해금 청구를 모두 배척할 수밖에 없다.

ㄹ. 甲이 주장하는 이자지급 약정이 인정되지 않는다 하더라도 법원은 乙에게 3,000만 원의 지급을 명하는 판결을 선고하면서 위 3,000만 원에 대하여 판결 선고 다음날부터는 소송촉진 등에 관한 특례법이 정한 연 20%의 비율에 의한 지연손해금의 지급도 아울러 명하여야 한다.

ㅁ. 만약 甲이 위 소를 제기하기 전에 甲의 채권자 丙의 신청에 의하여 이 사건 약정에 기한 채권 중 1,000만 원 부분에 대한 압류 및 전부명령이 확정되었다면, 甲의 소 중 1,000만 원의 지급을 구하는 부분은 원고적격의 흠결을 이유로 각하되어야 한다.

① ㄱ
② ㄱ, ㅁ
③ ㄱ, ㄴ, ㅁ
④ ㄱ, ㄷ, ㄹ
⑤ ㄴ, ㄷ, ㄹ

해설

ㄱ. O 경개나 준소비대차는 모두 기존채무를 소멸케 하고 신채무를 성립시키는 계약인 점에 있어서는 동일하지만 경개에 있어서는 기존채무와 신채무와의 사이에 동일성이 없는 반면, 준소비대차에 있어서는 원칙적으로 동일성이 인정된다는 점에 차이가 있는 바, 기존채권채무의 당사자가 그 목적물을 소비대차의 목적으로 할 것을 약정한 경우 그 약정을 경개로 볼 것인가 또는 준소비대차로 볼 것인가는 일차적으로 당사자의 의사에 의하여 결정되고 만약 당사자의 의사가 명백하지 않을 때에는 의사해석의 문제이나 특별한 사정이 없는 한 동일성을 상실함으로써 채권자가 담보를 잃고 채무자가 항변권을 잃게 되는 것과 같이 스스로 불이익을 초래하는 의사를 표시하였다고는 볼 수 없으므로 일반적으로 준소비대차로 보아야 한다(대판 1989.6.27. 89다카2957).

ㄴ. X 甲과 乙이 골재채취업을 동업하다가 甲이 탈퇴하고 乙이 甲에게 지급할 정산금을 소비대차의 목적으로 하기로 약정한 경우 乙은 골재채취를 영업으로 하는 자이어서 상인이고 이 준소비대차계약은 상인인 乙이 그 영업을 위하여 한 상행위로 추정함이 상당하므로(이 점은 위 약정을 경개라고 하더라도 마찬가지이다), 이에 의하여 새로이 발생한 채권은 상사채권으로서 5년의 상사시효의 적용을 받는다(대판 1989.6.27. 89다카2957).

ㄷ. X 금전채무불이행으로 인한 손해배상액은 약정이율에 따라 산정하고 약정이 없는 때에는 법정이율에 의하여 산정한다(민법 제397조). 따라서 甲과 乙의 이자지급 약정이 인정되지 않더라도 상사법정이율에 따라 연 6%의 지연손해금을 청구할 수 있다.

관련판례 상인 간에서 금전소비대차가 있었음을 주장하면서 약정이자의 지급을 구하는 청구에는 약정 이자율이 인정되지 않더라도 상법 소정의 법정이자의 지급을 구하는 취지가 포함되어 있다고 보아야 한다(대판 2007.3.15. 2006다73072).

ㄹ. X 乙의 채무는 시효로 인하여 소멸하였으므로 甲의 청구는 기각될 것이다. 참고로 최근 소송촉진 등에 관한 특례법 제3조 제1항 본문의 법정이율에 관한 규정이 연 12%로 변경되었음에 유의하여야 한다(2019.6.1.부터 시행).

> **소송촉진 등에 관한 특례법 제3조 제1항 본문의 법정이율에 관한 규정**
> 「소송촉진 등에 관한 특례법」 제3조 제1항 본문에서 "대통령령으로 정하는 이율"이란 연 100분의 12를 말한다.

ㅁ. X 채권에 대한 압류 및 추심명령이 있으면 제3채무자에 대한 이행의 소는 추심채권자만이 제기할 수 있고 채무자는 피압류채권에 대한 이행소송을 제기할 당사자적격을 상실한다(대판 2000.4.11. 99다23888).

---

32  정답 ⑤

甲은 乙을 상대로 매매대금의 지급을 구하는 소를 제기하고 승소확정판결을 받았다. 乙이 임의이행을 하지 않자 甲은 乙의 재산을 조사하여 乙이 A 은행에 예금채권이 있음을 알게 되었다. 이에 甲은 위 확정판결을 집행권원으로 하여 乙의 A 은행에 대한 채권압류와 추심명령을 신청하려고 한다. 이와 관련된 아래의 설명 중 옳지 않은 것은? (다툼이 있는 경우 판례에 의함)

① 甲의 다른 채권자 B가 위 집행권원에 표시된 매매대금채권을 압류하여도 甲이 乙을 상대로 한 채권압류명령에는 집행장애사유가 될 수 없다.
② 甲이 채권압류 및 추심명령에 기한 추심의 소를 제기하면 피압류채권의 존재는 甲이 증명하여야 한다.
③ 甲이 A 은행을 상대로 추심의 소를 제기하기 전에 이미 乙이 A 은행을 상대로 제기한 예금채권의 반환을 구하는 소가 법원에 계속되어 있어도, 甲의 A 은행에 대한 추심의 소는 중복제소가 되지 않는다.
④ 甲이 A 은행을 상대로 제기한 추심의 소에서, A 은행은 여러 개의 채권 중 압류된 채권이 특정되지 않아 압류명령에 따른 압류의 효력이 발생하지 않았다는 이유로 추심명령의 무효를 주장하여 다툴 수 있다.
⑤ A 은행이 압류된 채권액 상당에 관하여 甲에게 지체책임을 지는 것은 집행법원으로부터 추심명령을 송달받은 때부터이다.

해설

① O 채권압류명령과 전부명령을 동시에 신청하더라도 압류명령과 전부명령은 별개로서 그 적부는 각각 판단하여야 하는 것이고, 집행채권의 압류가 집행장애사유가 되는 것은 집행법원이 압류 등의 효력에 반하여 집행채권자의 채권자를 해하는 일체의 처분을 할 수 없기 때문이며, 집행채권이 압류된 경우에도 그 후 추심명령이나 전부명령이 행하여지지 않은 이상 집행채권의 채권자는 여전히 집행채권을 압류한 채권자를 해하지 않는 한도 내에서 그 채권을 행사할 수 있다고 할 것인데, 채권압류명령은 비록 강제집행절차에 나간 것이기는 하나 채권전부명령과는 달리 집행채권의 환가나 만족적 단계에 이르지 아니하는 보전적 처분으로서 집행채권을 압류한 채권자를 해하는 것이 아니기 때문에 집행채권에 대한 압류의 효력에 반하는 것은 아니라고 할 것이므로 집행채권에 대한 압류는 집행채권자가 그 채무자를 상대로 한 채권압류명령에는 집행장애사유가 될 수 없다(대결 2000.10.2. 2000마5221).

② O **(판결 이유 중)** 추심금 소송에 있어서 피추심채권의 존재는 요건사실로서 그 입증책임은 원고에게 있다(대판 2007.1.11. 2005다47175).

③ O **[다수의견]** (가) 채무자가 제3채무자를 상대로 제기한 이행의 소가 이미 법원에 계속되어 있는 상태에서 압류채권자가 제3채무자를 상대로 제기한 추심의 소의 본안에 관하여 심리·판단한다고 하여, 제3채무자에게 불합리하게 과도한 이중 응소의 부담을 지우고 본안 심리가 중복되어 당사자와 법원의 소송경제에 반한다거나 판결의 모순·저촉의 위험이 크다고 볼 수 없다.
(나) 압류채권자는 채무자가 제3채무자를 상대로 제기한 이행의 소에 민사소송법 제81조, 제79조에 따라 참가할 수도 있으나, 채무자의 이행의 소가 상고심에 계속 중인 경우에는 승계인의 소송참가가 허용되지 아니하므로 압류채권자의 소송참가가 언제나 가능하지는 않으며, 압류채권자가 채무자가 제기한 이행의 소에 참가할 의무가 있는 것도 아니다.

(다) 채무자가 제3채무자를 상대로 제기한 이행의 소가 법원에 계속되어 있는 경우에도 압류채권자는 제3채무자를 상대로 압류된 채권의 이행을 청구하는 추심의 소를 제기할 수 있고, 제3채무자를 상대로 압류채권자가 제기한 추심의 소는 채무자가 제기한 이행의 소에 대한 관계에서 민사소송법 제259조가 금지하는 중복된 소제기에 해당하지 않는다고 봄이 타당하다(대판 2013.12.18. 2013다202120 전원합의체).

④ O 채권의 추심명령은 압류한 금전채권을 대위절차 없이 추심할 수 있게 해주는 것으로서 유효한 압류명령이 있음을 전제하는 것이므로, 압류할 채권이 특정되지 않아 압류명령에 따른 압류의 효력이 발생하지 않는 경우에는 그에 따른 추심명령도 효력이 없다. 그와 같은 경우 채무자는 가압류이의나 즉시항고로써 가압류결정이나 압류 및 추심명령의 효력을 다툴 수 있지만, 제3채무자로서도 추심금 소송에서 추심명령의 무효를 주장하여 다툴 수 있다(대판 2012.11.15. 2011다38394).

⑤ X 추심명령은 압류채권자에게 채무자의 제3채무자에 대한 채권을 추심할 권능을 수여함에 그치고, 제3채무자로 하여금 압류채권자에게 압류된 채권액 상당을 지급할 것을 명하거나 그 지급기한을 정하는 것이 아니므로, 제3채무자가 압류채권자에게 압류된 채권액 상당에 관하여 지체책임을 지는 것은 집행법원으로부터 추심명령을 송달받은 때부터가 아니라 추심명령이 발령된 후 압류채권자로부터 추심금 청구를 받은 다음날부터라고 하여야 한다(대판 2012.10.25. 2010다47117).

---

33 20법전협-1-39   정답 ④

소제기에 따른 시효중단에 관한 설명 중 옳은 것은?
(다툼이 있으면 판례에 의함)

① 소제기에 따른 시효중단의 효력은 소를 제기한 때에 발생하므로 원고가 소를 취하하더라도 일단 발생한 시효중단의 효력은 소멸하지 아니한다.

② 과세처분으로 납부한 조세에 대한 환급청구권에 기한 이행청구와 해당 과세처분의 취소청구는 소송물을 달리하므로 과세처분취소를 구하는 소제기에 의해 조세환급청구권의 소멸시효가 중단되는 것은 아니다.

③ 소멸시효 중단사유로서의 재판상 청구는 종국판결을 받기 위한 소의 제기에 한정되지 않으므로 권리자가 이행의 소를 대신하여 지급명령을 신청하는 경우도 포함되는데, 지급명령사건이 채무자의 이의신청으로 소송으로 이행된 경우 지급명령에 의한 시효중단의 효력은 채무자의 이의신청으로 소송으로 이행된 때에 발생한다.

④ 파면처분무효확인의 소를 제기한 경우 공무원 신분관계에서 파생되는 보수채권의 소멸시효는 중단되지만 퇴직급여청구권의 소멸시효는 중단되지 아니한다.

⑤ 채권자대위소송 계속 중에 채권자가 그 피대위채권을 양수하여 양수금청구의 소로 청구를 교환적으로 변경한 때에는 채권자대위권에 기한 구청구는 취하된 것으로 처리되므로 당초의 채권자대위권에 기한 소제기로 인한 시효중단의 효력은 소멸한다.

 해설

① X

> **민법 제170조(재판상의 청구와 시효중단)**
> ① 재판상의 청구는 소송의 각하, 기각 또는 취하의 경우에는 시효중단의 효력이 없다.

② X 일반적으로 위법한 행정처분의 취소, 변경을 구하는 행정소송은 사권을 행사하는 것으로 볼 수 없으므로 사권에 대한 시효중단사유가 되지 못하는 것이나, 다만 오납한 조세에 대한 부당이득반환청구권을 실현하기 위한 수단이 되는 과세처분의 취소 또는 무효확인을 구하는 소는 그 소송물이 객관적인 조세채무의 존부확인으로서 실질적으로 민사소송인 채무부존재확인의 소와 유사할 뿐 아니라, 과세처분의 유효 여부는 그 과세처분으로 납부한 조세에 대한 환급청구권의 존부와 표리관계에 있어 실질적으로 동일 당사자인 조세부과권자와 납세의무자 사이의 양면적 법률관계라고 볼 수 있으므로, 위와 같은 경우에는 과세처분의 취소 또는 무효확인청구의 소가 비록 행정소송이라고 할지라도 조세환급을 구하는 부당이득반환청구권의 소멸시효중단사유인 재판상 청구에 해당한다고 볼 수 있다(대판 1992.3.31. 91누32053).

③ X 민사소송법 제472조 제2항은 "채무자가 지급명령에 대하여 적법한 이의신청을 한 경우에는 지급명령을 신청한 때에 이의신청된 청구목적의 값에 관하여 소가 제기된 것으로 본다."라고 규정하고 있는바, 지급명령 사건이 채무자의 이의신청으로 소송으로 이행되는 경우에 지급명령에 의한 시효중단의 효과는 소송으로 이행된 때가 아니라 지급명령을 신청한 때에 발생한다(대판 2015.2.12. 2014다228440).

④ O 파면처분무효확인의 소는 보수금채권을 실현하는 수단이라는 성질을 가지고 있으므로 보수금채권 자체에 관한 이행소송을 제기하지 않았다 하더라도 위 소의 제기에 의하여 보수금채권에 대한 시효는 중단된다(대판 1978.4.11. 77다2509). 파면처분무효확인청구의 소는 퇴직급여금청구권의 전제가 되는 공무원신분의 소멸과는 정반대로 그 신분의 존속을 주장하는 것으로서 퇴직급여청구권을 행사하기 위한 전제가 되거나 이를 실현하는 수단이 될 수는 없는 것이므로, 파면처분을 받은 자가 그 파면처분에 대하여 무효확인청구의 소를 제기하였다 하더라도 이는 위 퇴직급여청구권에 대한 소멸시효 중단사유에 해당하지 않는다(대판 1990.8.14. 90누2024).

⑤ X 원고가 채권자대위권에 기해 청구를 하다가 당해 피대위채권 자체를 양수하여 양수금청구로 소를 변경한 사안에서, 이는 청구원인의 교환적 변경으로서 채권자대위권에 기한 구 청구는 취하된 것으로 보아야 하나, 그 채권자대위소송의 소송물은 채무자의 제3채무자에 대한 계약금반환청구권인데 위 양수금청구는 원고가 위 계약금반환청구권 자체를 양수하였다는 것이어서 양 청구는 동일한 소송물에 관한 권리의무의 특정승계가 있을 뿐 그 소송물은 동일한 점, 시효중단의 효력은 특정승계인에게도 미치는 점, 계속 중인 소송에 소송목적인 권리 또는 의무의 전부나 일부를 승계한 특정승계인이 소송참가하거나 소송인수한 경우에는 소송이 법원에 처음 계속된 때에 소급하여 시효중단의 효력이 생기는 점, 원고는 위 계약금반환채권을 채권자대위권에 기해 행사하다 다시 이를 양수받아 직접 행사한 것이어서 위 계약금반환채권과 관련하여 원고를 '권리 위에 잠자는 자'로 볼 수 없는 점 등에 비추어 볼 때, 당초의 채권자대위소송으로 인한 시효중단의 효력이 소멸하지 않는다고 본 사례(대판 2010.6.24. 2010다17284).

34 19법전협-1-38 정답 ②

전부명령과 추심명령에 관한 설명 중 옳은 것을 모두 고른 것은? (다툼이 있는 경우 판례에 따름)

ㄱ. 채권자대위소송이 제기되고 채무자가 이를 알게 된 이후에 발령된 피대위채권에 대한 전부명령은 특별한 사정이 없는 한 무효이다.

ㄴ. 채권에 대한 압류 및 추심명령이 있으면 채무자는 피압류채권에 대한 이행소송을 제기할 당사자적격을 상실하나, 채무자의 이행소송 계속 중에 추심채권자가 압류 및 추심명령 신청의 취하에 따라 추심권능을 상실하게 되면 채무자는 당사자적격을 회복한다.

ㄷ. 채무자가 제3채무자를 상대로 제기한 이행의 소가 법원에 계속되어 있는 중에 압류채권자가 제3채무자를 상대로 압류된 채권의 이행을 청구하는 추심의 소를 제기한 경우, 위 추심의 소는 중복된 소제기로서 부적법하다.

ㄹ. 추심의 소에서 제3채무자가 집행채권의 소멸을 항변으로 주장·증명하면, 법원은 원고의 청구를 기각하여야 한다.

ㅁ. 당사자 사이에 양도금지의 특약이 있는 채권이라도 압류 및 전부명령에 따라 이전될 수 있고, 양도금지의 특약이 있다는 점에 관하여 압류채권자가 선의인지 여부는 전부명령의 효력에 영향이 없다.

① ㄱ, ㄴ, ㄷ   ② ㄱ, ㄴ, ㅁ
③ ㄱ, ㄷ, ㄹ   ④ ㄴ, ㄷ, ㄹ, ㅁ
⑤ ㄹ, ㅁ

해설

ㄱ. O 채권자대위소송이 제기되고 대위채권자가 채무자에게 대위권 행사사실을 통지하거나 채무자가 이를 알게 되면 민법 제405조 제2항에 따라 채무자는 피대위채권을 양도하거나 포기하는 등 채권자의 대위권 행사를 방해하는 처분행위를 할 수 없게 되고 이러한 효력은 제3채무자에게도 그대로 미치는데, 그럼에도 그 이후 대위채권자와 평등한 지위를 가지는 채무자의 다른 채권자가 피대위채권에 대하여 전부명령을 받는 것도 가능하다고 하면, 채권자대위소송의 제기가 채권자의 적법한 권리행사방법 중 하나이고 채무자에게 속한 채권을 추심한다는 점에서 추심소송과 공통점도 있음에도 그것이 무익한 절차에 불과하게 될 뿐만 아니라, 대위채권자가 압류·가압류나 배당요구의 방법을 통하여 채권배당절차에 참여할 기회조차 가지지 못하게 한 채 전부명령을 받은 채권자가 대위채권자를 배제하고 전속적인 만족을 얻는 결과가 되어, 채권자대위권의 실질적 효과를 확보하고자 하는 민법 제405조 제2항의 취지에 반하게 된다. 따라서 채권자대위소송이 제기되고 대위채권자가 채무자에게 대위권 행사사실을 통지하거나 채무자가 이를 알게 된 이후에는 민사집행법 제229조 제5항이 유추적용되어 피대위채권에 대한 전부명령은, 우선권 있는 채권에 기초한 것이라는 등의 특별한 사정이 없는 한, 무효이다(대판 2016.8.29. 2015다236547).

ㄴ. O 채권에 대한 압류 및 추심명령이 있으면 제3채무자에 대한 이행의 소는 추심채권자만이 제기할 수 있고 채무자는 피압류채권에 대한 이행소송을 제기할 당사자적격을 상실하나, 채무자의 이행소송 계속 중에 추심채권자가 압류 및 추심명령 신청의 취하 등에 따라 추심권능을 상실하게 되면 채무자는 당사자적격을 회복한다(대판 2010.11.25. 2010다64877).

ㄷ. X [다수의견] (가) 채무자가 제3채무자를 상대로 제기한 이행의 소가 이미 법원에 계속되어 있는 상태에서 압류채권자가 제3채무자를 상대로 제기한 추심의 소의 본안에 관하여 심리·판단한다고 하여, 제3채무자에게 불합리하게 과도한 이중 응소의 부담을 지우고 본안 심리가 중복되어 당사자와 법원의 소송경제에 반한다거나 판결의 모순·저촉의 위험이 크다고 볼 수 없다.
(나) 압류채권자는 채무자가 제3채무자를 상대로 제기한 이행의 소에 민사소송법 제81조, 제79조에 따라 참가할 수도 있으나, 채무자의 이행의 소가 상고심에 계속 중인 경우에는 승계인의 소송참가가 허용되지 아니하므로 압류채권자의 소송참가가 언제나 가능하지는 않으며, 압류채권자가 채무자가 제기한 이행의 소에 참가할 의무가 있는 것도 아니다.
(다) 채무자가 제3채무자를 상대로 제기한 이행의 소가 법원에 계속되어 있는 경우에도 압류채권자는 제3채무자를 상대로 압류된 채권의 이행을 청구하는 추심의 소를 제기할 수 있고, 제3채무자를 상대로 압류채권자가 제기한 추심의 소는 채무자가 제기한 이행의 소에 대한 관계에서 민사소송법 제259조가 금지하는 중복된 소제기에 해당하지 않는다고 봄이 타당하다(대판 2013.12.18. 2013다202120 전원합의체).

ㄹ. X 집행채권의 부존재나 소멸은 집행채무자가 청구이의의 소에서 주장할 사유이지 추심의 소에서 제3채무자가 이를 항변으로 주장하여 집행채무의 변제를 거절할 수 있는 것이 아니다(대판 1994.11.11. 94다34012).

ㅁ. O 당사자 사이에 양도금지의 특약이 있는 채권이라도 압류 및 전부명령에 따라 이전될 수 있고, 양도금지의 특약이 있는 사실에 관하여 압류채권자가 선의인가 악의인가는 전부명령의 효력에 영향이 없다(대판 2002.8.27. 2001다71699).

35   19법전협-3-43   정답 ④

채권양도와 전부명령에 관한 설명 중 옳지 않은 것은?
(다툼이 있는 경우 판례에 의함)

① 확정일자 있는 채권양도통지와 압류 및 전부명령이 동시에 도달한 경우에는 상호간에 우열이 없어 채권양수인과 전부채권자 모두 제3채무자에 대하여 완전한 대항력을 갖추었다고 할 수 있다.
② 임차보증금 반환채권을 피전부채권으로 한 전부명령이 확정된 경우 임대차관계 종료 후 그 목적물이 인도되기까지 사이에 임대차관계에서 발생한 임대인의 채권을 공제한 잔액에 관하여서만 전부명령이 유효하다.
③ 임차인의 임차보증금 반환청구채권이 전부된 경우에도 채권의 동일성은 그대로 유지되는 것이어서 임차인의 임차보증금 반환청구채권과 임대인의 임차목적물반환청구채권 사이의 동시이행관계도 그대로 존속한다.
④ 동일한 채권에 관하여 확정일자 있는 채권양도통지와 두 개 이상의 채권압류 및 전부명령 정본이 동시에 송달된 경우 당해 전부명령이 채권의 압류가 경합된 상태에서 발령된 것으로서 무효인지 여부를 판단함에 있어 채권양도의 대상이 된 금액을 합산하여 피압류채권과 비교하여 판단한다.
⑤ 피전부채권이 양도금지의 특약이 있는 채권이더라도 전부명령에 의하여 전부되는 데는 지장이 없고 양도금지의 특약이 있는 사실에 관하여 집행채권자가 선의인가 악의인가 여부는 전부명령의 효력에 영향을 미치지 못한다.

해설

① O [1] 채권이 이중으로 양도된 경우의 양수인 상호간의 우열은 통지 또는 승낙에 붙여진 확정일자의 선후에 의하여 결정할 것이 아니라, 채권양도에 대한 채무자의 인식, 즉 확정일자 있는 양도통지가 채무자에게 도달한 일시 또는 확정일자 있는 승낙의 일시의 선후에 의하여 결정하여야 할 것이고, 이러한 법리는 채권양수인과 동일 채권에 대하여 가압류명령을 집행한 자 사이의 우열을 결정하는 경우에 있어서도 마찬가지이므로, 확정일자 있는 채권양도 통지와 가압류결정 정본의 제3채무자(채권양도의 경우는 채무자)에 대한 도달의 선후에 의하여 그 우열을 결정하여야 한다.
[2] 채권양도 통지, 가압류 또는 압류명령 등이 제3채무자에 동시에 송달되어 그들 상호간에 우열이 없는 경우에도 그 채권양수인, 가압류 또는 압류채권자는 모두 제3채무자에 대하여 완전한 대항력을 갖추었다고 할 것이므로, 그 전액에 대하여 채권양수금, 압류전부금 또는 추심금의 이행청구를 하고 적법하게 이를 변제받을 수 있고, 제3채무자로서는 이들 중 누구에게라도 그 채무 전액을 변제하면 다른 채권자에 대한 관계에서도 유효하게 면책되는 것이며, 만약 양수채권액과 가압류 또는 압류된 채권액의 합계액이 제3채무자에 대한 채권액을 초과할 때에는 그들 상호간에는 법률상의 지위가 대등하므로 공평의 원칙상 각 채권액에 안분하여 이를 내부적으로 다시 정산할 의무가 있다(대판 1994.4.26. 93다24223 전원합의체).
② O 임차보증금을 피전부채권으로 하여 전부명령이 있은 경우에도 제3채무자인 임대인은 임차인에게 대항할 수 있는 사유로써 전부채권자에게 대항할 수 있는 것이므로 건물임대차보증금의 반환채권에 대한 전부명령의 효력이 그 송달에 의하여 발생한다고 하여도 위 보증금반환채권은 임대인의 채권이 발생하는 것을 해제조건으로 하는 것이므로 임대인의 채권을 공제한 잔액에 관하여서만 전부명령이 유효하다(대판 1987.6.9. 87다68).
③ O 임차인의 임차보증금반환청구채권이 전부된 경우에도 채권의 동일성은 그대로 유지되는 것이어서 동시이행관계도 당연히 그대로 존속한다고 해석할 것이므로 임대차계약이 해지된 후에 임대인이 잔존임차보증금반환청구 채권을 전부받은 자에게 그 채무를 현실적으로 이행하였거나 그 채무이행을 제공하였음에도 불구하고 임차인이 목적물을 명도하지 않음으로써 임차목적물반환채무가 이행지체에 빠지는 등의 사유로 동시이행의 항변권을 상실하게 되었다는 점에 관하여 임대인이 주장, 입증을 하지 않은 이상, 임차인의 목적물에 대한 점유는 동시이행의 항변권에 기한 것이어서 불법점유라고 볼 수 없다(대판 1989.10.27. 89다카4298).
④ X 동일한 채권에 대하여 두 개 이상의 채권압류 및 전부명령이 발령되어 제3채무자에게 동시에 송달된 경우 당해 전부명령이 채권압류가 경합된 상태에서 발령된 것으로서 무효인지의 여부는 그 각 채권압류명령의 압류액을 합한 금액이 피압류채권액을 초과하는지를 기준으로 판단하여야 하므로 전자가 후자를 초과하는 경우에는 당해 전부명령은 모두 채권의 압류가 경합된 상태에서 발령된 것으로서 무효로 될 것이지만 그렇지 않은 경우에는 채권의 압류가 경합된 경우에 해당하지 아니하여 당해 전부명령은 모두 유효하게 된다고 할 것이며, 그 때 동일한 채권에 관하여 확정일자 있는 채권양도통지가 그 각 채권압류 및 전부명령 정본과 함께 제3채무자에게 동시에 송달되어 채권양수인과 전부채권자들 상호간에 우열이 없게 되는 경우에도 마찬가지라고 할 것이다(대판 2002.7.26. 2001다68839).
⑤ O 당사자 사이에 양도금지의 특약이 있는 채권이라도 압류 및 전부명령에 의하여 이전할 수 있고, 양도금지의 특약이 있는 사실에 관하여 압류채권자가 선의인가 악의인가는 전부명령의 효력에 영향을 미치지 못한다(대판 1976.10.29. 76다1623).

36   19법전협-3-44   정답 ③

추심명령 및 추심금청구소송에 관한 설명 중 옳지 않은 것은? (다툼이 있는 경우 판례에 의함)

① 채권에 대한 압류 및 추심명령이 있으면 제3채무자에 대한 이행의 소는 추심채권자만이 제기할 수 있고 채무자는 피압류채권에 대한 이행소송을 제기할 당사자적격을 상실한다.
② 추심금청구소송을 제기하여 확정판결을 받은 경우라도 그 집행에 의한 변제를 받기 전에 압류명령의 신청을 취하하여 추심권이 소멸하면 추심권능과 소송수행권이 모두 채무자에게 복귀한다.
③ 추심권능의 상실과 채무자의 당사자적격 회복에 관한 사정은 직권조사사항으로서 법원이 직권으로 조사하여 판단하여야 하는 것이지만 사실심 변론종결 이후에 당사자적격 등 소송요건이 흠결되거나 그 흠결이 치유된 경우 상고심에서 이를 참작할 수는 없다.
④ 같은 채권에 관하여 추심명령이 여러 번 발부되더라도 그 추심명령 사이에는 순위의 우열이 없다.
⑤ 채권의 추심명령은 압류한 금전채권을 대위절차 없이 추심할 수 있게 해주는 것으로서 유효한 압류명령이 있음을 전제하는 것이다.

①, ② O 채권에 대한 압류 및 추심명령이 있으면 제3채무자에 대한 이행의 소는 추심채권자만이 제기할 수 있고 채무자는 피압류채권에 대한 이행소송을 제기할 당사자적격을 상실한다. 그러나 채권자는 현금화절차가 끝나기 전까지 압류명령의 신청을 취하할 수 있고, 이 경우 채권자의 추심권도 당연히 소멸하게 되며, 추심금청구소송을 제기하여 확정판결을 받은 경우라도 그 집행에 의한 변제를 받기 전에 압류명령의 신청을 취하하여 추심권이 소멸하면 추심권능과 소송수행권이 모두 채무자에게 복귀한다(대판 2009.11.12. 2009다48879).

③ X 채권에 대한 압류 및 추심명령이 있으면 제3채무자에 대한 이행의 소는 추심채권자만이 제기할 수 있고 채무자는 피압류채권에 대한 이행소송을 제기할 당사자적격을 상실한다. 그리고 이와 같은 당사자적격에 관한 사항은 소송요건에 관한 것으로서 사실심의 변론종결시를 기준으로 법원이 이를 직권으로 조사하여 판단하여야 하고, 비록 당사자가 사실심 변론종결시까지 이에 관하여 주장하지 아니하였다고 하더라도 상고심에서 새로이 이를 주장·증명할 수 있다(대판 2010.2.25. 2009다85717).

④ O 같은 채권에 관하여 추심명령이 여러 번 발부되더라도 그 사이에는 순위의 우열이 없고, 추심명령을 받아 채권을 추심하는 채권자는 자기채권의 만족을 위하여서 뿐만 아니라 압류가 경합되거나 배당요구가 있는 경우에는 집행법원의 수권에 따라 일종의 추심기관으로서 압류나 배당에 참가한 모든 채권자를 위하여 제3채무자로부터 추심을 하는 것이므로 그 추심권능은 압류된 채권 전액에 미치며, 제3채무자로서도 정당한 추심권자에게 변제하면 그 효력은 위 모든 채권자에게 미치므로 압류된 채권을 경합된 압류채권자 및 또 다른 추심권자의 집행채권액에 안분하여 변제하여야 하는 것도 아니다(대판 2001.3.27. 2000다43819).

⑤ O 채권의 추심명령은 압류한 금전채권을 대위절차 없이 추심할 수 있게 해주는 것으로서 유효한 압류명령이 있음을 전제하는 것이므로, 압류할 채권이 특정되지 않아 압류명령에 따른 압류의 효력이 발생하지 않는 경우에는 그에 따른 추심명령도 효력이 없다 할 것이다. 그와 같은 경우 채무자는 가압류이의나 즉시항고로써 가압류결정이나 압류 및 추심명령의 효력을 다툴 수 있지만, 제3채무자로서도 추심금 소송에서 추심명령의 무효를 주장하여 다툴 수 있다(대판 2012.11.15. 2011다38394).

제2장 | 변론(심리)

제1절 일반(심리의 원칙 등)

01 21변시-56   정답 ③

당사자의 변론(준비)기일 불출석에 관한 설명 중 옳지 않은 것을 모두 고른 것은? (다툼이 있는 경우 판례에 의함)

ㄱ. 소송대리인이 있는 경우에 변론기일 불출석에 따른 불이익을 당사자에게 귀속시키려면 그 당사자 본인과 소송대리인 모두가 변론기일에 출석하지 아니하여야 하고, 그 출석 여부는 변론조서의 기재에 의하여 증명되어야 한다.

ㄴ. 변론준비기일은 변론이 효율적이고 집중적으로 실시될 수 있도록 당사자의 주장과 증거를 정리하기 위한 것으로서 그 이후에 진행되는 변론기일과 일체성이 있으므로, 변론준비기일에서의 양 쪽 당사자 불출석의 효과는 변론기일에 승계된다.

ㄷ. 양 쪽 당사자가 변론기일에 2회 불출석한 때에는 1월 이내에 기일지정신청을 하지 않으면 소를 취하한 것으로 간주하는바, 위 기간은 불변기간이므로 당사자가 책임질 수 없는 사유로 말미암아 위 기간 내에 기일지정신청을 하지 못한 경우 그 당사자는 그 사유가 없어진 날부터 2주 이내에 그 신청을 보완할 수 있다.

ㄹ. 「민사소송법」 제268조 제1항에 정한 '양 쪽 당사자가 변론기일에 출석하지 아니한 때'는 양 쪽 당사자가 적법한 절차에 의한 송달을 받고도 변론기일에 출석하지 않은 때를 말한다.

① ㄱ, ㄷ   ② ㄱ, ㄹ
③ ㄴ, ㄷ   ④ ㄴ, ㄹ
⑤ ㄷ, ㄹ

ㄱ. O 소송대리인이 선임된 경우에 변론기일 불출석으로 인한 불이익을 그 당사자에게 귀속시키려면 그 당사자 본인과 소송대리인 모두가 변론기일에 출석하지 아니함을 요건으로 하고 그 출석여부는 변론조서의 기재에 의하여 증명하여야 한다. 따라서 변론조서에 소송대리인 불출석이라고만 기재되어 있고 당사자 본인의 출석여부에 대하여 아무런 기재가 없다면, 당사자의 변론기일에의 불출석은 증명되지 아니한다(대판 1982.6.8. 81다817).

ㄴ. X 변론준비절차는 원칙적으로 변론기일에 앞서 주장과 증거를 정리하기 위하여 진행되는 변론 전 절차에 불과할 뿐이어서 변론준비기일을 변론기일의 일부라고 볼 수 없고 변론준비기일과 그 이후에 진행되는 변론기일이 일체성을 갖는다고 볼 수도 없는 점, 변론준비기일이 수소법원 아닌 재판장 등에 의하여 진행되며 변론기일과 달리 비공개로 진행될 수 있어서 직접주의와 공개주의가 후퇴하는 점, 변론준비기일에 있어서 양쪽 당사자의 불출석이 밝혀진 경우 재판장 등은 양쪽의 불출석으로 처리하여 새로운 변론준비기일을 지정하는 외에도 당사자 불출석을 이유로 변론준비절차를 종결할 수 있는 점, 나아가 양쪽 당사자 불출석으로

인한 취하간주제도는 적극적 당사자에게 불리한 제도로서 적극적 당사자의 소송유지의사 유무와 관계없이 일률적으로 법률적 효과가 발생한다는 점까지 고려할 때 변론준비기일에서 양쪽 당사자 불출석의 효과는 변론기일에 승계되지 않는다(대판 2006.10.27. 2004다69581).

ㄷ. X (구) 민사소송법 제241조(현 제268조) 제2항 소정의 1월의 기일지정신청기간은 불변기간이 아니어서 기일지정신청의 추완이 허용되지 않는다(대판 1992.4.21. 92마175).

ㄹ. O (구) 민사소송법 제241조(현 제268조) 제2항 및 제4항에 의하여 소 또는 상소의 취하가 있는 것으로 보는 경우 같은 조 제2항 소정의 1월의 기일지정신청기간은 불변기간이 아니어서 그 추완이 허용되지 않는 점을 고려한다면, 같은 조 제1, 2항에서 '변론의 기일에 당사자 쌍방이 출석하지 아니한 때'란 당사자 쌍방이 적법한 절차에 의한 송달을 받고도 변론기일에 출석하지 않는 것을 가리키는 것이고, 변론기일의 송달절차가 적법하지 아니한 이상 비록 그 송달이 유효하고 그 변론기일에 당사자 쌍방이 출석하지 아니하였다고 하더라도 쌍방 불출석의 효과는 발생하지 않는다(대판 1997.7.11. 96므1380).

02 | 21변시-57   정답 ①

처분권주의에 관한 설명 중 옳지 않은 것은? (다툼이 있는 경우 판례에 의함)

① 원고가 매매를 원인으로 한 소유권이전등기청구를 하였는데, 법원이 양도담보약정을 원인으로 소유권이전등기를 명하는 판결을 하는 것은 처분권주의에 위배되지 않는다.

② 1억 원을 초과하는 채무는 존재하지 않는다는 채무부존재확인의 소에서 2억 원을 초과하는 채무는 존재하지 않는다는 판결을 하는 것은 처분권주의에 위배되지 않는다.

③ 부동산을 단독으로 상속하기로 분할협의하였다는 이유로 부동산 전부가 자기 소유임의 확인을 구하는 청구에는 지분에 대한 소유권의 확인을 구하는 취지가 포함되어 있다고 보아야 하므로, 지분이 인정되면 청구를 전부 기각할 것이 아니라 지분에 관하여 승소판결을 하여야 한다.

④ 「민법」 제840조 각 호가 규정한 이혼사유마다 재판상 이혼청구를 할 수 있으므로 법원은 원고가 주장한 이혼사유에 관하여만 심판해야 하며 원고가 주장하지 아니한 이혼사유에 의하여 이혼청구를 인용하여서는 안 된다.

⑤ 자동차사고를 당한 원고가 「민법」상 불법행위의 사용자책임에 따른 손해배상청구를 하였는데, 법원이 「자동차손해배상 보장법」상 자기를 위하여 자동차를 운행하는 자의 손해배상책임 규정을 적용하여 청구를 인용하는 것은 처분권주의에 위배되지 않는다.

 해설

① X 원고가 매매를 원인으로 한 소유권이전등기를 청구한 데 대하여 원심이 양도담보약정을 원인으로 한 소유권이전등기를 명하였다면 판결주문상으로는 원고가 전부 승소한 것으로 보이기는 하나, 매매를 원인으로 한 소유권이전등기청구와 양도담보약정을 원인으로 한 소유권이전등기청구와는 청구원인사실이 달라 동일한 청구라 할 수 없음에 비추어, 원심은 원고가 주장하지도 아니한 양도담보약정을 원인으로 한 소유권이전등기청구에 관하여 심판하였을 뿐, 정작 원고가 주장한 매매를 원인으로 한 소유권이전등기청구에 관하여는 심판을 한 것으로 볼 수 없어 결국 원고의 청구는 실질적으로 인용한 것이 아니어서 판결의 결과가 불이익하게 되었으므로 원심판결에 처분권주의를 위반한 위법이 있고 따라서 그에 대한 원고의 상소의 이익이 인정된다고 한 사례(대판 1992.3.27. 91다40696).

② O (판결 이유 중) 원심은 2001. 3. 21.자 금전소비대차계약과 관련하여 원고 1의 피고 경주팩토링에 대한 '대출원금 155,000,000원 및 이에 대한 이자 채무' 전부에 대하여 그 채무가 존재하지 않음을 확인하는 판결을 선고한 것으로 보아야 한다. 그러나 원고 1은 그 금전소비대차계약과 관련하여 '대출원금 155,000,000원 중 111,000,000원 및 이에 대한 이자 채무' 부분에 대하여는 채무부존재확인을 청구한 바 없으므로, 원심이 그 부분에 대하여까지 채무부존재확인 청구를 인용하는 판결을 할 수는 없다. 그럼에도 원심은 위와 같이 원고 1의 청구 범위를 넘어 채무가 부존재함을 확인하는 판결을 선고하였으니, 이러한 원심의 조치에는 처분권주의를 위반하여 판결 결과에 영향을 미친 위법이 있다(대판 2014.1.23. 2013다64793).

③ O 부동산을 단독으로 상속하기로 분할협의하였다는 이유로 그 부동산 전부가 자기 소유임의 확인을 구하는 청구에는 그와 같은 사실이 인정되지 아니하는 경우 자신의 상속받은 지분에 대한 소유권의 확인을 구하는 취지가 포함되어 있다고 보아야 하므로, 이러한 경우 법원은 특단의 사정이 없는 한 그 청구의 전부를 기각할 것이 아니라 그 소유로 인정되는 지분에 관하여 일부 승소의 판결을 하여야 한다(대판 1995.9.29. 95다22849).

④ O 재판상 이혼사유에 관한 민법 제840조는 동조가 규정하고 있는 각 호 사유마다 각 별개의 독립된 이혼사유를 구성하는 것이고, 이혼청구를 구하면서 위 각 호 소정의 수개의 사유를 주장하는 경우 법원은 그 중 어느 하나를 받아들여 청구를 인용할 수 있다(대판 2000.9.5. 99므1886).

⑤ O 자동차손해배상보장법 제3조는 불법행위에 관한 민법 규정의 특별 규정이라고 할 것이므로 자동차 사고로 인하여 손해를 입은 자가 자동차손해배상보장법에 의하여 손해배상을 주장하지 않았다고 하더라도 법원은 민법에 우선하여 자동차손해배상보장법을 적용하여야 한다(대판 1997.11.28. 95다29390).

03 19변시-60 정답 ①

甲은 乙을 상대로 X부동산에 관하여 매매계약을 원인으로 한 소유권이전등기청구소송을 제기하였다. 이에 관한 설명 중 옳은 것을 모두 고른 것은? (다툼이 있는 경우 판례에 의함)

ㄱ. 법원이 위 소송에서 소송자료를 통하여 X부동산에 관한 甲의 매매계약에 기한 소유권이전등기청구권은 인정되지 않으나 甲의 양도담보약정에 기한 소유권이전등기청구권이 인정된다는 심증을 형성한 경우에 甲의 청구를 인용할 수 있다.

ㄴ. 乙이 甲의 주장사실 중 매매계약 체결사실을 인정하는 내용의 답변서를 제출하고 제1회 변론기일에 불출석하여 위 답변서를 진술한 것으로 보는 경우, 매매계약 체결사실에 대하여 자백한 것으로 간주된다.

ㄷ. 위 1심 진행 중에 甲의 채권자인 丙이 甲의 위 소유권이전등기청구권을 가압류한 경우 법원이 甲의 청구를 인용할 때 위 가압류의 해제를 조건으로 하여야 한다.

ㄹ. 甲이 승소한 1심 판결에 대하여 乙이 항소한 항소심에서 양 당사자가 변론기일에 2회 불출석하고 새로 지정된 변론기일에도 불출석한 경우에는 소가 취하된 것으로 간주된다.

① ㄷ
② ㄱ, ㄴ
③ ㄴ, ㄷ
④ ㄴ, ㄹ
⑤ ㄷ, ㄹ

💬 해설

ㄱ. X 원고가 매매를 원인으로 한 소유권이전등기를 청구한 데 대하여 원심이 양도담보약정을 원인으로 한 소유권이전등기를 명하였다면 판결주문상으로는 원고가 전부 승소한 것으로 보이기는 하나, 매매를 원인으로 한 소유권이전등기청구와 양도담보약정을 원인으로 한 소유권이전등기청구와는 청구원인사실이 달라 동일한 청구라 할 수 없음에 비추어, 원심은 원고가 주장하지도 아니한 양도담보약정을 원인으로 한 소유권이전등기청구에 관하여 심판하였을 뿐, 정작 원고가 주장한 매매를 원인으로 한 소유권이전등기청구에 관하여는 심판을 한 것으로 볼 수 없어 결국 원고의 청구는 실질적으로 인용한 것이 아니어서 판결의 결과가 불이익하게 되었으므로 원심판결에 <u>처분권주의를 위반한 위법</u>이 있다(대판 1992.3.27. 91다40696).

ㄴ. X 민사소송법 제288조의 규정에 의하여 구속력을 갖는 자백은 재판상의 자백에 한하는 것이고, 재판상 자백이란 변론기일 또는 변론준비기일에서 당사자가 하는 상대방의 주장과 일치하는 자기에게 불리한 사실의 진술을 말하는 것으로서(대판 1996.12.20. 95다37988 등 참조), 법원에 제출되어 상대방에게 송달된 답변서나 준비서면에 자백에 해당하는 내용이 기재되어 있는 경우라도 <u>그것이 변론기일이나 변론준비기일에서 진술 또는 진술간주되어야 재판상 자백이 성립한다</u>(대판 2015.2.12. 2014다229870).

ㄷ. O 소유권이전등기청구권의 압류나 가압류는 등기청구권의 목적물인 부동산 자체의 처분을 금지하는 대물적 효력은 없고 채무자가 제3채무자에게서 현실로 급부를 추심하는 것을 금지하는 것뿐이므로 채무자는 제3채무자를 상대로 이행을 구하는 소송을 제기할 수 있고 법원은 가압류가 되어 있음을 이유로 이를 배척할 수

없으나, 소유권이전등기를 명하는 판결은 의사의 진술을 명하는 판결이어서 이것이 확정되면 채무자는 일방적으로 이전등기를 신청할 수 있고 제3채무자는 이를 저지할 방법이 없으므로, 가압류의 해제를 조건으로 하지 않는 한 법원은 이를 인용하여서는 안 된다(대판 2011.8.18. 2009다60077).

ㄹ. X

> **제268조(양 쪽 당사자가 출석하지 아니한 경우)**
> ① 양 쪽 당사자가 변론기일에 출석하지 아니하거나 출석하였다 하더라도 변론하지 아니한 때에 재판장은 다시 변론기일을 정하여 양 쪽 당사자에게 통지하여야 한다.
> ② 제1항의 새 변론기일 또는 그 뒤에 열린 변론기일에 양 쪽 당사자가 출석하지 아니하거나 출석하였다 하더라도 변론하지 아니한 때에는 1월 이내에 기일지정신청을 하지 아니하면 소를 취하한 것으로 본다.
> ③ 제2항의 기일지정신청에 따라 정한 변론기일 또는 그 뒤의 변론기일에 양쪽 당사자가 출석하지 아니하거나 출석하였다 하더라도 변론하지 아니한 때에는 소를 취하한 것으로 본다.
> ④ 상소심의 소송절차에는 제1항 내지 제3항의 규정을 준용한다. 다만, 상소심에서는 <u>상소를 취하한 것으로 본다.</u>

04 19변시-58 정답 ④

甲은 乙회사(이하 '乙'이라 함)의 영업을 위하여 2005. 1. 1. 乙에게 변제기를 2009. 5. 5.로 하여 1억 5,000만 원을 대여해 주었음에도 乙이 이를 변제하지 않는다며 乙에 대하여 2014. 7. 1. 대여금청구소송을 제기하였다. 이에 대하여 乙은 대여사실을 인정하면서 위 채권은 2014. 5. 5. 시효로 소멸되었다고 주장하였다. 이에 관한 설명 중 옳은 것을 모두 고른 것은? (다툼이 있는 경우 판례에 의함)

ㄱ. 甲의 대여사실에 대하여는 자백이 성립한 것이므로 법원은 별도의 증거조사 없이 甲의 대여사실을 인정하여야 한다.

ㄴ. 본래의 소멸시효 기산일과 당사자가 주장하는 기산일이 서로 다른 경우에 법원은 당사자가 주장하는 기산일을 기준으로 소멸시효를 계산하여야 한다.

ㄷ. 위 사건을 심리한 결과 甲의 대여금은 乙의 영업을 위한 것이 아닌 개인적인 대여금이라고 법원이 판단하였을 경우에도 그 소멸시효기간을 乙의 주장과 달리 판단할 수 없다.

ㄹ. 乙이 소멸시효 완성 주장을 하지 않은 경우에 법원이 증거조사결과 甲의 채권이 소멸시효 완성으로 인하여 소멸하였다는 심증을 형성하더라도 이를 이유로 청구기각의 판결을 선고할 수 없다.

① ㄱ, ㄴ
② ㄱ, ㄹ
③ ㄴ, ㄹ
④ ㄱ, ㄴ, ㄹ
⑤ ㄱ, ㄷ, ㄹ

ㄱ. O 법률용어를 사용한 당사자의 진술이 동시에 구체적인 사실관계의 표현으로서 사실상의 진술도 포함하는 경우에는 그 범위내에서 자백이 성립한다(대판 1984.5.29. 84다122).

> **제288조(불요증사실)**
> 법원에서 당사자가 자백한 사실과 현저한 사실은 증명을 필요로 하지 아니한다. 다만, 진실에 어긋나는 자백은 그것이 착오로 말미암은 것임을 증명한 때에는 취소할 수 있다.

ㄴ. O 소멸시효의 기산일은 채무의 소멸이라고 하는 법률효과 발생의 요건에 해당하는 소멸시효 기간 계산의 시발점으로서 소멸시효 항변의 법률요건을 구성하는 구체적인 사실에 해당하므로 이는 변론주의의 적용 대상이고, 따라서 본래의 소멸시효 기산일과 당사자가 주장하는 기산일이 서로 다른 경우에는 변론주의의 원칙상 법원은 당사자가 주장하는 기산일을 기준으로 소멸시효를 계산하여야 하는데, 이는 당사자가 본래의 기산일보다 뒤의 날짜를 기산일로 하여 주장하는 경우는 물론이고 특별한 사정이 없는 한 그 반대의 경우에 있어서도 마찬가지이다(대판 1995.8.25. 94다35886).

ㄷ. X ㄹ. O 민사소송절차에서 변론주의 원칙은 권리의 발생·변경·소멸이라는 법률효과 판단의 요건이 되는 주요사실에 관한 주장·증명에 적용된다. 따라서 권리를 소멸시키는 소멸시효 항변은 변론주의 원칙에 따라 당사자의 주장이 있어야만 법원의 판단 대상이 된다.
그러나 이 경우 어떤 시효기간이 적용되는지에 관한 주장은 권리의 소멸이라는 법률효과를 발생시키는 요건을 구성하는 사실에 관한 주장이 아니라 단순히 법률의 해석이나 적용에 관한 의견을 표명한 것이다. 이러한 주장에는 변론주의가 적용되지 않으므로 법원이 당사자의 주장에 구속되지 않고 직권으로 판단할 수 있다. 당사자가 민법에 따른 소멸시효기간을 주장한 경우에도 법원은 직권으로 상법에 따른 소멸시효기간을 적용할 수 있다(대판 2017.3.22. 2016다258124).

05 18변시-58 정답 ③

변론주의에 관한 설명 중 옳은 것을 모두 고른 것은?
(다툼이 있는 경우 판례에 의함)

ㄱ. 주요사실에 대하여 당사자가 주장하지 않은 사실을 인정하여 판단하는 것은 변론주의에 위배되지만, 변론을 전체적으로 관찰하여 당사자가 간접적으로 주장한 것으로 볼 수 있는 경우에는 주요사실의 주장이 있는 것으로 보아야 한다.
ㄴ. 민사집행절차에 관하여 「민사집행법」에 특별한 규정이 없으면 「민사소송법」의 규정이 준용되므로, 강제경매개시결정에 대한 이의의 재판절차에도 「민사소송법」상 재판상 자백이나 자백간주에 관한 규정이 준용된다.
ㄷ. 국가배상책임에 관한 소송에서 피고 대한민국이 「민법」상 10년의 소멸시효완성을 주장하였음에도 법원이 「국가재정법」상 5년의 소멸시효를 적용하는 것은 변론주의에 위배되지 않는다.
ㄹ. 본래의 소멸시효 기산일과 당사자가 주장하는 소멸시효 기산일이 서로 다른 경우, 법원은 당사자가 주장하는 기산일에 구속되지 아니하고 본래의 기산일을 기준으로 소멸시효를 계산할 수 있다.
ㅁ. 부동산의 시효취득에서 점유기간의 산정기준이 되는 점유개시의 시기는 간접사실에 불과하므로 이에 대한 자백은 법원이나 당사자를 구속하지 않는다.

① ㄱ, ㄴ, ㅁ   ② ㄱ, ㄷ, ㄹ
③ ㄱ, ㄷ, ㅁ   ④ ㄴ, ㄷ, ㄹ
⑤ ㄴ, ㄹ, ㅁ

ㄱ. O 당사자의 주요사실에 대한 주장은 직접적으로 명백히 한 경우뿐만 아니라 당사자가 법원에 서증을 제출하며 그 입증취지를 진술함으로써 서증에 기재된 사실을 주장하거나 그 밖에 당사자의 변론을 전체적으로 관찰하여 간접적으로 주장한 것으로 볼 수 있는 경우에도 주요사실의 주장이 있는 것으로 보아야 할 것이다(대판 2006.6.30. 2005다21531).

ㄴ. X 민사집행법 제23조 제1항은 민사집행절차에 관하여 민사집행법에 특별한 규정이 없으면 성질에 반하지 않는 범위 내에서 민사소송법의 규정을 준용한다는 취지인데, 집행절차상 즉시항고 재판에 관하여 변론주의의 적용이 제한됨을 규정한 민사집행법 제15조 제7항 단서 등과 같이 직권주의가 강화되어 있는 민사집행법 하에서 민사집행법 제16조의 집행에 관한 이의의 성질을 가지는 강제경매 개시결정에 대한 이의의 재판절차에서는 민사소송법상 재판상 자백이나 의제자백에 관한 규정은 준용되지 아니하고, 이는 민사집행법 제268조에 의하여 담보권실행을 위한 경매절차에도 준용되므로 경매개시결정에 대한 형식적인 절차상의 하자를 이유로 한 임의경매 개시결정에 대한 이의의 재판절차에서도 민사소송법상 재판상 자백이나 의제자백에 관한 규정은 준용되지 아니한다(대결 2015.9.14. 2015마813).

ㄷ. O 어떤 권리의 소멸시효기간이 얼마나 되는지에 관한 주장은 단순한 법률상의 주장에 불과하므로 변론주의의 적용대상이 되지 않고 법원이 직권으로 판단할 수 있다 할 것이다. 국가배상책임에 관한 소송에서 국가가 민법상 10년의 소멸시효완성을 주장하였음에도

법원이 구 예산회계법에 의한 5년의 소멸시효를 적용한 것이 변론주의를 위반한 것이 아니다(대판 2008.3.27. 2006다70929).

ㄹ. X 소멸시효의 기산일은 채무의 소멸이라고 하는 법률효과 발생의 요건에 해당하는 소멸시효 기간 계산의 시발점으로서 소멸시효 항변의 법률요건을 구성하는 구체적인 사실에 해당하므로 이는 변론주의의 적용대상이고, 따라서 본래의 소멸시효 기산일과 당사자가 주장하는 기산일이 서로 다른 경우에는 변론주의 원칙상 법원은 **당사자가 주장하는 기산일을** 기준으로 소멸시효를 계산하여야 한다(대판 1971.4.30. 71다409 등).

ㅁ. O 부동산의 시효취득에 있어서 점유기간의 산정기준이 되는 점유개시의 시기는 취득시효의 요건사실인 점유기간을 판단하는 데 간접적이고 수단적인 구실을 하는 **간접사실에 불과**하므로 이에 대한 자백은 법원이나 당사자를 구속하지 않는다(대판 2007.2.8. 2006다28065 등).

06 16변시-64   정답 ③

甲은 2015. 10. 7. 乙에 대한 3,000만 원의 차용금채무를 피담보채무로 하여 乙에게 甲 소유의 X 부동산을 목적물로 하는 근저당권설정등기를 해주었다. 그후 甲은 乙에게 2,000만 원을 변제하여 잔존채무가 1,000만 원이라고 주장하고 있는데, 乙은 甲의 잔존채무가 2,000만 원이라고 하면서 다투고 있다. 甲은 乙을 상대로 잔존채무가 1,000만 원임을 주장하며 채무부존재확인의 소를 제기하였다. 이에 관한 설명 중 옳은 것을 모두 고른 것은? (다툼이 있는 경우 판례에 의함)

ㄱ. 甲의 乙에 대한 잔존채무가 乙의 주장대로 2,000만 원임이 인정되는 경우, 법원은 "원고의 피고에 대한 2015. 10. 7. 차용금채무는 2,000만 원을 초과하여서는 존재하지 아니함을 확인한다. 원고의 나머지 청구를 기각한다."라고 판결하여야 한다.

ㄴ. 甲의 乙에 대한 잔존채무가 500만 원임이 인정되는 경우, 법원은 "원고의 피고에 대한 2015. 10. 7. 차용금채무는 1,000만 원을 초과하여서는 존재하지 아니함을 확인한다."라고 판결하여야 한다.

ㄷ. 만일 乙이 위 소송 계속 중에 잔존채무 2,000만 원의 지급을 구하는 반소를 제기한다면, 甲이 제기한 채무부존재확인의 본소는 확인의 이익이 소멸하여 부적법하게 된다.

ㄹ. 위 설문과 달리, 甲이 1,000만 원의 잔존채무 변제를 조건으로 X 부동산에 관한 근저당권말소등기청구의 소를 제기하였지만 잔존채무가 2,000만 원이라는 乙의 주장이 받아들여지는 경우, 법원은 특별한 사정이 없는 한 甲의 청구 중 일부를 기각하고 그 확정된 2,000만 원 채무의 변제를 조건으로 그 등기의 말소절차이행을 인용하는 판결을 하여야 한다.

① ㄱ, ㄴ   ② ㄱ, ㄷ
③ ㄱ, ㄴ, ㄹ   ④ ㄴ, ㄷ, ㄹ
⑤ ㄱ, ㄴ, ㄷ, ㄹ

 해설

ㄱ. O 1) 판례는 채무일부부존재확인의 소에서 청구취지에 채무의 상한을 기재하지 않아도 적법하다고 보고 있다.
2) 채무부존재확인의 소에서 원고와 피고 사이에서 소멸여부가 다투어지는 부분(즉, 3,000만 원 채무 가운데 원고가 자인한 1,000만 원을 제외한 나머지 2,000만 원)이 심판대상이다. 따라서 원고가 인정한 1,000만 원의 채무보다 많은 2,000만 원의 채무를 인정하는 것은 원고가 신청한 소송물의 범위 안에서 일부인용의 판결을 하는 것에 해당하여 처분권주의에 반하지 않는다.

관련판례 원고가 상한을 표시하지 않고 일정액을 초과하는 채무의 부존재의 확인을 청구하는 사건에 있어서 일정액을 초과하는 채무의 존재가 인정되는 경우에는, 특단의 사정이 없는 한, 법원은 그 청구의 전부를 기각할 것이 아니라 존재하는 채무부분에 대하여 일부패소의 판결을 하여야 한다(대판 1994.1.25. 93다9422).

ㄴ. O 원고가 1,000만 원의 채무가 존재한다고 인정함에도 법원이 그보다 적은 500만 원의 채무만 존재한다고 인정하는 것은 원고의 청구 이상을 인정하는 것이어서 허용되지 않는다. 이 경우 원고가 인정하는 채무부분에 대하여는 심판의 대상이 되지 아니하고, 원고가 신청한 소송물의 범위 내에서 그 전부의 인용판결을 함이 타당하다.

ㄷ. X 손해배상채무의 부존재확인을 구하는 본소에 대하여 그 채무의 이행을 구하는 반소가 제기된 경우, 본소청구에 대한 확인의 이익이 소멸한다는 견해와 소멸하지 않는다는 견해가 대립한다. 이에 대하여 판례는 확인의 이익이 소멸하지 않는다는 입장을 취하고 있다.

관련판례 소송요건을 구비하여 적법하게 제기된 본소가 그 후에 상대방이 제기한 반소로 인하여 소송요건에 흠결이 생겨 다시 부적법하게 되는 것은 아니므로, 원고가 피고에 대하여 손해배상채무의 부존재확인을 구할 이익이 있어 본소로 그 확인을 구하였다면, 피고가 그 후에 그 손해배상채무의 이행을 구하는 반소를 제기하였다 하더라도 그러한 사정만으로 본소청구에 대한 확인의 이익이 소멸하여 본소가 부적법하게 된다고 볼 수는 없다. 민사소송법 제271조는 본소가 취하된 때에는 피고는 원고의 동의 없이 반소를 취하할 수 있다고 규정하고 있고, 이에 따라 원고가 반소가 제기되었다는 이유로 본소를 취하한 경우 피고가 일방적으로 반소를 취하함으로써 원고가 당초 추구한 기판력을 취득할 수 없는 사태가 발생할 수 있는 점을 고려하면, 위 법리와 같이 반소가 제기되었다는 사정만으로 본소청구에 대한 확인의 이익이 소멸한다고는 볼 수 없다(대판 2010.7.15. 2010다2428,2435).

ㄹ. O 원고가 청구취지에서 요구한 조건보다 원고에게 더 불리하게 변경된 판결을 하는 것도 원고청구의 범위 내에 해당한다고 할 것이어서 처분권주의에 반하지 않는다.

관련판례 원고들의 이 사건 근저당권설정등기의 말소등기절차이행청구는 피담보채무중 잔존채무를 변제하는 것을 조건으로 하여 그 담보로 경료된 위 등기의 말소등기절차이행을 구하는 것이나, 그 청구중에는 구체적인 잔존채무액이 원고 주장의 금액을 초과하는 경우에 그 확정된 잔존채무의 변제를 조건으로 위 등기의 말소등기절차이행을 구하는 취지가 포함되어 있는 것으로 해석하여야 할 것이므로 이와 같은 경우에는 법원은 원고들 청구의 일부를 배척하여 그 확정된 채무의 변제를 조건으로 그 등기의 말소절차이행을 명해야 할 것이다(대판 1982.11.23. 81다393).

07 16변시-58 정답 ④

임대차 및 법원의 석명의무 등에 관한 설명 중 옳지 않은 것은? (다툼이 있는 경우 판례에 의함)

① 토지에 대한 임대차계약 종료 시 임대인이 임차인을 상대로 지상물(건물) 철거 및 그 부지의 인도를 청구한 데 대하여 임차인이 지상물매수청구권을 행사하여 그 청구권이 인정되는 경우, 임대인의 위 청구에는 건물매수대금 지급과 동시에 건물인도를 구하는 청구가 포함되어 있다고 볼 수 없다.

② 임대차보증금반환채권에 대한 압류 및 추심명령이 있더라도, 임대인은 임차인에 대하여 가지는 동시이행항변권을 상실하지 않는다.

③ 원고가 소유권에 기한 목적물 반환청구만을 하고 있음이 명백한 경우, 법원이 원고에게 점유권에 기한 반환청구도 구하고 있는지 여부를 석명할 의무가 있는 것은 아니다.

④ 임대할 권한이 없는 자로부터 타인 소유의 건물을 임차하여 점유·사용하고 이로 말미암아 그 건물소유자에게 손해를 입힌 임차인은 비록 그가 선의의 점유자라 하더라도 그 점유·사용으로 인한 이득을 반환할 의무가 있다.

⑤ 부속된 물건이 오로지 임차인의 특수목적에 사용하기 위하여 부속된 것일 때에는 「민법」 제646조가 규정하는 부속물매수청구의 대상이 되는 부속물에 해당하지 않는다.

해설

① O 토지임대차 종료시 임대인의 건물철거와 그 부지인도 청구에는 건물매수대금 지급과 동시에 건물명도를 구하는 청구가 포함되어 있다고 볼 수 없으므로, 법원은 임대인이 종전의 청구를 계속 유지할 것인지, 아니면 대금지급과 상환으로 지상물의 명도를 청구할 의사가 있는 것인지를 석명하여야 한다. "토지임대차 종료 시 임대인의 건물철거와 그 부지인도 청구에는 건물매수대금 지급과 동시에 건물명도를 구하는 청구가 포함되어 있다고 볼 수 없다(대판 1995.7.11. 94다34265 전원합의체).

② O 임차인의 임차보증금반환청구권에 대한 압류 및 추심명령이 있더라도 채권의 동일성은 그대로 유지되는 것이어서 동시이행관계도 그대로 존속한다고 할 것이다. "금전채권에 대한 압류 및 추심명령이 있는 경우, 이는 강제집행절차에서 추심채권자에게 채무자의 제3채무자에 대한 채권을 추심할 권능만을 부여하는 것이므로, 이로 인하여 채무자가 제3채무자에 대하여 가지는 채권이 추심채권자에게 이전되거나 귀속되는 것은 아니므로, 추심채무자로서는 제3채무자에 대하여 피압류채권에 기하여 그 동시이행을 구하는 항변권을 상실하지 않는다(대판 2001.3.9. 2000다73490)."

③ O 소유권에 기하여 미등기 무허가건물의 반환을 구하는 청구취지 속에는 점유권에 기한 반환청구권을 행사한다는 취지가 당연히 포함되어 있다고 볼 수는 없고, 소유권에 기한 반환청구만을 하고 있음이 명백한 이상 법원에 점유권에 기한 반환청구도 구하는지의 여부를 석명할 의무가 있는 것은 아니다(대판 1996.6.14. 94다53006).

④ X 임대차는 임대할 권한이 있을 것을 성립요건으로 하고 있지 않으므로 임대인이 그 목적물에 대한 소유권 기타 이를 임대할 권한이 없더라도 임대차계약은 유효하게 성립한다. 따라서 임대인은 임차인으로 하여금 그 목적물을 완전하게 사용·수익케 할 의무가 있고 또한 임차인은 이러한 임대인의 의무가 이행불능으로 되지 아니하는 한 그 사용·수익의 대가로 차임을 지급할 의무가 있다. 이에 따라 임차인이 임대인에게 차임을 지급하고 임차목적물을 사용·수익한 경우 임차인은 그 소유자에게 그 점유·사용으로 인한 이득을 반환할 의무가 있는 것은 아니다. 소유자는 임대할 권한 없이 목적물을 임대한 임대인에게 부당이득의 반환을 청구할 수 있을 것이다. "임대인이 임대차 목적물에 대한 소유권 기타 이를 임대할 권한이 없다고 하더라도 임대차계약은 유효하게 성립하고, 따라서 임대인은 임차인으로 하여금 그 목적물을 완전하게 사용·수익케 할 의무가 있고 또한 임차인은 이러한 임대인의 의무가 이행불능으로 되지 아니하는 한 그 사용·수익의 대가로 차임을 지급할 의무가 있으며, 그 임대차관계가 종료되면 임차인은 임차목적물을 임대인에게 반환하여야 할 계약상의 의무가 있지만, 임차인이 진실한 소유자로부터 목적물의 반환청구나 임료 내지 그 해당액의 지급요구를 받는 등의 이유로 임대인이 임차인으로 하여금 사용·수익케 할 수가 없게 되었다면 임대인의 채무는 이행불능으로 되고, 임차인은 이행불능으로 인한 임대차의 종료를 이유로 그 때 이후의 임대인의 차임지급 청구를 거절할 수 있다(대판 1996.9.6. 94다54641).

⑤ O 민법 제646조에서 건물임차인의 매수청구권의 대상으로 규정한 '부속물'이란 건물에 부속된 물건으로 임차인의 소유에 속하고, 건물의 구성부분으로는 되지 아니한 것으로서 건물의 사용에 객관적인 편익을 가져오게 하는 물건을 말하므로 부속된 물건이 오로지 건물임차인의 특수한 목적에 사용하기 위하여 부속된 것일 때에는 부속물매수청구권의 대상이 되는 물건이라 할 수 없으며, 당해 건물의 객관적인 사용목적은 그 건물 자체의 구조와 임대차계약 당시 당사자 사이에 합의된 사용목적, 기타 건물의 위치, 주위환경 등 제반 사정을 참작하여 정하여지는 것이다(대판 1991.10.8. 91다8029).

08 15변시-59 정답 ⑤

변론주의에 관한 설명 중 옳지 않은 것은? (다툼이 있는 경우 판례에 의함)

① 소멸시효에 대하여 당사자가 본래의 기산일보다 뒤의 날짜를 기산일로 하여 주장할 경우 변론주의의 원칙상 법원은 당사자가 주장하는 기산일을 기준으로 소멸시효를 계산하여야 한다.

② 부동산의 시효취득에 관하여 자주점유인지 여부를 가리는 기준이 되는 점유의 권원은 간접사실에 불과하므로 법원으로서는 이에 관한 당사자의 주장에 구속되지 아니하고 소송자료에 의하여 판단할 수 있다.

③ 채무불이행으로 인한 손해배상청구권에 대한 소멸시효 항변이 불법행위로 인한 손해배상청구권에 대한 소멸시효항변을 포함한 것으로 볼 수는 없다.

④ 법원은 당사자가 시효를 원용하지 않는 경우, 당사자에게 시효를 원용할 의사의 유무를 묻거나 그 원용을 촉구할 의무가 없다.

⑤ 원고가 청구원인을 대여금 청구라고 밝히면서 그에 대한 증거로 약속어음을 제출한 데 대하여 피고가 소멸시효항변을 하면서 「어음법」상 3년의 소멸시효가 적용된다고 주장한 경우, 법원은 직권으로 「민법」 등이 정하는 소멸시효 기간을 살펴 소멸시효 완성 여부를 판단할 수 없다.

① O 소멸시효의 기산일은 변론주의의 적용을 받는다. 취득시효의 기산일은 간접사실로서 변론주의의 적용을 받지 않는 점과 구별해야 한다.

관련판례 소멸시효의 기산일은 채무의 소멸이라고 하는 법률효과 발생의 요건에 해당하는 소멸시효 기간 계산의 시발점으로서 소멸시효 항변의 법률요건을 구성하는 구체적인 사실에 해당하므로 이는 변론주의의 적용 대상이고, 따라서 본래의 소멸시효 기산일과 당사자가 주장하는 기산일이 서로 다른 경우에는 <u>변론주의의 원칙상 법원은 당사자가 주장하는 기산일을 기준으로 소멸시효를 계산하여야 하는데,</u> 이는 당사자가 본래의 기산일보다 뒤의 날짜를 기산일로 하여 주장하는 경우는 물론이고 특별한 사정이 없는 한 그 반대의 경우에 있어서도 마찬가지이다(대판 1995.8.25. 94다35886).

② O <u>부동산의 시효취득에 있어서 그 점유가 자주점유인지의 여부를 가리는 기준이 되는 점유의 권원은 간접사실에 지나지 아니하는 것이므로,</u> 법원은 당사자의 주장에 구애됨이 없이 소송자료에 의하여 인정되는 바에 따라 진정한 점유의 권원을 심리하여 취득시효의 완성 여부를 판단할 수 있다(대판 1997.2.28. 96다53789).

③ O 채무불이행에 기한 손해배상청구와 불법행위에 기한 손해배상청구를 별개의 소송물로 보는 것이 판례의 태도이다.

관련판례 <u>채무불이행으로 인한 손해배상청구권에 대한 소멸시효 항변이 불법행위로 인한 손해배상청구권에 대한 소멸시효 항변을 포함한 것으로 볼 수는 없다</u>(대판 1998.5.29. 96다51110).

④ O 당사자가 주장하지 아니하는 공격방어방법을 시사하여 그 제출을 권유하는 것은 석명권의 한계를 일탈하는 것으로 변론주의의 원칙에 위배된다.

관련판례 피고 소송대리인이 이 사건 토지를 정당하게 매수하여 유효히 소유권을 취득하였다는 주장 이외에 소론과 같은 취득시효에 관한 요건 사실의 주장을 하고 또 그에 의한 이익을 받을 의사도 표시하였다고 보이지 아니하므로 <u>원심이 취득시효에 관하여 심리 판단하지 아니하였거나 취득시효에 관한 주장을 하는 것인지의 여부를 석명하지 아니하였다 하여 피고가 주장한 사실에 대하여 판단을 유탈하였거나 석명권 불행사로 인한 심리미진의 위법이 있다고 할 수 없으므로</u> … (대판 1981.7.14. 80다2360).

⑤ X 소멸시효의 기산일은 변론주의의 적용을 받으나, 소멸시효 기간은 변론주의의 적용대상이 아닌 점을 유의해야 한다.

관련판례 어떤 권리의 소멸시효기간이 얼마나 되는지에 관한 주장은 단순한 법률상의 주장에 불과하므로 <u>변론주의의 적용대상이 되지 않고 법원이 직권으로 판단할 수 있다</u>(대판 2013.2.15. 2012다68217).

09 14변시-59 정답 ③

처분권주의와 변론주의에 관한 설명 중 옳지 않은 것은?
(다툼이 있는 경우에는 판례에 의함)

① 유권대리에 관한 주장 가운데 무권대리에 속하는 표현대리의 주장이 포함되어 있다고 볼 수 없고, 별도로 표현대리에 관한 주장이 있어야 법원은 표현대리의 성립여부를 심리판단할 수 있다.

② 건물의 소유를 목적으로 한 토지임대차에서 임대인이 임차인을 상대로 기간만료를 이유로 그 토지에 현존하는 건물철거 및 토지인도청구의 소를 제기하였다. 위 소송에서 피고가 건물매수청구권을 적법하게 행사하여 원고가 건물에 관한 소유권이전등기절차의 이행 및 건물인도를 구하는 내용으로 청구취지변경을 하였더라도, 법원은 피고가 동시이행항변을 하지 않는 한 건물매매대금을 지급받음과 상환으로 소유권이전등기절차의 이행 및 건물인도를 명하는 판결을 내릴 수 없다.

③ 국가 명의로 소유권보존등기가 경료된 토지에 관하여 甲 명의의 소유권이전등기가 경료되었는데, 위 토지를 사정받은 乙이 국가와 甲을 상대로 등기말소를 구하는 소를 제기하여, 국가는 乙에게 원인무효인 소유권보존등기의 말소등기절차를 이행할 의무가 있고 甲 명의의 소유권이전등기는 등기부취득시효 완성을 이유로 유효하다는 취지의 판결이 확정되었다. 그 후 乙이 국가를 상대로 국가의 불법행위를 이유로 토지의 소유권 상실로 인한 손해배상을 구한 사안에서, 법원은 국가에 대하여 소유권보존등기 말소등기절차 이행의무의 이행불능으로 인한 손해배상책임을 인정할 수 있다.

④ 저당권이 설정되어 있는 부동산을 채무자가 사해행위로 수익자에게 매도한 후 수익자의 변제로 위 저당권설정등기가 말소된 경우, 채권자가 위 매매계약의 취소와 부동산 자체의 반환을 청구하였더라도 법원은 원고의 청구취지변경 없이 가액반환을 명할 수 있다.

⑤ 원고가 피담보채무 전액을 변제하였다고 주장하면서 근저당권설정등기 말소등기절차의 이행을 구하는 소를 제기하였으나 잔존채무가 있는 것으로 밝혀진 경우, 법원은 원고의 반대 의사표시가 없는 한 잔존채무의 지급을 조건으로 근저당권설정등기의 말소를 명하여야 한다.

① O 유권대리와 표현대리는 법률효과발생에 직접 필요한 법률요건사실이므로 모두 주요사실에 해당한다. 따라서 당사자가 변론에서 각각 주장해야만 재판의 기초로 삼을 수 있다(소송자료와 증거자료의 준별). 다만 유권대리의 주장에 표현대리의 주장이 포함되어 묵시적 주장을 인정할 수 있는지가 문제되나 판례는 이를 부정한다.

관련판례 유권대리에 있어서는 본인이 대리인에게 수여한 대리권의 효력에 의하여 법률효과가 발생하는 반면 표현대리에 있어서는 대리권이 없에도 불구하고 법률이 특히 거래상대방 보호와 거래안전유지를 위하여 본래 무효인 무권대리행위의 효과를 본인에게 미치게 한 것으로서 표현대리가 성립된다고 하여 무권대리의 성질이 유권대리로 전환되는 것은 아니므로, 양자의 구성요건 해당사실 즉 주요사실은 다르다고 볼 수밖에 없으니 유권대리에 관한 주장 속에 무권대리에 속하는 표현대리의 주장이 포함되어 있다고 볼 수 없다(대판 1983.12.13. 83다카1489 전원합의체).

② O 동시이행의 항변권은 당사자가 이를 원용하여야 그 인정 여부에 대하여 심리할 수 있는 것이다.

관련판례 매매를 원인으로 한 소유권이전등기청구에 있어 매수인은 매매계약 사실을 주장, 입증하면 특별한 사정이 없는 한 매도인은 소유권이전등기의무가 있는 것이며, 매도인이 매매대금의 일부를 수령한 바 없다면 동시이행의 항변을 제기하여야 하는 것이고, 법원은 매수인의 이와 같은 항변이 있을 때에 비로소 대금지급 사실의 유무를 심리할 수 있는 것이다(대판 1990.11.27. 90다카25222).

③ X 채무불이행책임과 불법행위책임은 소송물이 다르므로 당사자가 주장하지 않은 채무불이행에 기한 손해배상책임을 인정하는 것은 처분권주의에 반한다(또한 물권적청구권의 이행불능을 이유로 한 손해배상은 인정되지 않는 다는 것이 판례이다).

관련판례 甲 등의 등기부취득시효 완성으로 토지에 관한 소유권을 상실한 乙이 불법행위를 이유로 소유권 상실로 인한 손해배상을 청구할 수 있음은 별론으로 하고, 애초 국가의 등기말소의무 이행불능으로 인한 채무불이행책임을 논할 여지는 없고, 또한 토지의 소유권 상실로 인한 손해배상을 구하는 乙의 청구에 대하여 당사자가 주장하지 아니한 소유권보존등기 말소등기절차 이행의무의 이행불능으로 인한 손해배상책임을 인정할 수 없음에도, 이와 달리 손해배상책임을 인정한 원심판결에 법리오해와 처분권주의 위반의 위법이 있다(대판 2012.5.17. 2010다28604 전원합의체).

④ O 저당권이 설정되어 있는 부동산이 사해행위로 이전된 경우에 그 사해행위는 부동산의 가액에서 저당권의 피담보채권액을 공제한 잔액의 범위 내에서만 성립한다고 보아야 하므로, 사해행위 후 변제 등에 의하여 저당권설정등기가 말소된 경우 그 부동산의 가액에서 저당권의 피담보채무액을 공제한 잔액의 한도에서 사해행위를 취소하고 그 가액의 배상을 구할 수 있을 뿐이고, 특별한 사정이 없는 한 변제자가 누구인지에 따라 그 방법을 달리한다고 볼 수는 없는 것이며, 사해행위인 계약 전부의 취소와 부동산 자체의 반환을 구하는 청구취지 속에는 위와 같이 일부취소를 하여야 할 경우 그 일부취소와 가액배상을 구하는 취지도 포함되어 있다고 볼 수 있으므로 청구취지의 변경이 없더라도 바로 가액반환을 명할 수 있다(대판 2001.6.12. 99다20612).

⑤ O 원고가 피담보채무 전액을 변제하였다고 주장하면서 근저당권설정등기 말소등기절차의 이행을 구하는 소를 제기 한 경우 위 청구에는 잔존채무의 지급을 조건으로 근저당권설정등기의 말소청구가 포함되어 있는 바, 일부인용판결을 하는 것은 처분권주의에 위반되지 않으므로 법원은 원고의 반대 의사표시가 없는 한 잔존채무의 지급을 조건으로 근저당권설정등기의 말소를 명하여야 한다.

관련판례 채무자가 피담보채무 전액을 변제하였다고 하거나 피담보채무의 일부가 남아 있음을 시인하면서 그 변제를 조건으로 저당권설정등기의 말소등기절차 이행을 청구하였지만 피담보채무의 범위에 관한 견해 차이로 그 채무 전액을 소멸시키지 못하였거나 변제하겠다는 금액만으로는 소멸시키기에 부족한 경우에, 그 청구 중에는 확정된 잔존채무의 변제를 조건으로 그 등기의 말소를 구한다는 취지까지 포함되어 있는 것으로 해석하여야 하고, 이러한 경우에는 장래 이행의 소로서 그 저당권설정등기의 말소를 미리 청구할 필요가 있다고 보아야 한다(대판 1996.2.23. 95다9310).

---

10 13변시-59   정답 ③

석명권과 관련된 설명 중 옳지 않은 것은? (다툼이 있는 경우에는 판례에 의함)

① 원고가 피고에 대하여 부당이득금반환을 구한다는 청구를 하다가, 제3자로부터 그 부당이득반환채권을 양수하였으므로 그 양수금의 지급을 구한다고 주장하여 청구원인을 변경하는 경우, 법원은 청구의 교환적 변경인지 추가적 변경인지를 석명으로 밝혀볼 의무가 있다.

② 사해행위 취소소송에서 그 소의 제척기간의 경과 여부가 당사자 사이에 쟁점이 된 바가 없음에도 당사자에게 의견진술의 기회를 부여하거나 석명권을 행사하지 않고 제척기간의 경과를 이유로 사해행위 취소의 소를 각하한 것은 법원이 석명의무를 위반한 것이다.

③ 지적의무를 게을리한 채 판결을 한 경우에는 소송절차의 위반으로 절대적 상고이유가 된다.

④ 증거로 제출된 차용증에 피고는 보증인, 채무자는 제3자로 기재되어 있고, 원고는 피고에 대하여 보증채무의 이행이 아니라 주채무의 이행을 구하고 있는 경우, 이는 당사자의 주장과 그 제출증거 사이에 모순이 있는 경우에 해당하므로 법원이 석명권을 행사하여 이를 밝혀보지 아니하고 원고의 주장사실을 인정하였다면 석명권 불행사로 인한 심리미진의 위법이 있다.

⑤ 당사자가 전혀 주장하지 아니하는 공격방어방법, 특히 독립한 항변사유를 당사자에게 시사하여 그 제출을 권유하는 것과 같은 행위는 변론주의의 원칙에 위배되는 것이어서 석명권의 한계를 일탈한 것이다.

 해설

① O 소의 변경이 교환적인가 또는 추가적인가의 여부는 기본적으로 당사자의 의사해석에 의할 것이므로 당사자가 구청구를 취하한다는 명백한 의사표시 없이 새로운 청구원인을 주장하는 등으로 그 변경형태가 불명할 경우에는 사실심법원으로서는 과연 청구변경의 취지가 무엇인가 즉, 교환적인가 또는 추가적인가의 점에 대하여 석명으로 이를 밝혀볼 의무가 있다 할 것인바, 기록에 의하면, 원심은 이와 같은 조치를 전혀 취함이 없이 원고들이 부당이득반환청구를 양수금청구로 교환적 변경을 한 것이라고 단정한 나머지 양수금청구에 대하여만 판단하였으니 원심판결에는 소의 변경에 관한 법리를 오해하고 석명권을 행사하지 아니한 위법이 있다(대판 1995.5.12. 94다6802).

② O 당사자가 전혀 예상하지 못하였던 법률적인 관점에 기한 예상 외의 재판으로 원고에게 불의의 타격을 가할 수 있기 때문에 법원은 석명권을 행사할 의무가 있다고 할 것이다.

관련판례 사해행위 취소소송에서 그 소의 제척기간의 도과 여부가 당사자 사이에 쟁점이 된 바 없음에도 당사자에게 의견진술의 기회를 부여하거나 석명권을 행사함이 없이 제척기간의 도과를 이유로 사해행위 취소의 소를 각하한 원심을 파기한 사례(대판 2006.1.26. 2005다37185).

③ X 지적의무의 위반은 소송절차의 위반으로 일반적 상고이유가 된다. 따라서 의무위반이 "판결 결과에 영향을 미친 경우"일 것을 요한다(대판 1995.11.14. 95다25923).

④ O 처분문서인 차용증에 피고는 보증인으로 기재되어 있을 뿐이고 제3자가 차용인으로 기재되어 있는 한편, 원고는 피고에 대하여 보증채무의 이행을 구하지 아니하고 주채무의 이행을 구하고 있는 경우,

이는 당사자의 주장과 그 제출증거 사이에 모순이 있는 경우에 해당한다 할 것이므로, 법원이 석명권의 행사를 통하여 이를 밝혀 보지 아니하고 원고의 주장사실을 인정하였다면 석명권 불행사로 인한 심리미진의 위법이 있다(대판 1994.9.30. 94다16700).

⑤ ○ 법원의 석명권 행사는 당사자의 주장에 모순된 점이 있거나 불완전·불명료한 점이 있을 때에 이를 지적하여 정정·보충할 수 있는 기회를 주고, 계쟁 사실에 대한 증거의 제출을 촉구하는 것을 그 내용으로 하는 것으로, 당사자가 주장하지도 아니한 법률효과에 관한 요건사실이나 독립된 공격방어방법을 시사하여 그 제출을 권유함과 같은 행위를 하는 것은 변론주의의 원칙에 위배되는 것으로 석명권 행사의 한계를 일탈하는 것이다(대판 2001.10.9. 2001다15576).

11 12변시-52 정답 ④

변론주의에 관한 기술 중 옳지 않은 것은? (다툼이 있는 경우에는 판례에 의함)

① 원고가 X 토지를 피고로부터 매수하였다고 주장하였으나, 증인신문을 신청하여 제3자가 원고를 대리하여 피고로부터 위 토지를 매수한 사실을 입증하고 있다면, 원고가 대리행위에 관한 명백한 진술을 하지 않았더라도 법원이 대리행위에 관한 간접적인 진술이 있었다고 보는 것은 변론주의에 위배되지 않는다.

② 불법행위로 인한 손해배상책임이 인정되는 경우, 법원은 손해액에 관한 아무런 입증이 없다고 하여 바로 청구기각을 할 것이 아니라 적극적으로 석명권을 발동하여 입증을 촉구할 의무가 있다.

③ 증여를 원인으로 한 부동산소유권이전등기청구에 대하여 피고가 시효취득을 주장하였다고 하여도 그 주장 속에 원고의 위 이전등기청구권이 시효소멸하였다는 주장까지 포함되었다고 할 수 없다.

④ 부동산의 시효취득에 있어서 그 점유가 자주점유인지의 여부를 가리는 기준이 되는 점유의 권원은 주요사실이므로 법원은 당사자의 주장과 달리 증거에 의하여 진정한 점유의 권원을 심리하여 취득시효의 완성 여부를 판단할 수 없다.

⑤ 대여금 채권자가 주채무자와 그 보증인을 공동피고로 하여 대여금청구의 소를 제기하였는데 보증인인 피고가 항변을 전혀 하지 않았다면, 설사 위 채무가 변제되었고 주채무자인 피고가 변제항변을 하였더라도 보증인인 피고에게는 변제항변의 효과가 미치지 않는다.

 해설

① ○ 대리인에 의한 계약체결사실은 변론주의원칙상 당사자의 주장이 없으면 변론에서 당사자의 주장이 없으면 인정할 수 없는 것이나, 그 주장이 반드시 명시적인 것이어야 하는 아니고 당사자 간에 제출된 소송자료를 통하여 심리가 됨으로써 그 주장의 존재를 인정하더라도 상대방에게 불의의 타격을 줄 우려가 없는 경우에는 이를 재판의 기초로 삼을 수 있다.

관련판례 甲이 소장에서 토지를 乙로부터 매수하였다고 주장하고 있으나 甲이 위 매매당시 불과 10세 남짓한 미성년이었고 증인신문을 신청하여 갑의 조부인 丙이 甲을 대리하여 위 토지를 매수한 사실을 입증하고 있다면 甲이 그 변론에서 위 대리행위에 관한 명백한 진술을 한 흔적은 없다 하더라도 위 증인신청으로서 위 대리행위에 관한 간접적인 진술은 있었다고 보아야 할 것이므로 원심이 위 토지를 갑의 대리인이 매수한 것으로 인정하였다 하여 이를 변론주의에 반하는 것이라고는 할 수 없다(대판 1987.9.8. 87다카982).

② ○ 불법행위로 인하여 손해가 발생한 사실이 인정되는 경우에는 법원은 손해액에 관한 당사자의 주장과 입증이 미흡하더라도 적극적으로 석명권을 행사하여 입증을 촉구하여야 하고, 경우에 따라서는 직권으로라도 손해액을 심리·판단하여야 한다(대판 2011.7.14. 2010다103451).

③ ○ 증여를 원인으로 한 부동산소유권이전등기청구에 대하여 피고가 시효취득을 주장하였다고 하여도 그 주장속에 원고의 위 이전등기청구권이 시효소멸하였다는 주장까지 포함되었다고 할 수 없다(대판 1982.2.9. 81다534).

④ X 취득시효에 대한 자주점유의 점유권원에 관한 사실은 주요사실인 자주점유의 존부를 추정케 하는 간접사실에 불과하다.

관련판례 부동산의 시효취득에 있어서 점유기간의 산정기준이 되는 점유개시의 시기나 권원 등은 점유기간이나 자주점유를 추정하는 간접사실인 것이므로 법원은 당사자의 주장에 구애됨이 없이 소송자료에 의하여 인정되는 바에 따라 진정한 점유의 시기와 권원을 심리하여 취득시효의 완성 여부를 판단할 수 있다(대판 1992.12.8. 92다41955).

⑤ ○ 주채무자와 보증인에 대한 대여금 청구는 통상의 공동소송에 해당하므로 공동소송인 독립의 원칙이 적용되고, 공동소송인 사이의 소송행위는 다른 공동소송인에 영향을 미치지 않는다.

관련판례 민사소송법 제62조의 명문의 규정과 우리 민사소송법이 취하고 있는 변론주의 소송구조 등에 비추어 볼 때, 통상의 공동소송에 있어서 이른바 주장공통의 원칙은 적용되지 아니한다(대판 1994.5.10. 93다47196).

제66조(통상공동소송인의 지위)
공동소송인 가운데 한 사람의 소송행위 또는 이에 대한 상대방의 소송행위와 공동소송인 가운데 한 사람에 관한 사항은 다른 공동소송인에게 영향을 미치지 아니한다.

12 21법전협-3-40   정답 ①

실기한 공격방어방법의 각하와 관련된 설명으로 옳은 것은? (다툼이 있는 경우 판례에 의함)

① 환송 전 원심절차에서 제출할 수 있었던 상계항변을 환송 후 새로이 주장하는 것은 실기한 것으로 본다.
② 공격방어방법의 제출시기는 시간적 문제이기 때문에 상대방과 법원에 공격방어방법을 제출하지 않을 것이라는 신뢰를 부여했는지 여부는 고려할 필요가 없다.
③ 실기한 공격방어방법은 시기에 늦었는가의 문제이기 때문에 당사자의 법률지식이나 해당 행위의 성격과는 무관하다.
④ 법원이 당사자의 공격방어방법에 대하여 각하결정을 하지 아니한 채 증거조사까지 마친 경우에도 판결이유에서 당사자의 공격방어방법을 각하하는 판단을 할 수 있다.
⑤ 당사자가 제출한 공격 또는 방어방법의 취지가 분명하지 아니한 경우에, 당사자가 필요한 설명을 하지 아니하거나 설명할 기일에 출석하지 아니한 경우라고 하더라도 법원은 상대방의 신청이 없으면 이를 각하할 수 없다.

해설

① O 환송 전 원심 소송절차에서 상계항변을 할 기회가 있었음에도 불구하고 환송 후 원심 소송절차에서 비로소 주장하는 상계항변은 실기한 공격방어방법에 해당한다고 한 원심판결을 수긍한 사례(대판 2005.10.7. 2003다44387,44394).

②, ③ X 민사소송법 제149조에 정한 실기한 공격·방어방법이란 당사자가 고의 또는 중대한 과실로 소송의 정도에 따른 적절한 시기를 넘겨 뒤늦게 제출하여 소송의 완결을 지연시키는 공격 또는 방어의 방법을 말한다. 여기에서 적절한 시기를 넘겨 뒤늦게 제출하였는지를 판단함에는 새로운 공격·방어방법이 구체적인 소송의 진행정도에 비추어 당사자가 과거에 제출을 기대할 수 있었던 객관적 사정이 있었는데도 이를 하지 않은 것인지, 상대방과 법원에 새로운 공격·방어방법을 제출하지 않을 것이라는 신뢰를 부여하였는지 여부 등을 고려(②)해야 한다. 항소심에서 새로운 공격·방어방법이 제출된 경우에는 특별한 사정이 없는 한 항소심뿐만 아니라 제1심까지 통틀어 시기에 늦었는지를 판단해야 한다. 나아가 당사자의 고의 또는 중대한 과실이 있는지를 판단함에는 당사자의 법률지식과 함께(③) 새로운 공격·방어방법의 종류, 내용과 법률구성의 난이도, 기존의 공격·방어방법과의 관계, 소송의 진행경과 등을 종합적으로 고려해야 한다(대판 2017.5.17. 2017다1097).

④ X (판결 요지 중) 법원이 당사자의 공격방어방법에 대하여 각하결정을 하지 아니한 채 그 공격방어방법에 관한 증거조사까지 마친 경우에 있어서는 더 이상 소송의 완결을 지연할 염려는 없어졌다고 할 것이므로, 그러한 상황에서 새삼스럽게 판결이유에서 당사자의 공격방어의 방법을 각하하는 판단은 할 수 없다고 할 것이다(대판 2003.4.25. 2003두988).

⑤ X

> **제149조(실기한 공격·방어방법의 각하)**
> ② 당사자가 제출한 공격 또는 방어방법의 취지가 분명하지 아니한 경우에, 당사자가 필요한 설명을 하지 아니하거나 설명할 기일에 출석하지 아니한 때에는 법원은 직권으로 또는 상대방의 신청에 따라 결정으로 이를 각하할 수 있다.

13 21법전협-1-41   정답 ②

처분권주의에 관한 판례의 태도로 옳은 것은?

① 원고가 대여금 1억 원 및 이에 대한 이 사건 소장송달 다음날부터 완제일까지 연 12%의 비율에 의한 지연손해금을 지급하라는 청구를 하였는데, 법원이 이를 인용하면서 대여일부터 완제일까지 연 12%의 약정이자 및 지연손해금을 지급하라고 판시한 것은 처분권주의 위반이 아니다.
② 매수인이 단순히 소유권이전등기청구만을 하고 매도인이 동시이행의 항변을 한 경우 매수인의 청구가 반대급부 의무가 없다는 취지임이 분명한 경우에는 청구를 기각하여야 한다.
③ 원고의 금전청구에 대하여 피고가 원고에 대한 반대채권으로 상계한다고 주장하였다가 이를 철회한 경우에 법원이 피고가 주장하는 반대채권이 성립하지 않는다고 판단하여 상계항변을 배척하여도 처분권주의 위반이 아니다.
④ 재판상 이혼의 판결을 할 때 미성년자인 자녀의 친권이나 양육권에 대한 청구가 없으면 법원은 친권자 및 양육자를 결정하는 재판을 할 수 없다.
⑤ 사해행위를 전부 취소하고 원상회복을 구하는 채권자의 주장 속에는 사해행위를 일부 취소하고 가액의 배상을 구하는 취지가 포함되어 있다고 볼 수 없어 채권자가 원상회복만을 구하는 경우 법원은 가액의 배상을 명할 수 없다.

① X (판결 이유 중) 일건 기록에 의하면, 원고는 청구취지로서 1심에서는 약속어음으로서 금 8,000,000원 및 이에 대한 이 사건 소장송달 다음날부터 완제일까지 연 2할 5푼의 비율에 의한 지연손해금을 지급하라고 청구하였고, 원심에 이르러는 청구원인만을 대여금으로 추가변경하였음이 명백함에도 불구하고 원심판결 이유에 의하면, 원심은 대여금청구를 인용하면서 대여일부터 완제일까지 연2할5푼의 약정이자 및 지연손해금을 지급하라고 판시함으로써 원고가 청구하지 아니한 약정이자를 인정하였음은 당사자처분주의원칙에 위반하였거나 석명의무를 게을리하였다는 비난을 면할 수 없으므로 이점을 지적하는 논지도 이유있다(대판 1989.6.13. 88다카19231).

② O 매수인이 단순히 소유권이전등기청구만을 하고 매도인이 동시이행의 항변을 한 경우 법원이 대금수령과 상환으로 소유권이전등기절차를 이행할 것을 명하는 것은 그 청구중에 대금지급과 상환으로 소유권이전등기를 받겠다는 취지가 포함된 경우에 한하므로 그 청구가 반대급부 의무가 없다는 취지임이 분명한 경우에는 청구를 기각하여야 한다(대판 1980.2.26. 80다56).

③ X 제1심법원에서 피고가 원고에 대한 불법행위 손해배상채권과 원고가 소로써 구하고 있는 채권을 상계한다고 주장하였다가 원심 제1변론기일에 피고 소송대리인이 그 상계 항변을 철회한다고 진술하였는데, 원심법원이 피고의 원고에 대한 손해배상채권은 성립하지 않는다고 판단하여 상계 항변을 배척한 사안에서, 상계 항변이 철회되었음에도 이에 관하여 판단한 것은 당사자가 주장하지 않은 사항에 관하여 심판한 것으로 처분권주의에 위배된다(대판 2011.7.14. 2011다23323).

④ X 이혼 과정에서 친권자 및 자녀의 양육책임에 관한 사항을 의무적으로 정하도록 한 민법 제837조 제1항, 제2항, 제4항 전문, 제843조, 제909조 제5항의 문언 내용 및 이혼 과정에서 자녀의 복리를 보장하기 위한 위 규정들의 취지와 아울러, 이혼 시 친권자 지정 및 양육에 관한 사항의 결정에 관한 민법 규정의 개정 경위와 변천 과정, 친권과 양육권의 관계 등을 종합하면, 재판상 이혼의 경우에 당사자의 청구가 없다 하더라도 법원은 직권으로 미성년자인 자녀에 대한 친권자 및 양육자를 정하여야 하며, 따라서 법원이 이혼 판결을 선고하면서 미성년자인 자녀에 대한 친권자 및 양육자를 정하지 아니하였다면 재판의 누락이 있다(대판 2015.6.23. 2013므2397).

⑤ X 사해행위인 계약 전부의 취소와 부동산 자체의 반환을 구하는 청구취지 속에는 위와 같이 일부취소를 하여야 할 경우 그 일부취소와 가액배상을 구하는 취지도 포함되어 있다고 볼 수 있으므로 청구취지의 변경이 없더라도 바로 가액반환을 명할 수 있다(대판 2002.11.8. 2002다41589).

14 21법전협-2-41 정답 ①

변론주의에 관한 설명 중 옳지 않은 것은? (다툼이 있는 경우 판례에 의함)

① 당사자가 민법에 따른 소멸시효기간을 주장한 경우에 법원은 직권으로 상법에 따른 소멸시효기간을 적용할 수 없다.
② 당사자의 주요사실에 대한 주장은 직접적으로 명백히 한 경우뿐만 아니라 당사자가 법원에 서증을 제출하며 그 증명취지를 진술함으로써 서증에 기재된 사실을 주장하거나 그 밖에 당사자의 변론을 전체적으로 관찰하여 간접적으로 주장한 것으로 볼 수 있는 경우에도 주요사실의 주장이 있는 것으로 보아야 한다.
③ 당사자의 주요사실에 관한 주장은 반드시 주장책임을 지는 당사자가 진술하여야 하는 것은 아니고 소송에서 쌍방 당사자 간에 제출된 소송자료를 통하여 심리가 됨으로써 그 주장의 존재를 인정하더라도 상대방에게 불의의 타격을 줄 우려가 없는 경우에는 그 주장이 있는 것으로 보아 이를 재판의 기초로 삼을 수 있다.
④ 법원은 당사자가 주장할 책임이 있는 사항 자체에 대하여 이를 주장하는지 여부를 그 당사자에게 석명하여야 할 의무는 없다.
⑤ 무권대리인으로 계약을 체결하였으나 본인의 추인을 받지 못한 경우, 그 무권대리인은 계약 상대방에 대한 계약이행책임을 면하기 위해서 상대방이 계약체결 당시 대리권이 없음을 알았다는 사실 또는 알 수 있었는데도 알지 못하였다는 사실에 관한 주장·증명책임을 부담한다.

① X 민사소송절차에서 변론주의 원칙은 권리의 발생·변경·소멸이라는 법률효과 판단의 요건이 되는 주요사실에 관한 주장·증명에 적용된다. 따라서 권리를 소멸시키는 소멸시효 항변은 변론주의 원칙에 따라 당사자의 주장이 있어야만 법원의 판단대상이 된다. 그러나 이 경우 어떤 시효기간이 적용되는지에 관한 주장은 권리의 소멸이라는 법률효과를 발생시키는 요건을 구성하는 사실에 관한 주장이 아니라 단순히 법률의 해석이나 적용에 관한 의견을 표명한 것이다. 이러한 주장에는 변론주의가 적용되지 않으므로 법원이 당사자의 주장에 구속되지 않고 직권으로 판단할 수 있다. 당사자가 민법에 따른 소멸시효기간을 주장한 경우에도 법원은 직권으로 상법에 따른 소멸시효기간을 적용할 수 있다(대판 2017.3.22. 2016다258124).

② O 법률상의 요건사실에 해당하는 주요사실에 대하여 당사자가 주장하지도 아니한 사실을 인정하여 판단하는 것은 변론주의에 위배된다고 할 것이나, 당사자의 주요사실에 대한 주장은 직접적으로 명백히 한 경우뿐만 아니라 당사자가 법원에 서증을 제출하며 그 입증 취지를 진술함으로써 서증에 기재된 사실을 주장하거나 당사자의 변론을 전체적으로 관찰하여 간접적으로 주장한 것으로 볼 수 있는 경우에도 주요사실의 주장이 있는 것으로 보아야 한다(대판 2006.2.24. 2002다62432 등).

③ O 대리인에 의한 계약체결의 사실은 법률효과를 발생시키는 실체법상의 구성요건 해당사실에 속하므로 법원은 변론에서 당사자의 주장이 없으면 그 사실을 인정할 수가 없는 것이나, 그 주장은 반드시 명시적인 것이어야 하는 것은 아닐 뿐더러 반드시 주장책임을 지는 당사자가 진술하여야 하는 것은 아니고 소송에서 쌍방 당사자 간에 제출된 소송자료를 통하여 심리가 됨으로써 그 주장의 존재를 인정하더라도 상대방에게 불의의 타격을 줄 우려가 없는 경우에는 그 대리행위의 주장은 있는 것으로 보아 이를 재판의 기초로 삼을 수 있다(대판 1990.06.26 89다카15359).

④ O (판결 이유 중) 변론주의의 원칙상 당사자가 주장할 책임이 있는 사항 자체에 관하여 이를 주장하는지 여부를 석명할 의무는 없으나, 당사자가 부주의 또는 오해로 말미암아 명백히 간과한 법률상의 사항이 있거나 당사자의 주장이 법률상의 관점에서 보아 불명료 또는 불완전하거나 모순이 있는 경우에는 법원이 적극적으로 석명권을 행사하여 당사자에게 의견진술의 기회를 부여하여야 하고, 만일 이를 게을리 한 경우에는 석명 또는 지적의무를 다하지 아니하여 심리를 제대로 하지 아니한 것이 된다(대판 2002.1.25. 2001다11055, 대판 2012.5.10. 2010다10658 등 참조).

⑤ O 민법 제135조 제2항은 '대리인으로서 계약을 맺은 자에게 대리권이 없다는 사실을 상대방이 알았거나 알 수 있었을 때에는 제1항을 적용하지 아니한다.'고 정하고 있다. 이는 무권대리인의 무과실책임에 관한 원칙 규정인 제1항에 대한 예외 규정이므로 상대방이 대리권이 없음을 알았다는 사실 또는 알 수 있었는데도 알지 못하였다는 사실에 관한 주장·증명책임은 무권대리인에게 있다(대판 2018.6.28. 2018다210775).

15 20법전협-3-39 정답 ④

변론주의에 관한 설명 중 옳은 것은? (다툼이 있는 경우 판례에 의함)

① 원고 甲이 乙의 유권대리인 丙과 계약을 체결하였다고 주장하면서 피고 乙을 상대로 계약당사자로서의 계약이행 책임만을 주장하였는데, 법원이 표현대리 책임에 관하여 지적하지 않은 채 甲의 청구를 기각하였다면, 법원은 법적 관점 지적의무를 위반한 것이다.

② 원고가 피고를 상대로 대여원리금 지급청구의 소를 하였는데 심리 결과 청구원인 사실이 인정되고, 한편 피고가 대여원리금에 상응하는 액수의 변제공탁서를 증거로 제출하였을 뿐 변제항변은 하지 않았다면, 법원은 변제 사실은 고려하지 말고 원고의 청구를 전부 인용하여야 한다.

③ 원고의 대여금 청구에 대하여 피고가 2013. 8. 5.을 소멸시효 기산일로 주장하면서 그로부터 5년의 상사소멸시효가 도과하였다고 소멸시효 항변을 하는 경우, 법원이 피고 주장의 기산일보다 더 앞선 2013. 3. 5.을 기산일로 인정하는 것은 변론주의에 위배되나, 피고 주장보다 더 나중인 2013. 10. 5.을 기산일로 인정하는 것은 변론주의에 위배되지 않는다.

④ 인신사고로 인한 손해배상 사건에서 손해배상액을 산정하는 기초가 되는 피해자의 기대여명에 대하여 원고와 피고 간에 다툼이 없을 경우, 법원은 피해자의 기대여명에 관하여 감정인의 감정결과가 다르게 제출되었다 하더라도 쌍방이 다투지 않는 기대여명에 기하여 손해배상액을 판단하여야 한다.

⑤ 부제소 합의가 있었다는 사실은 변론주의가 적용되는 주요사실이므로 피고가 본안전 항변을 하여야만 법원이 심리, 판단할 수 있다.

 해설

① X 유권대리에 관한 주장 가운데 무권대리에 속하는 표현대리의 주장이 포함되어 있다고 볼 수 없으며, 따로이 표현대리에 관한 주장이 없는 한 법원은 나아가 표현대리의 성립여부를 심리판단할 필요가 없음은 물론 당사자에게 표현대리에 관한 요건사실의 주장이나 입증을 촉구할 의무가 없다 할 것이다(대판 1983.12.13. 83다카1489 전원합의체; 대판 1990.3.27. 88다카181 등 참조; 대판 2001.3.23. 2001다1126).

② X 채무를 변제하였다는 뚜렷한 사실주장은 아니하였으나 금원을 공탁하였다든지의 공탁서를 서증으로 제출하고 있는 경우에는 그 공탁이 채무를 변제하였다는 주장에 대한 입증인지의 여부를 알아보고 이 점에 관하여 심리를 하여야 할 것이다(대판 1967.9.26. 67다1742). 피고가 그 항변사실에 부합하는 공탁서 사본이 첨부된 준비서면을 진술하였다면 다른 특별한 사정이 없는 한 피고는 위 공탁서로써 자기 항변 사실을 입증하고자 한 것이라고 볼 수 있으므로 원심법원은 변론에서 이를 명백히 하였어야 한다(대판 1980.6.24. 80다692). 사실심 재판장은 다툼이 있는 사실로서 입증이 없는 모든 경우에 반드시 당사자의 입증을 촉구하여야만 하는 것은 아니라 할지라도 소송의 정도로 보아 당사자가 부주의 또는 오해로 인하여 입증하지 아니한 것이 명백한 경우에는 입증을 촉구할 의무가 있다 할 것인바, 원고가 공탁의 원인사유를 입증하기 위한 증거로 공탁서를 제출하고 제1심법원에서 그 증거가 채택되어 승소판결을 받았고 항소심에서도 별다른 반증의 제출이 없기 때문에 공탁원인사유에 대하여는 더 입증할 필요가 없는 것으로 오해하고 그 점에 대한 입증을 하지 아니하고 있음이 명백한 경우 원심으로서는 마땅히 원고에게 공탁원인사유에 대한 입증을 촉구하여야 할 것인데도 원심이 이에 이르지 아니한 채 공탁원인사유를 인정할 증거가 없다 하여 원고의 주장을 배척하였음은 석명권행사를 게을리 함으로써 심리를 다하지 아니한 위법을 저지른 것이다(대판 1990.6.26. 90다카8005).

③ X 소멸시효의 기산일은 채무의 소멸이라고 하는 법률효과 발생의 요건에 해당하는 소멸시효 기간 계산의 시발점으로서 소멸시효 항변의 법률요건을 구성하는 구체적인 사실에 해당하므로 이는 변론주의의 적용 대상이고, 따라서 본래의 소멸시효 기산일과 당사자가 주장하는 기산일이 서로 다른 경우에는 변론주의의 원칙상 법원은 당사자가 주장하는 기산일을 기준으로 소멸시효를 계산하여야 하는데, 이는 당사자가 본래의 기산일보다 뒤의 날짜를 기산일로 하여 주장하는 경우는 물론이고 특별한 사정이 없는 한 그 반대의 경우에 있어서도 마찬가지이다(대판 1995.8.25. 94다35886).

④ O 인신사고로 인한 손해배상 사건에서 손해배상액을 산정하는 기초가 되는 피해자의 기대여명은 변론주의가 적용되는 주요사실로서 재판상 자백의 대상이 된다. 그리고 일단 재판상 자백이 성립하면 그것이 적법하게 취소되지 않는 한 법원도 이에 구속되므로, 법원은 당사자 사이에 다툼이 없는 사실에 관하여 성립된 자백과 배치되는 사실을 증거에 의하여 인정할 수 없다(대판 2018.10.4. 2016다41869).

⑤ X 특정한 권리나 법률관계에 관하여 분쟁이 있어도 제소하지 아니하기로 합의(이하 '부제소 합의'라고 한다)한 경우 이에 위배되어 제기된 소는 권리보호의 이익이 없고, 또한 당사자와 소송관계인은 신의에 따라 성실하게 소송을 수행하여야 한다는 신의성실의 원칙(민사소송법 제1조 제2항)에도 어긋나는 것이므로, 소가 부제소 합의에 위배되어 제기된 경우 법원은 직권으로 소의 적법 여부를 판단할 수 있다(대판 2013.11.28. 2011다80449).

16 20법전협-1-40   정답 ④

법원의 석명에 관한 설명 중 옳은 것은? (다툼이 있으면 판례에 의함)

① 주위적 청구와 예비적 청구가 병합된 사건에서 당사자가 종전의 주위적 청구에 관련된 청구취지와 청구원인만을 일부 변경함으로써 예비적 청구의 취하 여부가 불분명하더라도 사실심법원은 예비적 청구의 취하 여부에 대하여 석명할 의무가 없다.
② 법원은 등기부취득시효의 주장임이 분명한 당사자의 주장 속에 점유취득시효의 주장이 함께 포함되어 있는 것인지의 여부를 석명할 의무가 있다.
③ 원고가 피고를 상대로 토지에 대한 점유·사용으로 인한 부당이득금 및 그 지연손해금의 지급만을 구하고 있는 경우 법원은 피고가 악의의 수익자로서 민법 제748조 제2항에 따라 그 받은 이익에 이자를 붙여 원고에게 반환하여야 한다는 주장을 하는지에 관하여 석명하여야 한다.
④ 피고는 차용증에 보증인으로 기재되어 있을 뿐 제3자가 차용인으로 기재되어 있는 한편, 원고는 피고에 대하여 보증채무의 이행을 구하지 않고 주채무의 이행을 구하고 있는 때에는 법원은 석명권을 행사하여 당사자의 주장과 그 제출증거 간에 모순이 있음을 지적하여 시정할 기회를 주어야 한다.
⑤ 당사자가 변론종결 후 주장·증명을 제출하기 위하여 변론재개신청을 한 경우 법원은 당사자의 변론재개신청을 받아들여야 한다.

① X 주위적 청구와 예비적 청구가 병합된 사건에서 당사자가 종전의 주위적 청구에 관련된 청구취지와 청구원인만을 일부 변경함으로써 예비적 청구의 취하 여부가 불분명하게 된 경우, 사실심법원으로서는 예비적 청구의 취하 여부에 대하여 석명할 의무가 있다(대판 2004.3.26. 2003다21834).
② X 석명권 행사는 법원이 심리를 함에 있어서 당사자의 주장에 모순·흠결이 있거나 애매하여 불명료한 경우에 이를 명백히 하기 위한 것이므로 등기부취득시효의 주장임이 분명한 경우, 법원이 점유취득시효의 주장이 함께 포함되어 있는 것인지 여부를 석명할 의무까지 있다고는 할 수 없다(대판 1997.3.11. 96다49902).
③ X 원고가 피고 서초구의 이 사건 토지에 대한 점유·사용으로 인하여 이미 발생한 부당이득과 이에 관한 지연손해금을 청구한 것 이외에 피고 서초구가 불법행위자로서 원고에게 손해배상을 하여야 한다거나 혹은 악의(惡意)의 수익자로서 민법 제748조 제2항에 따라서 그 받은 이익에 이자를 붙여서 원고에게 반환하여야 한다는 주장을 한 흔적을 찾아볼 수 없으므로, 원심이 위와 같은 사항들에 대하여 심리·판단하지 아니한 것은 정당하고, 거기에 심리미진 또는 석명의무 불이행 등의 위법이 있다고 할 수 없다(대판 2008.2.1. 2007다8914).
④ O 처분문서인 차용증에 피고는 보증인으로 기재되어 있을 뿐이고 제3자가 차용인으로 기재되어 있는 한편, 원고는 피고에 대하여 보증채무의 이행을 구하지 아니하고 주채무의 이행을 구하고 있는 경우, 이는 당사자의 주장과 그 제출증거 사이에 모순이 있는 경우에 해당한다 할 것이므로, 법원이 석명권의 행사를 통하여 이를 밝혀 보지 아니하고 원고의 주장사실을 인정하였다면 석명권 불행사로 인한 심리미진의 위법이 있다(대판 1994.9.30. 94다16700).

⑤ X 당사자가 변론종결 후 주장·증명을 제출하기 위하여 변론재개신청을 한 경우 당사자의 변론재개신청을 받아들일지 여부는 원칙적으로 법원의 재량에 속한다. 그러나 변론재개신청을 한 당사자가 변론종결 전에 그에게 책임을 지우기 어려운 사정으로 주장·증명을 제출할 기회를 제대로 갖지 못하였고, 그 주장·증명의 대상이 판결의 결과를 좌우할 수 있는 관건적 요증사실에 해당하는 경우 등과 같이, 당사자에게 변론을 재개하여 그 주장·증명을 제출할 기회를 주지 않은 채 패소의 판결을 하는 것이 민사소송법이 추구하는 절차적 정의에 반하는 경우에는 법원은 변론을 재개하고 심리를 속행할 의무가 있다(대판 2010.10.28. 2010다20532).

제2절 변론의 준비

17 17법전협-3-39   정답 ①

변론준비절차에 관한 설명 중 옳은 것을 모두 고른 것은? (다툼이 있는 경우 판례에 의함)

ㄱ. 제1심의 변론준비절차는 항소심에서도 그 효력을 가진다.
ㄴ. 재판장은 특별한 사정이 있는 때에는 변론기일을 연 뒤에도 사건을 변론준비절차에 부칠 수 있다.
ㄷ. 변론준비절차를 진행하는 재판장은 변론의 준비를 위하여 필요하다고 인정하면 증거결정을 할 수 있다.
ㄹ. 재판장은 합의부원을 수명법관으로 지정하여 변론준비절차를 담당하게 할 수 없다.
ㅁ. 소장에 적힌 사항이 변론준비기일에서 진술되지 않았다면 위 사항을 변론에서 주장할 수 없다.

① ㄱ, ㄴ, ㄷ   ② ㄴ, ㄷ, ㄹ
③ ㄷ, ㄹ, ㅁ   ④ ㄱ, ㄹ, ㅁ
⑤ ㄱ, ㄴ, ㅁ

ㄱ. O

제410조(제1심의 변론준비절차의 효력)
제1심의 변론준비절차는 항소심에서도 그 효력을 가진다.

ㄴ. O

제279조(변론준비절차의 실시)
① 변론준비절차에서는 변론이 효율적이고 집중적으로 실시될 수 있도록 당사자의 주장과 증거를 정리하여야 한다.
② 재판장은 특별한 사정이 있는 때에는 변론기일을 연 뒤에도 사건을 변론준비절차에 부칠 수 있다.

ㄷ. O

제281조(변론준비절차에서의 증거조사)
① 변론준비절차를 진행하는 재판장, 수명법관, 제280조 제4항의 판사(이하 "재판장등"이라 한다)는 변론의 준비를 위하여 필요하다고 인정하면 증거결정을 할 수 있다.

ㄹ. X

제280조(변론준비절차의 진행)
③ 합의사건의 경우 재판장은 합의부원을 수명법관으로 지정하여 변론준비절차를 담당하게 할 수 있다.

ㅁ. X

제285조(변론준비기일을 종결한 효과)
① 변론준비기일에 제출하지 아니한 공격방어방법은 다음 각 호 가운데 어느 하나에 해당하여야만 변론에서 제출할 수 있다.
  1. 그 제출로 인하여 소송을 현저히 지연시키지 아니하는 때
  2. 중대한 과실 없이 변론준비절차에서 제출하지 못하였다는 것을 소명한 때
  3. 법원이 직권으로 조사할 사항인 때
② 제1항의 규정은 변론에 관하여 제276조의 규정을 적용하는 데에 영향을 미치지 아니한다.
③ 소장 또는 변론준비절차전에 제출한 준비서면에 적힌 사항은 제1항의 규정에 불구하고 변론에서 주장할 수 있다. 다만, 변론준비절차에서 철회되거나 변경된 때에는 그러하지 아니하다.

---

18 11법전협-69   정답 ③

다음 내용은 변론준비절차를 거치는 민사사건에 대한 일반적인 진행과정을 설명한 것이다. 다음 내용을 읽고 물음에 답하시오. 위 사안에 대한 아래의 설명 중 가장 틀린 것은?

수소법원의 재판장은 사건을 배당 받은 후 소장을 검토한 결과 화해·조정의 가능성이 높다고 판단하여 변론기일을 지정하지 않고 제1회 변론준비기일을 지정하였다. 아울러 준비기일에는 대리인 외에 당사자 본인들도 출석하도록 명하였다. 재판장의 명을 받은 우배석 B판사는 판사실에서 준비기일을 연 후 대리인과 본인들로부터 모든 진술을 듣고 원고에게는 청구원인을 구성하는 내용에 대한 구체적인 근거와 증거는 무엇인지, 그리고 피고에게는 다투는 취지의 답변서를 제출한 구체적인 근거는 무엇인지 밝히도록 석명하였다. 제2회 변론준비기일에서(우배석 B판사 주재) 원고는 청구원인 관련 서면증거를 보관하고 있다는 소외 X를 증인으로 신청하였고, 피고는 세무 신고자료가 자신의 손실을 정확히 반영하고 있다고 주장하면서 관할세무서에 관련 서류에 대한 사실조회를 신청함과 아울러 원·피고 간의 거래를 잘 아는 소외 Y가 작성하였다는 확인서를 乙호증으로 제출하였다. 그러나 원고대리인 나임대 변호사는 서증인부를 함에 있어 동 확인서에 대해 "알지 못한다"(不知)라고 답하였다. 이에 피고대리인 나임차 변호사는 동 Y를 증인으로 신청하였다. B판사는 X, Y에 대한 증인신청에 대해 이를 채택하고 증인들의 증인진술서를 제출하도록 양 당사자에게 명하였다. 아울러 사실조회 신청에 대해서도 이를 채택하고 사실조회 신청서를 제출하도록 피고에게 명하였다. B판사가 각 대리인에게 더 제출할 증거가 있느냐고 묻자 각기 더 이상의 증거는 없다고 진술하였다. 제1회 변론기일에 출석요구를 받은 증인 X, Y가 모두 불출석하였다. 원고대리인은 증인 X가 현재 병원에 입원 중이므로 법원에 출석하기 어렵다고 진술했고, 피고대리인은 증인 Y가 현재 리비아에 상사 주재원으로 근무하는데 지정된 변론기일까지 출석이 어려울 뿐 아니라 무사히 탈출할 수 있을지 알 수 없다고 진술하였다.

① 합의부 사건에서 우배석 판사 단독으로 준비기일을 주재하는 것은 법률상 근거가 있다.
② 심문실이 아닌 판사실에서 준비기일을 진행하는 것은 법률상근거는 없어 부적절하지만 위법하다고 보기는 어렵다.
③ 법원은 증인으로 신청된 X, Y에 대해 신문이 어렵다고 판단해서 증거결정을 취소하여야 한다.
④ 제출된 증인진술서를 이용해 주신문을 대체하고 동 진술서를 서면증거로 활용하는 것은 민사소송법 제310조의 증언에 갈음하는 서면과 달리 법률상 근거는 없지만 현재의 실무 관행이다.
⑤ 사실조회는 조사의 촉탁에 대한 실무상의 용어인데 공공기관뿐만 아니라 개인이나 사적인 단체에 대하여도 허용된다.

① O

제280조(변론준비절차의 진행)
③ 합의사건의 경우 재판장은 합의부원을 수명법관으로 지정하여 변론준비절차를 담당하게 할 수 있다.

② O 변론준비기일은 법정 외의 장소에서 엄격한 형식에 구애받지 않고 비공개로 실시할 수 있는데, 보통은 준비절차실이나 심문실에서 진행하지만 판사실에서 진행하는 것도 적절하지는 않으나 가능하다.

③ X 증거신청에 대한 법원의 채부결정은 법원의 직권사항으로 증거조사에 어려움이 있다고 하더라도 증거결정의 취소가 법원의 의무는 아니다.

④ O 법원은 효율적인 증인신문을 위하여 필요하다고 인정하는 때에는 증인을 신청한 당사자에게 증인진술서를 제출하게 할 수 있는데, 이는 증인진술서를 제출하게 하여 상대방에게 미리 송달하고 법정에서는 반대신문을 중심으로 효율적이고 실질적인 증인신문을 할 수 있도록 한 것이다. 증인진술서는 증거방법으로 서증으로 취급되는데, 증인진술서를 작성한 증인이 불출석 하는 경우 증인진술서를 채택하면 상대방의 반대신문권이 침해될 수 있으므로 신중을 기하여야 한다.

민사소송규칙 제79조(증인진술서의 제출 등)
① 법원은 효율적인 증인신문을 위하여 필요하다고 인정하는 때에는 증인을 신청한 당사자에게 증인진술서를 제출하게 할 수 있다.
② 증인진술서에는 증언할 내용을 그 시간 순서에 따라 적고, 증인이 서명날인하여야 한다.

⑤ O

제294조(조사의 촉탁)
법원은 공공기관·학교, 그 밖의 단체·개인 또는 외국의 공공기관에게 그 업무에 속하는 사항에 관하여 필요한 조사 또는 보관중인 문서의 등본·사본의 송부를 촉탁할 수 있다.

제3절 변론의 내용

19 22변시-62 정답 ③

甲은 乙에게 3억 원을 대여하였다고 주장하면서 乙을 상대로 3억 원의 반환을 청구하는 소를 제기하였다. 변론 진행 중 乙은 차용 사실을 부정하는 한편 "설령 甲으로부터 3억 원을 차용하였더라도 甲에 대한 5억 원의 대여금 채권을 가지고 대등액에서 상계한다."라고 진술하였고, 이에 대하여 甲은 乙로부터 5억 원을 차용한 사실이 없다고 진술하였다. 이에 관한 설명 중 옳지 않은 것은? (다툼이 있는 경우 판례에 의함)

① 소송상 방어방법으로서의 상계항변은 수동채권의 존재가 확정되는 것을 전제로 행하여지는 일종의 예비적 항변이다.

② 위 소송 진행 중 열린 조정 기일에서 甲과 乙 사이에 "乙은 甲에게 2억 원을 지급한다. 甲은 나머지 청구를 포기한다."라는 내용의 조정이 성립하여 조서에 기재되더라도 위 상계항변의 사법상 효과는 발생하지 않는다.

③ 상계항변에 관한 판단에는 기판력이 발생하므로, 상계항변은 어떠한 경우에도 실기한 공격방어방법이 되지 않는다.

④ 법원이 甲의 乙에 대한 채권의 존재를 인정하면서 乙의 상계항변을 받아들여 甲의 청구를 기각하는 판결을 하였다면 甲과 乙은 이 판결에 대하여 모두 상소의 이익이 있다.

⑤ 乙이 상계항변으로 제출한 5억 원의 대여금 채권을 원인으로 甲에 대하여 이미 별소를 제기하여 소송계속 중이라고 하더라도 이러한 소송상 상계항변은 허용된다.

① O 소송상 방어방법으로서의 상계항변은 통상 수동채권의 존재가 확정되는 것을 전제로 하여 행하여지는 일종의 예비적 항변으로서, 소송상 상계의 의사표시에 의해 확정적으로 그 효과가 발생하는 것이 아니라 당해 소송에서 수동채권의 존재 등 상계에 관한 법원의 실질적 판단이 이루어지는 경우에 비로소 실체법상 상계의 효과가 발생한다(대판 2014.6.12. 2013다95964 등).

② O 소송상 방어방법으로서의 상계항변은 수동채권의 존재가 확정되는 것을 전제로 하여 행하여지는 일종의 예비적 항변으로서 당사자가 소송상 상계항변으로 달성하려는 목적, 상호양해에 의한 자주적 분쟁해결수단인 조정의 성격 등에 비추어 볼 때, 당해 소송절차 진행 중 당사자 사이에 조정이 성립됨으로써 수동채권의 존재에 관한 법원의 실질적인 판단이 이루어지지 아니한 경우에는 그 소송절차에서 행하여진 소송상 상계항변의 사법상 효과도 발생하지 않는다고 봄이 타당하다(대판 2013.3.28. 2011다3329).

③ X 환송 전 원심 소송절차에서 상계항변을 할 기회가 있었음에도 불구하고 환송 후 원심 소송절차에서 비로소 주장하는 상계항변은 실기한 공격방어방법에 해당한다고 한 원심판결을 수긍한 사례(대판 2005.10.7. 2003다44387,44394).

④ O 甲은 패소한 당사자로서 당연히 상소의 이익이 있으며 승소한 乙은 아래 판례에 따라 상소의 이익이 있다.

원고의 소구채권 자체가 인정되지 않는 경우 더 나아가 피고의 상계항변의 당부를 따져볼 필요도 없이 원고 청구가 배척될 것이므로, '원고의 소구채권 그 자체를 부정하여 원고의 청구를 기각한 판결'과 '소구채권의 존재를 인정하면서도 상계항변을 받아들인 결과 원고의 청구를 기각한 판결'은 민사소송법 제216조에 따라 기판력의 범위를 서로 달리하고, 후자의 판결에 대하여 피고는 상소의 이익이 있다(대판 2002.9.6. 2002다34666, 대판 2013.11.14. 2013다46023 참조).

⑤ ○ 상계의 항변을 제출할 당시 이미 자동채권과 동일한 채권에 기한 소송을 별도로 제기하여 계속 중인 경우, 사실심의 담당재판부로서는 전소와 후소를 같은 기회에 심리·판단하기 위하여 이부, 이송 또는 변론병합 등을 시도함으로써 기판력의 저촉·모순을 방지함과 아울러 소송경제를 도모함이 바람직하였다고 할 것이나, 그렇다고 하여 특별한 사정이 없는 한 별소로 계속 중인 채권을 자동채권으로 하는 소송상 상계의 주장이 허용되지 않는다고 볼 수는 없다(대판 2001.4.27. 2000다4050).

20 21변시-66   정답 ⑤

소송상 상계에 관한 설명 중 옳지 않은 것은? (다툼이 있는 경우 판례에 의함)

① 제1심 법원이 원고가 청구한 채권의 발생을 인정한 후 피고의 상계항변을 받아들여 원고의 청구를 전부 기각하였는데 원고만 항소한 경우, 항소법원이 원고가 청구한 채권의 발생이 인정되지 않는다는 이유로 원고의 청구를 기각하는 것은 허용되지 않는다.

② 피고가 상계항변을 하면서 2개 이상의 반대채권을 주장하였는데 법원이 그중 어느 하나의 반대채권의 존재를 인정하여 소구채권의 일부와 대등액에서 상계하는 판단을 하고 나머지 반대채권들은 모두 부존재한다고 판단하여 그 부분 상계항변은 배척한 경우, 반대채권들이 부존재한다는 판단에 대하여 기판력이 발생하는 전체 범위는 위와 같이 상계를 마친 후의 소구채권의 잔액을 초과할 수 없다.

③ 피고의 상계항변을 인용한 제1심 판결에 대하여 피고만 항소한 경우, 항소법원이 피고의 상계항변을 판단함에 있어 제1심 법원이 자동채권으로 인정하였던 부분을 인정하지 아니하고 그 부분에 관하여 피고의 상계항변을 배척하는 것은 허용되지 않는다.

④ 원고의 상계 주장의 대상이 된 수동채권이 피고가 동시이행항변으로 행사한 채권일 경우, 그러한 상계 주장에 대한 판단에는 기판력이 발생하지 않는다.

⑤ 피고가 상계항변을 철회한다고 진술하였는데 법원이 그 상계항변의 자동채권이 성립하지 않는다고 판단하여 그 항변을 배척하면서 원고의 청구를 전부 인용하는 것은 처분권주의에 위배되지 않는다.

 해설

① ○ 항소심은 당사자의 불복신청범위 내에서 제1심판결의 당부를 판단할 수 있을 뿐이므로, 설사 제1심판결이 부당하다고 인정되는 경우라 하더라도 그 판결을 불복당사자의 불이익으로 변경하는 것은 당사자가 신청한 불복의 한도를 넘어 제1심판결의 당부를 판단하는 것이 되어 허용될 수 없는바(대판 2005.8.19. 2004다8197,8203), 제1심판결이 원고가 청구한 채권의 발생을 인정한 후 피고가 한 상계항변을 받아들여 원고의 청구를 기각하고 이에 대하여 원고만이 항소한 경우에 항소심이 제1심과는 다르게 원고가 청구한 채권의 발생이 인정되지 않는다는 이유로 원고의 청구를 기각하는 것은 항소인인 원고에게 불이익하게 제1심판결을 변경하는 것이 되어 허용되지 아니한다(대판 2010.12.23. 2010다67258).

② ○ 피고가 상계항변으로 2개 이상의 반대채권(또는 자동채권, 이하 '반대채권'이라고만 한다)을 주장하였는데 법원이 그중 어느 하나의 반대채권의 존재를 인정하여 수동채권의 일부와 대등액에서 상계하는 판단을 하고, 나머지 반대채권들은 모두 부존재한다고 판단하여 그 부분 상계항변은 배척한 경우에, 수동채권 중 위와 같이 상계로 소멸하는 것으로 판단된 부분은 피고가 주장하는 반대채권들 중 그 존재가 인정되지 않은 채권들에 관한 분쟁이나 그에 관한 법원의 판단과는 관련이 없어 기판력의 관점에서 동일하게 취급할 수 없으므로, 그와 같이 반대채권들이 부존재한다는 판단에 대하여 기판력이 발생하는 전체 범위는 위와 같이 상계를 마친 후의 수동채권의 잔액을 초과할 수 없다고 보아야 한다. 그리고 이러한 법리는 피고가 주장하는 2개 이상의 반대채권의 원리금 액수의 합계가 법원이 인정하는 수동채권의 원리금 액수를 초과하는 경우에도 마찬가지로 적용된다. 이때 '부존재한다고 판단된 반대채권'에 관하여 법원이 그 존재를 인정하여 수동채권 중 일부와 상계하는 것으로 판단하였을 경우를 가정하더라도, 그러한 상계에 의한 수동채권과 당해 반대채권의 차액 계산 또는 상계충당은 수동채권과 당해 반대채권의 상계적상의 시점을 기준으로 하였을 것이고, 그 이후에 발생하는 이자, 지연손해금 채권은 어차피 그 상계의 대상이 되지 않았을 것이므로, 위와 같은 가정적인 상계적상 시점이 '실제 법원이 상계항변을 받아들인 반대채권'에 관한 상계적상 시점보다 더 뒤라는 등의 특별한 사정이 없는 한, 앞에서 본 기판력의 범위의 상한이 되는 '상계를 마친 후의 수동채권의 잔액'은 수동채권의 '원금'의 잔액만을 의미한다고 보아야 한다(대판 2018.8.30. 2016다46338,46345).

③ ○ 피고의 상계항변을 인용한 제1심 판결에 대하여 피고만이 항소하고 원고는 항소를 제기하지 아니하였는데, 항소심이 피고의 상계항변을 판단함에 있어 제1심이 자동채권으로 인정하였던 부분을 인정하지 아니하고 그 부분에 관하여 피고의 상계항변을 배척하였다면, 그와 같이 항소심이 제1심과는 다르게 그 자동채권에 관하여 피고의 상계항변을 배척한 것은 항소인인 피고에게 불이익하게 제1심 판결을 변경한 것에 해당한다(대판 1995.9.29. 94다18911).

④ ○ 상계 주장에 관한 판단에 기판력이 인정되는 경우는, 상계 주장의 대상이 된 수동채권이 소송물로서 심판되는 소구채권이거나 그와 실질적으로 동일하다고 보이는 경우(가령 원고가 상계를 주장하면서 청구이의의 소송을 제기하는 경우 등)로서 상계를 주장한 반대채권과 그 수동채권을 기판력의 관점에서 동일하게 취급하여야 할 필요성이 인정되는 경우를 말한다고 봄이 상당하므로 만일 상계 주장의 대상이 된 수동채권이 동시이행항변에 행사된 채권일 경우에는 그러한 상계 주장에 대한 판단에는 기판력이 발생하지 않는다고 보아야 할 것인바, 위와 같이 해석하지 않을 경우 동시이행항변이 상대방의 상계의 재항변에 의하여 배척된 경우에 그 동시이행항변에 행사된 채권을 나중에 소송상 행사할 수 없게 되어 민사소송법 제216조가 예정하고 있는 것과 달리 동시이행항변에 행사된 채권의 존부나 범위에 관한 판결 이유 중의 판단에 기판력이 미치는 결과에 이르기 때문이다(대판 2005.7.22. 2004다17207).

⑤ X 제1심법원에서 피고가 원고에 대한 불법행위 손해배상채권과 원고가 소로써 구하고 있는 채권을 상계한다고 주장하였다가 원심 제1변론기일에 피고 소송대리인이 그 상계 항변을 철회한다고 진술하였는데, 원심법원이 피고의 원고에 대한 손해배상채권은 성립하지 않는다고 판단하여 상계 항변을 배척한 사안에서, 상계 항변이 철회되었음에도 이에 관하여 판단한 것은 당사자가 주장하지 않은 사항에 관하여 심판한 것으로 처분권주의에 위배된다고 한 사례(대판 2011.7.14. 2011다23323).

> 제30조(변론관할)
> 피고가 제1심 법원에서 관할위반이라고 항변(抗辯)하지 아니하고 본안(本案)에 대하여 변론(辯論)하거나 변론준비기일(辯論準備期日)에서 진술하면 그 법원은 관할권을 가진다.

ㄴ. X 당사자 사이에 금전의 수수가 있다는 사실에 관하여 다툼이 없다고 하더라도 이를 대여하였다는 원고의 주장에 대하여 피고가 다투는 때에는 그 대여사실에 대하여 이를 주장하는 원고에게 증명책임이 있다(대판 1972.12.12. 72다221, 대판 2014.7.10. 2014다26187 등 참조, 대판 2015.9.15. 2013다73179).

ㄷ. O 채무자가 특정한 채무의 변제조로 금원 등을 지급한 사실을 주장함에 대하여, 채권자가 이를 수령한 사실을 인정하고서 다만 타 채무의 변제에 충당하였다고 주장하는 경우에는, 채권자는 타 채권이 존재하는 사실과 타 채권에 대한 변제충당의 합의가 있었다거나 타 채권이 법정충당의 우선순위에 있다는 사실을 주장·증명하여야 한다(대판 2014.1.23. 2011다108095).

ㄹ. O 원고 승소판결을 선고할 경우 피고의 항변에 대해서는 항변을 배척하는 이유를 적시해야 하며 이를 누락하는 경우 상고이유 및 재심사유가 된다.

---

21 17변시-55 정답 없음(출제당시 ⑤)

甲이 A법원에 乙을 상대로 제기한 대여금반환청구의 제1심 소송절차에 관한 설명 중 옳은 것을 모두 고른 것은?
(다툼이 있는 경우 판례에 의함)

> ㄱ. 乙이 이 사건에 관하여 B법원에서만 재판을 받기로 甲과 합의하였음에도 변론기일에 출석하여 이를 주장하지 않으면서 변제 주장을 하였다면 A법원은 관할권을 가진다.
> ㄴ. 甲과 乙 사이에 금원의 수수가 있다는 사실에 관하여 다툼이 없다고 하여도 대여 사실에 관한 증명책임은 甲에게 있다.
> ㄷ. 乙이 위 채무의 변제조로 금원을 지급한 사실을 주장함에 대하여 甲이 이를 수령한 사실을 인정하고서 다만 다른 채무의 변제에 충당하였다고 주장하는 경우, 甲은 다른 채권이 존재하는 사실과 다른 채권에 대한 변제충당의 합의가 있었다거나 다른 채권이 법정충당의 우선순위에 있다는 사실을 주장, 증명하여야 한다.
> ㄹ. 乙의 변제 주장이 인정되지 아니하는 경우, 법원이 판결 이유에서 변제 주장을 배척하는 판단을 하지 않는다면 그 판결은 판단누락의 위법이 있다.

① ㄱ, ㄷ ② ㄷ, ㄹ
③ ㄱ, ㄴ, ㄹ ④ ㄴ, ㄷ, ㄹ
⑤ ㄱ, ㄴ, ㄷ, ㄹ

ㄱ. O 관할합의가 있으면 그 내용에 따라 관할변동이 생긴다. 관할합의로 생긴 관할권은 여전히 임의관할이지 전속관할이 아니다. 따라서 ㉠ '새로운 관할합의'를 하는 것도 얼마든지 허용되며, ㉡ '변론관할'도 생길 수 있고, ㉢ 전속적 합의관할법원이 재판을 하다가 현저한 지연을 피하기 위하여 다른 법정관할법원으로 사건을 이송(제35조 참조)하는 것도 허용된다(다만 전속적합의관할의 경우 현저한 손해를 피하기 위한 이송은 허용되지 않는다고 보는 것이 일반적임. 당사자의 합의를 존중한다는 취지임).

---

22 17변시-66 정답 ①

상계항변과 시효항변에 관한 설명 중 옳지 않은 것은?
(다툼이 있는 경우 판례에 의함)

① 채무자가 소멸시효 완성의 항변을 하기 전에 상계항변을 먼저 한 경우, 채무자는 시효완성으로 인한 법적 이익을 받지 않겠다는 의사를 표시한 것으로 보아야 한다.
② 어떤 권리의 소멸시효기간이 얼마나 되는지는 법원이 직권으로 판단할 수 있다.
③ 피고의 소송상 상계항변에 대하여 원고가 소송상 상계의 재항변을 할 경우, 법원은 피고의 소송상 상계항변의 인용 여부와 관계없이 원고의 소송상 상계의 재항변에 관하여 판단할 필요가 없으므로 원고의 위 재항변은 다른 특별한 사정이 없는 한 허용되지 않는다.
④ 채권자가 동일한 목적을 달성하기 위하여 복수의 채권을 가지고 있더라도 선택에 따라 어느 하나의 채권만을 행사하는 것이 명백한 경우, 채무자의 소멸시효 완성의 항변은 그 채권에 대한 것으로 보아야 한다.
⑤ 소송상 상계항변은 피고의 금전지급의무가 인정되면 자동채권으로 상계하겠다는 예비적 항변의 성격을 갖는다.

① X 소송에서의 상계항변은 일반적으로 소송상의 공격방어방법으로 피고의 금전지급의무가 인정되는 경우 자동채권으로 상계를 한다는 예비적 항변의 성격을 갖는다. 따라서 상계항변이 먼저 이루어지고 그 후 대여금채권의 소멸을 주장하는 소멸시효항변이 있었던 경우에, 상계항변 당시 채무자인 피고에게 수동채권인 대여금채권의 시효이익을 포기하려는 효과의사가 있었다고 단정할 수 없다. 그리고 항소심 재판이 속심적 구조인 점을 고려하면 제1심에서 공격방어방법으로 상계항변이 먼저 이루어지고 그 후 항소심에서 소멸시효항변이 이루어진 경우를 달리 볼 것은 아니다(대판 2013.2.28. 2011다21556).

기간이 얼마나 되는지에 관한 주장은 단순 ~~에 불과하므로 변론주의의 적용대상이 되지 않고 ~~식권으로 판단할 수 있다(대판 2013.2.15. 2012다68217).

③ O 피고의 소송상 상계항변에 대하여 원고가 다시 피고의 자동채권을 소멸시키기 위하여 소송상 상계의 재항변을 하는 경우, 법원이 원고의 소송상 상계의 재항변과 무관한 사유로 피고의 소송상 상계항변을 배척하는 경우에는 소송상 상계의 재항변을 판단할 필요가 없고, 피고의 소송상 상계항변이 이유 있다고 판단하는 경우에는 원고의 청구채권인 수동채권과 피고의 자동채권이 상계적상 당시에 대등액에서 소멸한 것으로 보게 될 것이므로 원고가 소송상 상계의 재항변으로써 상계할 대상인 피고의 자동채권이 그 범위에서 존재하지 아니하는 것이 되어 이때에도 역시 원고의 소송상 상계의 재항변에 관하여 판단할 필요가 없게 된다. 또한, 원고가 소송물인 청구채권 외에 피고에 대하여 다른 채권을 가지고 있다면 소의 추가적 변경에 의하여 그 채권을 당해 소송에서 청구하거나 별소를 제기할 수 있다. 그렇다면 원고의 소송상 상계의 재항변은 일반적으로 이를 허용할 이익이 없다. 따라서 피고의 소송상 상계항변에 대하여 원고가 소송상 상계의 재항변을 하는 것은 다른 특별한 사정이 없는 한 허용되지 않는다고 보는 것이 타당하다(대판 2014.6.12. 2013다95964).

④ O 채권자가 동일한 목적을 달성하기 위하여 복수의 채권을 가지고 있더라도 선택에 따라 어느 하나의 채권만을 행사하는 것이 명백한 경우라면 채무자의 소멸시효 완성의 항변은 채권자가 행사하는 당해 채권에 대한 항변으로 봄이 타당하다(대판 2013.2.15. 2012다68217).

⑤ O 소송상 방어방법으로서의 상계항변은 통상 수동채권의 존재가 확정되는 것을 전제로 하여 행하여지는 일종의 예비적 항변으로서 소송상 상계의 의사표시에 의해 확정적으로 효과가 발생하는 것이 아니라 당해 소송에서 수동채권의 존재 등 상계에 관한 법원의 실질적 판단이 이루어지는 경우에 비로소 실체법상 상계의 효과가 발생한다(대판 2014.6.12. 2013다95964).

23   16변시-60   정답 ⑤

소송상 상계 항변에 관한 설명 중 옳지 않은 것은? (다툼이 있는 경우 판례에 의함)

① 소송상 상계 항변은 상대방의 동의 없이 이를 철회할 수 있고, 그 경우 법원은 이에 대하여 심판할 수 없다.
② 소송상 상계 항변이 제출되었으나 소송절차 진행 중 조정이 성립됨으로써 수동채권의 존재에 관한 법원의 실질적인 판단이 이루어지지 않은 경우, 상계 항변의 사법상 효과는 발생하지 않는다.
③ 甲이 乙을 피고로 3,000만 원의 손해배상청구의 소를 제기하여 제1심에서 승소판결을 받았으나 乙의 항소 제기로 그 항소심 계속 중에 乙이 甲을 피고로 하여 대여금반환청구의 소를 제기한 경우, 甲은 그 소송에서 위 3,000만 원의 손해배상채권을 자동채권으로 하는 소송상 상계 항변을 할 수 있다.
④ 피고의 소송상 상계 항변에 대하여 원고가 다시 피고의 자동채권을 소멸시키기 위하여 소송상 상계 재항변을 하는 것은 특별한 사정이 없는 한 허용되지 않는다.
⑤ 피고가 소송상 상계 항변과 소멸시효 완성 항변을 함께 주장한 경우, 법원은 상계 항변을 먼저 판단할 수 있다.

 해설

① O 소송상 방어방법으로서의 상계 항변은 그 수동채권의 존재가 확정되는 것을 전제로 하여 행하여지는 일종의 예비적 항변으로서 상대방의 동의 없이 이를 철회할 수 있고, 그 경우 법원은 처분권주의의 원칙상 이에 대하여 심판할 수 없다(대판 2011.7.14. 2011다23323).

② O 소송상 방어방법으로서의 상계항변은 수동채권의 존재가 확정되는 것을 전제로 하여 행하여지는 일종의 예비적 항변으로서 당사자가 소송상 상계항변으로 달성하려는 목적, 상호양해에 의한 자주적 분쟁해결수단인 조정의 성격 등에 비추어 볼 때, 당해소송절차 진행 중 당사자 사이에 조정이 성립됨으로써 수동채권의 존재에 관한 법원의 실질적인 판단이 이루어지지 아니한 경우에는 그 소송절차에서 행하여진 소송상상계항변의 사법상 효과도 발생하지 않는다고 봄이 타당하다(대판 2013.3.28. 2011다3329).

③ O 상계의 항변을 제출할 당시 이미 자동채권과 동일한 채권에 기한 소송을 별도로 제기하여 계속 중인 경우, 사실심의 담당재판부로서는 전소와 후소를 같은 기회에 심리·판단하기 위하여 이부, 이송 또는 변론병합 등을 시도함으로써 기판력의 저촉·모순을 방지함과 아울러 소송경제를 도모함이 바람직하였다고 할 것이나, 그렇다고 하여 특별한 사정이 없는 한 별소로 계속 중인 채권을 자동채권으로 하는 소송상 상계의 주장이 허용되지 않는다고 볼 수는 없다(대판 2001.4.27. 2000다4050).

④ O 원고의 소송상 상계의 재항변은 일반적으로 이를 허용할 이익이 없다. 따라서 피고의 소송상 상계항변에 대하여 원고가 소송상 상계의 재항변을 하는 것은 다른 특별한 사정이 없는 한 허용되지 않는다. 그리고 이러한 법리는 원고가 2개의 채권을 청구하고, 피고가 그중 1개의 채권을 수동채권으로 삼아 소송상 상계항변을 하자, 원고가 다시 청구채권 중 다른 1개의 채권을 자동채권으로 소송상 상계의 재항변을 하는 경우에도 마찬가지로 적용된다(대판 2015.3.20. 2012다107662).

⑤ X 소송에서의 상계항변은 일반적으로 소송상의 공격방어방법으로 피고의 금전지급의무가 인정되는 경우 자동채권으로 상계를 한다는 예비적 항변의 성격을 갖는다. 따라서 이 사건과 같이 상계항변이 먼저 이루어지고 그 후 대여금채권의 소멸을 주장하는 소멸시효항변이 있었던 경우에, 상계항변 당시 채무자인 피고에게 수동채권인 대여금채권의 시효이익을 포기하려는 효과의사가 있었다고 단정할 수 없다(대판 2013.2.28. 2011다21556).

24 21법전협-3-52 정답 ③

상계항변에 관한 설명 중 옳지 않은 것은? (다툼이 있는 경우 판례에 의함)

① 소송상 상계항변에 대하여 원고가 소송상 상계의 재항변을 하는 것은 다른 특별한 사정이 없는 한 허용되지 않는다.
② 상계 주장의 대상이 된 수동채권이 소송물로서 심판되는 소구채권이거나 그와 실질적으로 동일하다고 보이는 경우에는 상계 주장에 관한 판단에 기판력이 인정된다.
③ 소송상 방어방법으로서 상계항변이 있었는데 소송절차 진행 중 조정이 성립되어 수동채권의 존재에 관한 법원의 실질적인 판단이 이루어지지 아니한 경우에도 그 소송절차에서 행하여진 소송상 상계항변의 사법상 효과는 발생한다.
④ 채권이 압류하지 못할 것인 때에는 그 채무자는 상계로 채권자에게 대항하지 못한다.
⑤ 수동채권이 전부된 후에는 자동채권자는 전부채권자에 대하여 상계항변을 할 수 있다.

 해설

① O 피고의 소송상 상계항변에 대하여 원고가 다시 피고의 자동채권을 소멸시키기 위하여 소송상 상계의 재항변을 하는 경우, 법원이 원고의 소송상 상계의 재항변과 무관한 사유로 피고의 소송상 상계항변을 배척하는 경우에는 (편집 주: 원고의) 소송상 상계항변의 재항변을 판단할 필요가 없고, 피고의 소송상 상계항변이 이유 있다고 판단하는 경우에는 원고의 청구채권인 수동채권과 피고의 자동채권이 상계적상 당시에 대등액에서 소멸한 것으로 보게 될 것이므로 원고가 소송상 상계의 재항변으로써 상계할 대상인 피고의 자동채권이 그 범위에서 존재하지 아니하는 것이 되어 이때에도 역시 원고의 소송상 상계의 재항변에 관하여 판단할 필요가 없게 된다. 또한, 원고가 소송인 청구채권 외에 피고에 대하여 다른 채권을 가지고 있다면 소의 추가적 변경에 의하여 그 채권을 당해 소송에서 청구하거나 별소를 제기할 수 있다. 그렇다면 원고의 소송상 상계의 재항변은 일반적으로 이를 허용할 이익이 없다. 따라서 피고의 소송상 상계항변에 대하여 원고가 소송상 상계의 재항변을 하는 것은 다른 특별한 사정이 없는 한 허용되지 않는다고 보는 것이 타당하다(대판 2014.6.12. 2013다95964).
② O 상계 주장에 관한 판단에 기판력이 인정되는 경우는, 상계 주장의 대상이 된 수동채권이 소송물로서 심판되는 소구채권이거나 그와 실질적으로 동일하다고 보이는 경우(가령 원고가 상계를 주장하면서 청구이의의 소송을 제기하는 경우 등)로서 상계를 주장한 반대채권과 그 수동채권을 기판력의 관점에서 동일하게 취급하여야 할 필요성이 인정되는 경우를 말한다고 봄이 상당하므로 만일 상계 주장의 대상이 된 수동채권이 동시이행항변에 행사된 채권일 경우에는 그러한 상계 주장에 대한 판단에는 기판력이 발생하지 않는다고 보아야 할 것인바, 위와 같이 해석하지 않을 경우 동시이행항변이 상대방의 상계의 재항변에 의하여 배척된 경우에 그 동시이행항변에 행사된 채권을 나중에 소송상 행사할 수 없게 되어 민사소송법 제216조가 예정하고 있는 것과 달리 동시이행항변에 행사된 채권의 존부나 범위에 관한 판결 이유 중의 판단에 기판력이 미치는 결과에 이르기 때문이다(대판 2005.7.22. 2004다17207).

③ X 소송상 방어방법으로서의 상계항변은 ... 되는 것을 전제로 하여 행하여지는 일종의 예비... 사자가 소송상 상계항변으로 달성하려는 목적, 상호양해에 ... 자주적 분쟁해결수단인 조정의 성격 등에 비추어 볼 때, 당해 ... 송절차 진행 중 당사자 사이에 조정이 성립됨으로써 수동채권의 존재에 관한 법원의 실질적인 판단이 이루어지지 아니한 경우에는 그 소송절차에서 행하여진 소송상 상계항변의 사법상 효과도 발생하지 않는다고 봄이 타당하다(대판 2013.3.28. 2011다3329).
④ O
> 민법 제497조(압류금지채권을 수동채권으로 하는 상계의 금지)
> 채권이 압류하지 못할 것인 때에는 그 채무자는 상계로 채권자에게 대항하지 못한다.

⑤ O 수동채권이 전부된 후에는 자동채권자는 전부채권자에 대하여 상계항변을 할 수 있다(대판 1980.7.8. 80다118).

25 20법전협-3-50 정답 ①

계약의 해제 및 소송절차에 관한 설명 중 옳지 않은 것은?

① 특정 소송물에 관하여 당사자 쌍방이 제1심 판결선고 전에 불항소의 합의를 한 경우라도, 쌍방이 그 판결선고 후에 새로운 합의로써 불항소합의를 해제하고 소송계속을 부활시킬 수 있다.
② 민법상의 계약해제권을 행사하면, 굳이 소제기 없이도 당사자의 일방적 의사표시로써 법률관계를 변동시킬 수 있다.
③ 형성권의 행사를 소로써 하도록 정해진 경우를 제외하고, 해제권·취소권 등의 통상적인 형성권은, 이를 행사한다는 의사표시를 하고 나면 그 형성권에 따른 법률관계는 이미 만들어진 것이므로, 그 형성권을 행사하는 소를 다시 제기할 수는 없다.
④ 원고가 피고에 대한 계약해제의 의사표시를 소장·준비서면에 기재하여 행사한 후에, 소가 취하·각하되더라도 그 효과가 소급적으로 소멸하지는 않는다.
⑤ 원고가 소로써 계약상의 청구를 하는 데 대하여, 피고가 그 계약의 해제권을 행사하는 것은 피고의 항변 중에서 권리소멸항변에 속한다.

① X 구체적인 어느 특정 법률관계에 관하여 당사자 쌍방이 제1심판결선고전에 미리 항소하지 아니하기로 합의하였다면, 제1심판결은 선고와 동시에 확정되는 것이므로 그 판결선고 후에는 당사자의 합의에 의하더라도 그 불항소합의를 해제하고 소송계속을 부활시킬 수 없다(대판 1987.6.23. 86다카2728).

② O 계약의 해제권은 일종의 형성권으로서 당사자의 일방에 의한 계약해제의 의사표시가 있으면 그 효과로서 새로운 법률관계가 발생하고 각 당사자는 그에 구속되는 것이므로, 일방 당사자의 계약위반을 이유로 한 상대방의 계약해제 의사표시에 의하여 계약이 해제되었음에도 상대방이 계약이 존속함을 전제로 계약상 의무의 이행을 구하는 경우 계약을 위반한 당사자도 당해 계약이 상대방의 해제로 소멸되었음을 들어 그 이행을 거절할 수 있다(대판 2001.6.29. 2001다21441).

③ O 형성권은 일방적인 의사표시로 법률관계의 변동을 가져오는 권리이므로 행사의 의사표시가 있으면 법률관계 변동의 목적을 달성하여 소멸하며 소멸한 형성권을 다시 행사할 수는 없다.

④ O 소제기로써 계약해제권을 행사한후 그뒤 그 소송을 취하하였다 하여도 해제권은 형성권이므로 그 행사의 효력에는 아무런 영향을 미치지 아니한다(대판 1982.5.11. 80다916).

⑤ O 일단 발생한 계약상 이행청구권이 있음을 전제로 계약이 소급하여 실효되는 효과를 가지는 해제권의 주장이므로 이는 권리소멸항변에 해당한다.

---

26 20법전협-3-51   정답 ④

상계와 소송절차에 관한 설명 중 옳지 않은 것은?

① 원래 판결이유 중의 판단에는 기판력이 생기지 않지만, 상계항변에 대해서는 그것이 비록 판결이유 중의 판단이더라도 기판력이 인정된다.

② 판례에 의하면, 甲이 乙을 피고로 매매대금 1천만 원의 승소확정판결을 받은 경우 乙은 그 변론종결 전부터 이미 甲에 대하여 가지고 있던 대여금 채권으로 상계할 수 있다.

③ 통상의 형성권은 그것이 소송상 행사되고 나서 소가 각하·취하되더라도 사법(私法)상의 효과가 유효하게 남지만, '상계권 행사' 후 수동채권의 존재 등 상계에 관한 법원의 실질적 판단이 이루어지지 않았다면 실체법상의 상계의 효과가 발생하지 않는다.

④ 토지매도인 甲이 매수인 乙을 상대로 소를 제기하여 매매계약을 해제하고 토지인도를 구함에 대하여 乙이 해제에 따른 중도금 반환채권으로써 동시이행항변을 하였고, 甲이 다시 그간의 토지점유사용에 따른 점용료채권으로써 상계재항변을 한 경우에, 그 상계재항변에 대한 판단에는 기판력이 발생한다.

⑤ 피고의 소송상 상계항변에 대하여 원고가 다시 피고의 자동채권을 소멸시키기 위하여 소송상 상계의 재항변을 할 수는 없다.

① O

> 제216조(기판력의 객관적 범위)
> ① 확정판결(確定判決)은 주문에 포함된 것에 한하여 기판력(旣判力)을 가진다.
> ② 상계를 주장한 청구가 성립되는지 아닌지의 판단은 상계하자고 대항한 액수에 한하여 기판력을 가진다.

② O 채무명의인 확정판결의 변론종결 전에 상대방에 대하여 상계적상에 있는 채권을 가지고 있었다 하여도 변론종결 이후에 비로소 상계의 의사표시를 한 때에는 그 청구이의의 원인이 변론종결 이후에 생긴 때에 해당하는 것으로서 당사자들이 그 변론종결전에 상계적상에 있은 여부를 알랐던 몰랐던 간에 적법한 이의의 사유가 된다(대판 1966.6.28. 66다780).
판례는 변론종결 후에 행사한 경우라면 상계가 가능하다고 한다.

③, ⑤ O 소송상 방어방법으로서의 상계항변은 통상 수동채권의 존재가 확정되는 것을 전제로 하여 행하여지는 일종의 예비적 항변으로서 소송상 상계의 의사표시에 의해 확정적으로 효과가 발생하는 것이 아니라 당해 소송에서 수동채권의 존재 등 상계에 관한 법원의 실질적 판단이 이루어지는 경우에 비로소 실체법상 상계의 효과가 발생한다.
이러한 피고의 소송상 상계항변에 대하여 원고가 다시 피고의 자동채권을 소멸시키기 위하여 소송상 상계의 재항변을 하는 경우, 법원이 원고의 소송상 상계의 재항변과 무관한 사유로 피고의 소송상 상계항변을 배척하는 경우에는 소송상 상계의 재항변을 판단할 필요가 없고, 피고의 소송상 상계항변이 이유 있다고 판단하는 경우에는 원고의 청구채권인 수동채권과 피고의 자동채권이 상계적상 당시에 대등액에서 소멸한 것으로 보게 될 것이므로 원고가 소송상 상계의 재항변으로써 상계할 대상인 피고의 자동채권이 그 범위에서 존재하지 아니하는 것이 되어 이때에도 역시 원고의 소송상 상계의 재항변에 관하여 판단할 필요가 없게 된다. 또한, 원고가 소송물인 청구채권 외에 피고에 대하여 다른 채권을 가지고 있다면 소의 추가적 변경에 의하여 그 채권을 당해 소송에서 청구하거나 별소를 제기할 수 있다. 그렇다면 원고의 소송상 상계의 재항변은 일반적으로 이를 허용할 이익이 없다. 따라서 피고의 소송상 상계항변에 대하여 원고가 소송상 상계의 재항변을 하는 것은 다른 특별한 사정이 없는 한 허용되지 않는다고 보는 것이 타당하다(대판 2014.6.12. 2013다95964).

④ X 상계 주장에 관한 판단에 기판력이 인정되는 경우는, 상계 주장의 대상이 된 수동채권이 소송물로서 심판되는 소구채권이거나 그와 실질적으로 동일하다고 보이는 경우(가령 원고가 상계를 주장하면서 청구이의의 소송을 제기하는 경우 등)로서 상계를 주장한 반대채권과 그 수동채권을 기판력의 관점에서 동일하게 취급하여야 할 필요성이 인정되는 경우를 말한다고 봄이 상당하므로 만일 상계 주장의 대상이 된 수동채권이 동시이행항변에 행사된 채권일 경우에는 그러한 상계 주장에 대한 판단에는 기판력이 발생하지 않는다고 보아야 할 것인바, 위와 같이 해석하지 않을 경우 동시이행항변이 상대방의 상계의 재항변에 의하여 배척된 경우에 그 동시이행항변에 행사된 채권을 나중에 소송상 행사할 수 없게 되어 민사소송법 제216조가 예정하고 있는 것과 달리 동시이행항변에 행사된 채권의 존부나 범위에 관한 판결 이유 중의 판단에 기판력이 미치는 결과에 이르기 때문이다(대판 2005.7.22. 2004다17207).

27 19법전협-3-39   정답 ④

다음 중 상계와 관련된 설명으로 옳지 않은 것은? (다툼이 있는 경우 판례에 의함)

① 부진정연대채무자 중 1인이 자신의 채권자에 대한 반대채권으로 상계를 한 경우에는 그 상계로 인한 채무소멸의 효력은 소멸한 채무 전액에 관하여 다른 부진정연대채무자에 대하여도 미친다.
② 반대채권이 부존재한다는 판결이유 중의 판단의 기판력은 특별한 사정이 없는 한 '법원이 반대채권의 존재를 인정하였더라면 상계에 관한 실질적 판단으로 나아가 수동채권의 상계적상일까지의 원리금과 대등액에서 소멸하는 것으로 판단할 수 있었던 반대채권의 원리금 액수'의 범위에서 발생한다.
③ 상계에서 수동채권으로 될 수 있는 채권은 상대방이 상계자에 대하여 가지는 채권이어야 하고, 상대방이 제3자에 대하여 가지는 채권과는 상계할 수 없다.
④ 소송상 상계 주장의 대상이 된 수동채권이 동시이행항변에 행사된 채권일 경우에도 그러한 상계 주장에 대한 판단에는 기판력이 발생한다.
⑤ 피고의 소송상 상계항변에 대하여 원고가 소송상 상계의 재항변을 하는 것은 일반적으로 허용할 이익이 없다.

① O 부진정연대채무자 중 1인이 자신의 채권자에 대한 반대채권으로 상계를 한 경우에도 채권은 변제, 대물변제, 또는 공탁이 행하여진 경우와 동일하게 현실적으로 만족을 얻어 그 목적을 달성하는 것이므로, 그 상계로 인한 채무소멸의 효력은 소멸한 채무 전액에 관하여 다른 부진정연대채무자에 대하여도 미친다고 보아야 한다. 이는 부진정연대채무자 중 1인이 채권자와 상계계약을 체결한 경우에도 마찬가지이다. 나아가 이러한 법리는 채권자가 상계 내지 상계계약이 이루어질 당시 다른 부진정연대채무자의 존재를 알았는지 여부에 의하여 좌우되지 아니한다(대판 2010.9.16. 2008다97218 전원합의체).
② O 상계의 경우에도 민법 제499조에 의하여 변제충당에 관한 민법의 규정이 준용됨에 비추어 보면, 확정된 판결의 이유 부분의 논리구조상 법원이 당해 소송의 소송물인 수동채권의 전부 또는 일부의 존재를 인정하는 판단을 한 다음 피고의 상계항변에 대한 판단으로 나아가 피고가 주장한 반대채권의 존재를 인정하지 않고 상계항변을 배척하는 판단을 한 경우에, 그와 같이 반대채권이 부존재한다는 판결이유 중의 판단의 기판력은 특별한 사정이 없는 한 '법원이 반대채권의 존재를 인정하였더라면 상계에 관한 실질적 판단으로 나아가 수동채권의 상계적상일까지의 원리금과 대등액에서 소멸하는 것으로 판단할 수 있었던 자동채권의 원리금 액수'의 범위에서 발생한다(대판 2018.8.30. 2016다46338,46345).
③ O 상계는 당사자 쌍방이 서로 같은 종류를 목적으로 한 채무를 부담한 경우에 서로 같은 종류의 급부를 현실로 이행하는 대신 어느 일방 당사자의 의사표시로 그 대등액에 관하여 채권과 채무를 동시에 소멸시키는 것이고, 이러한 상계제도의 취지는 서로 대립하는 두 당사자 사이의 채권·채무를 간이한 방법으로 원활하고 공평하게 처리하려는 데 있으므로, 수동채권으로 될 수 있는 채권은 상대방이 상계자에 대하여 가지는 채권이어야 하고, 상대방이 제3자에 대하여 가지는 채권과는 상계할 수 없다고 보아야 한다. 그렇지 않고 만약 상대방이 제3자에 대하여 가지는 채권을 수동채권으로 하여 상계할 수 있다고 한다면, 이는 상계의 당사자가 아닌 상대방과 제3자 사이의 채권채무관계에서 상대방이 제3자에게서 채무의 본지에 따른 현실급부를 받을 이익을 침해하게 될 뿐 아니라, 상대방의 채권자들 사이에서 상계자만 독점적인 만족을 얻게 되는 불합리한 결과를 초래하게 되므로, 상계의 담보적 기능과 관련하여 법적으로 보호받을 수 있는 당사자의 합리적 기대가 이러한 경우에까지 미친다고 볼 수는 없다(대판 2011.4.28. 2010다101394).
④ X 상계 주장에 관한 판단에 기판력이 인정되는 경우는, 상계 주장의 대상이 된 수동채권이 소송물로서 심판되는 소구채권이거나 그와 실질적으로 동일하다고 보이는 경우(가령 원고가 상계를 주장하면서 청구이의의 소송을 제기하는 경우 등)로서 상계를 주장한 반대채권과 그 수동채권을 기판력의 관점에서 동일하게 취급하여야 할 필요성이 인정되는 경우를 말한다고 봄이 상당하므로 만일 상계 주장의 대상이 된 수동채권이 동시이행항변에 행사된 채권일 경우에는 그러한 상계 주장에 대한 판단에는 기판력이 발생하지 않는다고 보아야 할 것인바, 위와 같이 해석하지 않을 경우 동시이행항변이 상대방의 상계의 재항변에 의하여 배척된 경우에 그 동시이행항변에 행사된 채권을 나중에 소송상 행사할 수 없게 되어 민사소송법 제216조가 예정하고 있는 것과 달리 동시이행항변에 행사된 채권의 존부나 범위에 관한 판결 이유 중의 판단에 기판력이 미치는 결과에 이르기 때문이다(대판 2005.7.22. 2004다17207).
⑤ O 피고의 소송상 상계항변에 대하여 원고가 다시 피고의 자동채권을 소멸시키기 위하여 소송상 상계의 재항변을 하는 경우, 법원이 원고의 소송상 상계의 재항변과 무관한 사유로 피고의 소송상 상계항변을 배척하는 경우에는 소송상 상계의 재항변을 판단할 필요가 없고, 피고의 소송상 상계항변이 이유 있다고 판단하는 경우에는 원고의 청구채권인 수동채권과 피고의 자동채권이 상계적상 당시에 대등액에서 소멸한 것으로 보게 될 것이므로 원고가 소송상 상계의 재항변으로써 상계할 대상인 피고의 자동채권이 그 범위에서 존재하지 아니하는 것이 되어 이때에도 역시 원고의 소송상 상계의 재항변에 관하여 판단할 필요가 없게 된다. 또한, 원고가 소송물인 청구채권 외에 피고에 대하여 다른 채권을 가지고 있다면 소의 추가적 변경에 의하여 그 채권을 당해 소송에서 청구하거나 별소를 제기할 수 있다. 그렇다면 원고의 소송상 상계의 재항변은 일반적으로 이를 허용할 이익이 없다. 따라서 피고의 소송상 상계항변에 대하여 원고가 소송상 상계의 재항변을 하는 것은 다른 특별한 사정이 없는 한 허용되지 않는다고 보는 것이 타당하다(대판 2014.6.12. 2013다95964).

제4절 변론의 실시

28 16변시-70   정답 ④

당사자가 변론기일에 출석하지 아니한 경우에 관한 설명 중 옳은 것은? (다툼이 있는 경우 판례에 의함)

① 원고와 피고가 제2회 변론기일에 모두 출석하지 아니하였지만 제3회 변론기일에는 모두 출석한 다음 제4회 변론기일에는 피고만이 출석하였으나 변론을 하지 아니한 경우, 당사자의 기일지정신청이 없는데도 재판장이 직권으로 다시 기일을 지정하였다면, 그 기일지정은 무효이다.
② 당사자의 불출석 효과가 발생하는 변론기일에는 법정 외에서 실시하는 증거조사기일도 포함된다.
③ 변론기일에 원고만이 출석하여 변론하고 피고는 답변서를 제출하였으나 출석하지 아니하여 위 답변서에 적혀 있는 사항이 진술간주된 경우, 변론관할이 발생한다.
④ 원고와 피고가 변론기일에 출석하지 아니하였지만 재판장이 기일을 변경하지 아니한 채 지정된 변론기일에서 사건과 당사자를 호명하였다면, 변론조서에 '연기'라고 기재하여도 당사자 불출석의 효과가 발생한다.
⑤ 변론기일에 한 쪽 당사자가 불출석한 경우 법원은 출석한 당사자만으로 변론을 진행하여야 하고, 불출석한 당사자가 그 때까지 제출한 소장·답변서, 그 밖의 준비서면에 적혀 있는 사항을 진술한 것으로 보아야 한다.

 해설

① X 제268조에 따른 취하간주의 요건에서 말하는 양쪽 당사자의 두 차례 또는 세 차례의 결석이 반드시 연속적이어야 하는 것은 아니며 단속적이어도 무방하다. 원고와 피고는 제2회 변론기일과 제4회 변론기일 두 번에 걸쳐 결석한 것으로 처리되는데, 당사자가 1월 이내에 기일지정신청을 하지 않으면 소를 취하한 것으로 본다(제268조 제2항). 그런데 판례는 이 경우 당사자의 기일지정신청이 없더라도 법원이 직권으로 새로운 기일을 지정할 수 있고, 법원이 직권으로 신기일을 지정한 때에는 당사자의 기일지정신청에 의한 기일지정이 있는 경우와 마찬가지로 보아야 한다는 입장이다.

  관련판례 당사자 쌍방이 2회에 걸쳐 변론기일에 출석하지 아니한 때에는 당사자의 기일지정신청에 의하여 기일을 지정하여야 할 것이나, 법원이 직권으로 신기일을 지정한 때에는 당사자의 기일지정신청에 의한 기일지정이 있는 경우와 마찬가지로 보아야 할 것이다(대판 2002.7.26. 2001다60491).

> **제268조(양 쪽 당사자가 출석하지 아니한 경우)**
> ① 양 쪽 당사자가 변론기일에 출석하지 아니하거나 출석하였다 하더라도 변론하지 아니한 때에는 재판장은 다시 변론기일을 정하여 양 쪽 당사자에게 통지하여야 한다.
> ② 제1항의 새 변론기일 또는 그 뒤에 열린 변론기일에 양 쪽 당사자가 출석하지 아니하거나 출석하였다 하더라도 변론하지 아니한 때에는 1월 이내에 기일지정신청을 하지 아니하면 소를 취하한 것으로 본다.
> ③ 제2항의 기일지정신청에 따라 정한 변론기일 또는 그 뒤의 변론기일에 양쪽 당사자가 출석하지 아니하거나 출석하였다 하더라도 변론하지 아니한 때에는 소를 취하한 것으로 본다.

② X 증거조사기일은 법정외에서 한다는 특별한 사정이 없는 한 당사자의 불출석 효과가 발생하는 변론기일에 해당한다는 것이 판례이다.

  관련판례 변론기일에서 당사자가 변론을 하고 증인심문신청을 하므로 법원이 그 증인을 심문하기로 하여 변론을 속행할 기일을 지정 고지하였을 경우에는 위의 증인조사를 법정외에서 한다는 특별한 조치가 없는 한 위의 고지된 기일은 변론기일이라 할 것이며 …(대판 1966.1.31. 65다2296).

③ X 원고가 관할권 없는 법원에 제소한 때에 피고가 본안에 관한 사실을 기재한 답변서만을 제출한 채 불출석한 경우 그것이 진술간주되어도 변론관할이 생기지 않는다는 것이 판례이다.

  관련판례 같은 법 제27조(편집 주: 현행 민사소송법 제30조)의 응소 관할이 생기려면 피고의 본안에 관한 변론이나 준비절차에서의 진술은 현실적인 것이어야 하므로 피고의 불출석에 의하여 답변서등이 법률상 진술한 것으로 간주되는 경우는 이에 포함되지 아니한다(대결 1980.9.26. 80마403).

④ O 변론조서에 연기라는 기재가 있다하더라도 그 기재는 기일을 실시할 수 없는 당사자의 관계에서만 기일을 연기한다는 것일 뿐, 기일을 해태한 당사자들에 대한 관계에 있어서는 사건호명으로 불출석의 효과가 이미 발생한 후에 연기의 기재가 있는 것이 되어 무의미한 기재라 할 것이다(대판 1982.6.22. 81다791).

⑤ X 한쪽 당사자의 불출석의 경우에 반드시 제148조를 적용하여야 하는 것은 아니고, 이를 적용하여 변론을 진행할지 기일을 연기할지는 법원의 재량에 속하는 사항이다.

  관련판례 민사소송법 제148조 제1항에 의하면, 변론기일에 한쪽 당사자가 불출석한 경우에 변론을 진행하느냐 기일을 연기하느냐는 법원의 재량에 속한다고 할 것이나, 출석한 당사자만으로 변론을 진행할 때에는 반드시 불출석한 당사자가 그때까지 제출한 소장·답변서, 그 밖의 준비서면에 적혀 있는 사항을 진술한 것으로 보아야 한다(대판 2008.5.8. 2008다2890).

> **제148조(한 쪽 당사자가 출석하지 아니한 경우)**
> ① 원고 또는 피고가 변론기일에 출석하지 아니하거나, 출석하고서도 본안에 관하여 변론하지 아니한 때에는 그가 제출한 소장·답변서, 그 밖의 준비서면에 적혀 있는 사항을 진술한 것으로 보고 출석한 상대방에게 변론을 명할 수 있다.

29 13변시-58   정답 ⑤

甲은 乙을 상대로 3억 원의 지급을 구하는 대여금청구의 소를 제기하였다. 다음 설명 중 옳은 것을 모두 고른 것은?

ㄱ. 법원은 乙이 소장 부본을 송달받은 날부터 30일 이내에 답변서를 제출하지 아니한 때에는 직권으로 조사할 사항이 있더라도 청구의 원인이 된 사실을 자백한 것으로 보고 변론 없이 판결할 수 있다.
ㄴ. 乙이 소장 부본을 송달받은 날부터 30일이 지난 뒤라도 판결이 선고되기까지 甲의 청구를 다투는 취지의 답변서를 제출하면 법원은 더 이상 무변론 판결을 할 수 없다.
ㄷ. 乙이 청구의 원인이 된 사실을 모두 자백하는 취지의 답변서를 제출하고 따로 항변을 하지 아니한 때에도 특별한 사정이 없는 한 법원은 무변론 판결을 할 수 있다.
ㄹ. 甲이 출석하지 아니한 변론기일에 乙은 자신의 준비서면에 적지 않았다고 하더라도 상계항변을 할 수 있다.
ㅁ. 乙이 준비서면을 제출한 후 변론기일에 불출석하여도 법원은 乙이 그 준비서면에 적혀 있는 사항을 진술한 것으로 보고 출석한 甲에게 변론을 명할 수 있다.

① ㄱ, ㄷ   ② ㄴ, ㅁ
③ ㄷ, ㄹ   ④ ㄱ, ㄴ, ㄹ
⑤ ㄴ, ㄷ, ㅁ

해설

ㄱ. X ㄴ. O ㄷ. O

제256조(답변서의 제출의무)
① 피고가 원고의 청구를 다투는 경우에는 소장의 부본을 송달받은 날부터 30일 이내에 답변서를 제출하여야 한다. 다만, 피고가 공시송달의 방법에 따라 소장의 부본을 송달받은 경우에는 그러하지 아니하다.

제257조(변론 없이 하는 판결)
① 법원은 피고가 제256조 제1항의 답변서를 제출하지 아니한 때에는 청구의 원인이 된 사실을 자백한 것으로 보고 변론 없이 판결할 수 있다. 다만, 직권으로 조사할 사항이 있거나 판결이 선고되기까지 피고가 원고의 청구를 다투는 취지의 답변서를 제출한 경우에는 그러하지 아니하다.
② 피고가 청구의 원인이 된 사실을 모두 자백하는 취지의 답변서를 제출하고 따로 항변을 하지 아니한 때에는 제1항의 규정을 준용한다.

ㄹ. X

제276조(준비서면에 적지 아니한 효과)
준비서면에 적지 아니한 사실은 상대방이 출석하지 아니한 때에는 변론에서 주장하지 못한다. 다만, 제272조 제2항 본문의 규정에 따라 준비서면을 필요로 하지 아니하는 경우에는 그러하지 아니하다.

제272조(변론의 집중과 준비)
② 단독사건의 변론은 서면으로 준비하지 아니할 수 있다. 다만, 상대방이 준비하지 아니하면 진술할 수 없는 사항은 그러하지 아니하다.

ㅁ. O

제148조(한 쪽 당사자가 출석하지 아니한 경우)
① 원고 또는 피고가 변론기일에 출석하지 아니하거나, 출석하고서도 본안에 관하여 변론하지 아니한 때에는 그가 제출한 소장·답변서, 그 밖의 준비서면에 적혀 있는 사항을 진술한 것으로 보고 출석한 상대방에게 변론을 명할 수 있다.

30 12변시-56   정답 ③

변론에서 당사자의 불출석에 관한 설명 중 옳지 않은 것은? (변호사를 선임하지 않고 당사자 본인이 소송을 수행하는 것으로 가정함)

① 당사자가 민사소송법 제144조에 의해 진술을 금지당한 경우, 변론속행을 위하여 정한 새 기일에 그 당사자가 출석하더라도 그 기일에 불출석한 것으로 취급될 수 있다.
② 변론기일에 한쪽 당사자가 결석한 경우, 변론을 진행할지 기일을 연기할지는 법원의 재량에 속한다.
③ 공시송달의 방법으로 기일통지서를 송달받은 당사자가 당해 변론기일에 출석하지 아니하고 아무런 준비서면도 제출하지 않은 경우, 법원은 그 당사자가 상대방의 주장을 자백한 것으로 본다.
④ 원고가 청구포기의 의사표시가 적혀 있는 준비서면에 공증사무소의 인증을 받아 이를 제출하고 변론기일에 결석한 경우, 변론이 진행되었다면 청구의 포기가 성립된 것으로 본다.
⑤ 제1심에서 당사자 쌍방이 변론기일에 결석하여 법원이 새로운 기일을 정하고 그것을 당사자 쌍방에게 통지하였지만 그 새로운 기일에도 쌍방 모두 결석한 후 1월 이내에 당사자의 기일지정신청이 없으면, 소를 취하한 것으로 본다.

해설

① O

제144조(변론능력이 없는 사람에 대한 조치)
① 법원은 소송관계를 분명하게 하기 위하여 필요한 진술을 할 수 없는 당사자 또는 대리인의 진술을 금지하고, 변론을 계속할 새 기일을 정할 수 있다.
② 제1항의 규정에 따라 진술을 금지하는 경우에 필요하다고 인정하면 법원은 변호사를 선임하도록 명할 수 있다.

② O 민사소송법 제148조 제1항에 의하면, 변론기일에 한쪽 당사자가 불출석한 경우에 변론을 진행하느냐 기일을 연기하느냐는 법원의 재량에 속한다고 할 것이나, 출석한 당사자만으로 변론을 진행할 때에는 반드시 불출석한 당사자가 그때까지 제출한 소장·답변서, 그 밖의 준비서면에 적혀 있는 사항을 진술한 것으로 보아야 한다(대판 2008.5.8. 2008다2890).

제148조(한 쪽 당사자가 출석하지 아니한 경우)
① 원고 또는 피고가 변론기일에 출석하지 아니하거나, 출석하고서도 본안에 관하여 변론하지 아니한 때에는 그가 제출한 소장·답변서, 그 밖의 준비서면에 적혀 있는 사항을 진술한 것으로 보고 <u>출석한 상대방에게 변론을 명할 수 있다.</u>

③ X 공시송달의 경우 불출석에 의한 자백간주는 인정되지 않는다.

제150조(자백간주)
① 당사자가 변론에서 상대방이 주장하는 사실을 명백히 다투지 아니한 때에는 그 사실을 자백한 것으로 본다. 다만, 변론 전체의 취지로 보아 그 사실에 대하여 다툰 것으로 인정되는 경우에는 그러하지 아니하다.
③ 당사자가 변론기일에 출석하지 아니하는 경우에는 제1항의 규정을 준용한다. 다만, <u>공시송달의 방법으로 기일통지서를 송달받은 당사자가 출석하지 아니한 경우에는 그러하지 아니하다.</u>

④ O

제148조(한 쪽 당사자가 출석하지 아니한 경우)
② 제1항의 규정에 따라 당사자가 진술한 것으로 보는 답변서, 그 밖의 준비서면에 청구의 포기 또는 인낙의 의사표시가 적혀 있고 공증사무소의 인증을 받은 때에는 그 취지에 따라 청구의 포기 또는 인낙이 성립된 것으로 본다.

⑤ O

제268조(양 쪽 당사자가 출석하지 아니한 경우)
① 양 쪽 당사자가 변론기일에 출석하지 아니하거나 출석하였다 하더라도 변론하지 아니한 때에는 재판장은 다시 변론기일을 정하여 양 쪽 당사자에게 통지하여야 한다.
② 제1항의 새 변론기일 또는 그 뒤에 열린 변론기일에 양 쪽 당사자가 출석하지 아니하거나 출석하였다 하더라도 변론하지 아니한 때에는 1월 이내에 기일지정신청을 하지 아니하면 소를 취하한 것으로 본다.

31 20법전협-2-39 정답 ⑤

변론, 변론기일, 변론조서에 관한 설명 중 옳은 것은?

① 첫 변론기일 또는 첫 변론준비기일을 바꾸는 것은 현저한 사유가 있고 당사자들이 합의한 경우에만 이를 허가한다.
② 당사자와 그 소송대리인의 변론기일 출석 여부는 변론조서의 기재에 의하여만 증명할 수 있는 것은 아니나, 그 출석 여부에 관한 변론조서의 기재는 다른 특별한 사정이 없는 한 그 내용이 진실한 것이라는 점에 관한 강한 증명력을 갖는다.
③ 당사자가 교부송달, 보충송달, 공시송달 등 적법한 송달을 받고도 변론기일에 출석하지 않고 아무런 답변서도 제출하지 않은 경우 그 사실을 자백한 것으로 본다.
④ 당사자의 변론재개신청에 대하여 법원이 불허가결정을 내린 경우 특별항고로 다툴 수 있다.
⑤ 배당기일에 이의한 사람이 배당이의의 소의 첫 변론기일에 출석하지 아니한 때에는 그 변론기일에 바로 소를 취하한 것으로 본다.

 해설

① X

제165조(기일의 지정과 변경)
② 첫 변론기일 또는 첫 변론준비기일을 바꾸는 것은 <u>현저한 사유가 없는 경우라도</u> 당사자들이 합의하면 이를 허가한다.

② X 변론방식이란 형식적 기재사항과 재판의 선고여부, 당사자의 호명 여부 등 변론의 외형적 사항을 의미한다.

제158조(조서의 증명력)
변론방식에 관한 규정이 지켜졌다는 것은 조서로만 증명할 수 있다. 다만, 조서가 없어진 때에는 그러하지 아니하다.

제153조(형식적 기재사항)
조서에는 법원사무관등이 다음 각호의 사항을 적고, 재판장과 법원사무관등이 기명날인 또는 서명한다. 다만, 재판장이 기명날인 또는 서명할 수 없는 사유가 있는 때에는 합의부원이 그 사유를 적은 뒤에 기명날인 또는 서명하며, 법관 모두가 기명날인 또는 서명할 수 없는 사유가 있는 때에는 법원사무관등이 그 사유를 적는다.
  4. 출석한 당사자·대리인·통역인과 출석하지 아니한 당사자의 성명

③ X

제150조(자백간주)
① 당사자가 변론에서 상대방이 주장하는 사실을 명백히 다투지 아니한 때에는 그 사실을 자백한 것으로 본다. 다만, 변론 전체의 취지로 보아 그 사실에 대하여 다툰 것으로 인정되는 경우에는 그러하지 아니하다.
② 상대방이 주장한 사실에 대하여 알지 못한다고 진술한 때에는 그 사실을 다툰 것으로 추정한다.
③ 당사자가 변론기일에 출석하지 아니하는 경우에는 제1항의 규정을 준용한다. 다만, 공시송달의 방법으로 기일통지서를 송달받은 당사자가 출석하지 아니한 경우에는 그러하지 아니하다.

④ X 재판부의 변론재개결정이나 재판장의 기일지정명령은 민사소송법이 일반적으로 항고의 대상으로 삼고 있는 같은 법 제439조 소정의 '소송절차에 관한 신청을 기각한 결정이나 명령'에 해당하지 아니하고 또 이에 대하여 불복할 수 있는 특별규정도 없으므로 이에 대하여는 항고를 할 수 없고(대결 1995.6.30. 94다39086,39093 참조), 또한 이는 상소가 있는 경우에 종국판결과 함께 상소심의 심판을 받는 중간적 재판의 성질을 갖는 것으로서 특별항고의 대상이 되는 불복할 수 없는 결정이나 명령에도 해당되지 않아(대결 2007.6.8. 2007마47 참조), 결국 그에 대한 항고는 부적법하다(대결 2008.5.26. 2008마368).

⑤ O

민사집행법 제158조(배당이의의 소의 취하간주)
이의한 사람이 배당이의의 소 첫 변론기일에 출석하지 아니한 때에는 소를 취하한 것으로 본다.

민사집행법 제158조는 통상의 민사소송에서 원고가 2회에 걸쳐 변론기일에 불출석하고 다시 그로부터 한 달 내에 기일지정신청을 하지 않는 경우에 소를 취하한 것으로 본다는 민사소송법 제268조 제2항의 특칙으로서, 배당이의의 소를 제기한 사람이 첫 변론기일에 출석하지 아니한 때에는 소를 취하한 것으로 간주하여 소송을 종료시킴으로써 배당이의를 한 사람에 의한 불필요한 소송지연을 방지하고 재판진행의 초기단계부터 적극적인 소송참여를 유도하여 배당절차의 신속한 종결을 꾀하기 위하여 마련된 규정이다(대판 2006.11.10. 2005다41856; 광주지법 2007.4.27. 2006나12394 등).

32 19법전협-3-41 정답 ③

甲은 乙에게 甲 소유의 X 토지를 임대하였고, 乙은 X 토지 위에 Y 건물을 소유하고 있다. 甲은 乙을 상대로 임대차계약기간이 만료하였음을 이유로 Y 건물의 철거 및 X 토지의 인도를 구하는 소를 제기하였다. 이에 관한 설명 중 옳은 것은? (다툼이 있으면 판례에 의함)

① 乙이 甲의 청구원인사실을 다투는 취지의 답변서를 제출하면서 이 사건 임대차계약기간을 연장한 계약서를 첨부한 경우 乙이 변론기일에 출석하지 않더라도 甲이 출석하여 변론한 때에는 법원은 위 계약서의 내용을 판단의 기초로 삼을 수 있다.

② 이 사건 소송에서 乙이 건물매수청구권을 행사하지 아니한 채 패소 확정된 후에는 乙은 건물매수청구권을 행사하여 별소로 매매대금청구를 할 수 없다.

③ 甲만이 변론기일에 출석하여 법원의 명에 따라 변론하였으나 乙이 甲의 청구에 대한 인낙의 의사표시를 적은 답변서를 공증사무소의 인증을 받아 제출한 때에는 청구의 인낙이 성립한 것으로 본다.

④ 乙이 甲의 청구원인사실을 다투는 취지의 답변서를 제출하고 변론기일에 출석하지 아니한 경우 법원은 변론기일에 출석한 甲에게 변론을 명하여야 한다.

⑤ 乙이 甲에 대하여 Y 건물매수청구권을 행사한 사실을 변론기일에서 주장하였고 乙의 그 주장이 이유 있는 것으로 인정된 때에는 법원은 바로 甲의 청구를 기각하여야 한다.

① X 서증은 법원 외에서 조사하는 경우(민사소송법 제269조) 이외에는 당사자가 변론기일 또는 준비절차기일에 출석하여 현실적으로 제출하여야 하고, 서증이 첨부된 소장 또는 준비서면 등이 진술되는 경우에도 마찬가지라고 할 것이다. 원고는 이 사건 지급명령신청서에 소론의 서증들을 첨부하였으나 제1심에서는 의제자백으로 인한 원고승소 판결이 이루어졌고 또 원심에서는 원고가 2차에 걸친 변론기일에 아무 사유없이 출석하지 아니하였기 때문에 위 서증들이 법원에 현실적으로 제출된 바 없었으므로, 원심이 위 서증들의 제출이 없었던 것으로 취급하였음은 위 법리에 따른 것으로서 옳고 여기에 소론과 같이 법령위반이나 이유모순 또는 채증법칙 위배의 위법이 없을 뿐만 아니라 이 사건과 같은 소액사건에 대한 지방법원 본원 합의부의 제2심판결에 대하여는 소액사건심판법 제3조 소정의 사유가 있을 때에 한하여 상고를 할 수 있다 할 것인바, 소론 사유들은 위의 어느 사유에도 해당되지 못하므로 적법한 상고이유가 되지 못한다(대판 1991.11.8. 91다15775).

② X 건물의 소유를 목적으로 하는 토지 임대차에 있어서, 임대차가 종료함에 따라 토지의 임차인이 임대인에 대하여 건물매수청구권을 행사할 수 있음에도 불구하고 이를 행사하지 아니한 채, 토지의 임대인이 임차인에 대하여 제기한 토지인도 및 건물철거청구 소송에서 패소하여 그 패소판결이 확정되었다고 하더라도, 그 확정판결에 의하여 건물철거가 집행되지 아니한 이상 토지의 임차인으로서는 건물매수청구권을 행사하여 별소로써 임대인에 대하여 건물매매대금의 지급을 구할 수 있다(대판 1995.12.26. 95다42195).

③ O ④ X

> **제148조(한 쪽 당사자가 출석하지 아니한 경우)**
> ① 원고 또는 피고가 변론기일에 출석하지 아니하거나, 출석하고서도 본안에 관하여 변론하지 아니한 때에는 그가 제출한 소장·답변서, 그 밖의 준비서면에 적혀 있는 사항을 진술한 것으로 보고 출석한 상대방에게 변론을 명할 수 있다.
> ② 제1항의 규정에 따라 당사자가 진술한 것으로 보는 답변서, 그 밖의 준비서면에 청구의 포기 또는 인낙의 의사표시가 적혀 있고 공증사무소의 인증을 받은 때에는 그 취지에 따라 청구의 포기 또는 인낙이 성립된 것으로 본다.

⑤ X [1] 토지임대차 종료시 임대인의 건물철거와 그 부지인도 청구에는 건물매수대금 지급과 동시에 건물명도를 구하는 청구가 포함되어 있다고 볼 수 없다.
[2] 이 경우 법원으로서는 임대인이 종전의 청구를 계속 유지할 것인지, 아니면 대금지급과 상환으로 지상물의 명도를 청구할 의사가 있는 것인지(예비적으로라도)를 석명하고 임대인이 그 석명에 응하여 소를 변경한 때에는 지상물 명도의 판결을 함으로써 분쟁의 1회적 해결을 꾀하여야 한다(대판 1995.7.11. 94다34265 전원합의체).

제5절 송달, 추후보완

33 19변시-68 정답 ③

공시송달에 관한 설명 중 옳지 않은 것은? (다툼이 있는 경우 판례에 의함)

① 소장부본이 피고에게 적법하게 송달되어 소송이 진행되던 도중 피고에게 소송서류의 송달이 불능하게 된 결과 부득이 공시송달의 방법에 의하게 된 경우 피고는 소송의 진행상황을 조사할 의무가 있다.

② 법인의 대표자가 사망하고 달리 법인을 대표할 자도 정하여지지 아니하였기 때문에 법인에 대하여 송달을 할 수 없는 경우 공시송달도 할 수 없다.

③ 원고가 피고의 주소 또는 근무장소를 알 수 없어서 공시송달을 신청하는 경우 원고는 피고의 주소 또는 근무장소를 알 수 없다는 사유를 증명해야 한다.

④ 공시송달의 방법으로 기일통지서를 송달받은 당사자가 변론기일에 출석하지 아니한 경우 상대방이 주장하는 사실에 대하여 자백간주의 효력이 발생하지 아니한다.

⑤ 공시송달의 방법으로 소장을 송달받은 피고가 송달의 효력이 발생한 날로부터 30일 이내에 원고의 청구를 다투는 취지의 답변서를 제출하지 않았더라도, 법원은 바로 선고기일을 지정할 수는 없고 반드시 변론기일을 지정하여야 한다.

① O 소송의 진행 도중 통상의 방법으로 소송서류를 송달할 수 없게 되어 공시송달의 방법으로 송달한 경우에는 처음 소장부본의 송달부터 공시송달의 방법으로 소송이 진행된 경우와 달라서 당사자에게 소송의 진행상황을 조사할 의무가 있으므로, 당사자가 이러한 소송의 진행상황을 조사하지 않아 불변기간을 지키지 못하였다면 이를 당사자가 책임질 수 없는 사유로 말미암은 것이라고 할 수 없고, 판결의 선고 및 송달 사실을 알지 못하여 상소기간을 지키지 못한 데 과실이 없다는 사정은 상소를 추후보완하고자 하는 당사자 측에서 주장·입증하여야 한다(대판 2012.10.11. 2012다44730).

② O 민사소송법 제179조 소정의 공시송달의 요건이 갖추어지지 아니하였다고 하더라도, 재판장의 명에 의하여 공시송달이 된 이상 원칙적으로 공시송달의 효력에는 영향이 없는 것이나, 법인에 대한 송달은 같은 법 제60조 및 제166조에 따라서 그 대표자에게 하여야 되는 것이므로 법인의 대표자가 사망하여 버리고 달리 법인을 대표할 자도 정하여지지 아니하였기 때문에 법인에 대하여 송달을 할 수 없는 때에는 공시송달도 할 여지가 없는 것이라고 보아야 할 것이다(대판 1991.10.22. 91다9985).

③ X

> 제194조(공시송달의 요건)
> ① 당사자의 주소등 또는 근무장소를 알 수 없는 경우 또는 외국에서 하여야 할 송달에 관하여 제191조의 규정에 따를 수 없거나 이에 따라도 효력이 없을 것으로 인정되는 경우에는 법원사무관등은 직권으로 또는 당사자의 신청에 따라 공시송달을 할 수 있다.
> ② 제1항의 신청에는 그 사유를 소명하여야 한다.

④ O

> 제150조(자백간주)
> ① 당사자가 변론에서 상대방이 주장하는 사실을 명백히 다투지 아니한 때에는 그 사실을 자백한 것으로 본다. 다만, 변론 전체의 취지로 보아 그 사실에 대하여 다툰 것으로 인정되는 경우에는 그러하지 아니하다.
> ② 상대방이 주장한 사실에 대하여 알지 못한다고 진술한 때에는 그 사실을 다툰 것으로 추정한다.
> ③ 당사자가 변론기일에 출석하지 아니하는 경우에는 제1항의 규정을 준용한다. 다만, 공시송달의 방법으로 기일통지서를 송달받은 당사자가 출석하지 아니한 경우에는 그러하지 아니하다.

⑤ O

> 제256조(답변서의 제출의무)
> ① 피고가 원고의 청구를 다투는 경우에는 소장의 부본을 송달받은 날부터 30일 이내에 답변서를 제출하여야 한다. 다만, 피고가 공시송달의 방법에 따라 소장의 부본을 송달받은 경우에는 그러하지 아니하다.
>
> 제257조(변론 없이 하는 판결)
> ① 법원은 피고가 제256조 제1항의 답변서를 제출하지 아니한 때에는 청구의 원인이 된 사실을 자백한 것으로 보고 변론 없이 판결할 수 있다. 다만, 직권으로 조사할 사항이 있거나 판결이 선고되기까지 피고가 원고의 청구를 다투는 취지의 답변서를 제출한 경우에는 그러하지 아니하다.
> ② 피고가 청구의 원인이 된 사실을 모두 자백하는 취지의 답변서를 제출하고 따로 항변을 하지 아니한 때에는 제1항의 규정을 준용한다.
> ③ 법원은 피고에게 소장의 부본을 송달할 때에 제1항 및 제2항의 규정에 따라 변론 없이 판결을 선고할 기일을 함께 통지할 수 있다.

34 18변시-66 정답 ④

추후보완항소에 관한 설명 중 옳은 것을 모두 고른 것은?
(다툼이 있는 경우 판례에 의함)

ㄱ. 원고가 피고의 주소를 허위로 기재하여 피고가 아닌 원고에게 소장부본이 송달되어 자백간주에 의한 원고승소판결이 선고되고 판결정본 역시 위와 같은 방법으로 송달된 것으로 처리되었다면, 판결정본은 피고에게 적법하게 송달되었다고 할 수 없으므로 그 판결은 형식적으로 확정되었다고 할 수 없어 소송행위의 추후보완 문제는 발생하지 않는다.

ㄴ. 판결정본이 공시송달의 방법으로 송달된 경우 추후보완항소 제기기간의 기산점인「민사소송법」제173조 제1항의 '그 사유가 없어진 날'은 당사자나 소송대리인이 단순히 판결이 있었던 사실만을 안 때가 아니고, 나아가 그 판결이 공시송달의 방법으로 송달된 사실을 안 때를 의미한다.

ㄷ. 추후보완항소를 한 경우에는 확정판결에 의한 집행력이 정지되므로 별도로 집행정지결정을 받을 필요가 없다.

ㄹ. 소장부본이 적법하게 송달되어 소송이 진행되던 중 통상의 방법으로 소송서류를 송달할 수 없게 되어 판결정본을 공시송달의 방법으로 송달한 경우에 당사자가 소송의 진행상황을 조사하지 않아 항소기간이 경과하였다면 항소의 추후보완사유가 되지 않는다.

① ㄱ, ㄴ
② ㄱ, ㄷ
③ ㄴ, ㄷ
④ ㄱ, ㄴ, ㄹ
⑤ ㄴ, ㄷ, ㄹ

ㄱ. O 원고가 피고의 주소를 허위로 기재하여 소를 제기함으로써 그 허위주소로 소송서류가 송달되어 피고 아닌 원고가 그 서류를 받아 의제자백의 형식으로 원고승소의 제1심판결이 선고되고 그 판결정본 역시 허위의 주소로 보내어져 송달된 것으로 처리되었다면, 제1심판결정본은 피고에게 적법하게 송달되었다고 할 수 없으므로 그 판결에 대한 항소기간은 진행을 개시하지 아니한다 할 것이어서 그 판결은 형식적으로 확정되었다고 할 수 없고, 따라서 소송행위추완의 문제는 나올 수 없고, 피고는 제1심판결정본의 송달을 받지 않은 상태에 있다(대판 1994.12.22. 94다45449).

ㄴ. O 소장이나 판결정본 등이 공시송달의 방법에 의하여 송달되었다면 특별한 사정이 없는 한, 피고는 과실 없이 그 판결의 송달을 알지 못한 것이라고 할 것이고, 이러한 경우 피고는 그 책임을 질 수 없는 사유로 인하여 불변기간을 준수할 수 없었던 때에 해당하여 그 사유가 종료된 후 2주일 내(그 사유가 종료될 당시 외국에 있었던 경우에는 30일 내)에 추완항소를 할 수 있는바, 여기에서 '사유가 종료된 때'라 함은 당사자나 소송대리인이 단순히 판결이 있었던 사실을 안 때가 아니고, 나아가 그 판결이 공시송달의 방법으로 송달된 사실을 안 때를 의미하는 것이다(대판 1994.12.13. 94다24299).

ㄷ. X 추후보완신청을 하는 것만으로 불변기간의 도과에 의한 판결의 형식적 확정력이 바로 해소되지 않는다(대판 1978.9.12. 76다2400). 즉 추후보완행위로 인해 그 불복을 신청한 판결의 집행력, 기판력에 아무런 영향이 없다. 그러므로 상소추후보완의 경우 확정판결의 집행정지를 시키려면 제500조에 의해 별도의 집행정지결정을 받아야 한다.

제2장 변론(심리) | 89

ㄹ. O 공시송달 요건이 충족되지 못함에도 불구하고 공시송달이 이루어진 경우에도 ㉠ 추후보완상소가 허용되는 것이 원칙이지만(대판 1991.5.28. 90다20480, 대결 2011.10.27. 2011마154), ㉡ 소송도중 당사자가 주소변경 신고를 하지 않아 공시송달이 이루어진 경우에는 추후보완상소를 허용하지 않는다(대판 1998.10.2. 97다50152).

③ O 사무원이란 반드시 송달받을 사람과 고용관계가 있어야 하는 것은 아니고, 평소 본인을 위하여 사무 등을 보조하는 자이면 충분하다(대판 2010.10.14. 2010다48455).

④ O 환경분쟁 조정법 제40조 제3항, 제42조 제2항, 제64조 및 민사소송법 제231조, 제225조 제2항의 내용과 재정문서의 정본을 송달받고도 당사자가 60일 이내에 재정의 대상인 환경피해를 원인으로 하는 소송을 제기하지 아니하는 등의 경우 재정문서가 재판상 화해와 동일한 효력이 있으므로 재정의 대상인 환경피해를 원인으로 한 분쟁에서 당사자의 재판청구권을 보장할 필요가 있는 점 등을 종합하면, 환경분쟁 조정법에 의한 재정의 경우 재정문서의 송달은 공시송달의 방법으로는 할 수 없다(대판 2016.4.15. 2015다201510).

⑤ X 제187조 사유에 의한 발송송달은 '**당해 서류의 송달**'에 한하여 할 수 있는 것이지 그에 이은 별개의 서류의 송달은 이 요건이 따로 구비되지 않는 한 당연히 이 방법에 의한 우편송달을 할 수 있는 것이 아니다(대결 1990.1.25. 89마939, 대판 1994.11.11. 94다36278).

35 18변시-55 정답 ⑤

송달에 관한 설명 중 옳지 않은 것은? (다툼이 있는 경우 판례에 의함)

① 다른 주된 직업을 가지고 있으면서 A주식회사의 비상근이사, 비상근감사 또는 사외이사의 직을 가지고 있는 사람에 대해서는 A주식회사의 본점이「민사소송법」제183조 제2항의 '근무장소'에 해당한다고 할 수 없다.
② 소송서류를 송달받을 본인과 당해 소송에 관하여 이해의 대립 내지 상반된 이해관계가 있는 수령대행인에 대하여는 보충송달을 할 수 없다.
③ 보충송달에서 수령대행인이 될 수 있는 사무원이란 반드시 송달받을 사람과 고용관계가 있어야 하는 것은 아니고, 평소 본인을 위하여 사무 등을 보조하는 자이면 충분하다.
④ 「환경분쟁 조정법」에 의한 재정의 경우, 재정문서는 재판상 화해와 동일한 효력을 가질 수도 있는 점 등에 비추어 재정문서의 송달은 공시송달의 방법으로 할 수 없다.
⑤ 「민사소송법」제187조에 정한 우편송달은 같은 법 제186조에 따른 보충송달, 유치송달 등이 불가능할 것을 요건으로 하는바, 일단 위 요건이 구비되어 우편송달이 이루어진 이상 그 이후에 송달할 서류는 위 요건의 구비 여부를 불문하고 위 조문에 정한 우편송달을 할 수 있다.

① O 송달받을 사람의 주소나 영업소 등을 알지 못하거나 그 장소에서 송달할 수 없는 때에는 '근무장소'에서 송달할 수 있는데, 이때의 '근무장소'는 현실의 근무장소로서 고용계약 등 법률상 행위로 취업하고 있는 지속적인 근무장소를 말하므로 다른 주된 직업을 가지고 있으면서 회사의 비상근이사, 사외이사 또는 비상근감사의 직에 있는 피고 등에게 위 회사는 지속적인 근무장소라고 할 수 없고, 그리하여 보충송달로서 효력도 없으므로 대상판결에서는 보충송달의 효력이 있다고 본 원심을 파기하였다(대판 2015.12.10. 2012다16063).

② O 보충송달제도는 본인 아닌 그의 사무원, 피용자 또는 동거인, 즉 수령대행인이 서류를 수령하여도 그의 지능과 객관적인 지위, 본인과의 관계 등에 비추어 사회통념상 본인에게 서류를 전달할 것이라는 합리적인 기대를 전제로 한다. 그런데 본인과 수령대행인 사이에 당해 소송에 관하여 이해의 대립 내지 상반된 이해관계가 있는 때에는 수령대행인이 소송서류를 본인에게 전달할 것이라고 합리적으로 기대하기 어렵고, 이해가 대립하는 수령대행인이 본인을 대신하여 소송서류를 송달받는 것은 쌍방대리금지의 원칙에도 반하므로, 본인과 당해 소송에 관하여 이해의 대립 내지 상반된 이해관계가 있는 수령대행인에 대하여는 보충송달을 할 수 없다(대판 2016.11.10. 2014다54366).

36 17변시-69 정답 ①

공시송달에 관한 설명 중 옳은 것은? (다툼이 있는 경우 판례에 의함)

① 피고가 변론종결 후에 사망한 상태에서 판결이 선고된 경우, 망인인 피고에 대한 판결정본의 공시송달은 무효이다.
② 당사자의 주소등 또는 근무장소를 알 수 없는 경우 또는 외국에서 하여야 할 송달에 관하여「민사소송법」제191조(외국에서 하는 송달의 방법)의 규정에 따를 수 없거나 이에 따라도 효력이 없을 것으로 인정되는 경우에는 법원사무관등은 당사자의 신청에 의해서만 공시송달을 할 수 있다.
③ 첫 공시송달은「민사소송법」제195조(공시송달의 방법)의 규정에 따라 실시한 날부터 4주가 지나야 효력이 생긴다. 다만, 같은 당사자에게 하는 그 뒤의 공시송달은 실시한 다음 날부터 효력이 생긴다.
④ 재판장은 직권으로 법원사무관등의 공시송달처분을 취소할 수 없다.
⑤ 원고가 피고의 주소나 거소를 알고 있었음에도 소장에 소재불명 또는 허위의 주소나 거소를 기재하여 소를 제기한 탓으로 공시송달의 방법에 의하여 판결정본이 송달된 경우, 피고는 소송행위 추후보완에 의한 상소를 할 수 없다.

① O ㉠ 피고가 변론종결 후 사망한 상태에서 판결이 선고된 경우 망인에 대한 판결정본의 공시송달(대판 2007.12.14. 2007다52997; 공시송달은 무효이고 상속인이 소송절차를 수계하여 판결정본을 송달받기 전까지는 그에 대한 항소제기기간이 진행될 수도 없다고 한 사례), ㉡ 법인의 대표자가 사망하고 새로운 대표자가 정해지지 않아 송달할 수 없는 때에 행하여진 법인에 대한 공시송달(대판 1991.10.22. 91다9985)은 무효이다.

② ✗ 직권으로 또는 당사자의 신청에 따라 공시송달을 할 수 있다.

> **제194조(공시송달의 요건)**
> ① 당사자의 주소 등 또는 근무장소를 알 수 없는 경우 또는 외국에서 하여야 할 송달에 관하여 제191조의 규정에 따를 수 없거나 이에 따라도 효력이 없을 것으로 인정되는 경우에는 법원사무관등은 직권으로 또는 당사자의 신청에 따라 공시송달을 할 수 있다.

③ ✗ 2주가 지나야 효력이 생긴다.

> **제196조(공시송달의 효력발생)**
> ① 첫 공시송달은 제195조의 규정에 따라 실시한 날부터 2주가 지나야 효력이 생긴다. 다만, 같은 당사자에게 하는 그 뒤의 공시송달은 실시한 다음 날부터 효력이 생긴다.

④ ✗ 재판장은 직권으로 또는 신청에 따라 법원사무관등의 공시송달처분을 취소할 수 있다.

> **제194조(공시송달의 요건)**
> ④ 재판장은 직권으로 또는 신청에 따라 법원사무관등의 공시송달처분을 취소할 수 있다.

⑤ ✗ 당사자가 상대방의 주소 또는 거소를 알고 있었음에도 불구하고 소재불명 또는 허위의 주소나 거소로 하여 소를 제기한 탓으로 공시송달의 방법에 의하여 판결(심판)정본이 송달된 때에는 민사소송법 제451조 제1항 제11호에 의하여 재심을 제기할 수 있음은 물론이나 또한 같은법 제173조에 의한 소송행위 추완에 의하여도 상소를 제기할 수 있다(대판 1985.8.20. 85므21. 대판 1985.10.8. 85므40. 대판 2011.12.22. 2011다73540).

37 14변시-53 정답 ③

송달에 관한 설명 중 옳지 않은 것은? (다툼이 있는 경우에는 판례에 의함)

① 송달받을 사람의 주소·거소·영업소 또는 사무소를 알지 못하거나 그 장소에서 송달할 수 없는 때에는 송달받을 사람이 고용·위임 그 밖에 법률상 행위로 취업하고 있는 다른 사람의 주소·거소·영업소 또는 사무소에서 송달할 수 있다.

② 우체국 창구에서 송달받을 자의 동거자에게 송달서류를 교부한 것은 위 동거자가 송달받기를 거부하지 아니한다 하더라도 보충송달의 방법으로서 부적법하다.

③ 송달받을 사람 본인이 장기출타로 부재중인 경우에는, 동거인에게 보충송달 또는 유치송달을 하거나 바로 우편송달을 할 수도 있다.

④ 당사자·법정대리인 또는 소송대리인이 송달받을 장소를 바꾸고도 그러한 취지의 신고를 하지 아니하고 달리 송달할 장소를 알 수 없는 경우, 그 사람에게 송달할 서류는 종전에 송달받던 장소에 등기우편으로 발송할 수 있다.

⑤ 여러 사람이 공동으로 대리권을 행사하는 경우의 송달은 그 가운데 한 사람에게 하면 된다.

 해설

① ○

> **제183조(송달장소)**
> ① 송달은 받을 사람의 주소·거소·영업소 또는 사무소(이하 "주소등"이라 한다)에서 한다. 다만, 법정대리인에게 할 송달은 본인의 영업소나 사무소에서도 할 수 있다.
> ② 제1항의 장소를 알지 못하거나 그 장소에서 송달할 수 없는 때에는 송달받을 사람이 고용·위임 그 밖에 법률상 행위로 취업하고 있는 다른 사람의 주소등(이하 "근무장소"라 한다)에서 송달할 수 있다.

② ○ [1] 송달은 원칙적으로 민사소송법 제170조 제1항에서 정하는 송달을 받을 자의 주소, 거소, 영업소 또는 사무실 등의 '송달장소'에서 하여야 하는바, 송달장소에서 송달받을 자를 만나지 못할 때에는 그 사무원, 고용인 또는 동거자로서 사리를 변식할 지능이 있는 자에게 서류를 교부하는 보충송달의 방법에 의하여 송달할 수는 있지만, 이러한 보충송달은 위 법 조항에서 정하는 '송달장소'에서 하는 경우에만 허용되고 송달장소가 아닌 곳에서 사무원, 고용인 또는 동거자를 만난 경우에는 그 사무원 등이 송달받기를 거부하지 아니한다 하더라도 그 곳에서 그 사무원 등에게 서류를 교부하는 것은 보충송달의 방법으로서 부적법하다.
[2] 우체국 창구에서 송달받을 자의 동거자에게 송달서류를 교부한 것은 부적법한 보충송달이라고 한 사례(대결 2001.8.31. 2001마3790).

③ ✗ 민사소송법 제173조의 규정에 의한 우편송달은 같은 법 제172조의 규정에 의한 보충송달이나 유치송달이 불가능한 경우에 할 수 있는 것이므로 폐문부재와 같이 송달을 받을 자는 물론 그 사무원, 고용인 또는 동거자 등 서류를 수령할 만한 자를 만날 수 없는 경우라면 모르거니와 단지 송달을 받을 자만이 장기출타로 부재중이어서 그 밖의 동거자 등에게 보충송달이나 유치송달이 가능한 경우에는 위 우편송달을 할 수 없다(대결 1991.4.15. 91마162).

④ ○

> **제185조(송달장소변경의 신고의무)**
> ① 당사자·법정대리인 또는 소송대리인이 송달받을 장소를 바꿀 때에는 바로 그 취지를 법원에 신고하여야 한다.
> ② 제1항의 신고를 하지 아니한 사람에게 송달할 서류는 달리 송달할 장소를 알 수 없는 경우 종전에 송달받던 장소에 대법원규칙이 정하는 방법으로 발송할 수 있다.

> **민사소송규칙 제51조(발송의 방법)**
> 법 제185조 제2항과 법 제187조의 규정에 따른 서류의 발송은 등기우편으로 한다.

⑤ ○

> **제180조(공동대리인에게 할 송달)**
> 여러 사람이 공동으로 대리권을 행사하는 경우의 송달은 그 가운데 한 사람에게 하면 된다.

38 | 13변시-62 | 정답 ②, ④ (출제 당시 정답 ②)

송달에 관한 설명 중 옳지 않은 것은? (다툼이 있는 경우에는 판례에 의함)

① 원칙적으로 송달담당기관과 송달실시기관은 다르다.
② 소송서류는 특별한 규정이 없는 한 원본으로 송달하여야 하며, 소송대리인이 있는 경우에도 당사자 본인에게 한 송달은 유효하다.
③ 송달의 방법은 교부송달이 원칙이고, 우편송달의 경우 발송 시에 송달된 것으로 본다.
④ 공시송달은 직권 또는 당사자의 신청에 따라 재판장의 명령으로 한다.
⑤ 공시송달에 의한 판결편취의 경우, 이로 인해 패소한 당사자는 추후보완상소 또는 재심의 소를 통해 구제받을 수 있다.

① O 송달담당기관은 법원사무관 등이고(민사소송법 제175조), 송달실시기관은 집행관과 우편집배원이다(제176조).

> **제175조(송달사무를 처리하는 사람)**
> ① 송달에 관한 사무는 법원사무관등이 처리한다.
> ② 법원사무관등은 송달하는 곳의 지방법원에 속한 법원사무관등 또는 집행관에게 제1항의 사무를 촉탁할 수 있다.
>
> **제176조(송달기관)**
> ① 송달은 <u>우편 또는 집행관</u>에 의하거나, 그 밖에 대법원규칙이 정하는 방법에 따라서 하여야 한다.
> ② 우편에 의한 송달은 <u>우편집배원</u>이 한다.
> ③ 송달기관이 송달하는 데 필요한 때에는 국가경찰공무원에게 원조를 요청할 수 있다. <개정 2020. 12. 22.>

② X 소송송달은 등본 또는 부본송달이 원칙이고(제178조), 소송대리인이 있는 경우에도 본인 고유의 소송수행권은 상실하지 않으므로, 기일통지서 또는 판결정본 등의 소송서류를 본인에게 송달할 수 있다(대결 1970.6.5. 70마325).

> **제178조(교부송달의 원칙)**
> ① 송달은 특별한 규정이 없으면 송달받을 사람에게 서류의 등본 또는 부본을 교부하여야 한다.

③ O

> **제178조(교부송달의 원칙)**
> ① 송달은 특별한 규정이 없으면 송달받을 사람에게 서류의 등본 또는 부본을 교부하여야 한다.
>
> **제189조(발신주의)**
> 제185조 제2항 또는 제187조의 규정에 따라 서류를 발송한 경우에는 <u>발송한 때에 송달된 것으로 본다</u>.
>
> **제185조(송달장소변경의 신고의무)**
> ② 제1항의 신고를 하지 아니한 사람에게 송달할 서류는 달리 송달할 장소를 알 수 없는 경우 종전에 송달받던 장소에 대법원규칙이 정하는 방법으로 발송할 수 있다.
>
> **제187조(우편송달)**
> 제186조의 규정에 따라 송달할 수 없는 때에는 법원사무관등은 서류를 등기우편 등 대법원규칙이 정하는 방법으로 발송할 수 있다.

④ X 2014.12.30. 개정되어 2015.7.1.부터 시행되는 민사소송법에서는 공시송달 처분권한을 법원사무관에게 부여하고 있다.

> **제194조(공시송달의 요건)**
> ① 당사자의 주소등 또는 근무장소를 알 수 없는 경우 또는 외국에서 하여야 할 송달에 관하여 제191조의 규정에 따를 수 없거나 이에 따라도 효력이 없을 것으로 인정되는 경우에는 <u>법원사무관등은 직권으로 또는 당사자의 신청에 따라 공시송달을 할 수 있다</u>.
>
> <개정이유> 공시송달 이외의 송달사무는 원칙적으로 법원사무관 등의 고유권한으로 실시되고 있고, 공시송달의 요건을 증명하기 위한 자료는 대부분 정형화되어 있을 뿐만 아니라 그 허부 판단이 비교적 쉬우므로, 재판장에 의한 사후교정 기회를 전제로 송달사무에 전문성을 갖춘 법원사무관 등에게 공시송달 처분권한을 부여함

⑤ O 공시송달의 요건에 흠이 있어도 공시송달 자체에 대하여 불복을 할 수는 없고, 판결에 대하여 추후보완상소 또는 재심의 소로써 다툴 수 있다.

> [관련판례] 당사자가 상대방의 주소 또는 거소를 알고 있었음에도 불구하고 소재불명 또는 허위의 주소나 거소로 하여 소를 제기한 탓으로 공시송달의 방법에 의하여 판결(심판)정본의 송달된 때에는 민사소송법 제422조 제1항 제11호(현행 제451조 제1항 11호)에 의하여 재심을 제기할 수 있음은 물론이나 또한 동법 제160조(현행 제173조)에 의한 소송행위 추완에 의하여도 상소를 제기할 수 있다(대판 1985.8.20. 85므21).

39 | 21법전협-2-50 | 정답 ⑤

송달에 관한 설명 중 옳은 것은? (다툼이 있는 경우 판례에 의함)

① 소송당사자나 대리인이 정당한 사유 없이 송달장소에서 소송서류의 수령을 거부하는 경우, 법원은 바로 우편송달을 실시할 수 있다.
② 같은 소송절차에서 같은 당사자에 대하여 계속적으로 이루어지는 공시송달은 실시한 날로부터 2주가 지나야 효력이 생긴다.
③ 조정을 갈음하는 결정 정본의 송달은 공시송달로 할 수 있다.
④ 송달받을 당사자가 소송을 위임한 경우 송달수령권도 소송대리인에게 있게 되므로 당사자 본인이 소송서류를 송달받았다면 이는 송달로서 유효하지 않은 것이다.
⑤ 재판장은 소송의 지연을 피하기 위하여 필요하다고 인정하는 때에 공시송달을 명할 수 있고 직권 또는 신청에 따라 법원사무관 등의 공시송달처분을 취소할 수도 있다.

 해설

① X 유치송달을 할 수 있음이 원칙이다.

> **제186조(보충송달 · 유치송달)**
> ① 근무장소 외의 송달할 장소에서 송달받을 사람을 만나지 못한 때에는 그 사무원, 피용자(被用者) 또는 동거인으로서 사리를 분별할 지능이 있는 사람에게 서류를 교부할 수 있다.
> ② 근무장소에서 송달받을 사람을 만나지 못한 때에는 제183조 제2항의 다른 사람 또는 그 법정대리인이나 피용자 그 밖의 종업원으로서 사리를 분별할 지능이 있는 사람이 서류의 수령을 거부하지 아니하면 그에게 서류를 교부할 수 있다.
> ③ 서류를 송달받을 사람 또는 제1항의 규정에 의하여 서류를 넘겨받을 사람이 정당한 사유 없이 송달받기를 거부하는 때에는 송달할 장소에 서류를 놓아둘 수 있다.
>
> **제187조(우편송달)**
> 제186조의 규정에 따라 송달할 수 없는 때에는 법원사무관등은 서류를 등기우편 등 대법원규칙이 정하는 방법으로 발송할 수 있다.

② X

> **제196조(공시송달의 효력발생)**
> ① 첫 공시송달은 제195조의 규정에 따라 실시한 날부터 2주가 지나야 효력이 생긴다. 다만, 같은 당사자에게 하는 그 뒤의 공시송달은 실시한 다음 날부터 효력이 생긴다.

③ X

> **민사조정규칙 제15조의2(조정을 갈음하는 결정)**
> ① 조정담당판사는 조정기일 외에서도 법 제30조, 제32조의 규정에 의한 결정을 할 수 있다. 이 경우에는 조정담당판사가 결정서를 작성하고 기명날인하여야 한다.
> ② 제1항의 경우 법원사무관등은 당사자에게 결정서 정본을 송달하여야 한다.
> ③ 제1항의 경우 법 제34조 제1항의 규정에 의한 이의신청의 기간은 결정서 정본이 송달된 날로부터 기산한다.
> ④ 민사소송법 제185조 제2항, 제187조 또는 제194조 내지 제196조의 규정(편집 주. 공시송달)에 의한 송달 이외의 방법으로 당사자 쌍방 또는 일방에게 조정을 갈음하는 결정서 정본을 송달할 수 없는 때에는 조정담당판사는 직권 또는 당사자의 신청에 의하여 조정을 갈음하는 결정을 취소하고, 법 제27조의 규정에 의하여 조정의 불성립으로 사건을 종결하여야 한다.

④ X 소송대리인이 있는 경우에도 당사자 본인에게 한 서류의 송달은 유효하고 또 동거하는 고용인(식모)에게 교부한 송달도 유효하다(대결 1970.6.5. 70마325).

⑤ O

> **제194조(공시송달의 요건)**
> ③ 재판장은 제1항의 경우에 소송의 지연을 피하기 위하여 필요하다고 인정하는 때에는 공시송달을 명할 수 있다.
> ④ 재판장은 직권으로 또는 신청에 따라 법원사무관등의 공시송달처분을 취소할 수 있다.

40 20법전협-3-40   정답 ③

송달에 관한 설명 중 옳지 않은 것은?

① 당사자에게 여러 명의 소송대리인이 선임되어 있는 경우, 법원은 여러 소송대리인들에게 각각 판결정본을 송달하여야 하고, 그 경우 상소기간은 그 중 1인에게 최초로 판결정본이 송달된 때부터 기산된다.

② 피고의 주소·거소·영업소 또는 사무소의 장소를 알지 못하거나 그 장소에서 송달할 수 없는 때에는 소장 부본을 피고가 직원으로 고용되어 근무하는 회사로 송달할 수 있으나, 소장에 기재된 피고의 위 주소 등에 대한 송달을 시도하지 않은 채 바로 근무장소로 한 송달은 위법하다.

③ 교부송달에 의하여 소장 기재 피고 주소로 소장 부본이 적법하게 송달된 후 제1회 변론기일통지서가 폐문부재로 송달불능되어 등기우편에 의하여 우편송달하였다면, 그 후 새로 송달할 서류는 더 이상 교부송달 등을 거치지 않고 바로 우편송달할 수 있다.

④ 채무자가 그 고용주인 제3채무자 회사에 대하여 가지는 급여채권을 피압류채권으로 하는 채권가압류결정정본이 제3채무자 회사로 송달되어 채무자가 제3채무자의 사무원으로서 이를 보충송달받은 경우, 위 보충송달은 이해가 대립하는 자에 대한 송달로 무효이다.

⑤ 원고가 피고의 주소를 허위로 기재하여 제소하였고, 위 주소로 송달을 시도하였으나 송달불능되어 법원이 공시송달명령을 하고 소장 및 소송서류와 판결정본을 모두 공시송달의 방법에 의하여 송달한 경우, 그 판결에 대하여 항소기간 내에 항소하지 않으면 판결은 형식적으로 확정된다.

 해설

① O 당사자에게 여러 소송대리인이 있는 때에는 민사소송법 제93조에 의하여 각자가 당사자를 대리하게 되므로, 여러 사람이 공동으로 대리권을 행사하는 경우 그 중 한 사람에게 송달을 하도록 한 민사소송법 제180조가 적용될 여지가 없어 법원으로서는 판결정본을 송달함에 있어 여러 소송대리인에게 각각 송달을 하여야 하지만, 그와 같은 경우에도 소송대리인 모두 당사자 본인을 위하여 소송서류를 송달받을 지위에 있으므로 당사자에 대한 판결정본 송달의 효력은 결국 소송대리인 중 1인에게 최초로 판결정본이 송달되었을 때 발생한다. 따라서 당사자에게 여러 소송대리인이 있는 경우 항소기간은 소송대리인 중 1인에게 최초로 판결정본이 송달되었을 때부터 기산된다(대결 2011.9.29. 2011마1335).

② O [2] 송달은 원칙적으로 받을 사람의 주소·거소·영업소 또는 사무소에서 해야 하는데(민사소송법 제183조 제1항 전문), 여기서 말하는 영업소 또는 사무소는 송달 받을 사람 자신이 경영하는 영업소 또는 사무소를 의미하는 것이지 송달 받을 사람의 근무장소는 이에 해당하지 않으며(같은 법 제183조 제2항 참조), 송달 받을 사람이 경영하는, 그와 별도의 법인격을 가지는 회사의 사무실은 송달 받을 사람의 영업소나 사무소라 할 수 없고, 이는 그의 근무장소에 지나지 아니한다.

[3] 근무장소에서의 송달을 규정한 민사소송법 제183조 제2항에 의하면, 근무장소에서의 송달은 송달 받을 자의 주소 등의 장소를 알지 못하거나 그 장소에서 송달할 수 없는 때에 한하여 할 수 있는 것이므로 소장, 지급명령신청서 등에 기재된 주소 등의 장소에 대한 송달을 시도하지 않은 채 근무장소로 한 송달은 위법하다(대결 2004.7.21. 2004마535).

③ X 등기우편에 의한 발송송달은 당해 서류에 관하여 교부송달, 또는 보충·유치송달 등이 불가능한 것임을 그 요건으로 하는 것이므로 당해 서류의 송달에 한하여 할 수 있는 것이지 그에 이은 별개의 서류의 송달은 이 요건이 따로 구비되지 않는 한 당연히 이 방법에 의한 우편송달을 할 수 있는 것이 아니다(대판 1994.11.11. 94다36278).

④ O 보충송달제도는 본인 아닌 그의 사무원, 피용자 또는 동거인, 즉 수령대행인이 서류를 수령하여도 그의 지능과 객관적인 지위, 본인과의 관계 등에 비추어 사회통념상 본인에게 서류를 전달할 것이라는 합리적인 기대를 전제로 한다. 그런데 본인과 수령대행인 사이에 당해 소송에 관하여 이해의 대립 내지 상반된 이해관계가 있는 때에는 수령대행인이 소송서류를 본인에게 전달할 것이라고 합리적으로 기대하기 어렵고, 이해가 대립하는 수령대행인이 본인을 대신하여 소송서류를 송달받는 것은 쌍방대리금지의 원칙에도 반하므로, 본인과 당해 소송에 관하여 이해의 대립 내지 상반된 이해관계가 있는 수령대행인에 대하여는 보충송달을 할 수 없다.

(판결 이유 중) 원심판결 이유에 의하면, 원고는 2008. 9. 10. 인천지방법원 2008타채11989호로 채무자를 소외인, 제3채무자를 피고, 청구금액을 6,000만 원으로 하여, 소외인의 피고에 대한 임금 및 퇴직금채권에 대하여 채권압류 및 추심명령(이하 '이 사건 채권압류 및 추심명령'이라고 한다)을 받은 사실, 위 법원은 이 사건 채권압류 및 추심명령 결정정본을 피고의 본점 소재지로 송달하였고, 이 사건 채권압류 및 추심명령의 채무자이자 피고의 사무원 소외인이 위 장소에서 이를 수령하였으나 피고의 대표이사에게 전달하지 아니한 사실…(중략)…을 알 수 있다. 원심은 위 사실을 토대로 하여 그 판시와 같은 이유를 들어, 소외인은 이 사건 채권압류 및 추심명령의 채무자로 제3채무자인 피고와 이해관계를 달리하는 당사자로서 관련 소송에서 수령한 서류를 본인인 피고에게 전달할 것이라는 합리적인 기대를 하기 어려우므로, 위와 같은 경우에는 비록 소외인이 피고의 사무원으로서 소송서류를 수령하였다 하더라도 피고에 대한 보충송달로서의 효력을 인정할 수는 없고, 따라서 제1심법원이 소송서류 및 판결정본을 소외인에게 보충송달의 방법으로 송달한 것은 부적법하고, 이에 따라 항소기간이 진행하지 아니하므로 피고의 이 사건 추완항소는 피고에게 책임질 수 없는 사유가 있는지 여부와 관계없이 적법하다고 판단하였다.

원심판결 이유를 앞서 본 법리와 기록에 비추어 살펴보면, 원심의 위와 같은 판단은 정당하다. 거기에 상고이유의 주장과 같이 민사소송법 제186조 제1항에서 규정한 보충송달에 관한 법리를 오해한 잘못이 없다(대판 2016.11.10. 2014다54366).

⑤ O 가. 제1심판결 정본이 공시송달의 방법에 의하여 피고에게 송달되었다면 비록 피고의 주소가 허위이거나 그 요건에 미비가 있다 할지라도 그 송달은 유효한 것이므로 항소기간의 도과로 그 판결은 형식적으로 확정되어 기판력이 발생한다.

나. '가'항의 경우에 피고로서는 항소기간내에 항소를 제기할 수 없었던 것이 자신이 책임질 수 없었던 사유로 인한 것임을 주장하여 그 사유가 없어진 후로부터 2주일(피고가 외국에 있을 때는 30일) 내에 추완항소를 제기할 수 있으며, 여기서 그 사유가 없어진 때라 함은 피고가 당해 사건기록의 열람을 하는 등의 방법으로 제1심판결 정본이 공시송달의 방법으로 송달된 사실을 안 때를 의미한다(대판 1994.10.21. 94다27922).

제6절 소송절차의 정지

41 20변시-66 정답 ③

甲은 乙을 상대로 매매를 원인으로 한 소유권이전등기청구의 소를 제기하기 위하여 변호사 A를 소송대리인으로 선임하였는데, A가 법원에 소장을 제출하기 전에 甲이 사망하였고, A는 그러한 사실을 모르고 소장에 甲을 원고로 기재하여 위 소를 제기하였다. 甲에게는 상속인으로 丙, 丁이 있다. 제1심 법원은 원고의 청구를 기각하는 판결을 선고하였다. 이에 관한 설명 중 옳지 않은 것은? (다툼이 있는 경우 판례에 의함)

① 제1심 법원이 판결서에 甲을 원고로 기재한 경우에도 위 판결의 효력이 丙과 丁에게 미친다.

② 甲이 A에게 상소를 제기할 권한을 수여한 경우 丙과 丁이 직접 항소하지 않고 A도 항소하지 않은 때에는, A가 제1심 판결 정본을 송달받은 날부터 2주가 경과하면 위 판결이 확정된다.

③ 甲이 A에게 상소를 제기할 권한을 수여한 경우 A가 丙만이 甲의 상속인인 줄 알고 丙에 대해서만 소송수계절차를 밟고 丙만을 항소인으로 표시하여 제1심 판결 전부에 대하여 항소를 제기한 때에는 丁에 대해서도 항소 제기의 효력이 미치므로, 丁은 항소심에서 소송수계를 하지 않더라도 항소인으로서 소송을 수행할 수 있다.

④ 甲이 A에게 제1심에 한하여 소송대리권을 수여한 경우 A에게 제1심 판결 정본이 송달된 때에 소송절차가 중단되지만, 丙과 丁의 소송수계에 의하여 소송절차가 다시 진행되면 그때부터 항소기간이 진행된다.

⑤ 甲이 A에게 제1심에 한하여 소송대리권을 수여한 경우 A에게 제1심 판결 정본이 송달된 후 丙과 丁이 소송수계절차를 밟지 않고 변호사 B에게 항소심에 대한 소송대리권을 수여하여 B가 甲 명의로 항소장을 제출한 때에는, 丙과 丁은 항소심에서 수계신청을 하고 B가 한 소송행위를 추인할 수 있다.

① O 당사자가 사망하더라도 소송대리인의 소송대리권은 소멸하지 아니하므로(민사소송법 제95조 제1호), 당사자가 소송대리인에게 소송위임을 한 다음 소 제기 전에 사망하였는데 소송대리인이 당사자가 사망한 것을 모르고 당사자를 원고로 표시하여 소를 제기하였다면 소의 제기는 적법하고, 시효중단 등 소 제기의 효력은 상속인들에게 귀속된다. 이 경우 민사소송법 제233조 제1항이 유추적용되어 사망한 사람의 상속인들은 소송절차를 수계하여야 한다(대판 2016.4.29. 2014다210449).

② O 망인의 소송대리인에게 상소제기에 관한 특별수권이 부여되어 있는 경우에는, 그에게 판결이 송달되더라도 소송절차가 중단되지 아니하고 상소기간은 진행하는 것이므로 상소제기 없이 상소기간이 지나가면 그 판결은 확정되는 것이지만, 한편 망인의 소송대리인이나 상속인 또는 상대방 당사자에 의하여 적법하게 상소가 제기되면 그 판결이 확정되지 않는 것 또한 당연하다(대판 2010.12.23. 2007다22859).

③ X 수계적격자인 망인의 공동상속인들 전원이 아니라 제1심에서 실제로 수계절차를 밟은 소외 2만을 원고로 표시한 제1심판결의 효력은 그 당사자 표시의 잘못에도 불구하고 당연승계에 따른 수계적격자인 망인의 상속인들 모두에게 미치는 것인데, 위와 같은 제1심판결의 잘못된 당사자 표시를 신뢰한 망인의 소송대리인이 판결에 표시된 소송수계인을 그대로 항소인으로 표시하여 그 판결에 전부 불복하는 이 사건 항소를 제기한 이상, 이 사건 항소 역시 소송수계인으로 표시되지 아니한 나머지 상속인들 모두에게 효력이 미치는 위 제1심판결 전부에 대하여 제기된 것으로 보아야 할 것이다. 그렇다면 이 사건 항소로 인하여 제1심판결 전부에 대하여 확정이 차단되고 항소심절차가 개시되었으며, 다만 제1심에서 이미 수계한 소외 2 외에 망인의 나머지 상속인들 모두의 청구 부분과 관련하여서는 항소제기 이후로 소송대리인의 소송대리권이 소멸함에 따라 민사소송법 제233조에 의하여 그 소송절차는 중단된 상태에 있었다고 보아야 한다. 따라서 원심으로서는 망인의 정당한 상속인인 원고들의 이 사건 소송수계신청을 받아들여 그 부분 청구에 대하여도 심리 판단하였어야 한다(대판 2010.12.23. 2007다22859).

④ O 소송절차의 중단 또는 중지는 기간의 진행을 정지시키며, 소송절차의 수계사실을 통지한 때 또는 소송절차를 다시 진행한 때부터 전체기간이 새로 진행된다(민사소송법 제247조 제2항). 당사자가 사망하였으나 소송대리인이 있는 경우에는 소송절차가 중단되지 아니하고(민사소송법 제238조, 제233조 제1항), 소송대리인은 상속인들 전원을 위하여 소송을 수행하게 되며, 판결은 상속인들 전원에 대하여 효력이 있다. 이 경우 심급대리의 원칙상 판결정본이 소송대리인에게 송달되면 소송절차가 중단되므로 항소는 소송수계절차를 밟은 다음에 제기하는 것이 원칙이다(대판 2016.4.29. 2014다210449).

⑤ O **소송절차 중단 중에 제기된 상소**는 부적법하지만 상소심법원에 수계신청을 하여 하자를 치유시킬 수 있으므로, **상속인들에게서 항소심소송을 위임받은 소송대리인이 소송수계절차를 취하지 아니한 채 사망한 당사자 명의로 항소장 및 항소이유서를 제출하였더라도**, 상속인들이 항소심에서 **수계신청을** 하고 소송대리인의 소송행위를 적법한 것으로 **추인**하면 하자는 치유되고, 추인은 묵시적으로도 가능하다(대판 2016.4.29. 2014다210449).

42 18변시-56 정답 ②

甲은 乙을 상대로 대여금청구의 소를 제기하기 위하여 변호사 X를 소송대리인으로 선임하면서 상소 제기의 권한도 부여하였다. 그 후 甲은 사망하였고 甲의 상속인으로는 A, B, C가 있다. 이에 관한 설명 중 옳은 것을 모두 고른 것은? (다툼이 있는 경우 판례에 의함)

ㄱ. 甲이 소 제기 전에 사망하였는데 X가 그 사실을 모른 채 甲 명의로 소를 제기한 경우, 위 소는 부적법하다.

ㄴ. 甲이 소송계속 중 사망한 경우, 소송절차는 중단되지 않고 X가 A, B, C 모두를 위한 소송대리인이 된다.

ㄷ. 甲이 소송계속 중 사망하였는데 A와 B만이 상속인인 줄 알았던 X가 A와 B 명의로만 소송수계신청을 하여 A와 B만을 당사자로 표시한 제1심 판결이 선고되고 그 당사자 표시를 신뢰한 X가 A와 B만을 당사자로 표시하여 항소한 경우, A, B, C 모두에게 효력이 미치는 제1심 판결 전부에 대하여 항소가 제기된 것으로 보아야 한다.

ㄹ. 위 ㄷ.에서 X는 항소하지 않고 A와 B만이 직접 항소한 경우에도 A, B, C 모두에게 효력이 미치는 제1심 판결 전부에 대하여 항소가 제기된 것으로 보아야 한다.

ㅁ. 만일 X에게 상소 제기의 권한이 부여되지 않았다면 심급대리의 원칙상 제1심 판결이 선고될 때 소송절차가 중단된다.

① ㄱ, ㅁ ② ㄴ, ㄷ
③ ㄴ, ㄹ ④ ㄱ, ㄴ, ㄷ
⑤ ㄱ, ㄹ, ㅁ

ㄱ. X 당사자가 사망하더라도 소송대리인의 소송대리권은 소멸하지 아니하므로(제95조 제1호), 당사자가 소송대리인에게 소송위임을 한 다음 소 제기 전에 사망하였는데 소송대리인이 당사자가 사망한 것을 모르고 그 당사자를 원고로 표시하여 소를 제기하였다면 이러한 소의 제기는 적법하고, 시효중단 등 소제기의 효력은 상속인들에게 귀속된다(대판 2016.4.29. 2014다210449).

ㄴ. O 당사자가 사망하였으나 소송대리인이 있어 소송절차가 중단되지 아니한 경우 원칙적으로 소송수계라는 문제가 발생하지 아니하고 소송대리인은 상속인들 전원을 위하여 소송을 수행하게 되는 것이며, 그 사건의 판결은 상속인들 전원에 대하여 효력이 있다 할 것이다(대판 2010.12.23. 2007다22859).

ㄷ. O 제1심판결의 잘못된 당사자 표시를 신뢰한 망인의 소송대리인이 판결에 표시된 소송수계인을 그대로 항소인으로 표시하여 그 판결에 전부 불복하는 이 사건 항소를 제기한 이상, 이 사건 항소 역시 소송수계인으로 표시되지 아니한 나머지 상속인들 모두에게 효력이 미치는 위 제1심판결 전부에 대하여 제기된 것으로 보아야 할 것이다(대판 2010.12.23. 2007다22859).

ㄹ. X 일부 상속인들이 제1심판결에 불복하여 스스로 항소를 제기한 경우에는 상소하지 않은 누락상속인에 대한 판결은 확정된다(대결 1992.11.5. 91마342).

ㅁ. X 당사자가 사망하였으나 그를 위한 소송대리인이 있는 경우에는 소송절차가 중단되지 아니하고, 그 소송대리인은 상속인들 전원을 위하여 소송을 수행하게 되어 그 사건의 판결은 상속인들 전원에 대하여 효력이 있다고 할 것이며, 다만 심급대리의 원칙상 그 심급의 판결정본이 당사자에게 송달되면 소송절차는 중단된다(대판 1996.2.9. 94다61649).

43 17변시-54 정답 ④

甲은 乙을 상대로 불법행위에 기한 손해배상청구의 소를 제기하였다. 이에 관한 설명 중 옳은 것을 모두 고른 것은? (다툼이 있는 경우 판례에 의함)

> ㄱ. 乙이 소 제기 전에 이미 사망하였음에도 법원이 이를 간과하고 본안판결을 선고하였다면 이 판결은 당연무효이다.
> ㄴ. 乙이 소송계속 후 변론종결 전에 사망하여 소송절차 중단사유가 발생하였음에도 이를 간과하고 선고한 판결은 당연무효는 아니다.
> ㄷ. 乙이 변론종결 후에 사망한 때에도 판결의 선고는 가능하다.
> ㄹ. 乙이 소송계속 중 사망하더라도 乙을 위한 소송대리인 丙이 있다면 소송절차는 중단되지 않으며 상속인이 수계절차를 밟지 않더라도 丙은 상속인의 소송대리인이 된다.
> ㅁ. 甲이 소송대리인 丙에게 소송위임을 한 다음 소 제기 전 사망하였음에도 丙이 이를 모르고 甲을 원고로 표시하여 소를 제기한 경우, 이 소는 부적법하므로 각하되어야 한다.

① ㄱ, ㄴ, ㄷ
② ㄱ, ㄴ, ㅁ
③ ㄴ, ㄹ, ㅁ
④ ㄱ, ㄴ, ㄷ, ㄹ
⑤ ㄱ, ㄷ, ㄹ, ㅁ

 해설

ㄱ. **O** 피고가 이미 사망하였음에도 불구하고, 그 사망한 자를 상대로 소를 제기하면, 이는 상대방 당사자가 없는 소송이 된다. 이러한 소는 부적법하므로 법원은 이 소를 각하해야 하고, 상속인들이 소송수계도 할 수 없다. 따라서 원고는 사망한 자의 상속인들을 상대로 다시 소를 제기해야 하는데, 법원이 피고가 사망한 자라는 사실을 간과하고 재판을 진행하여 판결을 하였다면 그 판결은 당연무효이다.
  【관련판례】 당사자가 소제기 이전에 이미 사망하여 주민등록이 말소된 사실을 간과한 채 본안 판단에 나아간 원심판결은 당연무효라 할 것이나, 민사소송이 당사자의 대립을 그 본질적 형태로 하는 것임에 비추어 사망한 자를 상대로 한 상고는 허용될 수 없다 할 것이므로, 이미 사망한 자를 상대방으로 하여 제기한 상고는 부적법하다(대판 2000.10.27. 2000다33775).

ㄴ. **O** 종전판례는 위법설에 따라 상소를 긍정한 판례와 무효설에 따라 상소를 부정(형식적 확정력도 인정하지 않음)한 판례가 있었으나, 대법원은 전원합의체 판결로 간과판결이 절차상 위법은 있으나 당연무효라고 할 수는 없으며, 대리권 흠결에 준하여 상소 또는 재심이 가능하다고 판시하였다.
  【관련판례】 소송계속 중 어느 일방 당사자의 사망에 의한 소송절차 중단을 간과하고 변론이 종결되어 판결이 선고된 경우에는 그 판결은 소송에 관여할 수 있는 적법한 수계인의 권한을 배제한 결과가 되는 절차상 위법은 있지만 그 판결이 당연무효라 할 수는 없고, 다만 그 판결은 대리인에 의하여 적법하게 대리되지 않았던 경우와 마찬가지로 보아 대리권흠결을 이유로 상소 또는 재심에 의하여 그 취소를 구할 수 있을 뿐이므로, 판결이 선고된 후 적법한 상속인들이 수계신청을 하여 판결을 송달받아 상고하거나 또는 사실상 송달을 받아 상고장을 제출하고 상고심에서 수계절차를 밟은 경우에도 그 수계와 상고는 적법한 것이라고 보아야 하고, 그 상고를 판결이 없는 상태에서 이루어진 상고로 보아 부적법한 것이라고 각하해야 할 것은 아니다(대판 1995.5.23. 94다28444 전원합의체).

ㄷ. **O** 판결의 선고는 소송절차가 중단된 중에도 할 수 있다(제247조 제1항). 따라서 변론종결 후에 당사자가 사망하여 소송절차가 중단되었다 하더라도 법원은 판결선고를 할 수 있다. 그리고 사망자 명의의 판결이라고 하더라도 위법하다거나 무효인 판결이 아니며, 변론종결 뒤의 승계인인 상속인에게 기판력이 미치게 된다(제218조 제1항).

ㄹ. **O** 민사소송법 제95조 제1호, 제238조에 따라 소송대리인이 있는 경우에는 당사자가 사망하더라도 소송절차는 중단되지 않고 소송대리인의 소송대리권도 소멸하지 아니하는바, 이때 망인의 소송대리인은 당사자 지위의 당연승계로 인하여 상속인으로부터 새로이 수권을 받을 필요 없이 법률상 당연히 상속인의 소송대리인으로 취급되어 상속인들 모두를 위하여 소송을 수행하게 되는 것이고, 당사자가 사망하였으나 그를 위한 소송대리인이 있어 소송절차가 중단되지 않는 경우에 비록 상속인으로 당사자의 표시를 정정하지 아니한 채 망인을 그대로 당사자로 표시하여 판결하였다고 하더라도 그 판결의 효력은 망인의 소송상 지위를 당연승계한 상속인들 모두에게 미치는 것이므로, 망인의 공동상속인 중 소송수계절차를 밟은 일부만을 당사자로 표시한 판결 역시 수계하지 아니한 나머지 공동상속인들에게도 그 효력이 미친다(대판 2010.12.23. 2007다22859).

ㅁ. **X** 당사자가 사망하더라도 소송대리인의 소송대리권은 소멸하지 아니하므로(제95조 제1호), 당사자가 소송대리인에게 소송위임을 한 다음 소 제기 전에 사망하였는데 소송대리인이 당사자가 사망한 것을 모르고 당사자를 원고로 표시하여 소를 제기하였다면 소의 제기는 적법하고, 시효중단 등 소 제기의 효력은 상속인들에게 귀속된다. 이 경우 민사소송법 제233조 제1항이 유추적용되어 사망한 사람의 상속인들은 소송절차를 수계하여야 한다(대판 2016.4.29. 2014다210449).

44 14변시-64　　　　　정답 ④

乙은 자동차 사고에 대비하여 丁 보험주식회사와 책임보험계약을 체결하였다. 그 후 甲은 乙이 운전하는 차량에 부딪혀 중상을 입자 변호사 丙을 소송대리인으로 선임하여 乙을 상대로 불법행위를 원인으로 하는 손해배상청구소송을 제기하였다. 甲은 제1심 소송계속 중 사망하였고 상속인으로 A, B 및 가족과 연락을 끊고 미국에 사는 C가 있었으나, 丙은 A, B만 상속인으로 알고 A, B에 대해서만 수계절차를 밟았다. 위 사건에 관하여 제1심 법원은 청구기각판결을 하였고 상소제기의 특별수권을 받았던 丙은 A, B만을 항소인으로 표시하여 항소를 제기하였다. 다음 설명 중 옳지 않은 것은? (다툼이 있는 경우에는 판례에 의함)

① 甲이 사망하였으므로 소송절차가 중단되는 것이 원칙이나, 소송대리인 丙이 있으므로 소송절차는 중단되지 않는다.
② 甲의 사망 후 원고는 상속인인 A, B, C가 되고 甲에 의해 선임된 소송대리인 丙은 상속인들 모두의 대리인이 된다.
③ 위 손해배상청구소송은 통상공동소송이다.
④ 비록 丙이 A, B만 상속인으로 알고 C를 위하여 항소를 하지 않았다고 하여도, C는 상속이 되었다는 사실을 알기 힘들고 대리인 丙도 마찬가지이므로 당사자가 책임질 수 없는 사유에 의해 항소를 하지 못한 경우에 해당하여 추후보완항소를 할 수 있다.
⑤ 甲의 상속인들은 乙이 책임을 질 사고로 입은 손해에 대하여 보험금액의 한도 내에서 丁에게 직접 보상을 청구할 수 있다.

💬 해설

① O

제233조(당사자의 사망으로 말미암은 중단)
① 당사자가 죽은 때에 소송절차는 중단된다. 이 경우 상속인 · 상속재산관리인, 그 밖에 법률에 의하여 소송을 계속하여 수행할 사람이 소송절차를 수계(受繼)하여야 한다.
제238조(소송대리인이 있는 경우의 제외)
소송대리인이 있는 경우에는 제233조 제1항, 제234조 내지 제237조의 규정을 적용하지 아니한다.

② O 소송계속 중 당사자가 사망한 경우 당사자의 지위가 상속인들에게 당연승계되는지에 대해 견해가 대립되나 판례는 이를 긍정한다. 이에 따르면 甲의 사망 후 원고는 상속인인 A, B, C가 되고 甲에 의해 선임된 소송대리인 丙은 상속인들 모두의 대리인이 된다.

<u>관련판례</u> 민사소송법 제95조 제1호, 제238조에 따라 소송대리인이 있는 경우에는 당사자가 사망하더라도 소송절차가 중단되지 않고 소송대리인의 소송대리권도 소멸하지 아니하는바, 이때 망인의 소송대리인은 당사자 지위의 당연승계로 인하여 상속인으로부터 새로이 수권을 받을 필요 없이 법률상 당연히 상속인의 소송대리인으로 취급되어 상속인들 모두를 위하여 소송을 수행하게 되는 것이고, 당사자가 사망하였으나 그를 위한 소송대리인이 있어 소송절차가 중단되지 않는 경우에 비록 상속인으로 당사자의 표시를 정정하지 아니한 채 망인을 그대로 당사자로 표시하여

판결하였다고 하더라도 그 판결의 효력은 망인의 소송상 지위를 당연승계한 상속인들 모두에게 미치는 것이므로, 망인의 공동상속인 중 소송수계절차를 밟은 일부만을 당사자로 표시한 판결 역시 수계하지 아니한 나머지 공동상속인들에게도 그 효력이 미친다(대판 2010.12.23. 2007다22859).

③ O 고유필수적 공동소송인이 되려면 실체법상 관리처분권이 공동귀속되어야 하는바, A, B, C는 공동상속인으로서 공유관계에 있으므로 통상공동소송인관계에 있다.

④ X 상속인들이 직접 상소를 제기한 경우라면 통상공동소송에 해당하여 상소불가분의 원칙이 적용되지 않는 바, C에 대해서는 판결이 확정되게 된다. 그러나 망인의 대리인이 소를 제기한 경우 당사자 지위를 당연승계한 상속인들 모두에 대해 상소의 효력이 미치므로 판결은 확정되지 않는다.

<u>관련판례</u> 망인의 소송대리인에게 상소제기에 관한 특별수권이 부여되어 있는 경우에는, 그에게 판결이 송달되더라도 소송절차가 중단되지 아니하고 상소기간은 진행하는 것이므로 상소제기 없이 상소기간이 지나가면 그 판결은 확정되는 것이지만, 한편 망인의 소송대리인이나 상속인 또는 상대방 당사자에 의하여 적법하게 상소가 제기되면 그 판결이 확정되지 않는 것 또한 당연하다. 그런데 당사자 표시가 잘못되었음에도 망인의 소송상 지위를 당연승계한 정당한 상속인들 모두에게 효력이 미치는 판결에 대하여 그 잘못된 당사자 표시를 신뢰한 망인의 소송대리인이나 상대방 당사자가 그 잘못 기재된 당사자 모두를 상소인 또는 피상소인으로 표시하여 상소를 제기한 경우에는, 상소를 제기한 자의 합리적 의사에 비추어 특별한 사정이 없는 한 정당한 상속인들 모두에게 효력이 미치는 위 판결 전부에 대하여 상소가 제기된 것으로 보는 것이 타당하다(대판 2010.12.23. 2007다22859).

⑤ O

상법 제724조(보험자와 제3자와의 관계)
② 제3자는 피보험자가 책임을 질 사고로 입은 손해에 대하여 보험금액의 한도내에서 보험자에게 직접 보상을 청구할 수 있다. 그러나 보험자는 피보험자가 그 사고에 관하여 가지는 항변으로써 제3자에게 대항할 수 있다.

45 21법전협-3-41   정답 ②

甲이 乙에 대한 대여금반환청구소송을 제기하여 소송계속 중 사망하였다. 甲에게는 사망 당시 상속인으로 丙과 丁이 있었으나 법원은 丁의 존재를 알지 못하였다. 甲에게는 변호사 A가 소송대리를 하고 있었기 때문에 소송은 중단되지 않았다. 법원은 심리 후 변론을 종결하고 '망 甲의 상속인 丙'만으로 원고를 표시하여 그 청구를 기각하는 판결을 선고하고 판결 정본을 A에게 송달하였다. 다음 설명 중 옳지 않은 것은? (다툼이 있는 경우 판례에 의함)

① 상소제기의 특별수권을 받은 변호사 A가 판결의 송달을 받은 후 아무도 상소를 제기하지 않았다면 상소제기기간을 도과한 때에 丙과 丁에 대한 관계에서 판결이 확정된다.

② 상소제기의 특별수권을 받은 변호사 A가 丙만을 상속인으로 표시한 제1심 판결을 신뢰하고 丙만을 상소인으로 표시하여 상소를 제기하였다면 丁에게는 상소가 제기된 것으로 볼 수 없다.

③ 상소제기의 특별수권을 받은 변호사 A가 판결의 송달을 받은 후 유일한 상속인으로 알고 있는 丙에게만 판결정본을 전달하여 丙이 상소를 제기하였으나 丁은 판결의 존재를 알지 못하여 상소제기기간을 도과한 경우 丁과 상대방 사이의 판결은 상소제기기간의 도과시에 확정된다.

④ 상소제기의 특별수권을 받지 않은 변호사 A가 판결의 송달을 받은 경우에는 송달과 동시에 절차가 중단되므로 이 상태에서는 판결은 확정되지 않는다.

⑤ 상소제기의 특별수권을 받지 않은 변호사 A가 판결의 송달을 받고 유일한 상속인으로 알고 있는 丙에게 판결정본을 전달하여 丙은 상소를 제기하였으나 丁은 상소를 제기하지 않은 경우 丁과 상대방 사이에 판결은 확정되지 않는다.

 해설

① O 망인의 소송대리인에게 상소제기에 관한 특별수권이 부여되어 있는 경우에는, 그에게 판결이 송달되더라도 소송절차가 중단되지 아니하고 상소기간은 진행하는 것이므로 상소제기 없이 상소기간이 지나가면 그 판결은 확정되는 것이지만, 한편 망인의 소송대리인이나 상속인 또는 상대방 당사자에 의하여 적법하게 상소가 제기되면 그 판결이 확정되지 않는 것 또한 당연하다(대판 2010.12.23. 2007다22859).

② X 제1심 소송 계속 중 원고가 사망하자 공동상속인 중 甲만이 수계절차를 밟았을 뿐 나머지 공동상속인들은 수계신청을 하지 아니하여 甲만을 망인의 소송수계인으로 표시하여 원고 패소 판결을 선고한 제1심판결에 대하여 상소제기의 특별수권을 부여받은 망인의 소송대리인이 항소인을 제1심판결문의 원고 기재와 같이 "망인의 소송수계인 甲"으로 기재하여 항소를 제기하였고, 항소심 소송 계속 중에 망인의 공동상속인 중 乙 등이 소송수계신청을 한 사안에서, 수계적격자인 망인의 공동상속인들 전원이 아니라 제1심에서 실제로 수계절차를 밟은 甲만을 원고로 표시한 제1심판결의 효력은 그 당사자 표시의 잘못에도 불구하고 당연승계에 따른 수계적격자인 망인의 상속인들 모두에게 미치는 것인데, 위와 같은 제1심판결의 잘못된 당사자 표시를 신뢰한 망인의 소송대리인이 판결에 표시된 소송수계인을 그대로 항소인으로 표시하여 그 판결에 전부 불복하는 위 항소를 제기한 이상, 그 항소 역시 소송수계인으로 표시되지 아니한 나머지 상속인들 모두에게 효력이 미치는 위 제1심판결 전부에 대하여 제기된 것으로 보아야 할 것이므로, 위 항소로 인하여 제1심판결 전부에 대하여 확정이 차단되고 항소심절차가 개시되었으며, 다만 제1심에서 이미 수계한 甲 외에 망인의 나머지 상속인들 모두의 청구 부분과 관련하여서는 항소제기 이후로 소송대리인의 소송대리권이 소멸함에 따라 민사소송법 제233조에 의하여 그 소송절차는 중단된 상태에 있었다고 보아야 할 것이고, 따라서 원심으로서는 망인의 정당한 상속인인 乙 등의 위 소송수계신청을 받아들여 그 부분 청구에 대하여도 심리 판단하였어야 함에도, 乙 등이 망인의 당사자 지위를 당연승계한 부분의 제1심판결이 이미 확정된 것으로 오인하여 위 소송수계신청을 기각한 원심판결을 파기한 사례(대판 2010.12.23. 2007다22859).

③ O (판결 이유 중) 제1심판결의 효력은 당사자표시에서 누락되었음에도 불구하고 위 망 남기열의 정당한 상속인인 위 남국현, 남주현에게도 그들의 상속지분만큼 미치는 것이고 통상의 경우라면 심급대리의 원칙상 이 판결의 정본이 소송대리인에게 송달된 때에 소송절차는 중단되는 것이며, 소송수계를 하지 아니한 남국현과 남주현에 관하여는 현재까지도 중단상태에 있다고 할 것이나, 기록에 의하면 이 사건의 경우 망 남기열의 소송대리인이었던 임종선변호사는 상소제기의 특별수권을 부여받고 있었으므로(소송대리위임장에 부동문자로 특별수권이 부여되어 있다)항소제기기간은 진행된다고 하지 않을 수 없어 제1심판결중 위 남국현, 남주현(필자 주: 누락된 상속인)의 상속지분에 해당하는 부분은 그들이나 소송대리인이 항소를 제기하지 아니한 채 항소제기기간이 도과하여 이미 그 판결이 확정되었다고 하지 않을 수 없다(대결 1992.11.5. 91마342).

④, ⑤ O 당사자가 사망하였으나 그를 위한 소송대리인이 있는 경우에는 소송절차가 중단되지 아니하고, 그 소송대리인은 상속인들 전원을 위하여 소송을 수행하게 되어 그 사건의 판결은 상속인들 전원에 대하여 효력이 있다고 할 것이며, 다만 심급대리의 원칙상 그 판결정본이 소송대리인에게 송달된 때에는 소송절차가 중단된다(대판 1996.2.9. 94다61649).

제3장 | 증거

제1절 총설, 불요증사실(자백 등)

01 19변시-65 　　　정답 ⑤

증거에 관한 설명 중 옳은 것은? (다툼이 있는 경우 판례에 의함)

① 「민법」제30조에 의하면 2인 이상이 동일한 위난으로 사망한 경우에는 동시에 사망한 것으로 추정하도록 규정하고 있는바, 이 추정을 번복하기 위하여는 동시에 사망하였다는 점에 대하여 법원의 확신을 흔들리게 하는 반증을 제출해야 한다.
② 점유자가 스스로 매매 등과 같은 자주점유의 권원을 주장하였지만 그것이 인정되지 않는다면 자주점유의 추정이 번복된다.
③ 가압류의 집행 후에 집행채권자가 본안소송에서 패소 확정되었다고 하더라도, 그 가압류의 집행으로 인한 채무자의 손해에 대하여 집행채권자에게 고의 또는 과실이 있다고 사실상 추정되지 아니한다.
④ 소유권이전등기의 원인이 전 등기명의인의 직접적인 처분행위에 의한 것이 아니라 제3자가 그 처분행위에 개입되어 무효라는 이유로 전 등기명의인이 말소등기 청구를 한 경우, 현 등기명의인은 그 제3자에게 전 등기명의인을 대리할 권한이 있었다는 등의 사실에 대한 증명책임을 진다.
⑤ 준거법으로서의 외국법은 법률이어서 법원이 직권으로 그 내용을 조사하여야 하고, 법원이 합리적이라고 판단하는 방법에 의하여 조사하면 충분하다.

 해설

① X 민법 제30조에 의하면, 2인 이상이 동일한 위난으로 사망한 경우에는 동시에 사망한 것으로 추정하도록 규정하고 있는바, 이 추정은 법률상 추정으로서 이를 번복하기 위하여는 동일한 위난으로 사망하였다는 전제사실에 대하여 법원의 확신을 흔들리게 하는 반증을 제출하거나 또는 각자 다른 시각에 사망하였다는 점에 대하여 법원에 확신을 줄 수 있는 본증을 제출하여야 하는데, 이 경우 사망의 선후에 의하여 관계인들의 법적 지위에 중대한 영향을 미치는 점을 감안할 때 충분하고도 명백한 입증이 없는 한 위 추정은 깨어지지 아니한다고 보아야 한다(대판 1998.8.21. 98다8974).
② X 점유자가 스스로 매매 또는 증여와 같은 자주점유의 권원을 주장하였으나 이것이 인정되지 않는 경우에도 원래 이와 같은 자주점유의 권원에 관한 입증책임이 점유자에게 있지 아니한 이상 그 점유권원이 인정되지 않는다는 사유만으로 자주점유의 추정이 번복된다거나 또는 점유권원의 성질상 타주점유라고는 볼 수 없다(대판 1983.7.12. 82다708,709,82다카1792,1793 전원합의체).
③ X 가압류나 가처분 등 보전처분은 법원의 재판에 의하여 집행되는 것이기는 하나, 그 실체상 청구권이 있는지 여부는 본안소송에 맡기고 단지 소명에 의하여 채권자의 책임 아래 하는 것이므로, 그 집행 후에 집행채권자가 본안소송에서 패소 확정되었다면 그 보전처분의 집행으로 인하여 채무자가 입은 손해에 대하여는 특별한 반증이 없는 한 집행채권자에게 고의 또는 과실이 있다고 추정되고, 따라서 그 부당한 집행으로 인한 손해에 대하여 이를 배상할 책임이 있다(대판 2002.9.24. 2000다46184).
④ X 소유권이전등기가 전 등기명의인의 직접적인 처분행위에 의한 것이 아니라 제3자가 그 처분행위에 개입된 경우 현 등기명의인이 그 제3자가 전 등기명의인의 대리인이라고 주장하더라도 현 소유명의인의 등기가 적법히 이루어진 것으로 추정되므로, 그 등기가 원인무효임을 이유로 그 말소를 청구하는 전 소유명의인으로서는 그 반대사실 즉, 제3자에게 전 소유명의인을 대리할 권한이 없었던가, 또는 제3자가 전 소유명의인의 등기서류를 위조하였다는 등의 무효사실에 대한 입증책임을 진다(대판 1997.4.8. 97다416).
⑤ O 우리나라 법률상으로는 준거법으로서의 외국법의 적용 및 조사에 관하여 특별한 규정을 두고 있지 아니하나 외국법은 법률이어서 법원이 권한으로 그 내용을 조사하여야 하고, 그 방법에 있어서 법원이 합리적이라고 판단하는 방법에 의하여 조사하면 충분하고, 반드시 감정인의 감정이나 전문가의 증언 또는 국내외 공무소, 학교등에 감정을 촉탁하거나 사실조회를 하는 등의 방법만에 의하여야 할 필요는 없다(대판 1990.4.10. 89다카20252).

02 22변시-66 　　　정답 ①

재판상 자백에 관한 설명 중 옳지 않은 것은? (다툼이 있는 경우 판례에 의함)

① 법정변제충당의 순서를 정하는 기준이 되는 이행기나 변제이익에 관한 사항은 물론 법정변제충당의 순서 자체에 관한 사항도 자백의 대상이 될 수 있다.
② 당사자 일방이 한 진술에 잘못된 계산이나 기타 표현상의 잘못이 있고, 그 잘못이 분명한 경우에는 상대방이 이를 원용하더라도 자백이 성립하지 않는다.
③ 당사자 일방이 자진하여 자기에게 불리한 사실상 진술을 한 후 그 상대방이 이를 원용함으로써 그 사실에 관한 당사자 쌍방의 주장이 일치하기 전에는 위 당사자 일방의 불리한 진술은 자백으로서의 효력이 생기지 않는다.
④ 종중이 당사자인 사건에서 그 종중의 대표자에게 적법한 대표권이 있는지 여부는 자백의 대상이 될 수 없다.
⑤ 甲이 乙을 상대로 제기한 A 토지에 관한 소유권이전등기말소청구 소송에서 乙이 A 토지의 소유권이전등기가 아무런 원인 없이 이루어졌다는 甲의 주장사실을 인정함으로써 자백이 성립된 후, 甲이 새로이 명의신탁 사실을 주장하며 명의신탁해지를 원인으로 한 소유권이전등기를 구하는 것으로 청구취지 및 청구원인을 교환적으로 변경함으로써 원래의 주장사실을 철회하였다면, 乙은 위 등기가 원인 없이 이루어진 것이 아니라는 주장을 할 수 있다.

① X 법정변제충당의 순서를 정함에 있어 기준이 되는 이행기나 변제이익에 관한 사항 등은 구체적 사실로서 자백의 대상이 될 수 있으나, 법정변제충당의 순서 자체는 법률 규정의 적용에 의하여 정하여지는 법률상의 효과여서 그에 관한 진술이 비록 그 진술자에게 불리하더라도 이를 자백이라고 볼 수는 없다(대판 1998.7.10. 98다6763).

② O 당사자 일방이 한 진술에 잘못된 계산이나 기재, 기타 이와 비슷한 표현상의 잘못이 있고, 잘못이 분명한 경우에는 비록 상대방이 이를 원용하였다고 하더라도 당사자 쌍방의 주장이 일치한다고 할 수 없으므로 자백(선행자백)이 성립할 수 없다(대판 2018.8.1. 2018다229564).

③ O 재판상 자백의 일종인 소위 선행자백은 당사자 일방이 자기에게 불리한 사실상의 진술을 자진하여 한 후 그 상대방이 이를 원용함으로써 그 사실에 관하여 당사자 쌍방의 주장이 일치함을 요하므로 그 일치가 있기 전에는 전자의 진술을 선행자백이라 할 수 없고, 따라서 일단 자기에게 불리한 사실을 진술한 당사자도 그 후 그 상대방의 원용이 있기 전에는 그 자인한 진술을 철회하고 이와 모순되는 진술을 자유로이 할 수 있으며, 이 경우 앞의 자인 진술은 소송자료로부터 제거된다(대판 1986.7.22. 85다카944).

④ O [1] 종중이 당사자인 사건에 있어서 그 종중의 대표자에게 적법한 대표권이 있는지의 여부는 소송요건에 관한 것으로서 법원의 직권조사사항이다.
[2] 직권조사사항은 자백의 대상이 될 수 없다(대판 2002.5.14. 2000다42908).

⑤ O 피고가 제1심에서 대상 토지의 소유권 일부 이전등기가 아무런 원인 없이 이루어졌다는 원고의 주장사실을 인정함으로써 자백이 성립된 후, 소변경신청서에 의하여 그 등기가 원인 없이 이루어졌다는 기존의 주장사실에 배치되는 명의신탁 사실을 주장하면서 청구취지 및 청구원인을 명의신탁해지를 원인으로 하는 소유권이전등기를 구하는 것으로 교환적으로 변경함으로써 원래의 주장사실을 철회한 경우, 이미 성립되었던 피고의 자백도 그 대상이 없어짐으로써 소멸되었고, 나아가 그 후 그 피고가 위 자백 내용과 배치되는 주장을 함으로써 그 진술을 묵시적으로 철회하였다고 보여지는 경우, 원고들이 이를 다시 원용할 수도 없게 되었고, 원고들이 원래의 원인무효 주장을 예비적 청구원인 사실로 다시 추가하였다 하여 자백의 효력이 되살아난다고 볼 수도 없다(대판 1997.4.22. 95다10204).

03 18변시-59   정답 ⑤

재판상 자백에 관한 설명 중 옳지 않은 것은? (다툼이 있는 경우 판례에 의함)

① 일단 자기에게 불리한 사실을 진술한 당사자도 그 후 상대방의 원용이 있기 전에는 그 진술을 철회하고 이와 모순되는 진술을 자유로이 할 수 있으며, 이 경우 앞의 자인사실은 소송자료에서 제거된다.

② 재판상 자백을 취소하려면 당사자는 그 자백이 진실에 어긋난다는 것 외에 착오로 말미암은 것임을 아울러 증명하여야 하며, 진실에 어긋나는 것임이 증명되었다고 하여 착오로 말미암은 것으로 추정되지는 않는다.

③ 재판상 자백을 취소하는 경우, 진실에 어긋난다는 사실에 대한 증명은 그 반대되는 사실을 직접증거로 증명함으로써 할 수 있지만 자백사실이 진실에 어긋남을 추인할 수 있는 간접사실의 증명으로도 가능하다.

④ 타인의 불법행위로 인하여 피해자가 상해를 입거나 사망한 경우, 그 손해배상을 구하는 소에서 피해자의 사고 당시 수입은 재판상 자백의 대상이 된다.

⑤ 「민사소송법」 제150조 제3항 본문의 요건이 구비되어 자백간주의 효과가 발생하였다 하더라도 그 이후의 변론기일에 대한 소환장이 공시송달의 방법으로 송달되었다면 위 조항의 단서에 따라 자백간주의 효과가 상실된다.

① O 재판상 자백의 일종인 소위 선행자백은 당사자 일방이 자기에게 불리한 사실상의 진술을 자진하여 한 후 상대방이 이를 원용함으로써 그 사실에 관하여 당사자 쌍방의 주장이 일치함을 요하므로 그 일치가 있기 전에는 이를 선행자백이라 할 수 없고, 따라서 일단 자기에게 불리한 사실을 진술한 당사자도 그 후 그 상대방의 원용이 있기 전에는 그 자인한 진술을 철회하고 이와 모순된 진술을 자유로이 할 수 있다. 이 경우 그 해당진술은 소송자료로부터 제거된다(대판 2016.6.9. 2014다64752).

② O 제288조 단서에 의해 자백을 취소하려면 ㉠ 진실에 반한다는 점, ㉡ 착오에 의한 것이라는 점을 입증해야 한다. 진실에 반한다는 점을 증명했다고 하여 착오에 의한 것이라는 점이 추정되지 않는다(대판 1994.6.14. 94다14797 등).

③ O 진실에 부합하지 않는다는 사실에 대한 증명은 그 반대되는 사실을 직접증거에 의하여 증명함으로써 할 수 있지만 자백사실이 진실에 부합하지 않음을 추인할 수 있는 간접사실의 증명에 의하여도 가능하다고 할 것이고, 또한 자백이 진실에 반한다는 증명이 있다고 하여 그 자백이 착오로 인한 것이라고 추정되는 것은 아니지만 변론전체의 취지에 의하여 그 자백이 착오로 인한 것이라는 점을 인정할 수 있다(대판 2004.6.11. 2004다13533).

④ O 타인의 불법행위로 인하여 피해자가 상해를 입게 되거나 사망하게 된 경우, 피해자가 입게 된 소극적 손해인 일실수입은 피해자의 사고 당시 수입을 기초로 하여 산정하게 되므로 피해자의 사고 당시 수입은 자백의 대상이 된다(대판 1998.5.15. 96다24668).

⑤ X 자백간주가 성립하면 재판상 자백과 마찬가지로 법원에 대한 구속력이 발생하므로 법원은 자백간주 사실에 반하는 사실을 인정할 수 없다. 일단 자백간주가 성립되었다면 그 뒤 공시송달로 사건이 진행되어도 이미 발생한 자백간주의 효력은 소멸되지 아니한다(대판 1988.2.23. 87다카961).

| 04 | 17변시-57 | 정답 ② |

재판상 자백에 관한 설명 중 옳지 않은 것은? (다툼이 있는 경우 판례에 의함)

① 당사자가 변론에서 상대방이 주장하기도 전에 스스로 자신에게 불이익한 사실을 진술하였더라도, 상대방이 이를 명시적으로 원용하거나 그 진술과 일치되는 진술을 하게 되면 재판상 자백이 성립된다.
② 문서에 찍힌 인영의 진정함을 인정하였더라도 당사자는 자유롭게 이를 철회할 수 있다.
③ 부동산의 시효취득에서 점유기간의 산정기준이 되는 점유개시의 시기에 관한 자백은 법원이나 당사자를 구속하지 않는다.
④ 상대방에게 송달된 준비서면에 자백에 해당하는 내용이 기재되어 있는 경우, 그것이 변론기일에서 진술 또는 진술간주되어야 재판상 자백이 성립한다.
⑤ 재판상 자백이 성립하면 법원이 증거조사의 결과 반대의 심증을 얻었다 하여도 자백과 배치되는 사실을 인정할 수 없다.

 해설

① O 재판상 자백은 ㉠ 일방 당사자가 타방 당사자에게 불리한 사실을 진술(주장)하고 그 타방당사자가 이를 인정하는 경우뿐만 아니라 ㉡ 일방 당사자가 먼저 자기에게 불리한 내용을 진술하고 (= 자인진술[自認陳述]) 타방 당사자가 이를 원용하는 경우에도 성립한다. 후자의 경우를 특히 「선행자백」 또는 「자발자백」이라고 한다(대법원의 입장; 학설 중에는 불리한 진술 자체가 선행자백이고, 이를 원용하면 그때 재판상 자백이 된다고 설명하는 경우도 있다. 대표적으로 이시윤, 신민사소송법[제9판], 461면).
관련판례 재판상 자백의 일종인 소위 선행자백은 당사자 일방이 자기에게 불리한 사실상의 진술을 자진하여 한 후 상대방이 이를 원용함으로써 그 사실에 관하여 당사자 쌍방의 주장이 일치함을 요하므로 그 일치가 있기 전에는 이를 선행자백이라 할 수 없고, 따라서 일단 자기에게 불리한 사실을 진술한 당사자도 그 후 그 상대방의 원용이 있기 전에는 그 자인한 진술을 철회하고 이와 모순된 진술을 자유로이 할 수 있다. 이 경우 그 해당진술은 소송자료로부터 제거된다(대판 2007.3.30. 2006다79544, 대판 2009.9.10. 2009다29281, 대판 2016.6.9. 2014다64752).
② X 문서의 성립에 관한 자백은 보조사실에 관한 자백이기는 하나 그 취소에 관하여는 다른 간접사실에 관한 자백취소와는 달리 주요사실의 자백취소와 동일하게 처리하여야 할 것이므로 문서의 진정성립을 인정한 당사자는 자유롭게 이를 철회할 수 없다고 할 것이고(대판 1988.12.20. 88다카3083, 대판 1991.1.11. 90다8244). 이는 문서에 찍힌 인영의 진정함을 인정하였다가 나중에 이를 철회하는 경우에도 마찬가지이다(대판 2001.4.24. 2001다5654).
③ O 부동산의 시효취득에 있어서 점유기간의 산정기준이 되는 점유개시의 시기는 취득시효의 요건사실인 점유기간을 판단하는 데 간접적이고 수단적인 구실을 하는 간접사실에 불과하므로 이에 대한 자백은 법원이나 당사자를 구속하지 않는다(대판 2007.2.8. 2006다28065 등).
④ O 준비서면을 제출한 것만으로는 소송자료가 될 수 없으며(예외 제148조), 소송자료가 되기 위해서는 변론에서 진술해야 한다.
관련판례 준비서면에 취득시효완성에 관한 주장사실이 기재되어 있다 하더라도 그 준비서면이 변론 기일에서 진술된 흔적이 없다면 취득시효 완성의 주장에 대한 판단유탈의 위법이 있다할 수 없다(대판 1983.12.27. 80다1302).
⑤ O 재판상 자백은 법원과 당사자 모두를 구속한다. 즉, 법원은 증거조사 및 변론 전체의 취지로부터 자백한 사실과 반대되는 심증을 얻었다 하더라도 자백사실에 반하는 사실을 인정할 수 없고, 당사자는 자백을 임의로 취소할 수 없다(대판 2002.5.14. 2000다42908).

| 05 | 15변시-64 | 정답 ④ |

甲은 乙에게 매매계약에 기한 매매대금 청구의 소를 제기하면서 매매계약서를 그 증거로 제출하였다. 乙은 제1회 변론기일에서 甲이 주장하는 매매계약 체결사실과 매매계약서의 진정성립을 인정하였다. 그후 乙은 매매계약 체결사실을 다투고자 한다. 이 사안에 관한 설명 중 옳지 않은 것은? (다툼이 있는 경우 판례에 의함)

① 乙이 위 자백을 취소하려면 그 자백이 진실에 어긋나는 것 외에 착오로 인한 것임을 아울러 증명하여야 하고, 진실에 어긋나는 것임이 증명되었다고 하여 착오로 인한 자백으로 추정되지는 않는다.
② 乙의 자백 취소에 대하여 甲이 동의하면 진실에 어긋나는지 여부나 착오 여부와는 상관없이 자백의 취소는 인정된다.
③ 乙의 위 자백이 진실에 어긋난다는 사실이 증명된 경우라면 변론 전체의 취지에 의하여 그 자백이 착오로 인한 것이라는 점을 법원이 인정할 수 있다.
④ 乙이 매매계약서의 진정성립에 관하여 한 자백은 보조사실에 관한 자백이어서 이를 자유롭게 취소할 수 있다.
⑤ 乙의 위 자백이 진실에 어긋난다는 사실의 증명은 간접사실의 증명에 의하여도 가능하다.

 해설

① O 재판상 자백의 취소는 반드시 명시적으로 하여야만 하는 것은 아니고 종전의 자백과 배치되는 사실을 주장함으로써 묵시적으로도 할 수 있는 것이나, 다만 이 경우에도 자백을 취소하는 당사자는 그 자백이 진실에 반한다는 것 외에 착오에 의한 것임을 아울러 증명하여야 하며 진실에 반하는 것임이 증명되었다고 하여 착오에 인한 자백으로 추정되지는 않는다(대판 1994.6.14. 94다14797).
② O 재판상 자백의 취소 또는 철회는 1) 자백이 진실에 반하고 착오에 의한 경우 2) 상대방의 동의가 있는 경우 3) 형사상 처벌을 받을 다른 사람의 행위(제451조 제1항 제5호)로 자백을 하였고 그에 대한 유죄확정판결이 있는 경우에 허용된다.
관련판례 자백은 사적자치의 원칙에 따라 당사자의 처분이 허용되는 사항에 관하여 그 효력이 발생하는 것이므로 일단 자백이 성립되었다고 하여도 그 후 그 자백을 한 당사자가 종전의 자백과 배치되는 내용의 주장을 하고 이에 대하여 상대방이 이의를 제기함이 없이 그 주장내용을 인정한 때에는 종전의 자백은 취소되고 새로운 자백이 성립된 것으로 보아야 한다(대판 1990.11.27. 90다카20548).
③, ⑤ O 재판상의 자백에 대하여 상대방의 동의가 없는 경우에는 자백을 한 당사자가 그 자백이 진실에 부합되지 않는다는 것과 자백이 착오에 기인한다는 사실을 증명한 경우에 이를 취소할 수 있는바, 이때 진실에 부합하지 않는다는 사실에 대한 증명은 그

반대되는 사실을 직접증거에 의하여 증명함으로써 할 수 있지만, 자백사실이 진실에 부합하지 않음을 추인할 수 있는 간접사실의 증명에 의하여도 가능하다(⑤)고 할 것이고, 또 자백이 진실에 반한다는 증명이 있다고 하여 그 자백이 착오로 인한 것이라고 추정되는 것은 아니지만 그 자백이 진실과 부합되지 않는 사실이 증명된 경우라면 변론의 전취지에 의하여 그 자백이 착오로 인한 것이라는 점을 인정할 수 있다(③)(대판 2000.9.8. 2000다23013).

④ X 문서의 진정성립에 관한 자백은 보조사실에 관한 자백이나 주요사실의 자백취소와 마찬가지로 당사자는 자유롭게 이를 철회할 수 없다.

관련판례 문서의 성립에 관한 자백은 보조사실에 관한 자백이기는 하나 그 취소에 관하여는 다른 간접사실에 관한 자백취소와는 달리 주요사실의 자백취소와 동일하게 처리하여야 할 것이므로 문서의 진정성립을 인정한 당사자는 자유롭게 이를 철회할 수 없다고 할 것이고, 이는 문서에 찍힌 인영의 진정함을 인정하였다가 나중에 이를 철회하는 경우에도 마찬가지이다(대판 2001.4.24. 2001다5654).

06 12변시-58 정답 ④

불요증사실에 관한 기술 중 옳은 것을 모두 고른 것은?
(다툼이 있는 경우에는 판례에 의함)

ㄱ. 불요증사실로서 법원에 현저한 사실은 판결을 하여야 할 법원의 법관이 직무상 경험으로 그 사실의 존재에 관하여 명확한 기억을 하고 있는 사실뿐만 아니라, 기록 등을 조사하여 곧바로 그 내용을 알 수 있는 사실도 포함한다.
ㄴ. 피해자의 장래수입상실액을 인정하는 데 이용되는 고용형태별근로(직종별임금)실태조사보고서와 한국직업사전의 각 존재 및 그 기재 내용을 법원에 현저한 사실로 보아, 법원은 그것을 기초로 피해자의 일실수입을 산정할 수 있다.
ㄷ. 원고가 주장한 사실에 대해서 자백간주가 되었다면, 피고는 그 뒤 변론종결시까지 그 사실을 다투더라도 자백간주의 효과를 번복할 수 없다.
ㄹ. 자백의 취소에 있어 그 자백이 진실에 부합하지 않는 것임이 증명된 경우라도 나머지 요건인 그 자백이 착오로 인한 것이라는 점은 변론 전체의 취지만에 의하여 인정할 수 없다.
ㅁ. 당사자가 주장하지 않았음에도, 법원이 당해 법원의 다른 판결에서 인정한 사실관계를 법원에 현저한 사실로 인정한 것은 변론주의를 위반한 것이다.

① ㄴ, ㅁ ② ㄹ, ㅁ
③ ㄱ, ㄴ, ㄷ ④ ㄱ, ㄴ, ㅁ
⑤ ㄱ, ㄷ, ㄹ

 해설

ㄱ, ㄴ. O [1] 민사소송법 제261조 소정의 '법원에 현저한 사실'이라 함은 법관이 직무상 경험으로 알고 있는 사실로서 그 사실의 존재에 관하여 명확한 기억을 하고 있거나 또는 기록 등을 조사하여 곧바로 그 내용을 알 수 있는 사실을 말한다.
[2] 피해자의 장래수입상실액을 인정하는 데 이용되는 직종별임금실태조사보고서와 한국직업사전의 각 존재 및 그 기재 내용을 법원에 현저한 사실로 보아, 그를 기초로 피해자의 일실수입을 산정한 조치는, 객관적이고 합리적인 방법에 의한 것이라고 보여지므로 옳다(대판 1996.7.18. 94다20051 전원합의체).

ㄷ. X 재판상 자백은 법원과 당사자를 구속하나, 자백간주는 법원에 대하여 구속력을 가질 뿐이고 당사자를 구속하지는 않는다.

관련판례 민사소송법 제150조 제1항은 "당사자가 변론에서 상대방이 주장하는 사실을 명백히 다투지 아니한 때에는 그 사실을 자백한 것으로 본다. 다만, 변론 전체의 취지로 보아 그 사실에 대하여 다툰 것으로 인정되는 경우에는 그러하지 아니하다."고 규정하고 있는바, 당사자는 변론이 종결될 때까지 어느 때라도 상대방의 주장사실을 다툼으로써 자백간주를 배제시킬 수 있고, 상대방의 주장사실을 다투었다고 인정할 것인가의 여부는 사실심 변론종결 당시의 상태에서 변론의 전체를 살펴서 구체적으로 결정하여야 할 것이다(대판 2004.9.24. 2004다21305).

ㄹ. X 자백이 진실과 부합되지 않는 사실이 증명되는 경우 착오는 변론전체의 취지만으로 인정할 수 있다.

관련판례 재판상 자백은 상대방의 동의가 없는 경우에는 자백을 한 당사자가 그 자백이 진실에 부합되지 않는다는 사실과 자백이 착오에 기인한다는 사실을 증명한 경우에만 이를 취소할 수 있는 것이기는 하나, 증거에 의하여 자백이 진실과 부합되지 않는 사실이 증명되고 변론의 전취지에 의하여 그 자백이 착오에 기인한 것으로 인정되는 경우에는 법원은 자백의 취소를 허용하여야 할 것이다(대판 1997.11.11. 97다30646).

ㅁ. O 현저한 사실은 불요증사실일 뿐, 변론주의가 적용되므로 주요사실인 한 당사자의 주장이 필요하다.

관련판례 변론주의가 적용되는 소송절차에서 법원에 현저한 사실도 그 사실이 주요사실인 경우에는 당사자의 주장이 있어야만 비로소 판결의 기초로 할 수 있다(대판 1965.3.2. 64다1761).

13 18변시-57 정답 ⑤

증인신문에 관한 설명 중 옳은 것을 모두 고른 것은?
(다툼이 있는 경우 판례에 의함)

ㄱ. 법원은 효율적인 증인신문을 위하여 필요하다고 인정하는 때에는 증인에게 증인진술서를 제출하게 할 수 있다.
ㄴ. 법원이 증언거부권이나 선서거부권을 고지하지 않았다고 하여도 위법은 아니다.
ㄷ. 만 14세인 학생을 증인으로 신문할 때에는 선서를 시키지 못한다.
ㄹ. 증인이 자신의 직업의 비밀에 속하는 사항에 대하여 신문을 받을 때에는 해당 사항에 대한 비밀을 지킬 의무가 면제된 경우에도 증언거부권을 가진다.
ㅁ. 당사자나 법정대리인을 증인으로 신문하였다고 하더라도 지체 없이 이의권을 행사하지 않으면 그 흠이 치유된다.

① ㄱ, ㄹ
② ㄴ, ㅁ
③ ㄱ, ㄴ, ㄷ
④ ㄱ, ㄷ, ㄹ
⑤ ㄴ, ㄷ, ㅁ

해설

ㄱ. X

> **민사소송규칙 제79조(증인진술서의 제출 등)**
> ① 법원은 효율적인 증인신문을 위하여 필요하다고 인정하는 때에는 증인을 신청한 당사자에게 증인진술서를 제출하게 할 수 있다.

ㄴ. O 민사소송법은 형사소송법과 달리, '선서거부권 제도'(제324조), '선서면제 제도'(제323조) 등 증인으로 하여금 위증죄의 위험에서 벗어날 수 있도록 하는 이중의 장치를 마련하고 있어 증언거부권 고지 규정을 두지 아니한 것이 입법의 불비라거나 증언거부권 있는 증인의 침묵할 수 있는 권리를 부당하게 침해하는 입법이라고 볼 수도 없다. 그렇다면 민사소송절차에서 재판장이 증인에게 증언거부권을 고지하지 아니하였다 하여 절차위반의 위법이 있다고 할 수 없다(대판 2011.7.28. 2009도14928).

ㄷ. O

> **제322조(선서무능력)**
> 다음 각호 가운데 어느 하나에 해당하는 사람을 증인으로 신문할 때에는 선서를 시키지 못한다.
> 1. 16세 미만인 사람
> 2. 선서의 취지를 이해하지 못하는 사람

ㅁ. O

> **제151조(소송절차에 관한 이의권)**
> 당사자는 소송절차에 관한 규정에 어긋난 것임을 알거나, 알 수 있었을 경우에 바로 이의를 제기하지 아니하면 그 권리를 잃는다. 다만, 그 권리가 포기할 수 없는 것인 때에는 그러하지 아니하다.

ㄹ. X

> **제315조(증언거부권)**
> ① 증인은 다음 각호 가운데 어느 하나에 해당하면 증언을 거부할 수 있다.
> 1. 변호사·변리사·공증인·공인회계사·세무사·의료인·약사, 그 밖에 법령에 따라 비밀을 지킬 의무가 있는 직책 또는 종교의 직책에 있거나 이러한 직책에 있었던 사람이 직무상 비밀에 속하는 사항에 대하여 신문을 받을 때
> 2. 기술 또는 직업의 비밀에 속하는 사항에 대하여 신문을 받을 때
> ② 증인이 비밀을 지킬 의무가 면제된 경우에는 제1항의 규정을 적용하지 아니한다.

14 22변시-64 정답 ②

甲은 '乙이 丙의 甲에 대한 1억 원의 대여금 채무를 연대보증한다.'는 취지가 기재된 보증서를 증거로 제출하면서 乙에 대하여 위 1억 원의 보증금 지급을 구하는 소를 제기하였다. 이에 관한 설명 중 옳지 않은 것은? (다툼이 있는 경우 판례에 의함)

① 甲이 보증서의 원본을 제출하지 않고 사본을 제출한 경우에는 원본의 존재 및 진정성립에 관하여 다툼이 있고 사본을 원본의 대용으로 하는 것에 대하여 乙로부터 이의가 있다면 사본으로써 원본을 대신할 수 없다.
② 보증서에 乙의 날인만 되어 있고 내용이 백지로 된 문서를 교부받아 제3자가 후일 그 백지 부분을 보충한 것임이 밝혀지더라도 乙의 날인이 진정한 이상 그 문서의 진정성립이 추정된다.
③ 보증서에 날인된 인영이 乙의 인장에 의하여 현출된 것이라면 그 문서 전체의 진정성립이 추정되고, 그 문서가 乙의 의사에 반하여 작성된 것이라는 점은 이를 주장하는 자가 적극적으로 증명하여야 한다.
④ 보증서에 乙이 아닌 자가 날인한 것이 밝혀진 경우에는, 甲이 그 날인 행위가 乙로부터 위임받은 정당한 권원에 의한 것이라는 사실까지 증명할 책임을 부담한다.
⑤ 乙이 보증서상의 인영이 자신의 인감도장에 의한 인영과 동일하다고 진술한 후에 스스로 그 진술을 철회하기 위해서는 재판상 자백의 취소요건을 갖추어야 한다.

① O 원본의 존재 및 원본의 성립의 진정에 관하여 다툼이 있고 사본을 원본의 대용으로 하는데 대하여 상대방으로부터 이의가 있는 경우에는 사본으로써 원본을 대신할 수 없으며, 반면에 사본을 원본으로서 제출하는 경우에는 그 사본이 독립한 서증이 되는 것이나 그 대신 이에 의하여 원본이 제출된 것으로 되지는 아니하고, 이 때에는 증거에 의하여 사본과 같은 원본이 존재하고 또 그 원본이 진정하게 성립하였음이 인정되지 않는 한 그와 같은 내용의 사본이 존재한다는 것 이상의 증거가치는 없다(대판 2002.8.23. 2000다66133).

② X 문서에 날인된 작성명의인의 인영이 작성명의인의 인장에 의하여 현출된 인영임이 인정되는 경우에는 특단의 사정이 없는 한 그 인영의 진정성립 및 그 문서전체의 진정성립까지 추정되는 것이기는 하나, 이는 어디까지나 먼저 내용기재가 이루어진 뒤에 인영이 압날된 경우에만 허용되는 것이며, 작성명의인의 날인만 되어 있고 그 내용이 백지로 된 문서를 교부받아 후일 그 백지부분을 작성명의자가 아닌 자가 보충한 문서의 경우에 있어서는 문서제출자는 그 기재내용이 작성명의인으로부터 위임받은 정당한 권원에 의한 것이라는 사실까지 입증할 책임이 있으며, 이와 같은 법리는 그 문서가 처분문서라고 하여 달라질 것은 아니다(대판 1988.4.12. 87다카576).

③ O (판결 이유 중) 문서에 찍혀진 작성명의인의 인영이 그 인장에 의하여 현출된 인영임이 인정되는 경우에는 특단의 사정이 없는 한 그 인영의 성립 즉 그 작성명의인에 의하여 날인된 것으로 추정되고 일단 그것이 추정되면 민사소송법 제358조에 의하여 그 문서 전체의 진정성립이 추정되는 것이므로, 그 문서가 작성명의인의 의사에 반하여 혹은 작성명의인의 의사에 기하지 않고 작성된 것이라는 것은 그것을 주장하는 자가 적극적으로 입증하여야 하고 이 항변사실을 입증하는 증거의 증명력은 개연성만으로는 부족하다(대판 2008.11.13. 2007다82158).

④ O 문서에 날인된 작성명의인의 인영이 그의 인장에 의하여 현출된 것이라면 특별한 사정이 없는 한 그 인영의 진정성립, 즉 날인행위가 작성명의인의 의사에 기한 것임이 사실상 추정되고, 일단 인영의 진정성립이 추정되면 민사소송법 제329조에 의하여 그 문서전체의 진정성립이 추정되나, 위와 같은 사실상 추정은 날인행위가 작성명의인 이외의 자에 의하여 이루어진 것임이 밝혀진 경우에는 깨어지는 것이므로, 문서제출자는 그 날인행위가 작성명의인으로부터 위임받은 정당한 권원에 의한 것이라는 사실까지 입증할 책임이 있다(대판 1995.6.30. 94다41324).

⑤ O 문서의 성립에 관한 자백은 보조사실에 관한 자백이기는 하나 그 취소에 관하여는 다른 간접사실에 관한 자백취소와는 달리 주요사실의 자백취소와 동일하게 처리하여야 할 것이므로 문서의 진정성립을 인정한 당사자는 자유롭게 이를 철회할 수 없다고 할 것이고, 이는 문서에 찍힌 인영의 진정함을 인정하였다가 나중에 이를 철회하는 경우에도 마찬가지이다(대판 2001.4.24. 2001다5654).

15 17변시-58 정답 ③

甲은 乙을 상대로 대여금반환청구의 소를 제기하고 乙 명의의 차용증을 증거로 제출하였다. 이에 관한 설명 중 옳지 않은 것은? (다툼이 있는 경우 판례에 의함)

① 甲이 차용증 원본에 갈음하여 그 사본을 제출하였는데 차용증의 존재 및 원본의 성립의 진정에 관하여 다툼이 있고 사본을 원본에 갈음하는 데 대하여 乙로부터 이의가 있다면 사본으로써 원본에 갈음할 수 없다.
② 차용증의 진정성립은 제출자인 甲이 증명하여야 한다.
③ 乙의 날인만 되어 있고 내용이 백지로 된 차용증의 백지부분을 제3자인 丙이 후일 보충하였더라도 그 인영이 乙의 인장에 의한 것이라는 사실이 인정된다면 차용증의 진정성립은 추정된다.
④ 제3자인 丙이 乙의 인장으로 차용증에 날인하였는데 丙에게 乙을 대리할 권한이 있었는지에 관하여 다툼이 있는 경우, 甲은 丙의 날인행위가 정당한 권원에 의한 것이라는 사실을 증명할 책임이 있다.
⑤ 법원은 차용증의 기재내용과 다른 명시적, 묵시적 약정사실이 인정될 경우에 그 기재내용과 다른 사실을 인정할 수 있다.

① O 민사소송법 제326조 제1항에 의하여 문서는 원본, 정본 또는 인증 있는 등본을 제출하는 것이 원칙이나, 상대방이 원본의 존재나 성립을 인정하고 사본으로써 원본에 갈음하는 것에 대하여 이의가 없는 경우에는 사본을 원본에 갈음하여 제출할 수 있고, 이 경우에는 원본이 제출된 경우와 동일한 효과가 생긴다고 할 것이다(대판 1992.10.27. 92다22879).

② O 권리근거 규정의 요건사실(= 청구원인사실)에 대한 증명책임은 '권리의 존재를 주장하는 자'가 부담하고, 반대규정의 요건사실(= 항변사실)에 대한 증명책임은 '권리의 존재를 다투는 상대방'이 부담한다. 따라서 차용증의 진정성립은 제출자인 甲이 증명하여야 한다.

③ X ④ O 진정성립 추정은 먼저 내용기재가 이루어진 뒤에 인영이 압날된 경우에만 그러하므로, 작성명의인의 날인만 되어 있고 내용이 백지로 된 문서(백지보충문서)를 교부받아 후일 그 백지부분을 작성명의자가 아닌 자가 보충한 경우에 전체의 진정성립의 추정을 배제한다.

관련판례 문서에 날인된 작성명의인의 인영이 작성명의인의 인장에 의하여 현출된 인영임이 인정되는 경우에는 특단의 사정이 없는 한 그 인영의 진정성립 및 그 문서전체의 진정성립까지 추정되는 것이기는 하나, 이는 어디까지나 먼저 내용기재가 이루어진 뒤에 인영이 압날된 경우에만 허용되는 것이며(③), 작성명의인의 날인만 되어 있고 그 내용이 백지로 된 문서를 교부받아 후일 그 백지부분을 작성명의자가 아닌 자가 보충한 문서의 경우에 있어서는 문서제출자는 그 기재내용이 작성명의인으로부터 위임받은 정당한 권원에 의한 것이라는 사실까지 입증할 책임이 있으며(④), 이와 같은 법리는 그 문서가 처분문서라고 하여 달라질 것은 아니다(대판 1988.4.12. 87다카576).

⑤ O 처분문서의 진정성립이 인정되는 이상 법원은 반증이 없는 한 그 문서의 기재 내용에 따른 의사표시의 존재 및 내용을 인정하여야 하고, 합리적인 이유설시도 없이 이를 배척하여서는 아니 되나, 처분문서라 할지라도 그 기재 내용과 다른 명시적, 묵시적 약정이 있는 사실이 인정될 경우에는 그 기재 내용과 다른 사실을

인정할 수 있고, 작성자의 법률행위를 해석함에 있어서도 경험법칙과 논리법칙에 어긋나지 않는 범위 내에서 자유로운 심증으로 판단할 수 있다(대판 2006.9.14. 2006다27055).

④ O 공증인법에 규정된 사서증서에 대한 인증제도는 당사자로 하여금 공증인의 면전에서 사서증서에 서명 또는 날인하게 하거나 사서증서의 서명 또는 날인을 본인이나 그 대리인으로 하여금 확인하게 한 후 그 사실을 공증인이 증서에 기재하는 것으로서, 공증인이 사서증서의 인증을 함에 있어서는 공증인법에 따라 반드시 촉탁인의 확인이나 대리촉탁인의 확인 및 그 대리권의 증명 등의 절차를 미리 거치도록 규정되어 있으므로, 공증인이 사서증서를 인증함에 있어서 그와 같은 절차를 제대로 거치지 않았다는 등의 사실이 주장 입증되는 등 특별한 사정이 없는 한, 공증인이 인증한 사서증서의 진정성립은 추정된다(대판 1992.7.28. 91다35816).

⑤ O 부동문자로 인쇄된 매매계약서의 계약조항이 매도인은 어떠한 경우에도 책임을 지지 않고 매수인에게만 모든 책임을 지우도록 되어 있다고 하여 그 계약조항의 내용을 일률적으로 예문이라고 단정할 수는 없고 구체적인 사안에 따라 계약당사자의 의사를 고려하여 그 계약 내용의 의미를 파악하고 이것이 예문에 지나지 않는 것인지 여부를 판단하여야 한다(대판 1989.8.8. 89다카5628).

16 16변시-68 정답 ②

문서의 증거력에 관한 설명 중 옳지 않은 것은? (다툼이 있는 경우 판례에 의함)

① 사문서는 그것이 진정한 것임을 증명하여야 한다.
② 원고가 증거로 제출한 사문서에 대하여 피고가 그 진정성립을 다투는 경우, 법원은 변론 전체의 취지만을 참작하여 그 문서가 진정하다고 인정할 수 없다.
③ 당사자 또는 그 대리인이 고의나 중대한 과실로 진실에 어긋나게 문서의 진정을 다툰 때에는 법원은 결정으로 과태료에 처한다.
④ 공증인이 작성한 사서증서인증서가 증거로 제출된 경우, 공증 부분의 진정성립이 인정되면 특별한 사정이 없는 한 공증인이 인증한 사문서 부분의 진정성립도 사실상 추정된다.
⑤ 매매계약서의 계약조항에 "매도인은 어떠한 경우에도 책임을 지지 않고 매수인에게만 모든 책임이 있다."라는 내용이 부동문자로 인쇄되어 있다고 할지라도, 법원은 그 조항에 대하여 구체적인 사안에 따라 계약당사자의 의사를 고려하여 예문에 지나지 않는 것인지 여부를 판단하여야 한다.

해설

① O
> **제357조(사문서의 진정의 증명)**
> 사문서는 그것이 진정한 것임을 증명하여야 한다.

② X 증거로 제출한 사문서에 대하여 상대방이 그 신성성립을 다투는 경우에도 법원은 다른 증거에 의하지 않고 변론의 전취지를 참작하여 그 진정성립을 인정할 수 있다는 것이 판례이다.
> **관련판례** 사문서는 진정성립이 증명되어야만 증거로 할 수 있지만 증명의 방법에 관하여는 특별한 제한이 없고, 부지로 다투는 서증에 관하여 거증자가 성립을 증명하지 아니한 경우라 할지라도 법원은 다른 증거에 의하지 아니하고 변론의 전취지를 참작하여 그 성립을 인정할 수도 있다(대판 1993.4.13. 92다12070).

③ O
> **제363조(문서성립의 부인에 대한 제재)**
> ① 당사자 또는 그 대리인이 고의나 중대한 과실로 진실에 어긋나게 문서의 진정을 다툰 때에는 법원은 결정으로 200만 원 이하의 과태료에 처한다.

17 14변시-61 정답 ④

甲은 乙에게 대여금반환청구의 소를 제기하면서 乙명의의 차용증서를 증거로 제출하였다. 다음 설명 중 옳지 않은 것은? (다툼이 있는 경우에는 판례에 의함)

① 차용증서에 날인된 乙의 인영이 그의 인장에 의하여 현출된 것이라면 특단의 사정이 없는 한 그 인영의 진정성립, 즉 날인행위가 乙의 의사에 기한 것임이 추정되고, 일단 인영의 진정성립이 추정되면 민사소송법 제358조에 의하여 차용증서 전체의 진정성립이 추정된다.
② 위 ①의 경우, 乙이 반증을 들어 인영의 진정성립에 관하여 법원으로 하여금 의심을 품게 할 수 있는 사정을 증명하면 그 진정성립의 추정은 깨어진다.
③ 만약 乙이 백지로 된 문서에 날인만 하여 甲에게 교부하였다고 주장한다면, 문서를 백지에 날인만을 하여 교부하여 준다는 것은 이례에 속하는 것이므로 乙이 차용증서의 진정성립의 추정력을 뒤집으려면 그럴 만한 합리적인 이유와 이를 뒷받침할 간접반증 등의 증거가 필요하다.
④ 甲이 제출한 차용증서가 乙이 백지로 된 문서에 날인한 후 乙이 아닌 자에 의하여 백지부분이 보충되었음이 밝혀진 경우에는, 그것이 권한 없는 자에 의하여 이루어진 것이라는 점에 관하여 乙에게 증명책임이 있다.
⑤ 만약 차용증서의 진정성립이 인정되면 법원은 그 기재 내용을 부인할 만한 분명하고도 수긍할 수 있는 반증이 없는 한 그 차용증서에 기재되어 있는 문언대로의 의사표시의 존재와 내용을 인정하여야 한다.

해설

① O 사문서는 공문서와 달리 진정성립이 추정되지 않으므로 제출자는 진정성립을 증명해야한다(민사소송법 제357조). 다만 판례는 인영의 진정이 인정되면 날인의 진정이 사실상 추정되고 날인의 진정이 인정되면 문서전체의 성립의 진정이 제358조에 의해 유사적 추정된다는 2단의 추정을 인정한다.

[관련판례] 문서에 날인된 작성명의인의 인영이 작성 명의인의 인장에 의하여 현출된 인영임이 인정되는 경우에는 특단의 사정이 없는 한 그 인영의 성립 즉 날인행위가 작성명의인의 의사에 기하여 진정하게 이루어진 것으로 추정되고 일단 인영의 진정성립이 추정되면 민사소송법 제329조의 규정에 의하여 그 문서전체의 진정성립까지 추정된다(대판 1986.2.11. 85다카1009).

② O 인영의 진정이 증명될 때 인영의 진정성립(날인의 진정)의 추정은 사실상 추정이므로 반증으로 깰 수 있다. 다만 이는 간접반증인 바, 날인의 진정을 깨기 위해 문서에 찍힌 인영이 자신의 인영임을 인정하고 이와 양립가능한 별개의 사실(인장도용 등)은 본증으로 증명해야 한다(즉, 날인의 진정은 반증으로 깰 수 있으나 그 때 인장도용 등의 사실은 본증으로 증명해야함).

[관련판례] 인영의 진정성립, 즉 날인행위가 작성 명의인의 의사에 기한 것이라는 추정은 사실상의 추정이므로, 인영의 진정성립을 다투는 자가 반증을 들어 인영의 진정성립, 즉 날인행위가 작성 명의인의 의사에 기한 것임에 관하여 법원으로 하여금 의심을 품게 할 수 있는 사정을 입증하면 그 진정성립의 추정은 깨어진다 (대판 1997.6.13. 96재다462).

③ O 문서를 백지에 서명만을 하여 교부하여 준다는 것은 이례에 속하는 것이므로 그 문서의 진정성립의 추정력을 뒤집으려면 그럴 만한 합리적인 이유와 이를 뒷받침할 증거가 필요하다(대판 1988.9.27. 85다카1397).

④ X 백지문서임이 증명된 경우에 문서의 진정성립 추정이 깨지는지 문제된다. 백지로 날인된 문서를 준 것이라면 백지보충권도 준 것이라고 보아 추정이 깨지지 않는다는 입장도 존재하나 판례는 추정이 깨진다는 입장이다.

[관련판례] 문서에 날인된 작성명의인의 인영이 작성명의인의 인장에 의하여 현출된 것임이 인정되는 경우에는 특단의 사정이 없는 한 그 인영의 진정성립 및 그 문서 전체의 진정성립까지 추정되는 것이기는 하나, 이는 어디까지나 먼저 내용기재가 이루어진 뒤에 인영이 압날된 경우에만 그러한 것이며 작성명의인의 날인만 되어 있고 그 내용이 백지로 된 문서를 교부받아 후일 그 백지 부분을 작성명의자가 아닌 자가 보충한 문서의 경우에 있어서는 문서제출자는 그 기재 내용이 작성명의인으로부터 위임받은 정당한 권원에 의한 것이라는 사실을 입증할 책임이 있으며, 이와 같은 법리는 그 문서가 처분문서라고 하여 달라질 것은 아니다(대판 2000.6.9. 99다37009).

⑤ O 차용증서는 처분문서에 해당하므로 형식적증거력이 이전되면 문서에 기재되어 있는 내용대로 법률행위가 존재한다는 실질적 증거력이 추정되고 그 한도 내에서 법관의 자유심증은 제한된다.

[관련판례] 토지매매계약서와 같은 처분문서는 그 성립을 인정하는 이상 반증이 있거나 또는 이를 조신할 수 없는 합리적인 이유 설시 없이는 그 기재내용을 조신할 수 없다고 하여 배척할 수 없다(대판 1970.12.24. 70다1630 전원합의체).

18 13변시-60  정답 ④

증거조사에 관한 설명 중 옳은 것은? (다툼이 있는 경우에는 판례에 의함)

① 문서의 일부를 제출하여 서증을 신청하고자 할 때에는 원칙적으로 그 일부의 원본, 정본 또는 인증이 있는 등본을 제출하여야 한다.

② 당사자 또는 제3자가 문서제출명령에 따르지 아니한 때에는 법원은 그 문서의 성질, 내용, 성립의 진정 등에 관한 상대방의 주장을 진실한 것으로 인정할 수 있다.

③ 증인의 신문은 증인신문신청을 한 당사자의 신문, 상대방의 신문, 증인신문신청을 한 당사자의 재신문, 상대방의 재신문의 순서로 하고, 그 신문이 끝난 후에는 당사자는 재판장의 허가를 받은 때에만 다시 신문할 수 있다.

④ 법인이 당사자인 소송에서 법인의 대표자에 대하여 당사자본인신문의 방식에 의하여 증거조사를 하여야 하나, 증인신문방식에 의하여 증거조사를 하였다고 하더라도 상대방이 이에 대하여 지체 없이 이의하지 아니하면 이의권 포기·상실로 인하여 그 하자가 치유된다.

⑤ 자백이 진실에 반하는 것임이 증명되면 그 자백은 착오로 인한 것이라고 추정된다.

해설

① X 문서의 전부를 제출하여야 한다.

[제355조(문서제출의 방법 등)]
① 법원에 문서를 제출하거나 보낼 때에는 원본, 정본 또는 인증이 있는 등본으로 하여야 한다.

[민사소송규칙 제105조(문서를 제출하는 방식에 의한 서증신청)]
④ 문서의 일부를 증거로 하는 때에도 문서의 전부를 제출하여야 한다. 다만, 그 사본은 재판장의 허가를 받아 증거로 원용할 부분의 초본만을 제출할 수 있다.

② X 제3자가 문서제출명령을 따르지 아니한 때에 증언거부에 대한 제재에 관한 규정을 준용하여 과태료가 부과될 수 있으나, 제349조를 준용하지 않으므로 상대방의 주장이 진실한 것으로 인정되지는 않는다.

[제351조(제3자가 문서를 제출하지 아니한 때의 제재)]
제3자가 제347조 제1항·제2항 및 제4항의 규정에 의한 명령에 따르지 아니한 때에는 제318조의 규정을 준용한다.

[제318조(증언거부에 대한 제재)]
증언의 거부에 정당한 이유가 없다고 한 재판이 확정된 뒤에 증인이 증언을 거부한 때에는 제311조 제1항, 제8항 및 제9항의 규정을 준용한다.

[제311조(증인이 출석하지 아니한 경우의 과태료 등)]
① 증인이 정당한 사유 없이 출석하지 아니한 때에 법원은 결정으로 증인에게 이로 말미암은 소송비용을 부담하도록 명하고 500만 원 이하의 과태료에 처한다.

[제349조(당사자가 문서를 제출하지 아니한 때의 효과)]
당사자가 제347조 제1항·제2항 및 제4항의 규정에 의한 명령에 따르지 아니한 때에는 법원은 문서의 기재에 대한 상대방의 주장을 진실한 것으로 인정할 수 있다.

③ X 주신문, 반대신문, 재주신문 이후에 상대방이 재신문을 하기 위해서는 재판장의 허가를 얻어야만 한다.

> **민사소송규칙 제89조(신문의 순서)**
> ① 법 제327조 제1항의 규정에 따른 증인의 신문은 다음 각 호의 순서를 따른다. 다만, 재판장은 주신문에 앞서 증인으로 하여금 그 사건과의 관계와 쟁점에 관하여 알고 있는 사실을 개략적으로 진술하게 할 수 있다.
>   1. 증인신문신청을 한 당사자의 신문(주신문)
>   2. 상대방의 신문(반대신문)
>   3. 증인신문신청을 한 당사자의 재신문(재주신문)
> ② 제1항의 순서에 따른 신문이 끝난 후에는 당사자는 재판장의 허가를 받은 때에만 다시 신문할 수 있다.

④ O 당사자본인으로 신문해야 함에도 증인으로 신문하였다 하더라도 상대방이 이를 지체 없이 이의하지 아니하면 책문권 포기, 상실로 인하여 그 하자가 치유된다(대판 1992.10.27. 92다32463).

⑤ X 재판상 자백의 취소는 반드시 명시적으로 하여야만 하는 것은 아니고 종전의 자백과 배치되는 사실을 주장함으로써 묵시적으로도 할 수 있는 것이나, 다만 이 경우에도 자백을 취소하는 당사자는 그 자백이 진실에 반한다는 것 외에 착오에 의한 것임을 아울러 증명하여야 하며 진실에 반하는 것임이 증명되었다고 하여 착오에 의한 자백으로 추정되지는 않는다(대판 1994.6.14. 94다14797).

19 12변시-54 정답 ⑤

증거조사에 관한 설명 중 옳지 않은 것은?

① 감정증인은 특별한 학식과 경험을 통하여 얻은 과거의 구체적 사실을 보고하는 사람을 말하는데, 경험을 보고하는 이상 증인이므로 법원은 증인과 마찬가지의 절차로 조사한다.

② 감정사항에 관한 진술이 있기 전부터 감정인이 성실하게 감정할 수 없는 사정이 있다는 것을 당사자가 알았다면, 그 당사자는 감정사항에 관한 진술이 이루어진 뒤에는 감정인을 기피할 수 없다.

③ 주신문에서는 특별한 경우가 아닌 한 유도신문이 금지되지만, 반대신문에서는 필요한 경우 유도신문이 허용된다.

④ 증인진술서가 제출되었으나 그 작성자가 증인으로 출석하지 않고, 당사자가 반대신문권을 포기하여 그 증인진술서의 진정성립을 다투지 않는 경우, 법원은 이를 서증으로 채택할 수 있으나, 그 증인진술서의 내용이 허위라고 하더라도 그 작성자에 대하여 위증죄의 책임을 물을 수 없다.

⑤ 법원은 다른 증거방법에 의하여 심증을 얻지 못한 경우에 한하여 직권 또는 당사자의 신청에 따라 당사자 본인을 신문할 수 있다.

 해설

① O 감정증인은 감정인이 아니라 증인이므로 증인신문에 관한 규정에 의한다.

> **제340조(감정증인)**
> 특별한 학식과 경험에 의하여 알게 된 사실에 관한 신문은 증인신문에 관한 규정을 따른다. 다만, 비디오 등 중계장치 등에 의한 감정증인신문에 관하여는 제339조의3을 준용한다.

② O 감정인에게 기피사유가 있는 경우에는 감정사항에 관한 진술 전에 기피하여야 한다.

> **제336조(감정인의 기피)**
> 감정인이 성실하게 감정할 수 없는 사정이 있는 때에 당사자는 그를 기피할 수 있다. 다만, 당사자는 감정인이 감정사항에 관한 진술을 하기 전부터 기피할 이유가 있다는 것을 알고 있었던 때에는 감정사항에 관한 진술이 이루어진 뒤에 그를 기피하지 못한다.

③ O 주신문에서는 허위 증언을 유도할 위험성 때문에 원칙적으로 유도신문이 금지되나, 증인은 반대신문자에게 호의를 갖지 않는 경우가 많으므로 반대신문에서는 필요한 때에는 유도신문을 할 수 있다.

> **민사소송규칙 제91조(주신문)**
> ① 주신문은 증명할 사항과 이에 관련된 사항에 관하여 한다.
> ② 주신문에서는 유도신문을 하여서는 아니된다. 다만, 다음 각호 가운데 어느 하나에 해당하는 경우에는 그러하지 아니하다.
>   1. 증인과 당사자의 관계, 증인의 경력, 교우관계 등 실질적인 신문에 앞서 미리 밝혀둘 필요가 있는 준비적인 사항에 관한 신문의 경우
>   2. 증인이 주신문을 하는 사람에 대하여 적의 또는 반감을 보이는 경우

> 3. 증인이 종전의 진술과 상반되는 진술을 하는 때에 그 종전 진술에 관한 신문의 경우
> 4. 그 밖에 유도신문이 필요한 특별한 사정이 있는 경우
>
> **민사소송규칙 제92조(반대신문)**
> ① 반대신문은 주신문에 나타난 사항과 이에 관련된 사항에 관하여 한다.
> ② 반대신문에서 필요한 때에는 유도신문을 할 수 있다.

④ O 형법 제152조 제1항의 위증죄는 법률에 의하여 선서한 증인이 허위의 진술을 한 때에 성립하는 것이므로 위증의 경고를 수반하는 법률에 의한 선서절차를 거친 법정에서 구체적으로 이루어진 진술을 그 대상으로 하는바, 「민사소송규칙」 제79조 제1항은 "법원은 효율적인 증인신문을 위하여 필요하다고 인정하는 때에는 증인을 신청한 당사자에게 증인진술서를 제출하게 할 수 있다"라고 규정함으로써 증인진술서제도를 채택하고 있는데 이러한 증인진술서는 그 자체로는 서증에 불과하여 그 기재내용이 법정에서 진술되지 아니하는 한 여전히 서증으로 남게 되는 점, 「민사소송법」 제331조가 원칙적으로 증인으로 하여금 서류에 의하여 진술을 하지 못하도록 규정하고 있는 점, 「민사소송규칙」 제95조 제1항이 증인신문의 방법에 관하여 개별적이고 구체적으로 하여야 한다고 규정하고 있는 점 등의 사정에 비추어 볼 때, 증인이 법정에서 선서 후 증인진술서에 기재된 구체적인 내용에 관하여 진술함이 없이 단지 그 증인진술서에 기재된 내용이 사실대로라는 취지의 진술만을 한 경우에는 그것이 증인진술서에 기재된 내용 중 특정 사항을 구체적으로 진술한 것과 같이 볼 수 있는 등의 특별한 사정이 없는 한 증인이 그 증인진술서에 기재된 구체적인 내용을 기억하여 반복 진술한 것으로는 볼 수 없으므로, 가사 거기에 기재된 내용에 허위가 있다 하더라도 그 부분에 관하여 법정에서 증언한 것으로 보아 위증죄로 처벌할 수는 없다고 할 것이다(대판 2010.5.13. 2007도1397).

⑤ X 2002년 민사소송법 개정시 당사자신문의 보충성에 관한 규정이 삭제되었다.

> **제367조(당사자신문)**
> 법원은 직권으로 또는 당사자의 신청에 따라 당사자 본인을 신문할 수 있다. 이 경우 당사자에게 선서를 하게 하여야 한다.

20 21법전협-3-43 정답 ④

증거에 관한 설명 중 옳지 않은 것은? (다툼이 있는 경우 판례에 의함)

① 증거조사의 개시가 있기 전에는 상대방의 동의가 없어도 그 증거신청을 자유롭게 철회할 수 있다.
② 증인에 대한 주신문에서는 원칙적으로 유도신문(誘導訊問)이 금지되고, 재판장은 허용되지 않는 유도신문을 제지해야 하지만, 반대신문에서는 필요한 때에는 유도신문을 할 수 있다.
③ 동일한 사항에 관해 상이한 여러 개의 감정 결과가 있을 때 그 감정 방법 등이 논리와 경험칙에 반하거나 합리성이 없다는 등의 잘못이 없는 한 그중 어느 감정 결과를 채택할 것인지는 원칙적으로 사실심 법원의 전권에 속한다.
④ 백지 문서 또는 미완성 부분을 작성명의자 아닌 자가 보충했다는 사정이 밝혀진 경우에 그 백지 문서 또는 미완성 부분이 정당한 권한에 기하지 않고 보충되었다는 점이 증명되지 않으면 그 문서는 완성문서로서의 진정성립 추정이 번복되지 않는다.
⑤ 당사자신문의 대상인 당사자가 정당한 사유 없이 출석·진술·선서를 거부한 때에는 법원은 신문 사항에 관한 상대방의 주장을 진실한 것으로 인정할 수 있지만, 요건사실에 관한 상대방의 주장을 곧바로 인정할 수 있는 것은 아니다.

① O 증거조사의 개시가 있기 전에는 상대방의 동의없이 자유로 그 신청을 철회할 수 있다(대판 1971.3.23. 70다3013).
② O

> **민사소송규칙 제91조(주신문)**
> ② 주신문에서는 유도신문을 하여서는 아니된다. 다만, 다음 각호 가운데 어느 하나에 해당하는 경우에는 그러하지 아니하다.
> 1~4. 생략
> ③ 재판장은 제2항 단서의 각호에 해당하지 아니하는 경우의 유도신문은 제지하여야 하고, 유도신문의 방법이 상당하지 아니하다고 인정하는 때에는 제한할 수 있다.
>
> **민사소송규칙 제92조(반대신문)**
> ② 반대신문에서 필요한 때에는 유도신문을 할 수 있다.

③ O 동일한 사항에 관하여 상이한 여러 개의 감정 결과가 있을 때 감정방법 등이 논리와 경험칙에 반하거나 합리성이 없다는 등의 잘못이 없는 한, 그중 어느 감정 결과를 채택할 것인지는 원칙적으로 사실심 법원의 전권에 속한다(대판 2018.10.12. 2016다243115).
④ X 작성명의인의 날인만 되어 있고 내용이 백지로 된 문서를 교부받아 후일 그 백지 부분을 작성명의자 아닌 자가 보충한 경우, 그 문서 전체의 진정성립의 추정 여부(소극) 문서에 날인된 작성명의인의 인영이 작성명의인의 인장에 의하여 현출된 것임이 인정되는 경우에는 특단의 사정이 없는 한 그 인영의 진정성립 및 그 문서 전체의 진정성립까지 추정되는 것이기는 하나, 이는 어디까지나 먼저 내용기재가 이루어진 뒤에 인영이 압날된 경우에만 그러한 것이며 작성명의인의 날인만 되어 있고 그 내용이 백지로 된 문서를 교부받아 후일 그 백지 부분을 작성명의자 아닌 자가 보충한 문서의 경우에 있어서는 문서제출자는

그 기재 내용이 작성명의인으로부터 위임받은 정당한 권원에 의한 것이라는 사실을 입증할 책임이 있으며, 이와 같은 법리는 그 문서가 처분문서라고 하여 달라질 것은 아니다(대판 2000.6.9. 99다37009).

⑤ O 당사자본인신문절차에서 당사자본인이 출석, 선서, 진술의 의무를 불이행한 경우에 민사소송법 제341조의 규정에 의하여 법원이 진실한 것으로 인정할 수 있는 것은 "신문사항에 관한 상대방의 주장", 즉 신문사항에 포함된 내용에 관한 것이므로 법원이 이를 적용함에 있어서는 상대방당사자의 요건사실에 관한 주장사실을 진실한 것으로 인정할 것이라고 설시할 것이 아니라 당사자본인신문사항 가운데 어느 항을 진실한 것으로 인정한 연후에 그에 의하면 상대방 당사자의 요건사실에 관한 주장사실을 인정할 수 있다고 판시하는 것이 정당하다(대판 1990.4.13. 89다카1084).

해설

① O 증거자료에 나타난 사실을 소송상 주장사실과 같이 볼 수는 없으므로 당사자 본인신문에 있어서의 당사자의 진술도 증거자료에 불과하여 이를 소송상 당사자의 주장과 같이 취급할 수 없고, 따라서 "피고의 재단기는 원고 집에 있다. 잘못된 것을 해결해주고 가지고 가라고 했었다"는 원고 본인신문결과를 가지고 원고가 유치권 항변을 한 것이라고 볼 수 없다(대판 1981.8.11. 81다262).

② O

> 민사소송규칙 제91조(주신문)
> ② 주신문에서는 유도신문을 하여서는 아니된다. 다만, 다음 각호 가운데 어느 하나에 해당하는 경우에는 그러하지 아니하다.
>
> 민사소송규칙 제92조(반대신문)
> ② 반대신문에서 필요한 때에는 유도신문을 할 수 있다.

③ X 2002년 개정 민사소송법은 문서제출의무를 증인의 의무와 같이 일반의무로 확대(동법 제344조)하였다고 평가된다(효율적인 증거개시·수집을 위한 제도 개선 방안, 사법정책연구원 김정환, 최은정 등).

민사소송법 제344조 제2항은 같은 조 제1항에서 정한 문서에 해당하지 아니한 문서라도 문서의 소지자는 원칙적으로 그 제출을 거부하지 못하나, 다만 '공무원 또는 공무원이었던 사람이 그 직무와 관련하여 보관하거나 가지고 있는 문서'는 예외적으로 제출을 거부할 수 있다고 규정하고 있는바, 여기서 말하는 '공무원 또는 공무원이었던 사람이 그 직무와 관련하여 보관하거나 가지고 있는 문서'는 국가기관이 보유·관리하는 공문서를 의미한다고 할 것이고, 이러한 공문서의 공개에 관하여는 공공기관의 정보공개에 관한 법률에서 정한 절차와 방법에 의하여야 할 것이다(대결 2010.1.19. 2008마546).

> 제344조(문서의 제출의무)
> ① 다음 각호의 경우에 문서를 가지고 있는 사람은 그 제출을 거부하지 못한다.
>   1. 당사자가 소송에서 인용한 문서를 가지고 있는 때
>   2. 신청자가 문서를 가지고 있는 사람에게 그것을 넘겨 달라고 하거나 보겠다고 요구할 수 있는 사법상의 권리를 가지고 있는 때
>   3. 문서가 신청자의 이익을 위하여 작성되었거나, 신청자와 문서를 가지고 있는 사람 사이의 법률관계에 관하여 작성된 것인 때. 다만, 다음 각목의 사유 가운데 어느 하나에 해당하는 경우에는 그러하지 아니하다.
>   가. 제304조 내지 제306조에 규정된 사항이 적혀있는 문서로서 같은 조문들에 규정된 동의를 받지 아니한 문서
>   나. 문서를 가진 사람 또는 그와 제314조 각호 가운데 어느 하나의 관계에 있는 사람에 관하여 같은 조에서 규정된 사항이 적혀 있는 문서
>   다. 제315조 제1항 각호에 규정된 사항중 어느 하나에 규정된 사항이 적혀 있고 비밀을 지킬 의무가 면제되지 아니한 문서
> ② 제1항의 경우 외에도 문서(공무원 또는 공무원이었던 사람이 그 직무와 관련하여 보관하거나 가지고 있는 문서를 제외한다)가 다음 각호의 어느 하나에도 해당하지 아니하는 경우에는 문서를 가지고 있는 사람은 그 제출을 거부하지 못한다.
>   1. 제1항 제3호 나목 및 다목에 규정된 문서
>   2. 오로지 문서를 가진 사람이 이용하기 위한 문서

---

21   21법전협-2-44   정답 ③

증거조사에 관한 설명 중 옳지 않은 것은? (다툼이 있는 경우 판례에 의함)

① 당사자 본인신문에 있어서의 당사자의 진술은 증거자료에 불과한 것이다.

② 증인신문에 있어서 주신문에서는 특별한 사정이 없는 한 유도신문이 금지되지만, 반대신문에서는 필요한 경우 유도신문이 허용된다.

③ 문서제출명령의 신청자가 문서소지자에 대하여 실체법상 인도나 열람을 요구할 권리가 없는 경우, 문서소지자는 원칙적으로 문서제출명령에 응하여 그 문서를 제출할 의무가 없다.

④ 법원은 다른 증거방법이 있다고 하더라도 직권 또는 당사자의 신청에 의하여 당사자 본인을 신문할 수 있다.

⑤ 서증인부 절차에서 상대방이 부지로 다투는 서증에 관하여 거증자가 진정성립을 증명하지 아니한 경우, 법원은 변론전체의 취지를 참작하여 그 진정성립을 인정할 수 있다.

④ O 구법상 당사자신문의 보충성은 2002년 개정으로 폐지되었다.

> **구 민사소송법 제339조(당사자신문의 보충성)**
> 법원은 증거조사에 의하여 심증을 얻지 못한 때에는 직권 또는 당사자의 신청에 의하여 당사자 본인을 신문할 수 있다. 이 경우에는 당사자에게 선서를 하게 할 수 있다.
>
> **제367조(당사자신문)**
> 법원은 직권으로 또는 당사자의 신청에 따라 당사자 본인을 신문할 수 있다. 이 경우 당사자에게 선서를 하게 하여야 한다.

⑤ O 사문서는 진정성립이 증명되어야만 증거로 할 수 있지만 증명의 방법에 관하여는 특별한 제한이 없고, 부지로 다투는 서증에 관하여 거증자가 성립을 증명하지 아니한 경우라 할지라도 법원은 다른 증거에 의하지 아니하고 변론의 전취지를 참작하여 그 성립을 인정할 수도 있다(대판 1993.4.13. 92다12070).

22 20법전협-2-42   정답 ③

증거조사에 관한 설명 중 옳지 않은 것을 모두 고른 것은? (다툼이 있는 경우 판례에 의함)

ㄱ. 감정에는 증인신문에 관한 규정이 준용되므로 당사자의 신청이 없는 경우 법원이 직권으로 감정을 명할 수는 없다.
ㄴ. 법원의 개인에 대한 감정촉탁에 의한 감정결과는 선서를 하지 아니한 경우에는 증거능력이 없지만, 당사자가 감정 또는 감정촉탁방법에 의하지 않고 서증으로 제출한 소송 외에서의 감정의견도 법원이 합리적이라고 인정하면 사실인정의 자료로 할 수 있다.
ㄷ. 변호사 등 비밀을 지킬 의무가 있는 사람의 직무상 비밀에 속하는 사항 및 기술 또는 직업의 비밀에 속하는 사항이 적혀 있는 문서에 대하여는 신청자의 이익을 위하여 작성된 것이라고 하더라도 문서제출명령을 거부할 수 있다.
ㄹ. 문서의 성립에 관한 자백은 보조사실에 관한 자백이므로 당사자는 문서의 진정성립을 인정한 후에도 자유롭게 이를 철회할 수 있다.

① ㄱ
② ㄱ, ㄷ
③ ㄱ, ㄹ
④ ㄴ, ㄹ
⑤ ㄱ, ㄷ, ㄹ

ㄱ. X

> **제292조(직권에 의한 증거조사)**
> 법원은 당사자가 신청한 증거에 의하여 심증을 얻을 수 없거나, 그 밖에 필요하다고 인정한 때에는 직권으로 증거조사를 할 수 있다.

감정은 법원이 직권으로 명할 수 있으나, 당사자의 신청에 의하여 행하는 것이 일반적이다. 감정을 신청함에 있어서는 감정을 구하는 사항을 적은 서면과 함께 입증취지와 감정대상을 적은 신청서를 내야 한다(민사소송규칙 제101조 제1항 참조). (제요 민사Ⅲ 1488).

ㄴ. O 감정의견이 소송법상 감정인 신문이나 감정의 촉탁방법에 의한 것이 아니고 소송 외에서 전문적인 학식 경험이 있는 자가 작성한 감정의견을 기재한 서면이라 하더라도 그 서면이 서증으로 제출되었을 때 법원이 이를 합리적이라고 인정하면 이를 사실인정의 자료로 할 수 있는 것(대판 1992.4.10. 91다44674; 대판 1965.10.26. 65다1660 등 참조; 대판 2010.5.27. 2010다6659; 대판 1999.7.13. 97다57979 등)

ㄷ. O

> **제344조(문서의 제출의무)**
> ① 다음 각호의 경우에 문서를 가지고 있는 사람은 그 제출을 거부하지 못한다.
>   3. 문서가 신청자의 이익을 위하여 작성되었거나, 신청자와 문서를 가지고 있는 사람 사이의 법률관계에 관하여 작성된 것인 때. 다만, 다음 각목의 사유 가운데 어느 하나에 해당하는 경우에는 그러하지 아니하다.
>   다. 제315조 제1항 각호에 규정된 사항중 어느 하나에 규정된 사항이 적혀 있고 비밀을 지킬 의무가 면제되지 아니한 문서
>
> **제315조(증언거부권)**
> ① 증인은 다음 각호 가운데 어느 하나에 해당하면 증언을 거부할 수 있다.
>   1. 변호사·변리사·공증인·공인회계사·세무사·의료인·약사, 그 밖에 법령에 따라 비밀을 지킬 의무가 있는 직책 또는 종교의 직책에 있거나 이러한 직책에 있었던 사람이 직무상 비밀에 속하는 사항에 대하여 신문을 받을 때

ㄹ. X 문서의 성립에 관한 자백은 보조사실에 관한 자백이기는 하나 그 취소에 관하여는 다른 간접사실에 관한 자백취소와는 달리 주요사실의 자백취소와 동일하게 처리하여야 할 것이므로 문서의 진정성립을 인정한 당사자는 자유롭게 이를 철회할 수 없다고 할 것이고, 이는 문서에 찍힌 인영의 진정함을 인정하였다가 나중에 이를 철회하는 경우에도 마찬가지이다(대판 2001.4.24. 2001다5654; 대판 1988.12.20. 88다카3083 등).

23 20법전협-1-36 정답 ②

증인신문에 관한 다음의 설명 중 옳지 않은 것을 모두 고른 것은? (다툼이 있는 경우 판례에 의함)

ㄱ. 법정대리인 및 법인 등의 대표자는 증인능력이 있다.
ㄴ. 증인신문과 당사자신문은 당사자의 주장과 증거를 정리한 뒤 집중적으로 하여야 한다.
ㄷ. 증인이 정당한 사유 없이 출석하지 아니한 때에는 법원은 결정에 의하여 바로 7일 이내의 감치에 처할 수 있다.
ㄹ. 감치의 재판을 받은 증인이 감치의 집행 중에 증언을 한 때에는 법원은 바로 감치결정을 취소하고 그 증인을 석방하도록 명하여야 한다.
ㅁ. 증인은 재판장의 허가가 없으면 서류에 의하여 진술하지 못한다.

① ㄱ, ㄴ, ㅁ ② ㄱ, ㄷ
③ ㄴ, ㄷ, ㄹ ④ ㄴ, ㄹ
⑤ ㄷ, ㄹ, ㅁ

 해설

ㄱ. ✗ 당사자본인, 법정대리인, 당사자인 법인 등의 대표자 이외 모두 증인능력이 있다.

제372조(법정대리인의 신문)
소송에서 당사자를 대표하는 법정대리인에 대하여는 제367조(당사자신문) 내지 제371조의 규정을 준용한다. 다만, 당사자 본인도 신문할 수 있다.

제64조(법인 등 단체의 대표자의 지위)
법인의 대표자 또는 제52조의 대표자 또는 관리인에게는 이 법 가운데 법정대리와 법정대리인에 관한 규정을 준용한다.

ㄴ. ○

제293조(증거조사의 집중)
증인신문과 당사자신문은 당사자의 주장과 증거를 정리한 뒤 집중적으로 하여야 한다.

ㄷ. ✗

제311조(증인이 출석하지 아니한 경우의 과태료 등)
① 증인이 정당한 사유 없이 출석하지 아니한 때에 법원은 결정으로 증인에게 이로 말미암은 소송비용을 부담하도록 명하고 500만 원 이하의 과태료에 처한다.
② 법원은 증인이 제1항의 규정에 따른 과태료의 재판을 받고도 정당한 사유 없이 다시 출석하지 아니한 때에는 결정으로 증인을 7일 이내의 감치(監置)에 처한다.

ㄹ. ○

제311조(증인이 출석하지 아니한 경우의 과태료 등)
⑦ 감치의 재판을 받은 증인이 감치의 집행중에 증언을 한 때에는 법원은 바로 감치결정을 취소하고 그 증인을 석방하도록 명하여야 한다.

ㅁ. ○

제331조(증인의 진술원칙)
증인은 서류에 의하여 진술하지 못한다. 다만, 재판장이 허가하면 그러하지 아니하다.

24 19법전협-3-37 정답 ①

아래 각 괄호에 들어갈 용어를 올바르게 나열한 것은?
(다툼이 있는 경우 판례에 의함)

○ 법원에 문서를 제출하거나 보낼 때에는 원본, (A) 또는 인증이 있는 등본으로 하여야 한다.
○ 문서의 진정성립을 인정한 당사자는 특별한 요건의 충족 없이 이를 철회할 수 (B).
○ 인영의 동일성이 인정되면 날인행위가 작성명의인의 의사에 따른 것이라고 추정되는데 이러한 추정은 (C)이다.
○ 사문서가 완성문서로서의 진정성립의 추정이 번복되어 문서의 미완성 부분을 작성명의자가 아닌 자가 보충하였다는 등의 사정이 밝혀진 경우라면, 그 미완성 부분이 정당한 권한에 기하여 보충되었는지 여부에 관하여는 (D)에게 그 증명책임이 있다.
○ 피고가 제출한 서증에 대한 인부로서 원고가 부지라 하면서 원고 자신의 인장이 도용 위조된 것이라고 항변하는 경우에는 원칙적으로 (E) 측에서 그것이 도용된 것이라는 점에 관하여 증명하여야 한다.

	A	B	C	D	E
①	정본	없다	사실상의 추정	문서제출자	원고
②	정본	있다	법률상의 추정	문서제출자의 상대방	피고
③	사본	없다	사실상의 추정	문서제출자의 상대방	피고
④	사본	없다	법률상의 추정	문서제출자	원고
⑤	정본	있다	사실상의 추정	문서제출자의 상대방	원고

A.
> 제355조(문서제출의 방법 등)
> ① 법원에 문서를 제출하거나 보낼 때에는 원본, 정본, 또는 인증이 있는 등본으로 해야 한다.

B. 문서의 성립에 관한 자백은 보조사실에 관한 자백이기는 하나 그 취소에 관하여서는 다른 간접사실에 관한 자백의 취소와는 달리 주요사실의 자백취소와 동일하게 처리하여야 할 것이므로 문서의 진정성립을 인정한 당사자는 자유롭게 이를 철회할 수 없다(대판 1988.12.20. 88다카3083).

C. 한편 사문서에 날인된 작성 명의인의 인영이 그의 인장에 의하여 현출된 것이라면 특별한 사정이 없는 한 그 인영의 진정성립이 추정되고, 일단 인영의 진정성립이 추정되면 민사소송법 제358조에 따라 그 문서 전체의 진정성립이 추정되나, 그와 같은 인영의 진정성립, 즉 날인행위가 작성 명의인의 의사에 따른 것이라는 추정은 사실상의 추정이므로, 인영의 진정성립을 다투는 자가 반증을 들어 날인행위가 작성 명의인의 의사에 따른 것임에 관하여 법원으로 하여금 의심을 품게 할 수 있는 사정을 증명하면 그 진정성립의 추정은 깨진다(대판 2014.9.26. 2014다29667).

D. 인영 부분 등의 진정성립이 인정되는 경우, 그 당시 그 문서의 전부 또는 일부가 미완성된 상태에서 서명날인만을 먼저 하였다는 등의 사정은 이례에 속한다고 볼 것이므로 완성문서로서의 진정성립의 추정력을 뒤집으려면 그럴 만한 합리적인 이유와 이를 뒷받침할 간접반증 등의 증거가 필요하다고 할 것이고, 만일 그러한 완성문서로서의 진정성립의 추정이 번복되어 백지문서 또는 미완성 부분을 작성명의자가 아닌 자가 보충하였다는 등의 사정이 밝혀진 경우라면, 다시 그 백지문서 또는 미완성 부분이 정당한 권한에 기하여 보충되었다는 점에 관하여는 그 문서의 진정성립을 주장하는 자 또는 문서제출자에게 그 입증책임이 있다(대판 2003.4.11. 2001다11406).

E. 서증에 대한 인부로서 원고는 부지라 하고 원고의 인장이 도용 위조된 것이라고 항변하는 경우에는 다른 특별한 사정이 없는 한 그 날인행위도 원고가 한 것으로 추정되는 것이라 할 것이므로 원고측에서 그것이 도용된 것이라는 점에 관하여 입증하여야 하고 이러한 입증이 없을 때에는 위 서증의 진정성립이 추정된다 할 것이다(대판 1976.7.27. 76다1394).

25 19법전협-2-42 정답 ⑤

진정성립이 인정된 문서의 실질적 증거력에 관한 설명으로 옳지 않은 것은? (다툼이 있는 경우 판례에 따름)

① 처분문서의 실질적 증거력은 진정성립이 인정되는 것을 전제로 한다.
② 처분문서의 기재 내용이 부동문자로 인쇄되어 있다면 인쇄된 예문에 지나지 아니하여 그 기재를 합의의 내용이라고 볼 수 없는 경우도 있으므로 처분문서라 하여 곧바로 당사자의 합의 내용이라고 단정할 수는 없다.
③ 은행과 근저당권설정자 사이의 부동문자로 인쇄된 근저당권설정계약서에 이른바 포괄근저당권을 설정한다는 문언이 기재된 경우, 은행의 담보취득행위가 은행대차관계에서 이례에 속하여 관례를 벗어나는 것으로 보이거나 피담보채무를 제한하는 개별 약정이 있었다는 등의 특별한 사정이 없는 한, 실질적 증거력이 인정된다.
④ 처분문서의 실질적 증거력은 반증이 없는 한, 처분문서에 기재되어 있는 문언대로 의사표시의 존재와 내용이 인정되는 것을 의미한다.
⑤ 보고문서의 경우 그것이 공문서라고 하더라도 실질적 증거력이 인정될 수 없다.

① O 서증은 문서에 표현된 작성자의 의사를 증거자료로 하여 요증사실을 증명하려는 증거방법이므로 우선 그 문서가 거증자에 의하여 작성자로 주장되는 자의 의사에 의하여 작성된 것임이 밝혀져야 하고, 이러한 형식적 증거력이 인정된 다음 비로소 작성자의 의사가 요증사실의 증거로서 얼마나 유용하느냐에 관한 실질적 증명력을 판단하여야 한다(대판 1997.4.11. 96다50520).
② O 처분문서의 기재 내용이 부동문자로 인쇄되어 있다면 인쇄된 예문에 지나지 아니하여 그 기재를 합의의 내용이라고 볼 수 없는 경우도 있으므로 처분문서라 하여 곧바로 당사자의 합의의 내용이라고 단정할 수는 없고 구체적 사안에 따라 당사자의 의사를 고려하여 그 계약 내용의 의미를 파악하고 그것이 예문에 불과한 것인지의 여부를 판단하여야 한다(대판 1997.11.28. 97다36231).
③ O 은행과 근저당권설정자와의 사이에 근저당권설정계약을 체결할 때 작성된 근저당권설정계약서에 "채무자가 채권자(본, 지점)에 대하여 현재 및 장래에 부담하는 어음대출, 어음할인, 증서대출, 당좌대출, 지급보증(사채보증 포함), 매출채권거래, 상호부금거래, 유가증권 대여, 외국환 기타의 여신거래로 말미암은 채무, 보증채무, 어음 또는 수표상의 채무, 이자채무, 지연배상금채무, 채무자나 설정자가 부담할 제 비용, 보험료의 부대채무, 기타 여신거래에 관한 채무"라는 취지의 기재가 있는 경우, 그 기재는 은행의 여신거래로부터 생기는 모든 채무를 담보하기로 하는 이른바 포괄근저당권을 설정한다는 문언이라고 할 것이고, 계약서가 부동문자로 인쇄된 약관의 형태를 취하고 있다 하더라도 이는 처분문서라고 할 것이므로, 그 진정성립이 인정되는 때에는, 은행의 담보취득행위가 은행대차관계에 있어서 이례에 속하고 관례를 벗어나는 것이라고 보여지거나 피담보채무를 제한하는 개별 약정이 있었다는 등의 특별한 사정이 없는 한, 그 문언대로 의사표시의 존재와 내용을 인정하여야 한다(대판 1997.6.24. 95다43327).
④ O 처분문서의 진정성립이 인정되면 반증에 의하여 그 기재 내용과 다른 특별한 명시적 또는 묵시적 약정이 있었다는 사실이 인정되지 아니하는 한 법원은 그 문서의 기재 내용에 따른 의사표시의 존재와 내용을 인정하여야 하고, 합리적인 이유 설시도 없이 이를 배척하여서는 아니 된다(대판 2000.1.21. 97다1013).

⑤ X 진정성립이 추정되는 공문서는 진실에 반한다는 등의 특별한 사정이 없는 한 그 내용의 증명력을 쉽게 배척할 수 없으므로, 공문서의 기재 중에 의문점이 있는 부분이 일부 있더라도 기재 내용과 배치되는 사실이나 문서가 작성된 근거와 경위에 비추어 기재가 비정상적으로 이루어졌거나 내용의 신빙성을 의심할 만한 특별한 사정을 증명할 만한 다른 증거자료가 없는 상황이라면 기재 내용대로 증명력을 가진다(대판 2015.7.9. 2013두3658,3665).

26 19법전협-1-42   정답 ③

의사 甲으로부터 진료를 받은 환자 乙이 의료과오가 있음을 주장하여 甲을 상대로 손해배상청구의 소를 제기하였는데, 乙이 甲의 과오를 증명하기 위하여 자신의 진료기록에 대한 문서제출명령을 법원에 신청하였다. 이와 관련하여 옳은 설명은? (다툼이 있는 경우 판례에 따름)

① 甲이 진료기록을 사후에 가필·정정하여 제출하였다면, 그 이유에 대하여 상당하고도 합리적인 이유를 제시하더라도 증명방해에 해당한다.
② 甲은 의료에 관한 전문가로서 의료과오의 존부에 대한 증거자료에 용이하게 접근할 수 있으므로 甲이 乙의 증명활동에 협조하지 않는 것만으로도 증명방해에 해당한다.
③ 甲이 일부가 훼손된 진료기록을 증거로 제출하였는데 乙이 훼손된 부분에 잔존 부분의 기재와 상반된 내용이 기재되어 있다고 주장하는 경우, 甲이 상대방의 사용을 방해할 목적으로 문서를 훼손하였다면 증명방해에 해당된다.
④ 甲이 진료기록 제출과 관련하여 증명방해행위를 하였다면 乙의 주장사실이 증명된 것으로 보아야 한다.
⑤ 甲이 진료기록 제출과 관련하여 증명방해행위를 하였다면 甲의 과오여부에 관한 증명책임이 甲에게 전환된다.

① X 이유에 관하여 상당하고도 합리적인 이유를 제시하면 증명방해행위에 해당하지 않는다.
  관련판례 의사 측이 진료기록을 사후에 가필·정정한 행위는, 그 이유에 대하여 상당하고도 합리적인 이유를 제시하지 못하는 한, 당사자 간의 공평의 원칙 또는 신의칙에 어긋나는 증명방해행위에 해당한다(대판 2010.7.8. 2007다55866).
② X 증거자료에의 접근이 훨씬 용이한 일방 당사자가 상대방의 증명활동에 협력하지 않는다고 하여 상대방의 입증을 방해하는 것이라고 단정할 수 없으며, 민사소송법 제1조에서 규정한 신의성실의 원칙을 근거로 하여 대등한 사인간의 법률적 쟁송인 민사소송절차에서 일방 당사자에게 소송의 승패와 직결되는 상대방의 증명활동에 협력하여야 할 의무가 부여되어 있다고 할 수 없으므로, 일방 당사자가 요증사실의 증거자료에 훨씬 용이하게 접근할 수 있다고 하는 사정만으로는 상대방의 증명활동에 협력하지 않는다고 하여 이를 민사소송법상의 신의성실의 원칙에 위배되는 것이라고 할 수 없다(대판 1996.4.23. 95다23835).
③ O 민사소송에서 당사자 일방이 일부가 훼손된 문서를 증거로 제출하였는데 상대방이 훼손된 부분에 잔존 부분의 기재와 상반된 내용이 기재되어 있다고 주장하는 경우, 문서제출자가 상대방의 사용을 방해할 목적으로 문서를 훼손하였다면 법원은 훼손된 문서 부분의 기재에 대한 상대방의 주장을 진실한 것으로 인정할 수 있을 것이나(민사소송법 제350조), 그러한 목적 없이 문서가 훼손되었다고 하더라도 문서의 훼손된 부분에 잔존 부분과 상반되는 내용의 기재가 있을 가능성이 인정되어 문서 전체의 취지가 문서를 제출한 당사자의 주장에 부합한다는 확신을 할 수 없게 된다면 이로 인한 불이익은 훼손된 문서를 제출한 당사자에게 돌아가야 한다(대판 2015.11.17. 2014다81542).
④, ⑤ X 제349조, 제350조의 "법원은 문서의 기재에 대한 상대방의 주장을 진실한 것으로 인정할 수 있다"의 해석과 관련하여 판례는 자유심증설의 입장이다. ④번 지문은 법정증거설, ⑤번 지문은 증명책임전환설에 대한 내용이다.
  관련판례 당사자가 문서제출명령에 따르지 아니한 경우에는 법원은 상대방의 그 문서에 관한 주장 즉, 문서의 성질, 내용, 성립의 진정 등에 관한 주장을 진실한 것으로 인정하여야 한다는 것이지 그 문서에 의하여 입증하고자 하는 상대방의 주장사실까지 반드시 증명되었다고 인정하여야 한다는 취지는 아니다(대판 1993.6.25. 93다15991).

27 20법전협-3-42   정답 ⑤

甲은 乙에게 연대보증금채무의 이행을 구하는 소를 제기하면서 그 증거로 乙이 날인한 것으로 되어 있는 '연대보증계약서'를 제출하였다. 소송에서 乙은 연대보증계약 체결사실을 부인하면서 위 계약서에 관하여 다음과 같이 다투고 있다. 이와 관련한 설명 중 옳지 않은 것은? (다툼이 있는 경우 판례에 의함)

> ㄱ. 乙은 인영의 동일성을 인정하였으나, 자기가 날인한 사실은 부인하면서 주채무자 A가 자신의 인장을 도용하여 날인한 것이라고 주장하고 있으며, 甲은 A가 乙의 인장을 가져와 날인한 사실을 인정하였으나, A에게는 乙을 대리할 권한이 있었다고 주장하고 있다.
> ㄴ. 乙은 자기가 날인한 사실을 인정하였으나 날인 당시에는 백지문서였다고 주장하고 있다.

① 문서에 날인된 작성명의인의 인영이 작성 명의인의 인장에 의하여 현출된 인영임이 인정되는 경우에는 특단의 사정이 없는 한 그 인영의 성립, 즉 날인행위가 작성명의인의 의사에 기하여 진정하게 이루어진 것으로 추정되고, 일단 인영의 진정성립이 추정되면 민사소송법 제358조에 의하여 그 문서 전체의 진정성립까지 추정된다.

② 사문서의 작성명의인이 당해 문서에 날인한 인영 부분의 성립을 인정하는 경우에는 반증으로 그러한 추정이 번복되는 등의 다른 특별한 사정이 없는 한 그 문서 전체에 관한 진정성립이 추정된다.

③ ㄱ.의 경우 날인자인 A가 乙의 대리인이라는 점은 서증제출자인 甲이 증명하여야 한다.

④ ㄴ.의 경우 乙이 백지문서에 날인한 것이라는 점에 관하여 법원이 확신을 얻지 못하였다면 연대보증계약서 전체의 진정성립이 인정된다.

⑤ ㄴ.의 경우 甲이 스스로 乙이 백지문서에 날인한 사실을 인정하면서 자신이 乙로부터 권한을 수여받아 내용을 기재하였다고 주장한다면 乙은 그 권한을 수여하지 않았다는 점에 대하여 증명책임이 있다.

해설

① O 문서에 날인된 작성명의인의 인영이 작성 명의인의 인장에 의하여 현출된 인영임이 인정되는 경우에는 특단의 사정이 없는 한 그 인영의 성립 즉 날인행위가 작성명의인의 의사에 기하여 진정하게 이루어진 것으로 추정되고 일단 인영의 진정성립이 추정되면 민사소송법 제329조(현 제358조)의 규정에 의하여 그 문서전체의 진정성립까지 추정된다(대판 1986.2.11. 85다카1009).

② O 사문서는 본인 또는 대리인의 서명이나 날인 또는 무인이 있는 때에는 진정한 것으로 추정되므로(민사소송법 제358조), 사문서 작성명의인이 스스로 당해 사문서에 서명・날인・무인하였음을 인정하는 경우, 즉 인영 부분 등의 성립을 인정하는 경우에는 반증으로 그러한 추정이 번복되는 등 다른 특별한 사정이 없는 한 문서 전체에 관한 진정성립이 추정되고, 인영 부분 등의 진정성립이 인정된다면 다른 특별한 사정이 없는 한 당해 문서는 전체가 완성되어 있는 상태에서 작성명의인이 그러한 서명・날인・무인을 하였다고 추정할 수 있으며, 그 당시 문서의 전부 또는 일부가 미완성된 상태에서 서명・날인만을 먼저 하였다는 등의 사정은 이례에 속한다고 할 것이므로 완성문서로서 진정성립의 추정력을 뒤집으려면 그럴만한 합리적인 이유와 이를 뒷받침할 간접반증 등의 증거가 필요하다(대판 2011.11.10. 2011다62977).

③ O 서증에 대한 인부로서 원고는 부지라 하고 원고의 인장이 도용 위조된 것이라고 항변하는 경우에는 다른 특별한 사정이 없는 한 그 날인행위도 원고가 한 것으로 추정되는 것이라 할 것이므로 원고측에서 그것이 도용된 것이라는 점에 관하여 입증하여야 하고 이러한 입증이 없을 때에는 위 서증의 진정성립이 추정된다 할 것이다(대판 1976.7.27. 76다1394).
그러나 이와 같은 추정은 날인행위가 작성명의인 이외의 자에 의하여 이루어지고 작성명의인의 의사에 기한 것이 아님이 밝혀진 경우에는 더 이상 유지될 수 없어 이로서 깨어지는 것이므로 문서제출자는 그 날인행위가 작성명의인으로부터 위임받은 정당한 권원에 의한 것이라는 사실까지 입증할 책임이 있다고 할 것이다(당원 1986.9.23. 86다카915 판결 참조; 대판 1989.4.25. 88다카6815).
설문은 진정성립이 추정되었으나 명의인 이외의 자에 의해 날인행위가 이루어짐을 자인하므로 번복되었다. 따라서 위임받은 정당한 대리권에 의한 것이라는 사실을 제출자가 입증해야 한다.

④ O ⑤ X [1] 사문서는 본인 또는 대리인의 서명이나 날인 또는 무인이 있는 때에는 진정한 것으로 추정되므로(민사소송법 제358조), 사문서의 작성명의인이 스스로 당해 사문서에 서명・날인・무인하였음을 인정하는 경우, 즉 인영 부분 등의 성립을 인정하는 경우에는 반증으로 그러한 추정이 번복되는 등의 다른 특별한 사정이 없는 한 그 문서 전체에 관한 진정성립이 추정된다.
[2] 인영 부분 등의 진정성립이 인정된다면 다른 특별한 사정이 없는 한 당해 문서는 그 전체가 완성되어 있는 상태에서 작성명의인이 그러한 서명・날인・무인을 하였다고 추정할 수 있다.
[3] 인영 부분 등의 진정성립이 인정되는 경우, 그 당시 그 문서의 전부 또는 일부가 미완성된 상태에서 서명날인만을 먼저 하였다는 등의 사정은 이례에 속한다고 볼 것이므로 완성문서로서의 진정성립의 추정력을 뒤집으려면 그럴 만한 합리적인 이유와 이를 뒷받침할 간접반증 등의 증거가 필요하다고 할 것이고, 만일 그러한 완성문서로서의 진정성립의 추정이 번복되어 백지문서 또는 미완성 부분을 작성명의자가 아닌 자가 보충하였다는 등의 사정이 밝혀진 경우라면, 다시 그 백지문서 또는 미완성 부분이 정당한 권한에 기하여 보충되었다는 점에 관하여는 그 문서의 진정성립을 주장하는 자 또는 문서제출자에게 그 입증책임이 있다(대판 2003.4.11. 2001다11406).
한편, 간접반증은 주요사실에 대하여는 법관의 의심을 주면 족한 반증이나, 양립 가능한 특단의 전제사실에 대해서는 법관에게 확신을 주어야 하는 본증이므로 진정성립에 대한 의심을 주기 위해서 백지문서에 날인한 것이라는 점에 대해서는 확신을 주는 정도의 증명이 필요하다. 따라서 이에 이르지 못한 경우 연대보증계약서 전체의 진정성립이 번복되지 않는다.

제3절 자유심증주의, 증명책임

28 14변시-58   정답 ①

증명책임에 관한 설명 중 옳지 않은 것은? (다툼이 있는 경우에는 판례에 의함)

① 채무불이행으로 인한 손해배상액이 예정되어 있는 경우 채권자는 채무불이행 사실만 증명하면 손해의 발생 및 그 액수를 증명하지 아니하고 예정배상액을 청구할 수 있고, 채무자는 자신의 과실없음을 항변하지 못한다.

② 점유자가 점유취득시효를 주장하는 경우 스스로 소유의 의사를 증명할 책임은 없고, 점유자의 점유가 소유의 의사가 없는 점유임을 주장하여 취득시효 성립을 부정하는 자에게 증명책임이 있다.

③ 피해자가 가해자를 상대로 대기오염이나 수질오염에 의한 공해로 인한 손해배상을 청구하는 소송에 있어서 가해자가 어떠한 유해한 원인물질을 배출하고 그것이 피해물건에 도달하여 손해가 발생하였음을 피해자가 증명하였다면, 가해자가 그것이 무해하다는 것을 증명하여야 한다.

④ 채무부존재확인소송에서 채무자가 먼저 청구를 특정하여 채무발생원인사실을 부정하는 주장을 하면, 채권자는 권리관계의 요건사실에 관하여 주장·증명책임을 부담한다.

⑤ 사해행위취소소송에서 사해행위의 취소를 구하는 채권자가 채무자의 수익자에 대한 금원지급행위를 증여라고 주장함에 대하여, 수익자는 이를 기존 채무에 대한 변제로서 받은 것이라고 다투고 있는 경우 그 금원지급행위가 증여에 해당한다는 사실은 취소를 구하는 채권자가 증명하여야 한다.

① **X** 판례는 손해배상의 예정이 있는 경우에도 채무자는 과실이 없음을 입증한 경우 배상 책임을 면한다고 하였다.

  관련판례 채무불이행으로 인한 손해배상액이 예정되어 있는 경우에는 채권자는 채무불이행 사실만 증명하면 손해의 발생 및 그 액을 증명하지 아니하고 예정배상액을 청구할 수 있고, 채무자는 채권자와 채무불이행에 있어 채무자의 귀책사유를 묻지 아니한다는 약정을 하지 아니한 이상 자신의 귀책사유가 없음을 주장·입증함으로써 예정배상액의 지급책임을 면할 수 있다. 그리고 채무자의 귀책사유를 묻지 아니한다는 약정의 존재 여부는 근본적으로 당사자 사이의 의사해석의 문제로서, 당사자 사이의 약정 내용과 그 약정이 이루어지게 된 동기 및 경위, 당사자가 그 약정에 의하여 달성하려고 하는 목적과 진정한 의사, 거래의 관행 등을 종합적으로 고찰하여 합리적으로 해석하여야 하지만, 당사자의 통상의 의사는 채무자의 귀책사유로 인한 채무불이행에 대해서만 손해배상액을 예정한 것으로 봄이 상당하므로, 채무자의 귀책사유를 묻지 않기로 하는 약정의 존재는 엄격하게 제한하여 인정하여야 한다(대판 2007.12.27. 2006다9408).

② **O** 민법 제197조 제1항에서 자주점유는 추정되고 있는 바, 이는 잠정적 진실로 엄격한 의미의 법률상 추정은 아니나 증명책임이 전환된다. 따라서 취득시효를 부정하는 자가 소유의 의사 없음을 입증해야 한다.

③ **O** 소위 현대형소송에서 일응추정과 간접반증이론을 이용해 증명을 완화하고 있다.

  관련판례 수질오탁으로 인한 공해소송인 이 사건에서 (1) 피고 공장에서 김의 생육에 악영향을 줄 수 있는 폐수가 배출되고 (2) 그 폐수중 일부가 유류를 통하여 이사건 김양식장에 도달하였으며 (3) 그 후 김에 피해가 있었다는 사실이 각 모순없이 증명된 이상 피고공장의 폐수배출과 양식 김에 병해가 발생함으로 말미암은 손해간의 인과관계가 일응 증명되었다고 할 것이므로, 피고가 (1) 피고 공장폐수 중에는 김의 생육에 악영향을 끼칠 수 있는 원인물질이 들어 있지 않으며 (2) 원인물질이 들어 있다 하더라도 그 해수혼합율이 안전농도 범위내에 속한다는 사실을 반증을 들어 인과관계를 부정하지 못하는 한 그 불이익은 피고에게 돌려야 마땅할 것이다(대판 1984.6.12. 81다558).

④ **O** 금전채무부존재확인소송에 있어서는, 채무자인 원고가 먼저 청구를 특정하여 채무발생원인사실을 부정하는 주장을 하면 채권자인 피고는 권리관계의 요건사실에 관하여 주장·입증책임을 부담한다(대판 1998.3.13. 97다45259).

⑤ **O** 사해행위의 취소를 구하는 채권자가 채무자의 수익자에 대한 금원지급행위를 증여라고 주장함에 대하여, 수익자는 이를 기존 채무에 대한 변제로서 받은 것이라고 다투고 있는 경우, 이는 채권자의 주장사실에 대한 부인에 해당할 뿐 아니라, 위 법리에서 보는 바와 같이 채무자의 금원지급행위가 증여인지, 변제인지에 따라 채권자가 주장·입증하여야 할 내용이 크게 달라지게 되므로, 결국 위 금원지급행위가 사해행위로 인정되기 위하여는 그 금전지급행위가 증여에 해당한다는 사실이 입증되거나 변제에 해당하지만 채권자를 해할 의사 등 앞서 본 특별한 사정이 있음이 입증되어야 할 것이고, 그에 대한 입증책임은 사해행위를 주장하는 측에 있다고 할 것이다(대판 2007.5.31. 2005다28686).

29 13변시-61   정답 ②

증명책임의 소재에 관한 설명 중 옳은 것을 모두 고른 것은? (다툼이 있는 경우에는 판례에 의함)

> ㄱ. 甲이 乙을 상대로 확정된 지급명령에 대한 청구이의의 소를 제기한 경우, 甲이 乙의 채권이 성립하지 아니하였음을 주장하면 乙은 채권의 발생원인 사실을 증명하여야 한다.
> ㄴ. 甲이 채권자 乙로부터 채무자 丙에 대한 채권을 양수할 당시 그 채권에 관한 양도금지 특약의 존재를 알고 있거나 그 특약의 존재를 알지 못함에 중대한 과실이 있다면 丙은 甲에 대하여 그 특약으로써 대항할 수 있고, 甲의 악의 내지 중과실은 채권양도금지의 특약으로 甲에게 대항하려는 丙이 증명하여야 한다.
> ㄷ. 甲이 乙을 상대로 피담보채권이 성립되지 아니하였음을 원인으로 하여 X 토지에 관하여 乙 명의로 마쳐진 근저당권설정등기의 말소를 구하는 경우, 근저당권의 성립 당시 근저당권의 피담보채권을 성립시키는 법률행위가 없었다는 사실은 근저당권설정등기의 말소를 구하는 甲이 증명하여야 한다.
> ㄹ. 상대방과 통정한 허위의 의사표시는 무효이나, 그 의사표시의 무효는 선의의 제3자에게 대항하지 못하는데, 제3자가 선의라는 사실은 그 허위표시의 유효를 주장하는 자가 증명하여야 한다.
> ㅁ. 임대인 甲이 임차인 乙을 상대로 임차건물이 화재로 소실되어 목적물 반환의무가 이행불능이 되었음을 원인으로 한 손해배상을 구하는 소를 제기한 경우, 甲은 乙의 귀책사유로 위 목적물 반환의무가 이행불능이 되었음을 증명하여야 한다.

① ㄱ
② ㄱ, ㄴ
③ ㄱ, ㄴ, ㄷ
④ ㄴ, ㄷ, ㄹ
⑤ ㄴ, ㄷ, ㄹ, ㅁ

 해설

ㄱ. O **관련판례** 확정된 지급명령의 경우 그 지급명령의 청구원인이 된 청구권에 관하여 지급명령 발령 전에 생긴 불성립이나 무효 등의 사유를 그 지급명령에 관한 이의의 소에서 주장할 수 있고, 이러한 청구이의의 소에서 청구이의 사유에 관한 증명책임도 일반 민사소송에서의 증명책임 분배의 원칙에 따라야 한다. 따라서 확정된 지급명령에 대한 청구이의 소송에서 원고가 피고의 채권이 성립하지 아니하였음을 주장하는 경우에는 피고에게 채권의 발생원인 사실을 증명할 책임이 있고, 원고가 그 채권이 통정허위표시로서 무효이거나 변제에 의하여 소멸되었다는 등 권리 발생의 장애 또는 소멸사유에 해당하는 사실을 주장하는 경우에는 원고에게 그 사실을 증명할 책임이 있다(대판 2010.6.24. 2010다12852).

ㄴ. O **관련판례** 채무자는 제3자가 채권자로부터 채권을 양수한 경우 채권양도금지 특약의 존재를 알고 있는 양수인이나 그 특약의 존재를 알지 못함에 중대한 과실이 있는 양수인에게 그 특약으로써 대항할 수 있고, 여기서 말하는 '중과실'이란 통상인에게 요구되는 정도의 상당한 주의를 하지 않더라도 약간의 주의를 한다면 손쉽게 그 특약의 존재를 알 수 있음에도 불구하고 그러한 주의조차 기울이지 아니하여 특약의 존재를 알지 못한 것을 말하며, 제3자의 악의 내지 중과실은 채권양도금지의 특약으로 양수인에게 대항하려는 자가 이를 주장·증명하여야 한다(대판 2010.5.13. 2010다8310).

ㄷ. X 근저당권의 피담보채권을 성립시키는 법률행위가 있었다는 점에 대하여 채권자인 乙이 입증하여야 한다.

관련판례 근저당권은 그 담보할 채무의 최고액만을 정하고, 채무의 확정을 장래에 보류하여 설정하는 저당권으로서(민법 제357조 제1항), 계속적인 거래관계로부터 발생하는 다수의 불특정채권을 장래의 결산기에서 일정한 한도까지 담보하기 위한 목적으로 설정되는 담보권이므로, 근저당권설정행위와는 별도로 근저당권의 피담보채권을 성립시키는 법률행위가 있어야 하고, 근저당권의 성립 당시 근저당권의 피담보채권을 성립시키는 법률행위가 있었는지 여부에 대한 입증책임은 그 존재를 주장하는 측에 있다(대판 2009.12.24. 2009다72070).

ㄹ. X **관련판례** 민법 제108조 제1항에서 상대방과 통정한 허위의 의사표시를 무효로 규정하고, 제2항에서 그 의사표시의 무효는 선의의 제3자에게 대항하지 못한다고 규정하고 있는데, 여기에서 제3자는 특별한 사정이 없는 한 선의로 추정할 것이므로, 제3자가 악의라는 사실에 관한 주장·입증책임은 그 허위표시의 무효를 주장하는 자에게 있다(대판 2006.3.10. 2002다1321).

ㅁ. X 임차인 乙에게 자신의 귀책사유로 인한 것이 아님을 입증할 책임이 있다.

관련판례 임차인은 임차건물의 보존에 관하여 선량한 관리자의 주의의무를 다하여야 하고, 임차인의 임차물반환채무가 이행불능이 된 경우, 임차인이 그 이행불능으로 인한 손해배상책임을 면하려면 그 이행불능이 임차인의 귀책사유로 말미암은 것이 아님을 입증할 책임이 있다(대판 2006.1.13. 2005다51013,51020).

30 13변시-65   정답 ②

척추 이상으로 허리 통증이 있던 甲은 의료법인 A병원에서 2008. 4. 3. 입원진료계약을 체결하고, 같은 달 30.에 수술을 받았다. 척추수술 직후, 甲에게 하반신마비 장애가 발생하였다. 다음 설명 중 옳지 않은 것은? (각 지문은 독립적이고, 다툼이 있는 경우에는 판례에 의함)

① A병원의 치료비 채권은 특약이 없는 한 개개의 진료가 종료될 때마다 각각의 진료에 필요한 비용의 이행기가 도래하여 그에 대한 소멸시효가 진행된다.
② 甲이 A병원을 상대로 제기한 손해배상청구소송에서 일실이익의 현가 산정방식에 관한 甲의 주장은 기초사실에 관한 주장에 속하므로, 법원이 甲의 주장과 다른 산정방식을 채용하는 것은 변론주의에 반한다.
③ 甲이 A병원을 상대로 불법행위를 원인으로 한 손해배상청구의 소를 제기하였는데, 법원이 진료계약상의 의무불이행을 원인으로 한 손해배상금을 지급하도록 판결한 것은 처분권주의에 반한다.
④ A병원이 진료기록을 변조할 가능성이 있는 경우, 甲은 소 제기 전이나 후에 증거보전절차를 신청할 수 있으며, 예외적으로 소송계속 중에는 법원이 증거보전을 직권으로도 결정할 수 있다.
⑤ A병원이 진료기록을 사후에 변조한 것으로 밝혀진 경우라고 하더라도 곧바로 A병원에 의료상의 과실이 있다는 甲의 주장사실이 증명된 것으로 볼 수는 없다.

해설

① O 민법 제163조 제2호 소정의 '의사의 치료에 관한 채권'에 있어서는 특약이 없는 한 그 개개의 진료가 종료될 때마다 각각의 당해 진료에 필요한 비용의 이행기가 도래하여 그에 대한 시효가 진행된다고 해석함이 상당하다(대판 1998.2.13. 97다47675).
② X 불법행위로 인한 일실수익의 현가산정에 있어서 기초사실인 수입, 가동연한, 공제할 생활비 등은 사실상의 주장이지만 현가 산정방식에 관한 주장(호프만식에 의할 것이냐 또는 라이프니쯔식에 의할 것이냐에 관한 주장)은 당사자의 평가에 지나지 않는 것이므로 당사자의 주장에 불구하고 법원은 자유로운 판단에 따라 채용할 수 있고 이를 변론주의에 반한 것이라 할 수 없다(대판 1983.6.28. 83다191).
③ O 채무불이행에 기한 손해배상청구(민법 제390조)와 불법행위에 기한 손해배상청구(제750조)는 소송물이 다르다는 것이 판례의 태도이다.
  관련판례 불법행위를 원인으로 한 손해배상을 청구한 데 대하여 채무불이행을 원인으로 한 손해배상을 인정한 것은 당사자가 신청하지 아니한 사항에 대하여 판결한 것으로서 위법이다(대판 1963.7.25. 63다241).
④ O A병원이 진료기록을 변조할 가능성이 있는 경우는 증거보전의 필요성이 인정된다고 할 것이어서 법원은 필요하다고 인정한 때에는 소송이 계속 중에 직권으로 증거보전을 결정할 수 있다.

제375조(증거보전의 요건)
법원은 미리 증거조사를 하지 아니하면 그 증거를 사용하기 곤란할 사정이 있다고 인정한 때에는 당사자의 신청에 따라 이 장의 규정에 따라 증거조사를 할 수 있다.

제376조(증거보전의 관할)
① 증거보전의 신청은 소를 제기한 뒤에는 그 증거를 사용할 심급의 법원에 하여야 한다. 소를 제기하기 전에는 신문을 받을 사람이나 문서를 가진 사람의 거소 또는 검증하고자 하는 목적물이 있는 곳을 관할하는 지방법원에 하여야 한다.
② 급박한 경우에는 소를 제기한 뒤에도 제1항 후단에 규정된 지방법원에 증거보전의 신청을 할 수 있다.

제379조(직권에 의한 증거보전)
법원은 필요하다고 인정한 때에는 소송이 계속된 중에 직권으로 증거보전을 결정할 수 있다.

⑤ O 입증방해의 효과에 대하여 학설은 자유심증설, 법정증거설, 증명책임전환설, 절충설 등이 대립한다. 이에 대하여 판례는 당사자의 입증방해에 대하여 법원은 자유로운 심증에 따라 당사자에게 불리한 평가를 할 수 있으나, 입증책임이 전환되거나 곧바로 상대방의 주장사실이 증명된 것으로 보아야 하는 것은 아니다(자유심증설).
  관련판례 의료분쟁에 있어서 의사측이 가지고 있는 진료기록 등의 기재가 사실인정이나 법적 판단을 함에 있어 중요한 역할을 차지하고 있는 점을 고려하여 볼 때, 의사측이 진료기록을 변조한 행위는, 그 변조이유에 대하여 상당하고도 합리적인 이유를 제시하지 못하는 한, 당사자간의 공평의 원칙 또는 신의칙에 어긋나는 입증방해행위에 해당한다 할 것이고, 법원으로서는 이를 하나의 자료로 하여 자유로운 심증에 따라 의사측에게 불리한 평가를 할 수 있다(대판 1995.3.10. 94다39567).

31 19법전협-1-41   정답 ③

민사소송법상 변론의 전취지에 관한 설명 중 옳지 않은 것은? (다툼이 있는 경우 판례에 따름)

① 증거원인으로서의 변론의 전취지는 증거조사의 결과를 제외한 소송자료의 전부를 말하는 것으로서 당사자의 주장내용이나 태도, 증거신청의 시기 등 법관의 심증형성에 참작될 변론에 나타난 일체의 자료를 뜻한다.
② 당사자가 변론과정에서 법원이 납득할 만한 충분한 증거를 제출하지 못한 경우, 법원은 변론의 전취지만으로 청구원인사실을 인정할 수 없다.
③ 당사자가 제출한 문서의 사본에 대해 상대방이 그 원본의 존재와 진정성립을 다투고 있더라도 법원은 변론의 전취지에 의하여 그 문서의 원본의 존재와 진정성립을 인정하여 증거로 채택할 수 있다.
④ 재판상 자백을 취소함에 있어 상대방의 동의를 얻지 못한 경우, 자백이 진실에 반한다는 증명이 있더라도 그 자백이 착오로 인한 것이라고 추정되는 것은 아니지만 법원은 변론의 전취지에 의하여 자백이 착오로 인한 것이라는 점을 인정할 수 있다.
⑤ 사문서의 진정성립에 관하여 상대방이 부지로 다투는 서증에 관하여 신청인이 성립을 증명하지 아니한 경우라 할지라도 법원은 다른 증거에 의하지 아니하고 변론의 전취지를 참작하여 그 성립을 인정할 수 있다.

①, ② O 증거원인으로서의 변론의 취지는 변론과정에서의 당사자의 진술내용 및 그 시기, 태도 등과 그 변론과정에서 직접 얻은 인상 등 일체의 자료 또는 상황을 말하는 것이므로 그 성질에 비추어 변론의 취지만으로는 사실을 인정할 수 없고 다만 사실인정의 자료가 되는 다른 증거방법의 보충적 권능을 다할 뿐이다(대판 1983.7.12. 83다카308).

③ X [1] 문서의 제출 또는 송부는 원본, 정본 또는 인증등본으로 하여야 하는 것이므로 원본, 정본 또는 인증등본이 아니고 단순한 사본만에 의한 증거의 제출은 정확성의 보증이 없어 원칙적으로 부적법하고, 다만 이러한 사본의 경우에도 원본의 존재와 원본의 성립의 진정에 관하여 다툼이 없고 그 정확성에 문제가 없기 때문에 사본을 원본의 대용으로 하는 데 관하여 상대방으로부터 이의가 없는 경우에는, 민사소송법 제326조 제1항의 위법에 관한 책문권의 포기 혹은 상실이 있다고 하여 사본만의 제출에 의한 증거의 신청도 허용된다고 할 것이나, 원본의 존재 및 원본의 성립의 진정에 관하여 다툼이 있고 사본을 원본의 대용으로 하는 데 대하여 상대방으로부터 이의가 있는 경우에는 사본으로써 원본을 대신할 수 없다.

[2] 증거로 제출된 농지소표 사본에 대하여 상대방이 부지로 다투고 있는데도 변론의 전취지에 의하여 그 원본의 존재와 진정성립을 인정한 원심판결을 파기한 사례(대판 1996.3.8. 95다48667).

④ O 증거에 의하여 자백이 진실에 부합되지 않는 사실이 증명되고 변론의 전취지에 의하여 그 자백이 착오로 인한 것으로 인정되는 경우에는 법원은 그 자백의 취소를 허용하여야 하고, 재판상 자백의 취소는 반드시 명시적으로 하여야만 하는 것은 아니고 종전의 자백과 배치되는 사실을 주장함으로써 묵시적으로도 할 수 있음은 물론이다(대판 2001.4.13. 2001다6367).

⑤ O 상대방이 부지로 답변하여 사문서의 형식적 증거력을 다툰 경우 법원은 다른 증거에 의하지 아니하고 변론의 전취지를 참작하여 자유심증으로 문서가 진정한 것임을 인정할 수 있다(대판 1993.4.27. 92누16560).

32 20법전협-3-41 정답 ⑤

증명에 관한 설명 중 옳지 않은 것은?

① 관습법은 당사자의 주장·증명을 기다림이 없이 법원이 직권으로 이를 확정하여야 한다.
② 법원이 다른 사건의 판결에서 인정한 사실관계를 법원에 현저한 사실로 그대로 인정하는 것은 변론주의 위반이다.
③ 간접사실에 대한 자백은 법원이나 당사자를 구속하지 않는다.
④ 정지조건부 법률행위에 해당한다는 사실은 그 법률행위로 인한 법률효과의 발생을 다투려는 자가 증명하여야 한다.
⑤ 판례에 의하면, 의료과오소송에서 피고(의사)가 제출한 진료기록의 기재 중 원고(환자)에 대한 진단명의 일부가 흑색볼펜으로 가필되어 원래의 진단명을 식별할 수 없도록 변조되어 있는 경우, 피고가 자기에게 과실 없음을 증명하여야 한다.

① O 법령과 같은 효력을 갖는 관습법은 당사자의 주장 입증을 기다림이 없이 법원이 직권으로 이를 확정하여야 하고 사실인 관습은 그 존재를 당사자가 주장 입증하여야 하나, 관습은 그 존부자체도 명확하지 않을 뿐만 아니라 그 관습이 사회의 법적 확신이나 법적 인식에 의하여 법적 규범으로까지 승인되었는지의 여부를 가리기는 더욱 어려운 일이므로, 법원이 이를 알 수 없는 경우 결국은 당사자가 이를 주장입증할 필요가 있다(대판 1983.6.14. 80다3231).

② O [1] 피고와 제3자 사이에 있었던 민사소송의 확정판결의 존재를 넘어서 그 판결의 이유를 구성하는 사실관계들까지 법원에 현저한 사실로 볼 수는 없다. 민사재판에 있어서 이미 확정된 관련 민사사건의 판결에서 인정된 사실은 특별한 사정이 없는 한 유력한 증거가 되지만, 당해 민사재판에서 제출된 다른 증거 내용에 비추어 확정된 관련 민사사건 판결의 사실인정을 그대로 채용하기 어려운 경우에는 합리적인 이유를 설시하여 이를 배척할 수 있다는 법리도 그와 같이 확정된 민사판결 이유 중의 사실관계가 현저한 사실에 해당하지 않음을 전제로 한 것이다.

[2] 원심이 다른 하급심판결의 이유 중 일부 사실관계에 관한 인정 사실을 그대로 인정하면서, 위 사정들이 '이 법원에 현저한 사실'이라고 본 사안에서, 당해 재판의 제1심 및 원심에서 다른 하급심판결의 판결문 등이 증거로 제출된 적이 없고, 당사자들도 이에 관하여 주장한 바가 없음에도 이를 '법원에 현저한 사실'로 본 원심판단에 법리오해의 잘못이 있다고 한 사례(대판 2019.8.9. 2019다222140).

③ O 재판상 자백이란 변론기일 또는 준비절차기일에 당사자가 하는 상대방의 주장과 일치하는 자기에게 불리한 사실의 진술을 말하는 것이고, 간접사실에 대한 자백은 법원이나 당사자를 구속하지 아니한다(대판 1992.11.10. 92다22121; 대판 2000.1.28. 99다35737 등 참조; 대판 2014.3.13. 2013다213823,213830).

④ O 조건은 법률행위의 당사자가 그 의사표시에 의하여 그 법률행위와 동시에 그 법률행위의 내용으로서 부가시켜 그 법률행위의 효력을 제한하는 법률행위의 부관이므로 구체적인 사실관계가 어느 법률행위에 붙은 조건의 성취에 해당하는지 여부는 의사표시의 해석에 속하는 경우도 있다고 할 수 있지만, 어느 법률행위에 어떤 조건이 붙어 있었는지 아닌지는 사실인정의 문제로서 그 조건의 존재를 주장하는 자가 이를 입증하여야 한다고 할 것이다(대판 2006.11.24. 2006다35766).

어떠한 법률행위가 조건의 성취시 법률행위의 효력이 발생하는 소위 정지조건부 법률행위에 해당한다는 사실은 그 법률행위로 인한 법률효과의 발생을 저지하는 사유로서 그 법률효과의 발생을 다투려는 자에게 주장입증책임이 있다(대판 1993.9.28. 93다20832).

⑤ X 의료분쟁에 있어서 의사측이 가지고 있는 진료기록 등의 기재가 사실인정이나 법적 판단을 함에 있어 중요한 역할을 차지하고 있는 점을 고려하여 볼 때, 의사측이 진료기록을 변조한 행위는, 그 변조이유에 대하여 상당하고도 합리적인 이유를 제시하지 못하는 한, 당사자간의 공평의 원칙 또는 신의칙에 어긋나는 입증방해행위에 해당한다 할 것이고, 법원으로서는 이를 하나의 자료로 하여 자유로운 심증에 따라 의사측에게 불리한 평가를 할 수 있다.

(판결 이유 중) 원심이 인정한 바와 같이 이 사건 소제기 후 의사 진료기록(차트) 등에 대한 제1심 법원의 서증조사기일에 제출된 1987.3.16. 최종 작성된 피고 2 명의의 의사진료기록(차트)(갑 제8호증의 1) 및 레지던트 소외 황용순 명의의 의사진료기록(차트)(갑 제8호증의 10)의 기재 중 원고에 대한 진단명의 일부가 흑색 볼펜으로 가필되어 원래의 진단명을 식별할 수 없도록 변조되어 있다면, 피고측이 그 변조이유에 대하여 상당하고도 합리적인 이유를 제시하지 못하고 있는 이 사건에 있어서, 이는 명백한 입증방해행위라 할 것이므로, 원심이 이를 피고 2의 수술과정상의 과오를 추정하는 하나의 자료로 삼았음은 옳고, 거기에 소론과 같은 입증방해행위에 관한 법리오해의 위법이 있다고 할 수 없다(대판 1995.3.10. 94다39567).

33 21법전협-1-44 정답 ⑤

증명책임을 지는 자에 대한 설명으로 옳지 않은 것은?
(다툼이 있는 경우 판례에 의함)

① 채무자가 유일한 재산을 처분하여 금전으로 바꾸었다는 이유로 제기한 사해행위취소소송에서 매수인의 선의는 수익자에게 증명책임이 있다.
② 이미 발생한 계약해제권이 소멸되거나 그 행사가 저지되는지 여부에 다툼이 있는 경우에는 해제권자의 상대방이 증명책임을 진다.
③ 지명채권 양도의 대항요건에 대해서는 양수인이 증명책임을 진다.
④ 지명채권에 양도금지특약이 있다고 주장하는 채무자는 양수인이 특약의 존재를 알고 있거나 알지 못한데 대한 악의 내지 중과실이 있음을 증명하여야 한다.
⑤ 사망자 명의로 신청하여 이루어진 이전등기라고 하더라도 등기의 추정력은 인정될 수 있으므로, 등기의 무효를 주장하는 자가 현재의 실체관계와 부합하지 아니함을 증명하여야 한다.

① O 사해행위취소소송에 있어서 수익자가 사해행위임을 몰랐다는 사실은 그 수익자 자신에게 입증책임이 있는 것이고, 이 때 그 사해행위 당시 수익자가 선의였음을 인정함에 있어서는 객관적이고도 납득할 만한 증거자료 등에 의하여야 하고, 채무자의 일방적인 진술이나 제3자의 추측에 불과한 진술 등에만 터 잡아 그 사해행위 당시 수익자가 선의였다고 선뜻 단정하여서는 안 된다(대판 2006.7.4. 2004다61280).
② O (판결 이유 중) 계약이 일단 성립한 후 그 해제원인의 존부에 대한 다툼이 있는 경우에는 그 계약해제권을 주장하는 자가 이를 증명하여야 하나(대판 1977.3.8. 76다2461), 이미 발생한 계약해제권이 다른 사유로 소멸되었거나 그 행사가 저지되는지 여부에 대해 다툼이 있는 경우에는 이를 주장하는 상대방이 이를 증명하여야 한다(대판 2009.7.9. 2006다67602,67619).
③ O 채권양수인으로서는 양도인이 채무자에게 채권양도통지를 하거나 채무자가 이를 승낙하여야 채무자에게 채권양수를 주장(대항)할 수 있는 것이며, 그 입증은 양수인이 사실심에서 하여야 할 책임이 있다(대판 1990.11.27. 90다카27662).
④ O 당사자가 양도를 반대하는 의사를 표시(이하 '양도금지특약'이라고 한다)한 경우 채권은 양도성을 상실한다. 양도금지특약을 위반하여 채권을 제3자에게 양도한 경우에 채권양수인이 양도금지특약이 있음을 알았거나 중대한 과실로 알지 못하였다면 채권 이전의 효과가 생기지 아니한다. 반대로 양수인이 중대한 과실 없이 양도금지특약의 존재를 알지 못하였다면 채권양도는 유효하게 되어 채무자는 양수인에게 양도금지특약을 가지고 채무 이행을 거절할 수 없다. 채권양수인의 악의 내지 중과실은 양도금지특약으로 양수인에게 대항하려는 자가 주장·증명하여야 한다(대판 2019.12.19. 2016다24284 전원합의체).
⑤ X 전소유자가 사망한 이후에 그 명의의 신청에 의하여 이루어진 이전등기는 일단 원인무효의 등기라고 볼 것이어서 등기의 추정력을 인정할 여지가 없으므로 그 등기의 유효를 주장하는 자가 현재의 실체관계와 부합함을 입증할 책임이 있다(대판 1983.8.23. 83다카597).

34 20법전협-2-41 정답 ②

증명책임의 소재에 관한 설명 중 옳은 것을 모두 고른 것은? (다툼이 있는 경우 판례에 의함)

ㄱ. 甲이 乙을 상대로 확정된 지급명령에 대한 청구이의의 소를 제기한 경우, 甲이 乙의 채권이 성립하지 아니하였음을 주장하면, 乙은 채권의 발생원인 사실을 증명하여야 한다.
ㄴ. 甲이 채권자 乙로부터 채무자 丙에 대한 채권을 양수할 당시 그 채권에 관한 양도금지특약의 존재를 알고 있거나 그 특약의 존재를 알지 못함에 중대한 과실이 있다면 丙은 甲에 대하여 그 특약으로 대항할 수 있고, 甲의 악의 내지 중과실은 채권양도금지의 특약으로 甲에게 대항하려는 丙이 증명해야 한다.
ㄷ. 甲이 乙을 상대로 피담보채권이 성립되지 아니하였음을 원인으로 하여 X토지에 관하여 乙 명의로 마쳐진 근저당권설정등기의 말소를 구하는 경우, 근저당권의 성립 당시 근저당권의 피담보채권을 성립시키는 법률행위가 없었다는 사실은 근저당권설정등기의 말소를 구하는 甲이 증명하여야 한다.
ㄹ. 상대방과 통정한 허위의 의사표시는 무효이나, 그 의사표시의 무효는 선의의 제3자에게 대항하지 못하는데, 제3자가 선의라는 사실은 그 허위표시의 유효를 주장하는 자가 증명하여야 한다.
ㅁ. 임대인 甲이 임차인 乙을 상대로 임차건물이 화재로 소실되어 목적물 반환의무가 이행불능이 되었음을 원인으로 한 손해배상을 구하는 소를 제기한 경우, 甲은 乙의 귀책사유로 위 목적물 반환의무가 이행불능이 되었음을 증명하여야 한다.

① ㄱ ② ㄱ, ㄴ
③ ㄱ, ㄴ, ㄷ ④ ㄴ, ㄷ, ㄹ
⑤ ㄴ, ㄷ, ㄹ, ㅁ

ㄱ. O 확정된 지급명령의 경우 그 지급명령의 청구원인이 된 청구권에 관하여 지급명령 발령 전에 생긴 불성립이나 무효 등의 사유를 그 지급명령에 관한 이의의 소에서 주장할 수 있고, 이러한 청구이의의 소에서 청구이의 사유에 관한 증명책임도 일반 민사소송에서의 증명책임 분배의 원칙에 따라야 한다. 따라서 확정된 지급명령에 대한 청구이의 소송에서 원고가 피고의 채권이 성립하지 아니하였음을 주장하는 경우에는 피고에게 채권의 발생원인 사실을 증명할 책임이 있고, 원고가 그 채권이 통정허위표시로서 무효라거나 변제에 의하여 소멸되었다는 등 권리 발생의 장애 또는 소멸사유에 해당하는 사실을 주장하는 경우에는 원고에게 그 사실을 증명할 책임이 있다(대판 2010.6.24. 2010다12852).
ㄴ. O 당사자의 의사표시에 의한 채권양도금지 특약은 제3자가 악의인 경우는 물론 제3자가 채권양도금지 특약을 알지 못한 데에 중대한 과실이 있는 경우에도 채권양도금지 특약으로써 대항할 수 있고, 제3자의 악의 내지 중과실은 채권양도금지 특약으로 양수인에게 대항하려는 자가 이를 주장·증명하여야 한다(대판 2015.4.9. 2012다118020).

ㄷ. X 근저당권은 그 담보할 채무의 최고액만을 정하고, 채무의 확정을 장래에 보류하여 설정하는 저당권으로서(민법 제357조 제1항), 근저당권의 피담보채권이 존재하지 않는다는 것이 확정된 때에는 근저당권 설정등기를 말소하여야 한다. 한편 근저당권의 성립 당시 근저당권의 피담보채권을 성립시키는 법률행위가 없다는 주장이 있는 경우에 그러한 법률행위가 있었는지 여부에 대한 증명책임은 그 존재를 주장하는 측에 있다(대판 2017.9.12. 2015다225011).

ㄹ. X 민법 제108조 제1항에서 상대방과 통정한 허위의 의사표시를 무효로 규정하고, 제2항에서 그 의사표시의 무효는 선의의 제3자에게 대항하지 못한다고 규정하고 있는데, 여기에서 제3자는 특별한 사정이 없는 한 선의로 추정할 것이므로, 제3자가 악의라는 사실에 관한 주장·입증책임은 그 허위표시의 무효를 주장하는 자에게 있다(대판 2006.3.10. 2002다1321).

ㅁ. X 임차인의 임대차 목적물 반환의무가 이행불능이 된 경우 임차인이 그 이행불능으로 인한 손해배상책임을 면하려면 그 이행불능이 임차인의 귀책사유로 말미암은 것이 아님을 입증할 책임이 있고, 임차건물이 화재로 소훼된 경우에 있어서 그 화재의 발생원인이 불명인 때에도 임차인이 그 책임을 면하려면 그 임차건물의 보존에 관하여 선량한 관리자의 주의의무를 다하였음을 입증하여야 하는 것이며, 이러한 법리는 임대차의 종료 당시 임차목적물 반환채무가 이행불능 상태는 아니지만 반환된 임차건물이 화재로 인하여 훼손되었음을 이유로 손해배상을 구하는 경우에도 동일하게 적용되고, 나아가 그 임대차계약이 임대인의 수선의무 지체로 해지된 경우라도 마찬가지다(대판 2010.4.29. 2009다96984).

제4편 소송의 종료

제1장 | 총설

제2장 | 당사자의 행위에 의한 종료

제1절 | 총설

01 18변시-67   정답 ②

甲은 乙에게 1억 원을 대여하면서 그 담보로 약속어음을 받았다. 乙이 변제기에 대여금을 반환하지 않자 甲은 乙을 상대로 1억 원의 대여금청구의 소를 제기하였는데, 제1심 법원이 乙에게 5,000만 원의 지급을 명하는 판결을 하자 甲이 이 판결에 대하여 항소하였다. 甲과 乙은 항소심 계속 중 소송 외에서 '乙이 甲에게 3개월 내에 8,000만 원을 지급하면 甲은 소를 취하하기로 한다'는 내용의 화해를 하였다. 이에 관한 설명 중 옳지 않은 것은? (다툼이 있는 경우 판례에 의함)

① 위 화해만으로는 위 소가 당연히 종료되지 않는다.
② 甲이 乙로부터 3개월 내에 8,000만 원을 지급받았음에도 소를 취하하지 않은 경우, 乙이 변론기일에 출석하여 위 화해사실 및 이에 따른 8,000만 원 지급사실을 주장·증명하면 법원은 甲의 청구를 기각하여야 한다.
③ 乙이 甲에게 3개월 내에 8,000만 원을 지급하지 않은 경우, 위 소송을 계속 유지할 甲의 법률상 이익을 부정할 수 없다.
④ 위 화해는 甲과 乙 사이의 묵시적 합의로 해제될 수 있다.
⑤ 위 화해에 따른 소 취하 후 甲이 다시 乙을 상대로 위 어음금의 지급을 구하는 소를 제기하더라도 재소금지의 원칙에 위배되지 않는다.

 해설

① O 소송외에서 소를 취하하기로 화해를 하였으므로 소송상 합의가 성립되었다고 보아야 한다. 소송상 합의의 법적성질에 관하여 판례는 사법계약설을 따르므로 위 화해만으로는 위 소가 당연히 종료하지는 않는다(이에 반해 소송계약설을 따르면 직접 소송법상 효과가 발생한다).
② X 소송당사자가 소송 외에서 그 소송을 취하하기로 합의한 경우에는 그 합의는 유효하여 원고에게 권리보호의 이익이 없으므로 원고의 소는 각하되어야 한다(대판 1982.3.9. 81다1312).
③ O '乙이 甲에게 3개월 내에 8,000만 원을 지급하면 甲은 소를 취하하기로 한다'는 내용의 화해는 정지조건부계약이라 할 것인 바, 乙이 甲에게 3개월 내에 8,000만 원을 지급하지 않은 경우 조건의 불성취로 소취하 계약의 효력이 발생하지 않는다. 따라서 위 소송을 계속 유지할 甲의 법률상 이익이 인정된다.

관련판례 당사자 사이에 그 소를 취하하기로 하는 합의가 이루어졌다면 특별한 사정이 없는 한 소송을 계속 유지할 법률상의 이익이 없어 그 소는 각하되어야 하는 것이지만, 조건부 소취하의 합의를 한 경우에는 조건의 성취사실이 인정되지 않는 한 그 소송을 계속 유지할 법률상의 이익을 부정할 수 없다(대판 2013.7.12. 2013다19571).

④ O 계약의 합의해제는 명시적으로 뿐 아니라 묵시적으로도 이루어질 수 있으므로, 계약의 성립 후에 당사자 쌍방의 계약실현 의사의 결여 또는 포기로 인하여 쌍방 모두 이행의 제공이나 최고에 이름이 없이 장기간 이를 방치하였다면, 그 계약은 당사자 쌍방이 계약을 실현하지 아니할 의사가 일치함으로써 묵시적으로 합의해제되었다고 해석함이 상당하다.
환송판결 전에 소취하 합의가 있었지만, 환송 후 원심의 변론기일에서 이를 주장하지 않은 채 본안에 관하여 변론하는 등 계속 응소한 피고가 환송 후 판결에 대한 상고심에 이르러서야 위 소취하 합의 사실을 주장하는 경우에 위 소취하 합의가 묵시적으로 해제되었다고 본 사례(대판 2007.5.11. 2005후1202).

⑤ O 재소금지의 요건은 ① 당사자의 동일 ② 소송물의 동일 ③ 권리보호이익의 동일 ④ 본안에 대한 종국판결선고 후의 취하인데, 특히 ③ 권리보호이익의 동일과 관련하여 후소가 전소와 권리보호이익을 달리할 때에는 재소금지의 원칙에 위배되지 않는다. 판례는 취하 후에 전소 취하의 전제조건인 약정사항을 불이행한 경우에는 권리보호이익이 다르다고 보아 재소금지원칙에 위배되지 않는다고 한다.

관련판례 민사소송법 제240조 제2항 소정의 재소금지원칙이 적용되기 위하여는 소송물이 동일한 외에 권리보호의 이익도 동일하여야 할 것인데, 피고가 전소 취하의 전제조건인 약정사항을 지키지 아니함으로써 위 약정이 해제 또는 실효되는 사정변경이 발생하였다면, 이 사건 지상권이전등기 말소등기청구와 전소가 소송물이 서로 동일하다 하더라도, 소제기를 필요로 하는 사정이 같지 아니하여 권리보호의 이익이 다르다 할 것이므로, 결국 이 사건 청구는 위 재소금지원칙에 위배되지 아니한다(대판 1993.8.24. 93다22074).

02 14변시-63 정답 ①

소송의 종료에 관한 설명 중 옳지 않은 것은? (다툼이 있는 경우에는 판례에 의함)

① 변론기일에 불출석한 원고 또는 피고가 진술한 것으로 보는 답변서, 그 밖의 준비서면에 청구의 포기 또는 인낙의 의사표시가 적혀 있고 공증사무소의 인증을 받은 경우, 상대방 당사자가 변론기일에 출석하여 그 청구의 포기 또는 인낙의 의사표시를 받아들여야만 그 취지에 따라 청구의 포기 또는 인낙이 성립된 것으로 본다.
② 소송이 종료되었음에도 이를 간과하고 심리를 계속 진행한 사실이 발견된 경우 법원은 직권으로 소송종료선언을 하여야 한다.
③ 당사자는 법원의 화해권고결정에 대하여 그 조서 또는 결정서의 정본을 송달받은 날부터 2주 이내에 이의를 신청할 수 있고, 그 정본이 송달되기 전에도 이의를 신청할 수 있다.
④ 상고인이 상고장에 상고이유를 적지 아니하였음에도 소송기록 접수통지를 받은 날부터 20일 이내에 상고이유서를 제출하지 아니한 경우, 상고법원은 직권으로 조사하여야 할 사유가 있는 때를 제외하고는 변론 없이 판결로 상고를 기각하여야 한다.
⑤ 제1심에서 피고가 주위적으로 소각하판결을, 예비적으로 청구기각판결을 구한 경우 원고가 소를 취하함에 있어 피고의 동의가 필요없다.

① X
> **제148조(한 쪽 당사자가 출석하지 아니한 경우)**
> ② 제1항의 규정에 따라 당사자가 진술한 것으로 보는 답변서, 그 밖의 준비서면에 청구의 포기 또는 인낙의 의사표시가 적혀 있고 공증사무소의 인증을 받은 때에는 그 취지에 따라 청구의 포기 또는 인낙이 성립된 것으로 본다.

② O 한편 소송이 종료되었음에도 이를 간과하고 심리를 계속 진행한 사실이 발견된 경우 법원은 직권으로 소송종료선언을 하여야 한다(대판 2011.4.28. 2010다103048).

③ O
> **제225조(결정에 의한 화해권고)**
> ① 법원·수명법관 또는 수탁판사는 소송에 계속중인 사건에 대하여 직권으로 당사자의 이익, 그 밖의 모든 사정을 참작하여 청구의 취지에 어긋나지 아니하는 범위안에서 사건의 공평한 해결을 위한 화해권고결정(和解勸告決定)을 할 수 있다.
>
> **제226조(결정에 대한 이의신청)**
> ① 당사자는 제225조의 결정에 대하여 그 조서 또는 결정서의 정본을 송달받은 날부터 2주 이내에 이의를 신청할 수 있다. 다만, 그 정본이 송달되기 전에도 이의를 신청할 수 있다.

④ O
> **제429조(상고이유서를 제출하지 아니함으로 말미암은 상고기각)**
> 상고인이 제427조의 규정을 어기어 상고이유서를 제출하지 아니한 때에는 상고법원은 변론 없이 판결로 상고를 기각하여야 한다. 다만, 직권으로 조사하여야 할 사유가 있는 때에는 그러하지 아니하다.

⑤ O 상대방이 본안에 관하여 변론을 한 경우에는 원고는 상대방의 동의를 얻은 경우에 한하여 소를 취하 할 수 있다. 피고가 주위적으로 소각하판결을, 예비적으로 청구기각판결을 구한 경우 청구기각의 본안판결을 구하는 것은 예비적 청구에 그치므로 피고의 동의가 필요없다고 보는 것이 판례이다.

> **관련판례** 피고가 본안전 항변으로 소각하를, 본안에 관하여 청구기각을 각 구한 경우에는 본안에 관한 것은 예비적으로 청구한 것이므로 원고는 피고의 동의 없이 소취하를 할 수 있다(대판 1968.4.23. 68다217).

03 20법전협-3-43 정답 ②

기일지정신청 및 소송종료선언에 관한 설명 중 옳지 않은 것은?

① 소취하에 의하여 소송이 종료된 것으로 처리된 후 당사자가 그 소의 취하가 무효라고 다투는 경우 당사자는 기일지정신청을 할 수 있다.
② 소취하의 효력을 다투는 기일지정신청에 대하여 법원은 소송이 유효하게 종료되었음이 명백한 경우에는 변론을 열지 않고 바로 판결로 소송의 종료를 선언할 수 있다.
③ 소취하간주의 경우에도 그 효력을 다투면서 기일지정신청을 할 수 있다.
④ 법원은 기일지정신청에 대한 심리 결과 신청이 이유 있다고 인정하는 경우 취하 당사자의 소송정도에 따라 필요한 절차를 계속하여 진행하고 중간판결 또는 종국판결에서 그 판단을 표시하여야 한다.
⑤ 종국판결이 선고된 후 상소기록을 보내기 전에 이루어진 소의 취하에 관하여 기일지정신청이 있는 때에는 상소의 이익이 있는 당사자 모두가 상소를 한 경우 상소법원이 기일지정신청에 대하여 재판한다.

①, ③, ④, ⑤ O ② X

민사소송규칙 제67조(소취하의 효력을 다투는 절차)
① 소의 취하가 부존재 또는 무효라는 것을 주장하는 당사자는 기일지정신청을 할 수 있다.
② 제1항의 신청이 있는 때에는 법원은 **변론을 열어** 신청사유에 관하여 **심리하여야** 한다.
③ 법원이 제2항의 규정에 따라 심리한 결과 신청이 이유 없다고 인정하는 경우에는 판결로 소송의 종료를 선언하여야 하고, 신청이 이유 있다고 인정하는 경우에는 취하 당시의 소송정도에 따라 필요한 절차를 계속하여 진행하고 중간판결 또는 종국판결에 그 판단을 표시하여야 한다.
④ 종국판결이 선고된 후 **상소기록을 보내기 전에** 이루어진 소의 취하에 관하여 제1항의 신청이 있는 때에는 다음 각 호의 절차를 따른다.
  1. 상소의 이익 있는 당사자 모두가 상소를 한 경우(당사자 일부가 상소하고 나머지 당사자의 상소권이 소멸된 경우를 포함한다)에는 판결법원의 법원사무관등은 소송기록을 상소법원으로 보내야 하고, **상소법원은 제2항과 제3항에 규정된** 절차를 취하여야 한다.
  2. 제1호의 경우가 아니면 판결법원은 제2항에 규정된 절차를 취한 후 신청이 이유 없다고 인정하는 때에는 판결로 소송의 종료를, 신청이 이유 있다고 인정하는 때에는 판결로 소의 취하가 무효임을 각 선언하여야 한다.

민사소송규칙 제68조(준용규정)
법 제268조(법 제286조의 규정에 따라 준용되는 경우를 포함한다)의 규정에 따른 취하간주의 효력을 다투는 경우에는 제67조 제1항 내지 제3항의 규정을 준용한다.

제2절 소의 취하

04 20변시-64   정답 ④

소취하에 관한 설명 중 옳은 것은? (다툼이 있는 경우 판례에 의함)

① 본안에 대한 변론이 진행된 후 원고 甲이 법원에 소취하서를 제출하자 피고 乙은 甲의 소취하에 대한 동의를 거절하였다가 소취하 동의 거절의사를 철회하고 다시 동의를 한 경우, 甲의 소취하의 효력은 乙이 다시 동의한 때에 발생한다.
② 甲이 乙을 상대로 매매를 원인으로 A 건물의 인도를 청구하였으나 패소한 후 항소심에서 이미 지급한 매매대금반환을 구하는 것으로 청구를 교환적으로 변경하였다가 다시 위 매매를 원인으로 A 건물의 인도를 구하는 것으로 청구를 변경하는 것은 적법하다.
③ 甲으로부터 대여금채권을 상속한 乙과 丙은 변호사 B를 소송대리인으로 선임하여 채무자 丁을 상대로 대여금청구의 소를 제기하였는데, 소송대리권을 수여할 당시 B에게 소취하에 대한 권한도 수여하였다. 소송계속 중에 丙은 B에게 자신의 소를 취하할 것을 의뢰하였고, B는 그의 사무원 C에게 丙의 소취하서만을 제출할 것을 지시하였는데, C의 착오로 B의 의사에 반하여 乙과 丙의 소를 모두 취하하는 내용의 소취하서를 법원에 제출한 경우 乙은 자신의 소취하를 철회할 수 있다.
④ 甲이 乙을 상대로 제기한 청구이의 소송에서 甲의 청구를 기각한 판결이 확정된 후 丙이 공동소송적 보조참가의 요건을 구비하여 甲 측에 대한 참가신청을 하면서 재심의 소를 제기한 경우, 甲이 丙의 동의 없이 재심의 소를 취하하더라도 그 효력이 없다.
⑤ 甲은 乙이 사망한 사실을 모르고 乙을 피고로 표시하여 매매를 원인으로 한 소유권이전등기청구의 소를 제기하여 승소하였는데, 乙의 단독상속인 丙이 이러한 사실을 알고 항소를 제기하였고 甲이 항소심에서 丙의 동의를 얻어 소를 취하한 경우에는, 甲은 丙을 상대로 위 매매를 원인으로 한 소유권이전등기청구의 소를 제기할 수 없다.

① X 소 취하에 대하여 피고가 **이의하여 동의를 거절**하면 소 취하 효력을 발생할 수 없고 **후에 동의하더라도** 취하의 효력이 없다 (대판 1969.5.27. 69다130,131,132).
② X 소의 교환적 변경은 신청구의 추가적 병합과 구청구의 취하의 결합형태로 볼 것이므로 본안에 대한 종국판결이 있은 후 구청구를 신청구로 교환적 변경을 한 다음 다시 본래의 구청구로 교환적 변경을 한 경우에는 종국판결이 있은 후 소를 취하하였다가 동일한 소를 다시 제기한 경우에 해당하여 부적법하다(대판 1987.11.10. 87다카1405).
③ X 소의 취하는 원고가 제기한 소를 철회하여 소송계속을 소멸시키는 원고의 법원에 대한 소송행위이고 소송행위는 일반 사법상의 행위와는 달리 내심의 의사보다 그 표시를 기준으로 하여 효력 유무를 판정할 수밖에 없는 것인바, 원고 소송대리인으로부터

소송대리인 사임신고서 제출을 지시받은 사무원은 **원고 소송대리인의 표시기관**에 해당되어 그의 착오는 원고 소송대리인의 착오라고 보아야 하므로, **사무원의 착오로 원고 소송대리인의 의사에 반하여 소를 취하하였다고 하여도 이를 무효라고 볼 수는 없다.**

④ O 재심의 소를 취하하는 것은 통상의 소를 취하하는 것과는 달리 확정된 종국판결에 대한 불복의 기회를 상실하게 하여 더 이상 확정판결의 효력을 배제할 수 없게 하는 행위이므로, 이는 재판의 효력과 직접적인 관련이 있는 소송행위로서 확정판결의 효력이 미치는 공동소송적 보조참가인에 대하여는 불리한 행위이다. 따라서 **재심의 소에 공동소송적 보조참가인이 참가한 후에는 피참가인이 재심의 소를 취하하더라도 공동소송적 보조참가인의 동의가 없는 한 효력이 없다.** 이는 재심의 소를 피참가인이 제기한 경우나 통상의 보조참가인이 제기한 경우에도 마찬가지이다. 특히 통상의 보조참가인이 재심의 소를 제기한 경우에는 피참가인이 통상의 보조참가인에 대한 관계에서 재심의 소를 취하할 권능이 있더라도 이를 통하여 공동소송적 보조참가인에게 불리한 영향을 미칠 수는 없으므로 피참가인의 재심의 소 취하로 재심의 소 제기가 무효로 된다거나 부적법하게 된다고 볼 것도 아니다(대판 2015.10.29. 2014다13044).

⑤ X 사망자를 상대로 한 판결에 대하여 그 망인의 상속인인 피고가 항소를 제기하여 원고가 항소심변론에서 그 소를 취하하였다 하더라도 위 판결은 당연무효의 판결이므로 원고는 재소금지의 제한을 받지 않는다(대판 1968.1.23. 67다2494).

---

05 15변시-63 정답 ③

다음 설명 중 옳은 것은? (다툼이 있는 경우 판례에 의함)

① 소송 외에서 소송당사자가 소 취하 합의를 한 경우 바로 소 취하의 효력이 발생한다.
② 소송 진행 중에 원고가 청구금액을 감축하였으나 그 의사가 분명하지 않은 경우 법원은 이를 청구의 일부포기로 보아야 한다.
③ 소 취하의 특별수권이 있는 원고의 소송대리인인 변호사로부터 소송대리인 사임신고서 제출을 지시받은 사무원이 착오로 소 취하서를 법원에 제출한 후 원고가 소 취하의 효력을 다투면서 기일지정신청을 한 경우, 법원은 변론기일을 열어 소송종료선언을 하여야 한다.
④ 변론준비기일에서의 소 취하는 변론기일이 아니므로 말로 할 수 없다.
⑤ 본안에 대한 종국판결 후 소를 취하한 경우 다시 전소의 원고가 동일한 소를 제기하였다 하더라도 전소의 피고가 재소금지항변을 하지 않으면 법원이 직권으로 재소 여부를 조사하여 소를 각하할 수는 없다.

 해설

① X 소송 외에서 소를 취하하기로 하는 당사자간의 합의는 '소취하계약'이라고 할 수 있는데, 소송상 합의의 법적 성질에 대하여 항변권발생설로 평가되는 판례에 따른다면 소취하의 효력은 바로 발생하지 않고 권리보호의 이익이 없어 소를 각하하게 될 것이다.

[관련판례] 재판상 화해에 있어서 법원에 계속중인 다른 소송을 취하하기로 하는 내용의 화해조서가 작성되었다면 당사자 사이에는 법원에 계속중인 다른 소송을 취하하기로 하는 합의가 이루어졌다 할 것이므로, 다른 소송이 계속중인 법원에 취하서를 제출하지 않는 이상 그 소송이 취하로 종결되지는 않지만 위 재판상 화해가 재심의 소에 의하여 취소 또는 변경되는 등의 특별한 사정이 없는 한 그 소송의 원고에게는 권리보호의 이익이 없게 되어 그 소는 각하되어야 한다(대판 2005.6.10. 2005다14861).

② X 청구의 감축이 소의 일부취하인지 일부포기인지 분명하지 않은 경우 원고에게 유리하게 일부취하로 해석할 것이다.

[관련판례] 수량적으로 가분인 동일 청구권에 기한 청구금액의 감축은 소의 일부 취하로 해석되고, 소의 취하는 원고가 제기한 소를 철회하여 소송계속을 소멸시키는 원고의 법원에 대한 소송행위이며, 소송행위는 일반 사법상의 행위와 달리 내심의 의사보다 그 표시를 기준으로 하여 그 효력 유무를 판정할 수밖에 없는 것이므로 원고가 착오로 소의 일부를 취하하였다 하더라도 이를 무효라고 볼 수는 없다(대판 2004.7.9. 2003다46758).

③ O 소 취하와 같은 소송행위에 민법상의 의사표시에 관한 규정이 그대로 적용되지 않는다는 것이 판례의 태도이다. 지문에서 사무원의 소취하는 유효하다고 할 것이어서 원심법원으로서는 소송종료선언을 해야 한다.

[관련판례] 소의 취하는 원고가 제기한 소를 철회하여 소송계속을 소멸시키는 원고의 법원에 대한 소송행위이고 소송행위는 일반 사법상의 행위와는 달리 내심의 의사보다 그 표시를 기준으로 하여 효력 유무를 판정할 수밖에 없는 것인바, 원고 소송대리인으로부터 소송대리인 사임신고서 제출을 지시받은 사무원은 원고 소송대리인의 표시기관에 해당되어 그의 착오는 원고 소송대리인의 착오라고 보아야 하므로, 사무원의 착오로 원고 소송대리인의 의사에 반하여 소를 취하하였다고 하여도 이를 무효라고 볼 수는 없다(대판 1997.10.24. 95다11740).

④ X

> **제266조(소의 취하)**
> ③ 소의 취하는 서면으로 하여야 한다. 다만, 변론 또는 변론준비기일에서 말로 할 수 있다.

⑤ X 재소금지의 원칙(제267조 제2항)에 위반하는지 여부는 법원의 직권조사사항이다.

[관련판례] 직권으로 보건대 원고는 본건을 갑 법원에 제소한 후 을 법원에 동일한 청구원인으로 이중으로 소송을 제기하고 을 법원에서 원고 일부 승소판결이 선고되자 피고의 항소로 병 법원에 계속 중 원고는 소를 취하하여 사건이 종결된 것으로 처리되었음을 알 수 있는 바 이 사실에 대한 탐지 없이 본건에 관하여 다시 원고승소판결을 하였음은 위법하다(대판 1967.10.31. 67다1848).

06 21법전협-3-44   정답 ②

소의 취하에 관한 설명 중 옳지 않은 것은? (다툼이 있는 경우 판례에 의함)

① 수량적으로 가분인 동일 청구권에 기한 청구금액의 감축은 소의 일부 취하에 해당하므로 원고가 착오로 청구금액을 감축했다 하더라도 이를 무효로 볼 수 없다.
② 소 취하 계약은 소송상 합의의 일종이고, 그 계약 사실이 주장·증명되면 당해 소는 각하되어야 하는 것이므로 당사자 사이의 합의로 이를 해제할 수 없다.
③ 원고는 대법원의 파기환송 판결 후 환송심에서도 소를 취하할 수 있다.
④ 피고가 본안에 대한 준비서면을 제출한 경우에는 그 준비서면이 진술되거나 진술 간주되지 않았더라도 소의 취하는 피고의 동의를 받아야 효력을 가진다.
⑤ 본안에 관한 제1심 판결 선고 후 소를 취하한 원고가 그 소 취하가 무효라고 주장하면서 다시 같은 소(후소)를 제기한 경우, 심리한 결과 그 소 취하가 유효한 것으로 밝혀진 때는 법원은 후소에 대하여 소송종료선언을 할 것이 아니라 소 각하 판결을 하여야 한다.

① O 수량적으로 가분인 동일 청구권에 기한 청구금액의 감축은 소의 일부 취하로 해석되고, 소의 취하는 원고가 제기한 소를 철회하여 소송계속을 소멸시키는 원고의 법원에 대한 소송행위이며, 소송행위는 일반 사법상의 행위와 달리 내심의 의사보다 그 표시를 기준으로 하여 그 효력 유무를 판정할 수밖에 없는 것이므로 원고가 착오로 소의 일부를 취하하였더라도 이를 무효라고 볼 수는 없다(대판 2004.7.9. 2003다46758).
② X 소송상 합의인 소취하 계약의 법적 성질에 관하여 판례는 사법계약설을 따르므로 이를 합의해제 하는 것도 가능하다고 할 것이다. 대법원 역시 1994.8.26. 선고 93다28836 판결에서 소취하 약정의 묵시적 합의해제를 인정한 바 있다.
③ O

> **제266조(소의 취하)**
> ① 소는 판결이 확정될 때까지 그 전부나 일부를 취하할 수 있다.

④ O

> **제266조(소의 취하)**
> ② 소의 취하는 상대방이 본안에 관하여 준비서면을 제출하거나 변론준비기일에서 진술하거나 변론을 한 뒤에는 상대방의 동의를 받아야 효력을 가진다.

⑤ O 지문은 본안에 대한 종국판결이 있은 뒤에 소를 취하한 자가 기일지정신청이 아닌 동일한 후소를 제기한 경우이므로 법원은 재소금지원칙(제267조 제2항)에 따라 후소를 각하할 것이다.

07 20법전협-1-37   정답 ⑤

소취하와 관련된 설명으로 옳지 않은 것은? (다툼이 있는 경우 판례에 의함)

① 소취하는 소제기 후 판결이 확정될 때까지 어느 때라도 할 수 있다.
② 채권자대위권에 의한 소송이 제기된 사실을 피대위자가 알게 된 이상, 그 대위소송에 관한 종국판결이 있은 후 그 소가 취하된 때에는 피대위자도 그 대위소송과 동일한 소를 제기하지 못한다.
③ 본소가 취하된 때에는 피고는 원고의 동의 없이 반소를 취하할 수 있다.
④ 소취하의 무효나 부존재의 효력을 다투는 경우에는 기일지정신청을 할 수 있다.
⑤ 독립당사자참가 소송에 있어서 원고가 본소를 취하하는 경우에는 피고의 동의 외에 참가인의 동의는 필요하지 않다.

① O

> **제266조(소의 취하)**
> ① 소는 판결이 확정될 때까지 그 전부나 일부를 취하할 수 있다.

② O 채권자대위권에 의한 소송이 제기된 사실을 피대위자가 알게 된 이상, 그 대위소송에 관한 종국판결이 있은 후 그 소가 취하된 때에는 피대위자도 민사소송법 제240조 제2항 소정의 재소금지규정의 적용을 받아 그 대위소송과 동일한 소를 제기하지 못한다(대판 1996.9.20. 93다20177).
③ O

> **제271조(반소의 취하)**
> 본소가 취하된 때에는 피고는 원고의 동의 없이 반소를 취하할 수 있다.

④ O

> **민사소송규칙 제67조(소취하의 효력을 다투는 절차)**
> ① 소의 취하가 부존재 또는 무효라는 것을 주장하는 당사자는 기일지정신청을 할 수 있다.

⑤ X 독립당사자 참가 소송에 있어 원고의 본소 취하에는 피고의 동의 외에 당사자 참가인의 동의를 필요로 한다(대결 1972.11.30. 72마787).

제3절 청구의 포기·인낙

08   21법전협-1-43   정답 ①

甲이 乙에 대하여 대여금의 반환을 구하는 소를 제기하였다. 다음 각 기술된 내용으로 소취하 또는 청구의 인낙이 되었다고 할 때 그 효력이 생기는 경우를 모두 고른 것은? (다툼이 있는 경우 판례에 의함)

ㄱ. 甲이 소취하를 할 생각이 없었으나, 다른 서류와 혼동하여 소취하서를 작성하여 법원에 제출한 경우

ㄴ. 甲이 乙에게 빌려준 도박자금을 반환하라는 청구를 하였는데 乙이 甲의 청구를 인낙한 경우

ㄷ. 甲의 소송대리인 A가 丙의 소를 취하하라고 그 사무원에게 지시하였는데, 그 사무원이 A의 지시를 오해하여 甲의 소취하서를 작성하여 법원에 제출한 경우

ㄹ. 甲이 소를 취하해주지 않자 乙이 폭력배를 동원하여 甲을 폭행·협박하였는데, 이에 생명에 위협을 느낀 甲이 자신의 의사에 반하여 작성한 소취하서를 乙이 법원에 제출하였고, 乙이 위 폭행·협박을 원인으로 유죄판결을 받은 경우

ㅁ. 위 소송계속 중 소비대차 계약이 무효라는 乙의 주장이 받아들여질 경우에 대비하여 甲이 예비적으로 부당이득반환청구를 추가하였는데, 乙이 예비적청구를 인낙한 경우

① ㄱ, ㄴ, ㄷ
② ㄱ, ㄷ, ㅁ
③ ㄴ, ㄷ, ㄹ
④ ㄴ, ㄹ, ㅁ
⑤ ㄷ, ㄹ, ㅁ

ㄱ. O 소의 취하는 원고가 제기한 소를 철회하여 소송계속을 소멸시키는 원고의 법원에 대한 소송행위이고 소송행위는 일반 사법상의 행위와는 달리 내심의 의사보다 그 표시를 기준으로 하여 효력 유무를 판정할 수밖에 없는 것인바, 원고 소송대리인으로부터 소송대리인 사임신고서 제출을 지시받은 사무원은 원고 소송대리인의 표시기관에 해당되어 그의 착오는 원고 소송대리인의 착오라고 보아야 하므로, 사무원의 착오로 원고 소송대리인의 의사에 반하여 소를 취하하였다고 하여도 이를 무효라고 볼 수는 없다 (대판 1997.10.24. 95다11740).

ㄴ. O 원고의 주장이 법률상 허용되지 않아서 판결이 난다면 기각될 수밖에 없는 경우에도 판례는 인낙조서가 무효라고 볼 수 없다고 한다. 농지개혁법 제19조 소정의 농지 소재지관서의 증명이 없더라도 농지의 소유권이전등기 청구의 인낙을 기재한 조서는 무효가 아니다(대판 1969.3.25. 68다2024).

ㄷ. O 소의 취하는 원고가 제기한 소를 철회하여 소송계속을 소멸시키는 원고의 법원에 대한 소송행위이고 소송행위는 일반 사법상의 행위와는 달리 내심의 의사보다 그 표시를 기준으로 하여 그 효력 유무를 판정할 수밖에 없는 것인바, 원고들 소송대리인으로부터 원고 중 1인에 대한 소 취하를 지시받은 사무원은 원고들 소송대리인의 표시기관에 해당되어 그의 착오는 원고들 소송대리인의 착오로 보아야 하므로, 그 사무원의 착오로 원고들 소송대리인의 의사에 반하여 원고들 전원의 소를 취하하였다 하더라도 이를 무효로 볼 수는 없고, 적법한 소 취하의 서면이 제출된 이상 그 서면이 상대방에게 송달되기 전·후를 묻지 않고 원고는 이를 임의로 철회할 수 없다(대판 1997.6.27. 97다6124).

ㄹ. X 형사책임이 수반되는 타인의 강요와 폭행에 의하여 이루어진 소취하의 약정과 소취하서의 제출은 무효이다(대판 1985.9.24. 82다카312).

ㅁ. X 원심에서 추가된 청구가 종전의 주위적 청구가 인용될 것을 해제조건으로 하여 청구된 것임이 분명하다면, 원심으로서는 종전의 주위적 청구의 당부를 먼저 판단하여 그 이유가 없을 때에만 원심에서 추가된 예비적 청구에 관하여 심리판단할 수 있고, 위 추가된 예비적 청구만을 분리하여 심리하거나 일부 판결을 할 수 없으며, 피고로서도 위 추가된 예비적 청구에 관하여만 인낙을 할 수도 없고, 가사 인낙을 한 취지가 조서에 기재되었다 하더라도 그 인낙의 효력이 발생하지 아니한다(대판 1995.7.25. 94다62017).

제4절 화해

09   20변시-58   정답 ②

甲 주식회사는 법령에 위반한 이사 乙의 행위로 甲 회사가 손해를 입었음을 이유로 乙을 상대로 손해배상청구의 소를 제기하였다. 이에 관한 설명 중 옳지 않은 것은? (다툼이 있는 경우 판례에 의함)

① 乙이 甲 회사의 업무를 집행하면서 회사 자금으로 뇌물을 공여한 경우, 이는 「상법」 제399조에서 정한 법령에 위반한 행위에 해당한다.

② 위 소송에서 甲 회사의 청구를 인용한 판결에 대하여 乙이 항소하였으나 이후 변심하여 바로 법원에 항소취하서를 제출한 경우, 아직 항소기간이 지나지 아니하였더라도 乙은 다시 항소할 수 없다.

③ 위 소송에서 법원은 사건의 공평한 해결을 위하여 당사자의 신청이 없어도 직권으로 화해권고결정을 할 수 있다.

④ 위 소송이 화해권고결정으로 종료된 경우, 화해권고결정의 기판력은 그 결정의 확정시를 기준으로 발생한다.

⑤ 위 사건에서 甲 회사의 항소에 의한 항소심 소송계속 중 甲 회사와 乙 사이에 항소취하의 합의가 있었음에도 甲 회사가 항소취하서를 제출하지 아니한 경우, 乙은 이를 항변으로 주장할 수 있다.

① O 회사가 기업활동을 함에 있어서 형법상의 범죄를 수단으로 하여서는 안 되므로 뇌물 공여를 금지하는 형법 규정은 회사가 기업활동을 함에 있어서 준수하여야 할 것으로서 이사가 회사의 업무를 집행하면서 회사의 자금으로서 뇌물을 공여하였다면 이는 상법 제399조에서 규정하고 있는 법령에 위반된 행위에 해당된다(대판 2009.12.10. 2007다58285).

② X 항소의 취하가 있으면 소송은 처음부터 항소심에 계속되지 아니한 것으로 보게 되나(민사소송법 제393조 제2항, 제267조 제1항), 항소취하는 소의 취하나 항소권의 포기와 달리 제1심 종국판결이 유효하게 존재하므로, **항소기간 경과 후에 항소취하가 있는 경우에는 항소기간 만료 시로 소급하여 제1심판결이 확정되나,**

항소기간 경과 전에 항소취하가 있는 경우에는 판결은 확정되지 아니하고 항소기간 내라면 항소인은 다시 항소의 제기가 가능하다(대판 2016.1.14. 2015므3455).
③ O 법원·수명법관 또는 수탁판사는 소송에 계속중인 사건에 대하여 직권으로 당사자의 이익, 그 밖의 모든 사정을 참작하여 청구의 취지에 어긋나지 아니하는 범위 안에서 사건의 공평한 해결을 위한 화해권고결정(화해권고결정)을 할 수 있다(민사소송법 제225조 제1항).
④ O 민사소송법 제231조는 "화해권고결정은 결정에 대한 이의신청 기간 이내에 이의신청이 없는 때, 이의신청에 대한 각하결정이 확정된 때, 당사자가 이의신청을 취하하거나 이의신청권을 포기한 때에 재판상 화해와 같은 효력을 가진다."라고 정하고 있으므로, 확정된 화해권고결정은 당사자 사이에 기판력을 가진다. 그리고 화해권고결정에 대한 이의신청이 적법한 때에는 소송은 화해권고결정 이전의 상태로 돌아가므로(민사소송법 제232조 제1항), 당사자는 화해권고결정이 송달된 후에 생긴 사유에 대하여도 이의신청을 하여 새로운 주장을 할 수 있고, 화해권고결정이 송달된 후의 승계인도 이의신청과 동시에 승계참가신청을 할 수 있다고 할 것이다. 이러한 점 등에 비추어 보면, 화해권고결정의 기판력은 그 확정시를 기준으로 하여 발생한다고 해석함이 상당하다(대판 2012.5.10. 2010다2558).
⑤ O 당사자 사이에 항소취하의 합의가 있는데도 항소취하서가 제출되지 않는 경우 상대방은 이를 항변으로 주장할 수 있고, 이 경우 항소심법원은 항소의 이익이 없다고 보아 그 항소를 각하함이 원칙이다(대판 2018.5.30. 2017다21411).

10 20법전협-3-44   정답 ③

재판상 화해에 관한 설명 중 옳지 않은 것은? (다툼이 있는 경우 판례에 의함)

① 실재하지 않거나 사망한 사람을 당사자로 하여 화해조서가 작성되었다는 것은 화해조서의 당연무효사유이므로 당사자는 이러한 사유를 주장하면서 기일지정신청을 할 수 있다.
② '실질적 소유자가 이의하면 화해의 효력이 실효된다'는 방식의 실효조건부 화해가 있었고 그 조건이 성취되면 화해가 없었던 상태로 돌아가므로 화해 성립 전의 법률관계를 다시 주장할 수 있다.
③ 재판상 화해는 민법상의 화해계약과는 다르므로 재판장 화해에서는 당사자 일방이 양보한 권리가 소멸되고 상대방이 화해로 인하여 그 권리를 취득하는 효력을 인정할 수 없다.
④ 재판상 화해를 함에 있어 실체법상 무효사유가 있으면 화해의 효력을 다툴 수 있다는 입장에 선다면 이러한 경우에는 화해무효확인소송이 가능하다.
⑤ 재판상 화해가 이루어진 내용에 대하여 상대방이 이를 이행하지 않는 경우에도, 화해조항 불이행을 이유로 화해를 해제할 수 있다는 내용이 화해조항에 포함되어 있지 않은 이상, 이를 이유로 재판상 화해를 해제할 수 없다.

① O 사망한 자를 당사자로 한 화해조서는 당연 무효인 것이다(대판 1955.7.28. 4288민상144). 또한 실재하지 않는 자를 당사자로 한 판결은 당해 소송내에 있어서는 실속력있고 상소의 대상이 되며 해 판결의 확정으로 인하여 소송을 종결시키지마는 설사 확정되더라도 기판력과 형성력이 생기지 않는 것이며 이 의미에서 무효라 할 것이다(대판 1956.5.17. 4289민상155).
화해조서는 확정판결과 동일한 효력이 있으므로(민사소송법 제220조) 실재하지 않는 자를 당사자로 하는 화해조서도 무효라고 보아야 한다.
한편, 재판상의 화해를 조서에 기재한 때에는 그 조서는 확정판결과 동일한 효력이 있고 당사자간에 기판력이 생기는 것이므로 확정판결의 당연무효 사유와 같은 사유가 없는 한 재심의 소에 의하여만 효력을 다툴 수 있는 것이나, 당사자 일방이 화해조서의 당연무효 사유를 주장하며 기일지정신청을 한 때에는 법원으로서는 그 무효사유의 존재 여부를 가리기 위하여 기일을 지정하여 심리를 한 다음 무효사유가 존재한다고 인정되지 아니한 때에는 판결로써 소송종료선언을 하여야 한다(대판 2000.3.10. 99다67703).
② O 재판상의 화해가 성립되면 그것은 확정판결과 같은 효력이 있는 것이므로 그것을 취소변경하려면 재심의 소에 의해서만 가능하다 할 것이나 재판상의 화해의 내용은 당사자의 합의에 따라 자유로 정할 수 있는 것이므로 화해조항 자체로서 특정한 제3자의 이의가 있을 때에는 화해의 효력을 실효시키기로 하는 내용의 재판상의 화해가 성립되었다면 그 조건의 성취로써 화해의 효력은 당연히 소멸된다 할 것이고 그 실효의 효력은 언제라도 주장할 수 있다(대판 1988.8.9. 88다카2332).
③ X 재판상 화해 또는 제소전 화해는 확정판결과 동일한 효력이 있으며 당사자 간의 사법상의 화해계약이 그 내용을 이루는 것이면 화해는 창설적 효력을 가져 화해가 이루어지면 종전의 법률관계를 바탕으로 한 권리의무관계는 소멸하나, 재판상 화해 등의 창설적 효력이 미치는 범위는 당사자가 서로 양보를 하여 확정하기로 합의한 사항에 한하며, 당사자가 다툰 사실이 없었던 사항은 물론 화해의 전제로서 서로 양해하고 있는데 지나지 않은 사항에 관하여는 그러한 효력이 생기지 않는다(대판 2001.4.27. 99다17319).
④ O 화해를 조서에 기재한 때에는 그 조서는 확정판결과 같은 효력이 있으므로 사법상의 화해계약의 무효나 취소의 주장은 화해조서의 기판력에 의하여 차단될 뿐만 아니라 화해조서의 효력은 재심의 소에 의하여서만 다툴 수 있을 따름이요 독립된 화해무효 확인의 소나 기일지정신청에 의하여 그 무효주장을 할 수 없다(대판 1962.6.21. 4294민상1620).
그러나 재판상 화해를 함에 있어 실체법상 무효사유가 있으면 화해의 효력을 다툴 수 있다는 입장에 선다면 이러한 경우에는 재심의 소에 의함이 없이 화해무효확인소송이 가능하다.
⑤ O 화해조서에 기재된 효력을 취소 변경하려면 재심의 소에 의하여서만 할 수 있는 것이나 화해조항 자체로서 실효조건을 정한 경우에도 그 조건성취로서 화해의 효력은 당연히 소멸된다 할 것이고 그 실효의 효력은 언제나 소송외에서도 주장할 수 있다.
(판결 이유 중) 법정에서의 화해가 조서에 기재됨으로서 확정판결 같은 효력이 있고, 그것을 취소변경하려면 재심의 소에 의하여서만 할 수 있다고 함이 본원의 종래 판례취지이나 화해조항 자체로서 일정한 경우 그 화해의 효력을 상실시킬 수 있는 조건이 있을 때에는 그 조건성취로써 그 화해효력은 당연히 실효된다 할 것이며 그 실효의 주장은 재심에 의한 판결에 의하지 아니 하고서도 당사자는 언제나 소송 외에서도 주장할 수 있다고 해석하여야 할 것이다 본건에 있어서는 원심이든 갑 제2호증인 화해조서(부재자인 재심원고의 재산관리인이 재심피고와 소외 권영의를 상대로 본건 가옥에 대한 명도청구사건)의 화해조항에 의하면 「재심원고 (그 화해사건의 원고)는 재심피고(그 화해사건의 피고)(위 화해사건의 피고는 본건 재심피고 외에 소외 권영의가 있다)들로부터 금 105,000원 (그당시의 화폐금 1,050,000환)을 수령함과

동시 서울특별시 중구 태평로2가 (지번 생략)의 1 대지 16평과 그 지상목조단즙 2개 건 본가일동 건평 10평외 2층 9평에 대하여 재심피고들에게 소유권 이전등기를 한다 재심원고는 급속히 법원에 본건 재산처분 허가 신청을 하여 그 결정을 얻은 후 재심피고들에게 통지한지 10일 이내에 재심피고들은 위 금원을 소유권이전등기 소요서류와 교환적으로 재심원고에게 지급한다(단 1955.9.15 까지는 재심피고에게 기간의 유여를 한다). 피고들의 위 의무를 이행하지 아니한 때에는 본건 화해는 실효가 되고 재심피고들은 본건 가옥을 재심원고에게 명도한다.

위 처분허가 신청이 불허결정된 때에는 본건 화해는 실효가 된다 라는 것이므로 만일 위 화해조항에 기재된 실효조건 즉 재심원고가 급속히 법원에 본건 재산처분 허가 신청을 하여 그 결정을 얻어 재심피고들에게 통지하고 재심원고가 본건 부동산에 관한 소유권 이전등기에 필요한 서류를 재심피고에게 제공하였음에도 불구하고 재심피고가 소정기간내에 위의 금원을 지급하지 아니하였다거나 또는 재심원고가 위의 재산처분허가 신청을 하였음에도 불구하고 법원으로부터 불허가 결정이 있었다면 위 화해조항 중의 실효조건 성취로써 본건 화해의 효력은 실효되었다 할 것이요 따라서 재심 원고는 위 화해의 효력이 상실되었음을 전제로 위 화해성립전의 법률관계를 주장하여 또 다시 소송을 제기할 수 있다 할 것이다(대판 1965.3.2. 64다1514).

11 19법전협-3-38   정답 ③

재판상 화해 또는 조정과 관련된 설명으로 옳지 않은 것은? (다툼이 있는 경우 판례에 의함)

① 재판상 화해를 변론조서·변론준비기일조서에 적은 때에는 그 조서는 확정판결과 같은 효력을 가진다.
② 조정조서에 확정판결의 당연무효 등의 사유가 없는 한 설령 그 내용이 강행법규에 위반된다 할지라도 조정조서를 무효라고 주장할 수 없다.
③ 공유물분할의 소송절차 또는 조정절차에서 공유자 사이에 공유토지에 관한 현물분할의 협의가 성립하여 그 합의사항을 조서에 기재함으로써 조정이 성립하였다면, 그 조정조서는 공유물분할판결과 동일한 효력을 가지는 것으로서 민법 제187조 소정의 '판결'에 해당하는 것이므로 조정이 성립한 때 물권변동의 효력이 발생한다고 보아야 한다.
④ 재판상 화해가 실효조건의 성취로 실효되는 경우에는 화해가 없었던 상태로 돌아가므로 화해 성립 전의 법률관계를 다시 주장할 수 있다.
⑤ 소유권에 기한 물권적 방해배제청구로서 소유권등기의 말소를 구하는 소송 중에 그 소송물에 대하여 화해권고결정이 확정된다고 해도 그 청구권의 법적 성질이 채권적 청구권으로 바뀌지 아니한다.

① O

> **제220조(화해, 청구의 포기·인낙조서의 효력)**
> 화해, 청구의 포기·인낙을 변론조서·변론준비기일조서에 적은 때에는 그 조서는 확정판결과 같은 효력을 가진다.

② O 조정은 당사자 사이에 합의된 사항을 조서에 기재함으로써 성립하고 조정조서는 재판상의 화해조서와 같이 확정판결과 동일한 효력이 있다. 따라서 당사자 사이에 기판력이 생기는 것이므로, 거기에 확정판결의 당연무효 등의 사유가 없는 한 설령 그 내용이 강행법규에 위반된다 할지라도 그것은 단지 조정에 하자가 있음에 지나지 아니하여 준재심절차에 의하여 구제받는 것은 별문제로 하고 조정조서를 무효라고 주장할 수 없다. 그리고 조정조서가 조정참가인이 당사자가 된 법률관계도 내용으로 하는 경우에는 위와 같은 조정조서의 효력은 조정참가인의 법률관계에 관하여도 다를 바 없다(대판 2014.3.27. 2009다104960,104977).

③ X 공유물분할의 소송절차 또는 조정절차에서 공유자 사이에 공유토지에 관한 현물분할의 협의가 성립하여 그 합의사항을 조서에 기재함으로써 조정이 성립하였다고 하더라도, 그와 같은 사정만으로 재판에 의한 공유물분할의 경우와 마찬가지로 그 즉시 공유관계가 소멸하고 각 공유자에게 그 협의에 따른 새로운 법률관계가 창설되는 것은 아니고, 공유자들이 협의한 바에 따라 토지의 분필절차를 마친 후 각 단독소유로 하기로 한 부분에 관하여 다른 공유자의 공유지분을 이전받아 등기를 마침으로써 비로소 그 부분에 대한 대세적 권리로서의 소유권을 취득하게 된다고 보아야 한다(대판 2013.11.21. 2011두1917 전원합의체).

④ O 재판상 화해가 실효조건의 성취로 실효되거나 준재심에 의하여 취소된 경우에는 화해가 없었던 상태로 돌아가므로 화해 성립 전의 법률관계를 다시 주장할 수 있다(대판 1996.11.15. 94다35343).

⑤ O 소유권에 기한 물권적 방해배제청구로서 소유권등기의 말소를 구하는 소송이나 진정명의 회복을 원인으로 한 소유권이전등기절차의 이행을 구하는 소송 중에 그 소송물에 대하여 화해권고결정이 확정되면 상대방은 여전히 물권적인 방해배제의무를 지는 것이고, 화해권고결정에 창설적 효력이 있다고 하여 그 청구권의 법적 성질이 채권적 청구권으로 바뀌지 아니한다(대판 2012.5.10. 2010다2558).

12 19법전협-2-41 정답 ②

화해권고결정에 관한 설명 중 옳은 것은? (다툼이 있는 경우 판례에 따름)

① 소장을 접수받은 법원이 피고에게 소장부본을 송달하지 아니한 채 곧바로 화해권고결정을 하더라도 이 결정은 위법하지 않다.
② 당사자는 이의신청기간 내라면 화해권고결정이 송달된 후에 생긴 사유를 들어서도 이의신청을 할 수 있다.
③ 화해권고결정이 송달된 후에는 승계인이 있더라도 승계참가신청이나 이의신청을 할 수 없다.
④ 화해권고결정이 확정되면 그 결정의 송달시에 소급하여 기판력이 발생한다.
⑤ 독립당사자참가소송에서 참가인만이 법원의 화해권고결정에 대해 이의하면 원·피고 사이의 본소는 화해로 종료하고, 원·피고와 참가인 사이의 소송만 잔존한다.

① X 화해권고결정은 소송계속 중 사건에 대하여 할 수 있다.

> **제225조(결정에 의한 화해권고)**
> ① 법원·수명법관 또는 수탁판사는 소송에 계속중인 사건에 대하여 직권으로 당사자의 이익, 그 밖의 모든 사정을 참작하여 청구의 취지에 어긋나지 아니하는 범위안에서 사건의 공평한 해결을 위한 화해권고결정(和解勸告決定)을 할 수 있다.

② O ③, ④ X 민사소송법 제231조는 "화해권고결정은 결정에 대한 이의신청 기간 이내에 이의신청이 없는 때, 이의신청에 대한 각하결정이 확정된 때, 당사자가 이의신청을 취하하거나 이의신청권을 포기한 때에 재판상 화해와 같은 효력을 가진다."라고 정하고 있으므로, 확정된 화해권고결정은 당사자 사이에 기판력을 가진다. 그리고 화해권고결정에 대한 이의신청이 적법한 때에는 소송은 화해권고결정 이전의 상태로 돌아가므로(민사소송법 제232조 제1항), 당사자는 화해권고결정이 송달된 후에 생긴 사유에 대하여도 이의신청을 하여 새로운 주장을 할 수 있고, 화해권고결정이 송달된 후의 승계인도 이의신청과 동시에 승계참가신청을 할 수 있다고 할 것이다. 이러한 점 등에 비추어 보면, 화해권고결정의 기판력은 그 확정시를 기준으로 하여 발생한다고 해석함이 상당하다(대판 2012.5.10. 2010다2558).

⑤ X [1] 민사소송법 제79조에 의한 소송은 동일한 권리관계에 관하여 원고, 피고 및 참가인 상호간의 다툼을 하나의 소송절차로 한꺼번에 모순 없이 해결하려는 소송형태로서 두 당사자 사이의 소송행위는 나머지 1인에게 불이익이 되는 한 두 당사자 간에도 효력이 발생하지 않는다고 할 것이므로, 원·피고 사이에만 재판상 화해를 하는 것은 3자 간의 합일확정의 목적에 반하기 때문에 허용되지 않는다.
[2] 독립당사자참가인이 화해권고결정에 대하여 이의한 경우, 이의의 효력이 원·피고 사이에도 미친다고 한 사례(대판 2005.5.26. 2004다25901,25918).

제3장 | 종국판결에 의한 종료

제1절 총설

01 21변시-63 정답 ③

판결의 확정에 관한 설명 중 옳지 않은 것은? (다툼이 있는 경우 판례에 의함)

① 구체적인 사건의 판결선고 전에 당사자 쌍방이 서면에 의하여 미리 상소하지 않기로 하는 합의가 유효하게 성립하였다면, 그 판결은 선고와 동시에 확정된다.
② 원고의 대여금청구와 매매대금청구를 모두 인용한 제1심 판결 중 일부에 대해서만 피고가 항소한 경우, 항소하지 않은 나머지 부분도 확정이 차단되고 항소심으로 이심은 되지만, 피고가 변론종결 시까지 항소취지를 확장하지 않는 한 그 나머지 부분은 항소심의 심판대상이 되지 않는다.
③ 항소가 부적법하다는 이유로 항소각하 판결이 선고되면 그 항소각하 판결이 확정된 시점에 제1심 판결이 확정된다.
④ 항소기간 경과 후에 항소취하가 있는 경우에는 항소기간 만료 시로 소급하여 제1심 판결이 확정되고, 항소기간 경과 전에 항소취하가 있는 경우에는 항소를 취하한 당사자라도 항소기간 내에 다시 항소할 수 있다.
⑤ 원고의 주위적 청구를 기각하면서 예비적 청구를 일부 인용한 항소심 판결에 대하여 피고만 상고하고 원고는 상고도 부대상고도 하지 않은 경우, 피고의 상고가 이유 있는 때에는 상고법원은 위 예비적 청구에 관한 피고 패소 부분만 파기하는 판결을 선고하여야 하고, 위 주위적 청구 부분은 위 상고법원 판결선고와 동시에 확정된다.

① O 구체적인 사건의 소송 계속중 그 소송 당사자 쌍방이 판결선고 전에 미리 상소하지 아니하기로 합의하였다면 그 판결은 선고와 동시에 확정되는 것이므로, 이러한 합의는 소송당사자에 대하여 상소권의 사전포기와 같은 중대한 소송법상의 효과가 발생하게 되는 것으로서 반드시 서면에 의하여야 할 것이며, 그 서면의 문언에 의하여 당사자 쌍방이 상소를 하지 아니한다는 취지가 명백하게 표현되어 있을 것을 요한다(대판 2007.11.29. 2007다52317).

② O 청구를 모두 기각한 제1심판결에 대하여 원고가 그 중 일부에 대하여만 항소를 제기한 경우, 항소되지 않았던 나머지 부분도 항소로 인하여 확정이 차단되고 항소심에 이심은 되나 원고가 그 변론종결시까지 항소취지를 확장하지 아니하는 한 나머지 부분에 관하여는 원고가 불복한 바가 없어 항소심의 심판대상이 되지 아니하므로 항소심으로서는 원고의 청구 중 항소하지 아니한 부분을 다시 인용할 수는 없다(대판 2001.4.27. 99다30312).

③ X 판결은 상소를 제기할 수 있는 기간 또는 그 기간 이내에 적법한 상소제기가 있을 때에는 확정되지 아니하며(민사소송법 제498조), 부적법한 상소가 제기된 경우에는 그 부적법한 상소를 각하하는 재판이 확정되면 상소기간이 지난 때에 소급하여 확정된다(대판 2014.10.15. 2013다25781, 대판 2001.2.27. 2000다25798,25804 참조).

④ O 항소의 취하가 있으면 소송은 처음부터 항소심에 계속되지 아니한 것으로 보게 되나(민사소송법 제393조 제2항, 제267조 제1항), 항소취하는 소의 취하나 항소권의 포기와 달리 제1심 종국판결이 유효하게 존재하므로, 항소기간 경과 후에 항소취하가 있는 경우에는 항소기간 만료 시로 소급하여 제1심판결이 확정되나, 항소기간 경과 전에 항소취하가 있는 경우에는 판결은 확정되지 아니하고 항소기간 내라면 항소인은 다시 항소의 제기가 가능하다(대판 2016.1.14. 2015므3455).

⑤ O 원고의 주위적 청구를 기각하면서 예비적 청구를 일부 인용한 환송 전 항소심판결에 대하여 피고만이 상고하고 원고는 상고도 부대상고도 하지 않은 경우에, 주위적 청구에 대한 항소심판단의 적부는 상고심의 조사대상으로 되지 아니하고 환송 전 항소심판결의 예비적 청구 중 피고 패소 부분만이 상고심의 심판대상이 되는 것이므로, 피고의 상고에 이유가 있는 때에는 상고심은 환송 전 항소심판결 중 예비적 청구에 관한 피고 패소 부분만 파기하여야 하고, 파기환송의 대상이 되지 아니한 주위적 청구부분은 예비적 청구에 관한 파기환송판결의 선고와 동시에 확정되며 그 결과 환송 후 원심에서의 심판범위는 예비적 청구 중 피고 패소 부분에 한정된다(대판 2001.12.24. 2001다62213).

02 22변시-55   정답 ②

재판의 누락 및 판단 누락에 관한 설명 중 옳지 않은 것을 모두 고른 것은? (다툼이 있는 경우 판례에 의함)

ㄱ. 甲이 乙을 상대로 제기한 1억 원의 부당이득반환청구 소송에서 甲이 청구취지를 7,000만 원으로 감축한다고 진술하였는데 제1심 법원이 이 청구취지를 5,000만 원으로 감축한 것으로 보아 판결한 경우, 甲이 그가 감축한 금액을 제외한 나머지 2,000만 원의 청구 부분에 대하여 한 항소는 부적법하다.

ㄴ. 甲이 乙을 상대로 소유권에 기하여 제기한 A 토지의 인도청구 소송에서 제1심 법원이 甲의 청구를 기각하자 甲은 항소심에서 임료 상당의 부당이득반환청구를 추가하였는데, 항소심 법원이 판결이유에서 甲의 A 토지 인도청구와 부당이득반환청구가 모두 이유 없다고 판단하면서도 "甲의 항소를 기각한다."라는 것만 판결주문에 표시한 경우, 甲이 부당이득반환청구 부분에 대하여 한 상고는 적법하다.

ㄷ. 甲이 乙을 상대로 제1심 판결을 대상으로 제기한 재심소송 계속 중에 甲이 乙을 상대로 중간확인의 소를 제기하였는데, 법원이 재심사유가 인정되지 않는다는 이유로 甲의 재심청구를 기각하는 판결을 하면서 중간확인의 소에 대한 판단을 하지 아니한 경우, 甲이 위 중간확인의 소에 대하여 한 항소는 적법하다.

ㄹ. 甲이 乙을 주위적 피고로, 丙을 예비적 피고로 하여 제기한 예비적 공동소송에서, 법원이 甲의 乙에 대한 청구를 인용하면서도 甲의 丙에 대한 청구에 대해서는 판단하지 않아 丙이 항소한 경우, 항소심 법원이 甲의 乙에 대한 청구를 인용하기 위해서는 제1심 판결을 취소하고 甲의 乙에 대한 청구를 인용하면서 甲의 丙에 대한 청구를 기각하는 판결을 하여야 한다.

① ㄷ ② ㄴ, ㄷ
③ ㄱ, ㄴ, ㄷ ④ ㄱ, ㄴ, ㄹ
⑤ ㄴ, ㄷ, ㄹ

 해설

ㄱ. O 원고가 실제로 감축한다고 진술한 것보다 더 많은 부분을 감축한 것으로 보아 판결을 선고한 경우, 원고가 감축한 금액을 제외한 나머지 부분에 관한 청구에 관하여는 아무런 판결을 하지 아니한 셈이고, 이는 결국 재판의 탈루에 해당하여 이 부분 청구는 여전히 원심에 계속중이라 할 것이므로, 원고로서는 원심법원에 그 부분에 관한 추가판결을 신청할 수 있음은 별론으로 하고, 그 부분에 관한 아무런 판결도 없는 상태에서 제기한 상고는 상고의 대상이 없어 부적법하다(대판 1997.10.10. 97다22843).

ㄴ. X [1] 항소심에 이르러 새로운 청구가 추가된 경우, 항소심은 추가된 청구에 대하여는 실질상 제1심으로서 재판하여야 하므로 제1심이 기존의 청구를 배척하면서 "원고의 청구를 기각한다."고 판결하였는데, 항소심이 기존의 청구와 항소심에서 추가된 청구를 모두 배척할 경우 단순히 "항소를 기각한다."는 주문 표시만 하면 되는 것은 아니고, 이와 함께 항소심에서 추가된 청구에 대하여 "원고의 청구를 기각한다."는 주문 표시를 하여야 한다.

[2] 판결에는 법원의 판단을 분명하게 하기 위하여 결론을 주문에 기재하도록 되어 있으므로 재판의 누락이 있는지 여부는 우선 주문의 기재에 의하여 판정하여야 하고, 판결이유에서 청구가 이유 없다고 설시하고 있더라도 주문에서 설시가 없으면 특별한 사정이 없는 한 재판의 누락이 있다고 보아야 한다.
[3] 재판의 누락이 있는 경우, 그 부분 소송은 아직 원심에 계속 중이라고 보아야 할 것이어서 적법한 상고의 대상이 되지 아니하므로 그 부분에 대한 상고는 부적법하다(대판 2004.8.30. 2004다24083).

ㄷ. X [1] 재심사유가 인정되지 않아서 재심청구를 기각하는 경우에는 중간확인의 소의 심판대상인 선결적 법률관계의 존부에 관하여 나아가 심리할 필요가 없으나, 한편 중간확인의 소는 단순한 공격방어방법이 아니라 독립된 소이므로 이에 대한 판단은 판결의 이유에 기재할 것이 아니라 종국판결의 주문에 기재하여야 할 것이므로 재심사유가 인정되지 않아서 재심청구를 기각하는 경우에는 중간확인의 소를 각하하고 이를 판결 주문에 기재하여야 한다.
[2] 판결에는 법원의 판단을 분명하게 하기 위하여 결론을 주문에 기재하도록 하고 있으므로 주문에 설시가 없으면 그에 대한 재판은 누락된 것으로 보아야 한다. 재판이 누락된 부분의 소송은 여전히 그 심급에 계속중이어서 적법한 상고의 대상이 되지 아니하므로 그 부분에 대한 상고는 부적법하다(대판 2008.11.27. 2007다69834,69841).

ㄹ. O 설문에서 항소심은 제1심법원과 동일한 심증을 얻은 경우이지만 제1심판결은 재판의 누락이 있는 것이 아니라 판단누락에 준하는 위법한 판결이므로 항소심으로서는 항소를 인용하여 제1심판결 전부를 취소하고, 甲의 乙에 대한 청구를 인용하면서 甲의 丙에 대한 청구를 기각하는 판결을 하여야 한다.
(판결 이유 중) 민사소송법 제70조 제2항은 같은 조 제1항의 예비적·선택적 공동소송에서는 모든 공동소송인에 관한 청구에 대하여 판결을 하도록 규정하고 있으므로, 이러한 공동소송에서 일부 공동소송인에 관한 청구에 대하여만 판결을 하는 경우 이는 일부판결이 아닌 흠이 있는 전부판결에 해당하여 상소로써 이를 다투어야 하고, 그 판결에서 누락된 공동소송인은 이러한 판단유탈을 시정하기 위하여 상소를 제기할 이익이 있다(대판 2008.3.27. 2005다49430).
예비적 공동소송인 중 어느 한 사람의 상고가 이유 있어 원심판결을 파기하는 경우, 상고가 이유 없는 다른 한 사람의 청구 부분도 함께 파기하여야 한다(대판 2009.4.9. 2008다88207).

03 18변시-60 정답 ①

재판의 누락 또는 판단의 누락에 관한 설명 중 옳지 않은 것은? (다툼이 있는 경우 판례에 의함)

① 예비적·선택적 공동소송에서는 모든 공동소송인에 관한 청구에 대하여 판결을 하여야 하지만, 일부 공동소송인에 관한 청구에 대하여만 판결을 한 경우라도 누락된 공동소송인에게 그 판결이 불리하다고 할 수 없으므로 누락된 공동소송인의 상소는 허용되지 않는다.
② 판결이유에 청구가 이유 없다고 설시되어 있더라도 판결주문에 그 설시가 없으면 특별한 사정이 없는 한 재판이 누락되었다고 보아야 한다.
③ X 토지의 인도청구에 소유권이전등기말소청구가 단순병합된 소에서 X 토지의 인도청구에 대하여만 판단하고 소유권이전등기말소청구에 대한 재판을 누락한 판결이 확정된 경우, 소유권이전등기말소청구 부분에 대한 상소는 허용되지 않는다.
④ 소송비용의 재판을 누락한 경우에 법원은 직권으로 또는 당사자의 신청에 따라 그 소송비용에 대한 재판을 한다.
⑤ 당사자가 주장한 사항에 대한 구체적·직접적인 판단이 판결에 표시되어 있지 않더라도 판결이유의 전반적인 취지에 비추어 그 주장을 인용하였거나 배척하였음을 알 수 있는 정도라면 판단누락이라고 할 수 없다.

① X 민사소송법 제70조 제2항은 같은조 제1항의 예비적·선택적 공동소송에서는 모든 공동소송인에 관한 청구에 대하여 판결을 하도록 규정하고 있으므로, 이러한 공동소송에서 일부 공동소송인에 관한 청구에 대하여만 판결을 하는 경우 이는 일부판결이 아닌 흠이 있는 전부판결에 해당하여 상소로써 이를 다투어야 하고, 그 판결에서 누락된 공동소송인은 이러한 판단유탈을 시정하기 위하여 상소를 제기할 이익이 있다(대판 2008.3.27. 2005다49430).

②, ③ O 판결에는 법원의 판단을 분명하게 하기 위하여 결론을 주문에 기재하도록 되어 있으므로 재판의 누락이 있는지 여부는 우선 주문의 기재에 의하여 판정하여야 하고, 판결이유에서 청구가 이유 없다고 설시하고 있더라도 주문에서 설시가 없으면 특별한 사정이 없는 한 재판의 누락이 있다고 보아야 한다(②). 재판의 누락이 있는 경우, 그 부분 소송은 아직 원심에 계속 중이라고 보아야 할 것이어서 적법한 상고의 대상이 되지 아니하므로 그 부분에 대한 상고는 부적법하다(③)(대판 2004.8.30. 2004다24083).

④ O

> **제212조(재판의 누락)**
> ① 법원이 청구의 일부에 대하여 재판을 누락한 경우에 그 청구부분에 대하여는 그 법원이 계속하여 재판한다.
> ② 소송비용의 재판을 누락한 경우에는 법원은 직권으로 또는 당사자의 신청에 따라 그 소송비용에 대한 재판을 한다. 이 경우 제114조의 규정을 준용한다.
> ③ 제2항의 규정에 따른 소송비용의 재판은 본안판결에 대하여 적법한 항소가 있는 때에는 그 효력을 잃는다. 이 경우 항소법원은 소송의 총비용에 대하여 재판을 한다.

⑤ O 당사자가 주장한 사항에 대한 구체적·직접적인 판단이 표시되어 있지 않지만 판결 이유의 전반적인 취지에 비추어 주장의 인용 여부를 알 수 있는 경우 또는 실제로 판단을 하지 않았지만 주장이 배척될 것임이 분명한 경우, 판단누락의 위법이 있다고 할 수 없다(대판 2012.3.15. 2011다108576).

04 21법전협-2-45   정답 ⑤

재판의 누락에 관한 설명 중 옳지 않은 것은? (다툼이 있는 경우 판례에 의함)

① 甲이 임대인 乙을 상대로 초과지급된 차임에 대해 부당이득반환을 구하는 소를 제기하여, 당초 2015. 3. 1.부터 2019. 5. 30.까지의 차임 중 월 100만 원의 반환을 구하다가 제2회 변론기일에 이르러 2018. 3. 1.부터 2019. 5. 30.까지의 청구부분을 철회하였는데, 법원이 甲의 청구를 모두 인용하면서 2015. 3. 1.부터 2017. 12. 31.까지 초과지급분에 대해서만 지급하게 한 것은 재판의 누락에 해당한다.

② 甲의 이행청구에 대해 피고 乙이 단순 반소를 병합하여 제기하였는데, 법원이 甲의 본소만 판단하고 乙의 반소를 판단하지 않았다면 재판의 누락이 된다.

③ 甲이 X 건물의 지분에 관하여 증여해제를 원인으로 한 소유권이전등기를 구하는 외에, 선택적으로 같은 지분에 관하여 양도합의를 원인으로 한 소유권이전등기를 구한 경우에, 제1심법원이 원고의 청구 중 위 증여해제를 원인으로 한 소유권이전등기청구만 기각하고 위 양도합의를 원인으로 한 소유권이전등기청구에 대하여는 아무런 판단을 하지 아니한 것은 재판의 누락에 해당하지 않는다.

④ 재판의 누락 여부는 판결 주문을 기준으로 판단하는데, 판결 이유에 판단이 있어도 주문에 판단이 없으면 재판의 누락에 해당한다.

⑤ 재판의 누락이 있으면 당사자는 상소를 제기하여 상소심에서 누락된 부분을 포함하여 추가판결을 해 주어야 한다.

① O 금전채권은 가분적이고 2018.1.1. 부터 같은 해 2.28. 까지의 월 100만 원의 비율에 의한 금원의 청구부분이 별개의 소송물로서 재판누락에 해당한다.
원고가 실제로 감축한다고 진술한 것보다 더 많은 부분을 감축한 것으로 보아 판결을 선고한 경우, 원고가 감축한 금액을 제외한 나머지 부분에 관한 청구에 관하여는 아무런 판결을 하지 아니한 셈이고, 이는 결국 재판의 탈루에 해당하여 이 부분 청구는 여전히 원심에 계속중이라 할 것이므로, 원고로서는 원심법원에 그 부분에 관한 추가판결을 신청할 수 있음은 별론으로 하고, 그 부분에 관한 아무런 판결도 없는 상태에서 제기한 상고는 상고의 대상이 없어 부적법하다(대판 1997.10.10. 97다22843).

② O 반소는 독립한 소이고 공격·방어방법이 아니므로(제요 민사Ⅱ 719) 별개의 소송물에 해당한다. 따라서 병합된 (단순)반소부분이 누락되었다면 재판의 누락에 해당한다.

③ O 제1심법원이 원고의 선택적 청구 중 하나만을 판단하여 기각하고 나머지 청구에 대하여는 아무런 판단을 하지 아니한 조치는 위법한 것이고, 원고가 이와 같이 위법한 제1심판결에 대하여 항소한 이상 원고의 선택적 청구 전부가 항소심으로 이심되었다고 할 것이므로, 선택적 청구 중 판단되지 않은 청구 부분이 재판의 탈루로서 제1심법원에 그대로 계속되어 있다고 볼 것은 아니다(대판 1998.7.24. 96다99).

④ O 판결에는 법원의 판단을 분명하게 하기 위하여 결론을 주문에 기재하도록 하고 있으므로 주문에 설시가 없으면 그에 대한 재판은 누락된 것으로 보아야 한다. 재판이 누락된 부분의 소송은 여전히 그 심급에 계속중이어서 적법한 상소의 대상이 되지 아니하므로 그 부분에 대한 상소는 부적법하다(대판 2008.11.27. 2007다69834, 69841).

⑤ X 재판의 누락이 있는 경우 추가판결은 누락한 원심법원이 재판한다.

민사소송법 제212조(재판의 누락)
① 법원이 청구의 일부에 대하여 재판을 누락한 경우에 그 청구부분에 대하여는 그 법원이 계속하여 재판한다.

05 19법전협-1-44   정답 ②

일부판결과 재판의 누락에 관한 설명 중 옳지 않은 것을 모두 고른 것은? (다툼이 있는 경우 판례에 따름)

ㄱ. 일부판결이 허용되는 사건이라도 법원이 일부판결을 할 의도 없이 사건의 일부분을 누락하였다면 사건의 전부에 대해 상소할 수 있다.

ㄴ. 선택적 병합사건은 양립할 수 있는 수 개의 청구권에 기한 청구로 별개로 청구하는 것도 가능하므로, 일부의 청구에 대한 재판으로 청구의 목적을 달성할 수 있다고 판단되면 일부판결을 하는 것이 불가능한 것은 아니다.

ㄷ. 소송계속 후 원고가 금전지급 청구를 감축한 부분보다 더 많이 감축한 것으로 보고 재판한 것은 재판의 누락에 해당하므로 누락된 부분에 대해서는 상소할 수 없다.

ㄹ. 적법한 일부 당사자표시정정을 법원이 부적법한 당사자변경으로 오인하여 변경 전의 당사자 명의의 판결을 한 경우, 누락된 당사자에 대해서는 재판의 누락이 있다.

ㅁ. 판결 주문에 일부 누락이 있다고 하더라도 판결이유에 판결내용에 관한 충분한 설명이 있다면 재판누락이라고 볼 수 없다.

① ㄱ, ㄴ, ㄷ   ② ㄱ, ㄴ, ㅁ
③ ㄱ, ㄷ, ㄹ   ④ ㄴ, ㄹ, ㅁ
⑤ ㄷ, ㄹ, ㅁ

해설

ㄱ. X 추가판결로 처리한다.
  관련판례 확정된 지연손해금 청구 부분에 대하여 원심법원이 판결 주문이나 이유에서 아무런 판단을 하지 아니한 재판의 탈루가 발생한 경우에, 이 부분 소송은 아직 원심에 계속 중이라고 보아야 할 것이어서 적법한 상고의 대상이 되지 아니하므로, 이 부분에 대한 상고는 부적법하다(대판 1996.2.9. 94다50274).

ㄴ. X 선택적병합에서 일부판결은 허용되지 않는다.
  관련판례 청구의 선택적 병합이란 양립할 수 있는 수개의 경합적 청구권에 기하여 동일 취지의 급부를 구하거나 양립할 수 있는 수개의 형성권에 기하여 동일한 형성적 효과를 구하는 경우에 그 어느 한 청구가 인용될 것을 해제조건으로 하여 수개의 청구에 관한 심판을 구하는 병합 형태로서, 이와 같은 선택적 병합의 경우에는 수개의 청구가 하나의 소송절차에 불가분적으로 결합되어 있기 때문에 선택적 청구 중 하나만을 기각하는 일부판결은 선택적 병합의 성질에 반하는 것으로서 법률상 허용되지 않는다(대판 1998.7.24. 96다99).

ㄷ. O 원고가 실제로 감축한다고 진술한 것보다 더 많은 부분을 감축한 것으로 보아 판결을 선고한 경우, 원고가 감축한 금액을 제외한 나머지 부분에 관한 청구에 관하여는 아무런 판결을 하지 아니한 셈이고, 이는 결국 재판의 탈루에 해당하여 이 부분 청구는 여전히 원심에 계속중이라 할 것이므로, 원고로서는 원심법원에 그 부분에 관한 추가판결을 신청할 수 있음은 별론으로 하고, 그 부분에 관한 아무런 판결도 없는 상태에서 제기한 상고는 상고의 대상이 없어 부적법하다(대판 1997.10.10. 97다22843).

ㄹ. O 제1심에서의 당사자 표시 변경이 당사자 표시정정에 해당하는 것으로서, 제1심이 소송당사자를 제대로 확정하여 판결하였음에도 불구하고, 항소심이 제1심에서의 당사자 표시 변경이 임의적 당사자 변경에 해당하여 허용될 수 없는 것이라고 잘못 판단하여 소송당사자 아닌 자를 소송당사자로 취급하여 변론을 진행시키고 판결을 선고한 경우, 진정한 소송당사자에 대하여는 항소심 판결이 아직 선고되지 않았다고 할 것이고, 진정한 소송당사자와 사이의 사건은 아직 항소심에서 변론도 진행되지 않은 채 계속중이라고 할 것이므로 진정한 소송당사자는 상고를 제기할 것이 아니라 항소심에 그 사건에 대한 변론기일지정신청을 하여 소송을 다시 진행함이 상당하며, 항소심이 선고한 판결은 진정한 소송당사자에 대한 관계에 있어서는 적법한 상고 대상이 되지 아니한다(대판 1996.12.20. 95다26773).

ㅁ. X 판결에는 법원의 판단을 분명하게 하기 위하여 결론을 주문에 기재하도록 되어 있으므로 재판의 누락이 있는지 여부는 우선 주문의 기재에 의하여 판정하여야 하고, 판결이유에서 청구가 이유 없다고 설시하고 있더라도 주문에서 설시가 없으면 특별한 사정이 없는 한 재판의 누락이 있다고 보아야 한다(대판 2004.8.30. 2004다24083).

제2절 기판력

06 22변시-59 정답 ③

기판력에 관한 설명 중 옳지 않은 것은? (다툼이 있는 경우 판례에 의함)

① 소유권이전등기말소청구 소송에서 청구기각의 판결을 선고받아 확정되었다면 그 기판력은 그 후 동일한 부동산에 관하여 동일한 당사자 간에 제기된 진정명의회복을 원인으로 한 소유권이전등기청구 소송에도 미친다.

② 채권자가 먼저 부당이득반환청구의 소를 제기하였다면 특별한 사정이 없는 한 손해 전부에 대하여 승소판결을 얻을 수 있었을 것임에도 손해배상청구의 소를 먼저 제기하는 바람에 과실상계 등의 법리에 따라 그 승소액이 당초 청구 금액의 일부로 제한된 판결이 확정된 경우, 위 손해배상청구의 소에서 일부 청구기각된 부분에 대한 부당이득반환청구는 인용될 수 있다.

③ A 부동산에 관한 피고 명의의 소유권이전등기가 원인무효라는 이유로 원고가 피고를 상대로 그 등기의 말소를 구하는 소를 제기하였다가 청구기각의 판결을 선고받아 확정된 경우, 원고로서는 그의 소유권을 부인하는 피고에 대하여 A 부동산이 원고의 소유라는 확인을 구할 법률상 이익이 없다.

④ 가등기에 기한 소유권이전등기절차의 이행을 명한 전소 확정판결의 기판력은 위 가등기만의 말소를 구하는 후소에 미치지 아니한다.

⑤ 기판력 있는 전소 판결과 저촉되는 후소 판결이 그대로 확정된 경우에도 재심의 소에 의하여 후소 판결이 취소될 때까지 전소 판결과 후소 판결은 저촉되는 상태 그대로 기판력을 갖는다.

해설

① O 진정한 등기명의의 회복을 위한 소유권이전등기청구는 이미 자기 앞으로 소유권을 표상하는 등기가 되어 있었거나 법률에 의하여 소유권을 취득한 자가 진정한 등기명의를 회복하기 위한 방법으로 현재의 등기명의인을 상대로 그 등기의 말소를 구하는 것에 갈음하여 허용되는 것인데, 말소등기에 갈음하여 허용되는 진정명의회복을 원인으로 한 소유권이전등기청구권과 무효등기의 말소청구권은 어느 것이나 진정한 소유자의 등기명의를 회복하기 위한 것으로서 실질적으로 그 목적이 동일하고, 두 청구권 모두 소유권에 기한 방해배제청구권으로서 그 법적 근거와 성질이 동일하므로, 비록 전자는 이전등기, 후자는 말소등기의 형식을 취하고 있다고 하더라도 <u>그 소송물은 실질상 동일한 것으로 보아야 하고, 따라서 소유권이전등기말소청구소송에서 패소확정판결을 받았다면 그 기판력은 그 후 제기된 진정명의회복을 원인으로 한 소유권이전등기청구소송에도 미친다</u>(대판 2001.9.20. 99다37894 전원합의체).

② O 부당이득반환청구권과 불법행위로 인한 손해배상청구권은 서로 <u>실체법상 별개의 청구권으로 존재하고 그 각 청구권에 기초하여 이행을 구하는 소는 소송법적으로도 소송물을 달리하므로</u>, 채권자로서는 어느 하나의 청구권에 관한 소를 제기하여 승소 확정판결을 받았다고 하더라도 아직 채권의 만족을 얻지 못한 경우에는 다른 나머지 청구권에 관한 이행판결을 얻기 위하여 그에 관한

이행의 소를 제기할 수 있다. 그리고 채권자가 먼저 부당이득반환청구의 소를 제기하였을 경우 특별한 사정이 없는 한 손해 전부에 대하여 승소판결을 얻을 수 있었을 것임에도 우연히 손해배상청구의 소를 먼저 제기하는 바람에 과실상계 또는 공평의 원칙에 기한 책임제한 등의 법리에 따라 그 승소액이 제한되었다고 하여 그로써 제한된 금액에 대한 부당이득반환청구권의 행사가 허용되지 않는 것도 아니다(대판 2013.9.13. 2013다45457).

③ X 확정판결의 기판력은 소송물로 주장된 법률관계의 존부에 관한 판단의 결론에만 미치고 그 전제가 되는 법률관계의 존부에까지 미치는 것은 아니므로, 계쟁 부동산에 관한 피고 명의의 소유권이전등기가 원인무효라는 이유로 원고가 피고를 상대로 그 등기의 말소를 구하는 소송을 제기하였다가 청구기각의 판결을 선고받아 확정되었다고 하더라도, 그 확정판결의 기판력은 소송물로 주장된 말소등기청구권이나 이전등기청구권의 존부에만 미치는 것이지 그 기본이 된 소유권 자체의 존부에는 미치지 아니하고, 따라서 원고가 비록 위 확정판결의 기판력으로 인하여 계쟁 부동산에 관한 등기부상의 소유 명의를 회복할 방법은 없게 되었다고 하더라도 그 소유권이 원고에게 없음이 확정된 것은 아닐 뿐만 아니라, 등기부상 소유자로 등기되어 있지 않다고 하여 소유권을 행사하는 것이 전혀 불가능한 것도 아닌 이상, 원고로서는 그의 소유권을 부인하는 피고에 대하여 계쟁 부동산이 원고의 소유라는 확인을 구할 법률상 이익이 있으며, 이러한 법률상의 이익이 있는 이상에는 특별한 사정이 없는 한 소유권확인 청구의 소제기 자체가 신의칙에 반하는 것이라고 단정할 수 없는 것이다(대판 2002.9.24. 2002다11847).

④ O 확정판결의 기판력은 소송물로 주장된 법률관계의 존부에 관한 판단의 결론 자체에만 미치고 그 전제가 되는 법률관계의 존부에까지 미치는 것은 아니어서, 가등기에 기한 소유권이전등기절차의 이행을 명한 전소 판결의 기판력은 소송물인 소유권이전등기청구권의 존부에만 미치고 그 등기청구권의 원인이 되는 채권계약의 존부나 판결이유 중에 설시되었을 뿐인 가등기의 효력 유무에 관한 판단에는 미치지 아니하고, 따라서 만일 후소로써 위 가등기에 기한 소유권이전등기의 말소를 청구한다면 이는 1물1권주의의 원칙에 비추어 볼 때 전소에서 확정된 소유권이전등기청구권을 부인하고 그와 모순되는 정반대의 사항을 소송물로 삼은 경우에 해당하여 전소 판결의 기판력에 저촉된다고 할 것이지만, 이와 달리 위 가등기만의 말소를 청구하는 것은, 전소에서 판단의 전제가 되었을 뿐이고 그로써 아직 확정되지는 아니한 법률관계를 다투는 것에 불과하여 전소 판결의 기판력에 저촉된다고 볼 수 없다(대판 1995.3.24. 93다52488).

⑤ O 기판력 있는 전소판결과 저촉되는 후소판결이 그대로 확정된 경우에도 전소판결의 기판력이 실효되는 것이 아니고 재심의 소에 의하여 후소판결이 취소될 때까지 전소판결과 후소판결은 저촉되는 상태 그대로 기판력을 갖는 것이고 또한 후소판결의 기판력이 전소판결의 기판력을 복멸시킬 수 있는 것도 아니어서, 기판력 있는 전소판결의 변론종결 후에 이와 저촉되는 후소판결이 확정되었다는 사정은 변론종결 후에 발생한 새로운 사유에 해당되지 않으므로, 그와 같은 사유를 들어 전소판결의 기판력이 미치는 자 사이에서 전소판결의 기판력이 미치지 않게 되었다고 할 수 없다(대판 1997.1.24. 96다32706).

---

07 21변시-53 정답 ②

기판력의 범위에 관한 설명 중 옳은 것을 모두 고른 것은? (다툼이 있는 경우 판례에 의함)

ㄱ. 계약해제의 원인은 판결이 확정된 전소의 사실심 변론종결 전에 존재하였고 위 원인에 따른 계약해제의 의사표시는 전소의 변론종결 후에 이루어진 경우, 후소에서 계약해제에 따른 효과를 주장하는 것은 위 확정판결의 기판력에 저촉된다.

ㄴ. 채권자가 채무자를 상대로 제기한 소송에서 채무자가 사실심 변론종결 전에 채권자에 대하여 상계적상에 있는 채권을 가지고 있었음에도 상계의 의사표시를 하지 않아 채권자 승소판결이 확정된 경우, 그 후 채무자가 채권자에 대하여 상계의 의사표시를 한 사실은 위 확정판결에 대한 청구이의 사유에 해당한다.

ㄷ. 건물의 소유를 목적으로 하는 토지 임대차에서 임대인이 임차인을 상대로 토지인도 및 건물철거의 소를 제기하였는데 임차인이 임대인에 대하여 건물매수청구권을 행사할 수 있었음에도 행사하지 아니하여 건물철거를 명하는 내용의 판결이 확정된 경우, 임차인은 그 확정판결에 의하여 건물철거가 집행되지 않았다 하더라도 임대인에 대하여 건물매수청구권을 행사하여 별소로써 건물 매매대금의 지급을 청구할 수 없다.

ㄹ. 백지어음의 소지인이 어음금청구소송의 사실심 변론종결일까지 그 백지 부분을 보충하지 아니하여 소지인의 패소판결이 확정된 경우, 그 후 소지인이 그 백지 부분을 보충하여 위 소송의 피고를 상대로 다시 동일한 어음금청구의 소를 제기하는 것은 특별한 사정이 없는 한 위 확정판결의 기판력에 저촉된다.

ㅁ. 채권자가 상속인을 상대로 제기한 상속채무의 이행을 구하는 소에서 상속인이 위 소의 사실심 변론종결 전에 상속의 한정승인을 하였음에도 이를 주장하지 아니하여 상속인의 책임 범위에 대한 제한이 없는 판결이 선고되어 확정된 경우, 상속인이 위 한정승인을 하였다는 사실은 위 확정판결에 대한 청구이의 사유에 해당하지 않는다.

① ㄱ, ㄴ, ㄷ　② ㄱ, ㄴ, ㄹ
③ ㄱ, ㄷ, ㅁ　④ ㄴ, ㄹ, ㅁ
⑤ ㄷ, ㄹ, ㅁ

 해설

ㄱ. O 기판력은 후소와 동일한 내용의 전소의 변론종결 전에 있어서 주장할 수 있었던 모든 공격 방어방법에 미치므로 해제사유가 전소의 변론종결 전에 존재하였다면 그 변론종결 후에 해제의 의사표시를 하였다고 하여도 이는 기판력에 저촉된다(대판 1981.7.7. 80다2751).

ㄴ. O 당사자 쌍방의 채무가 서로 상계적상에 있다 하더라도 그 자체만으로 상계로 인한 채무소멸의 효력이 생기는 것이 아니고, 상계의 의사표시를 기다려 비로소 상계로 인한 채무소멸의 효력이 생기는 것이므로, 채무자가 채무명의인 확정판결의 변론종결 전에 상대방에 대하여 상계적상에 있는 채권을 가지고 있었다 하더라도 채무명의인 확정판결의 변론종결 후에 이르러 비로소 상계의 의사표시를 한 때에는 (구) 민사소송법 제505조 제2항이 규정하는 '이의원인이 변론종결 후에 생긴 때'에 해당하는 것으로서, 당사자가 채무명의인 확정판결의 변론종결 전에 자동채권의 존재를 알았는가 몰랐는가에 관계없이 적법한 청구이의 사유로 된다(대판 1998.11.24. 98다25344).

ㄷ. X 건물의 소유를 목적으로 하는 토지 임대차에 있어서, 임대차가 종료함에 따라 토지의 임차인이 임대인에 대하여 건물매수청구권을 행사할 수 있음에도 불구하고 이를 행사하지 아니한 채, 토지의 임대인이 임차인에 대하여 제기한 토지인도 및 건물철거청구소송에서 패소하여 그 패소판결이 확정되었다고 하더라도, 그 확정판결에 의하여 건물철거가 집행되지 아니한 이상 토지의 임차인으로서는 건물매수청구권을 행사하여 별소로써 임대인에 대하여 건물매매대금의 지급을 구할 수 있다(대판 1995.12.26. 95다42195).

ㄹ. O 약속어음의 소지인이 어음요건의 일부를 흠결한 이른바 백지어음에 기하여 어음금 청구소송(이하 '전소'라고 한다)을 제기하였다가 위 어음요건의 흠결을 이유로 청구기각의 판결을 받고 위 판결이 확정된 후 위 백지 부분을 보충하여 완성한 어음에 기하여 다시 전소의 피고에 대하여 어음금 청구소송(이하 '후소'라고 한다)을 제기한 경우에는, 원고가 전소에서 어음요건의 일부를 오해하거나 그 흠결을 알지 못했다고 하더라도, 전소와 후소는 동일한 권리 또는 법률관계의 존부를 목적으로 하는 것이어서 그 소송물은 동일한 것이라고 보아야 한다. 그리고 확정판결의 기판력은 동일한 당사자 사이의 소송에 있어서 변론종결 전에 당사자가 주장하였거나 주장할 수 있었던 모든 공격 및 방어방법에 미치는 것이므로, 약속어음의 소지인이 전소의 사실심 변론종결일까지 백지보충권을 행사하여 어음금의 지급을 청구할 수 있었음에도 위 변론종결까지 백지 부분을 보충하지 않아 이를 이유로 패소판결을 받고 그 판결이 확정된 후에 백지보충권을 행사하여 어음이 완성된 것을 이유로 전소 피고를 상대로 다시 동일한 어음금을 청구하는 경우에는, 위 백지보충권 행사의 주장은 특별한 사정이 없는 한 전소판결의 기판력에 의하여 차단되어 허용되지 않는다(대판 2008.11.27. 2008다59230).

ㅁ. X 채무자가 한정승인을 하였으나 채권자가 제기한 소송의 사실심 변론종결시까지 이를 주장하지 아니하는 바람에 책임의 범위에 관하여 아무런 유보 없는 판결이 선고·확정된 경우라 하더라도 채무자가 그 후 위 한정승인 사실을 내세워 청구에 관한 이의의 소를 제기하는 것이 허용되는 것은, 한정승인에 의한 책임의 제한은 상속채무의 존재 및 범위의 확정과는 관계없이 다만 판결의 집행 대상을 상속재산의 한도로 한정함으로써 판결의 집행력을 제한할 뿐으로, 채권자가 피상속인의 금전채무를 상속한 상속인을 상대로 그 상속채무의 이행을 구하여 제기한 소송에서 채무자가 한정승인 사실을 주장하지 않으면 책임의 범위는 현실적인 심판대상으로 등장하지 아니하여 주문에서는 물론 이유에서도 판단되지 않는 관계로 그에 관하여는 기판력이 미치지 않기 때문이다(대판 2009.5.28. 2008다79876).

08   20변시-65   정답 ⑤

기판력에 관한 설명 중 옳지 않은 것은? (다툼이 있는 경우 판례에 의함)

① 제소전화해의 내용이 채권자는 대여금채권의 원본 및 이자의 지급과 상환으로 채무자에게 부동산에 관한 가등기의 말소등기절차를 이행하고, 채무자는 그가 채권자에게 변제기까지 위 대여원리금을 지급하지 않을 경우 「가등기담보 등에 관한 법률」 소정의 청산금 지급과 상환으로 채권자에게 가등기에 기한 소유권이전의 본등기절차를 이행함과 아울러 부동산을 인도하기로 되어 있는 경우, 상환이행의 대상인 반대채권의 존부나 그 수액에 대하여는 기판력이 미치지 아니한다.

② 甲의 乙에 대한 1억 원의 대여금청구 소송에서 乙이 甲에 대한 5,000만 원의 손해배상채권으로 상계항변을 하였고, 乙의 항변이 받아들여져 甲의 청구 중 5,000만 원 부분이 인용되어 그 판결이 확정된 후에 乙이 甲을 상대로 위 상계항변에 제공된 손해배상금의 지급을 구하는 소를 제기한 경우 법원은 乙의 소를 각하하여야 한다.

③ 甲이 乙로부터 토지거래허가구역 내에 있는 A 토지를 매수하는 계약을 체결한 후에 乙을 상대로 토지거래허가신청절차의 이행(제1청구)과 매매를 원인으로 한 소유권이전등기절차의 이행(제2청구)을 구하는 소(전소)를 제기하였고, 법원은 제1청구를 인용하고 제2청구를 기각하는 판결을 선고하여 그대로 확정되었는데, 위 소송의 변론종결 전에 A 토지가 토지거래허가구역에서 해제되었음에도 甲이 이를 알지 못해 주장하지 아니한 경우, 甲이 A 토지가 토지거래허가구역에서 해제되었음을 이유로 乙을 상대로 위 매매를 원인으로 한 소유권이전등기청구의 소(후소)를 제기한 때에는 제2청구에 관한 전소 판결의 기판력이 후소에 미친다.

④ 甲이 乙을 상대로 제기한 어음금청구 소송의 제1심 변론종결 전에 백지보충권을 행사할 수 있었음에도 행사하지 아니하여 이를 이유로 패소하였고, 그 판결이 확정된 후에 백지보충권을 행사한 다음 어음이 완성되었음을 이유로 乙을 상대로 위 어음금의 지급을 구하는 소를 제기한 때에는 특별한 사정이 없는 한 전소 판결의 기판력이 후소에 미친다.

⑤ 甲이 乙을 상대로 피담보채무인 대여금채무가 허위의 채무로서 존재하지 아니함을 이유로 양도담보계약의 해지를 원인으로 한 소유권이전등기의 회복을 구하는 소를 제기하였는데, 법원이 甲의 청구를 기각하는 판결을 하였고 그 판결이 확정된 후에 甲이 乙을 상대로 위 대여금채무 중 잔존채무의 변제를 조건으로 위 소유권이전등기의 회복을 구하는 소를 제기한 때에는 전소 판결의 기판력이 후소에 미친다.

 해설

① O 제소전화해의 내용이 채권자 등은 대여금 채권의 원본 및 이자의 지급과 상환으로 채무자에게 부동산에 관한 가등기의 말소등기절차를 이행할 것을 명하고, 채무자는 가등기담보등에관한법률

소정의 청산금 지급과 상환으로 채권자 등에게 가등기에 기한 소유권이전의 본등기절차를 이행할 것과 그 부동산의 인도를 명하고 있는 경우, 그 제소전화해는 가등기말소절차 이행이나 소유권이전의 본등기절차 이행을 대금 또는 청산금의 지급을 그 조건으로 하고 있는 데 불과하여 그 기판력은 가등기말소나 소유권이전의 본등기절차 이행을 명한 화해내용이 대금 또는 청산금 지급의 상환이 조건으로 붙어 있다는 점에 미치는 데 불과하고, 상환이행을 명한 반대채권의 존부나 그 액수에 기판력이 미치는 것이 아니다(대판 1996.7.12. 96다19017).

② O 상계를 주장한 청구가 성립되는지 아닌지의 판단은 상계하자고 대항한 액수에 한하여 기판력을 가진다(민사소송법 제216조 제2항). 즉 후소법원은 乙이 전소에서 승소확정판결을 받았으므로 소를 각하하여야 한다.

③ O 확정판결의 기판력은 소송물로 주장된 법률관계의 존부에 관한 판단에 미치는 것이므로 **동일한 당사자 사이에서 전소와 동일한 소송물에 대한 후소**에서 전소 변론종결 이전에 존재하고 있던 공격방어방법을 주장하여 전소 확정판결에서 판단된 법률관계의 존부와 모순되는 판단을 구하는 것은 확정판결의 기판력에 반하는 것이고, 전소에서 당사자가 그 공격방어방법을 알고서 주장하지 못하였는지 또는 알지 못한 데에 과실이 있는지 여부는 묻지 아니한다. 이 사건 토지가 토지거래허가구역에서 해제되어 이 사건 매매계약이 확정적으로 유효하게 되었다는 사정은 이 사건 전소의 변론종결 전에 존재하던 사유이므로, 원고가 그러한 사정을 알지 못하여 이 사건 전소에서 주장하지 못하였다고 하더라도 이를 이 사건 소에서 새로이 주장하여 이 사건 전소에서의 법률관계의 존부에 관한 판단, 즉 이 사건 매매계약에 기한 원고의 피고에 대한 소유권이전등기청구권의 존부에 대한 판단과 모순되는 판단을 구하는 것은 이 사건 전소 확정판결의 기판력에 반하는 것이다(대판 2014.3.27. 2011다79968).

④ O 약속어음의 소지인이 어음요건의 일부를 흠결한 이른바 백지어음에 기하여 어음금 청구소송(이하 '전소'라고 한다)을 제기하였다가 위 어음요건의 흠결을 이유로 청구기각의 판결을 받고 위 판결이 확정된 후 위 백지 부분을 보충하여 완성한 어음에 기하여 다시 전소의 피고에 대하여 어음금 청구소송(이하 '후소'라고 한다)을 제기한 경우에는, 원고가 전소에서 어음요건의 일부를 오해하거나 그 흠결을 알지 못했다고 하더라도, <u>전소와 후소는 동일한 권리 또는 법률관계의 존부를 목적으로 하는 것이어서 그 소송물은 동일한 것이라고 보아야 한다.</u> 그리고 확정판결의 기판력은 동일한 당사자 사이의 소송에 있어서 변론종결 전에 당사자가 주장하였거나 주장할 수 있었던 모든 공격 및 방어방법에 미치는 것이므로, 약속어음의 소지인이 전소의 사실심 변론종결일까지 백지보충권을 행사하여 어음금의 지급을 청구할 수 있었음에도 위 변론종결일까지 백지 부분을 보충하지 않아 이를 이유로 패소판결을 받고 그 판결이 확정된 후에 백지보충권을 행사하여 어음이 완성된 것을 이유로 전소 피고를 상대로 다시 동일한 어음금을 청구하는 경우에는, 위 백지보충권 행사의 주장은 특별한 사정이 없는 한 전소판결의 기판력에 의하여 차단되어 허용되지 않는다(대판 2008.11.27. 2008다59230).

⑤ X 일반적으로 판결이 확정되면 법원이나 당사자는 확정판결에 반하는 판단이나 주장을 할 수 없는 것이나, 이러한 확정판결의 효력은 그 표준시인 사실심 변론종결 시를 기준으로 하여 발생하는 것이므로, 그 이후에 새로운 사유가 발생한 경우까지 전소의 확정판결의 기판력이 미치는 것은 아니다. 따라서 <u>전소에서 피담보채무의 변제로 양도담보권이 소멸하였음을 원인으로 한 소유권이전등기의 회복 청구가 기각되었다고 하더라도, 장래 잔존 피담보채무의 변제를 조건으로 소유권이전등기의 회복을 청구하는 것은 전소의 확정판결의 기판력에 저촉되지 아니한다</u>(대판 2014.1.23. 2013다64793).

09 19변시-63   정답 ②

甲은 乙에 대하여 매매대금의 지급을 구하는 소를 제기하였다(이를 '제1소송'이라 함). 이 소송 도중에 乙은 甲에게 대여금의 반환을 구하는 별소를 제기하였다(이를 '제2소송'이라 함). 이후 제1소송의 기일에서 乙은 주위적으로 소멸시효가 완성되었다고 항변하면서, 예비적으로 제2소송의 대여금채권을 자동채권으로 하는 상계항변을 하였다. 이에 관한 설명 중 옳지 않은 것은? (다툼이 있는 경우 판례에 의함)

① 乙이 주위적 항변으로 주장한 사실 또는 예비적 항변으로 주장한 사실은 乙에게 증명책임이 있다.
② 제1소송에서 예비적 항변이 받아들여져 청구기각의 판결이 선고된 경우에 甲에게는 항소의 이익이 있지만 乙에게는 항소의 이익이 없다.
③ 상계를 주장한 청구가 성립되는지 아닌지의 판단은 상계하자고 대항한 액수에 한하여 기판력을 가진다.
④ 상계적상 시점 이전에 수동채권의 변제기가 이미 도래한 경우, 법원은 상계적상의 시점 및 수동채권의 지연손해금 기산일과 이율 등을 구체적으로 특정해 줌으로써 자동채권에 대하여 어느 범위에서 상계의 기판력이 미치는지 판결이유에서 분명히 밝혀야 한다.
⑤ 乙이 계속 중인 제2소송에서 청구한 대여금채권을 제1소송에서 자동채권으로 하여 소송상 상계의 주장을 하는 것은 허용된다.

 해설

① O 법률요건분류설에 따라 위 사실들은 권리소멸사실로 권리의 존재를 다투는 상대방인 乙에게 증명책임이 있다.
② X 乙에게는 주위적 항변이 소멸시효가 완성되어 원고의 소구채권이 부존재하는 것으로 인정되는 것이 이익이 되므로 항소의 이익이 인정된다.

<u>관련판례</u> 소송상 방어방법으로서의 상계항변은 통상 수동채권의 존재가 확정되는 것을 전제로 하여 행하여지는 일종의 예비적 항변으로서, 소송상 상계의 의사표시에 의해 확정적으로 그 효과가 발생하는 것이 아니라 당해 소송에서 수동채권의 존재 등 상계에 관한 법원의 실질적 판단이 이루어지는 경우에 비로소 실체법상 상계의 효과가 발생한다. 따라서 원고의 소구채권 자체가 인정되지 않는 경우 더 나아가 피고의 상계항변의 당부를 따져볼 필요도 없이 원고 청구가 배척될 것이므로, '원고의 소구채권 그 자체를 부정하여 원고의 청구를 기각한 판결'과 '소구채권의 존재를 인정하면서도 상계항변을 받아들인 결과 원고의 청구를 기각한 판결'은 민사소송법 제216조에 따라 기판력의 범위를 서로 달리하고, 후자의 판결에 대하여 피고는 상소의 이익이 있다(대판 2018.8.30. 2016다46338,46345).

③ O

> **제216조(기판력의 객관적 범위)**
> ② 상계를 주장한 청구가 성립되는지 아닌지의 판단은 상계하자고 대항한 액수에 한하여 기판력을 가진다.

④ O 상계를 주장하면 그것이 받아들여지든 아니든 상계하자고 대항한 액수에 대하여 기판력이 생긴다(민사소송법 제216조 제2항). 따라서 여러 개의 자동채권이 있는 경우에 법원으로서는 그 중 어느 자동채권에 대하여 어느 범위에서 상계의 기판력이 미치는지 판결이유 자체로 당사자가 분명하게 알 수 있을 정도까지는

밝혀 주어야 한다. 그러므로 상계항변이 이유 있는 경우에는, 상계에 의하여 소멸되는 채권의 금액을 일일이 계산할 것까지는 없다고 하더라도, 최소한 상계충당이 지정충당에 의하게 되는지 법정충당에 의하게 되는지 여부를 밝히고, 지정충당이 되는 경우라면 어느 자동채권이 우선 충당되는지를 특정하여야 할 것이며, 자동채권으로 이자나 지연손해금채권이 함께 주장되는 경우에는 그 기산일이나 이율 등도 구체적으로 특정해 주어야 할 것이다(대판 2011.8.25. 2011다24814).

⑤ O 상계의 항변을 제출할 당시 이미 자동채권과 동일한 채권에 기한 소송을 별도로 제기하여 계속 중인 경우, 사실심의 담당재판부로서는 전소와 후소를 같은 기회에 심리·판단하기 위하여 이부, 이송 또는 변론병합 등을 시도함으로써 기판력의 저촉·모순을 방지함과 아울러 소송경제를 도모함이 바람직하였다고 할 것이나, 그렇다고 하여 특별한 사정이 없는 한 별소로 계속 중인 채권을 자동채권으로 하는 소송상 상계의 주장이 허용되지 않는다고 볼 수는 없다(대판 2001.4.27. 2000다4050).

---

10 17변시-53   정답 ③

소송물과 기판력에 관한 설명 중 옳지 않은 것은? (다툼이 있는 경우 판례에 의함)

① 원인무효를 이유로 소유권이전등기의 말소를 구하는 전소에서 패소확정판결을 받은 원고는 전소의 사실심 변론종결 전에 주장할 수 있었던 등기원인의 무효사유를 당사자와 청구취지가 동일한 후소에서 주장할 수 없다.

② 소유권확인을 구하는 전소에서 패소확정판결을 받은 원고는 전소의 사실심 변론종결 전에 주장할 수 있었던 소유권 귀속의 원인이 되는 다른 사유를 당사자와 청구취지가 동일한 후소에서 주장할 수 없다.

③ 채권자가 채무자를 대위하여 제3채무자를 상대로 소를 제기하였으나 피보전채권이 존재하지 않는다는 이유로 소각하 판결을 받아 확정된 경우, 그 판결의 기판력은 채권자가 채무자를 상대로 피보전채권의 이행을 구하는 후소에 미친다.

④ 매매를 원인으로 한 소유권이전등기를 구하는 전소에서 원고가 패소확정판결을 받았더라도 동일한 당사자 사이에 후소로 취득시효 완성을 원인으로 한 소유권이전등기청구를 할 수 있다.

⑤ 원인무효를 이유로 소유권이전등기의 말소를 구하는 전소에서 원고가 패소확정판결을 받았더라도 동일한 당사자 사이에 후소로 소유권확인청구를 할 수 있다.

 해설

① O 말소등기청구사건의 소송물은 당해 등기의 말소등기청구권이고 그 동일성 식별의 표준이 되는 청구원인, 즉 말소등기청구권의 발생원인은 당해 등기원인의 무효라 할 것으로서 등기원인의 무효를 뒷받침하는 개개의 사유는 독립된 공격방어방법에 불과하여 별개의 청구원인을 구성하는 것이 아니라 할 것이므로 전소에서 원고가 주장한 사유나 후소에서 주장하는 사유들은 모두 등기의 원인무효를 뒷받침하는 공격방법에 불과할 것일 뿐 그 주장들이 자체로서 별개의 청구원인을 구성한다고 볼 수 없고 모두 전소의 변론종결 전에 발생한 사유라면 전소와 후소는 그 소송물이 동일하여 후소에서의 주장사유들은 전소의 확정판결의 기판력에 저촉되어 허용될 수 없는 것이다(대판 1993.6.29. 93다11050).

② O 소유권확인소송의 소송물은 소유권의 귀속 자체이므로 소유권의 귀속을 뒷받침하는 개개의 사유는 단지 하나의 독립된 공격방어방법에 불과하고 별개의 청구원인을 구성하지 않는 것이어서 전소에서 패소한 원고는 전소판결의 차단효에 의하여 전소의 사실심 변론종결 전에 주장할 수 있었던 소유권 귀속의 원인이 되는 다른 사유를 후소에서 다시 주장할 수 없다(대판 1987.3.10. 84다카2132).

③ X 민사소송법 제218조 제3항은 '다른 사람을 위하여 원고나 피고가 된 사람에 대한 확정판결은 그 다른 사람에 대하여도 효력이 미친다.'고 규정하고 있으므로, 채권자가 채권자대위권을 행사하는 방법으로 제3채무자를 상대로 소송을 제기하고 판결을 받은 경우 적어도 채권자대위권에 의한 소송이 제기된 사실을 채무자가 알았을 때에는 그 판결의 효력이 채무자에게 미친다고 보아야 한다. 이때 채무자에게도 기판력이 미친다는 의미는 채권자대위소송의 소송물인 피대위채권의 존부에 관하여 채무자에게도 기판력이 인정된다는 것이고, 채권자대위소송의 소송요건인 피보전채권의 존부에 관하여 당해 소송의 당사자가 아닌 채무자에게 기판력이 인정된다는 것은 아니다. 따라서 채권자가 채권자대위권을 행사하는 방법으로 제3채무자를 상대로 소송을 제기하였다가 채무자를 대위할 피보전채권이 인정되지 않는다는 이유로 소각하 판결을 받아 확정된 경우 그 판결의 기판력이 채권자가 채무자를 상대로 피보전채권의 이행을 구하는 소송에 미치는 것은 아니다(대판 2014.1.23. 2011다108095).

④ O 소유권이전등기청구에서는 등기원인별로 소송물이 다르므로, 전소의 소유권이전등기청구소송이 매매를 청구원인으로 한 경우 그 소송물은 매매를 원인으로 한 소유권이전등기청구권이어서 증여를 원인으로 하거나 취득시효 완성을 원인으로 한 소유권이전등기청구소송에는 기판력이 미치지 않는다(대판 1981.1.13. 80다204,205).

⑤ O 원인무효임을 이유로 소유권이전등기의 말소를 구하는 전소에서 패소확정판결을 받았더라도 그 기판력이 그 기본이 된 소유권 자체의 존부에는 미치지 아니하므로 전소의 원고는 전소의 피고를 상대로 토지인도청구 또는 소유권확인청구를 할 수 있다(대판 1979.9.25. 79다1218. 대판 1999.7.27. 99다9806. 대판 2002.9.24. 2002다11847).

11 16변시-62 정답 ②

매수인 甲과 매도인 乙이 2015. 10. 10. X 부동산에 대해 매매계약을 체결한 후, 甲은 乙을 상대로 위 매매계약에 기하여 X 부동산에 관한 소유권이전등기청구의 소를 제기하였다. 이 소송에서 乙은 동시이행 항변으로 甲으로부터 5,000만 원의 지급을 받으면 이전등기를 하겠다고 주장하였지만, 법원은 "乙은 甲으로부터 3,000만 원을 지급받음과 동시에 甲에게 X 부동산에 관하여 2015. 10. 10. 매매를 원인으로 한 소유권이전등기절차를 이행하라."는 판결을 선고하였다. 이에 관한 설명 중 옳은 것은? (다툼이 있는 경우 판례에 의함)

① 위 판결 확정 후 乙이 丙에게 X 부동산을 매도하고 丙 앞으로 소유권이전등기를 마쳐 주었다면, 위 판결의 기판력은 丙에게도 미친다.

② 위 판결 확정 후 기판력이 발생하는 부분은 위 동시이행의 조건이 붙은 소유권이전등기절차의 이행을 명한 부분이고, 甲이 乙에게 3,000만 원을 지급하는 부분에 대해서는 기판력이 발생하지 않는다.

③ 위 판결 확정 후 甲이 다시 乙을 상대로 X 부동산에 관하여 2015. 5. 10. 대물변제약정을 원인으로 한 소유권이전등기청구의 소를 제기하였다면, 그 청구는 위 판결의 기판력에 저촉된다.

④ 위 소송에서 甲은 乙에 대한 2,000만 원의 대여금채권을 자동채권으로 하여 乙이 동시이행 항변으로 주장한 채권에 대해 상계 재항변을 하였고, 법원이 판결이유 중에 상계 재항변을 받아들여 동시이행 항변을 배척하는 판단을 하였다면, 2,000만 원의 대여금채권이 존재한다는 판단에도 기판력이 발생한다.

⑤ 위 판결 선고 후 甲만이 항소를 제기한 경우, 항소심 법원은 乙의 동시이행 항변을 모두 받아들여 "乙은 甲으로부터 5,000만 원을 지급받음과 동시에 甲에게 X 부동산에 관하여 2015. 10. 10. 매매를 원인으로 한 소유권이전등기절차를 이행하라."는 판결을 할 수 있다.

해설

① X 소송물이 물권적 청구권인가 채권적 청구권인가의 여부에 따라, 前者의 경우에는 그 계쟁물의 양수인도 소송물의 승계인과 동일시할 수 있으나 後者의 경우에는 그러하지 아니하다. 甲은 매매계약에 기한 소유권이전등기청구를 하였으므로 그 청구가 채권적청구에 해당한다고 할 것이어서 乙로부터 X부동산을 매수한 丙에게는 위 판결의 기판력이 미치지 않는다.

 관련판례 건물명도소송에서의 소송물인 청구가 물권적청구 등과 같이 대세적인 효력을 가진 경우에는 그 판결의 기판력이나 집행력이 변론종결 후에 그 재판의 피고로부터 그 건물의 점유를 취득한 자에게도 미치나 그 청구가 대인적인 효력밖에 없는 채권적 청구만에 그친 때에는 위와 같은 점유승계인에게 위의 효력이 미치지 아니한다(대판 1991.1.15. 90다9964).

② O 판결이유에서 피고의 항변에 대하여 한 판단은 기판력이 발생하지 않는 것이 원칙이므로, 법원이 피고의 동시이행의 항변을 받아들여 상환이행의 판결을 선고하더라도 상환이행을 명한 반대채권의 존부나 그 수액에 기판력이 생기지 않는다.

 관련판례 동시이행관계에 있는 반대채권의 존재 및 액수 등에 대하여서는 기판력이 생길 여지가 없다 하겠으나 본건 소유권이전등기청구에 위 동시이행의 조건이 붙어 있다는 점에 관하여는 기판력이 미치는 것이다(대판 1975.5.27. 74다2074).

③ X 소송물에 관한 판례의 입장에 따를 때, 앞서 확정된 판결의 소송물은 2015.10.10. 매매를 원인으로 한 소유권이전등기청구권이고, 후의 소송물은 2015.5.10. 대물변제약정을 원인으로 한 소유권이전등기청구권이므로 양소의 소송물이 다르기 때문에 전소의 기판력이 후소에 미치지 않는다.

④ X 상계 주장에 관한 판단에 기판력이 인정되는 경우는, 상계 주장의 대상이 된 수동채권이 소송물로서 심판되는 소구채권이거나 그와 실질적으로 동일하다고 보이는 경우(가령 원고가 상계를 주장하면서 청구이의 소송을 제기하는 경우 등)로서 상계를 주장한 반대채권과 그 수동채권을 기판력의 관점에서 동일하게 취급하여야 할 필요성이 인정되는 경우를 말한다고 봄이 상당하므로 만일 상계 주장의 대상이 된 수동채권이 동시이행항변에 행사된 채권일 경우에는 그러한 상계 주장에 대한 판단에는 기판력이 발생하지 않는다고 보아야 할 것인바, 위와 같이 해석하지 않을 경우 동시이행항변이 상대방의 상계의 재항변에 의하여 배척된 경우에 그 동시이행항변에 행사된 채권을 나중에 소송상 행사할 수 없게 되어 민사소송법 제216조가 예정하고 있는 것과 달리 동시이행항변에 행사된 채권의 존부나 범위에 관한 판결 이유 중의 판단에 기판력이 미치는 결과에 이르기 때문이다(대판 2005.7.22. 2004다17207).

⑤ X 항소심은 당사자의 불복신청범위 내에서 제1심판결의 당부를 판단할 수 있을 뿐이므로, 설사 제1심판결이 부당하다고 인정되는 경우라 하더라도 그 판결을 불복당사자의 불이익으로 변경하는 것은 당사자가 신청한 불복의 한도를 넘어 제1심판결의 당부를 판단하는 것이 되어 허용될 수 없다 할 것인바, 원고만이 항소한 경우에 항소심으로서는 제1심보다 원고에게 불리한 판결을 할 수는 없고, 한편 불이익하게 변경된 것인지 여부는 기판력의 범위를 기준으로 하나 공동소송의 경우 원·피고별로 각각 판단하여야 하고, 동시이행의 판결에 있어서는 원고가 그 반대급부를 제공하지 아니하고는 판결에 따른 집행을 할 수 없어 비록 피고의 반대급부이행청구에 관하여 기판력이 생기지 아니하더라도 반대급부의 내용이 원고에게 불리하게 변경된 경우에는 불이익변경금지 원칙에 반하게 된다(대판 2005.8.19. 2004다8197,8203).

12 15변시-65　　　　정답 ④

기판력에 관한 설명 중 옳지 않은 것은? (다툼이 있는 경우 판례에 의함)

① 소송에서 다투어지고 있는 권리 또는 법률관계의 존부에 관하여 동일한 당사자 사이에 전소에서 확정된 화해권고결정이 있는 경우, 그 당사자는 이에 반하는 주장을 할 수 없고 법원도 이에 저촉되는 판단을 할 수 없다.

② 채권자가 채권자대위권을 행사하는 방법으로 제3채무자를 상대로 소송을 제기하였다가 채무자를 대위할 피보전채권이 인정되지 않는다는 이유로 소 각하 판결을 받아 확정된 경우, 그 판결의 기판력이 채권자가 채무자를 상대로 위 피보전채권의 이행을 구하는 소송에 미치지 않는다.

③ 원인무효의 소유권이전등기에 대한 말소청구소송의 확정판결의 기판력은 동일한 당사자 사이의 후소인 진정명의회복을 원인으로 한 소유권이전등기청구소송에 미친다.

④ 소송판결의 기판력은 그 판결에서 확정한 소송요건의 흠결에 관하여 미치는 것이므로, 비록 당사자가 그러한 소송요건의 흠결을 보완하여 다시 소를 제기한 경우에도 그 기판력에 의한 제한을 받게 된다.

⑤ 소유권이전등기말소를 구하는 전소에서 한 사기에 의한 매매의 취소 주장과, 동일한 당사자를 상대로 동일한 후소에서 한 매매의 부존재 또는 불성립의 주장은 다 같이 청구원인인 등기원인의 무효를 뒷받침하는 독립된 공격방어방법에 불과하므로 전소 확정판결의 기판력은 후소에 미친다.

해설

① O 화해권고결정에 대하여 소정의 기간 내에 이의신청이 없으면 화해권고결정은 재판상 화해와 같은 효력을 가지며(민사소송법 제231조), 한편 재판상 화해는 확정판결과 동일한 효력이 있고 창설적 효력을 가지는 것이어서 화해가 이루어지면 종전의 법률관계를 바탕으로 한 권리·의무관계는 소멸함과 동시에 재판상 화해에 따른 새로운 법률관계가 유효하게 형성된다. 그리고 소송에서 다투어지고 있는 권리 또는 법률관계의 존부에 관하여 동일한 당사자 사이의 전소에서 확정된 화해권고결정이 있는 경우 당사자는 이에 반하는 주장을 할 수 없고 법원도 이에 저촉되는 판단을 할 수 없다(대판 2014.4.10. 2012다29557).

② O 민사소송법 제218조 제3항은 '다른 사람을 위하여 원고나 피고가 된 사람에 대한 확정판결은 그 다른 사람에 대하여도 효력이 미친다.'고 규정하고 있으므로, 채권자가 채권자대위권을 행사하는 방법으로 제3채무자를 상대로 소송을 제기하고 판결을 받은 경우 채권자가 채무자에 대하여 민법 제405조 제1항에 의한 보존행위 이외의 권리행사의 통지, 또는 민사소송법 제84조에 의한 소송고지 혹은 비송사건절차법 제49조 제1항에 의한 법원에 의한 재판상 대위의 허가를 고지하는 방법 등 어떠한 사유로 인하였든 적어도 채권자대위권에 의한 소송이 제기된 사실을 채무자가 알았을 때에는 그 판결의 효력이 채무자에게 미친다고 보아야 한다. 이때 채무자에게도 기판력이 미친다는 의미는 채권자대위소송의 소송물인 피대위채권의 존부에 관하여 채무자에게도 기판력이 인정된다는 것이고, 채권자대위소송의 소송요건인 피보전채권의 존부에 관하여 당해 소송의 당사자가 아닌 채무자에게 기판력이 인정된다는 것은 아니다. 따라서 채권자가 채권자대위권을 행사하는 방법으로 제3채무자를 상대로 소송을 제기하였다가 채무자를 대위할 피보전채권이 인정되지 않는다는 이유로 소각하 판결을 받아 확정된 경우 그 판결의 기판력이 채권자가 채무자를 상대로 피보전채권의 이행을 구하는 소송에 미치는 것은 아니다(대판 2014.1.23. 2011다108095).

③ O 진정한 등기명의의 회복을 위한 소유권이전등기청구는 이미 자기 앞으로 소유권을 표상하는 등기가 되어 있었거나 법률에 의하여 소유권을 취득한 자가 진정한 등기명의를 회복하기 위한 방법으로 현재의 등기명의인을 상대로 그 등기의 말소를 구하는 것에 갈음하여 허용되는 것인데, 말소등기에 갈음하여 허용되는 진정명의회복을 원인으로 한 소유권이전등기청구권과 무효등기의 말소청구권은 어느 것이나 진정한 소유자의 등기명의를 회복하기 위한 것으로서 실질적으로 그 목적이 동일하고, 두 청구권 모두 소유권에 기한 방해배제청구권으로서 그 법적 근거와 성질이 동일하므로, 비록 전자는 이전등기, 후자는 말소등기의 형식을 취하고 있다고 하더라도 그 소송물은 실질상 동일한 것으로 보아야 하고, 따라서 소유권이전등기말소청구소송에서 패소확정판결을 받았다면 그 기판력은 그 후 제기된 진정명의회복을 원인으로 한 소유권이전등기청구소송에도 미친다(대판 2001.9.20. 99다37894 전원합의체).

④ X 소송판결의 기판력은 그 판결에서 확정한 소송요건의 흠결에 관하여 미치는 것이지만, 당사자가 그러한 소송요건의 흠결을 보완하여 다시 소를 제기한 경우에는 그 기판력의 제한을 받지 않는다(대판 2003.4.8. 2002다70181).

⑤ O 말소등기청구사건의 소송물은 당해 등기의 말소등기청구권이고, 그 동일성 식별의 표준이 되는 청구원인, 즉 말소등기청구권의 발생원인은 당해 "등기원인의 무효"에 국한되므로, 전소에서 한 사기에 의한 매매의 취소 주장과 후소에서 한 매매의 부존재 또는 불성립의 주장은 다같이 청구원인인 등기원인의 무효를 뒷받침하는, 독립된 공격방어방법에 불과하고, 후소에서의 주장사실은 전소의 변론종결 이전에 발생한 사유이므로 전소와 후소의 소송물은 동일하다(대판 1981.12.22. 80다1548).

13 14변시-68   정답 ④

甲은 乙로부터 그 소유의 X 토지를 임차한 후 그 토지상에 Y 건물을 신축하였다. 다음 설명 중 옳지 않은 것은? (각 지문은 독립적이고, 다툼이 있는 경우에는 판례에 의함)

① 乙이 甲을 상대로 X 토지의 인도 및 Y 건물의 철거를 청구할 수 있는 경우에, 丙이 Y 건물에 대한 대항력 있는 임차인이라도 乙은 소유권에 기한 방해배제로서 丙에 대하여 Y 건물로부터의 퇴거를 청구할 수 있다.

② 乙이 甲을 상대로 X 토지의 인도 및 Y 건물의 철거를 청구한데 대하여 甲이 적법하게 건물매수청구권을 행사한 경우, 법원은 乙이 종전 청구를 유지할 것인지 아니면 대금지급과 상환으로 건물인도를 청구할 의사가 있는지를 석명하여야 한다.

③ 乙이 甲을 상대로 X 토지의 인도 및 Y 건물의 철거를 청구한데 대하여 甲이 건물매수청구권을 제1심에서 행사하였다가 철회한 후에도 항소심에서 다시 행사할 수 있다.

④ 乙이 甲을 상대로 먼저 X 토지의 인도를 구하는 소를 제기하여 승소판결이 확정되었다. 이후 다시 乙이 甲을 상대로 Y 건물의 철거를 구하는 소를 제기하였는데, 이때 甲이 'Y 건물의 소유를 위하여 X 토지를 임차하였으므로 Y 건물에 관하여 건물매수청구권을 행사한다'고 주장하는 경우, 甲 주장의 임차권은 위 토지인도청구소송의 변론종결일 전부터 존재하던 사유로서 위 확정판결의 기판력에 저촉되는 것이다.

⑤ 乙이 甲을 상대로 제기한 X 토지의 인도 및 Y 건물의 철거청구소송에 승소하여 그 승소판결이 확정되었다고 하더라도, 그 확정판결에 의하여 건물철거가 집행되지 아니한 이상 甲은 건물매수청구권을 행사하여 별소로써 乙에 대하여 건물매매대금의 지급을 구할 수 있다.

해설

① O 토지임차권이 만료된 경우 Y건물은 토지를 점유할 적법한 권원이 없게 되는바 철거청구에 대항할 수 없게 된다. 이 경우 건물에 대한 대항력 있는 임차권자가 있다고 해도, 토지소유자에 대한 관계에서 이를 주장할 수는 없으므로 임차권자는 퇴거청구를 거부할 수 없다.

관련판례 건물이 그 존립을 위한 토지사용권을 갖추지 못하여 토지의 소유자가 건물의 소유자에 대하여 당해 건물의 철거 및 그 대지의 인도를 청구할 수 있는 경우에라도 건물소유자가 아닌 사람이 건물을 점유하고 있다면 토지소유자는 그 건물 점유를 제거하지 아니하는 한 위의 건물 철거 등을 실행할 수 없다. 따라서 그때 토지소유권은 위와 같은 점유에 의하여 그 원만한 실현을 방해당하고 있다고 할 것이므로, 토지소유자는 자신의 소유권에 기한 방해배제로서 건물점유자에 대하여 건물로부터의 퇴출을 청구할 수 있다. 그리고 이는 건물점유자가 건물소유자로부터의 임차인으로서 그 건물임차권이 이른바 대항력을 가진다고 해서 달라지지 아니한다. 건물임차권의 대항력은 기본적으로 건물에 관한 것이고 토지를 목적으로 하는 것이 아니므로 이로써 토지소유권을 제약할 수 없고, 토지에 있는 건물에 대하여 대항력 있는 임차권이 존재한다고 하여도 이를 토지소유자에 대하여 대항할 수 있는 토지사용권이라고 할 수는 없다. 바꾸어 말하면, 건물에 관한 임차권이 대항력을 갖춘 후에 그 대지의 소유권을 취득한 사람은 민법 제622조 제1항이나 주택임대차보호법 제3조 제1항 등에서 그 임차권의 대항을 받는 것으로 정하여진 '제3자'에 해당한다고 할 수 없다

(대판 2010.8.19. 2010다43801).

② O 법원으로서는 임대인이 종전의 청구를 계속 유지할 것인지, 아니면 대금지급과 상환으로 지상물의 명도를 청구할 의사가 있는 것인지(예비적으로라도)를 석명하고 임대인이 그 석명에 응하여 소를 변경한 때에는 지상물 명도의 판결을 함으로써 분쟁의 1회적 해결을 꾀하여야 한다(대판 1995.7.11. 94다34265 전원합의체).

③ O 건물의 소유를 목적으로 한 토지 임대차가 종료한 경우에 임차인이 그 지상의 현존하는 건물에 대하여 가지는 매수청구권은 그 행사에 특정의 방식을 요하지 않는 것으로서 재판상으로 뿐만 아니라 재판 외에서도 행사할 수 있는 것이고 그 행사의 시기에 대하여도 제한이 없는 것이므로 임차인이 자신의 건물매수청구권을 제1심에서 행사하였다가 철회한 후 항소심에서 다시 행사하였다고 하여 그 매수청구권의 행사가 허용되지 아니할 이유는 없다(대판 2002.5.31. 2001다42080).

④ X 원심은 피고가 원고로부터 건물의 소유를 목적으로 토지를 임차하였으므로 건물에 대하여 건물매수청구권을 행사한다는 피고의 항변에 대하여, 원고가건물철거를 구하는 본소를 제기하기에 앞서 피고를 상대로 토지의 인도를 구하는 전소를 제기하여 승소판결을 받아 그 판결이 확정되었고, 전소 확정판결의 기판력은 전소 변론종결일 당시의 원고인의 피고에 대한 토지인도청구권의 존재에 미치며, 피고 주장의 임차권은 위 변론종결일 전부터 존재하던 것으로서 위 토지인도청구권을 다투는 방법에 불과하므로, 피고가 지금에 와서 임차권을 주장하는 것은 전소 확정판결의 기판력에 저촉되어 허용되지 않는다고 판단하였으나, 전소 확정판결의 기판력은 전소에서의 소송물인 토지인도청구권의 존부에 대한 판단에 대하여만 발생하는 것이고 토지의 임차권의 존부에 대하여까지 미친다고 할 수는 없으므로 원심판결에는 기판력에 관한 법리를 오해하고 심리를 다하지 아니한 위법이 있다(대판 1994.9.23. 93다37267).

⑤ O 관련판례 건물의 소유를 목적으로 하는 토지 임대차에 있어서, 임대차가 종료함에 따라 토지의 임차인이 임대인에 대하여 건물매수청구권을 행사할 수 있음에도 불구하고 이를 행사하지 아니한 채, 토지의 임대인이 임차인에 대하여 제기한 토지인도 및 건물철거청구 소송에서 패소하여 그 패소판결이 확정되었다고 하더라도, 그 확정판결에 의하여 건물철거가 집행되지 아니한 이상 토지의 임차인으로서는 건물매수청구권을 행사하여 별소로써 임대인에 대하여 건물매매대금의 지급을 구할 수 있다(대판 1995.12.26. 95다42195).

14 13변시-55   정답 ④

기판력에 관한 설명 중 옳지 않은 것을 모두 고른 것은?
(다툼이 있는 경우에는 판례에 의함)

ㄱ. 甲이 乙을 상대로 X 토지의 소유권에 기한 방해배제로써 X 토지에 관하여 乙 명의로 마쳐진 소유권이전등기의 말소를 구하는 소송 중에 甲과 乙 사이에 "乙은 甲에게 X 토지에 관하여 진정명의회복을 원인으로 한 소유권이전등기절차를 이행한다."라는 내용의 화해권고결정이 확정되었다. 그 후 乙이 丙에게 X 토지에 관한 소유권이전등기를 마쳐준 경우, 위 화해권고결정의 기판력은 丙에 대하여 미치지 아니한다.

ㄴ. 甲이 乙을 상대로 X 토지에 관한 매매계약의 무효를 원인으로 하여 매매대금의 반환을 구하는 소송에서 乙이 甲의 청구를 인낙하는 내용의 인낙조서가 작성된 경우, 위 인낙조서의 기판력은 乙이 甲을 상대로 위 매매계약을 원인으로 한 소유권이전등기절차의 이행을 구하는 소에 미친다.

ㄷ. 甲이 乙에게 X 토지에 관하여 신탁해지를 원인으로 한 소유권이전등기절차를 이행하기로 한 제소전 화해에 기하여 X 토지에 관하여 乙 명의의 소유권이전등기가 마쳐진 경우, 위 제소전 화해의 기판력은 甲이 乙을 상대로 위 소유권이전등기가 원인무효라고 주장하며 그 말소등기절차의 이행을 구하는 소에 미친다.

ㄹ. 甲이 乙을 대위하여 丙을 상대로 제기한 취득시효 완성을 원인으로 한 소유권이전등기절차의 이행을 구하는 소송에서 乙을 대위할 피보전채권의 부존재를 이유로 한 소각하판결이 확정된 후, 丙이 甲을 상대로 제기한 토지인도청구소송에서 甲이 다시 乙에 대한 위 피보전채권의 존재를 항변사유로 주장하는 것은 위 확정판결의 기판력에 저촉되어 허용될 수 없다.

ㅁ. 甲이 乙을 상대로 X 토지에 관한 임대차계약이 기간만료로 종료되었음을 원인으로 하여 제기한 임대차보증금반환청구소송에서 임대차보증금의 지급을 명하는 판결이 확정된 경우, 위 확정판결의 기판력은 乙이 甲을 상대로 위 임대차계약에 기한 차임의 지급을 구하는 소에 미친다.

① ㄱ, ㄷ, ㄹ ② ㄴ, ㄷ, ㄹ
③ ㄱ, ㄹ, ㅁ ④ ㄱ, ㄴ, ㅁ
⑤ ㄴ, ㄷ, ㅁ

ㄱ. X 판례는 변론종결뒤의 승계인의 범위에 대하여 전소 소송물이 물권적청구권인 경우와 채권적 청구권인 경우를 구별하여 전자의 경우에만 변론종결뒤의 승계인에 해당된다는 입장이고, 소유권에 기한 물권적 방해배제청구 소송 중 화해권고결정이 확정되면 상대방은 여전히 물권적인 방해배제의무를 부담한다고 하므로, 이에 따르면 丙은 변론종결뒤의 승계인에 해당하여 기판력이 미치게 된다.

관련판례 [1] 전소의 소송물이 채권적 청구권의 성질을 가지는 소유권이전등기청구권인 경우에는 전소의 변론종결 후에 그 목적물에 관하여 소유권등기를 이전받은 사람은 전소의 기판력이 미치는 '변론종결 후의 승계인'에 해당하지 아니한다. 이러한 법리는 화해권고결정이 확정된 후 그 목적물에 관하여 소유권등기를 이전받은 사람에 관하여도 다를 바 없다고 할 것이다.
[2] 소유권에 기한 물권적 방해배제청구로서 소유권등기의 말소를 구하는 소송이나 진정명의 회복을 원인으로 한 소유권이전등기절차의 이행을 구하는 소송 중에 그 소송물에 대하여 화해권고결정이 확정되면 상대방은 여전히 물권적인 방해배제의무를 지는 것이고, 화해권고결정에 창설적 효력이 있다고 하여 그 청구권의 법적 성질이 채권적 청구권으로 바뀌지 아니한다(대판 2012.5.10. 2010다2558).

ㄴ. X 매매계약의 무효 또는 해제를 원인으로 한 매매대금반환청구에 대한 인낙조서의 기판력은 그 매매대금반환청구권의 존부에 관하여만 발생할 뿐, 그 전제가 되는 선결적 법률관계인 매매계약의 무효 또는 해제에까지 발생하는 것은 아니므로 소유권이전등기청구권의 존부를 소송물로 하는 후소는 전소에서 확정된 법률관계와 정반대의 모순되는 사항을 소송물로 하는 것이라 할 수 없으며, 기판력이 발생하지 않는 전소와 후소의 소송물의 각 전제가 되는 법률관계가 매매계약의 유효 또는 무효로 서로 모순된다고 하여 전소에서의 인낙조서의 기판력이 후소에 미친다고 할 수 없다고 한 사례(대판 2005.12.23. 2004다55698).

ㄷ. O 제소전 화해에 기해 마쳐진 소유권이전등기에 대해 무효라고 주장하면서 말소등기청구소송을 제기하는 것은 전소판단과 모순된 주장을 하는 것으로 전소 판결의 기판력에 저촉되어 허용되지 않는다.

관련판례 제소전 화해조서는 확정판결과 같은 효력이 있어 당사자 사이에 기판력이 생기는 것이므로, 원고가 피고에게 토지에 관하여 신탁해지를 원인으로 한 소유권이전등기절차를 이행하기로 한 제소전 화해가 준재심에 의하여 취소되지 않은 이상, 그 제소전 화해에 기하여 마쳐진 소유권이전등기가 원인무효라고 주장하며 말소등기절차의 이행을 청구하는 것은 제소전 화해에 의하여 확정된 소유권이전등기청구권을 부인하는 것이어서 그 기판력에 저촉된다(대판 2002.12.6. 2002다44014).

ㄹ. O 甲이 乙을 대위하여 丙을 상대로 취득시효 완성을 원인으로 한 소유권이전등기 소송을 제기하였다가 乙을 대위할 피보전채권의 부존재를 이유로 소각하 판결을 선고받고 확정된 후 丙이 제기한 토지인도 소송에서 甲이 다시 위와 같은 권리가 있음을 항변사유로서 주장하는 것은 기판력에 저촉되어 허용될 수 없다고 한 사례(대판 2001.1.16. 2000다41349).

ㅁ. X 확정판결의 기판력은 소송물로 주장된 법률관계의 존부에 관한 판단의 결론 자체에만 미치고 그 전제가 되는 법률관계의 존부에까지 미치는 것은 아니다.

관련판례 임대차보증금은 임대차 종료 후에 임차인이 임차목적물을 임대인에게 반환할 때 연체차임 등 모든 피담보채무를 공제한 잔액이 있을 것을 조건으로 하여 그 잔액에 대하여서만 임차인의 반환청구권이 발생하고, 또 임대차보증금의 지급을 명하는 판결이 확정되면 변론종결 전의 사유를 들어 당사자 사이에 수수된 임대차보증금의 수액 자체를 다투는 것은 허용되지 아니한다 하더라도, 임대차보증금 반환청구권 행사의 전제가 되는 연체차임 등 피담보채무의 부존재에 대하여 기판력이 작용하는 것은 아니다(대판 2001.2.9. 2000다61398).

15 13변시-69   정답 ③

다음 중 변론종결 후의 승계인에 해당하는 것을 모두 고른 것은? (다툼이 있는 경우에는 판례에 의함)

> ㄱ. 확정판결의 변론종결 후 그 확정판결상의 채무자로부터 채무인수 여부에 관한 약정 없이 영업을 양수하여 양도인의 상호를 계속 사용하는 영업양수인
> ㄴ. 확정판결의 변론종결 후 그 확정판결상의 채무자인 회사를 흡수합병한 존속회사
> ㄷ. 확정판결의 변론종결 후 그 확정판결상의 채무자인 회사가 신설합병되어 설립된 회사
> ㄹ. 확정판결의 변론종결 후 그 확정판결상의 채무자로서 금전지급채무만을 부담하고 있는 회사가 그 채무를 면탈할 목적으로 기업의 형태·내용을 실질적으로 동일하게 하여 설립한 신설회사

① ㄷ
② ㄱ, ㄴ
③ ㄴ, ㄷ
④ ㄴ, ㄹ
⑤ ㄷ, ㄹ

 해설

ㄱ. X 확정판결의 변론종결후 동 확정판결상의 채무자로부터 영업을 양수하여 양도인의 상호를 계속 사용하는 영업양수인은 상법 제42조 제1항에 의하여 그 양도인의 영업으로 인한 채무를 변제할 책임이 있다 하여도, 그 확정판결상의 채무에 관하여 이를 면책적으로 인수하는 등 특별사정이 없는 한, 그 영업양수인을 곧 민사소송법 제204조의 변론종결후의 승계인에 해당된다고 할 수 없다(대판 1979.3.13. 78다2330).

ㄴ, ㄷ. O 변론종결 후 승계는 승계의 모습이 포괄승계(상속·합병 등)이든 특정승계(채권양도·채무인수 등)이든 이를 불문한다. 합병의 경우 존속회사 소멸회사의 권리·의무를 포괄적으로 승계하므로 존속회사는 변론종결 후의 승계인에 해당한다.

> **상법 제235조(합병의 효과)**
> 합병후 존속한 회사 또는 합병으로 인하여 설립된 회사는 합병으로 인하여 소멸된 회사의 권리의무를 승계한다.

ㄹ. X 법인격의 남용이 인정되더라도 이는 실체법상의 문제일 뿐, 기판력 및 집행력의 범위를 배후자 또는 신설회사에까지 확장할 수 있는 것은 아니다.

> **관련판례** 甲 회사와 乙 회사가 기업의 형태·내용이 실질적으로 동일하고, 甲 회사는 乙 회사의 채무를 면탈할 목적으로 설립된 것으로서 甲 회사가 乙 회사의 채권자에 대하여 乙 회사와는 별개의 법인격을 가지는 회사라는 주장을 하는 것이 신의성실의 원칙에 반하거나 법인격을 남용하는 것으로 인정되는 경우에도, 권리관계의 공권적인 확정 및 그 신속·확실한 실현을 도모하기 위하여 절차의 명확·안정을 중시하는 소송절차 및 강제집행절차에 있어서는 그 절차의 성격상 乙 회사에 대한 판결의 기판력 및 집행력의 범위를 甲 회사에까지 확장하는 것은 허용되지 아니한다(대판 1995.5.12. 93다44531).

16 12변시-64   정답 ④

甲은 자신의 소유인 X 부동산에 관하여 乙 명의로 소유권이전등기가 되어 있는 것을 발견하고, 소유권에 기하여 乙을 상대로 소유권이전등기 말소등기청구의 소를 제기하였다. 다음 설명 중 옳지 않은 것은? (각 지문은 독립적이고, 다툼이 있는 경우에는 판례에 의함)

① 乙이 甲의 대리인인 丙으로부터 X 부동산을 매수하여 그 이전등기를 마친 것이라고 주장하는 경우, 甲이 丙의 대리권 없음을 증명하여야 한다.
② 甲이 乙의 등기원인을 증명하는 서면인 매매계약서가 위조된 사실을 증명한 경우, 乙은 다른 적법한 등기원인의 존재를 주장·증명하여야 한다.
③ 甲이 변론을 통해 자신이 소유자라는 주장을 하자 乙이 이를 인정하는 진술을 한 경우, 그 진술을 甲의 소유권의 내용을 이루는 사실에 대한 것으로 보아 자백의 구속력을 인정할 수 있다.
④ 甲으로부터 丁을 거쳐 乙 명의로 순차 소유권이전등기가 경료되었다면 甲은 丁과 乙 전원을 피고로 삼아야 하고, 그렇지 않을 경우에는 소의 이익을 인정할 수 없어 부적법한 소송이 된다.
⑤ 甲이 말소등기청구소송에서 패소 확정판결을 받은 후, 乙을 상대로 진정명의회복을 원인으로 하는 소유권이전등기청구의 소를 제기하는 경우, 청구취지가 다르더라도 그 소송물은 실질상 동일하므로 기판력에 저촉된다.

 해설

① O 등기의 추정력은 제3자가 전등기명의인의 대리인으로서 계약을 체결한 경우 그 대리권의 존부에까지 미치므로, 등기의 말소를 청구하는 자가 제3자가 무권대리인이라거나 매매계약서가 위조가 되어 적법한 등기원인이 아니라는 것을 증명해야 한다.

> **관련판례** 소유권이전등기가 전 등기명의인의 직접적인 처분행위에 의한 것이 아니라 제3자가 그 처분행위에 개입된 경우 현 등기명의인이 그 제3자가 전 등기명의인의 대리인이라고 주장하더라도 현 소유명의인의 등기가 적법히 이루어진 것으로 추정되므로, 그 등기가 원인무효임을 이유로 그 말소를 청구하는 전 소유명의인으로서는 반대사실, 즉 그 제3자에게 전소유명의인을 대리할 권한이 없었다든가 또는 제3자가 전 소유명의인의 등기서류를 위조하는 등 등기절차가 적법하게 진행되지 아니한 것으로 의심할 만한 사정이 있다는 등의 무효사실에 대한 증명책임을 진다(대판 2009.9.24. 2009다37831).

② O 소유권이전등기의 원인으로 주장된 계약서가 진정하지 않은 것으로 증명된 이상 그 등기의 적법추정은 복멸되는 것이고 계속 다른 적법한 등기원인이 있을 것으로 추정할 수는 없다(대판 1998.9.22. 98다29568).

③ O 소유권에 기한 이전등기말소청구소송에 있어서 피고가 원고 주장의 소유권을 인정하는 진술은 그 소 전제가 되는 소유권의 내용을 이루는 사실에 대한 진술로 볼 수 있으므로 이는 재판상 자백이다(대판 1989.5.9. 87다카749).

④ X 원인없이 경료된 최초의 소유권이전등기와 이에 기하여 순차로 경료된 일련의 소유권이전등기의 각 말소를 구하는 소송은 필요적 공동소송이 아니므로 그 말소를 청구할 권리가 있는 사람은

각 등기의무자에 대하여 이를 각각 청구할 수 있는 것이어서 위 일련의 소유권이전등기 중 최후의 등기명의자만을 상대로 그 등기의 말소를 구하고 있다 하더라도 그 승소의 판결이 집행불능의 판결이 된다거나 종국적인 권리의 실현을 가져다 줄 수 없게 되어 소의 이익이 없는 것으로 된다고는 할 수 없다(대판 1987.10.13. 87다카1093).

⑤ O 진정한 등기명의의 회복을 위한 소유권이전등기청구는 이미 자기 앞으로 소유권을 표상하는 등기가 되어 있었거나 법률에 의하여 소유권을 취득한 자가 진정한 등기명의를 회복하기 위한 방법으로 현재의 등기명의인을 상대로 그 등기의 말소를 구하는 것에 갈음하여 허용되는 것인데, 말소등기에 갈음하여 허용되는 진정명의회복을 원인으로 한 소유권이전등기청구권과 무효등기의 말소청구권은 어느 것이나 진정한 소유자의 등기명의를 회복하기 위한 것으로서 실질적으로 그 목적이 동일하고, 두 청구권 모두 소유권에 기한 방해배제청구권으로서 그 법적 근거와 성질이 동일하므로, 비록 전자는 이전등기, 후자는 말소등기의 형식을 취하고 있다고 하더라도 그 소송물은 실질상 동일한 것으로 보아야 하고, 따라서 소유권이전등기말소청구소송에서 패소확정판결을 받았다면 그 기판력은 그 후 제기된 진정명의회복을 원인으로 한 소유권이전등기청구소송에도 미친다(대판 2001.9.20. 99다37894 전원합의체).

17 12변시-61 정답 ④

甲은 乙에 대하여 대여금 반환채권을 갖고 있다. 그런데 乙이 사망하였고, 유일한 상속인 丙은 상속포기기간 내에 상속을 포기하였다. 다음 설명 중 옳지 않은 것을 모두 고른 것은? (다툼이 있는 경우에는 판례에 의함)

ㄱ. 상속을 포기한 丙은 처음부터 상속인이 아니었던 것이 되는데, 상속의 포기는 丙의 채권자의 입장에서 그의 기대를 저버리는 측면이 있더라도 상속인의 재산을 현재의 상태보다 악화시키지 않으므로 사해행위취소의 대상이 되지 않는다.

ㄴ. 만약 丙이 한정승인을 하고 상속재산에 대하여 상속을 원인으로 한 소유권이전등기를 마친 뒤 B에게 근저당권을 설정하여 준 경우, 상속채권자 A는 상속재산에 관하여 丙으로부터 담보권을 취득한 B에게 우선적 지위를 주장할 수 있다.

ㄷ. 丙이 상속포기를 하였으나, 甲이 丙을 상대로 제기한 대여금청구소송에서 사실심 변론종결시까지 丙이 이를 주장하지 않고 甲의 승소판결이 확정된 경우, 위 상속포기는 적법한 청구이의의 사유가 되지 못한다.

ㄹ. 甲이 乙의 사망사실을 모르고 乙을 피고로 하여 대여금청구의 소를 제기하였다가, 乙의 사망사실을 알고 피고의 표시를 상속인 丙으로 정정하였는데 丙의 상속포기사실을 알게 된 경우, 甲이 의도한 실질적 피고의 동일성이 충족되는 상황이라도 이제는 2순위 상속인 丁으로 피고의 표시를 정정할 수 없고, 피고의 경정을 하여야 한다.

① ㄱ, ㄴ   ② ㄱ, ㄹ
③ ㄴ, ㄷ   ④ ㄴ, ㄹ
⑤ ㄱ, ㄷ, ㄹ

 해설

ㄱ. O 상속의 포기는 비록 포기자의 재산에 영향을 미치는 바가 없지 아니하나 상속인으로서의 지위 자체를 소멸하게 하는 행위로서 순전한 재산법적 행위와 같이 볼 것이 아니다. 오히려 상속의 포기는 1차적으로 피상속인 또는 후순위상속인을 포함하여 다른 상속인 등과의 인격적 관계를 전체적으로 판단하여 행하여지는 '인적 결단'으로서의 성질을 가진다. 그러한 행위에 대하여 비록 상속인인 채무자가 무자력상태에 있다고 하여서 그로 하여금 상속포기를 하지 못하게 하는 결과가 될 수 있는 채권자의 사해행위취소를 쉽사리 인정할 것이 아니다. 그리고 상속은 피상속인이 사망 당시에 가지던 모든 재산적 권리 및 의무·부담을 포함하는 총체재산이 한꺼번에 포괄적으로 승계되는 것으로서 다수의 관련자가 이해관계를 가지는데, 위와 같이 상속인으로서의 자격 자체를 좌우하는 상속포기의 의사표시에 사해행위에 해당하는 법률행위에 대하여 채권자 자신과 수익자 또는 전득자 사이에서만 상대적으로 그 효력이 없는 것으로 하는 채권자취소권의 적용이 있다고 하면, 상속을 둘러싼 법률관계는 그 법적 처리의 출발점이 되는 상속인 확정의 단계에서부터 복잡하게 얽히게 되는 것을 면할 수 없다. 또한 상속인의 채권자의 입장에서는 상속의 포기가 그의 기대를 저버리는 측면이 있다고 하더라도 채무자인 상속인의 재산을 현재의 상태보다 악화시키지 아니한다. 이러한 점들을 종합적으로 고려하여 보면, 상속의 포기는 민법 제406조 제1항에서

정하는 "재산권에 관한 법률행위"에 해당하지 아니하여 사해행위 취소의 대상이 되지 못한다(대판 2011.6.9. 2011다29307).

ㄴ. X 법원이 한정승인신고를 수리하게 되면 피상속인의 채무에 대한 상속인의 책임은 상속재산으로 한정되고, 그 결과 상속채권자는 특별한 사정이 없는 한 상속인의 고유재산에 대하여 강제집행을 할 수 없다. 그런데 민법은 한정승인을 한 상속인(이하 '한정승인자'라 한다)에 관하여 그가 상속재산을 은닉하거나 부정소비한 경우 단순승인을 한 것으로 간주하는 것(제1026조 제3호) 외에는 상속재산의 처분행위 자체를 직접적으로 제한하는 규정을 두고 있지 않기 때문에, 한정승인으로 발생하는 위와 같은 책임 제한 효과로 인하여 한정승인자의 상속재산 처분행위가 당연히 제한된다고 할 수는 없다. 또한 민법은 한정승인자가 상속재산으로 상속채권자 등에게 변제하는 절차는 규정하고 있으나(제1032조 이하), 한정승인만으로 상속채권자에게 상속재산에 관하여 한정승인자로부터 물권을 취득한 제3자에 대하여 우선적 지위를 부여하는 규정은 두고 있지 않으며, 민법 제1045조 이하의 재산분리 제도와 달리 한정승인이 이루어진 상속재산임을 등기하여 제3자에 대항할 수 있게 하는 규정도 마련하고 있지 않다. 따라서 한정승인자로부터 상속재산에 관하여 저당권 등의 담보권을 취득한 사람과 상속채권자 사이의 우열관계는 민법상의 일반원칙에 따라야 하고, 상속채권자가 한정승인의 사유만으로 우선적 지위를 주장할 수는 없다. 그리고 이러한 이치는 한정승인자가 그 저당권 등의 피담보채무를 상속개시 전부터 부담하고 있었다고 하여 달리 볼 것이 아니다(대판 2010.3.18. 2007다77781 전원합의체).

ㄷ. O 채무자가 한정승인을 하였으나 채권자가 제기한 소송의 사실심 변론종결시까지 이를 주장하지 아니하는 바람에 책임의 범위에 관하여 아무런 유보 없는 판결이 선고·확정된 경우라 하더라도 채무자가 그 후 위 한정승인 사실을 내세워 청구에 관한 이의의 소를 제기하는 것이 허용되는 것은, 한정승인에 의한 책임의 제한은 상속채무의 존재 및 범위의 확정과는 관계없이 다만 판결의 집행 대상을 상속재산의 한도로 한정함으로써 판결의 집행력을 제한할 뿐으로, 채권자가 피상속인의 금전채무를 상속한 상속인을 상대로 그 상속채무의 이행을 구하여 제기한 소송에서 채무자가 한정승인 사실을 주장하지 않으면 책임의 범위는 현실적인 심판대상으로 등장하지 아니하여 주문에서는 물론 이유에서도 판단되지 않는 관계로 그에 관하여는 기판력이 미치지 않기 때문이다. 위와 같은 기판력에 의한 실권효 제한의 법리는 채무의 상속에 따른 책임의 제한 여부만이 문제되는 한정승인과 달리 상속에 의한 채무의 존재 자체가 문제되어 그에 관한 확정판결의 주문에 당연히 기판력이 미치게 되는 상속포기의 경우에는 적용될 수 없다(대판 2009.5.28. 2008다79876).

ㄹ. X 원고가 피고의 사망 사실을 모르고 사망자를 피고로 표시하여 소를 제기한 경우에, 청구의 내용과 원인사실, 당해 소송을 통하여 분쟁을 실질적으로 해결하려는 원고의 소제기 목적 내지는 사망 사실을 안 이후 원고의 피고표시정정신청 등 여러 사정을 종합하여 볼 때에, 실질적인 피고는 당사자능력이 없어 소송당사자가 될 수 없는 사망자가 아니라 처음부터 사망자의 상속인이고 다만 그 표시에 잘못이 있는 것에 지나지 않는다고 인정되면 사망자의 상속인으로 피고의 표시를 정정할 수 있다 할 것인바, 상속개시 이후 상속의 포기를 통한 상속채무의 순차적 승계 및 그에 따른 상속채무자 확정의 곤란성 등 상속제도의 특성에 비추어 위의 법리는 채권자가 채무자의 사망 이후 그 1순위 상속인의 상속포기 사실을 알지 못하고 1순위 상속인을 상대로 소를 제기한 경우에도 채권자가 의도한 실질적 피고의 동일성에 관한 위 전제요건이 충족되는 한 마찬가지로 적용이 된다(대판 2009.10.15. 2009다49964).

---

18 21법전협-1-48   정답 ①

甲은 乙과의 사이에서 乙 소유의 X부동산을 대금 2억 원에 매수하는 매매계약을 체결하고, 乙에게 계약금 및 중도금으로 1억 원을 지급하였다. 이와 관련된 다음 설명 중 옳은 것을 모두 고른 것은? (다툼이 있는 경우 판례에 의함)

ㄱ. 乙이 甲에게 소유권이전등기를 경료해 주었으나 甲이 잔금 지급을 지체하자, 乙은 甲을 상대로 위 매매계약에 따른 잔금지급청구의 소를 제기하여 승소하였고 위 판결은 확정되었다. 위 소송의 변론종결 이후에 乙로부터 위 잔금채권을 양수받아 대항력을 갖춘 丙은, 위 확정판결에 대하여 승계집행문을 부여받아 甲의 재산을 강제집행할 수 있다.

ㄴ. 甲으로부터 X부동산을 증여받기로 한 丙이 甲에 대한 소유권이전등기청구권을 보전하기 위하여 甲을 대위하여 乙을 상대로 위 부동산에 대한 소유권이전등기절차의 이행을 청구하는 소를 제기하였다가, 丙의 甲에 대한 소유권이전등기청구권의 부존재를 이유로 소각하판결을 선고받아 위 판결이 확정되었다. 이후 丙이 甲을 상대로 위 X부동산에 대한 증여계약을 원인으로 한 소유권이전등기절차의 이행을 구하는 소를 제기한 경우, 이는 전소 확정판결의 기판력에 저촉된다.

ㄷ. 甲에 대하여 대여금채권을 가진 丙이 그 채권을 보전하기 위하여 甲을 대위하여 乙을 상대로 매매계약 무효를 이유로 기지급 매매대금 1억 원의 반환을 구하는 소(전소)를 제기하였으나 청구기각판결이 선고되었다. 甲에 대하여 부당이득반환채권을 가진 丁이 전소 판결이 확정된 이후에 乙을 상대로 전소와 동일한 내용의 대위소송(후소)을 제기하였다면, 전소 확정판결의 기판력은 언제나 후소에 미친다.

ㄹ. 甲 명의로 소유권이전등기가 완료된 후에, 乙의 채권자인 丙이 甲을 상대로 사해행위취소 및 원상회복청구로써 위 매매계약의 취소를 구하고 甲 명의의 소유권이전등기의 말소등기절차의 이행을 청구하는 소를 제기하여 승소판결을 받아 위 판결이 확정되었다면, 이로써 乙의 다른 채권자 丁이 甲을 상대로 제기한 동일한 내용 후소(위 매매계약의 취소를 구하고 甲 명의의 소유권이전등기의 말소등기절차의 이행을 구하는 소)는 소의 이익이 없게 된다.

① ㄱ
② ㄱ, ㄴ
③ ㄱ, ㄴ, ㄷ
④ ㄷ
⑤ ㄴ, ㄷ, ㄹ

해설

ㄱ. O 변론 종결 후 소송물 자체인 이행청구권(잔금채권)의 승계인 이므로 승계집행문을 부여받아 강제집행할 수 있다.

ㄴ. X 민사소송법 제218조 제3항은 '다른 사람을 위하여 원고나 피고가 된 사람에 대한 확정판결은 그 다른 사람에 대하여도 효력이 미친다.'고 규정하고 있으므로, 채권자가 채권자대위권을 행사하는 방법으로 제3채무자를 상대로 소송을 제기하고 판결을 받은 경우 채권자가 채무자에 대하여 민법 제405조 제1항에 의한 보존행위 이외의 권리행사의 통지, 또는 민사소송법 제84조에 의한 소송고지 혹은 비송사건절차법 제49조 제1항에 의한 법원에 의한 재판상 대위의 허가를 고지하는 방법 등 어떠한 사유로 인하였든 적어도 채권자대위권에 의한 소송이 제기된 사실을 채무자가 알았을 때에는 그 판결의 효력이 채무자에게 미친다고 보아야 한다. 이때 채무자에게도 기판력이 미친다는 의미는 채권자대위소송의 소송물인 피대위채권의 존부에 관하여 채무자에게도 기판력이 인정된다는 것이고, 채권자대위소송의 소송요건인 피보전채권의 존부에 관하여 당해 소송의 당사자가 아닌 채무자에게 기판력이 인정된다는 것은 아니다. 따라서 채권자가 채권자대위권을 행사하는 방법으로 제3채무자를 상대로 소송을 제기하였다가 채무자를 대위할 피보전채권이 인정되지 않는다는 이유로 소각하 판결을 받아 확정된 경우 그 판결의 기판력이 채권자가 채무자를 상대로 피보전채권의 이행을 구하는 소송에 미치는 것은 아니다(대판 2014.1.23. 2011다108095).

ㄷ. X 어느 채권자가 채권자대위권을 행사하는 방법으로 제3채무자를 상대로 소송을 제기하여 판결을 받은 경우, 어떠한 사유로든 채무자가 채권자대위소송이 제기된 사실을 알았을 경우에 한하여 그 판결의 효력이 채무자에게 미치므로, 이러한 경우에는 그 후 다른 채권자가 동일한 소송물에 대하여 채권자대위권에 기한 소를 제기하면 전소의 기판력을 받게 된다고 할 것이지만, 채무자가 전소인 채권자대위소송이 제기된 사실을 알지 못하였을 경우에는 전소의 기판력이 다른 채권자가 제기한 후소인 채권자대위소송에 미치지 않는다(대판 1994.8.12. 93다52808).

ㄹ. X 채권자취소권의 요건을 갖춘 각 채권자는 고유의 권리로서 채무자의 재산처분행위를 취소하고 그 원상회복을 구할 수 있는 것이므로 각 채권자가 동시 또는 이시에 사해행위의 취소 및 원상회복을 구하는 소송을 제기하였다 하여도 그 중 어느 소송에서 승소판결이 선고·확정되고 그에 기하여 재산이나 가액의 회복을 마치기 전에는 각 소송이 중복제소에 해당한다거나 권리보호의 이익이 없게 되는 것은 아니다(대판 2005.5.27. 2004다67806).

---

19 19법전협-2-43 정답 ③

기판력에 관한 설명 중 옳은 것은? (다툼이 있는 경우 판례에 따름)

① 기판력 있는 전소 판결과 저촉되는 후소 판결이 확정되어 기판력이 발생한 경우에는 전소판결은 당연히 실효한다.

② 소송의 목적물이 특정되어 있지 아니하다는 이유로 원고의 청구를 기각한 판결과 같이 그 판결이유에서 소송물인 권리관계의 존부에 관하여 실질적으로 판단하지 아니한 경우라도 그 권리관계의 존부에 관하여 기판력이 생긴다.

③ 위법한 판결을 당연무효로 오인한 당사자가 상소를 제기하지 않아 그 판결이 확정된 후 별소로 이와 모순되는 청구를 하는 것은 기판력에 저촉되어 허용되지 않는다.

④ 확정판결이 있는 전소의 소송물이 후소의 선결문제로 되는 경우 후소 법원은 전소의 소송물인 권리관계의 존부에 관하여 전소 판결과 다른 취지의 판단을 할 수 있다.

⑤ 당사자가 확정된 승소판결이 있는 소송물에 대해 예외적으로 시효중단을 위하여 신소를 제기할 수 있는 경우라면, 후소 법원은 그 확정된 권리를 주장할 수 있는 모든 요건이 구비되어 있는지 여부를 심리할 수 있다.

해설

① X 판결이 당연 실효되는 것은 판결에 당연무효사유(예 제소전 사망의 간과판결 등)가 있는 경우에 한하며 기판력에 저촉된다는 판결로 전소판결은 당연히 실효되는 것이 아니라 재심에 의해 확정판결이 취소되어야 비로소 실효된다.

【관련판례】 확정판결의 기판력은, 법원이 당사자 간의 법적 분쟁에 관하여 판단하여 소송이 종료된 이상, 법적 안정성을 위해 당사자와 법원 모두 분쟁해결의 기준으로서 확정판결의 판단을 존중하여야 한다는 요청에 따라 인정된 것이다. 민사소송법은 확정판결을 그대로 유지할 수 없는 정도로 중대한 흠이 있는 예외적인 경우에만 확정판결을 취소하고 이미 종결된 사건을 다시 심판할 수 있도록 특별한 불복신청의 방법으로서 재심 제도를 두고 있다(대판 2018.3.27. 2015다70822).

② X 확정판결은 주문에 포함한 것에 한하여 기판력이 있는 것이므로, 확정판결의 기판력은 소송물로 주장된 법률관계의 존부에 관한 판단의 결론 자체에만 미친다(대판 2001.2.9. 2000다61398). 따라서 소송의 목적물이 특정되어 있지 아니하다는 이유로 원고의 청구를 기각한 판결과 같이 그 판결이유에서 소송물인 권리관계의 존부에 관하여 실질적으로 판단하지 아니한 경우에는 그 권리관계의 존부에 관하여 기판력이 생기지 아니한다(대판 1983.2.22. 82다15).

③ O 당연무효로 오인한 것은 당사자의 주관적 사유일 뿐, 전소의 기판력은 당연히 발생한다.

④ X 확정된 전소의 기판력 있는 법률관계가 후소의 소송물 자체가 되지 아니하여도 후소의 선결문제가 되는 때에는 전소의 확정판결의 판단은 후소의 선결문제로서 기판력이 작용한다고 할 것이므로, 소유권확인청구에 대한 판결이 확정된 후 다시 동일 피고를 상대로 소유권에 기한 물권적 청구권을 청구원인으로 하는 소송을 제기한 경우에는 전소의 확정판결에서의 소유권의 존부에 관한 판단에 구속되어 당사자로서는 이와 다른 주장을 할 수 없을 뿐만 아니라, 법원으로서도 이와 다른 판단을 할 수 없는 것이다(대판 1994.12.27. 94다4684).

⑤ X 확정된 승소판결에는 기판력이 있으므로, 승소 확정판결을 받은 당사자가 그 상대방을 상대로 다시 승소 확정판결의 전소와 동일한 청구의 소를 제기하는 경우 그 후소는 권리보호의 이익이 없어 부적법하다. 하지만 예외적으로 확정판결에 의한 채권의 소멸시효기간인 10년의 경과가 임박한 경우에는 그 시효중단을 위한 소는 소의 이익이 있다.

나아가 이러한 경우에 후소의 판결이 전소의 승소 확정판결의 내용에 저촉되어서는 아니 되므로, 후소 법원으로서는 그 확정된 권리를 주장할 수 있는 모든 요건이 구비되어 있는지 여부에 관하여 다시 심리할 수 없다(대판 2018.7.19. 2018다22008 전원합의체).

ㄷ. O 건물의 소유를 목적으로 하는 토지 임대차에 있어서, 임대차가 종료함에 따라 토지의 임차인이 임대인에 대하여 건물매수청구권을 행사할 수 있음에도 불구하고 이를 행사하지 아니한 채, 토지의 임대인이 임차인에 대하여 제기한 토지인도 및 건물철거청구 소송에서 패소하여 그 패소판결이 확정되었다고 하더라도, 그 확정판결에 의하여 건물철거가 집행되지 아니한 이상 토지의 임차인으로서는 건물매수청구권을 행사하여 별소로써 임대인에 대하여 건물매매대금의 지급을 구할 수 있다(대판 1995.12.26. 95다42195).

ㄹ. X 약속어음의 소지인이 어음요건의 일부를 흠결한 이른바 백지어음에 기하여 어음금 청구소송(이하 '전소'라고 한다)을 제기하였다가 위 어음요건의 흠결을 이유로 청구기각의 판결을 받고 위 판결이 확정된 후 위 백지 부분을 보충하여 완성한 어음에 기하여 다시 전소의 피고에 대하여 어음금 청구소송(이하 '후소'라고 한다)을 제기한 경우에는, 원고가 전소에서 어음요건의 일부를 오해하거나 그 흠결을 알지 못했다고 하더라도, 전소와 후소는 동일한 권리 또는 법률관계의 존부를 목적으로 하는 것이어서 그 소송물은 동일한 것이라고 보아야 한다. 그리고 확정판결의 기판력은 동일한 당사자 사이의 소송에 있어서 변론종결 전에 당사자가 주장하였거나 주장할 수 있었던 모든 공격 및 방어방법에 미치는 것이므로, 약속어음의 소지인이 전소의 사실심 변론종결일까지 백지보충권을 행사하여 어음금의 지급을 청구할 수 있었음에도 위 변론종결일까지 백지 부분을 보충하지 않아 이를 이유로 패소판결을 받고 그 판결이 확정된 후에 백지보충권을 행사하여 어음이 완성된 것을 이유로 전소 피고를 상대로 다시 동일한 어음금을 청구하는 경우에는, 위 백지보충권 행사의 주장은 특별한 사정이 없는 한 전소판결의 기판력에 의하여 차단되어 허용되지 않는다(대판 2008.11.27. 2008다59230).

20 21법전협-1-46 정답 ③

다음과 같은 형성권 중 기판력의 표준시 전에 존재하였으나 이를 행사하지 않고 있다가 그 후에 행사하여 기판력을 부정할 수 있는 것을 모두 고른 것은? (다툼이 있는 경우 판례에 의함)

> ㄱ. 취소권
> ㄴ. 상계권
> ㄷ. 토지 임대차 종료로 인한 토지반환청구소송에서 원고승소판결이 확정된 후의 임차인의 건물매수청구권
> ㄹ. 어음금 청구소송이 확정된 후 당해 어음의 백지보충권

① ㄱ, ㄴ ② ㄱ, ㄹ
③ ㄴ, ㄷ ④ ㄴ, ㄹ
⑤ ㄷ, ㄹ

해설

ㄱ. X 확정된 법률관계에 있어 동 확정판결의 변론종결 전에 이미 발생하였던 취소권을 그 당시에 행사하지 않음으로 인하여 취소권자에게 불리하게 확정된 경우 그 확정 후 취소권을 뒤늦게 행사함으로써 동 확정의 효력을 부인할 수 없다(대판 1979.8.14. 79다1105).

ㄴ. O 당사자 쌍방의 채무가 서로 상계적상에 있다 하더라도 그 자체만으로 상계로 인한 채무소멸의 효력이 생기는 것은 아니고, 상계의 의사표시를 기다려 비로소 상계로 인한 채무소멸의 효력이 생기는 것이므로, 채무자가 채무명의인 확정판결의 변론종결 전에 상대방에 대하여 상계적상에 있는 채권을 가지고 있었다 하더라도 채무명의인 확정판결의 변론종결 후에 이르러 비로소 상계의 의사표시를 한 때에는 민사소송법 제505조 제2항이 규정하는 '이의원인이 변론종결 후에 생긴 때'에 해당하는 것으로서, 당사자가 채무명의인 확정판결의 변론종결 전에 자동채권의 존재를 알았는가 몰랐는가에 관계없이 적법한 청구이의 사유로 된다(대판 1998.11.24. 98다25344).

21

21법전협-2-47   정답 ③

다음 중 기판력이 미치는 경우는? (다툼이 있는 경우 판례에 의함)

① 동일한 원인에 기인하여 청구한 부당이득반환청구에 대한 판결과 불법행위로 인한 손해배상청구
② 동일한 불법행위로 인한 손해배상청구에 대한 판결과 미리 예측하지 못한 후유증으로 인한 추가적 배상청구
③ 동일한 토지에 관한 소유권이전등기 말소청구에 대한 판결과 진정명의 회복을 위한 이전등기청구
④ 1필 토지의 특정부분에 관한 소유권이전등기청구에 대한 판결과 그 토지 중 일정 지분에 대한 소유권이전등기청구
⑤ 일부 청구임을 명시하여 한 이행청구에 대한 판결과 나머지 부분의 이행청구

① X 부당이득반환청구권과 불법행위로 인한 손해배상청구권은 서로 실체법상 별개의 청구권으로 존재하고 그 각 청구권에 기초하여 이행을 구하는 소는 소송법적으로도 소송물을 달리하므로, 채권자로서는 어느 하나의 청구권에 관한 소를 제기하여 승소 확정판결을 받았다고 하더라도 아직 채권의 만족을 얻지 못한 경우에는 다른 나머지 청구권에 관한 이행판결을 얻기 위하여 그에 관한 이행의 소를 제기할 수 있다. 그리고 채권자가 먼저 부당이득반환청구의 소를 제기하였을 경우 특별한 사정이 없는 한 손해 전부에 대하여 승소판결을 얻을 수 있었을 것임에도 우연히 손해배상청구의 소를 먼저 제기하는 바람에 과실상계 또는 공평의 원칙에 기한 책임제한 등의 법리에 따라 그 승소액이 제한되었다고 하여 그로써 제한된 금액에 대한 부당이득반환청구권의 행사가 허용되지 않는 것도 아니다(대판 2013.9.13. 2013다45457).

② X 불법행위로 인한 적극적 손해의 배상을 명한 전소송의 변론종결 후에 새로운 적극적 손해가 발생한 경우에 그 소송의 변론종결 당시 그 손해의 발생을 예견할 수 없었고 또 그 부분 청구를 포기하였다고 볼 수 없는등 특별한 사정이 있다면 전소송에서 그 부분에 관한 청구가 유보되어 있지 않다고 하더라도 이는 전소송의 소송물과는 별개의 소송물이므로 전소송의 기판력에 저촉되는 것이 아니다(대판 1980.11.25. 80다1671).

③ O [1] 진정한 등기명의의 회복을 위한 소유권이전등기청구는 이미 자기 앞으로 소유권을 표상하는 등기가 되어 있었거나 법률에 의하여 소유권을 취득한 자가 진정한 등기명의를 회복하기 위한 방법으로 현재의 등기명의인을 상대로 그 등기의 말소를 구하는 것에 갈음하여 허용되는 것인데, 말소등기에 갈음하여 허용되는 진정명의회복을 원인으로 한 소유권이전등기청구권과 무효등기의 말소청구권은 어느 것이나 진정한 소유자의 등기명의를 회복하기 위한 것으로서 실질적으로 그 목적이 동일하고 두 청구권 모두 소유권에 기한 방해배제청구권으로서 그 법적근거와 성질이 동일하므로 그 소송물은 실질상 동일한 것으로 보아야 한다.
[2] 소유권이전등기말소소송의 승소 확정판결에 기하여 소유권이전등기가 말소된 후 순차 제3자 명의로 소유권이전등기 및 근저당권설정등기 등이 마쳐졌는데 위 말소된 등기의 명의자가 현재의 등기명의인을 상대로 진정한 등기명의의 회복을 위한 소유권이전등기청구와 근저당권자 등을 상대로 그 근저당권설정등기 등의 말소등기청구 등을 하는 경우 현재의 등기명의인 및 근저당권자 등은 모두 위 확정된 전 소송의 사실심 변론종결 후의 승계인으로서 위 확정판결의 기판력은 그와 실질적으로 동일한 소송물인 진정한 등기명의의 회복을 위한 소유권이전등기청구 및 위 확정된 전소의 말소등기청구권의 존재여부를 선결문제로 하는 근저당권설정등기 등의 말소등기청구에 모두 미친다고 한 사례(대판 2003.3.28. 2000다24856).

④ X [다수의견] 갑이 을로부터 1필의 토지의 일부를 특정하여 매수하였다고 주장하면서 을을 상대로 그 부분에 대한 소유권이전등기청구소송을 제기하였으나, 목적물이 갑의 주장과 같은 부분으로 특정되었다고 볼 증거가 없다는 이유로 청구가 기각되었고, 이에 대한 갑의 항소·상고가 모두 기각됨으로써 판결이 확정되자, 다시 을을 상대로 그 전체 토지 중 일정 지분을 매수하였다고 주장하면서 그 지분에 대한 소유권이전등기를 구하는 소를 제기한 경우, 전소와 후소는 그 각 청구취지를 달리하여 소송물이 동일하다고 볼 수 없으므로, 전소의 기판력은 후소에 미칠 수 없다(대판 1995.4.25. 94다17956 전원합의체).

⑤ X 가분채권의 일부에 대한 이행청구의 소를 제기하면서 나머지를 유보하고 일부만을 청구한다는 취지를 명시하지 아니한 이상 확정판결의 기판력은 청구하고 남은 잔부청구에까지 미치는 것이므로, 나머지 부분을 별도로 다시 청구할 수는 없다.
그러나 일부청구임을 명시한 경우에는 일부청구에 대한 확정판결의 기판력은 잔부청구에 미치지 아니하고, 이 경우 일부청구임을 명시하는 방법으로는 반드시 전체 채권액을 특정하여 그중 일부만을 청구하고 나머지에 대한 청구를 유보하는 취지임을 밝혀야 할 필요는 없으며, 일부청구하는 채권의 범위를 잔부청구와 구별하여 심리의 범위를 특정할 수 있는 정도의 표시를 하여 전체 채권의 일부로서 우선 청구하고 있는 것임을 밝히는 것으로 충분하다. 그리고 일부청구임을 명시하였는지 판단할 때에는 소장, 준비서면 등의 기재뿐만 아니라 소송의 경과 등도 함께 살펴보아야 한다(대판 2016.7.27. 2013다96165).

22 19법전협-2-49   정답 ④

甲은 乙로부터 乙 소유인 X 토지를 대금 10억 원에 매수하는 매매계약(이하 '이 사건 계약'이라고 한다)을 체결하였으나 아직 X 토지에 관한 소유권이전등기는 마치지 않았다. 다음 설명 중 옳지 않은 것은? (다툼이 있는 경우 판례에 따름)

① 甲이 乙을 상대로 소유권이전등기를 청구하는 소를 제기하자 乙은 대금 10억 원을 지급받을 때까지는 甲의 청구에 응할 수 없다고 주장하였고 이에 甲이 乙에 대한 7억 원의 대여금채권을 자동채권으로 하여 乙의 위 대금채권과 대등액에서 상계한다고 주장한 경우, 위 상계주장에 대한 판결이유 중의 판단에 기판력이 생기지 않는다.

② 甲이 乙을 상대로 제기한 소유권이전등기청구의 소에서 乙이 대금 10억 원을 지급받을 때까지는 甲의 청구에 응할 수 없다고 주장한 결과, "乙은 甲으로부터 10억 원을 지급받음과 동시에 甲에게 X 토지에 관한 소유권이전등기절차를 이행하라."는 취지의 판결이 확정된 경우, 乙의 甲에 대한 10억 원의 대금채권의 존재에 대하여 기판력이 생기지 않는다.

③ 甲과 乙이 X 토지 위에 건물을 신축할 목적으로 이 사건 계약을 체결한 경우, 이 사건 계약체결 당시 X 토지에 대해 건축허가를 받을 수 없어 건축이 불가능한 상태였고 甲이 이러한 사실을 과실 없이 알지 못하였다면, 乙은 甲에 대하여 하자담보책임을 진다.

④ 이 사건 계약 체결 당시 甲이 과실 없이 X 토지에 하자가 있다는 사실을 알지 못하였고, 이러한 甲의 부지(不知)가 이 사건 계약 내용의 중요부분에 대한 착오에 해당하는 경우, 甲은 하자담보책임을 물을 수 있으므로 착오를 이유로 이 사건 계약을 취소할 수는 없다.

⑤ 이 사건 계약 이후에 乙이 丙에게 X 토지를 매도하는 계약을 체결하였다는 사실만으로 이 사건 계약이 법률상 이행불능이 되지는 않지만, 乙이 丙 앞으로 매매를 원인으로 하는 소유권이전등기를 마쳐 준 후에는 乙의 甲에 대한 소유권이전등기는 이행불능 상태에 있다.

 해설

① O 상계 주장에 관한 판단에 기판력이 인정되는 경우는, 상계 주장의 대상이 된 수동채권이 소송물로서 심판되는 소구채권이거나 그와 실질적으로 동일하다고 보이는 경우(가령 원고가 상계를 주장하면서 청구이의의 소송을 제기하는 경우 등)로서 상계를 주장한 반대채권과 그 수동채권을 기판력의 관점에서 동일하게 취급하여야 할 필요성이 인정되는 경우를 말한다고 봄이 상당하므로 만일 상계 주장의 대상이 된 수동채권이 동시이행항변에 행사된 채권일 경우에는 그러한 상계 주장에 대한 판단에는 기판력이 발생하지 않는다고 보아야 할 것인바, 위와 같이 해석하지 않을 경우 동시이행항변이 상대방의 상계의 재항변에 의하여 배척된 경우에 그 동시이행항변에 행사된 채권을 나중에 소송상 행사할 수 없게 되어 민사소송법 제216조가 예정하고 있는 것과 달리 동시이행항변에 행사된 채권의 존부나 범위에 관한 판결 이유 중의 판단에 기판력이 미치는 결과에 이르기 때문이다(대판 2005.7.22. 2004다17207).

② O 상환이행을 명하는 확정판결의 기판력은 상환이행을 명한 반대채권의 존부나 수액에 기판력이 미치지 않는다.

③ O 매매의 목적물이 거래통념상 기대되는 객관적 성질·성능을 결여하거나, 당사자가 예정 또는 보증한 성질을 결여한 경우에 매도인은 매수인에 대하여 그 하자로 인한 담보책임을 부담한다 할 것이고, 한편 건축을 목적으로 매매된 토지에 대하여 건축허가를 받을 수 없어 건축이 불가능한 경우, 위와 같은 법률적 제한 내지 장애 역시 매매목적물의 하자에 해당한다 할 것이나, 다만 위와 같은 하자의 존부는 매매계약 성립시를 기준으로 판단하여야 할 것이다(대판 2000.1.18. 98다18506).

④ X 민법 제109조 제1항에 의하면 법률행위 내용의 중요 부분에 착오가 있는 경우 착오에 중대한 과실이 없는 표의자는 법률행위를 취소할 수 있고, 민법 제580조 제1항, 제575조 제1항에 의하면 매매의 목적물에 하자가 있는 경우 하자가 있는 사실을 과실 없이 알지 못한 매수인은 매도인에 대하여 하자담보책임을 물어 계약을 해제하거나 손해배상을 청구할 수 있다. 착오로 인한 취소 제도와 매도인의 하자담보책임 제도는 취지가 서로 다르고, 요건과 효과도 구별된다. 따라서 매매계약 내용의 중요 부분에 착오가 있는 경우 매수인은 매도인의 하자담보책임이 성립하는지와 상관없이 착오를 이유로 매매계약을 취소할 수 있다(대판 2018.9.13. 2015다78703).

⑤ O 매매목적물에 관하여 이중으로 제3자와 매매계약을 체결하였다는 사실만 가지고는 매매계약이 법률상 이행불능이라고 할 수 없다(대판 1996.7.26. 96다14616).

23 20법전협-1-38 정답 ②

다음 중 전·후소의 당사자가 동일하다는 것을 전제로 하여 전소의 기판력이 후소에 미치는 경우를 모두 고른 것은? (다툼이 있는 경우 판례에 의함)

ㄱ. 대여금청구의 소에서 승소확정판결을 받은 원고가 판결 확정 후 10년이 다가오자 소멸시효의 완성을 막기 위해 전소 판결로 확정된 채권의 시효를 중단시키기 위한 재판상의 청구가 있다는 점에 대하여만 확인을 구하는 후소를 제기하는 경우

ㄴ. 소유권확인청구소송에서 패소확정된 원고가 소유권에 기하여 피고 명의의 소유권이전등기의 말소등기청구의 소를 제기하는 경우

ㄷ. 제소전 화해에 의하여 소유권이전등기를 넘겨준 자가 원인무효를 주장하면서 그 말소등기절차의 이행을 구하는 소를 제기하는 경우

ㄹ. 부동산에 관한 소유권이전등기가 원인무효라는 이유로 등기의 말소를 구하는 판결이 확정된 후 피고가 전소의 변론종결 전에 동일 토지를 매수하였음을 원인으로 한 소유권이전등기청구의 소를 제기하는 경우

ㅁ. 매매계약의 무효 또는 해제를 원인으로 한 매매대금반환청구에 대해 인낙조서가 작성된 후 전소의 원고가 동일한 매매계약에 기한 소유권이전등기청구의 소를 제기한 경우

① ㄱ, ㄴ ② ㄴ, ㄷ
③ ㄴ, ㄷ, ㄹ ④ ㄷ, ㄹ, ㅁ
⑤ ㄹ, ㅁ

ㄱ. X 종래 대법원은 시효중단사유로서 재판상의 청구에 관하여 반드시 권리 자체의 이행청구나 확인청구로 제한하지 않을 뿐만 아니라, 권리자가 재판상 그 권리를 주장하여 권리 위에 잠자는 것이 아님을 표명한 것으로 볼 수 있는 때에는 널리 시효중단사유로서 재판상의 청구에 해당하는 것으로 해석하여 왔다. 이와 같은 법리는 이미 승소 확정판결을 받은 채권자가 그 판결상 채권의 시효중단을 위해 후소를 제기하는 경우에도 동일하게 적용되므로, 채권자가 전소로 이행청구를 하여 승소 확정판결을 받은 후 그 채권의 시효중단을 위한 후소를 제기하는 경우, 후소의 형태로서 항상 전소와 동일한 이행청구만이 시효중단사유인 '재판상의 청구'에 해당한다고 볼 수는 없다.
시효중단을 위한 이행소송은 다양한 문제를 야기한다. 그와 같은 문제들의 근본적인 원인은 시효중단을 위한 후소의 형태로 전소와 소송물이 동일한 이행소송이 제기되면서 채권자가 실제로 의도하지도 않은 청구권의 존부에 관한 실체 심리를 진행하는 데에 있다. 채무자는 그와 같은 후소에서 전소 판결에 대한 청구이의 사유를 조기에 제출하도록 강요되고 법원은 불필요한 심리를 해야 한다. 채무자는 이중집행의 위험에 노출되고, 실질적인 채권의 관리·보전비용을 추가로 부담하게 되며 그 금액도 매우 많은 편이다. 채권자 또한 자신이 제기한 후소의 적법성이 10년의 경과가 임박하였는지 여부라는 불명확한 기준에 의해 좌우되는 불안정한 지위에 놓이게 된다.
위와 같은 종래 실무의 문제점을 해결하기 위해서, 시효중단을 위한 후소로서 이행소송 외에 전소 판결로 확정된 채권의 시효를 중단시키기 위한 조치, 즉 '재판상의 청구'가 있다는 점에 대하여만 확인을 구하는 형태의 '새로운 방식의 확인소송'이 허용되고, 채권자는 두 가지 형태의 소송 중 자신의 상황과 필요에 보다 적합한 것을 선택하여 제기할 수 있다고 보아야 한다(대판 2018.10.18. 2015다232316).

ㄴ. O 확정된 전소의 기판력 있는 법률관계가 후소의 소송물 자체가 되지 아니하여도 후소의 선결문제가 되는 때에는 전소의 확정판결의 판단은 후소의 선결문제로서 기판력이 작용한다고 할 것이므로, 소유권확인청구에 대한 판결이 확정된 후 다시 동일 피고를 상대로 소유권에 기한 물권적 청구권을 청구원인으로 하는 소송을 제기한 경우에는 전소의 확정판결에서의 소유권의 존부에 관한 판단에 구속되어 당사자로서는 이와 다른 주장을 할 수 없을 뿐만 아니라 법원으로서도 이와 다른 판단은 할 수 없다(대판 2000.6.9. 98다18155).

ㄷ. O 제소전 화해조서는 확정판결과 같은 효력이 있어 당사자 사이에 기판력이 생기는 것이므로, 원고가 피고에게 토지에 관하여 신탁해지를 원인으로 한 소유권이전등기절차를 이행하기로 한 제소전 화해가 준재심에 의하여 취소되지 않은 이상, 그 제소전 화해에 기하여 마쳐진 소유권이전등기가 원인무효라고 주장하며 말소등기절차의 이행을 청구하는 것은 제소전 화해에 의하여 확정된 소유권이전등기청구권을 부인하는 것이어서 그 기판력에 저촉된다(대판 2002.12.6. 2002다44014).

ㄹ. X 확정판결의 기판력은 소송물로 주장된 법률관계의 존부에 관한 판단 그 자체에만 미치는 것이고 전소와 후소가 그 소송물이 동일한 경우에 작용하는 것이므로, 부동산에 관한 소유권이전등기가 원인무효라는 이유로 그 등기의 말소를 명하는 판결이 확정되었다고 하더라도 그 확정판결의 기판력은 그 소송물이었던 말소등기청구권의 존부에만 미치는 것이므로, 그 소송에서 패소한 당사자도 전소에서 문제된 것과는 전혀 다른 청구원인에 기하여 상대방에 대하여 소유권이전등기청구를 할 수 있다(대판 1995.6.13. 93다43491).

ㅁ. X 매매계약의 무효 또는 해제를 원인으로 한 매매대금반환청구에 대한 인낙조서의 기판력은 그 매매대금반환청구권의 존부에 관하여만 발생할 뿐, 그 전제가 되는 선결적 법률관계인 매매계약의 무효 또는 해제에까지 발생하는 것은 아니므로 소유권이전등기청구권의 존부를 소송물로 하는 후소는 전소에서 확정된 법률관계와 정반대의 모순되는 사항을 소송물로 하는 것이라 할 수 없으며, 기판력이 발생하지 않는 전소와 후소의 소송물의 각 전제가 되는 법률관계가 매매계약의 유효 또는 무효로 서로 모순된다고 하여 전소에서의 인낙조서의 기판력이 후소에 미친다고 할 수 없다고 한 사례(대판 2005.12.23. 2004다55698).

24 19법전협-2-40 정답 ④

말소등기청구에 관한 설명 중 옳지 않은 것은? (다툼이 있는 경우 판례에 따름)

① 甲이 乙을 상대로 X 토지에 관하여 제기한 소유권이전등기 말소청구소송에서 패소확정판결을 받았다면 그 기판력은 그 후 甲이 乙을 상대로 X 토지에 관하여 제기한 진정명의회복을 원인으로 한 소유권이전등기 청구소송에도 미친다.

② 원고가 X 토지 소유권에 기한 방해배제청구권의 행사로서 X 토지에 관하여 원고 명의의 소유권이전등기로부터 전전(轉傳)하여 경료된 피고 명의의 소유권이전등기의 말소를 청구하는 경우, 설령 피고 명의의 등기가 원인무효라 하더라도, 원고의 소유권이 인정되지 않는다면, 원고의 청구를 인용할 수 없다.

③ 근저당권이 설정된 후에 그 부동산의 소유권이 제3자에게 이전된 경우, 근저당권설정자인 종전의 소유자는 근저당권자를 상대로 피담보채무의 소멸을 이유로 하여 그 근저당권설정등기의 말소를 청구할 수 있다.

④ 甲으로부터 乙, 丙, 丁 앞으로 X 토지 중 각 1/3 지분에 관하여 원인무효의 합유이전등기가 마쳐진 후 乙과 丙이 사망하자 甲이 乙의 상속인 戊와 丙의 상속인 己를 상대로 X 토지 중 각 1/3 지분에 관하여 합유이전등기의 말소를 청구하는 경우, 乙, 丙, 丁 사이의 특별한 약정이 인정되지 않는다면, 법원은 戊와 己에 대한 청구를 모두 기각하는 판결을 선고하여야 한다.

⑤ 채권담보의 목적으로 부동산에 관하여 가등기가 경료된 경우, 채무자는 자신의 채무를 먼저 변제하여야만 비로소 그 가등기의 말소를 구할 수 있고, 채권자가 그 가등기가 채무담보의 목적으로 된 것임을 다투는 경우에는 피담보채무의 변제를 조건으로 가등기를 말소할 것을 청구할 수 있다.

① O 말소등기에 갈음하여 허용되는 진정명의회복을 원인으로 한 소유권이전등기청구권과 무효등기의 말소청구권은 어느 것이나 진정한 소유자의 등기명의를 회복하기 위한 것으로서 실질적으로 그 목적이 동일하고, 두 청구권 모두 소유권에 기한 방해배제청구권으로서 그 법적 근거와 성질이 동일하므로, 비록 전자는 이전등기, 후자는 말소등기의 형식을 취하고 있다고 하더라도 그 소송물은 실질상 동일한 것으로 보아야 하고, 따라서 소유권이전등기말소청구소송에서 패소확정판결을 받았다면 그 기판력은 그 후 제기된 진정명의회복을 원인으로 한 소유권이전등기청구소송에도 미친다(대판 2001.9.20. 99다37894 전원합의체).

② O 원고가 부동산의 소유권에 기한 물권적 방해배제청구권 행사의 일환으로서 위 부동산에 관하여 피고들 명의로 마쳐진 소유권이전등기의 말소를 구하려면 먼저 원고에게 그 말소를 청구할 수 있는 권원이 있음을 적극적으로 주장·입증하여야 하며, 만일 원고에게 그러한 권원이 있음이 인정되지 않는다면 설사 피고들 명의의 소유권이전등기가 말소되어야 할 무효의 등기라고 하더라도 원고의 청구를 인용할 수는 없다 할 것이고, 이러한 법리는 피고들 명의의 소유권이전등기가 원고 명의의 소유권이전등기로부터 전전하여 경료된 것으로서 선행하는 원고 명의의 소유권이전등기의 유효함을 전제로 하여야만 그 효력을 주장할 수 있는 경우라 하여 달리 볼 것은 아니다(대판 2005.9.28. 2004다50044).

③ O 근저당권이 설정된 후에 그 부동산의 소유권이 제3자에게 이전된 경우에는 현재의 소유자가 자신의 소유권에 기하여 피담보채무의 소멸을 원인으로 그 근저당권설정등기의 말소를 청구할 수 있음은 물론이지만, 근저당권설정자인 종전의 소유자도 근저당권설정계약의 당사자로서 근저당권소멸에 따른 원상회복으로 근저당권자에게 근저당권설정등기의 말소를 구할 수 있는 계약상 권리가 있으므로 이러한 계약상 권리에 터잡아 근저당권자에게 피담보채무의 소멸을 이유로 하여 그 근저당권설정등기의 말소를 청구할 수 있다고 봄이 상당하고, 목적물의 소유권을 상실하였다는 이유만으로 그러한 권리를 행사할 수 없다고 볼 것은 아니다(대판 1994.1.25. 93다16338 전원합의체).

④ X 부동산의 합유자 중 일부가 사망한 경우 합유자 사이에 특별한 약정이 없는 한 사망한 합유자의 상속인은 합유자로서의 지위를 승계하는 것이 아니므로 해당 부동산은 잔존 합유자가 2인 이상일 경우에는 잔존 합유자의 합유로 귀속되고 잔존 합유자가 1인인 경우에는 잔존 합유자의 단독소유로 귀속된다(대판 1994.2.25. 93다39225).

⑤ O 채권담보의 목적으로 부동산에 관하여 가등기가 경료된 경우 채무자는 자신의 채무를 먼저 변제하여야만 비로소 그 가등기의 말소를 구할 수 있는 것이기는 하지만, 채권자가 그 가등기가 채무담보의 목적으로 된 것임을 다툰다든지 피담보채무의 액수를 다투기 때문에 장차 채무자가 채무를 변제하더라도 채권자가 그 가등기의 말소에 협력할 것으로 기대되지 않는 경우에는 피담보채무의 변제를 조건으로 가등기를 말소할 것을 미리 청구할 필요가 있다 할 것이다(대판 1992.7.10. 92다15376,15383).

25 20법전협-1-48   정답 ⑤

다음 <사례>에 관한 설명 중 옳은 것은? (다툼이 있는 경우 판례에 의함)

<사례>
甲은 A에 대하여 1억 원의 대여금채권이 있다. A의 상속인으로는 아들 乙이 있다. A가 사망한 이후 3개월 이내에 乙은 한정승인신고를 하였다.

① 가정법원은 그 신고가 한정승인의 형식적 요건 이외에 한정승인의 실체적 요건을 구비하였는지를 함께 심리하여 수리여부를 심판하여야 한다.
② 甲은 다른 소송의 선결문제로서 가정법원의 한정승인 수리심판의 효력을 다툴 수 없다.
③ 상속채무의 이행을 구하는 소송에서 乙의 한정승인 항변이 받아들여져서 원고 승소판결인 집행권원 자체에 '상속재산의 범위 내에서만' 금전채무를 이행할 것을 명하는 이른바 유한책임의 취지가 명시되어 있음에도 불구하고, 乙의 고유재산임이 명백한 임금채권 등에 대하여 위 집행권원에 기한 압류 및 전부명령이 발령되었을 경우에, 상속인인 乙로서는 청구에 관한 이의의 소에 의하여 불복할 수 있다.
④ 甲이 乙을 상대로 A의 상속채무의 이행을 구하는 소를 제기하자 乙이 한정승인심판을 받았음에도 불구하고 소송절차에서 한정승인의 항변을 하지 아니하여 유보 없는 판결이 선고되고 확정되었다. 甲이 乙의 고유재산에 대하여 집행을 한 경우 乙은 변론종결 전의 한정승인을 강제집행단계에서 뒤늦게 주장하여 청구이의의 방법으로 강제집행을 거부할 수 없다.
⑤ 甲이 乙을 상대로 A의 상속채무의 이행을 구하는 전소에서 상속인의 한정승인이 인정되어 상속재산의 한도에서 지급을 명하는 판결이 확정된 경우, 그 후 甲이 乙을 상대로 전소 사실심의 변론종결시 이전에 존재한 법정단순승인 등 한정승인과 양립할 수 없는 사실을 주장하여 위 채권에 대해 책임의 범위에 관한 유보 없는 판결을 구하는 것은 허용되지 아니한다.

 해설

①, ② X 가정법원의 한정승인신고수리의 심판은 일응 한정승인의 요건을 구비한 것으로 인정한다는 것일 뿐 그 효력을 확정하는 것이 아니고 상속의 한정승인의 효력이 있는지 여부의 최종적인 판단은 실체법에 따라 민사소송에서 결정될 문제이므로, 민법 제1019조 제3항에 의한 한정승인신고의 수리 여부를 심판하는 가정법원으로서는 그 신고가 형식적 요건을 구비한 이상 상속채무가 상속재산을 초과하였다거나 상속인이 중대한 과실 없이 이를 알지 못하였다는 등의 실체적 요건에 대하여는 이를 구비하지 아니하였음이 명백한 경우 외에는 이를 문제삼아 한정승인신고를 불수리할 수 없다(대결 2006.2.13. 2004스74).
③ X 상속채무의 이행을 구하는 소송에서 피고의 한정승인 항변이 받아들여져서 원고 승소판결인 집행권원 자체에 '상속재산의 범위 내에서만' 금전채무를 이행할 것을 명하는 이른바 유한책임의 취지가 명시되어 있음에도 불구하고, 상속인의 고유재산임이 명백한 임금채권 등에 대하여 위 집행권원에 기한 압류 및 전부명령이 발령되었을 경우에, 상속인인 피고로서는 책임재산이 될 수 없는 재산에 대하여 강제집행이 행하여졌음을 이유로 제3자이의의 소를 제기하거나, 그 채권압류 및 전부명령 자체에 대한 즉시항고를 제기하여 불복하는 것은 별론으로 하고, 청구에 관한 이의의 소에 의하여 불복할 수는 없다고 보아야 하고, 나아가 만약 그 채권압류 및 전부명령이 이미 확정되어 강제집행절차가 종료된 후에는 집행채권자를 상대로 부당이득의 반환을 구하되, 피전부채권 중 실제로 추심한 금전 부분에 관하여는 그 상당액을 반환을 구하고, 아직 추심하지 아니한 부분에 관하여는 그 채권 자체의 양도를 구하는 방법에 의할 수밖에 없다(대결 2005.12.19. 2005그128).
④ X 채권자가 피상속인의 금전채무를 상속한 상속인을 상대로 그 상속채무의 이행을 구하여 제기한 소송에서 채무자가 한정승인 사실을 주장하지 않으면 책임의 범위는 현실적인 심판대상으로 등장하지 아니하여 주문에서는 물론 이유에서도 판단되지 않으므로 그에 관하여 기판력이 미치지 않는다. 그러므로 채무자가 한정승인을 하고도 채권자가 제기한 소송의 사실심 변론종결시까지 그 사실을 주장하지 아니하여 책임의 범위에 관한 유보가 없는 판결이 선고되어 확정되었다고 하더라도, 채무자는 그 후 위 한정승인 사실을 내세워 청구에 관한 이의의 소를 제기할 수 있다 (대판 2006.10.13. 2006다23138).
⑤ O 피상속인에 대한 채권에 관하여 채권자와 상속인 사이의 전소에서 상속인의 한정승인이 인정되어 상속재산의 한도에서 지급을 명하는 판결이 확정된 때에는 그 채권자가 상속인에 대하여 새로운 소에 의해 위 판결의 기초가 된 전소 사실심의 변론종결시 이전에 존재한 법정단순승인 등 한정승인과 양립할 수 없는 사실을 주장하여 위 채권에 대해 책임의 범위에 관한 유보가 없는 판결을 구하는 것은 허용되지 아니한다. 왜냐하면 전소의 소송물은 직접적으로는 채권(상속채무)의 존재 및 그 범위이지만 한정승인의 존재 및 효력도 이에 준하는 것으로서 심리·판단되었을 뿐만 아니라 한정승인이 인정된 때에는 주문에 책임의 범위에 관한 유보가 명시되므로 한정승인의 존재 및 효력에 대한 전소의 판단에 기판력에 준하는 효력이 있다고 해야 하기 때문이다(대판 2012.5.9. 2012다3197).

26 21법전협-2-46 정답 ①

판결의 편취에 관한 설명 중 옳은 것을 모두 고른 것은?
(다툼이 있는 경우 판례에 의함)

ㄱ. 甲이 乙 법인을 상대로 소를 제기하면서 대표권이 없는 A를 대표자로 표시하여 A가 소송을 수행하여 판결이 선고된 경우, 대리권 흠결로 인한 재심사유에 해당한다.

ㄴ. 甲이 乙을 상대로 소를 제기하면서 乙의 주소지를 알면서도 허위주소를 기재하여 재판장이 공시송달을 명하여 甲이 승소판결을 받은 경우, 판결이 확정되었으므로 재심청구를 할 수 있다.

ㄷ. 甲이 乙을 상대로 소를 제기하면서 乙의 주소를 알면서 丙의 주소를 기재하여 丙이 송달을 받아 乙의 불출석으로 인한 자백간주를 이유로 甲의 승소판결이 선고되고 丙이 판결정본을 수령한 경우, 乙은 재심을 청구할 수 있다.

ㄹ. 甲이 乙로부터 1억 원의 공사대금을 전부 지급받았음에도 불구하고 乙을 상대로 1억 원의 공사대금청구의 소를 제기하면서 乙의 주소를 허위로 기재하여 무변론원고승소판결을 받은 후 乙의 재산에 대해 강제집행을 하여 온 경우, 乙은 청구이의의 소를 제기할 수 있다.

ㅁ. 甲이 乙에게 부동산을 매도하여 이전등기까지 마친 후 해당 거래가 매매가 아니라 양도담보였다는 허위 주장으로 정산금청구의 소를 제기하여 승소판결을 받아 강제집행을 한 경우, 乙은 재심의 소를 제기하지 않고도 불법행위에 기한 손해배상청구를 할 수 있다.

① ㄱ, ㄴ, ㄹ
② ㄱ, ㄴ, ㅁ
③ ㄴ, ㄷ, ㄹ
④ ㄴ, ㄷ, ㅁ
⑤ ㄷ, ㄹ, ㅁ

ㄱ. O (구) 민사소송법 제427조(편집 주. 현 제457조)에 의하면 대리권흠결을 이유로 하는 재심의 소에는 재심제기의 기간에 관한 법 제426조(편집 주. 현 제456조)의 규정을 적용하지 아니하도록 규정되어 있고 위 대리권흠결에는 법인이나 단체의 대표권한의 흠결도 포함되는 것이라고 할 것이므로 재심대상판결의 원고 종중의 대표자가 적법한 절차에 의하여 선임된 대표자가 아님을 이유로 하여 같은 법 제422조(편집 주: 현 제451조) 제1항 제3호에 기하여 피고가 제기한 재심의 소에는 같은 법 제426조(편집 주: 현 제456조)의 규정은 적용되지 아니한다(대판 1990.4.24. 89다카29891).

ㄴ. O 당사자가 상대방의 주소 또는 거소를 알고 있었음에도 소재불명 또는 허위의 주소나 거소로 하여 소를 제기한 탓으로 공시송달의 방법에 의하여 판결(심판)정본이 송달된 때에는 민사소송법 제451조 제1항 제11호에 의하여 재심을 제기할 수 있음은 물론이나 또한 같은 법 제173조에 의한 소송행위 추완에 의하여도 상소를 제기할 수도 있다(대판 2011.12.22. 2011다73540).

ㄷ. X ㄹ. O 원고가 피고의 주소를 허위로 기재하여 소를 제기함으로써 그 허위주소로 소송서류가 송달되어 피고 아닌 원고가 그 서류를 받아 의제자백의 형식으로 원고승소의 제1심판결이 선고되고 그 판결정본 역시 허위의 주소로 보내어져 송달된 것으로 처리되었다면, 제1심판결정본은 피고에게 적법하게 송달되었다고 할 수 없으므로 그 판결에 대한 항소기간은 진행을 개시하지 아니한다 할 것이어서 그 판결은 형식적으로 확정되었다고 할 수 없고, 따라서 소송행위추완의 문제는 나올 수 없고, 피고는 제1심 판결정본의 송달을 받지 않은 상태에 있다(대판 1994.12.22. 94다45449).

판결이 확정되지 않은 이상 재심의 대상이 되지 않고(ㄷ), 기판력이 발생하지 않으므로 청구이의의 소가 가능하다(ㄹ). 또한 판결이 확정된 경우라도 강제집행은 권리남용이 된다.

채권자가 연대보증인 중 1인에 대한 소송에서 변론종결일 전에 다른 보증인의 변제 및 담보물건의 경매로 보증채무액의 일부가 변제되었는데도 보증한도액 전부의 지급을 구하는 청구를 유지하여 실체의 권리관계와는 달리 위 금원의 지급을 명하는 판결을 받았고, 그 후 나머지 보증채무도 변제에 의하여 소멸하였음에도 불구하고 채무자에 대하여 확정판결을 받아두었음을 기화로 그 판결에 기한 강제경매신청을 하였다가 채무자가 보증채무의 소멸을 이유로 이의를 제기하자 경매신청을 취하한 뒤 다시 채무자 거주의 아파트에 관하여 강제집행을 신청한 사안에서, 그 강제집행은 판결의 변론종결 전에 채무자의 보증채무 중 일부가 이미 소멸한 사실을 알았거나 쉽게 알 수 있었음에도 불구하고 그 보증채무 전액의 지급을 명하는 판결을 받았음을 기화로 채무자의 보증채무가 변제에 의하여 모두 소멸된 후에 이를 이중으로 지급받고자 하는 것일 뿐만 아니라 그 집행의 과정도 신의에 반하는 것으로서 그 부당함이 현저하고, 한편 보증인에 불과한 자로서 그 소유의 담보물건에 관하여 일차 경매가 실행된 바 있는 채무자에게 이미 소멸된 보증채무의 이중변제를 위하여 그 거주의 부동산에 대한 강제집행까지 수인하라는 것이 되어 가혹하다고 하지 않을 수 없으므로, 위 강제집행은 사회생활상 도저히 용인할 수 없다 할 것이어서 권리남용에 해당한다(대판 1997.9.12. 96다4862).

ㅁ. X [1] 판결이 확정되면 기판력에 의하여 대상이 된 청구권의 존재가 확정되고 그 내용에 따라 집행력이 발생하는 것이므로, 그에 따른 집행이 불법행위를 구성하기 위하여는 소송당사자가 상대방의 권리를 해할 의사로 상대방의 소송 관여를 방해하거나 허위의 주장으로 법원을 기망하는 등 부정한 방법으로 실체의 권리관계와 다른 내용의 확정판결을 취득하여 집행을 하는 것과 같은 특별한 사정이 있어야 하고, 그와 같은 사정이 없이 확정판결의 내용이 단순히 실체적 권리관계에 배치되어 부당하고 또한 확정판결에 기한 집행 채권자가 이를 알고 있었다는 것만으로는 그 집행행위가 불법행위를 구성한다고 할 수 없다. 편취된 판결에 기한 강제집행이 불법행위로 되는 경우가 있다고 하더라도 당사자의 법적 안정성을 위해 확정판결에 기판력을 인정한 취지나 확정판결의 효력을 배제하기 위하여는 그 확정판결에 재심사유가 존재하는 경우에 재심의 소에 의하여 그 취소를 구하는 것이 원칙적인 방법인 점에 비추어 볼 때 불법행위의 성립을 쉽게 인정하여서는 아니되고, 확정판결에 기한 강제집행이 불법행위로 되는 것은 당사자의 절차적 기본권이 근본적으로 침해된 상태에서 판결이 선고되었거나 확정판결에 재심사유가 존재하는 등 확정판결의 효력을 존중하는 것이 정의에 반함이 명백하여 이를 묵과할 수 없는 경우로 한정하여야 한다.

[2] 부동산을 매도하여 이전등기까지 마친 매도인이 매매가 아니라 양도담보였다는 허위 주장으로 정산금청구 소송을 제기하여 승소판결을 받아 강제집행을 한 경우, 불법행위의 성립을 부정한 사례(대판 1995.12.5. 95다21808).

27 19법전협-1-45 정답 ④

판결의 편취 등과 관련된 설명 중 옳지 않은 것은? (다툼이 있는 경우 판례에 따름)

① 甲이 그 배우자인 乙을 상대로 이혼소송을 제기하면서, 乙의 주소를 허위로 표시하여 송달불능으로 되자 재판장이 공시송달을 명하여 이혼판결이 선고되었다면 이는 재심사유에 해당한다.

② 甲이 乙을 상대로 S 토지의 소유권존재확인의 소를 제기하면서, 乙의 주소를 자신의 지인인 丙의 주소로 허위기재하여 丙이 소송서류를 받아 자백간주를 이유로 판결이 선고된 경우, 丙이 판결정본을 수령한 날로부터 2주가 경과되어도 乙은 상소를 제기할 수 있다.

③ 참칭대표자를 대표자로 표시하여 소송을 제기한 결과 그 앞으로 소장부본 및 변론기일소환장이 송달되어 변론기일에 참칭대표자의 불출석으로 의제자백 판결이 선고된 경우, 재심사유에 해당한다.

④ 甲이 丙에게 금전을 대여한 후 일부 변제를 받았음에도 丙이 사망하자 그 유일한 상속인인 乙을 상대로 대여금 전액의 반환청구를 하여 이를 믿은 법원으로부터 전부승소판결을 받아 강제집행을 통하여 변제를 받은 경우, 항상 일부 변제를 받은 액수만큼의 부당이득이 생긴다.

⑤ 甲이 乙을 상대로 S 토지의 소유권이전등기 청구의 소를 제기하면서 乙의 주소를 허위로 기재하여 자백간주를 이유로 甲이 승소판결을 받아 소유권이전등기를 마친 경우, 乙은 별소로 위 판결에 의하여 경료된 소유권이전등기의 말소를 구할 수 있다.

 해설

① O 공시송달의 방법에 의하여 판결정본이 송달된 경우 피고의 주소지를 허위로 하여 소가 제기된 경우라 하더라도 그 송달은 유효한 것이고 그때부터 상소제기기간이 도과되면 그 판결을 확정되는 것이므로 피고는 재심의 소를 제기하거나 추완항소를 제기하여 그 취소변경을 구하여야 한다(대판 1980.7.8. 79다1528).

② O 항소기간은 진행을 하지 않아 항소를 제기할 수 있다(항소설).

　관련판례　종국 판결의 기판력은 판결의 형식적확정을 전제로 하여 발생하는 것이므로 공시송달의 방법에 의하여 송달된 것이 아니고 허위로 표시한 주소로 송달하여 상대방 아닌 다른 사람이 그 소송서류를 받아 의제자백의 형식으로 판결이 선고되고 다른 사람이 판결정본을 수령하였을 때에는 상대방은 아직도 판결정본을 받지 않은 상태에 있는 것으로서 위 사위 판결은 확정 판결이 아니어서 기판력이 없다(대판 1978.5.9. 75다634 전원합의체).

③ O 참칭대표자를 대표자로 표시하여 소송을 제기한 결과 그 앞으로 소장부본 및 변론기일소환장이 송달되어 변론기일에 참칭대표자의 불출석으로 의제자백 판결이 선고된 경우, 이는 적법한 대표자가 변론기일소환장을 송달받지 못하였기 때문에 실질적인 소송행위를 하지 못한 관계로 위 의제자백 판결이 선고된 것이므로, 민사소송법 제422조 제1항 제3호 소정의 재심사유에 해당한다(대판 1999.2.26. 98다47290).

④ X 대여금 중 일부를 변제받고도 이를 속이고 대여금 전액에 대하여 소송을 제기하여 승소 확정판결을 받은 후 강제집행에 의하여 위 금원을 수령한 채권자에 대하여, 채무자가 그 일부 변제금 상당액은 법률상 원인 없는 이득으로서 반환되어야 한다고 주장하면서 부당이득반환 청구를 하는 경우, 그 변제주장은 대여금반환청구 소송의 확정판결 전의 사유로서 그 판결이 재심의 소 등으로 취소되지 아니하는 한 그 판결의 기판력에 저촉되어 이를 주장할 수 없으므로, 그 확정판결의 강제집행으로 교부받은 금원을 법률상 원인 없는 이득이라고 할 수 없다(대판 1995.6.29. 94다41430).

⑤ O 판결에 기판력이 부정되므로 항소하지 아니하고 별소인 말소등기청구를 할 수 있다.

　관련판례　본건 사위 판결에 기판력이 부정된다면 본건 사위 판결에 의거하여 피고명의로 경료된 본 건 부동산에 관한 소유권이전등기는 실체적권리관계에 부합될 수 있는 다른 사정이 없는 한 말소될 처지에 있는 것이어서 원고가 본건 사위 판결에 대하여 항소를 제기하지 아니하고(본건 사위 판결을 그대로 둔 채) 별소인 본건 소에서 본건 청구를 한다고 하여도 피고로서는 이를 거부할 수 없는 것이라고 할 것이니 위 설시의 원심판결의 위법이 원심판결의 결과에 영향을 미친 것이라고 할 것이다(대판 1978.5.9. 75다634 전원합의체).

제3절 기타(소송비용, 가집행선고 등)

28 20변시-55 정답 ②

제1심 판결 선고에 따른 가집행 및 강제집행정지에 관한 설명 중 옳지 않은 것은? (다툼이 있는 경우 판례에 의함)

① 피고가 원고에게 제1심 판결 선고 후 위 판결 주문 중 인용 부분에 따라 지급한 돈이 제1심 판결 주문 중 가집행선고로 인한 지급물임에도 불구하고, 항소심이 이를 피고가 원고에게 임의로 변제한 것으로 보아 제1심 판결을 취소하고 원고의 청구를 기각해서는 아니 된다.

② 가집행선고 있는 제1심 판결에 기하여 피고가 원고에게 금원을 지급하였다가 다시 항소심 판결의 선고로 제1심 판결 선고가 실효됨으로 인하여 원고가 피고에게 부담하는 가지급물 반환의무는 부당이득 반환채무이므로, 피고가 가지급물 반환 신청 시「소송촉진 등에 관한 특례법」 소정의 지연손해금을 청구하더라도 그 가지급물의 반환을 명하는 항소심 판결 주문 중 지연손해금에 대하여는 같은 법 제3조 제1항 소정의 법정이율이 적용되지 아니한다.

③ 가집행선고 있는 제1심 판결에 대한 강제집행정지를 위한 담보는 채권자가 그 강제집행정지로 인하여 입게 될 손해배상채권을 확보하기 위한 것이다.

④ 제1심 판결에 붙은 가집행선고는 그 본안판결을 변경한 항소심 판결에 의하여 변경되는 한도에서 효력을 잃게 되지만 그 실효는 변경된 그 본안판결의 확정을 해제조건으로 하는 것이다.

⑤ 금전 지급을 명하는 제1심 판결 주문에 가집행 주문이 있는 경우, 항소심 법원이 제1심 판결을 취소하고 원고의 청구를 전부 기각하는 판결을 선고한 후 상고심 법원이 그 항소심 판결을 전부 파기 환송하는 판결을 선고하면, 제1심 판결 주문상 가집행선고의 효력은 다시 회복된다.

해설

① O 원고가 가집행선고부 판결을 채무명의로 하여 피고의 제3채무자에 대한 채권에 대하여 전부명령을 얻어 전부금을 수령한 후에 본안판결의 변경으로 가집행선고가 실효된 경우에 있어, 위 전부금의 수령은 피고의 채권에 대한 집행으로서 채권의 추심으로 이루어진 것이므로 피고가 이행한 급부와 마찬가지로 보아야 하고, 원고는 그로 인하여 피고의 손해 아래 전부채권액에 상당하는 부당이득을 얻은 결과가 되어 이는 원상회복으로서 피고에게 반환되어야 할 성질의 것임이 분명하므로 위 전부금은 이를 가집행선고로 인한 지급물로 보아 피고의 가지급물반환신청에 따른 원상회복의무의 내용에 포함시켜야 옳다. 결국 원심이 이와 반대의 견해에서 피고의 위 신청을 기각한 조치는 위법이라 할 것이므로, 이를 지적하는 논지는 이유 있다(대판 1993.1.15. 92다38812).

② X 제심의 가집행선고부 판결에 기하여 금원을 지급하였다가 다시 상소심 판결의 선고로 그 선고가 실효됨으로 인하여 그 금원의 수령자가 부담하게 되는 가지급물의 반환의무는 **성질상 부당이득의 반환채무**라 할 것이므로 그 가지급물의 반환을 명하는 판결은 특별한 사정이 없는 한 구 소송촉진등에관한특례법 소정의 '금전채무의 전부 또는 일부의 이행을 명하는 판결'에 해당하므로 위 법률의 적용을 받는다(대판 2005.1.14. 2001다81320).

③ O 가집행선고 있는 판결에 대한 강제집행정지를 위한 담보는 채권자가 그 강제집행정지 자체에 의하여 손해를 입을 경우에 그 손해배상채권을 확보하기 위한 것이다(대결 1988.3.29. 87카71).

④ O 제1심판결에 붙은 가집행선고는 그 본안판결을 변경한 항소심판결에 의하여 변경의 한도에서 효력을 잃게 되지만 그 실효는 변경된 그 본안판결의 확정을 해제조건으로 하는 것이어서 그 항소심판결을 파기하는 상고심판결이 선고되면 가집행선고의 효력은 다시 회복되기에, 그 항소심판결이 확정되지 아니한 상태에서는 가집행선고부 제1심판결에 기한 가집행이 정지됨으로 인하여 입은 손해의 배상을 상대방에게 청구할 수 있는 가능성이 여전히 남아 있다고 할 것이므로 가집행선고부 제1심판결이 항소심판결에 의하여 취소되었다 하더라도 그 항소심판결이 미확정인 상태에서는 가집행선고부 제1심판결에 대한 강제집행정지를 위한 담보는 그 사유가 소멸되었다고 볼 수 없다(대결 1999.12.3. 99마2078).

⑤ O 제1심판결이 한 가집행의 선고가 그 판결을 취소한 항소심판결의 선고로 인하여 효력을 잃었다 하더라도 그 항소심판결을 파기하는 상고심판결이 선고되었다면 가집행선고의 효력은 다시 회복된다.

29   14변시-54   정답 ④

소송비용에 관한 설명 중 옳지 않은 것은? (다툼이 있는 경우에는 판례에 의함)

① 소송비용에 대한 담보제공이 필요하다고 판단되는 경우에 법원은 피고의 신청이 있으면 원고에게 소송비용에 대한 담보를 제공하도록 명하여야 하고, 직권으로 담보제공을 명할 수도 있다.
② 법원은 사정에 따라 승소한 당사자로 하여금 그 권리를 늘리거나 지키는 데 필요하지 아니한 행위로 말미암은 소송비용 또는 상대방의 권리를 늘리거나 지키는 데 필요한 행위로 말미암은 소송비용의 전부나 일부를 부담하게 할 수 있다.
③ 일부패소의 경우에 당사자들이 부담할 소송비용은 법원이 정하며, 사정에 따라 한 쪽 당사자에게 소송비용의 전부를 부담하게 할 수 있다.
④ 소가 취하되면 소송이 재판에 의하지 아니하고 끝난 경우로서 소가 처음부터 계속되지 아니한 것으로 보므로 소송비용의 부담과 수액을 정하는 문제는 발생하지 않는다.
⑤ 공동소송인은 소송비용을 균등하게 부담하는 것이 원칙이나, 법원은 사정에 따라 공동소송인에게 소송비용을 연대하여 부담하게 하거나 다른 방법으로 부담하게 할 수 있다.

 해설

① O

> **제117조(담보제공의무)**
> ① 원고가 대한민국에 주소·사무소와 영업소를 두지 아니한 때 또는 소장·준비서면, 그 밖의 소송기록에 의하여 청구가 이유 없음이 명백한 때 등 소송비용에 대한 담보제공이 필요하다고 판단되는 경우에 피고의 신청이 있으면 법원은 원고에게 소송비용에 대한 담보를 제공하도록 명하여야 한다. 담보가 부족한 경우에도 또한 같다.
> ② 제1항의 경우에 법원은 직권으로 원고에게 소송비용에 대한 담보를 제공하도록 명할 수 있다.

② O

> **제99조(원칙에 대한 예외)**
> 법원은 사정에 따라 승소한 당사자로 하여금 그 권리를 늘리거나 지키는 데 필요하지 아니한 행위로 말미암은 소송비용 또는 상대방의 권리를 늘리거나 지키는 데 필요한 행위로 말미암은 소송비용의 전부나 일부를 부담하게 할 수 있다.

③ O

> **제101조(일부패소의 경우)**
> 일부패소의 경우에 당사자들이 부담할 소송비용은 법원이 정한다. 다만, 사정에 따라 한 쪽 당사자에게 소송비용의 전부를 부담하게 할 수 있다.

④ X

> **제114조(소송이 재판에 의하지 아니하고 끝난 경우)**
> ① 제113조의 경우 외에 소송이 재판에 의하지 아니하고 끝나거나 참가 또는 이에 대한 이의신청이 취하된 경우에는 법원은 당사자의 신청에 따라 결정으로 소송비용의 액수를 정하고, 이를 부담하도록 명하여야 한다.

⑤ O

> **제102조(공동소송의 경우)**
> ① 공동소송인은 소송비용을 균등하게 부담한다. 다만, 법원은 사정에 따라 공동소송인에게 소송비용을 연대하여 부담하게 하거나 다른 방법으로 부담하게 할 수 있다.
> ② 제1항의 규정에 불구하고 법원은 권리를 늘리거나 지키는 데 필요하지 아니한 행위로 생긴 소송비용은 그 행위를 한 당사자에게 부담하게 할 수 있다.

제5편 병합소송

제1장 병합청구소송(청구의 복수)

제1절 청구의 병합, 변경

01 17변시-60   정답 ④

소의 변경에 관한 설명 중 옳은 것을 모두 고른 것은?
(다툼이 있는 경우 판례에 의함)

ㄱ. 사해행위의 취소를 구하면서 피보전채권을 추가하거나 교환하는 것은 소의 변경에 해당한다.
ㄴ. 청구취지변경을 불허한 결정에 대하여는 독립하여 항고할 수 없고 종국판결에 대한 상소로써만 다툴 수 있다.
ㄷ. 항소심에서 청구가 교환적으로 변경된 경우, 항소심 법원은 구청구가 취하된 것으로 보아 교환된 신청구에 대하여만 사실상 제1심으로 재판한다.
ㄹ. 제1심에서 원고가 전부승소하고 피고만 항소한 경우, 피항소인인 원고는 항소심에서 청구취지를 확장할 수 없다.
ㅁ. 소장에서 심판을 구하는 대상이 불분명한 경우 이를 명확하게 하기 위하여 청구취지를 보충, 정정하는 것은 청구의 변경에 해당하지 않는다.

① ㄱ, ㄹ   ② ㄱ, ㄷ, ㅁ
③ ㄴ, ㄷ, ㄹ   ④ ㄴ, ㄷ, ㅁ
⑤ ㄴ, ㄹ, ㅁ

ㄱ. X 채권자가 채무자의 동일한 사해행위에 대해서 단지 '보전하고자 하는 채권을 추가하거나 교환하는 것'은 사해행위취소권과 원상회복청구권을 이유 있게 하는 「공격방법에 관한 주장을 변경」하는 것일 뿐이지 소송물 또는 청구 자체를 변경하는 것이 아니다. 따라서 채권자가 보전하고자 하는 채권을 달리하여 동일한 법률행위의 취소 및 원상회복을 구하는 채권자취소의 소를 이중으로 제기하는 경우 전소와 후소는 소송물이 동일하다고 보아야 하고, 이는 전소나 후소 중 어느 하나가 승계참가신청에 의하여 이루어진 경우에도 마찬가지이다(대판 2012.7.5. 2010다80503).
ㄴ. O

> **제263조(청구의 변경의 불허가)**
> 법원이 청구의 취지 또는 원인의 변경이 옳지 아니하다고 인정한 때에는 직권으로 또는 상대방의 신청에 따라 변경을 허가하지 아니하는 결정을 하여야 한다.
>
> 불허결정은 '중간적 재판'으로서 독립하여 항고할 수 없고 종국판결에 대한 상소로서만 다툴 수 있다(대판 1992.9.25. 92누5096).

ㄷ. O 항소심에서 소의 교환적 변경에 의하여 구청구의 소송계속은 소멸되는 것이므로 항소심에서는 구청구에 대한 제1심 판결을 취소할 필요없이 신청구에 대하여만 제1심으로서 판결을 하게 된다.
ㄹ. X 원고의 청구가 모두 인용된 제1심판결에 대하여 피고가 지연손해금 부분에 대하여만 항소를 제기하고, 원금 부분에 대하여는 항소를 제기하지 아니하였다고 하더라도 제1심에서 전부 승소한 원고가 항소심 계속 중 부대항소로서 청구취지를 확장할 수 있는 것이므로, 항소심이 원고의 부대항소를 받아들여 제1심판결의 인용금액을 초과하여 원고 청구를 인용하였더라도 거기에 불이익변경금지의 원칙이나 항소심의 심판범위에 관한 법리오해의 위법이 없다(대판 2003.9.26. 2001다68914).
ㅁ. O 소장에서 심판을 구하는 대상이 불분명한 경우 이를 명확하게 하기 위하여 청구취지를 보충·정정하는 것은 민사소송법 제262조가 정하는 청구의 변경에 해당하지 아니한다(대판 1982.9.28. 81누106 등).

02 16변시-59   정답 ③

매수인인 甲은 매도인인 乙을 상대로 하여 주위적으로 매매계약이 유효하다고 주장하면서 매매를 원인으로 한 소유권이전등기절차의 이행을, 예비적으로 위 매매계약이 무효인 경우 이미 지급한 매매대금의 반환을 구하는 소를 제기하였다. 이에 관한 설명 중 옳지 않은 것은?
(다툼이 있는 경우 판례에 의함)

① 甲의 매매대금반환청구는 예비적 청구이므로, 제1심 법원은 소유권이전등기청구의 인용을 해제조건으로 하여 이를 심판하여야 한다.
② 제1심 법원이 甲의 소유권이전등기청구를 인용하였고, 乙이 그 패소 부분에 대하여 항소하자 항소심 법원이 乙의 항소를 받아들여 위 소유권이전등기청구를 전부 배척하는 경우, 항소심 법원은 제1심 법원이 판단하지 않았던 매매대금반환청구에 관하여 반드시 심판을 하여야 한다.
③ 제1심 법원이 소유권이전등기청구를 기각하면서 매매대금반환청구에 대하여 판단하지 아니하는 판결을 한 경우, 甲이 그 판결에 대하여 항소하더라도 매매대금반환청구는 항소심으로 이심(移審)되지 않고 제1심 법원에 계속된다.
④ 제1심 법원이 소유권이전등기청구를 기각하고 매매대금반환청구를 인용하자 乙만이 그 패소 부분에 대하여 항소한 경우, 항소심 법원의 심판범위는 매매대금반환청구를 인용한 제1심 판결의 당부에 그치고 甲의 부대항소가 없는 한 소유권이전등기청구는 심판대상이 될 수 없다.
⑤ 제1심 법원이 소유권이전등기청구를 기각하고 매매대금반환청구를 인용하자 乙만이 그 패소 부분에 대하여 항소한 후 乙이 항소심에서 소유권이전등기청구를 인낙한 경우, 매매대금반환청구는 심판 없이 종결된다.

해설

① ○ 양립할 수 없는 수개의 청구를 하면서 주위적청구가 기각되거나 각하될 것에 대비하여 예비적청구에 대하여 심판을 구하는 병합형태인 예비적 병합에 있어서 예비적 청구는 주위적 청구가 인용되는 것을 해제조건으로 하는 것이므로 법원의 심판순서는 당사자가 청구한 심판의 순서에 구속을 받게 된다(대판 1993.3.23. 92다51204).

② ○ 주위적 청구를 인용하는 판결은 전부판결로서 이러한 판결에 대하여 피고가 항소하면 제1심에서 심판을 받지 않은 다음 순위의 예비적 청구도 모두 이심되고 항소심이 제1심에서 인용되었던 주위적 청구를 배척할 때에는 다음 순위의 예비적 청구에 관하여 심판을 하여야 하는 것이다(대판 2000.11.16. 98다22253 전원합의체).

③ X 예비적 병합의 경우에는 수개의 청구가 하나의 소송절차에 불가분적으로 결합되어 있기 때문에 주위적 청구를 먼저 판단하지 않고 예비적 청구만을 인용하거나 주위적 청구만을 배척하고 예비적 청구에 대하여 판단하지 않는 등의 일부판결은 예비적 병합의 성질에 반하는 것으로서 법률상 허용되지 아니하며, 그럼에도 불구하고 주위적 청구를 배척하면서 예비적 청구에 대하여 판단하지 아니하는 판결을 한 경우에는 그 판결에 대한 상소가 제기되면 판단이 누락된 예비적 청구 부분도 상소심으로 이심이 되고 그 부분이 재판의 탈루에 해당하여 원심에 계속중이라고 볼 것은 아니다(대판 2000.11.16. 98다22253 전원합의체).

④ ○ 乙이 패소한 매매대금반환청구에 대하여 항소한 경우 주위적 청구인 소유권이전등기청구도 항소심에 이심되지만, 항소심의 심판범위는 甲의 부대항소가 없는 한 매매대금반환청구를 인용한 제1심 판결의 당부에 그친다.

관련판례 제1심 법원이 원고들의 주위적 청구와 예비적 청구를 병합 심리한 끝에 주위적 청구는 기각하고 예비적 청구만을 인용하는 판결을 선고한 데 대하여 피고만이 항소한 경우, 항소제기에 의한 이심의 효력은 당연히 사건 전체에 미쳐 주위적 청구에 관한 부분도 항소심에 이심되는 것이지만, 항소심의 심판범위는 이에 관계없이 피고의 불복신청의 범위에 한하는 것으로서 예비적 청구를 인용한 제1심 판결의 당부에 그치고 원고들의 부대항소가 없는 한 주위적 청구는 심판대상이 될 수 없다(대판 1995.2.10. 94다31624).

⑤ ○ 乙이 패소한 매매대금반환청구에 대하여 항소한 경우 주위적 청구인 소유권이전등기청구도 항소심에 이심되기 때문에 乙은 주위적 청구를 인낙할 수 있으며, 이 경우 예비적 청구인 매매대금반환청구를 심판할 필요 없이 종결하게 된다.

관련판례 제1심 법원이 원고의 주위적 청구와 예비적 청구를 병합심리한 끝에 주위적 청구는 기각하고 예비적 청구만을 인용하는 판결을 선고한 데 대하여 피고만 항소를 하더라도, 항소의 제기에 의한 이심의 효력은 피고의 불복신청의 범위와는 관계없이 사건 전부에 미쳐 주위적 청구에 관한 부분도 항소심에 이심되는 것이므로, 피고가 항소심의 변론에서 원고의 주위적 청구를 인낙하여 그 인낙이 조서에 기재되면 그 조서는 확정판결과 동일한 효력이 있는 것이고, 따라서 그 인낙으로 인하여 주위적 청구의 인용을 해제조건으로 병합심판을 구한 예비적 청구에 관하여는 심판할 필요가 없어 사건이 그대로 종결되는 것이다(대판 1992.6.9. 92다12032).

---

03 14변시-55   정답 ③

청구의 변경에 따른 항소심에서의 판단에 관한 설명 중 옳지 않은 것은? (다툼이 있는 경우에는 판례에 의함)

① 피고만이 항소한 항소심에서 원고가 청구취지를 확장한 경우에는 그에 의하여 피고에게 불리하게 되는 한도 내에서 부대항소를 한 취지로 보아 항소법원이 제1심 판결의 인용금액을 초과하여 원고의 청구를 인용하더라도 불이익변경금지의 원칙에 반하는 것은 아니다.

② 항소심에서 청구가 교환적으로 변경된 경우 항소법원은 구청구에 대해서는 판단을 해서는 아니되며, 신청구에 대해서만 사실상 제1심으로서 판단한다.

③ 제1심 법원에서 교환적 변경을 간과하여 신청구에 대하여는 아무런 판단도 하지 아니한 채 구청구만을 판단한 경우, 이는 취하되어 재판의 대상이 아닌 것에 대하여 판단한 것이어서 항소법원은 제1심 판결을 취소하고 구청구에 대하여는 소송종료선언을 하여야 하며, 신청구는 판단누락으로 항소심으로 이심되기에 항소심은 신청구에 대하여 판단하여야 한다.

④ 제1심 법원에서 청구를 추가하여 단순병합으로 구하였음에도 그중 일부의 청구에 대하여만 판단한 경우, 나머지 청구는 재판누락으로 제1심에 계속 중이므로 추가판결의 대상이 될 뿐이고 항소심은 이심된 부분에 대하여만 판단한다.

⑤ 제1심 법원에서 청구를 추가하여 선택적 병합으로 구하였음에도 원고 패소판결을 하면서 병합된 청구 중 어느 하나를 판단하지 않은 경우, 이는 판단누락으로서 원고가 그 판결에 대하여 항소하였다면 누락된 부분까지 선택적 청구 전부가 항소심으로 이심된다.

해설

① ○ 피고만이 항소한 항소심에서 원고가 청구취지를 확장 변경한 경우에는 그에 의하여 피고에게 불리하게 되는 한도에서 부대항소를 한 취지라고 볼 것이므로, 항소심이 1심판결의 인용금액을 초과하여 원고청구를 인용하더라도 불이익변경금지의 원칙에 위배되지 않는다(대판 1991.9.24. 91다21688).

② ○ 우리나라 민사항소심은 속심제로서 항소심에서도 소의 교환적 변경이 가능하며 이 경우에는 구 청구의 취하의 효력이 발생할 때에 그 소송계속은 소멸되는 것이므로 항소심에서는 구 청구에 대한 제1심 판결을 취소할 필요 없이 신청구에 대하여만 제1심으로서 판결을 하게 된다(대판 1989.3.28. 87다카2372).

③ X 구청구의 경우 이미 취하 된 것이므로 소송종료선언을 하는 것이 맞지만, 신청구의 경우 1심에 그대로 계속되어 있는 것인바 추가판결을 하면 족한 것이고 항소심으로 이심되는 것은 아니다.

관련판례 항소심에서 청구가 교환적으로 변경된 경우에는 구청구는 취하되고 신청구가 심판의 대상이 되는 것이므로(대판 1980.11.11. 80다1182 참조), 원고들의 2002. 6. 19.자 소의 교환적 변경으로 구청구인 손해배상청구는 취하되고 신청구인 정리채권확정청구가 심판의 대상이 되었음에도 원심이 신청구에 대하여는 아무런 판단도 하지 아니한 채(신청구에 대하여는 재판의 탈루에 해당되어 원심에 그대로 계속되어 있다.) 구청구에 대하여 심리·판단한 것은 소의 변경의 효력에 관한 법리를 오해한 위법이 있다 할 것이다(대판 2003.1.24. 2002다56987).

④ O 선택적 병합 등과 달리 단순병합의 경우 일부판결이 허용되는 바, 재판의 누락이 있으면 추가판결을 하면 되는 것이고 상소 등으로 다툴 것이 아니다.
⑤ O 선택적병합의 경우 추가판결을 허용하면 판결의 모순이 발생할 수 있으므로 판단누락으로 보아 상소 등으로 다투어야 한다.

관련판례 제1심법원이 원고의 선택적 청구 중 하나만을 판단하여 기각하고 나머지 청구에 대하여는 아무런 판단을 하지 아니한 조치는 위법한 것이고, 원고가 이와 같이 위법한 제1심판결에 대하여 항소한 이상 원고의 선택적 청구 전부가 항소심으로 이심되었다고 할 것이므로, 선택적 청구 중 판단되지 않은 청구 부분이 재판의 탈루로서 제1심법원에 그대로 계속되어 있다고 볼 것은 아니다(대판 1998.7.24. 96다99).

04 13변시-56 정답 ⑤

청구의 객관적 병합에 관한 설명 중 옳지 않은 것은?
(다툼이 있는 경우에는 판례에 의함)

① 소송목적의 값의 산정은 단순병합의 경우에는 원칙적으로 병합된 청구의 값을 합산하나, 선택적·예비적 병합의 경우에는 병합된 청구의 값 중 다액을 기준으로 한다.
② 甲이 乙에 대한 확정판결에 기하여 X 토지에 관한 소유권이전등기를 마친 경우, 乙이 甲을 상대로 위 확정판결에 대한 재심의 소를 제기하면서 위 소유권이전등기의 말소청구를 병합하는 것은 허용되지 아니한다.
③ 수 개의 청구가 제1심에서 선택적으로 병합되고 그중 어느 하나의 청구에 대한 인용판결이 선고되어 피고가 항소를 제기한 경우, 항소심에서는 선택적으로 병합된 위 수 개의 청구 중 어느 하나를 임의로 선택하여 인용할 수 있다.
④ 제1심에서 이미 충분히 심리된 쟁점과 관련한 반소를 항소심에서 제기하는 것은 상대방의 심급의 이익을 해할 우려가 없는 경우에 해당되므로 허용된다.
⑤ 선택적 병합에서 원고 패소판결을 하면서 병합된 청구 중 어느 하나를 판단하지 않은 경우, 판단되지 않은 청구부분은 재판의 누락으로서 제1심 법원에 그대로 계속되어 있다고 볼 것이다.

 해설

① O
제27조(청구를 병합한 경우의 소송목적의 값)
① 하나의 소로 여러 개의 청구를 하는 경우에는 그 여러 청구의 값을 모두 합하여 소송목적의 값을 정한다.
민사소송 등 인지규칙 제20조(중복청구의 흡수)
1개의 소로써 주장하는 수개의 청구의 경제적 이익이 동일하거나 중복되는 때에는 중복되는 범위 내에서 흡수되고, 그중 가장 다액인 청구의 가액을 소가로 한다.

② O 피고들이 재심대상판결의 취소와 그 본소청구의 기각을 구하는 외에, 원고와 승계인을 상대로 재심대상판결에 의하여 경료된 원고 명의의 소유권이전등기와 그 후 승계인의 명의로 경료된 소유권이전등기의 각 말소를 구하는 청구를 병합하여 제기하고 있으나, 그와 같은 청구들은 별소로 제기하여야 할 것이고 재심의 소에 병합하여 제기할 수 없다(대판 1997.5.28. 96다41649).

③ O 수개의 청구가 제1심에서 처음부터 선택적으로 병합되고 그 중 어느 한 개의 청구에 대한 인용판결이 선고되어 피고가 항소를 제기한 경우는 물론, 원고의 청구를 인용한 판결에 대하여 피고가 항소를 제기하여 항소심에 이심된 후 청구가 선택적으로 병합된 경우에 있어서도 항소심은 제1심에서 인용된 청구를 먼저 심리하여 판단할 필요는 없고, 원심이 한 것처럼 선택적으로 병합된 수개의 청구 중 제1심에서 심판되지 아니한 청구를 임의로 선택하여 심판할 수 있다고 할 것이나, 심리한 결과 그 청구가 이유 있다고 인정되고 그 결론이 제1심판결의 주문과 동일한 경우에도 피고의 항소를 기각하여서는 안 되며 제1심판결을 취소한 다음 새로이 청구를 인용하는 주문을 선고하여야 한다(대판 2006.4.27. 2006다7587).

④ O 민사소송법 제382조에 의하면 항소심에서의 반소 제기에는 상대방의 동의를 얻어야 함이 원칙이나, 반소청구의 기초를 이루는 실질적인 쟁점에 관하여 제1심에서 본소의 청구원인 또는 방어방법과 관련하여 충분히 심리되어 항소심에서의 반소 제기를 상대방의 동의 없이 허용하더라도 상대방에게 제1심에서의 심급의 이익을 잃게 하거나 소송절차를 현저하게 지연시킬 염려가 없는 경우에는 상대방의 동의 여부와 관계없이 항소심에서의 반소 제기를 허용하여야 할 것이다(대판 1999.6.25. 99다6708).

제412조(반소의 제기)
① 반소는 상대방의 심급의 이익을 해할 우려가 없는 경우 또는 상대방의 동의를 받은 경우에 제기할 수 있다.

⑤ X 제1심법원이 원고의 선택적 청구 중 하나만을 판단하여 기각하고 나머지 청구에 대하여는 아무런 판단을 하지 아니한 조치는 위법한 것이고, 원고가 이와 같이 위법한 제1심판결에 대하여 항소한 이상 원고의 선택적 청구 전부가 항소심으로 이심되었다고 할 것이므로, 선택적 청구 중 판단되지 않은 청구 부분이 재판의 탈루로서 제1심법원에 그대로 계속되어 있다고 볼 것은 아니다(대판 1998.7.24. 96다99).

05　21법전협-3-45　정답 ②

병합청구와 관련된 설명 중 옳지 않은 것은? (다툼이 있는 경우 판례에 의함)

① 논리적으로 양립할 수 없는 수개의 청구가 선택적으로 병합된 경우 이들 청구는 동일 소송절차 내에서 동시에 심판될 수 없다.
② 채권자가 본래적 급부청구에 이를 대신할 전보배상을 부가하여 대상청구를 예비적으로 병합하여 소구한 경우에는 본래의 급부청구가 인용되면 예비적 청구에 대한 판단을 생략할 수 있다.
③ 실질적으로 선택적 병합 관계에 있는 두 청구를 당사자가 주위적·예비적으로 순위를 붙여 청구하였고, 이에 대해 제1심법원이 주위적 청구를 기각하고 예비적 청구를 인용하는 판결을 선고하여 피고만이 항소를 제기한 경우, 항소심은 두 청구 모두를 심판의 대상으로 삼아 판단하여야 한다.
④ 수개의 청구가 제1심에서 처음부터 선택적으로 병합되고 그중 어느 한 개의 청구에 대한 인용판결이 선고되어 피고가 항소를 제기한 경우에도 항소심은 병합된 청구 중 제1심에서 심판되지 아니한 청구를 임의로 선택하여 심판할 수 있다.
⑤ 원고의 주위적 청구 중 일부를 인용하고 예비적 청구를 모두 기각한 제1심판결에 대하여 피고가 불복 항소하자 항소심이 피고의 항소를 받아들여 제1심판결을 취소하고 그에 해당하는 원고의 주위적 청구를 기각하는 경우, 항소심은 기각하는 주위적 청구 부분과 관련된 예비적 청구를 심판대상으로 삼아 판단하여야 한다.

해설

① O 청구의 선택적 병합이란 양립할 수 있는 수개의 경합적 청구권에 기하여 동일 취지의 급부를 구하거나 양립할 수 있는 수개의 형성권에 기하여 동일한 형성적 효과를 구하는 경우에 그 어느 한 청구가 인용될 것을 해제 조건으로 하여 수개의 청구에 관한 심판을 구하는 병합형태이므로 논리적으로 양립할 수 없는 수개의 청구는 성질상 선택적 병합으로 동일소송절차내에서 동시에 심판될 수 없다(대판 1982.7.13. 81다카1120).
② X 채권자가 본래적 급부청구에 이를 대신할 전보배상을 부가하여 대상청구를 병합하여 소구한 경우 대상청구는 본래적 급부청구권이 현존함을 전제로 하여 이것이 판결확정 전에 이행불능이 되거나 또는 판결확정 후에 집행불능이 되는 경우에 대비하여 전보배상을 미리 청구하는 경우로서 양자의 병합은 현재 급부청구와 장래 급부청구의 단순병합에 속하는 것으로 허용된다. 이러한 대상청구를 본래의 급부청구에 예비적으로 병합한 경우에도 본래의 급부청구가 인용된다는 이유만으로 예비적 청구에 대한 판단을 생략할 수는 없다(대판 2011.8.18. 2011다30666,30673).
③ O 병합의 형태가 선택적 병합인지 예비적 병합인지는 당사자의 의사가 아닌 병합청구의 성질을 기준으로 판단하여야 하고, 항소심에서의 심판 범위도 그러한 병합청구의 성질을 기준으로 결정하여야 한다. 따라서 실질적으로 선택적 병합 관계에 있는 두 청구에 관하여 당사자가 주위적·예비적으로 순위를 붙여 청구하였고, 그에 대하여 제1심법원이 주위적 청구를 기각하고 예비적 청구만을 인용하는 판결을 선고하여 피고만이 항소를 제기한 경우에도, 항소심으로서는 두 청구 모두를 심판의 대상으로 삼아 판단하여야 한다(대판 2014.5.29. 2013다96868).
④ O 수개의 청구가 제1심에서 처음부터 선택적으로 병합되고 그중 어느 한 개의 청구에 대한 인용판결이 선고되어 피고가 항소를 제기한 경우는 물론, 원고의 청구를 인용한 판결에 대하여 피고가 항소를 제기하여 항소심에 이심된 후 청구가 선택적으로 병합된 경우에 있어서도 항소심은 제1심에서 인용된 청구를 먼저 심리하여 판단할 필요는 없고, 선택적으로 병합된 수개의 청구 중 제1심에서 심판되지 아니한 청구를 임의로 선택하여 심판할 수 있다고 할 것이나, 심리한 결과 그 청구가 이유 있다고 인정되고 그 결론이 제1심판결의 주문과 동일한 경우에도 피고의 항소를 기각하여서는 안되며 제1심판결을 취소한 다음 새로이 청구를 인용하는 주문을 선고하여야 할 것이다(대판 1992.9.14. 92다7023).
⑤ O 원고의 주위적 청구 중 일부를 인용하고 예비적 청구를 모두 기각한 제1심판결에 대하여 피고가 불복 항소하자 항소심이 피고의 항소를 받아들여 제1심판결을 취소하고 그에 해당하는 원고의 주위적 청구를 기각하는 경우, 항소심은 기각하는 주위적 청구 부분과 관련된 예비적 청구를 심판대상으로 삼아 판단하여야 한다(대판 2000.11.16. 98다22253 전원합의체).

06　21법전협-1-45　정답 ②

청구의 병합에 관한 설명 중 옳은 것은? (다툼이 있는 경우 판례에 의함)

① 매도인인 원고가 매수인인 피고를 상대로 매매계약의 유효를 이유로 매매대금지급을 구하면서, 매매계약이 무효로 되는 경우에 대비하여 인도한 목적물의 반환을 병합청구하는 경우에, 양 청구를 선택적으로 병합하는 것도 허용된다.
② 원고 패소의 제1심판결에 대하여 원고가 항소한 후 항소심에서 예비적 청구를 추가한 경우, 항소심이 종래의 주위적 청구에 대한 항소가 이유 없다고 판단한 때에는 예비적 청구에 대하여 제1심으로 판단하여야 한다.
③ 단순병합청구에 관하여 법원이 판결을 하면서 어느 하나의 청구에 대하여 재판을 누락한 경우, 이에 대한 상소가 제기되면 상소심법원은 누락된 부분에 대해서 추가판결을 하여야 한다.
④ 甲이 乙을 상대로 A청구와 B청구를 선택적으로 병합하여 청구한 것에 대하여 제1심 법원이 A청구를 인용하였고, 이에 대하여 乙이 항소하였다. 항소심 법원은 제1심과 달리 B청구를 인용하고자 하나 그 결론이 제1심 판결의 주문과 동일한 경우에는 乙의 항소를 기각하여야 한다.
⑤ 동일 당사자 사이의 청구의 예비적 병합에 있어서, 주위적 청구 기각, 예비적 청구 인용의 제1심 판결에 대하여 피고만이 그 패소부분에 대하여 항소한 경우, 주위적 청구와 예비적 청구 모두 항소심의 심판대상이 된다.

① X 선택적 청구는 양립가능한 수 개의 청구 중 어느 하나의 승소를 해제조건으로 하여 심판을 구하는 것이므로 매매계약의 유효와 무효를 이유로 하는 매매대금청구와 목적물 반환청구는 법률적으로 양립이 불가능하여 선택적 병합이 불가하다.
② O 원고 패소의 제1심판결에 대하여 원고가 항소한 후 항소심에서 예비적 청구를 추가하면 항소심이 종래의 주위적 청구에 대한 항소가 이유 없다고 판단한 경우에는 예비적 청구에 대하여 제1심으로 판단하여야 한다(대판 2017.3.30. 2016다253297).
③ X 이 경우 원심법원에 계속중이므로 추가판결의 대상이다.

[관련판례] 재판의 누락이 있는 경우, 그 부분 소송은 아직 원심에 계속중이라고 보아야 할 것이어서 적법한 상고의 대상이 되지 아니하므로 그 부분에 대한 상고는 부적법하다(대판 2004.8.30. 2004다24083).

제212조(재판의 누락)
① 법원이 청구의 일부에 대하여 재판을 누락한 경우에 그 청구부분에 대하여는 그 법원이 계속하여 재판한다.

④ X 수개의 청구가 제1심에서 처음부터 선택적으로 병합되고 그중 어느 한 개의 청구에 대한 인용판결이 선고되어 피고가 항소를 제기한 경우는 물론, 원고의 청구를 인용한 판결에 대하여 피고가 항소를 제기하여 항소심에 이심된 후 청구가 선택적으로 병합된 경우에 있어서도 항소심은 제1심에서 인용된 청구를 먼저 심리하여 판단할 필요는 없고, 선택적으로 병합된 수개의 청구 중 제1심에서 심판되지 아니한 청구를 임의로 선택하여 심판할 수 있다고 할 것이나, 심리한 결과 그 청구가 이유 있다고 인정되고 그 결론이 제1심판결의 주문과 동일한 경우에도 피고의 항소를 기각하여서는 안되며 제1심판결을 취소한 다음 새로이 청구를 인용하는 주문을 선고하여야 할 것이다(대판 1992.9.14. 92다7023).
⑤ X 제1심 법원이 원고들의 주위적 청구와 예비적 청구를 병합 심리한 끝에 주위적 청구는 기각하고 예비적 청구만을 인용하는 판결을 선고한 데 대하여 피고만이 항소한 경우, 항소제기에 의한 이심의 효력은 당연히 사건 전체에 미쳐 주위적 청구에 관한 부분도 항소심에 이심되는 것이지만, 항소심의 심판범위는 이에 관계없이 피고의 불복신청의 범위에 한하는 것으로서 예비적 청구를 인용한 제1심 판결의 당부에 그치고 원고들의 부대항소가 없는 한 주위적 청구는 심판대상이 될 수 없다(대판 1995.2.10. 94다31624).

07 19법전협-3-45   정답 ⑤

청구의 병합에 관한 다음 설명 중 옳은 것은? (다툼이 있는 경우 판례에 의함)

① 행정처분에 대한 무효확인청구와 취소청구는 선택적 청구로서의 병합이 허용된다.
② 원고가 주위적으로 임대차 계약의 권리금 상당의 손해배상을 구하고, 예비적으로 같은 계약의 임대차보증금 상당의 손해배상을 구하는 내용으로 청구를 병합한 경우 법원이 권리금 상당 손해배상청구 중 일부만을 인용하고 나머지 청구에 대한 심리·판단을 모두 생략하는 내용의 판결을 할 수 있다.
③ 원고가 손해배상에 관한 청구를 교환적으로 변경하면서 채무불이행을 원인으로 한 청구를 주위적으로, 불법행위를 원인으로 한 청구를 예비적으로 구한 경우 법원은 주위적 청구를 인용하였다면 예비적 청구를 기각하여야 한다.
④ 청구의 예비적 병합에서 주위적 청구를 배척하면서 예비적 청구에 대하여 판단하지 아니한 판결은 재판의 누락에 해당되어 추가판결의 대상이 된다.
⑤ 채권자가 본래적 급부청구에 이를 대신할 전보배상을 부가하여 대상청구를 예비적으로 병합하여 소구한 경우 본래의 급부청구가 인용된다는 이유로 예비적 청구에 대한 판단을 생략할 수는 없다.

① X 행정처분의 무효확인청구와 취소청구는 그 소송의 요건을 달리하는 것이니 만큼, 하자있는 특정의 행정처분에 관하여 그 하자가 중대하고 명백한 것이었음을 주장하여 그 처분의 무효확인을 구함과 동시에 그 하자를 취소사유에 해당하는 것이었다고 주장하여 그 처분의 취소를 구하는 청구를 예비적으로 병합할 수 있다 할 것이고, 그 병합된 양 청구가 다같이 동일한 행정처분의 동일한 하자를 그 각 청구의 원인으로 주장하였을 경우라 할지라도 그것을 객관적으로는 단일한 처분의 무효확인을 구하는 청구에 지나지 않는 것이었다고는 할 수 없다(대판 1970.12.22. 70누123).
② X 논리적으로 전혀 관계가 없어 순수하게 단순병합으로 구하여야 할 수 개의 청구를 예비적 청구로 병합하여 청구하는 것은 부적법하여 허용되지 않는다. 원고가 주위적으로 이 사건 계약의 권리금 상당 손해배상을 구하고, 예비적으로 이 사건 계약의 임대차보증금 상당 손해배상을 구하는 내용으로 청구를 병합한 것을 제1심 법원이 단순병합 청구로 보정하게 하는 등의 조치를 취하지 아니하고 권리금 상당 손해배상청구 중 일부만을 인용하고 나머지 청구에 대한 심리·판단을 모두 생략하는 내용의 판결을 하였다 하더라도 그로 인하여 청구의 병합 형태가 예비적 병합 관계로 바뀔 수는 없다. 그러므로, 이에 대하여 피고만이 항소한 이 사건에서 제1심법원이 심리·판단하지 않은 임대차보증금 상당 손해배상청구는 여전히 제1심에 남아 있게 된다(대판 2009.12.24. 2009다10898).
③ X 원심판결 이유 및 기록에 의하면, 원고는 원심에서 손해배상에 관한 청구를 교환적으로 변경하면서 채무불이행을 원인으로 한 청구를 주위적으로, 불법행위를 원인으로 한 청구를 예비적으로 각각 구하였고, 원심도 원고가 붙인 심판의 순위에 따라 판단하였다.

그러나 위 두 청구는 그 청구 모두가 동일한 목적을 달성하기 위한 것으로서 어느 하나의 채권이 변제로 소멸한다면 나머지 채권도 그 목적 달성을 이유로 동시에 소멸하는 관계에 있으므로 선택적 병합 관계에 있음을 지적하여 둔다(대판 2018.2.28. 2013다26425).

④ X 예비적 병합의 경우에는 수개의 청구가 하나의 소송절차에 불가분적으로 결합되어 있기 때문에 주위적 청구를 먼저 판단하지 않고 예비적 청구만을 인용하거나 주위적 청구만을 배척하고 예비적 청구에 대하여 판단하지 않는 등의 일부판결은 예비적 병합의 성질에 반하는 것으로서 법률상 허용되지 아니하며, 그럼에도 불구하고 주위적 청구를 배척하면서 예비적 청구에 대하여 판단하지 아니하는 판결을 한 경우에는 그 판결에 대한 상소가 제기되면 판단이 누락된 예비적 청구 부분도 상소심으로 이심이 되고 그 부분이 재판의 탈루에 해당하여 원심에 계속중이라고 볼 것은 아니다(대판 2000.11.16. 98다22253 전원합의체).

⑤ O 채권자가 본래적 급부청구에 이를 대신할 전보배상을 부가하여 대상청구를 병합하여 소구한 경우 대상청구는 본래적 급부청구권이 현존함을 전제로 하여 이것이 판결확정 전에 이행불능되거나 또는 판결확정 후에 집행불능이 되는 경우에 대비하여 전보배상을 미리 청구하는 경우로서 양자의 병합은 현재 급부청구와 장래 급부청구의 단순병합에 속하는 것으로 허용된다. 이러한 대상청구를 본래의 급부청구에 예비적으로 병합한 경우에도 본래의 급부청구가 인용된다는 이유만으로 예비적 청구에 대한 판단을 생략할 수는 없다(대판 2011.8.18. 2011다30666,30673).

08 20법전협-3-45 정답 ④

청구의 병합에 관한 설명 중 옳지 않은 것은?

① 선택적 병합의 경우에는 수개의 청구가 하나의 소송절차에 불가분적으로 결합되어 있으므로 선택적 청구 중 하나만을 기각하고 다른 선택적 청구에 대하여 아무런 판단을 하지 아니한 것은 위법하다.

② 주위적 청구원인과 예비적 청구원인이 양립 가능한 경우에도 당사자가 심판의 순위를 붙여 청구를 할 합리적인 필요성이 있는 경우에는 심판의 순위를 붙여 청구할 수 있다.

③ 원고의 청구를 인용한 판결에 대하여 피고가 항소를 제기하여 사건이 항소심에 이심된 후 청구가 선택적으로 병합된 경우, 항소심은 제1심에서 인용된 청구를 먼저 심리하여 판단할 필요는 없고 선택적으로 병합된 수 개의 청구 중 제1심에서 심판되지 아니한 청구를 임의로 선택하여 심판할 수 있다.

④ 제1심법원이 원고의 주위적 청구와 예비적 청구를 병합심리한 끝에 주위적 청구는 기각하고 예비적 청구만을 인용하는 판결을 선고한 데 대하여 피고만 항소한 경우, 항소의 제기에 의한 이심의 효력은 사건 전부에 미쳐 주위적 청구도 항소심에 이심되나 그 주위적 청구는 심판대상이 아니므로 피고는 항소심의 변론에서 원고의 주위적 청구를 인낙할 수 없다.

⑤ 논리적으로 전혀 관계가 없어 순수하게 단순병합으로 구하여야 할 수개의 청구를 선택적 또는 예비적 청구로 병합하여 청구하는 것은 부적법하여 허용되지 않는다.

① O 청구의 선택적 병합이란 양립할 수 있는 수개의 경합적 청구권에 기하여 동일 취지의 급부를 구하거나 양립할 수 있는 수개의 형성권에 기하여 동일한 형성적 효과를 구하는 경우에 그 어느 한 청구가 인용될 것을 해제조건으로 하여 수개의 청구에 관한 심판을 구하는 병합 형태로서, 이와 같은 선택적 병합의 경우에는 수개의 청구가 하나의 소송절차에 불가분적으로 결합되어 있기 때문에 선택적 청구 중 하나만을 기각하는 일부판결은 선택적 병합의 성질에 반하는 것으로서 법률상 허용되지 않는다(대판 1998.7.24. 96다99).

② O 청구의 예비적 병합은 논리적으로 양립할 수 없는 수 개의 청구에 관하여 주위적 청구의 인용을 해제조건으로 예비적 청구에 대하여 심판을 구하는 형태의 병합이라 할 것이지만, 논리적으로 양립할 수 있는 수 개의 청구라 하더라도 당사자가 심판의 순위를 붙여 청구를 할 합리적 필요성이 있는 경우에는 당사자가 붙인 순위에 따라서 당사자가 먼저 구하는 청구를 심리하여 이유가 없으면, 다음 청구를 심리하여야 한다(대판 2002.2.8. 2001다17633).

③ O 수개의 청구가 제1심에서 처음부터 선택적으로 병합되고 그중 어느 한 개의 청구에 대한 인용판결이 선고되어 피고가 항소를 제기한 경우는 물론, 원고의 청구를 인용한 판결에 대하여 피고가 항소를 제기하여 항소심에 이심된 후 청구가 선택적으로 병합된 경우에 있어서도 항소심은 제1심에서 인용된 청구를 먼저 심리하여 판단할 필요는 없고, 선택적으로 병합된 수개의 청구 중 제1심에서 심판되지 아니한 청구를 임의로 선택하여 심판할 수 있다고 할 것이나, 심리한 결과 그 청구가 이유 있다고 인정되고 그 결론이 제1심판결의 주문과 동일한 경우에도 피고의 항소를 기각하여서는 안되며 제1심판결을 취소한 다음 새로이 청구를 인용하는 주문을 선고하여야 할 것이다(대판 1992.9.14. 92다7023).

④ X 제1심 법원이 원고의 주위적 청구와 예비적 청구를 병합심리한 끝에 주위적 청구는 기각하고 예비적 청구만을 인용하는 판결을 선고한 데 대하여 피고만 항소를 하더라도, 항소의 제기에 의한 이심의 효력은 피고의 불복신청의 범위와는 관계없이 사건 전부에 미쳐 주위적 청구에 관한 부분도 항소심에 이심되는 것이므로, 피고가 항소심의 변론에서 원고의 주위적 청구를 인낙하여 그 인낙이 조서에 기재되면 그 조서는 확정판결과 동일한 효력이 있는 것이고, 따라서 그 인낙으로 인하여 주위적 청구의 인용을 해제조건으로 병합심판을 구한 예비적 청구에 관하여는 심판할 필요가 없어 사건이 그대로 종결되는 것이다(대판 1992.6.9. 92다12032).

⑤ O 논리적으로 전혀 관계가 없어 순수하게 단순병합으로 구하여야 할 수개의 청구를 선택적 또는 예비적 청구로 병합하여 청구하는 것은 부적법하여 허용되지 않는다(대판 2008.12.11. 2005다51495).

09 19법전협-2-45 정답 ③

원고 甲은 피고 乙을 상대로 한 소송의 제1심 법원 제1회 변론기일에서 "이 건 소장을 통해 명의신탁을 해지하고 이를 원인으로 피고 명의의 이전등기의 말소를 구한다."는 내용이 기재된 소장을 진술하였다. 이후 제2회 변론기일에서 甲이 "주위적으로 명의신탁해지를 원인으로 한 소유권이전등기절차의 이행을 구하고 예비적으로 등기의 원인무효를 이유로 말소등기절차의 이행을 구한다."고 구두로 청구취지 및 청구원인의 변경을 구하는 진술을 하였다. 다음의 설명 중 옳지 않은 것은? (다툼이 있는 경우 판례에 따름)

① 서면에 의하지 아니한 청구취지의 변경을 하였다면 잘못이지만 이에 대하여 상대방이 지체없이 이의를 하지 않았다면 소송절차에 관한 이의권의 상실로 그 잘못은 치유된다.
② 예비적 병합에 있어서 예비적 청구는 주위적 청구가 인용되는 것을 해제조건으로 하는 것이므로 법원의 심판순서는 당사자가 청구한 심판의 순서에 구속을 받는다.
③ 제1심 법원이 주위적 청구를 기각하였으나 예비적 청구에 대하여 판단하지 않은 경우 그 제1심 법원의 판결에 대한 상소가 제기되면 예비적 청구 부분은 재판의 누락에 해당하여 제1심 법원에 계속 중이다.
④ 주위적 청구와 동일한 목적물에 관하여 동일한 청구원인을 내용으로 하면서 주위적 청구를 양적이나 질적으로 일부 감축하여 하는 예비적 청구는 주위적 청구에 흡수되는 것일 뿐 소송상의 예비적 청구라고 할 수 없다.
⑤ 甲은 제2회 변론기일에서 예비적 병합을 하지 아니하고 명의신탁해지를 원인으로 한 소유권이전등기절차의 이행청구에서 원인무효를 이유로 한 말소등기절차의 이행청구로 교환적 변경을 할 수 있다.

 해설

① O 청구취지의 변경은 서면으로 신청하여야 하므로 서면에 의하지 아니한 청구취지 변경은 잘못이나 이에 대하여 피고가 이의를 한 흔적이 없다면 책문권의 상실로 그 잘못은 치유된다(대판 1982.7.13. 82다카262).
② O 청구의 예비적 병합이란 병합된 수개의 청구 중 주위적 청구(제1차 청구)가 인용되지 않을 것에 대비하여 그 인용을 해제조건으로 예비적 청구(제2차 청구)에 관하여 심판을 구하는 병합형태이다(대판 2000.11.16. 98다22253 전원합의체).
③ X 예비적 병합의 경우에는 수개의 청구가 하나의 소송절차에 불가분적으로 결합되어 있기 때문에 주위적 청구를 먼저 판단하지 않고 예비적 청구만을 인용하거나 주위적 청구만을 배척하고 예비적 청구에 대하여 판단하지 않는 등의 일부판결은 예비적 병합의 성질에 반하는 것으로서 법률상 허용되지 아니하며, 그럼에도 불구하고 주위적 청구를 배척하면서 예비적 청구에 대하여 판단하지 아니하는 판결을 한 경우에는 그 판결에 대한 상소가 제기되면 판단이 누락된 예비적 청구 부분도 상소심으로 이심이 되고 그 부분이 재판의 탈루에 해당하여 원심에 계속중이라고 볼 것은 아니다(대판 2000.11.16. 98다22253 전원합의체).
④ O 예비적 청구는 주위적 청구와 서로 양립할 수 없는 관계에 있어야 하므로, 주위적 청구와 동일한 목적물에 관하여 동일한 청구원인을 내용으로 하면서 주위적 청구를 양적이나 질적으로 일부 감축하여 하는 청구는 주위적 청구에 흡수되는 것일 뿐 소송상의 예비적 청구라고 할 수 없다(대판 2017.2.21. 2016다225353).
⑤ O 청구취지와 청구원인을 원래의 원인무효로 인한 말소등기청구에서 명의신탁해지로 인한 이전등기청구로 변경한 것은 동일한 생활 사실 또는 동일한 경제적 이익에 관한 분쟁에 관하여 그 해결 방법을 다르게 한 것일 뿐이어서 청구의 기초에 변경이 있다고 볼 수 없다(대판 2001.3.13. 99다11328).

10 20법전협-2-45 정답 ②

甲은 乙을 상대로 주위적으로 X 토지에 대하여 매매를 원인으로 한 소유권이전등기절차의 이행을 구하고, 예비적으로는 위 매매계약이 무효일 경우에 대비하여 1억 원의 손해배상금의 지급을 구하는 소를 제기하였다. 제1심 법원은 주위적 청구를 기각하고 예비적 청구를 인용하는 판결을 선고하였다. 이에 관한 설명 중 옳지 않은 것은?

① 甲과 乙이 판결 선고 전에 미리 상소하지 않기로 서면으로 명백하게 합의한 경우 위의 판결은 선고와 동시에 확정된다.
② 위 판결에 대해 乙만이 항소를 제기한 경우 항소심 법원은 부대항소를 제기하지 않은 甲에게 결과적으로 제1심 판결보다 유리한 내용으로 판결을 변경할 수 있다.
③ 위 판결에 대해 甲이 항소를 제기하고 乙이 항소기간 내에 부대항소를 제기한 경우 항소심 법원이 甲의 항소를 각하하더라도 乙의 부대항소는 효력을 상실하지 않는다.
④ 위 판결에 대해 甲만이 항소를 제기한 경우 甲은 乙의 동의 없이 항소를 취하할 수 있다.
⑤ 위 판결에 대해 甲이 항소를 제기하고 乙이 항소기간을 도과하여 부대항소를 제기한 경우 乙은 甲의 동의 없이 부대항소를 취하할 수 있다.

① O 구체적인 사건의 소송 계속중 그 소송 당사자 쌍방이 판결 선고 전에 미리 상소하지 아니하기로 합의하였다면 그 판결은 선고와 동시에 확정되는 것이므로(대판 1980.1.29. 79다2066; 대판 1987.6.23. 86다카2728 등 참조), 이러한 합의는 소송당사자에 대하여 상소권의 사전포기와 같은 중대한 소송법상의 효과가 발생하게 되는 것으로서 반드시 서면에 의하여야 할 것이며, 그 서면의 문언에 의하여 당사자 쌍방이 상소를 하지 아니한다는 취지가 명백하게 표현되어 있을 것을 요한다고 할 것이다.

그런데 당사자 쌍방이 소송 계속중 작성된 서면에 그와 같은 불상소 합의가 포함되어 있는가 여부의 해석을 둘러싸고 이견이 있어 그 서면에 나타난 당사자의 의사해석이 문제로 되는 경우, 이러한 불상소 합의와 같은 소송행위의 해석은 일반 실체법상의 법률행위와는 달리 내심의 의사가 아닌 철저한 표시주의와 외관주의에 따라 그 표시를 기준으로 하여야 하고 표시된 내용과 저촉되거나 모순되어서는 아니될 것이며, 다만 당해 소송제도의 목적과 당사자의 권리구제의 필요성 등을 고려할 때 그 소송행위에 관한 당사자의 주장 전체를 고찰하고 그 소송행위를 하는 당사자의 의사를 참작하여 객관적이고 합리적으로 소송행위를 해석할 필요는 있다고 할 것이다(대판 1984.2.28. 83다카1981 전원합의체; 대판 1997.10.24. 95다11740; 대결 2002.4.22. 2002그26 등 참조).

따라서 불상소의 합의처럼 그 합의의 존부 판단에 따라 당사자들 사이에 이해관계가 극명하게 갈리게 되는 소송행위에 관한 당사자의 의사해석에 있어서는, 표시된 문언의 내용이 불분명하여 당사자의 의사해석에 관한 주장이 대립할 소지가 있고 나아가 당사자의 의사를 참작한 객관적·합리적 의사해석과 외부로 표시된 행위에 의하여 추단되는 당사자의 의사조차도 불분명하다면, 가급적 소극적 입장에서 그러한 합의의 존재를 부정할 수밖에는 없을 것이다(대판 2002.10.11. 2000다17803 참조; 대판 2007.11.29. 2007다52317).

② X 제1심에서 주위적 청구를 기각하고 예비적 청구를 인용한 판결에 대하여 피고만이 항소한 때에는, 이심의 효력은 이 사건 전체에 미치더라도 원고로부터 부대항소가 없는 한 항소심의 심판대상으로 되는 것은 예비적 청구에 국한되는 것이다(대판 1967.9.5. 67다1323 참조; 대판 1995.1.24. 94다29065).

제415조(항소를 받아들이는 범위)
제1심 판결은 그 불복의 한도안에서 바꿀 수 있다. 다만, 상계에 관한 주장을 인정한 때에는 그러하지 아니하다.

③ O

제404조(부대항소의 종속성)
부대항소는 항소가 취하되거나 부적법하여 각하된 때에는 그 효력을 잃는다. 다만, 항소기간 이내에 한 부대항소는 독립된 항소로 본다.

④, ⑤ O 항소의 취하에는 상대방의 동의를 요하는 제266조 제2항이 준용되지 않는다. 부대항소도 같다.

제266조(소의 취하)
② 소의 취하는 상대방이 본안에 관하여 준비서면을 제출하거나 변론준비기일에서 진술하거나 변론을 한 뒤에는 상대방의 동의를 받아야 효력을 가진다.

제393조(항소의 취하)
② 항소의 취하에는 제266조 제3항 내지 제5항 및 제267조 제1항의 규정을 준용한다.

제405조(부대항소의 방식)
부대항소에는 항소에 관한 규정을 적용한다.

---

11 21법전협-2-48   정답 ②

청구변경에 관한 설명 중 옳지 않은 것을 모두 고른 것은?
(다툼이 있는 경우 판례에 의함)

ㄱ. 가등기에 기한 본등기청구를 하면서 그 등기원인을 매매예약완결이라고 주장하는 한편 그 가등기의 피담보채권을 대여금채권에서 손해배상채권으로 변경하는 것은 청구변경이다.

ㄴ. 소유권이전등기청구를 하면서 등기원인을 매매에서 취득시효완성으로 변경하는 것은 청구변경에 해당한다.

ㄷ. 청구의 기초가 변경되었지만 피고가 이의를 제기한 바 없이 청구의 변경이 그대로 받아들여져 판결이 선고되었어도 피고는 이를 다툴 수 있다.

ㄹ. 항소심에서 A 청구에서 B 청구로 교환적 변경을 하면 A 청구에 대하여는 판결 선고 후의 소취하가 되어 재소금지의 적용을 받는다.

ㅁ. 제1심 법원에서 교환적 변경을 간과하여 신청구에 대하여는 아무런 판단도 하지 아니한 채 구청구만을 판단한 경우, 항소심법원은 제1심 판결을 취소하고 신청구에 대하여 판단하여야 한다.

① ㄱ, ㄴ, ㄷ   ② ㄱ, ㄷ, ㅁ
③ ㄴ, ㄷ, ㄹ   ④ ㄴ, ㄹ, ㅁ
⑤ ㄷ, ㄹ, ㅁ

ㄱ. X 가등기에 기한 본등기청구를 하면서 그 등기원인을 매매예약완결이라고 주장하는 한편 위 가등기의 피담보채권을 처음에는 대여금채권이라고 주장하였다가 나중에는 손해배상채권이라고 주장한 경우 가등기에 기한 본등기청구의 등기원인은 위 주장의 변경에 관계없이 매매예약완결이므로 등기원인에 변경이 없어 청구의 변경에 해당하지 아니하고, 위 가등기로 담보되는 채권이 무엇인지는 공격방어방법에 불과하다(대판 1992.6.12. 92다11848).

ㄴ. O 매매 또는 취득시효 완성을 원인으로 하는 소유권이전등기청구소송에서 그 대상을 1필지 토지의 일부에서 전부로 확장하는 것은 청구의 양적 확장으로서 소의 추가적 변경에 해당하고, 동일 부동산에 대하여 이전등기를 구하면서 그 등기청구권의 발생원인을 처음에는 매매로 하였다가 후에 취득시효의 완성을 선택적으로 추가하는 것도 단순한 공격방법의 차이가 아니라 별개의 청구를 추가시킨 것이므로 역시 소의 추가적 변경에 해당한다(대판 1997.4.11. 96다50520).

ㄷ. X 청구의 기초의 변경에 대하여 피고가 지체 없이 이의를 진술하지 아니하고 변경된 청구에 관한 본안의 변론을 한 때에는 피고는 책문권을 상실하여 다시 이의를 제기하지 못한다(대판 1982.1.26. 81다546).

ㄹ. O (판결 이유 중) 원고는 제2심인 원심에서 제1심에서의 청구취지나 청구원인을 변경한 것이 분명하고 제1심에서의 청구원인의 진술을 전부 철회하고 있는 본건에 있어서 본건 청구의 변경은 청구의 교환적 변경이라고 함이 상당할 것이다. 따라서 신탁해제를 원인으로 한 본건 부동산의 소유권 이전등기 청구의 소는 취하의 요건이 구비된 것이라고 할 것이며 이는 제1심 종국판결 후에 된 것이니 원고는 재소금지의 원칙에 의하여 다시는 신탁해제를 원인으로하여 본건 부동산의 소유권 이전등기를 피고에게 청구할 수 없다(대판 1969.5.27. 68다1798).

ㅁ. X [1] 항소심에서 청구가 교환적으로 변경된 경우에는 구청구는 취하되고 신청구가 심판의 대상이 되는 것이다.
[2] 소의 교환적 변경으로 구청구인 손해배상청구는 취하되고 신청구인 정리채권확정청구가 심판의 대상이 되었음에도 신청구에 대하여는 아무런 판단도 하지 아니한 채 구청구에 대하여 심리·판단한 원심판결을 파기하고 구청구에 대하여 소송종료선언을 한 사례
(판결 이유 중) 신청구에 대하여는 재판의 탈루에 해당되어 원심에 그대로 계속되어 있다(대판 2003.1.24. 2002다56987).

12   20법전협-1-46   정답 ②

청구의 변경에 관한 다음 설명 중 옳지 않은 것은? (다툼이 있는 경우 판례에 의함)

① 가등기에 기한 본등기청구를 하면서 그 등기원인을 매매예약완결이라고 주장하는 한편 위 가등기의 피담보채권을 처음에는 대여금채권이라고 주장하였다가 나중에는 손해배상채권이라고 주장한 경우 청구의 변경에 해당하지 아니한다.
② 청구의 변경에 대하여 상대방이 지체 없이 이의하지 아니하고 변경된 청구에 관한 본안의 변론을 하였더라도 상대방은 청구 기초의 동일성의 적법 여부에 대하여 다툴 수 있다.
③ 원고가 제1심에서 부당이득반환청구를 하였다가 항소심에서 명의신탁해지를 원인으로 한 소유권이전등기청구로 청구를 교환적으로 변경하였음에도 항소심이 신청구에 대하여 아무런 판단을 하지 아니한 것은 재판의 누락에 해당하여 신청구에 관한 소송은 항소심에 그대로 계속된다.
④ 회생채권자가 채무자에 대한 회생절차개시결정으로 중단된 회생채권 관련 소송절차를 수계하는 경우에는 회생채권의 확정을 구하는 것으로 청구취지 등을 변경하여야 한다.
⑤ 제1심에서 전부 승소한 원고도 피고의 항소로 항소심 계속 중 그 청구취지를 확장·변경할 수 있다.

해설

① O 가등기에 기한 본등기청구를 하면서 그 등기원인을 매매예약완결이라고 주장하는 한편 위 가등기의 피담보채권을 처음에는 대여금채권이라고 주장하였다가 나중에는 손해배상채권이라고 주장한 경우 가등기에 기한 본등기청구의 등기원인은 위 주장의 변경에 관계없이 매매예약완결이므로 등기원인에 변경이 없어 청구의 변경에 해당하지 아니하고, 위 가등기로 담보되는 채권이 무엇인지는 공격방어방법에 불과하다(대판 1992.6.12. 92다11848).
② X 청구 변경의 적법 요건 중 '청구 기초의 동일성'에 관하여 상대방이 지체 없이 이의하지 아니하고 변경된 청구에 관한 본안의 변론을 한 때에는 상대방은 더 이상 그 청구 변경의 적법 여부에 대하여 다투지 못한다(대판 2003.11.28. 2003다6248).
③ O 항소심에서 청구가 교환적으로 변경된 경우에는 구 청구는 취하되고 신 청구가 심판의 대상이 되는 것이므로, 원고의 2016. 1. 5.자 소의 교환적 변경으로 구 청구인 부당이득반환청구는 취하되고 신 청구인 소유권이전등기청구가 심판의 대상이 되었음에도, 원심이 신 청구에 대하여는 아무런 판단도 하지 아니한 채(재판의 누락에 해당되고 신 청구에 관한 소송은 원심에 그대로 계속되어 있다) 오히려 구 청구에 대하여 판단한 것은 소의 변경의 효력에 관한 법리를 오해한 위법을 저지른 데 해당한다(대판 2017.2.21. 2016다45595).
④ O 채무자 회생 및 파산에 관한 법률 제59조 제1항, 제118조, 제131조 등에 의하면 회생절차개시결정이 있는 때에는 채무자의 재산에 관한 소송절차는 중단되고, 회생절차개시 전의 원인으로 생긴 재산상의 청구권이나 회생절차개시 후의 불이행으로 인한 손해배상금 등 회생채권에 관하여는 특별한 규정이 있는 경우를 제외하고는 회생계획에 규정된 바에 따르지 아니하고는 변제받는 등 회생절차 외에서 개별적인 권리행사를 할 수 없다. 따라서 회생채권자가 채무자에 대한 회생절차개시결정으로 중단된 회생채권 관련 소송절차를 수계하는 경우에는 회생채권의 확정을 구하는 것으로 청구취지 등을 변경하여야 하고, 이러한 법리는 회생채무자의 관리인 등이 회생절차에서 회생채권으로 신고된 채권에 관하여 이의를 하고 중단된 소송절차를 수계하는 때에도 마찬가지이다(대판 2015.7.9. 2013다69866).
⑤ O 제1심에서 전부 승소한 원고도 항소심 계속중 그 청구취지를 확장·변경할 수 있고, 그것이 피고에게 불리하게 하는 한도 내에서는 부대항소를 한 취지로도 볼 수 있다(대판 1995.6.30. 94다58261).

13 20법전협-2-44   정답 ⑤

청구의 변경에 관한 설명 중 옳지 않은 것은?

① 청구의 변경에 대하여 상대방이 지체 없이 이의하지 아니하고 변경된 청구에 관한 본안의 변론을 한 때에는 상대방은 더 이상 그 청구 변경의 적법 여부에 대하여 다투지 못한다.

② 제1심에서 원고 승소판결이 선고되었고 이에 대하여 피고가 추완항소를 제기하여 항소심 계속 중 원고는 청구의 교환적 변경을 하였고 피고는 이에 대해 이의하지 않았다면 그 후 피고가 항소를 취하한다 하더라도 항소취하는 그 대상이 없어 아무런 효력을 발생할 수 없다.

③ 제1심에서 적법하게 반소를 제기하였던 당사자가 항소심에서 반소를 교환적으로 변경하는 경우에 변경된 청구와 종전 청구가 청구의 기초에 변경이 없으면 그와 같은 청구의 변경도 허용된다.

④ 소의 변경이 교환적인가 추가적인가 또는 선택적인가의 여부는 기본적으로 당사자의 의사해석에 의할 것이므로 당사자가 구 청구를 취하한다는 명백한 표시 없이 새로운 청구로 변경하는 등으로 그 변경형태가 불분명한 경우에는 사실심법원으로서는 과연 청구변경의 취지가 교환적인가 추가적인가 또는 선택적인가의 점을 석명할 의무가 있다.

⑤ 제1심에서 원고가 전부 승소하여 피고만이 항소한 경우에 원고는 항소심에서 청구취지를 확장할 수 없다.

해설

① O 청구의 기초의 변경에 대하여 피고가 지체없이 이의를 진술하지 아니하고 변경된 청구에 관한 본안의 변론을 한 때에는 피고는 책문권을 상실하여 다시 이의를 제기하지 못하는 것이다(대판 1982.1.26. 81다546). 청구의 변경에 대하여 상대방이 지체 없이 이의하지 아니하고 변경된 청구에 관한 본안의 변론을 한 때에는 상대방은 더 이상 그 청구 변경의 적법 여부에 대하여 다투지 못한다(대판 2011.2.24. 2009다33655).

② O 피고의 항소로 인한 항소심에서 소의 교환적 변경이 적법하게 이루어졌다면 제1심판결은 소의 교환적 변경에 의한 소취하로 실효되고, 항소심의 심판대상은 새로운 소송으로 바뀌어지고 항소심이 사실상 제1심으로 재판하는 것이 되므로, 그 뒤에 피고가 항소를 취하한다 하더라도 항소취하는 그 대상이 없어 아무런 효력을 발생할 수 없다(대판 1995.1.24. 93다25875).

③ O 제1심에서 적법하게 반소를 제기하였던 당사자가 항소심에서 반소를 교환적으로 변경하는 경우에 변경된 청구와 종전 청구가 실질적인 쟁점이 동일하여 청구의 기초에 변경이 없으면 그와 같은 청구의 변경도 허용된다. 한편 청구의 변경은 소송절차를 지연함이 현저한 경우가 아닌 한 청구의 기초에 변경이 없는 한도에서 사실심의 변론종결시까지 할 수 있고, 동일한 생활 사실 또는 동일한 경제적 이익에 관한 분쟁에서 해결 방법에 차이가 있음에 불과한 청구취지 및 청구원인의 변경은 청구의 기초에 변경이 없다(대판 2012.3.29. 2010다28338,28345).

④ O 소의 변경이 교환적인가 추가적인가 또는 선택적인가의 여부는 기본적으로 당사자의 의사해석에 의할 것이므로 당사자가 구청구를 취하한다는 명백한 표시없이 새로운 청구취지를 항소장에 기재하는 등으로 그 변경형태가 불명할 경우에는 사실심 법원으로서는 과연 청구변경의 취지가 교환적인가 추가적인가 또는 선택적인가의 점에 대하여 석명으로 이를 밝혀 볼 의무가 있다(대판 1967.7.4. 67다766 참조; 대판 1987.6.9. 86다카2600).

⑤ X 원심이 묵시적 일부청구인 경우 항소의 이익을 인정하여 청구취지확장이 허용되고 명시적 일부청구의 경우라도 부대항소로서 허용된다.

상소는 자기에게 불이익한 재판에 대하여 유리하게 취소 변경을 구하는 것이므로 전부 승소한 판결에 대하여는 항소를 허용하지 아니하는 것이 원칙이고, 재판이 항소인에게 불이익한 것인지 여부는 원칙적으로 재판의 주문을 표준으로 하여 판단해야 하며, 다만 가분채권에 대한 이행청구의 소를 제기하면서 그것이 나머지 부분을 유보하고 일부만 청구하는 것이라는 취지를 명시하지 아니한 경우에는 그 확정판결의 기판력은 나머지 부분에까지 미치는 것이어서 별소로서 나머지 부분에 관하여 다시 청구할 수는 없는 것이므로, 일부 청구에 관하여 전부 승소한 채권자는 나머지 부분에 관하여 청구를 확장하기 위한 항소가 허용되지 아니한다면 나머지 부분을 소구할 기회를 상실하는 불이익을 입게 된다 할 것이고, 따라서 이러한 경우에는 예외적으로 전부 승소한 판결에 대해서도 나머지 부분에 관하여 청구를 확장하기 위한 항소의 이익을 인정함이 상당하다고 할 것이다(대판 1997.10.24. 96다12276 등 참조; 대판 2010.11.11. 2010두14534).

[1] 부대항소란 피항소인의 항소권이 소멸하여 독립하여 항소를 할 수 없게 된 후에도 상대방이 제기한 항소의 존재를 전제로 이에 부대하여 원판결을 자기에게 유리하게 변경을 구하는 제도로서, 피항소인이 부대항소를 할 수 있는 범위는 항소인이 주된 항소에 의하여 불복을 제기한 범위에 의하여 제한을 받지 아니한다.

[2] 원고의 청구가 모두 인용된 제1심판결에 대하여 피고가 지연손해금 부분에 대하여만 항소를 제기하고, 원금 부분에 대하여는 항소를 제기하지 아니하였다고 하더라도 제1심에서 전부 승소한 원고가 항소심 계속중 부대항소로서 청구취지를 확장할 수 있는 것이므로, 항소심이 원의 부대항소를 받아들여 제1심판결의 인용금액을 초과하여 원고 청구를 인용하였더라도 거기에 불이익변경금지의 원칙이나 항소심의 심판범위에 관한 법리오해의 위법이 없다(대판 2003.9.26. 2001다68914).

제2절 반소

14 | 22변시-52   정답 ②

반소에 관한 설명 중 옳지 않은 것은? (다툼이 있는 경우 판례에 의함)

① 본권자가 허용되지 않는 자력구제로 점유를 회복하자 점유자가 점유 회수의 본소를 제기하였으며 이에 대하여 본권자가 소유권에 기한 인도를 구하는 예비적 반소를 제기하여 본소 청구와 예비적 반소 청구가 모두 인용되어 확정되었다면, 특별한 사정이 없는 한 점유자가 본소 확정판결에 의하여 집행문을 부여받아 강제집행으로 물건의 점유를 회복할 수 있고 본권자는 반소 확정판결에 의하여 집행문을 부여받아 위 본소 집행 후 비로소 강제집행으로 물건의 점유를 회복할 수 있다.

② 본소가 부적법하다 하여 각하됨으로써 종료된 경우 피고의 반소 취하는 원고의 동의 없이 효력이 발생한다.

③ 가지급물 반환신청의 성질은 본안판결의 취소 또는 변경을 조건으로 하는 예비적 반소에 해당한다.

④ 피고가 원고의 본소 청구가 인용될 것을 조건으로 예비적 반소를 제기하였는데, 제1심 법원이 소의 이익이 없음을 이유로 원고의 본소와 피고의 예비적 반소를 모두 각하하자, 이에 대하여 원고만이 본소 각하 부분에 대하여 항소한 경우, 항소심 법원이 원고의 항소를 받아들여 원고의 본소 청구를 인용하는 이상 피고의 예비적 반소 청구도 심판 대상으로 삼아 이를 판단하여야 한다.

⑤ 원고가 본소의 이혼청구에 병합하여 재산분할청구를 한 후 피고가 반소로 이혼청구를 한 경우, 원고가 반대의 의사를 표시하였다는 등의 특별한 사정이 없는 한 원고의 재산분할청구 중에는 본소의 이혼청구가 받아들여지지 않고 피고의 반소청구에 의하여 이혼이 명하여지는 경우에도 재산을 분할해 달라는 취지의 청구가 포함된 것으로 봄이 상당하다.

해설

① O 점유회수의 본소에 대하여 본권자가 소유권에 기한 인도를 구하는 반소를 제기하여 본소청구와 예비적 반소청구가 모두 인용되어 확정되면, 점유자가 본소 확정판결에 의하여 집행문을 부여받아 강제집행으로 물건의 점유를 회복할 수 있다. 본권자의 소유권에 기한 반소청구는 본소의 의무 실현을 정지조건으로 하므로, 본권자는 위 본소 집행 후 집행문을 부여받아 비로소 반소 확정판결에 따른 강제집행으로 물건의 점유를 회복할 수 있다(대판 2021.2.4. 2019다202795(본소), 2019다202801(반소)).

② X 민사소송법 제244조의 규정은 원고가 반소의 제기를 유발한 본소는 스스로 취하해 놓고 그로 인하여 유발된 반소만의 유지를 상대방에게 강요한다는 것은 공평치 못하다는 이유에서 원고가 본소를 취하한 때에는 피고도 원고의 동의없이 반소를 취하할 수 있도록 한 규정이므로 본소가 원고의 의사와 관계없이 부적법하다 하여 각하됨으로써 종료된 경우에까지 유추적용할 수 없고, 원고의 동의가 있어야만 반소취하의 효력이 발생한다 할 것이다 (대판 1984.7.10. 84다카298).

③ O 가지급물 반환신청은 가집행에 의하여 집행을 당한 채무자가 별도의 소를 제기하는 비용, 시간 등을 절약하고 본안의 심리 절차를 이용하여 신청의 심리를 받을 수 있는 간이한 길을 터놓은 제도로서 그 성질은 본안판결의 취소·변경을 조건으로 하는 예비적 반소에 해당한다(대판 2011.8.25. 2011다25145).

④ O 피고의 예비적 반소는 본소청구가 인용될 것을 조건으로 심판을 구하는 것으로서 제1심이 원고의 본소청구를 배척한 이상 피고의 예비적 반소는 제1심의 심판대상이 될 수 없는 것이고, 이와 같이 심판대상이 될 수 없는 소에 대하여 제1심이 판단하였다고 하더라도 그 효력이 없다고 할 것이므로, 피고가 제1심에서 각하된 반소에 대하여 항소를 하지 아니하였다는 사유만으로 이 사건 예비적 반소가 원심의 심판대상으로 될 수 없는 것은 아니라고 할 것이고, 따라서 원심으로서는 원고의 항소를 받아들여 원고의 본소청구를 인용한 이상 피고의 예비적 반소청구를 심판 대상으로 삼아 이를 판단하였어야 한다(대판 2006.6.29. 2006다19061,19078).

⑤ O 원고가 본소의 이혼청구에 병합하여 재산분할청구를 제기한 후 피고가 반소로서 이혼청구를 한 경우, 원고가 반대의 의사를 표시하였다는 등의 특별한 사정이 없는 한, 원고의 재산분할청구 중에는 본소의 이혼청구가 받아들여지지 않고 피고의 반소청구에 의하여 이혼이 명하여지는 경우에도 재산을 분할해 달라는 취지의 청구가 포함된 것으로 봄이 상당하다고 할 것이므로(이때 원고의 재산분할청구는 피고의 반소청구에 대한 재반소로서의 실질을 가지게 된다), 이러한 경우 사실심으로서는 원고의 본소 이혼청구를 기각하고 피고의 반소청구를 받아들여 원·피고의 이혼을 명하게 되었다고 하더라도, 마땅히 원고의 재산분할청구에 대한 심리에 들어가 원·피고가 협력하여 이룩한 재산의 액수와 당사자 쌍방이 그 재산의 형성에 기여한 정도 등 일체의 사정을 참작하여 원고에게 재산분할을 할 액수와 방법을 정하여야 한다(대판 2001.6.15. 2001므626,633).

15

15변시-55   정답 ②

각 괄호 안에 들어갈 용어로서 옳은 것은? (다툼이 있는 경우 판례에 의함)

ㄱ. 혼인 외의 자(子)에 대하여 출생신고를 하지 않은 생부를 상대로 그 자(子)가 법률상의 친자관계를 인정받으려고 하는 경우에 (A)를 제기하여야 한다.

ㄴ. 이혼원인 중 '기타 혼인을 계속하기 어려운 중대한 사유'는 다른 일방이 이를 안 날부터 6월, 그 사유가 있은 날부터 (B)년을 경과하면 이혼을 청구하지 못한다.

ㄷ. 처가 가출하여 부(夫)와 별거한지 약 2년 2개월 후에 출산한 혼인 중의 출생자에 대해 부(父)가 자신의 친생자가 아니라는 사실을 안 날부터 3년이 지나 친자관계를 부인하는 경우 (C)를 제기하여야 한다.

ㄹ. 본소 이혼청구를 기각하고 반소 이혼청구를 인용하는 경우, 본소 이혼청구에 병합된 재산분할청구는 원고의 반대의사표시 등 특별한 사정이 없는 한, 피고의 반소청구에 대한 (D)의 실질을 가지게 되므로 원고의 재산분할청구에 대한 심리에 들어가 액수와 방법을 정해주어야 한다.

	A	B	C	D
①	친생자관계 존재확인의 소	3	친생자관계 부존재확인의 소	재반소
②	인지청구의 소	2	친생자관계 부존재확인의 소	재반소
③	친생자관계 존재확인의 소	1	친생부인의 소	예비적 반소
④	인지청구의 소	3	친생부인의 소	재반소
⑤	친생자관계 존재확인의 소	2	친생자관계 부존재확인의 소	예비적 반소

해설

ㄱ. 친생추정을 받는 자가 아니기 때문에 생부를 상대로 바로 인지청구의 소(A)를 제기할 수 있다.

> **관련판례** 민법 제844조의 친생추정을 받는 자는 친생부인의 소에 의하여 그 친생추정을 깨뜨리지 않고서는 다른 사람을 상대로 인지청구를 할 수 없으나, 호적상의 부모의 혼인중의 자로 등재되어 있는 자라 하더라도 그의 생모가 호적상의 부모와 다른 사실이 객관적으로 명백한 경우에는 그 친생추정이 미치지 아니하므로, 그와 같은 경우에는 곧바로 생부모를 상대로 인지청구를 할 수 있다(대판 2000.1.28. 99므1817).

> **민법 제863조(인지청구의 소)**
> 자와 그 직계비속 또는 그 법정대리인은 부 또는 모를 상대로 하여 인지청구의 소를 제기할 수 있다.

ㄴ. 그 사유있은 날로부터 2년(B)을 경과하면

> **민법 제842조(기타 원인으로 인한 이혼청구권의 소멸)**
> 제840조 제6호의 사유는 다른 일방이 이를 안 날부터 6월, 그 사유있은 날로부터 2년을 경과하면 이혼을 청구하지 못한다.

> **민법 제840조(재판상 이혼원인)**
> 부부의 일방은 다음 각호의 사유가 있는 경우에는 가정법원에 이혼을 청구할 수 있다.
> 6. 기타 혼인을 계속하기 어려운 중대한 사유가 있을 때

ㄷ. 아내가 혼인 중에 임신한 자녀는 남편의 자녀로 추정되므로(민법 제844조) 친생관계를 부인하기 위해서는 친생부인의 소(제847조)를 제기해야 하는 것이 원칙이다. 그러나 판례는 예외를 인정하여 처가 부의 자를 포태할 수 없는 것이 외관상 명백한 사정이 있는 경우에는 그 추정이 미치지 아니하므로 친생부인의 소에 의하지 않고 친자관계부존재확인의 소(제865조)(C)를 제기할 수 있다고 한다.

> **관련판례** 민법 제844조는 부부가 동거하여 처가 부의 자를 포태할 수 있는 상태에서 자를 포태한 경우에 적용되는 것이고 부부의 한쪽이 장기간에 걸쳐 해외에 나가 있거나 사실상의 이혼으로 부부가 별거하고 있는 경우 등 동서의 결여로 처가 부의 자를 포태할 수 없는 것이 외관상 명백한 사정이 있는 경우에는 그 추정이 미치지 아니하므로 이 사건에 있어서 처가 가출하여 부와 별거한지 약 2년 2개월 후에 자를 출산하였다면 이에는 동조의 추정이 미치지 아니하여 부는 친생부인의 소에 의하지 않고 친자관계부존재확인소송을 제기할 수 있다(대판 1983.7.12. 82므59).

> **민법 제844조(남편의 친생자의 추정)**
> ① 아내가 혼인 중에 임신한 자녀는 남편의 자녀로 추정한다.

> **민법 제847조(친생부인의 소)**
> ① 친생부인(親生否認)의 소(訴)는 부(夫) 또는 처(妻)가 다른 일방 또는 자(子)를 상대로 하여 그 사유가 있음을 안 날부터 2년 내에 이를 제기하여야 한다.

> **민법 제865조(다른 사유를 원인으로 하는 친생관계존부확인의 소)**
> ① 제845조, 제846조, 제848조, 제850조, 제851조, 제862조와 제863조의 규정에 의하여 소를 제기할 수 있는 자는 다른 사유를 원인으로 하여 친생자관계존부의 확인의 소를 제기할 수 있다.

ㄹ. 원고가 본소의 이혼청구에 병합하여 재산분할청구를 제기한 후 피고가 반소로서 이혼청구를 한 경우, 원고가 반대의 의사를 표시하였다는 등의 특별한 사정이 없는 한, 원고의 재산분할청구 중에는 본소의 이혼청구가 받아들여지지 않고 피고의 반소청구에 의하여 이혼이 명하여지는 경우에도 재산을 분할해 달라는 취지의 청구가 포함된 것으로 봄이 상당하다고 할 것이므로(이때 원고의 재산분할청구는 피고의 반소청구에 대한 재반소(D)로서의 실질을 가지게 된다), 이러한 경우 사실심으로서는 원고의 본소 이혼청구를 기각하고 피고의 반소청구를 받아들여 원·피고의 이혼을 명하게 되었다고 하더라도, 마땅히 원고의 재산분할청구에 대한 심리에 들어가 원·피고가 협력하여 이룩한 재산의 액수와 당사자 쌍방이 그 재산의 형성에 기여한 정도 등 일체의 사정을 참작하여 원고에게 재산분할을 할 액수와 방법을 정하여야 한다(대판 2001.6.15. 2001므626,633).

16 15변시-66 정답 ③

丙은 甲보험회사(이하 甲이라 한다)와 자동차종합보험계약이 체결된 자신의 승용차를 운행하던 중 乙의 차량을 추돌하여 乙에게 10주의 치료가 필요한 상해를 입게 하였다. 乙은 甲에게 1억 원을 직접 청구하였으나, 甲은 乙의 일방적 과실로 인한 사고라고 주장하며 그 지급을 거부하면서 乙을 상대로 위 교통사고로 인한 채무부존재확인의 소를 제기하였고, 乙은 이에 대한 반소로서 교통사고로 입은 손해 1억 원의 배상을 청구하는 소를 제기하였다. 변론의 진행결과 丙의 과실로 인한 乙의 손해를 최종적으로 법원이 4,000만 원으로 인정하였다면, 다음 설명 중 옳은 것은? (다툼이 있는 경우 판례에 의함)

① 甲의 본소는 확인의 소의 보충성의 원칙상 소의 이익이 없어 각하될 것이다.
② 甲의 본소를 취하하는 것에 乙이 동의한 경우 반소의 소송계속도 소멸한다.
③ 甲은 丙이 乙에 대하여 부담하는 채무를 병존적으로 인수한 것으로 볼 수 있다.
④ 乙이 甲에 대하여 가지는 권리는 손해배상청구권이 아니라 피보험자 丙이 甲에 대해 가지는 보험금청구권의 변형 내지 이에 준하는 권리이다.
⑤ 乙은 甲을 상대로 반소를 제기하였기 때문에 丙을 상대로는 별도로 소를 제기할 수 없고, 丙을 상대로 소를 제기할 경우 소가 각하된다.

 해설

① X 甲이 乙에게 채무부존재확인의 소를 제기한 이후, 乙이 甲에게 반소로서 손해배상을 구하는 소를 제기하더라도 본소청구에 대한 확인의 이익이 소멸하여 본소가 부적법하게 되는 것은 아니다(아래 대판 2010.7.15. 2010다2428,2435). 그러나 반대로 이미 원고의 이행의 소가 제기되어 있는 경우에 피고가 별도로 채무부존재의 확인을 구한다면 이는 확인의 이익이 인정되지 않아 부적법하게 된다.

관련판례 소송요건을 구비하여 적법하게 제기된 본소가 그 후에 상대방이 제기한 반소로 인하여 소송요건에 흠결이 생겨 다시 부적법하게 되는 것은 아니므로, 원고가 피고에 대하여 손해배상채무의 부존재확인을 구할 이익이 있어 본소로 그 확인을 구하였다면, 피고가 그 후에 그 손해배상채무의 이행을 구하는 반소를 제기하였다 하더라도 그러한 사정만으로 본소청구에 대한 확인의 이익이 소멸하여 본소가 부적법하게 된다고 볼 수는 없다(대판 2010.7.15. 2010다2428,2435).

관련판례 채무인수자를 상대로 한 채무이행청구소송이 계속 중, 채무인수자가 별소로 그 채무의 부존재 확인을 구하는 것은 소의 이익이 없다(대판 2001.7.24. 2001다22246).

② X 본소의 취하에는 피고의 동의가 필요하나 이에 따라 본소가 취하되더라도 반소의 계속이 당연히 소멸하는 것은 아니고, 다만 피고는 원고의 동의 없이 반소를 취하할 수 있을 뿐이다(제271조).

제266조(소의 취하)
② 소의 취하는 상대방이 본안에 관하여 준비서면을 제출하거나 변론준비기일에서 진술하거나 변론을 한 뒤에는 상대방의 동의를 받아야 효력을 가진다.

제271조(반소의 취하)
본소가 취하된 때에는 피고는 원고의 동의 없이 반소를 취하할 수 있다.

③ O ④ X 피해자의 직접청구권(상법 제724조 제2항)의 법적성질에 대하여 보험금청구권으로 보는 견해와 손해배상청구권이라고 보는 견해가 있으나, 판례는 피보험자의 피해자에 대한 손해배상채무를 보험자가 중첩적으로 인수한 것으로서 손해배상청구권이라고 한다.

관련판례 상법 제724조 제2항에 의하여 피해자에게 인정되는 직접청구권의 법적 성질은 보험자가 피보험자의 피해자에 대한 손해배상채무를 중첩적으로 인수한 결과 피해자가 보험자에 대하여 가지게 된 손해배상청구권이고, 중첩적 채무인수에서 인수인이 채무자의 부탁으로 인수한 경우 채무자와 인수인은 주관적 공동관계가 있는 연대채무관계에 있는바, 보험자의 채무인수는 피보험자의 부탁(보험계약이나 공제계약)에 따라 이루어지는 것이므로 보험자의 손해배상채무와 피보험자의 손해배상채무는 연대채무관계에 있다(대판 2010.10.28. 2010다53754).

상법 제724조(보험자와 제3자와의 관계)
② 제3자는 피보험자가 책임을 질 사고로 입은 손해에 대하여 보험금액의 한도내에서 보험자에게 직접 보상을 청구할 수 있다. 그러나 보험자는 피보험자가 그 사고에 관하여 가지는 항변으로써 제3자에게 대항할 수 있다.

⑤ X 피해자의 보험자에 대한 손해배상채권과 피보험자에 대한 손해배상채권은 별개 독립의 것이므로 피해자가 보험자를 상대로 소를 제기한 후에 별도로 가해자인 피보험자를 상대로 소를 제기하여도 중복제소에 해당한다거나 기판력이 미치는 것이 아니므로 부적법한 소라고 할 수 없다.

관련판례 피해자의 보험자에 대한 손해배상채권과 피해자의 피보험자에 대한 손해배상채권은 별개 독립의 것으로서 병존하고, 피해자와 피보험자 사이에 손해배상책임의 존부 내지 범위에 관한 판결이 선고되고 그 판결이 확정되었다고 하여도 그 판결의 당사자가 아닌 보험자에 대하여서까지 판결의 효력이 미치는 것은 아니므로, 피해자가 보험자를 상대로 하여 손해배상금을 직접 청구하는 사건의 경우에 있어서는, 특별한 사정이 없는 한 피해자와 피보험자 사이의 전소판결과 관계없이 피해자의 보험자에 대한 손해배상청구권의 존부 내지 범위를 다시 따져보아야 하는 것이다(대판 2000.6.9. 98다54397).

17 21법전협-1-47   정답 ④

반소에 관한 설명 중 옳지 않은 것은? (다툼이 있는 경우 판례에 의함)

① 본소가 단독사건인 경우에 피고가 반소로 합의사건에 속하는 청구를 한 때에도 원고가 변론준비기일에 반소에 대하여 관할위반의 항변을 하지 아니하고 본안에 관하여 진술한 이후에는 본소와 반소를 합의부에 이송할 필요가 없다.
② 본소청구가 인용되는 것을 조건으로 심판을 구하는 예비적 반소의 경우에 있어서 법원이 본소청구를 기각하면서 반소청구에 대해 판단하지 아니한 경우, 이에 대한 피고의 항소는 부적법하게 된다.
③ 상대방의 심급의 이익을 해할 우려가 없는 경우에는 상대방의 동의가 없어도 항소심에서 반소를 제기할 수 있다.
④ 본소가 취하되거나 각하되면 피고는 원고의 동의가 없어도 반소를 취하할 수 있다.
⑤ 예비적 반소에서 본소, 반소를 모두 각하한 판결에 대하여 피고는 항소하지 아니하고 원고만이 항소한 경우, 항소심법원이 원고의 본소청구를 인용하면 피고의 반소청구에 대하여도 판단하여야 한다.

해설

① O

제269조(반소)
② 본소가 단독사건인 경우에 피고가 반소로 합의사건에 속하는 청구를 한 때에는 법원은 직권 또는 당사자의 신청에 따른 결정으로 본소와 반소를 합의부에 이송하여야 한다. 다만, 반소에 관하여 제30조의 규정에 따른 관할권이 있는 경우에는 그러하지 아니하다.

제30조(변론관할)
피고가 제1심 법원에서 관할위반이라고 항변(抗辯)하지 아니하고 본안(本案)에 대하여 변론(辯論)하거나 변론준비기일(辯論準備期日)에서 진술하면 그 법원은 관할권을 가진다.

② O 가. 피고가 원고의 본소청구가 인용될 경우를 대비하여 조건부로 반소를 제기한 경우 원심이 원고의 본소청구를 기각한 이상 반소청구에 관하여 판단하지 아니한 것은 정당하다.
나. 위 "가"항의 경우 피고의 이에 대한 상고는 그 대상이 없어 부적법하다(대판 1991.6.25. 91다1615(본소), 91다1622(반소)).

③ O

제412조(반소의 제기)
① 반소는 상대방의 심급의 이익을 해할 우려가 없는 경우 또는 상대방의 동의를 받은 경우에 제기할 수 있다.

④ X 본소가 각하된 경우에는 원고의 동의를 요한다.

제271조(반소의 취하)
본소가 취하된 때에는 피고는 원고의 동의 없이 반소를 취하할 수 있다.

⑤ O **(판결 이유 중)** 피고는 원고의 본소청구가 인용될 것에 대비하여 예비적 반소를 제기하였는바, 제1심은 소의 이익이 없음을 이유로 원고의 본소와 피고의 반소를 모두 각하하였고, 원심은 제1심판결에 대하여 원고만이 불복 항소하였으므로 원심의 심판범위는 본소청구에 관한 것으로 한정된다고 하면서 반소청구에 대하여 아무런 판단을 하지 아니하였다.

그러나 피고의 예비적 반소는 본소청구가 인용될 것을 조건으로 심판을 구하는 것으로서 제1심이 원고의 본소청구를 배척한 이상 피고의 예비적 반소는 제1심의 심판대상이 될 수 없는 것이고, 이와 같이 심판대상이 될 수 없는 소에 대하여 제1심이 판단하였다고 하더라도 그 효력이 없다고 할 것이므로(대판 2000.11.16. 98다22253 전원합의체 판결 등 참조), 피고가 제1심에서 각하된 반소에 대하여 항소를 하지 아니하였다는 사유만으로 이 사건 예비적 반소가 원심의 심판대상으로 될 수 없는 것은 아니라고 할 것이고, 따라서 원심으로서는 원고의 항소를 받아들여 원고의 본소청구를 인용한 이상 피고의 예비적 반소청구를 심판대상으로 삼아 이를 판단하였어야 할 것이다(대판 2006.6.29. 2006다19061).

18 19법전협-1-47   정답 ①

반소에 관한 설명 중 옳지 않은 것은? (다툼이 있는 경우 판례에 따름)

① 원고가 피고에 대하여 손해배상채무의 부존재확인을 구할 이익이 있어 본소로 그 확인을 구하였다면, 피고가 그 후에 그 손해배상채무의 이행을 구하는 반소를 제기할 경우 본소청구에 대한 확인의 이익이 소멸하여 본소가 부적법하게 된다.
② 제1심이 원고의 본소청구를 배척한 이상 피고의 예비적 반소는 제1심의 심판대상이 될 수 없는 것이고, 이와 같이 심판대상이 될 수 없는 소에 대하여 제1심이 판단하였다고 하더라도 그 효력이 없다.
③ 본소가 단독사건인 경우에 피고가 반소로 합의사건에 속하는 청구를 한 때에는 법원은 직권 또는 당사자의 신청에 따른 결정으로 본소와 반소를 합의부에 이송하여야 한다.
④ 상대방의 심급의 이익을 해할 우려가 없는 경우 또는 상대방의 동의를 받은 경우 항소심에서 반소를 제기할 수 있는바, '상대방의 심급의 이익을 해할 우려가 없는 경우'라 함은 반소청구의 기초를 이루는 실질적인 쟁점이 제1심에서 본소의 청구원인 또는 방어방법과 관련하여 충분히 심리되어 상대방에게 제1심에서의 심급의 이익을 잃게 할 염려가 없는 경우를 말한다.
⑤ 피고가 원고 이외의 제3자를 추가하여 반소피고로 하는 반소는 원칙적으로 허용되지 아니하고, 다만 피고가 제기하려는 반소가 필수적 공동소송이 될 때에는 민사소송법상의 필수적 공동소송인 추가의 요건을 갖추면 허용될 수 있다.

해설

① X 소송요건을 구비하여 적법하게 제기된 본소가 그 후에 상대방이 제기한 반소로 인하여 소송요건에 흠결이 생겨 다시 부적법하게 되는 것은 아니므로, 원고가 피고에 대하여 손해배상채무 부존재확인을 구할 이익이 있어 본소로 그 확인을 구하였다면, 피고가 그 후에 그 손해배상채무의 이행을 구하는 반소를 제기하였다 하더라도 그러한 사정만으로 본소청구에 대한 확인의 이익이 소멸하여 본소가 부적법하게 된다고 볼 수는 없다. 민사소송법 제271조는 본소가 취하된 때에는 피고는 원고의 동의 없이 반소를 취하할 수 있다고 규정하고 있고, 이에 따라 원고가 반소가 제기되었다는 이유로 본소를 취하한 경우 피고가 일방적으로 반소를 취하함으로써 원고가 당초 추구한 기판력을 취득할 수 없는 사태가 발생할 수 있는 점을 고려하면, 위 법리와 같이 반소가 제기되었다는 사정만으로 본소청구에 대한 확인의 이익이 소멸한다고는 볼 수 없다(대판 2010.7.15. 2010다2428,2435).

② O 피고의 예비적 반소는 본소청구가 인용될 것을 조건으로 심판을 구하는 것으로서 제1심이 원고의 본소청구를 배척한 이상 피고의 예비적 반소는 제1심의 심판대상이 될 수 없는 것이고, 이와 같이 심판대상이 될 수 없는 소에 대하여 제1심이 판단하였다고 하더라도 그 효력이 없다(대판 2006.6.29. 2006다19061,19078).

③ O

> **제269조(반소)**
> ② 본소가 단독사건인 경우에 피고가 반소로 합의사건에 속하는 청구를 한 때에는 법원은 직권 또는 당사자의 신청에 따른 결정으로 본소와 반소를 합의부에 이송하여야 한다. 다만, 반소에 관하여 제30조의 규정에 따른 관할권이 있는 경우에는 그러하지 아니하다.

④ O 대판 2005.11.24. 2005다20064,20071 등

⑤ O 피고가 원고 이외의 제3자를 추가하여 반소피고로 하는 반소는 원칙적으로 허용되지 아니하고, 다만 피고가 제기하려는 반소가 필수적 공동소송이 될 때에는 민사소송법 제68조의 필수적 공동소송인 추가의 요건을 갖추면 허용될 수 있다(대판 2015.5.29. 2014다235042,235059,235066).

19  정답 ③

반소에 관한 설명 중 옳지 않은 것은?

① 원고 이외의 제3자도 반소피고로 추가하는 반소는 원칙적으로 허용되지 아니하나, 피고가 제기하려는 반소가 필수적 공동소송인 경우에는, 필수적 공동소송인 추가의 요건을 갖추어 제3자를 반소피고로 추가할 수 있다.
② 어떤 채권에 기한 이행의 소에 대하여 동일 채권에 관한 채무부존재확인의 반소를 제기하는 것은 그 청구의 내용이 실질적으로 본소청구의 기각을 구하는 데 그치는 것이므로 부적법하다.
③ 본소가 부적법하여 각하된 경우 피고는 원고의 동의 없이 반소를 취하할 수 있다.
④ 피고가 본소에 대한 추완항소를 하면서 항소심에서 비로소 반소를 제기한 경우에 항소가 부적법 각하되면 반소도 종료한다.
⑤ 피고의 가지급물반환신청은 예비적 반소의 성격을 가지며 항소심의 변론종결 전에 하여야 한다.

해설

① O 피고가 원고 이외의 제3자를 추가하여 반소피고로 하는 반소는 원칙적으로 허용되지 아니하고, 다만 피고가 제기하려는 반소가 필수적 공동소송이 될 때에는 민사소송법 제68조의 필수적 공동소송인 추가의 요건을 갖추면 허용될 수 있다(대판 2015.5.29. 2014다235042,235059, 235066).

② O 반소청구에 본소청구의 기각을 구하는 것 이상의 적극적 내용이 포함되어 있지 않다면 반소청구로서의 이익이 없고, 어떤 채권에 기한 이행의 소에 대하여 동일 채권에 관한 채무부존재확인의 반소를 제기하는 것은 그 청구의 내용이 실질적으로 본소청구의 기각을 구하는 데 그치는 것이므로 부적법하다(대판 2007.4.13. 2005다40709,40716).

③ X 민사소송법 제244조의 규정은 원고가 반소의 제기를 유발한 본소는 스스로 취하해 놓고 그로 인하여 유발된 반소만의 유지를 상대방에게 강요한다는 것은 공평치 못하다는 이유에서 원고가 본소를 취하한 때에는 피고도 원고의 동의없이 반소를 취하할 수 있도록 한 규정이므로 본소가 원고의 의사와 관계없이 부적법하다 하여 각하됨으로써 종료된 경우까지 유추적용 할 수 없고, 원고의 동의가 있어야만 반소취하의 효력이 발생한다 할 것이다(대판 1984.7.10. 84다카298).

④ O 피고가 본소에 대한 추완항소를 하면서 항소심에서 비로소 반소를 제기한 경우에 항소가 부적법 각하되면 반소도 소멸한다(대판 2003.6.13. 2003다16962,16979).

⑤ O

> **제269조(반소)**
> ① 피고는 소송절차를 현저히 지연시키지 아니하는 경우에만 변론을 종결할 때까지 본소가 계속된 법원에 반소를 제기할 수 있다. 다만, 소송의 목적이 된 청구가 다른 법원의 관할에 전속되지 아니하고 본소의 청구 또는 방어의 방법과 서로 관련이 있어야 한다.

가집행선고부 판결에 기한 집행의 효력은 확정적인 것이 아니고 후일 본안판결 또는 가집행선고가 취소·변경될 것을 해제조건으로 하는 것이다. 즉 가집행선고에 의하여 집행을 하였다고 하더라도 후일 본안판결의 일부 또는 전부가 실효되면 이전의 가집행

선고부 판결에 기하여는 집행을 할 수 없는 것으로 확정이 되는 것이다. 따라서 가집행선고에 기하여 이미 지급받은 것이 있다면 이는 법률상 원인이 없는 것이 되므로 부당이득으로서 반환하여야 한다. 위와 같은 가지급물 반환신청은 가집행에 의하여 집행을 당한 채무자가 별도의 소를 제기하는 비용, 시간 등을 절약하고 본안의 심리 절차를 이용하여 신청의 심리를 받을 수 있는 간이한 길을 터놓은 제도로서 그 성질은 본안판결의 취소·변경을 조건으로 하는 예비적 반소에 해당한다(대판 2011.8.25. 2011다25145).

민사소송법 제201조(현행 민사소송법 제215조) 제2항 소정의 가집행선고로 인한 지급물의 반환신청은 가집행에 의하여 집행을 당한 채무자로 하여금 본안 심리절차를 이용하여 그 신청의 심리를 받을 수 있게 함으로써 반소(反訴)나 별소(別訴)를 제기하는 비용과 시간 등을 절약할 수 있게 하려는 제도로서, 그 신청은 집행을 당한 채무자가 본안에 대하여 불복을 제기함과 아울러 본안을 심리하고 있는 상소심에서 그 변론종결 전에 함이 원칙이고, 그 신청의 이유인 사실의 진술 및 그 당부의 판단을 위하여서는 소송에 준하여 변론이 필요한 것인데, 상고심은 법률심이어서 과연 집행에 의하여 어떠한 지급이 이행되었으며 어느 범위의 손해가 있었는가 등의 사실관계를 심리·확정할 수 없기 때문에 신청의 이유로서 주장하는 사실관계에 대하여 당사자 사이에 다툼이 없어 사실심리를 요하지 아니하는 경우를 제외하고는 가집행선고로 인한 지급물의 반환신청은 상고심에서는 원칙적으로 허용되지 아니한다(대판 1999.11.26. 99다36617; 대판 2000.2.25. 98다36474).

제2장 | 다수당사자소송(당사자의 복수)

제1절 공동소송

01 21변시-60 정답 ④

필수적 공동소송에 관한 설명 중 옳지 않은 것은? (다툼이 있는 경우 판례에 의함)

① 고유필수적 공동소송인인 피고 甲, 乙, 丙 중 甲이 소송계속 중 사망하였으나 甲에게 소송대리인 A가 있어 소송절차 중단의 효과가 발생하지 아니하였다고 하더라도, 그 소송에 관한 판결이 A에게 송달되면 A에게 상소제기에 관한 특별한 권한이 없는 한 그 송달과 동시에 甲, 乙, 丙 전원에 대하여 중단 효과가 발생한다.

② 법인 아닌 사단이 총유재산에 관한 소를 제기하는 경우 사원총회의 결의를 거쳐 그 이름으로 하거나 그 구성원 전원이 당사자가 되어 필수적 공동소송의 형태로 할 수 있다.

③ 공유물분할청구의 소는 분할을 청구하는 공유자가 원고가 되어 다른 공유자 전원을 공동피고로 하여야 하는 고유필수적 공동소송이다.

④ 토지를 수인이 공유하는 경우 그 공유토지의 일부에 대하여 취득시효완성을 원인으로 공유자들을 상대로 그 시효완성 부분에 대한 소유권이전등기절차의 이행을 청구하는 소송은 필수적 공동소송이다.

⑤ 수인의 합유로 소유권이전등기가 마쳐진 부동산에 대하여 원고의 명의신탁해지로 인한 소유권이전등기청구소송은 고유필수적 공동소송에 해당한다.

 해설

① ○ 가. 고유필요적 공동소송에 있어서 공동소송인 중 1인에게 중단 또는 중지의 원인이 발생한 때에는 다른 공동소송인에 대하여도 중단 또는 중지의 효과가 미치므로 공동소송인 전원에 대하여 소송절차의 진행이 정지되고 그 정지기간 중에는 유효한 소송행위를 할 수 없다.
나. 피고등의 합유로 소유권이전등기가 마쳐진 부동산에 대하여 원고의 명의신탁해지로 인한 소유권이전등기이행청구소송은 합유재산에 관한 소송으로서 고유필요적 공동소송에 해당된다.
다. 피고 중 1인이 사망 당시 소송대리인이 있어 소송중단의 효과가 발생하지 아니하였다고 하더라도 판결이 송달되면 그와 동시에(고유필요적) 공동소송인 전원에 대하여 중단의 효과가 발생한다(대판 1983.10.25. 83다카850).

② ○ 민법 제276조 제1항은 "총유물의 관리 및 처분은 사원총회의 결의에 의한다.", 같은 조 제2항은 "각 사원은 정관 기타의 규약에 좇아 총유물을 사용·수익할 수 있다."라고 규정하고 있을 뿐 공유나 합유의 경우처럼 보존행위는 그 구성원 각자가 할 수 있다는 민법 제265조 단서 또는 제272조 단서와 같은 규정을 두고 있지 아니한바, 이는 법인 아닌 사단의 소유형태인 총유가 공유나 합유에 비하여 단체성이 강하고 구성원 개인들의 총유재산에 대한 지분권이 인정되지 아니하는 데에서 나온 당연한 귀결이라고 할 것이므로 총유재산에 관한 소송은 법인 아닌 사단이 그 명의로 사원총회의 결의를 거쳐 하거나 또는 그 구성원 전원이

당사자가 되어 필수적 공동소송의 형태로 할 수 있을 뿐 그 사단의 구성원은 설령 그가 사단의 대표자이거나 사원총회의 결의를 거쳤다 하더라도 그 소송의 당사자가 될 수 없고, 이러한 법리는 총유재산의 보존행위로서 소를 제기하는 경우에도 마찬가지라 할 것이다(대판 2005.9.15. 2004다44971 전원합의체).

③ O 공유물분할청구의 소는 분할을 청구하는 공유자가 원고가 되어 다른 공유자 전부를 공동피고로 하여야 하는 고유필수적 공동소송이다(대판 2014.1.29. 2013다78556).

④ X 토지를 수인이 공유하는 경우에 공유자들의 소유권이 지분의 형식으로 공존하는 것뿐이고, 그 처분권이 공동에 속하는 것은 아니므로 공유토지의 일부에 대하여 취득시효완성을 원인으로 공유자들을 상대로 그 시효취득부분에 대한 소유권이전등기절차의 이행을 청구하는 소송은 필요적 공동소송이라고 할 수 없다(대판 1994.12.27. 93다32880,32897).

⑤ O 피고등의 합유로 소유권이전등기가 마쳐진 부동산에 대하여 원고의 명의신탁해지로 인한 소유권이전등기이행청구소송은 합유재산에 관한 소송으로서 고유필요적 공동소송에 해당된다(대판 1983.10.25. 83다카850).

02 20변시-56 정답 ③

명의대여자 乙을 영업주로 오인하여 상인인 명의차용자 丙에게 1억 원 상당의 물품을 공급한 甲이 乙과 丙을 공동피고로 삼아, 乙에 대하여는 「상법」 제24조에 의한 명의대여자의 책임을 묻기 위하여, 丙에 대하여는 물품대금의 지급을 구하기 위하여 1억 원의 물품대금청구의 소를 제기하였다. 이에 관한 설명 중 옳지 않은 것은?
(다툼이 있는 경우 판례에 의함)

① 위 소송에서 乙이 상인이 아닌 것으로 밝혀지더라도 乙의 책임을 인정할 수 있다.

② 위 소송에서 乙에 대한 청구와 관련하여 甲이 명의대여 사실을 알았거나 중대한 과실로 알지 못하였다는 점에 대한 증명책임은 乙에게 있다.

③ 위 소송에서 乙이 소멸시효 완성의 항변을 하고, 시효기간 경과 전에 丙이 물품대금채권을 변제하겠다고 약속한 사실을 甲이 주장·증명하였다면, 이로써 乙의 소멸시효 완성의 항변은 배척된다.

④ 위 소송에서 乙의 책임이 인정되었다. 丙이 물품대금 중 3,000만 원 변제 사실을 주장·증명하였고 乙이 이를 원용하였다면, 법원은 乙에 대한 청구에 관하여 7,000만 원의 지급을 명하여야 한다.

⑤ 위 소송에서 甲의 청구가 모두 인용되었고 위 판결에 대하여 乙만이 항소한 경우, 위 항소로 인한 확정차단의 효력은 乙과 甲 사이에서만 발생하고 丙에 대하여는 발생하지 아니한다.

① O 그 명의대여자가 상인이 아니거나, 명의차용자의 영업이 상행위가 아니라 하더라도 위 법리를 적용하는데에 아무런 영향이 없다(대판 1987.3.24. 85다카2219).

② O 상법 제24조의 규정에 의한 명의대여자의 책임은 명의자를 영업주로 오인하여 거래한 제3자를 보호하기 위한 것이므로 거래상대방이 명의대여사실을 알았거나 모른 데 대하여 중대한 과실이 있는 때에는 책임을 지지 않는바, 이때 거래의 상대방이 명의대여사실을 알았거나 모른 데 대한 중대한 과실이 있었는지 여부에 대하여는 면책을 주장하는 명의대여자들이 입증책임을 부담한다(대판 2001.4.13. 2000다10512).

③ X [1] 상법 제24조에 의한 명의대여자와 명의차용자의 책임은 동일한 경제적 목적을 가진 채무로서 서로 중첩되는 부분에 관하여 일방의 채무가 변제 등으로 소멸하면 타방의 채무도 소멸하는 이른바 부진정연대의 관계에 있다. 이와 같은 부진정연대채무에서는 채무자 1인에 대한 이행청구 또는 채무자 1인이 행한 채무의 승인 등 소멸시효의 중단사유나 시효이익의 포기가 다른 채무자에게 효력을 미치지 아니한다.

[2] 명의대여자를 영업주로 오인하여 명의차용자와 거래한 채권자가 물품대금채권에 관하여 상법 제24조에 의한 명의대여자 책임을 묻자 명의대여자가 그 채권이 3년의 단기소멸시효기간 경과로 소멸하였다고 항변한 사안에서, 부진정연대채무자의 1인에 불과한 명의차용자가 한 채무 승인 또는 시효이익 포기의 효력은 다른 부진정연대채무자인 명의대여자에게 미치지 않음에도, **명의차용자가 시효기간 경과 전 채권 일부를 대물변제하고 잔액을 정산하여 변제를 약속한 사실**이 있으므로 이는 채무 승인 또는 시효이익 포기에 해당한다는 이유로 위 항변을 배척한 원심판단을 파기한 사례(대판 2011.4.14. 2010다91886).

④ O 명의대여자는 명의차용자와 '연대하여' 영업상의 채무를 변제할 책임을 지는데, 이는 부진정연대채무를 의미한다고 보는 것이 통설·판례이다. 그러므로 변제·공탁·대물변제·상계 등의 사유에 대해서는 다른 부진정연대채무자에 대해 효력이 있으나, 거래상대방이 명의차용자에게 한 이행청구는 명의대여자에게 효력이 미치지 않으며, 명의대여자 또는 명의차용자 중 한 사람에 대하여 생긴 사유는 다른 자에게 영향을 미치지 않는다. 1억 원의 채무에 대해 차용자의 3,000만 원 변제가 인정되었으므로 나머지 7,000만 원에 대해 소구 가능하다.

⑤ O 부진정연대채무의 관계에 있는 채무자들을 공동피고로 하여 이행의 소가 제기된 경우 공동피고에 대한 각 청구는 법률상 양립할 수 없는 것이 아니므로 그 소송은 민사소송법 제70조 제1항에 규정한 본래 의미의 예비적·선택적 공동소송이라고 할 수 없고, 따라서 거기에 필수적 공동소송에 관한 민사소송법 제67조는 준용되지 않는다고 할 것이어서 상소로 인한 확정차단의 효력도 상소인과 그 상대방에 대해서만 생기고 다른 공동소송인에 대한 관계에는 미치지 않는다(대판 2012.9.27. 2011다76747).

03 18변시-63 정답 ④

공유물분할청구의 소에 관한 설명 중 옳지 않은 것은? (다툼이 있는 경우 판례에 의함)

① 구분소유적 공유관계에 있는 토지의 특정부분을 구분소유하는 자는 그 부분에 대하여 신탁적으로 지분등기를 가지고 있는 자를 상대로 그 부분에 대한 명의신탁해지를 원인으로 한 지분이전등기절차의 이행을 구할 수 있으나, 그 토지 전체에 대한 공유물분할청구의 소를 제기하는 것은 허용되지 않는다.
② 공유부동산을 처분하여 그 대금을 분배하기로 한 재판상 화해조항의 실현을 위하여 그 부동산을 경매에 부쳐 경매대금에서 경매비용 등을 공제한 나머지 대금의 분배를 구하는 소는 허용되지 않는다.
③ 공동상속인은 상속재산의 분할에 관하여 공동상속인 사이에 협의가 성립되지 아니하거나 협의할 수 없는 경우, 「가사소송법」이 정하는 바에 따라 가정법원에 상속재산분할심판을 청구할 수 있을 뿐, 상속재산에 속하는 개별 재산에 관하여 「민법」 제268조에 따라 공유물분할청구의 소를 제기하는 것은 허용되지 않는다.
④ 공유물분할판결이 확정된 후 10년이 경과하면 그 판결로 확정된 공유물분할청구권은 시효완성으로 소멸한다.
⑤ 공유물분할청구의 소가 적법하게 제기되어 계속 중 사실심 변론종결 전에 공유자 중 1인인 甲의 공유지분이 공유자 아닌 乙에게 양도되었다면, 乙은 사실심 변론종결 시까지 「민사소송법」상 승계참가나 소송인수 등의 방식으로 소송의 당사자가 되어야 하며, 만일 그렇게 되지 않은 경우에 위 소는 부적법한 것이 된다.

 해설

① O 상호명의신탁관계 내지 구분소유적 공유관계에서 건물의 특정부분을 구분소유하는 자는 그 부분에 대하여 신탁적으로 지분등기를 가지고 있는 자를 상대로 하여 그 특정 부분에 대한 명의신탁 해지를 원인으로 한 지분이전등기절차의 이행을 구할 수 있을 뿐 그 건물 전체에 대한 공유물분할을 구할 수는 없다(대판 2010.5.27. 2006다84171).
② O 기존 법률관계의 변동 형성의 효과를 발생함을 목적으로 하는 형성의 소는 법률에 명문의 규정이 있는 경우에 한하여 인정되는 것이고 법률상의 근거가 없는 경우에는 허용될 수 없다. 화해조항의 실현을 위하여 부동산을 경매에 붙여 그 경매대금에서 경매비용 등을 공제한 나머지 대금을 원고들 및 피고들에게 배당할 것을 구하는 소는 그 청구의 성질상 형성의 소라 할 것인데 재판상 화해의 실현을 위하여 부동산을 경매에 붙여 대금의 분배를 구하는 소를 제기할 수 있다는 아무런 법률상의 근거가 없으므로 위와 같은 소는 허용될 수 없다(대판 1993.9.14. 92다35462).
③ O 공동상속인은 상속재산의 분할에 관하여 공동상속인 사이에 협의가 성립되지 아니하거나 협의할 수 없는 경우에 가사소송법이 정하는 바에 따라 가정법원에 상속재산분할심판을 청구할 수 있을 뿐이고, 상속재산에 속하는 개별 재산에 관하여 민법 제268조의 규정에 따라 공유물분할청구의 소를 제기하는 것은 허용되지 않는다(대판 2015.8.13. 2015다18367).
④ X 공유물분할청구권은 공유관계에서 수반되는 형성권이므로 공유관계가 존속하는 한 그 분할청구권만이 독립하여 시효소멸될 수 없다(대판 1981.3.24. 80다1888).
⑤ O 공유물분할소송이 항소심 계속 중 당사자인 공유자의 일부 지분이 제3자에게 이전되었고, 그 제3자가 당사자로 참가하지 않은 상태에서 변론이 종결된 경우에, 고유필수적 공동소송인 공유물분할소송은 부적법하게 된다(대판 2014.1.29. 2013다78556).

04 17변시-61 정답 ⑤

통상공동소송에 관한 설명 중 옳지 않은 것은? (다툼이 있는 경우 판례에 의함)

① 소유권이전등기가 차례로 경료된 경우 최종 명의인을 상대로 그 말소를 구하는 소송과 그 직전 명의인을 상대로 소유권이전등기를 구하는 소송은 통상공동소송이다.
② 통상공동소송에서 이른바 주장공통의 원칙은 적용되지 아니한다.
③ 통상공동소송에서 상소로 인한 확정차단의 효력은 상소인과 그 상대방에 대하여만 생기고, 다른 공동소송인에게는 영향을 미치지 아니한다.
④ 예비적 공동소송에서 주위적 피고에 대한 예비적 청구와 예비적 피고에 대한 청구가 서로 법률상 양립할 수 있는 관계에 있으면 양 청구를 병합하여 통상공동소송으로 보아 심리, 판단할 수 있다.
⑤ 통상공동소송에서 공동당사자 일부만이 항소를 제기한 경우, 피항소인은 항소인인 공동소송인 이외의 다른 공동소송인을 상대로 부대항소를 제기할 수 있다.

해설

① O 소유권이전등기가 차례로 경료된 경우 최종 명의인을 상대로 그 말소를 구하는 소송과 그 직전 명의인을 상대로 소유권이전등기를 구하는 소송은 권리관계의 합일적인 확정을 필요로 하는 필수적 공동소송이 아니라 통상 공동소송이며, 이와 같은 통상 공동소송에서는 공동당사자들 상호간의 공격방어방법의 차이에 따라 모순되는 결론이 발생할 수 있으므로, 통상 공동소송에서 상소로 인한 확정차단의 효력은 상소인과 그 상대방에 대해서만 생기고, 다른 공동소송인에 대한 청구에 대하여는 미치지 아니한다(대판 2011.9.29. 2009다7076).

② O 민사소송법 제62조의 명문의 규정과 우리 민사소송법이 취하고 있는 변론주의 소송구조 등에 비추어 볼 때, 통상의 공동소송에 있어서 이른바 주장공통의 원칙은 적용되지 아니한다(대판 1994.5.10. 93다47196).

③ O 부진정연대채무의 관계에 있는 채무자들을 공동피고로 하여 이행의 소가 제기된 경우 공동피고에 대한 각 청구는 법률상 양립할 수 없는 것이 아니므로 그 소송은 민사소송법 제70조 제1항에 규정한 본래 의미의 예비적·선택적 공동소송이라고 할 수 없고, 따라서 거기에 필수적 공동소송에 관한 민사소송법 제67조는 준용되지 않는다고 할 것이어서 상소로 인한 확정차단의 효력도 상소인과 그 상대방에 대해서만 생기고 다른 공동소송인에 대한 관계에는 미치지 않는다(대판 2012.9.27. 2011다76747).

④ O 민사소송법 제70조 제1항 본문이 규정하는 '공동소송인 가운데 일부에 대한 청구'를 반드시 '공동소송인 가운데 일부에 대한 모든 청구'라고 해석할 근거는 없으므로, 주위적 피고에 대한 주위적·예비적 청구 중 주위적 청구 부분이 인용되지 아니할 경우 그와 법률상 양립할 수 없는 관계에 있는 예비적 피고에 대한 청구를 인용하여 달라는 취지로 결합하여 소를 제기하는 것도 가능하다. 이 경우 주위적 피고에 대한 예비적 청구와 예비적 피고에 대한 청구가 서로 법률상 양립할 수 있는 관계에 있으면 양 청구를 병합하여 통상의 공동소송으로 보아 심리·판단할 수 있다(대판 2009.3.26. 2006다47677, 대판 2014.3.27. 2009다104960,104977).

⑤ X 통상공동소송에 있어 공동당사자 일부만이 상고를 제기한 때에는 피상고인은 상고인인 공동소송인 이외의 다른 공동소송인을 상대방으로 하거나 상대방으로 보태어 부대상고를 제기할 수는 없다(대판 1994.12.23. 94다40734).

05 17변시-64 정답 ③

甲, 乙, 丙은 A토지를 1/3 지분으로 공유하고 있다. 이에 관한 설명 중 옳은 것을 모두 고른 것은? (다툼이 있는 경우 판례에 의함)

ㄱ. 丁 명의로 A토지에 원인무효의 소유권이전등기가 마쳐진 경우, 甲은 丁을 상대로 甲, 乙, 丙에게 각 1/3 지분에 관하여 진정명의회복을 원인으로 한 소유권이전등기청구의 소를 단독으로 제기할 수 있다.

ㄴ. 乙이 甲과 丙의 동의 없이 丁에게 A토지 전부를 매도하여 丁 명의로 소유권이전등기가 마쳐진 경우, 甲은 공유물의 보존행위로서 丁 명의의 등기 전부의 말소를 단독으로 청구할 수 있다.

ㄷ. 甲은 공유자 전원의 지분을 부인하는 丁에 대하여 특별한 사정이 없는 한 공유물의 보존행위로서 A토지 전부에 관한 소유권확인의 소를 단독으로 제기할 수 없다.

ㄹ. 甲은 A토지에 인접한 B토지의 소유자인 丁을 상대로 A토지와 B토지의 경계확정을 구하는 소를 단독으로 제기할 수 있다.

ㅁ. 甲이 A토지에 관하여 공유물분할의 소를 제기하려면, 乙과 丙을 공동피고로 하여야 한다.

① ㄱ, ㅁ
② ㄱ, ㄴ, ㄹ
③ ㄱ, ㄷ, ㅁ
④ ㄷ, ㄹ, ㅁ
⑤ ㄴ, ㄷ, ㄹ, ㅁ

해설

ㄱ. O 각 공유자는 공유물에 경료된 원인무효의 등기에 관하여, '단독으로' '등기 전부의 말소'를 청구할 수 있을 뿐만 아니라(대판 1993.5.11. 92다52870, 대판 2009.2.26. 2006다72802, 대판 2010.1.14. 2009다67429), 각 공유자에게 해당 지분별로 진정명의회복을 원인으로 한 소유권이전등기를 이행할 것을 청구할 수도 있다(대판 2005.9.29. 2003다40651). 그 근거와 관련하여 판례는 '공유물의 보존행위'라는 점을, 다수설은 '제409조의 불가분채권규정 유추적용'을 제시한다.

ㄴ. X 토지의 공유자인 甲이 다른 공유자인 A와 乙 사이에 실질관계의 소멸로 무효로 된 제1차 가등기를 유용하기로 하는 합의가 자신의 소유지분을 침해하는 지분 범위를 초과하는 부분에 대해서도 무효라고 주장하는 것은 다른 공유자인 A의 지분권을 대외적으로 주장하는 것으로서 공유물의 보존행위에 속한다고 할 수 없으므로, 갑은 병에 대하여 제1차 가등기에 터잡아 순차로 이루어진 병의 소유권이전등기 중 자신의 소유지분을 침해하는 지분을 초과하는 부분에 대하여는 그 말소를 구할 수 없다(대판 2009.2.26. 2006다72802).

ㄷ. O 1필지 토지에 관하여 甲, 乙, 丙 3인 명의로 각각 1/3 지분씩 이전등기가 이루어진 후, 甲이 사망함에 따라 그 지분이 丁에게 이전되었는데 당해 이전등기가 원인무효라고 하자. 乙, 丙이 甲의 상속인에 해당하여 甲의 지분 일부를 승계취득했다면 그 중 1인인 乙은 공유물의 보존행위의 일종으로서 丁명의의 지분이전등기(1/3)의 말소를 청구할 수 있을 것이다. 그런데 乙, 丙이 甲의 상속인이 아니고 따로 상속인이 존재한다면, 乙이 공유물의 보존행위로서 丁명의의 지분이전등기(1/3) 말소를 구하는 것은 허용되지 않는다(대판 2010.1.14. 2009다67429).

ㄹ. X 토지의 경계는 토지소유권의 범위와 한계를 정하는 중요한 사항으로서, 그 경계와 관련되는 인접 토지의 소유자 전원 사이에서 합일적으로 확정될 필요가 있으므로, 인접하는 토지의 한편 또는 양편이 여러 사람의 공유에 속하는 경우에, 그 '경계의 확정을 구하는 소송'은, 관련된 공유자 전원이 공동하여서만 제소하고 상대방도 관련된 공유자 전원이 공동으로서만 제소될 것을 요건으로 하는「고유필수적 공동소송」이다(대판 2001.6.26. 2000다24207).

ㅁ. O '공유물분할청구의 소'는 분할을 청구하는 공유자가 원고가 되어 다른 공유자 전부를 공동피고로 하여야 하는「고유필수적 공동소송」이다(대판 2003.12.12. 2003다44615).

 해설

ㄱ. X 석명권은 당사자의 진술이 모순, 흠결이 있거나 애매하여 그 진술취지를 알 수 없을 때 이를 명백히 하기 위하여 하는 것이지, 피고 중 甲, 乙이 소송형태상 피고이나 실질상으로는 원고와 이해관계를 같이 하고 있는 경우에 있어서 공동피고 상호간에 그 주장이 일치하지 아니하고 다른 입장을 취하고 있다하여 재판장이 당사자에게 그에 대한 발문을 하고 진상을 규명하여야 할 의무는 없다 할 것이다(대판 1982.11.23. 81다39).

ㄴ. O 유사필수적 공동소송에서는 합일확정이 요청되므로 소송자료의 통일, 소송진행의 통일이 요청되고 상소의 불가분원칙이 적용된다.

> 관련판례 제1심에서 유사필요적 공동소송관계에 있는 다수의 채권자들의 청구가 모두 기각되고, 그 중 1인만이 항소한 경우 민사소송법 제63조 제1항은 필요적 공동소송에 있어서 공동소송인 중 1인의 소송행위는 공동소송인 전원의 이익을 위하여서만 효력이 있다고 규정하고 있으므로 공동소송인 중 일부의 상소제기는 전원의 이익에 해당된다고 할 것이어서 다른 공동소송인에 대하여도 그 효력이 미칠 것이며, 사건은 필요적 공동소송인 전원에 대하여 확정이 차단되고 상소심에 이심된다고 할 것이다(대판 1991.12.27. 91다23486).

ㄷ. O 필요적 공동소송이 아닌 경우 공동피고가 한 자백은 다른 피고의 소송관계에 직접적으로 무슨 효력을 발생할 수 없고 다만 변론취지로서의 증거자료가 된다고 할 것이다(대판 1976.8.24. 75다2152).

ㄹ. X 통상의 공동소송에 있어 공동당사자 일부만이 상고를 제기한 때에는 피상고인은 상고인인 공동소송인 이외의 다른 공동소송인을 상대방으로 하거나 상대방으로 보태어 부대상고를 제기할 수는 없다(대판 1994.12.23. 94다40734).

---

06 15변시-61 정답 ③

공동소송에 관한 설명 중 옳지 않은 것을 모두 고른 것은? (각 지문은 독립적이며, 다툼이 있는 경우 판례에 의함)

ㄱ. 통상공동소송에서 피고 공동소송인 乙, 丙 사이의 주장이 일치하지 아니하면 법원은 석명의무가 있다.

ㄴ. 유사필수적 공동소송관계에 있는 공동소송인 甲, 乙의 청구를 모두 기각하는 판결이 선고되었고, 이에 대해 乙만이 항소를 제기하였더라도 甲, 乙 모두에 대해 사건이 항소심에 이심된다.

ㄷ. 통상공동소송에서 공동소송인 乙, 丙, 丁 중 乙이 자백을 하였다면 법원은 원칙상 乙에 대해서는 증거에 의한 심증이 자백한 내용과 다르더라도 자백한 대로 사실을 인정하여야 하며, 丙과 丁에 대해서는 이를 변론 전체의 취지로 참작할 수 있다.

ㄹ. 통상공동소송의 피고 乙, 丙, 丁 중 乙, 丙만이 상고를 제기하고 상고기간이 경과한 상태라면 원고 甲은 丁을 상대로 부대상고를 제기할 수 있다.

① ㄱ, ㄴ   ② ㄱ, ㄷ
③ ㄱ, ㄹ   ④ ㄴ, ㄷ
⑤ ㄴ, ㄹ

07 15변시-58 정답 ⑤

甲과 乙은 상호출자하여 공동으로 나대지를 매수하여 주차장 운영사업을 하기로 약정하고 丙으로부터 X토지를 10억 원에 매수하는 내용의 매매계약을 체결하였다. 다음 설명 중 옳지 않은 것은? (각 지문은 독립적이며, 다툼이 있는 경우 판례에 의함)

① 甲이 丙을 상대로 매매계약에 기한 소유권이전등기절차의 이행을 구하는 소를 단독으로 제기하는 것은 적법하지 않다.
② 甲의 조합원 지분을 압류한 채권자 丁은 甲이 속한 조합에 존속기간이 정하여져 있다거나 기타 甲의 조합탈퇴가 허용되지 아니하는 것과 같은 특별한 사유가 있지 않는 한, 채권자대위권에 의하여 甲의 조합탈퇴의 의사표시를 대위행사할 수 있다.
③ 乙의 채권자 戊는 특별한 사정이 없는 한 乙에 대한 채권으로써 乙을 집행채무자로 하여 위 계약에 기한 소유권이전등기청구권에 대하여 강제집행을 할 수 없다.
④ 甲과 乙의 丙을 상대로 한 매매계약에 기한 소유권이전등기청구 소송계속 중 甲만이 소 취하를 한 경우, 특별한 사정이 없는 한 丙이 위 소 취하에 동의하더라도 소 취하의 효력은 발생하지 않는다.
⑤ 乙이 약정한 5억 원의 출자의무를 불이행하여 하는 수 없이 甲이 10억 원 전액을 출자하여 X토지를 매입한 경우, 甲은 연체이자 외에 손해가 발생하더라도 乙에게 손해배상을 청구할 수 없다.

해설

① O 공동사업을 경영할 것을 목적으로 동업계약을 체결한 것은 민법상 조합계약에 해당(제703조)한다고 할 수 있고, 조합재산은 조합원 전원의 합유에 속하는 것으로 합유물의 처분, 변경은 전원의 동의가 있어야 하는 것으로 이에 관한 소송은 고유필수적 공동소송에 해당한다.
   관련판례 동업약정에 따라 동업자 공동으로 토지를 매수하였다면 그 토지는 동업자들을 조합원으로 하는 동업체에서 토지를 매수한 것이므로 그 동업자들은 토지에 대한 소유권이전등기청구권을 준합유하는 관계에 있고, 합유재산에 관한 소는 이른바 고유필요적공동소송이라 할 것이므로 그 매매계약에 기하여 소유권이전등기의 이행을 구하는 소를 제기하려면 동업자들이 공동으로 하지 않으면 안된다(대판 1994.10.25. 93다54064).
② O 조합원이 조합을 탈퇴할 권리도 채권자 대위권의 객체가 된다.
   관련판례 민법상 조합원은 조합의 존속기간이 정해져 있는 경우 등을 제외하고는 원칙적으로 언제든지 조합에서 탈퇴할 수 있고(민법 제716조 참조), 조합원이 탈퇴하면 그 당시의 조합재산상태에 따라 다른 조합원과 사이에 지분의 계산을 하여 지분환급청구권을 가지게 되는바(민법 제719조 참조), 조합원이 조합을 탈퇴할 권리는 그 성질상 조합계약의 해지권으로서 그의 일반재산을 구성하는 재산권의 일종이라 할 것이고 채권자대위가 허용되지 않는 일신전속적 권리라고는 할 수 없다. 따라서 채무자의 재산인 조합원 지분을 압류한 채권자는, 당해 채무자가 속한 조합에 존속기간이 정하여져 있다거나 기타 채무자 본인의 조합탈퇴가 허용되지 아니하는 것과 같은 특별한 사유가 있지 않은 한, 채권자대위권에 의하여 채무자의 조합 탈퇴의 의사표시를 대위행사할 수 있다 할 것이고, 일반적으로 조합원이 조합을 탈퇴하면 조합목적의 수행에 지장을 초래할 것이라는 사정만으로는 이를 불허할 사유가 되지 아니한다(대결 2007.11.30. 2005마1130).
③ O 甲과 乙은 丙에게 갖는 소유권이전등기청구권을 준합유하는 관계에 있다고 할 것이어서, 조합원 중 1인에 대하여 채권을 갖는 丙으로서는 조합의 채권에 대하여 강제집행을 할 수 없다.
   관련판례 민법상 조합의 채권은 조합원 전원에게 합유적으로 귀속하는 것이어서 특별한 사정이 없는 한 조합원 중 1인에 대한 채권으로써 그 조합원 개인을 집행채무자로 하여 조합의 채권에 대하여 강제집행을 할 수 없다(대판 2001.2.23. 2000다68924).
④ O 고유필수적 공동소송에서는 1인의 소취하는 그 효력이 없다.
   관련판례 고유필수적 공동소송에서는 원고들 일부의 소 취하 또는 피고들 일부에 대한 소취하는 특별한 사정이 없는 한 그 효력이 생기지 않는다(대판 2007.8.24. 2006다40980).
⑤ X 乙은 연체이자는 물론 손해를 배상해야 한다.
   민법 제705조(금전출자지체의 책임) 금전을 출자의 목적으로 한 조합원이 출자시기를 지체한 때에는 연체이자를 지급하는 외에 손해를 배상하여야 한다.

08 14변시-62 정답 ②

X 토지의 공유자인 甲·乙·丙 사이에 X 토지의 분할에 관한 협의가 이루어지지 않자, 甲이 乙과 丙을 상대로 법원에 X 토지의 분할을 청구하였다. 다음 설명 중 옳은 것을 모두 고른 것은? (다툼이 있는 경우에는 판례에 의함)

ㄱ. 甲이 현물분할을 청구하였으나 현물로 분할할 수 없는 때에는, 법원은 청구취지의 변경 없이도 경매에 의한 분할을 명할 수 있다.
ㄴ. 법원은 甲 지분의 일부에 대하여만 공유물분할을 명하고 일부 지분에 대해서는 이를 분할하지 아니한 채 공유관계를 유지하도록 할 수 있다.
ㄷ. 제1심 판결에 대하여 乙만 항소하였더라도 丙에 대한 제1심 판결은 확정되지 않는다.
ㄹ. 위 소송계속 중 丁도 X 토지의 공유자임이 밝혀졌을 경우, 甲은 丁을 추가하기 위해 소의 주관적 추가적 병합을 할 수 있다.
ㅁ. 위 ㄹ의 경우, 丁은 甲이 제기한 소송에서 乙과 丙측에 공동소송참가할 수 있으며, 이는 상고심에서도 할 수 있다.

① ㄱ, ㄴ, ㅁ ② ㄱ, ㄷ, ㄹ
③ ㄱ, ㄷ, ㅁ ④ ㄴ, ㄷ, ㄹ
⑤ ㄴ, ㄹ, ㅁ

 해설

ㄱ. O 공유물의 분할은 공유자 간에 협의가 이루어지는 경우에는 그 방법을 임의로 선택할 수 있으나 협의가 이루어지지 아니하여 재판에 의하여 공유물을 분할하는 경우에는 법원은 현물로 분할하는 것이 원칙이고, 현물로 분할할 수 없거나 현물로 분할을 하게 되면 현저히 그 가액이 감손될 염려가 있는 때에 비로소 물건의 경매를 명하여 대금분할을 할 수 있는 것이므로, 위와 같은 사정이 없는 한 법원은 각 공유자의 지분 비율에 따라 공유물을 현물 그대로 수 개의 물건으로 분할하고 분할된 물건에 대하여 각 공유자의 단독소유권을 인정하는 판결을 하여야 하는 것이며, 그 <u>분할의 방법은 당사자가 구하는 방법에 구애받지 아니하고 법원의 재량에 따라 공유관계나 그 객체인 물건의 제반 상황에 따라 공유자의 지분 비율에 따른 합리적인 분할을 하면 된다</u>(대판 2004.7.22. 2004다10183).

ㄴ. X 공유물분할청구의 소는 형성의 소로서 법원은 공유물분할을 청구하는 원고가 구하는 방법에 구애받지 않고 재량에 따라 합리적 방법으로 분할을 명할 수 있으므로, 여러 사람이 공유하는 물건을 현물분할하는 경우에는 분할청구자의 지분 한도 안에서 현물분할을 하고 분할을 원하지 않는 나머지 공유자는 공유로 남게 하는 방법도 허용된다고 할 것이나, 그렇다고 하더라도 공유물분할을 청구한 공유자의 지분한도 안에서는 공유물을 현물 또는 경매·분할함으로써 공유관계를 해소하고 단독소유권을 인정하여야지, 그 분할청구자 지분의 일부에 대하여만 공유물 분할을 명하고 일부 지분에 대하여는 이를 분할하지 아니한 채 공유관계를 유지하도록 하는 것은 허용될 수 없다(대판 2010.2.25. 2009다79811).

ㄷ. O 공유물분할청구의 소는 분할을 청구하는 공유자가 원고가 되어 다른 공유자 전부를 공동피고로 하여야 하는 고유필수적 공동소송이고, 공동소송인과 상대방 사이에 판결의 합일확정을 필요로 하는 고유필수적 공동소송에 있어서는 공동소송인 중 일부가 제기한 상소는 다른 공동소송인에게도 그 효력이 미치는 것이므로 공동소송인 전원에 대한 관계에서 판결의 확정이 차단되고 그 소송은 전체로서 상소심에 이심되며, 상소심판결의 효력은 상소를 하지 아니한 공동소송인에게 미치므로 상소심으로서는 공동소송인 전원에 대하여 심리·판단하여야 한다(대판 2003.12.12. 2003다44615).

ㄹ. O

> **제68조(필수적 공동소송인의 추가)**
> ① 법원은 제67조 제1항의 규정에 따른 공동소송인 가운데 일부가 누락된 경우에는 제1심의 변론을 종결할 때까지 원고의 신청에 따라 결정으로 원고 또는 피고를 추가하도록 허가할 수 있다. 다만, 원고의 추가는 추가될 사람의 동의를 받은 경우에만 허가할 수 있다.

ㅁ. X 고유필수적공동소송의 경우에도 공동소송참가를 인정할지에 대해서는 견해가 대립한다. 그러나 판례는 상고심에서의 공동소송참가를 부정한다(대판 1961.5.4. 4292민상853).

09 13변시-66 정답 ②

다음 설명 중 옳지 않은 것을 모두 고른 것은? (다툼이 있는 경우에는 판례에 의함)

ㄱ. A아파트 입주자대표회의의 대표자를 피고로 삼아 제기한 대표자 지위부존재확인의 제1심 소송 중에 위 아파트 입주자대표회의에 대하여 같은 내용의 확인을 구하기 위하여 위 아파트 입주자대표회의를 예비적 피고로 추가하는 신청은 적법하다.

ㄴ. 甲이 주위적으로 B보험회사가 한 공탁이 무효임을 전제로 B보험회사에 대하여 보험금의 지급을 구하고, 예비적으로 위 공탁이 유효임을 전제로 乙에 대하여 공탁금의 출급청구에 관한 승낙의 의사표시와 대한민국에 대한 통지를 구하는 소를 제기한 경우, B보험회사에 대한 판결을 먼저 한 다음 나중에 乙에 대하여 추가판결을 할 수 있다.

ㄷ. 甲, 乙, 丙의 합유로 소유권이전등기가 된 X 토지에 관하여 丁이 甲, 乙, 丙을 피고로 명의신탁해지를 원인으로 한 소유권이전등기절차의 이행을 구하는 소를 제기한 경우, 甲만이 변론기일에 출석하더라도 乙과 丙은 기일해태의 불이익을 받지 않는다.

ㄹ. 공동상속인 甲, 乙, 丙 중 甲과 乙 사이에 X 토지가 상속재산에 속하는지 여부에 관하여 다툼이 있어, 甲이 乙을 피고로 하여 X 토지가 상속재산임의 확인을 구하는 제1심 소송 중에 丙을 피고로 추가하는 신청은 부적법하다.

ㅁ. 甲, 乙, 丙의 공유인 X 토지에 관하여 甲이 乙, 丙을 피고로 삼아 제기한 공유물분할청구의 소송 중에 丙에 대한 소를 취하하는 것은 허용되지 아니한다.

① ㄱ, ㄴ ② ㄴ, ㄹ
③ ㄴ, ㄷ, ㄹ ④ ㄱ, ㅁ
⑤ ㄴ, ㄹ, ㅁ

 해설

ㄱ. O 민사소송법 제70조 제1항에 있어서 '법률상 양립할 수 없다'는 것은 실체법적으로 서로 양립할 수 없는 경우뿐 아니라 소송법상으로 서로 양립할 수 없는 경우를 포함한다.

> **관련판례** [1] 법인 또는 비법인 등 당사자능력이 있는 단체의 대표자 또는 구성원의 지위에 관한 확인소송에서 그 대표자 또는 구성원 개인뿐 아니라 그가 소속된 단체를 공동피고로 하여 소가 제기된 경우에 있어서는, 누가 피고적격을 가지는지에 관한 법률적 평가에 따라 어느 한 쪽에 대한 청구는 부적법하고 다른 쪽의 청구만이 적법하게 될 수 있으므로 이는 민사소송법 제70조 제1항 소정의 예비적·선택적 공동소송의 요건인 각 청구가 서로 법률상 양립할 수 없는 관계에 해당한다.
> [2] 아파트 입주자대표회의 구성원 개인을 피고로 삼아 제기한 동대표지위 부존재확인의 소의 계속 중에 아파트 입주자대표회의를 피고로 추가하는 주관적·예비적 추가가 허용된다고 한 사례(대결 2007.6.26. 2007마515).

제70조(예비적·선택적 공동소송에 대한 특별규정)
① 공동소송인 가운데 일부의 청구가 다른 공동소송인의 청구와 법률상 양립할 수 없거나 공동소송인 가운데 일부에 대한 청구가 다른 공동소송인에 대한 청구와 법률상 양립할 수 없는 경우에는 제67조 내지 제69조를 준용한다. 다만, 청구의 포기·인낙, 화해 및 소의 취하의 경우에는 그러하지 아니하다.

ㄴ. X 주관적·예비적 공동소송은 동일한 법률관계에 관하여 모든 공동소송인이 서로간의 다툼을 하나의 소송절차로 한꺼번에 모순 없이 해결하는 소송형태로서 모든 공동소송인에 대한 청구에 관하여 판결을 하여야 하고(민사소송법 제70조 제2항), 그 중 일부 공동소송인에 대하여만 판결을 하거나 남겨진 자를 위하여 추가판결을 하는 것은 허용되지 않는다. 그리고 주관적·예비적 공동소송에서 주위적 공동소송인과 예비적 공동소송인 중 어느 한 사람이 상소를 제기하면 다른 공동소송인에 관한 청구 부분도 확정이 차단되고 상소심에 이심되어 심판대상이 되고, 이러한 경우 상소심의 심판대상은 주위적·예비적 공동소송들 및 상대방 당사자 간 결론의 합일확정 필요성을 고려하여 판단하여야 한다(대판 2011.2.24. 2009다43355).

ㄷ. O 丁이 甲, 乙, 丙을 상대로 제기한 소유권이전등기절차의 이행을 구하는 소는 합유재산에 관한 소송으로 고유필수적 공동소송에 해당하므로, 필수적 공동소송인들 중 1인이 출석하여 변론하였다면 다른 공동소송인의 불출석이 있더라도 기일해태의 불이익이 생기지 않는다.
[관련판례] 피고등의 합유로 소유권이전등기가 마쳐진 부동산에 대하여 원고의 명의신탁해지로 인한 소유권이전등기이행청구소송은 합유재산에 관한 소송으로서 고유필요적 공동소송에 해당된다(대판 1983.10.25. 83다카850).

제67조(필수적 공동소송에 대한 특별규정)
① 소송목적이 공동소송인 모두에게 합일적으로 확정되어야 할 공동소송의 경우에 공동소송인 가운데 한 사람의 소송행위는 모두의 이익을 위하여서만 효력을 가진다.

ㄹ. X 甲이 乙을 상대로 X토지가 상속재산임의 확인을 구하는 소는 고유필수적 공동소송이므로 제1심 소송 중에 丙을 피고로 추가하는 신청을 할 수 있다.
[관련판례] 공동상속인이 다른 공동상속인을 상대로 어떤 재산이 상속재산임의 확인을 구하는 소는 이른바 고유필요적 공동소송이라고 할 것이고, 고유필요적 공동소송에서는 원고들 일부의 소 취하 또는 피고들 일부에 대한 소 취하는 특별한 사정이 없는 한 그 효력이 생기지 않는다(대판 2007.8.24. 2006다40980).

제68조(필수적 공동소송인의 추가)
① 법원은 제67조 제1항의 규정에 따른 공동소송인 가운데 일부가 누락된 경우에는 제1심의 변론을 종결할 때까지 원고의 신청에 따라 결정으로 원고 또는 피고를 추가하도록 허가할 수 있다. 다만, 원고의 추가는 추가될 사람의 동의를 받은 경우에만 허가할 수 있다.

ㅁ. O 고유필수적 공동소송에서 1인에 대한 소취하는 허용되지 않는다.
[관련판례] 공유물분할청구의 소는 분할을 청구하는 공유자가 원고가 되어 다른 공유자 전부를 공동피고로 하여야 하는 고유필수적 공동소송이다(대판 2003.12.12. 2003다44615).

10 12변시-51 정답 ⑤

甲, 乙, 丙, 丁은 X 토지에 관하여 각 지분별로 등기를 마친 공유자이다. 다음 설명 중 옳은 것은? (다툼이 있는 경우에는 판례에 의함)

① 甲이 乙, 丙만을 상대로 공유물분할청구의 소를 제기한 경우, 甲은 丁을 상대로 별도의 공유물분할청구의 소를 제기하여 乙, 丙을 상대로 이미 제기한 공유물분할청구소송에 변론병합을 신청할 수 있으나, 乙, 丙을 상대로 이미 제기한 위 소송에 丁을 피고로 추가할 수는 없다.

② 제3자는 X 토지에 대한 소유권확인 청구의 소를 제기함에 있어 甲, 乙, 丙, 丁 전원을 피고로 하지 않으면 그 소는 부적법하다.

③ 제3자가 X 토지를 불법으로 점유하는 경우, 甲은 단독으로 제3자를 상대로 X 토지에 대한 인도청구의 소를 제기할 수 없다.

④ 甲, 乙, 丙, 丁이 X 토지를 戊에게 매도하고 소유권이전등기를 마쳐준 후에도 여전히 X 토지를 공동점유하고 있는 경우, 공동점유자 각자는 그 점유물의 일부분씩만을 반환할 수 없기 때문에 戊는 甲, 乙, 丙, 丁 전원을 피고로 하여 토지인도청구의 소를 제기하여야 한다.

⑤ X 토지에 대해서 甲, 乙, 丙, 丁으로부터 제3자 앞으로 원인무효의 등기가 마쳐진 경우, 甲은 그 제3자에 대하여 원인무효인 등기 전부의 말소를 구할 수 있을 뿐만 아니라, 각 공유자 앞으로 해당 지분별로 진정명의 회복을 원인으로 한 소유권이전등기절차이행을 단독으로 청구할 수 있다.

 해설

① X 공유물분할청구는 고유필수적 공동소송이므로(대판 2003.12.12. 2003다44615) 공동소송인의 추가가 가능하다.

제68조(필수적 공동소송인의 추가)
① 법원은 제67조 제1항의 규정에 따른 공동소송인 가운데 일부가 누락된 경우에는 제1심의 변론을 종결할 때까지 원고의 신청에 따라 결정으로 원고 또는 피고를 추가하도록 허가할 수 있다. 다만, 원고의 추가는 추가될 사람의 동의를 받은 경우에만 허가할 수 있다.

② X 공유는 1개의 소유권이 분량적으로 분할되어 귀속되는 것이므로 제3자가 공유자들을 상대로 각 지분에 대하여 소유권확인의 소 내지 소유권이전등기청구의 소를 제기할 수 있는데 이는 필수적 공동소송이 아니다.
[관련판례] 본건 부동산의 공유자인 공동상속인들을 상대로 한 소유권보존등기말소 및 소유권확인청구소송은 권리관계가 합일적으로 확정되어야 할 필요적공동소송이 아니다(대판 1972.6.27. 72다555).

③ X 공유자는 단독으로 불법점유자에게 보존행위로서 방해배제를 구할 수 있다.
[관련판례] 토지의 공유자는 단독으로 그 토지의 불법점유자에 대하여 명도를 구할 수 있다(대판 1969.3.4. 69다21).

④ X 공동점유물의 인도를 청구하는 경우 상반된 판결이 나는 때에는 사실상 인도청구의 목적을 달성할 수 없을 때가 있을 수 있으나 그와 같은 사실상 필요가 있다는 것만으로 그것을 필요적공동소송이라고는 할 수 없는 것이다(대판 1966.3.15. 65다2455).

⑤ O 부동산의 공유자 중 한 사람은 공유물에 대한 보존행위로서 그 공유물에 관한 원인무효의 등기 전부의 말소를 구할 수 있고, 진정명의회복을 원인으로 한 소유권이전등기청구권과 무효등기의 말소청구권은 어느 것이나 진정한 소유자의 등기명의를 회복하기 위한 것으로서 실질적으로 그 목적이 동일하고 두 청구권 모두 소유권에 기한 방해배제청구권으로서 그 법적 근거와 성질이 동일하므로, 공유자 중 한 사람은 공유물에 경료된 원인무효의 등기에 관하여 각 공유자에게 해당 지분별로 진정명의회복을 원인으로 한 소유권이전등기를 이행할 것을 단독으로 청구할 수 있다 (대판 2005.9.29. 2003다40651).

① O

> **제66조(통상공동소송인의 지위)**
> 공동소송인 가운데 한 사람의 소송행위 또는 이에 대한 상대방의 소송행위와 공동소송인 가운데 한 사람에 관한 사항은 다른 공동소송인에게 영향을 미치지 아니한다.
> **제67조(필수적 공동소송에 대한 특별규정)**
> ① 소송목적이 공동소송인 모두에게 합일적으로 확정되어야 할 공동소송의 경우에 공동소송인 가운데 한 사람의 소송행위는 모두의 이익을 위하여서만 효력을 가진다.

② O 소송요건의 흠이 있는 것으로 판명된 경우 피고의 이의가 있어 조사 결과 그 요건의 흠이 있는 것으로 판명되어도 법원은 공동소송을 각하하는 것이 아니라 소송을 분리하여 별개의 소로 각각 심리하여야 한다(제요 민사Ⅰ 354).

③ O ④ X 통상공동소송은 원래 개별적·상대적으로 해결하여야 할 여러 개의 사건이 편의상 하나의 소송절차에 병합된 소송형태이기 때문에, ① 공동소송인 가운데 한 사람의 소송행위 또는 이에 대한 상대방의 소송행위(청구의 포기·인낙, 화해, 자백, 상소, 소 또는 상소 취하, 공격방어방법 제출 등), ② 공동소송인 가운데 한 사람에 관한 사항(중단·중지 사유 발생, 기일에 출석하지 아니한 효과의 발생, 상소기간 등) 등은 다른 공동소송인에게 영향을 미치지 아니한다(민사소송법 제66조). (제요 민사Ⅰ 352).

⑤ O 통상공동소송에서는 공동당사자들 상호간의 공격방어방법의 차이에 따라 모순되는 결론이 발생할 수 있고, 이는 변론주의를 원칙으로 하는 소송제도 아래서는 부득이한 일로서 판결의 이유모순이나 이유불비가 된다고 할 수 없으며(대판 1991.4.12. 90다9872 등 참조; 대판 2008.6.12. 2007다36445) 통상 공동소송에서 상소로 인한 확정차단의 효력은 상소인과 그 상대방에 대해서만 생기고, 다른 공동소송인에 대한 청구에 대하여는 미치지 아니한다(대판 2011.9.29. 2009다7076). 나머지 피고들은 통상 공동소송 관계에 있으므로, 나머지 피고들에 대한 제1심판결은 분리 확정되었다고 한 사례

---

11 20법전협-2-48   정답 ④

통상공동소송에 관한 설명 중 옳지 않은 것은?

① 통상공동소송에서는 결론을 내릴 때에 합일확정의 필요가 없다.
② 소송요건의 존부는 공동소송인별로 각각에 대하여 개별적으로 심사해야 하며, 각자에게 소송계속이 발생하는 시점도 서로 다르다.
③ 통상공동소송인들은 공격방어방법을 각각 따로 제출할 수 있다.
④ 통상공동소송인 중 1인이 기일·기간을 지키지 않더라도 이는 다른 공동소송인에게 효과가 미치지 않지만, 그 일부에 대하여 사망 등 중단사유가 생기면 다른 공동소송인을 포함하여 그 소송절차가 중단된다.
⑤ 甲과 乙이 원고로서 丙에 대하여 통상공동소송을 제기하여 제1심 판결이 선고된 후 甲만 상소한 경우에, 확정차단효와 이심효는 甲의 丙에 대한 청구에 관해서만 생긴다.

12 20법전협-2-47 정답 ③

공동소송이 되려면, 소송의 목적인 권리·의무가 공동소송인이 될 여러 사람 사이에서 하나의 절차로 심판받기에 적합한 관계라야 한다. 이에 따라 민사소송법이 정하고 있는 공동소송의 요건에 대한 설명 중 옳지 않은 것은?

① 소송목적인 권리·의무가 여러 사람에게 공통되는 경우에 공동소송이 가능하다.
② 소송목적인 권리·의무의 사실상·법률상 발생원인이 같거나, 그 권리·의무가 동종(同種)이고 사실상·법률상 동종의 원인으로 발생한 경우에도 공동소송이 가능하다.
③ 권리의무가 여러 사람에게 공통되는 경우의 예로는 동일한 교통사고 피해자들이 함께 제기하는 손해배상청구의 소를 들 수 있다.
④ 아파트 구분소유자들이 각 전유부분의 개별적 하자 때문에 시공회사를 상대로 손해배상청구의 소를 제기하는 것은 '권리·의무가 동종이고 사실상·법률상 동종의 원인으로 발생한 경우'에 해당한다.
⑤ 소송목적인 권리·의무가 '동종(同種)'인 경우는 공동소송의 요건에는 해당하지만, 관련재판적 제도는 이 경우에 이용할 수 없다.

①, ② O

> **제65조(공동소송의 요건)**
> 소송목적이 되는 권리나 의무가 여러 사람에게 공통되거나 사실상 또는 법률상 같은 원인으로 말미암아 생긴 경우에는 그 여러 사람이 공동소송인으로서 당사자가 될 수 있다. 소송목적이 되는 권리나 의무가 같은 종류의 것이고, 사실상 또는 법률상 같은 종류의 원인으로 말미암은 것인 경우에도 또한 같다.

③ X 같은 사고에 기한 여러 피해자의 손해배상청구(같은 사실상 원인에 기인한 것), 주채무자와 보증인에 대한 지급청구(같은 법률상 원인에 기인한 것)와 같이 청구권 자체는 각각 독립적이지만 그 발생원인이 공통된 경우이다(제요 민사 I 353).

④ O 아파트 구분소유자들의 전유부분의 개별적 하자는 공유부분이 아닌 이상 권리·의무가 공통이거나 사실상 또는 법률상 같은 원인이라고 볼 수는 없고, 다만 각 구분소유자들의 하자보수추급 대상이 되는 점에서 권리·의무가 동종이고 사실상 또는 법률상 동종의 원인으로 발생한 경우에 해당한다.

⑤ O

> **제25조(관련재판적)**
> ① 하나의 소로 여러 개의 청구를 하는 경우에는 제2조 내지 제24조의 규정에 따라 그 여러 개 가운데 하나의 청구에 대한 관할권이 있는 법원에 소를 제기할 수 있다.
> ② 소송목적이 되는 권리나 의무가 여러 사람에게 공통되거나 사실상 또는 법률상 같은 원인으로 말미암아 그 여러 사람이 공동소송인(共同訴訟人)으로서 당사자가 되는 경우에는 제1항의 규정을 준용한다.

13 20법전협-3-47 정답 ⑤

통상공동소송에서의 공동소송인 독립의 원칙 및 그 수정에 관한 설명 중 옳지 않은 것은?

① 통상공동소송은 병합하여 심리되지만, 공동소송인 중 1인의 소송행위, 공동소송인 중 1인에 대한 상대방의 소송행위 및 공동소송인 1인에 관하여 생긴 사항은 다른 공동소송인에게 영향을 미치지 않는다는 것을 '공동소송인 독립의 원칙'이라 한다.
② 주장책임의 대상이 되는 사실을 반드시 주장책임을 지는 당사자가 진술해야 하는 것은 아니고 어느 당사자이든 변론에서 주장하기만 하면 된다는 것이 주장공통의 원칙인데, 이는 공동소송인 간에는 적용되지 않는다는 것이 판례의 입장이다.
③ 통상공동소송에서 1인의 공동소송인이 제출한 증거는 다른 공동소송인의 원용이 없더라도 그를 위한 사실인정자료로 삼을 수 있다는 법리가 증거공통의 원칙이다.
④ 甲이 乙에게 1억 원을 대여하고 丙이 이를 보증하였다고 주장하면서 乙, 丙을 상대로 제기한 소에서, 乙, 丙은 변제의 항변을 하였으며, 乙이 신청한 증인의 증언으로써 3천만 원 변제가 인정되는 경우, 공동소송인 독립의 원칙을 수정한 증거공통 원칙에 의하면 법원은 아무런 변제증거를 제출하지 않은 丙에 대해서도 3천만 원 변제사실을 인정해야 한다.
⑤ 통상공동소송인 중의 1인이 한 자백은 다른 공동소송인에 대해서도 효력이 있다.

① O

> **제66조(통상공동소송인의 지위)**
> 공동소송인 가운데 한 사람의 소송행위 또는 이에 대한 상대방의 소송행위와 공동소송인 가운데 한 사람에 관한 사항은 다른 공동소송인에게 영향을 미치지 아니한다.

② O 민사소송법 제62조(현 제66조)의 명문의 규정과 우리 민사소송법이 취하고 있는 변론주의 소송구조 등에 비추어 볼 때, 통상의 공동소송에 있어서 이른바 주장공통의 원칙은 적용되지 아니한다(대판 1994.5.10. 93다47196).

③, ④ O 당사자의 일방으로부터 제출된 증거를 상대방이 원용한 여부에 관계없이 상대방의 이익되는 자료로 채증할 수 있음은 증거공통의 원칙상 법원이 당사자쌍방의 증거에 대하여 자유로이 이를 판단의 자료로 할 수 있다는 데 불과하며 그렇다고 당사자의 원용하지 아니하는 증거에 관하여도 당사자 자신이 제출한 증거와 마찬가지로 이의 채부판단을 하여야 하는 것은 아니다(대판 1974.10.8. 73다1879). 이러한 증거공통의 원칙은 통상공동소송에도 적용된다(법원실무제요 민사 하권 114면).

⑤ X 통상 공동소송에 있어서 공동소송인의 1인의 상대방에 대한 소송행위는 다른 공동소송인에 대하여 효력이 생기지 않는다(대판 1968.5.14. 67다2787).

14 21법전협-2-39   정답 ④

甲, 乙, 丙은 X 토지에 대하여 각 1/3 지분을 공동으로 소유하고 있다. 甲이 乙과 丙을 상대로 공유물 분할 청구의 소를 제기하였다. 아래 설명 중 옳지 않은 것은?
(다툼이 있는 경우 판례에 의함)

① 공유물분할청구의 소는 공유자 甲이 다른 공유자 乙과 丙 전부를 공동피고로 하여야 하는 필수적 공동소송이다.
② 제1심 법원이 甲의 청구를 전부 인용하는 판결을 선고하였다. 이에 대하여 乙만이 제기한 항소는 丙에게도 효력이 미치므로 전원에 대한 관계에서 판결의 확정이 차단되고 전체로서 항소심에 이심된다.
③ 甲이 현물분할을 청구하더라도 법원은 제반 사정을 종합적으로 고려하여 X 토지를 甲의 단독소유로 하고 甲으로 하여금 乙과 丙에 대하여 그 지분의 적정하고도 합리적인 가격을 배상시키는 방법에 의한 분할도 현물분할의 하나로 허용된다.
④ 甲이 소를 제기한 것은 2019. 2. 8.인데 乙은 그 이전인 같은 해 1. 17. 사망하였다. 乙의 상속인이 상고심 법원에 이르러 처음으로 망인의 사망사실을 주장하더라도, 甲은 상고심에서 당사자표시정정의 방법으로 그 흠결을 보정할 수 있다.
⑤ 甲에게 1억 원의 대여금 채권을 가진 A가 甲을 대위하여 乙과 丙을 상대로 제기한 공유물분할청구의 소는 원칙적으로 허용되지 않는다.

해설

①, ② O 공유물분할청구의 소는 분할을 청구하는 공유자가 원고가 되어 다른 공유자 전부를 공동피고로 하여야 하는 고유필수적 공동소송이고, 공동소송인과 상대방 사이에 판결의 합일확정을 필요로 하는 고유필수적 공동소송에서는 공동소송인 중 일부가 제기한 상소는 다른 공동소송인에게도 효력이 미치므로 공동소송인 전원에 대한 관계에서 판결의 확정이 차단되고 소송은 전체로서 상소심에 이심된다. 따라서 공유물분할 판결은 공유자 전원에 대하여 상소기간이 만료되기 전에는 확정되지 않고, 일부 공유자에 대하여 상소기간이 만료되었다고 하더라도 그 공유자에 대한 판결 부분이 분리·확정되는 것은 아니다(대판 2017.9.21. 2017다233931).

③ O 공유관계의 발생원인과 공유지분의 비율 및 분할된 경우의 경제적 가치, 분할 방법에 관한 공유자의 희망 등의 사정을 종합적으로 고려하여 당해 공유물을 특정한 자에게 취득시키는 것이 상당하다고 인정되고, 다른 공유자에게는 그 지분의 가격을 취득시키는 것이 공유자 간의 실질적인 공평을 해치지 않는다고 인정되는 특별한 사정이 있는 때에는 공유물을 공유자 중의 1인의 단독소유 또는 수인의 공유로 하되 현물을 소유하게 되는 공유자로 하여금 다른 공유자에 대하여 그 지분의 적정하고도 합리적인 가격을 배상시키는 방법에 의한 분할도 현물분할의 하나로 허용된다(대판 2004.10.14. 2004다30583).

④ X (판결 이유 중) 민사소송에서 소송당사자의 존재나 당사자능력은 소송요건에 해당하고, 이미 사망한 자를 상대로 한 소의 제기는 소송요건을 갖추지 않은 것으로서 부적법하며, 상고심에 이르러서는 당사자표시정정의 방법으로 그 흠결을 보정할 수 없다(대판 2012.6.14. 2010다105310).

⑤ O [다수의견] 채권자가 자신의 금전채권을 보전하기 위하여 채무자를 대위하여 부동산에 관한 공유물분할청구권을 행사하는 것은, 책임재산의 보전과 직접적인 관련이 없어 채권의 현실적 이행을 유효·적절하게 확보하기 위하여 필요하다고 보기 어렵고 채무자의 자유로운 재산관리행위에 대한 부당한 간섭이 되므로 보전의 필요성을 인정할 수 없다. 또한 특정 분할 방법을 전제하고 있지 않은 공유물분할청구권의 성격 등에 비추어 볼 때 그 대위행사를 허용하면 여러 법적 문제가 발생한다. 따라서 극히 예외적인 경우가 아니라면 금전채권자는 부동산에 관한 공유물분할청구권을 대위행사할 수 없다고 보아야 한다.
이는 채무자의 공유지분이 다른 공유자들의 공유지분과 함께 근저당권을 공동으로 담보하고 있고, 근저당권의 피담보채권이 채무자의 공유지분 가치를 초과하여 채무자의 공유지분만을 경매하면 남을 가망이 없어 민사집행법 제102조에 따라 경매절차가 취소될 수밖에 없는 반면, 공유물분할의 방법으로 공유부동산 전부를 경매하면 민법 제368조 제1항에 따라 각 공유지분의 경매대가에 비례해서 공동근저당권의 피담보채권을 분담하게 되어 채무자의 공유지분 경매대가에서 근저당권의 피담보채권 분담액을 변제하고 남을 가망이 있는 경우에도 마찬가지이다(대판 2020.5.21. 2018다879 전원합의체).

정답 ④

15 19법전협-1-51   정답 ②

공유에 관한 설명 중 옳지 않은 것은? (다툼이 있는 경우 판례에 따름)

① 공유물분할의 소송절차에서 공유자 사이에 공유토지에 관한 현물분할의 협의가 성립하여 그 합의사항을 조서에 기재함으로써 조정이 성립한 경우, 그 즉시 공유관계가 소멸하는 것은 아니다.
② 공유자 중 한 사람은 공유물에 경료된 원인무효의 등기에 관하여 각 공유자에게 해당 지분별로 진정명의회복을 원인으로 한 소유권이전등기절차의 이행을 단독으로 청구할 수 없다.
③ 토지 공유자 중 한 사람이 다른 공유자 전부를 공동피고로 하여 공유물분할청구의 소를 제기한 경우, 공동피고 중 1인에게 소송요건의 흠이 있으면 전체 소송이 부적법하게 된다.
④ 과반수 지분의 공유자로부터 공유토지 중 특정 부분의 사용·수익을 허락받은 제3자의 점유는 적법한 점유이고, 그 제3자는 소수지분권자에 대하여 부당이득반환 의무를 부담하지 않는다.
⑤ 공유토지의 일부에 대하여 취득시효완성을 원인으로 공유자들을 상대로 그 시효취득부분에 대한 소유권이전등기절차의 이행을 청구하는 소송은 필수적 공동소송이 아니다.

> 해설

① O 공유물분할의 소송절차 또는 조정절차에서 공유자 사이에 공유토지에 관한 현물분할의 협의가 성립하여 그 합의사항을 조서에 기재함으로써 조정이 성립하였다고 하더라도, 그와 같은 사정만으로 재판에 의한 공유물분할의 경우와 마찬가지로 그 즉시 공유관계가 소멸하고 각 공유자에게 그 협의에 따른 새로운 법률관계가 창설되는 것은 아니고, 공유자들이 협의한 바에 따라 토지의 분필절차를 마친 후 각 단독소유로 하기로 한 부분에 관하여 다른 공유자의 공유지분을 이전받아 등기를 마침으로써 비로소 그 부분에 대한 대세적 권리로서의 소유권을 취득하게 된다고 보아야 한다(대판 2013.11.21. 2011두1917 전원합의체).

② X 부동산의 공유자 중 한 사람은 공유물에 대한 보존행위로서 그 공유물에 관한 원인무효의 등기 전부의 말소를 구할 수 있고, 진정명의회복을 원인으로 한 소유권이전등기청구권과 무효등기의 말소청구권은 어느 것이나 진정한 소유자의 등기명의를 회복하기 위한 것으로서 실질적으로 그 목적이 동일하고 두 청구권 모두 소유권에 기한 방해배제청구권으로서 그 법적 근거와 성질이 동일하므로, 공유자 중 한 사람은 공유물에 경료된 원인무효의 등기에 관하여 각 공유자에게 해당 지분별로 진정명의회복을 원인으로 한 소유권이전등기를 이행할 것을 단독으로 청구할 수 있다(대판 2005.9.29. 2003다40651).

③ O 공유물분할청구소송은 고유필수적공동소송으로 1인에 대한 소송요건 흠결이 있으면 전원의 소를 각하한다.

④ O 과반수 지분의 공유자는 공유자와 사이에 미리 공유물의 관리방법에 관하여 협의가 없었다 하더라도 공유물의 관리에 관한 사항을 단독으로 결정할 수 있으므로 과반수 지분의 공유자는 그 공유물의 관리방법으로서 그 공유토지의 특정된 한 부분을 배타적으로 사용·수익할 수 있으나, 그로 말미암아 지분은 있으되 그 특정 부분의 사용·수익을 전혀 하지 못하여 손해를 입고 있는 소수지분권자에 대하여 그 지분에 상응하는 임료 상당의 부당이득을 하고 있다 할 것이므로 이를 반환할 의무가 있다 할 것이나, 그 과반수 지분의 공유자로부터 다시 그 특정 부분의 사용·수익을 허락받은 제3자의 점유는 다수지분권자의 공유물관리권에 터잡은 적법한 점유이므로 그 제3자는 소수지분권자에 대하여도 그 점유로 인하여 법률상 원인 없이 이득을 얻고 있다고는 볼 수 없다(대판 2002.5.14. 2002다9738).

⑤ O 토지를 수인이 공유하는 경우에 공유자들의 소유권이 지분의 형식으로 공존하는 것뿐이고, 그 처분권이 공동에 속하는 것은 아니므로 공유토지의 일부에 대하여 취득시효완성을 원인으로 공유자들을 상대로 그 시효취득부분에 대한 소유권이전등기절차의 이행을 청구하는 소송은 필요적 공동소송이라고 할 수 없다(대판 1994.12.27. 93다32880,32897).

16  21법전협-2-49　　　정답 ④

공동소송에 관한 설명 중 옳지 않은 것을 모두 고른 것은?
(다툼이 있는 경우 판례에 의함)

ㄱ. 순차 경료된 등기 또는 수인 앞으로 경료된 공유등기의 말소청구소송은 권리관계의 합일적인 확정을 필요로 하는 필수적 공동소송에 해당한다.
ㄴ. 파산관재인이 여럿인 경우에는 그 여럿의 파산관재인 각자가 파산재단에 대한 관리처분권을 갖고 있기 때문에 이들을 상대로 하는 소송은 통상공동소송에 해당한다.
ㄷ. 아파트의 하자보수에 갈음하는 손해배상청구는 구분소유권자들 전원이 원고가 되어 소를 제기해야하는 필수적 공동소송에 해당한다.
ㄹ. 조합재산에 속하는 채권에 관한 소송은 특별한 사정이 없는 한 조합원들이 공동으로 제기하여야 하는 필수적 공동소송에 해당한다.
ㅁ. 타인 소유의 토지 위에 설치되어 있는 공작물을 철거할 의무가 있는 수인을 상대로 그 공작물의 철거를 청구하는 소송은 필수적 공동소송에 해당한다.

① ㄱ, ㄴ, ㄷ　　② ㄴ, ㄷ, ㄹ
③ ㄱ, ㄹ, ㅁ　　④ ㄱ, ㄴ, ㄷ, ㅁ
⑤ ㄴ, ㄷ, ㄹ, ㅁ

> 해설

ㄱ. X 순차경료된 등기 또는 수인 앞으로 경료된 공유등기의 말소청구소송은 권리관계의 합일적인 확정을 필요로 하는 필요적 공동소송이 아니라 보통공동소송이며, 이와 같은 보통공동소송에서는 공동당사자들 상호간의 공격 방어 방법의 차이에 따라 모순되는 결론이 발생할 수 있고, 이는 변론주의를 원칙으로 하는 소송제도 아래서는 부득이한 일로서 판결의 이유모순이나 이유불비가 된다고 할 수 없다(대판 1991.4.12. 90다9872).

ㄴ. X 파산관재인이 여럿인 경우에는 법원의 허가를 얻어 직무를 분장하였다는 등의 특별한 사정이 없는 한 그 여럿의 파산관재인 전원이 파산재단의 관리처분권을 갖고 있기 때문에 파산관재인 전원이 소송당사자가 되어야 하므로 그 소송은 필수적 공동소송에 해당한다. 다만, 민사소송법 제54조가 여러 선정당사자 가운데 죽거나 그 자격을 잃은 사람이 있는 경우에는 다른 당사자가 모두를 위하여 소송행위를 한다고 규정하고 있음에 비추어 볼 때, 공동파산관재인 중 일부가 파산관재인의 자격을 상실한 때에는 남아 있는 파산관재인에게 관리처분권이 귀속되고 소송절차는 중단되지 아니하므로, 남아 있는 파산관재인은 자격을 상실한 파산관재인을 수계하기 위한 절차를 따로 거칠 필요가 없이 혼자서 소송행위를 할 수 있다(대판 2008.4.24. 2006다14363).

ㄷ. X 구 집합건물의 소유 및 관리에 관한 법률(2003. 7. 18. 법률 제6925호로 개정되기 전의 것) 제9조에 의한 하자보수에 갈음하는 손해배상청구권은 특별한 사정이 없는 한 구분소유자 등 권리자에게 전유부분의 지분비율에 따라 분할 귀속하는 것이 원칙이므로, 구분소유자 등 권리자는 각자에게 분할 귀속된 하자담보추급권을 개별적으로 행사하여 분양자를 상대로 손해배상청구의 소를 제기할 수 있다(대판 2012.9.13. 2009다23160).

ㄹ. O 민법상 조합계약은 2인 이상이 상호 출자하여 공동으로 사업을 경영할 것을 약정하는 계약으로서, 조합재산은 조합의 합유에 속하므로 조합재산에 속하는 채권에 관한 소송은 합유물에 관한 소송으로서 특별한 사정이 없는 한 조합원들이 공동으로 제기하여야 하는 고유필수적 공동소송에 해당한다(대판 2012.11.29. 2012다44471).

ㅁ. X 타인 소유의 토지 위에 설치되어 있는 공작물을 철거할 의무가 있는 수인을 상대로 그 공작물의 철거를 청구하는 소송은 필요적공동소송이 아니다(대판 1993.2.23. 92다49218).
건물의 공동상속인 전원을 피고로 하여서만 건물의 철거청구를 할 수 있는 것은 아니고 공동상속인 중의 한 사람만을 상대로 그 상속분의 한도에서만 건물의 철거를 청구할 수 있다(대판 1968.7.31. 68다1102).

17 21법전협-1-49   정답 ③

다음과 같이 甲, 乙이 공동 당사자로 된 소송 중 그 소송 형태가 다른 것은? (다툼이 있는 경우 판례에 의함)

① 동업약정에 따라 공동으로 X건물을 매수한 동업자 甲, 乙이 X건물 소유자를 상대로 제기한 매매계약에 기한 소유권이전등기청구 소송
② X토지의 공유자인 甲, 乙이 X토지의 소유권을 다투는 제3자를 상대로 제기한 X 토지에 대한 소유권확인청구 소송
③ 丙이 丁을 대위하여 戊를 상대로 소유권이전등기말소를 구하는 채권자대위소송의 소송 계속 중 사망하자 丙의 상속인인 甲, 乙이 소송수계를 하여 공동 원고가 된 소송
④ 공동상속인 甲, 乙이 공동상속인 사이에 어떤 재산이 피상속인의 상속재산에 속하는지 여부에 관하여 다툼이 있어 다른 공동상속인을 상대로 제기한 그 재산에 대한 상속재산확인청구 소송
⑤ X토지의 합유자인 甲, 乙을 공동 피고로 하여 제기된 명의신탁해지를 원인으로 한 소유권이전등기청구 소송

① [고유필수적 공동소송] 동업약정에 따라 동업자 공동으로 토지를 매수하였다면 그 토지는 동업자들을 조합원으로 하는 동업체에서 토지를 매수한 것이므로 동업자들은 토지에 대한 소유권이전등기청구권을 준합유하는 관계에 있고, 합유재산에 관한 소는 이른바 고유요적공동소송이라 할 것이므로 그 매매계약에 기하여 소유권이전등기의 이행을 구하는 소를 제기하려면 동업자들이 공동으로 하지 않으면 안된다(대판 1994.10.25. 93다54064).

② [고유필수적 공동소송] 공유자의 지분은 다른 공유자의 지분에 의하여 일정한 비율로 제한을 받는 것을 제외하고는 독립한 소유권과 같은 것으로 공유자는 그 지분을 부인하는 제3자에 대하여 각자 그 지분권을 주장하여 지분의 확인을 소구하여야 하는 것이고, 공유자 일부가 제3자를 상대로 다른 공유자의 지분의 확인을 구하는 것은 타인의 권리관계의 확인을 구하는 소에 해당한다고 보아야 할 것이므로 그 타인 간의 권리관계가 자기의 권리관계에 영향을 미치는 경우에 한하여 확인의 이익이 있다고 할 것이며, 공유물 전체에 대한 소유관계 확인도 이를 다투는 제3자를 상대로 공유자 전원이 하여야 하는 것이지 공유자 일부만이 그 관계를 대외적으로 주장할 수 있는 것이 아니므로, 아무런 특별한 사정이 없이 다른 공유자의 지분의 확인을 구하는 것은 확인의 이익이 없다(대판 1994.11.11. 94다35008).

③ [(채무자가 대위사실을 안 경우) 유사필수적 공동소송]
(판결 이유 중) 기록에 의하면, 소외 망 고봉학이 소외 박봉규에 대한 소유권이전등기청구권에 기하여 위 소외인을 대위하여 피고에 대하여 이 사건 소유권이전등기말소등기절차의 이행을 구하는 소를 제기하였다가 그 소송계속중인 1990.2.27. 사망하자 그 상속인들인 정금녀, 고순복, 고용자, 고용복, 고창복이 소송수계를 하여 이들이 공동원고가 된 사실을 알 수 있다. 다시 말하자면 위 원고들은 다수 채권자의 지위에서 소송의 방법으로 채권자대위권에 의하여 채무자의 권리를 공동으로 행사하는 결과가 된 것이다.
채무자가 채권자대위권에 의한 소송이 제기된 것을 알았을 경우에는 그 확정판결의 효력이 채무자에게도 미친다는 것이 판례(당원 1975.5.13. 74다1664 판결 참조)인바, 다수의 채권자가 각 채권자대위권에 기하여 공동하여 채무자의 권리를 행사하는 이 사건의 경우 소송계속중 채무자인 박봉규가 제1심 증인으로 증언까지 한 바 있어 당연히 채권자대위권에 의한 소송이 제기중인 것을 알았다고 인정되므로 그 판결의 효력은 위 박봉규에게도 미치게 되는 것이다. 따라서 위 망인의 소송수계인들은 유사필요적 공동소송관계에 있다고 하여야 할 것이다(대판 1991.12.27. 91다23486).

④ [고유필수적 공동소송] 공동상속인이 다른 공동상속인을 상대로 어떤 재산이 상속재산임의 확인을 구하는 소는 이른바 고유필수적 공동소송이라고 할 것이고, 고유필수적 공동소송에서는 원고들 일부의 소 취하 또는 피고들 일부에 대한 소 취하는 특별한 사정이 없는 한 그 효력이 생기지 않는다(대판 2007.8.24. 2006다40980).

⑤ [고유필수적 공동소송] 피고등의 합유로 소유권이전등기가 마쳐진 부동산에 대하여 원고의 명의신탁해지로 인한 소유권이전등기이행청구소송은 합유재산에 관한 소송으로서 고유필요적 공동소송에 해당된다(대판 1983.10.25. 83다카850).

18 21법전협-3-48   정답 ④

다음 보기 중 고유필수적 공동소송에 해당하는 것을 모두 고른 것은? (다툼이 있는 경우 판례에 의함)

> ㄱ. 동업약정에 따라 A, B가 공동으로 건물을 매수한 후 매도인 C를 상대로 제기한 건물 소유권이전등기 청구소송
> ㄴ. D 종중 재산인 토지에 관해 무단으로 소유권이전등기를 마친 E를 상대로 재산 보존을 위하여 종중원 전원이 제기한 소유권말소등기 청구소송
> ㄷ. 토지의 2분의 1 지분 공유자 F가 토지의 다른 공유자 G, H, I를 상대로 제기한 공유물분할 청구소송
> ㄹ. 망부(亡父)가 남긴 서화가 상속재산인지에 관하여 장남 J가 어머니 K와 동생 L, M을 상대로 제기한 상속재산확인 청구소송
> ㅁ. N이 P에게 금전을 대여하면서 담보로 P 소유 토지에 관하여 P의 다른 채권자들과 공동명의로 매매예약을 체결하고 각자 채권액 비율에 따라 지분을 특정하여 가등기를 마친 후 청산절차를 거쳐 N을 비롯한 채권자들이 P를 상대로 제기하는 가등기에 기한 본등기절차이행청구소송

① ㄱ, ㄴ ② ㄴ, ㄷ
③ ㄱ, ㄴ, ㄷ ④ ㄱ, ㄴ, ㄷ, ㄹ
⑤ ㄱ, ㄴ, ㄷ, ㄹ, ㅁ

해설

ㄱ. O A, B는 조합을 이루고 있으며 조합재산인 합유물(건물 소유권이전등기 청구권)의 처분에 관한 소송은 합유자 전원이 공동행사해야 하는 고유필수적 공동소송에 해당한다.

ㄴ. O 종중은 비법인사단에 해당하며 그 재산인 총유물에 관한 소는 그것이 보존행위라고 하더라도 전원이 당사자가 되어 수행해야 하는 고유필수적 공동소송에 해당한다. 총유재산에 관한 소송은 법인 아닌 사단이 그 명의로 사원총회의 결의를 거쳐 하거나 또는 그 구성원 전원이 당사자가 되어 필수적 공동소송의 형태로 할 수 있을 뿐 그 사단의 구성원은 설령 그가 사단의 대표자라거나 사원총회의 결의를 거쳤다 하더라도 그 소송의 당사자가 될 수 없고, 이러한 법리는 총유재산의 보존행위로서 소를 제기하는 경우에도 마찬가지라 할 것이다(대판 2005.9.15. 2004다44971 전원합의체).

ㄷ. O 공유물분할청구의 소는 분할을 청구하는 공유자가 원고가 되어 다른 공유자 전부를 공동피고로 하여야 하는 고유필수적 공동소송이고, 공동소송인과 상대방 사이에 판결의 합일확정을 필요로 하는 고유필수적 공동소송에 있어서는 공동소송인 중 일부가 제기한 상소는 다른 공동소송인에게도 그 효력이 미치는 것이므로 공동소송인 전원에 대한 관계에서 판결의 확정이 차단되고 그 소송은 전체로서 상소심에 이심되며, 상소심판결의 효력은 상소를 하지 아니한 공동소송인에게 미치므로 상소심으로서는 공동소송인 전원에 대하여 심리·판단하여야 한다(대판 2003.12.12. 2003다44615,44622).

ㄹ. O 공동상속인이 다른 공동상속인을 상대로 어떤 재산이 상속재산임의 확인을 구하는 소는 이른바 고유필수적 공동소송이라고 할 것이고, 고유필수적 공동소송에서는 원고들 일부의 소 취하 또는 피고들 일부에 대한 소 취하는 특별한 사정이 없는 한 그 효력이 생기지 않는다(대판 2007.8.24. 2006다40980).

ㅁ. X 지문에서 N을 비롯한 채권자들은 각자의 지분별로 별개의 독립적인 매매예약완결권을 가지고 있으므로 전원이 제기하는 가등기에 기한 본등기절차이행청구소송은 통상의 공동소송에 해당한다.
甲이 乙에게 돈을 대여하면서 담보 목적으로 乙 소유의 부동산 지분에 관하여 乙의 다른 채권자들과 공동명의로 매매예약을 체결하고 각자의 채권액 비율에 따라 지분을 특정하여 가등기를 마친 사안에서, 채권자가 각자의 지분별로 별개의 독립적인 매매예약완결권을 갖는 것으로 보아, 甲이 단독으로 담보목적물 중 자신의 지분에 관하여 매매예약완결권을 행사할 수 있고, 이에 따라 단독으로 자신의 지분에 관하여 가등기에 기한 본등기절차의 이행을 구할 수 있다고 본 원심판단을 정당하다고 한 사례(대판 2012.2.16. 2010다82530 전원합의체).

19 19법전협-2-46   정답 ①

필수적 공동소송에 관한 설명 중 옳은 것을 모두 묶은 것은? (다툼이 있는 경우 판례에 따름)

> ㄱ. 소송목적이 공동소송인 모두에게 합일적으로 확정되어야 할 공동소송의 경우에 공동소송인 가운데 한 사람의 소송행위는 모두의 이익을 위하여서만 효력을 가진다.
> ㄴ. 고유필수적 공동소송에서는 필수적 공동소송인인 원고들 일부의 소취하 또는 필수적 공동소송인인 피고들 일부에 대한 소취하는 특별한 사정이 없는 한 그 효력이 생기지 않는다.
> ㄷ. 고유필수적 공동소송에 있어서는 공동소송인 중 일부가 제기한 상소는 다른 공동소송인에게도 그 효력이 미치는 것이므로 공동소송인 전원에 대한 관계에서 판결의 확정이 차단되고 그 소송은 전체로서 상소심에 이심되며, 상소심판결의 효력은 상소를 하지 아니한 공동소송인에게 미치므로 상소심으로서는 공동소송인 전원에 대하여 심리·판단하여야 한다.
> ㄹ. 고유필수적 공동소송에 대하여 본안판결을 할 때에는 공동소송인 일부에 대해서만 판결하거나 남은 공동소송인에 대해 추가판결을 할 수 있다.
> ㅁ. 고유필수적 공동소송에 있어서 공동소송인 중 1인에게 중단 또는 중지의 원인이 발생한 때에는 공동소송인 전체에게 유리한 경우에만 다른 공동소송인에 대하여 중단 또는 중지의 효과가 미친다.

① ㄱ, ㄴ, ㄷ ② ㄴ, ㄷ, ㅁ
③ ㄱ, ㄷ, ㄹ ④ ㄴ, ㄹ, ㅁ
⑤ ㄱ, ㄹ, ㅁ

ㄱ. O

> **제67조(필수적 공동소송에 대한 특별규정)**
> ① 소송목적이 공동소송인 모두에게 합일적으로 확정되어야 할 공동소송의 경우에 공동소송인 가운데 한 사람의 소송행위는 모두의 이익을 위하여서만 효력을 가진다.

ㄴ. O 공동상속인이 다른 공동상속인을 상대로 어떤 재산이 상속재산임의 확인을 구하는 소는 이른바 고유필수적 공동소송이라고 할 것이고, 고유필수적 공동소송에서는 원고들 일부의 소 취하 또는 피고들 일부에 대한 소 취하는 특별한 사정이 없는 한 그 효력이 생기지 않는다(대판 2007.8.24. 2006다40980).

ㄷ. O 공동소송인과 상대방 사이에 판결의 합일확정을 필요로 하는 고유필수적 공동소송에서는 공동소송인 중 일부가 제기한 상소 또는 공동소송인 중 일부에 대한 상대방의 상소는 다른 공동소송인에게도 효력이 미치는 것이므로 공동소송인 전원에 대한 관계에서 판결의 확정이 차단되고 소송은 전체로서 상소심에 이심되며, 상소심판결의 효력은 상소를 하지 아니한 공동소송인에게 미치므로 상소심으로서는 공동소송인 전원에 대하여 심리·판단하여야 한다. 이러한 고유필수적 공동소송에 대하여 본안판결을 할 때에는 공동소송인 전원에 대한 하나의 종국판결을 선고하여야 하는 것이지 공동소송인 일부에 대해서만 판결하거나 남은 공동소송인에 대해 추가판결을 하는 것은 모두 허용될 수 없다(대판 2011.6.24. 2011다1323).

ㄹ. X 고유필수적공동소송에서는 변론의 분리와 일부판결이 허용되지 않는다.

ㅁ. X

> **제67조(필수적 공동소송에 대한 특별규정)**
> ③ 제1항의 공동소송에서 공동소송인 가운데 한 사람에게 소송절차를 중단 또는 중지하여야 할 이유가 있는 경우 그 중단 또는 중지는 모두에게 효력이 미친다.

ㄱ. O 토지의 경계는 토지소유권의 범위와 한계를 정하는 중요한 사항으로서, 그 경계와 관련되는 인접 토지의 소유자 전원 사이에서 합일적으로 확정될 필요가 있으므로, 인접하는 토지의 한편 또는 양편이 여러 사람의 공유에 속하는 경우에, 그 경계의 확정을 구하는 소송은, 관련된 공유자 전원이 공동하여서만 제소하고 상대방도 관련된 공유자 전원이 공동으로서만 제소될 것을 요건으로 하는 고유필요적 공동소송이라고 해석함이 상당하다(대판 2001.6.26. 2000다24207).

ㄴ. O 민법상 조합계약은 2인 이상이 상호 출자하여 공동으로 사업을 경영할 것을 약정하는 계약으로서, 조합재산은 조합의 합유에 속하므로 조합재산에 속하는 채권에 관한 소송은 합유물에 관한 소송으로서 특별한 사정이 없는 한 조합원들이 공동으로 제기하여야 하는 고유필수적 공동소송에 해당한다(대판 2012.11.29. 2012다44471).

ㄷ. X 공유물의 반환 또는 철거에 관한 소송은 필요적 공동소송이 아니다(대판 1969.7.22. 69다609).

ㄹ. X 공동상속재산의 지분에 관한 등기말소와 지분권존재확인을 구하는 소송은 필요적 공동소송이 아니라 통상의 공동소송이다(대판 1965.5.18. 65다279).

ㅁ. X 토지를 수인이 공유하는 경우에 공유자들의 소유권이 지분의 형식으로 공존하는 것뿐이고, 그 처분권이 공동에 속하는 것은 아니므로 공유토지의 일부에 대하여 취득시효완성을 원인으로 공유자들을 상대로 그 시효취득부분에 대한 소유권이전등기절차의 이행을 청구하는 소송은 필요적 공동소송이라고 할 수 없다(대판 1994.12.27. 93다32880,32897).

ㅂ. O 공동상속인이 다른 공동상속인을 상대로 어떤 재산이 상속재산임의 확인을 구하는 소는 이른바 고유필수적 공동소송이라고 할 것이고, 고유필수적 공동소송에서는 원고들 일부의 소 취하 또는 피고들 일부에 대한 소 취하는 특별한 사정이 없는 한 그 효력이 생기지 않는다(대판 2007.8.24. 2006다40980).

20 20법전협-1-44 정답 ①

다음 중 고유필수적 공동소송에 해당하는 사안으로 묶인 것은? (다툼이 있는 경우 판례에 의함)

> ㄱ. 인접 토지의 한편 또는 양편이 수인의 공유에 속하는 경우, 그 경계확정 소송
> ㄴ. 민법상 조합계약에 따른 조합재산에 속하는 채권에 관한 소송
> ㄷ. 건물의 공동상속인들에 대한 건물철거청구 소송
> ㄹ. 공동상속재산의 지분에 관한 지분권존재확인을 구하는 소송
> ㅁ. 공유토지의 일부에 대하여 취득시효완성을 원인으로 공유자들을 상대로 그 시효취득부분에 대한 소유권이전등기절차의 이행을 청구하는 소송
> ㅂ. 공동상속인이 다른 공동상속인들을 상대로 어떤 재산이 상속재산임의 확인을 구하는 소송

① ㄱ, ㄴ, ㅂ ② ㄱ, ㄹ, ㅁ
③ ㄱ, ㄷ, ㄹ ④ ㄴ, ㄷ, ㄹ
⑤ ㄴ, ㅁ, ㅂ

21 20법전협-3-48 정답 ⑤

고유필수적 공동소송에 관한 설명 중 옳은 것은?

① 합일확정의 필요는 있으나 소송공동수행의 필요는 없는 경우에도 고유필수적 공동소송에 해당할 수 있다.
② 고유필수적 공동소송을 "소송법상 이유에 의한 필수적 공동소송"이라고도 한다.
③ 고유필수적 공동소송에서 공동소송인 중 1인이 한 청구의 포기, 인낙, 화해는 효력이 없으나 1인이 한 소 취하는 유효하다.
④ 공유물의 점유를 빼앗겼거나 방해당한 경우에, 공유자 측이 보존행위로서 공유물의 인도청구 또는 방해제거청구를 할 수 있는데, 이는 고유필수적 공동소송이다.
⑤ 합유재산이라도 현실적으로 점유하고 있는 합유자만을 상대로 명도청구를 할 수 있다.

① X 고유필수적 공동소송은 실체법상 관리처분권이 공동으로 귀속되어 처음부터 공동소송이 법률로 강제된 경우이므로 소송공동수행의 필요가 있다.
② X 유사필수적 공동소송에 관한 설명이다.
③ X 공동상속인이 다른 공동상속인을 상대로 어떤 재산이 상속재산임의 확인을 구하는 소는 이른바 고유필수적 공동소송이라고 할 것이고, 고유필수적 공동소송에서는 원고들 일부의 소 취하 또는 피고들 일부에 대한 소 취하는 특별한 사정이 없는 한 그 효력이 생기지 않는다(대판 2007.8.24. 2006다40980).
④ X

> **민법 제265조(공유물의 관리, 보존)**
> 공유물의 관리에 관한 사항은 공유자의 지분의 과반수로써 결정한다. 그러나 보존행위는 각자가 할 수 있다.

공유물의 보존행위는 각자 단독으로 할 수 있으므로 관리처분권이 공동으로 귀속하는 경우가 아니어서 고유필수적 공동소송이라 할 수 없다.

⑤ O 합유 재산이라도 현실적으로 점유하고 있는 합유자만을 상대로 명도청구를 할 수 있고 합유자전원을 상대로 할 필요적 공동소송이 아니다(대판 1969.12.23. 69다1053).

22 21법전협-3-49   정답 ④

예비적·선택적 공동소송에 관련된 설명으로 옳지 않은 것은? (다툼이 있는 경우 판례에 의함)

① 아파트 동대표 지위부존재 확인소송에서 입주자대표회의와 동대표 개인에 대한 청구는 소송법상 양립할 수 없는 경우에 해당하므로 어느 일방을 예비적 피고로 하는 주관적·예비적 추가가 허용된다.
② 교통사고 피해자가 자신을 충격한 버스 운전기사와 사용자인 버스회사를 상대로 선택적으로 손해배상청구를 한 경우라도 이는 실체법상 양립 가능하므로 통상공동소송에 해당한다.
③ 예비적 공동소송에서는 모든 공동소송인에 관한 청구에 대하여 판결해야 하므로, 일부 공동소송인에 대해서만 판결하거나 추가 판결하는 것은 허용되지 않는다.
④ 예비적 공동소송에는 민사소송법 제67조 내지 제69조가 준용되어 소송자료 및 소송진행의 통일이 요구되므로, 화해권고결정에 대하여 일부 공동소송인이 이의하지 않았더라도 다른 공동소송인이 이의하였다면 분리 확정이 허용되지 않는다.
⑤ 예비적 공동소송에서 공동소송인 중 어느 한 사람이 상소를 제기하면 전원에 대하여 판결 확정이 차단되고 상급심으로 이심되어 심판의 대상이 된다.

① O [1] 법인 또는 비법인 등 당사자능력이 있는 단체의 대표자 또는 구성원의 지위에 관한 확인소송에서 그 대표자 또는 구성원 개인뿐 아니라 그가 소속된 단체를 공동피고로 하여 소가 제기된 경우에 있어서는, 누가 피고적격을 가지는지에 관한 법률적 평가에 따라 어느 한 쪽에 대한 청구는 부적법하고 다른 쪽의 청구만이 적법하게 될 수 있으므로 이는 민사소송법 제70조 제1항 소정의 예비적·선택적 공동소송의 요건인 각 청구가 서로 법률상 양립할 수 없는 관계에 해당한다.
[2] 아파트 입주자대표회의 구성원 개인을 피고로 삼아 제기한 동대표지위 부존재확인의 소의 계속중에 아파트 입주자대표회의를 피고로 추가하는 주관적·예비적 추가가 허용된다고 한 사례(대결 2007.6.26. 2007마515).

② O 지문에서 버스 운전기사와 사용자인 버스회사는 부진정연대채무의 관계에 있다.
부진정연대채무의 관계에 있는 채무자들을 공동피고로 하여 이행의 소가 제기된 경우 공동피고에 대한 각 청구는 법률상 양립할 수 없는 것이 아니므로 그 소송은 민사소송법 제70조 제1항에 규정한 본래 의미의 예비적·선택적 공동소송이라고 할 수 없고, 따라서 거기에 필수적 공동소송에 관한 민사소송법 제67조는 준용되지 않는다고 할 것이어서 상소로 인한 확정차단의 효력도 상소인과 그 상대방에 대해서만 생기고 다른 공동소송인에 대한 관계에는 미치지 않는다(대판 2012.9.27. 2011다76747).

③ O 주관적·예비적 공동소송은 동일한 법률관계에 관하여 모든 공동소송인이 서로 간의 다툼을 하나의 소송절차로 한꺼번에 모순 없이 해결하는 소송형태로서 모든 공동소송인에 대한 청구에 관하여 판결을 하여야 하고(민사소송법 제70조 제2항), 그 중 일부 공동소송인에 대해서만 판결을 하거나 남겨진 당사자를 위하여 추가판결을 하는 것은 허용되지 않는다(대판 2018.2.13. 2015다242429).

④ X 민사소송법 제70조에서 정한 주관적·예비적 공동소송에는 민사소송법 제67조 내지 제69조가 준용되어 소송자료 및 소송진행의 통일이 요구되지만, 청구의 포기·인낙, 화해 및 소의 취하는 공동소송인 각자가 할 수 있는데, 이에 비추어 보면, 조정을 갈음하는 결정이 확정된 경우에는 재판상 화해와 동일한 효력이 있으므로 그 결정에 대하여 일부 공동소송인이 이의하지 않았다면 원칙적으로 그 공동소송인에 대한 관계에서는 조정을 갈음하는 결정이 확정될 수 있다. 다만, 조정을 갈음하는 결정에서 분리 확정을 불허하고 있거나, 그렇지 않더라도 그 결정에서 정한 사항이 공동소송인들에게 공통되는 법률관계를 형성함을 전제로 하여 이해관계를 조절하는 경우 등과 같이 결정 사항의 취지에 비추어 볼 때 분리 확정을 허용할 경우 형평에 반하고 또한 이해관계가 상반된 공동소송인들 사이에서의 소송진행 통일을 목적으로 하는 민사소송법 제70조 제1항 본문의 입법 취지에 반하는 결과가 초래되는 경우에는 분리 확정이 허용되지 않는다(대판 2008.7.10. 2006다57872 참조). 이러한 법리는 이의신청 기간 내에 이의신청이 없으면 재판상 화해와 동일한 효력을 가지는 화해권고결정의 경우에도 마찬가지로 적용된다(대판 2015.3.20. 2014다75202).

⑤ O 주관적·예비적 공동소송에서 주위적 공동소송인과 예비적 공동소송인 중 어느 한 사람이 상소를 제기하면 다른 공동소송인에 관한 청구 부분도 확정이 차단되고 상소심에 이심되어 심판대상이 된다(대판 2014.3.27. 2009다104960,104977).

23 19법전협-1-36   정답 ④

예비적·선택적 공동소송에 대한 설명 중 옳지 않은 것은? (다툼이 있는 경우 판례에 따름)

① 원고의 신청에 따라 제1심 법원의 결정으로 예비적 피고가 적법하게 추가된 경우, 추가된 당사자에 대한 관계에서는 처음의 소가 제기된 때에 소가 제기된 것으로 간주된다.

② 원고가 어느 한 사람을 피고로 지정하여 소를 제기하였다가 다른 사람이 주위적 또는 예비적 피고의 지위에 있다고 주장하면서 그에 대한 청구를 아울러 하는 경우, 그것이 주위적 또는 예비적 피고를 추가하는 취지라면 모든 공동소송인에 관한 청구에 대하여 판결을 하여야 한다.

③ 예비적·선택적 공동소송에서 '법률상 양립할 수 없다'는 의미는 실체법적으로 서로 양립할 수 없는 경우뿐 아니라 소송법상으로 서로 양립할 수 없는 경우를 포함한다.

④ 예비적·선택적 공동소송의 경우 공동소송인 중 일부가 소를 취하하거나 일부 공동소송인에 대한 소를 취하할 수 없다.

⑤ 소제기 시 주위적 피고에 대한 주위적·예비적 청구만을 하였다가 청구 중 주위적 청구 부분이 받아들여지지 아니할 경우 그와 법률상 양립할 수 없는 관계에 있는 예비적 피고에 대한 청구를 받아들여 달라는 취지로 예비적 피고에 대한 청구를 결합하기 위하여 예비적 피고를 추가하는 것은 허용된다.

① O 예비적·선택적 공동소송에 관한 제70조 제1항은 제68조를 준용하고 있다.

> **제68조(필수적 공동소송인의 추가)**
> ③ 제1항의 규정에 따라 공동소송인이 추가된 경우에는 처음의 소가 제기된 때에 추가된 당사자와의 사이에 소가 제기된 것으로 본다.

② O 공동소송인 가운데 일부에 대한 청구가 다른 공동소송인에 대한 청구와 법률상 양립할 수 없는 경우에는 필수적 공동소송에 관한 민사소송법 제67조 내지 제69조의 규정이 준용되는 결과(민사소송법 제70조 제1항), 주위적·예비적 공동소송인 가운데 일부가 누락된 경우에는 제1심의 변론을 종결할 때까지 원고의 신청에 따라 결정으로 피고를 추가하도록 허가할 수 있고(같은 법 제68조 제1항 본문), 그 허가결정을 한 때에는 그 허가결정의 정본을 당사자 모두에게 송달하여야 하고, 추가될 당사자에게는 소장 부본도 송달하여야 하며(같은 조 제2항), 추가된 당사자에 대한 관계에서는 처음의 소가 제기된 때에 소가 제기된 것으로 간주된다(같은 조 제3항). 한편, 위와 같은 주위적·예비적 공동소송에 있어서는 모든 공동소송인에 관한 청구에 대하여 판결을 하여야 한다(같은 법 제70조 제2항). 따라서 원고가 어느 한 사람을 피고로 지정하여 소를 제기하였다가 다른 사람이 주위적 또는 예비적 피고의 지위에 있다고 주장하면서 그에 대한 청구를 아울러 하는 경우에, 그것이 주위적 또는 예비적 피고를 추가하는 취지라면 법원은 위에서 적시한 바와 같은 조치를 취하여야 할 것이다(대판 2008.4.10. 2007다86860).

③ O 예를 들어 아파트 입주자대표회의 구성원 개인을 피고로 삼아 제기한 동대표지위 부존재확인의 소 계속중에 아파트 입주자대표회의를 피고로 추가하는 경우(대결 2007.6.26. 2007마515)이다.

④ X 예비적·선택적 공동소송에 관한 제70조 제1항 단서에 따라 틀린 내용이다. 즉 제67조 제1항의 반대해석상 불리행위는 전원이 함께하지 않으면 효력이 없지만 소송물에 관한 청구의 포기, 인낙, 화해, 소의 취하는 각자 할 수 있다.

> **제70조(예비적·선택적 공동소송에 대한 특별규정)**
> ① 공동소송인 가운데 일부의 청구가 다른 공동소송인의 청구와 법률상 양립할 수 없거나 공동소송인 가운데 일부에 대한 청구가 다른 공동소송인에 대한 청구와 법률상 양립할 수 없는 경우에는 제67조 내지 제69조를 준용한다. 다만, 청구의 포기·인낙, 화해 및 소의 취하의 경우에는 그러하지 아니하다.

⑤ O 민사소송법 제70조 제1항 본문이 규정하는 '공동소송인 가운데 일부에 대한 청구'를 반드시 '공동소송인 가운데 일부에 대한 모든 청구'라고 해석할 근거는 없으므로, 주위적 피고에 대한 주위적·예비적 청구 중 주위적 청구 부분이 받아들여지지 아니할 경우 그와 법률상 양립할 수 없는 관계에 있는 예비적 피고에 대한 청구를 받아들여 달라는 취지로 주위적 피고에 대한 주위적·예비적 청구와 예비적 피고에 대한 청구를 결합하여 소를 제기하는 것도 가능하고, 처음에는 주위적 피고에 대한 주위적·예비적 청구만을 하였다가 청구 중 주위적 청구 부분이 받아들여지지 아니할 경우 그와 법률상 양립할 수 없는 관계에 있는 예비적 피고에 대한 청구를 받아들여 달라는 취지로 예비적 피고에 대한 청구를 결합하기 위하여 예비적 피고를 추가하는 것도 민사소송법 제70조 제1항 본문에 의하여 준용되는 민사소송법 제68조 제1항에 의하여 가능하다. 이 경우 주위적 피고에 대한 예비적 청구와 예비적 피고에 대한 청구가 서로 법률상 양립할 수 있는 관계에 있으면 양 청구를 병합하여 통상의 공동소송으로 보아 심리·판단할 수 있다. 그리고 이러한 법리는 원고가 주위적 피고에 대하여 실질적으로 선택적 병합 관계에 있는 두 청구를 주위적·예비적으로 순위를 붙여 청구한 경우에도 그대로 적용된다(대판 2015.6.11. 2014다232913).

24 20법전협-1-45   정답 ③

예비적·선택적 공동소송에 관한 설명 중 옳지 않은 것은? (다툼이 있는 경우 판례에 의함)

① 예비적·선택적 공동소송에 있어서 '법률상 양립할 수 없다'는 것은 실체법적으로 서로 양립할 수 없는 경우뿐 아니라 소송법상으로 서로 양립할 수 없는 경우를 포함한다.

② 예비적·선택적 공동소송에서 일부 공동소송인에 관한 청구에 대하여만 판결을 하는 경우 이는 흠이 있는 전부판결에 해당하여 상소로써 이를 다투어야 하고, 그 판결에서 누락된 공동소송인은 이러한 판단누락을 시정하기 위하여 상소를 제기할 이익이 있다.

③ 처음에는 주위적 피고 甲에 대한 주위적·예비적 청구만을 하였다가 주위적 청구 부분이 받아들여지지 아니할 경우 주위적 피고 甲과 법률상 양립할 수 없는 관계에 있는 예비적 피고 乙을 추가하는 것은 불가능하다.

④ 주위적 피고 甲에 대한 예비적 청구와 예비적 피고 乙에 대한 청구가 서로 법률상 양립할 수 있는 관계에 있으면 양 청구를 병합하여 통상의 공동소송으로 보아 심리·판단할 수 있다.

⑤ 부진정연대채무의 관계에 있는 채무자들을 공동피고로 하여 이행의 소가 제기된 경우 민사소송법상 예비적·선택적 공동소송이라고 할 수 없다.

 해설

① O 민사소송법 제70조 제1항에 있어서 '법률상 양립할 수 없다'는 것은, 동일한 사실관계에 대한 법률적인 평가를 달리하여 두 청구 중 어느 한 쪽에 대한 법률효과가 인정되면 다른 쪽에 대한 법률효과가 부정됨으로써 두 청구가 모두 인용될 수는 없는 관계에 있는 경우나, 당사자들 사이의 사실관계 여하에 의하여 또는 청구원인을 구성하는 택일적 사실인정에 의하여 어느 일방의 법률효과를 긍정하거나 부정하고 이로써 다른 일방의 법률효과를 부정하거나 긍정하는 반대의 결과가 되는 경우로서, 두 청구들 사이에서 한 쪽 청구에 대한 판단 이유가 다른 쪽 청구에 대한 판단 이유에 영향을 주어 각 청구에 대한 판단 과정이 필연적으로 상호 결합되어 있는 관계를 의미하며, 실체법적으로 서로 양립할 수 없는 경우뿐 아니라 소송법상으로 서로 양립할 수 없는 경우를 포함하는 것으로 봄이 상당하다(대결 2007.6.26. 2007마515).

② O 민사소송법 제70조 제2항은 같은 조 제1항의 예비적·선택적 공동소송에서는 모든 공동소송인에 관한 청구에 대하여 판결을 하도록 규정하고 있으므로, 이러한 공동소송에서 일부 공동소송인에 관한 청구에 대하여만 판결을 하는 경우 이는 일부판결이 아닌 흠이 있는 전부판결에 해당하여 상소로써 이를 다투어야 하고, 그 판결에서 누락된 공동소송인은 이러한 판단유탈을 시정하기 위하여 상소를 제기할 이익이 있다(대판 2008.3.27. 2005다49430).

③ X 민사소송법 제70조 제1항 본문이 규정하는 '공동소송인 가운데 일부에 대한 청구'를 반드시 '공동소송인 가운데 일부에 대한 모든 청구'라고 해석할 근거는 없으므로, 주위적 피고에 대한 주위적·예비적 청구 중 주위적 청구 부분이 받아들여지지 아니할 경우 그와 법률상 양립할 수 없는 관계에 있는 예비적 피고에 대한 청구를 받아들여 달라는 취지로 주위적 피고에 대한 주위적·예비적 청구와 예비적 피고에 대한 청구를 결합하여 소를 제기하는 것도 가능하고, 처음에는 주위적 피고에 대한 주위적·예비적 청구만을 하였다가 청구 중 주위적 청구 부분이 받아들여지지 아니할 경우 그와 법률상 양립할 수 없는 관계에 있는 예비적 피고에 대한 청구를 받아들여 달라는 취지로 예비적 피고에 대한 청구를 결합하기 위하여 예비적 피고를 추가하는 것도 민사소송법 제70조 제1항 본문에 의하여 준용되는 민사소송법 제68조 제1항에 의하여 가능하다(대판 2015.6.11. 2014다232913).

④ O 민사소송법 제70조 제1항 본문이 규정하는 '공동소송인 가운데 일부에 대한 청구'를 반드시 '공동소송인 가운데 일부에 대한 모든 청구'라고 해석할 근거는 없으므로, 주위적 피고에 대한 주위적·예비적 청구 중 주위적 청구 부분이 인용되지 아니할 경우 그와 법률상 양립할 수 없는 관계에 있는 예비적 피고에 대한 청구를 인용하여 달라는 취지로 결합하여 소를 제기하는 것도 가능하고, 이 경우 주위적 피고에 대한 예비적 청구와 예비적 피고에 대한 청구가 서로 법률상 양립할 수 있는 관계에 있으면 양 청구를 병합하여 통상의 공동소송으로 보아 심리·판단할 수 있다(대판 2009.3.26. 2006다47677).

⑤ O 부진정연대채무 관계는 서로 별개의 원인으로 발생한 독립된 채무라 하더라도 동일한 경제적 목적을 가지고 있고 서로 중첩되는 부분에 관하여 일방의 채무가 변제 등으로 소멸할 경우 타방의 채무도 소멸하는 관계에 있으면 성립할 수 있고, 반드시 양 채무의 발생원인, 채무의 액수 등이 서로 동일할 것을 요한다고 할 수는 없다. 그리고 부진정연대채무의 관계에 있는 채무자들을 공동피고로 하여 이행의 소가 제기된 경우 그 공동피고에 대한 각 청구가 서로 법률상 양립할 수 없는 것이 아니므로 그 소송을 민사소송법 제70조 제1항 소정의 예비적·선택적 공동소송이라고 할 수 없다(대판 2009.3.26. 2006다47677).

25 21법전협-1-51   정답 ②

乙의 대리인 丙과 X 토지에 관한 매매계약을 체결한 매수인 甲이, 주위적으로 乙에 대하여는 매매계약에 기한 소유권이전등기청구를, 예비적으로 丙이 무권대리일 경우를 대비하여 丙에 대하여 손해배상청구를 구하는 소를 제기하였다. 이와 관련된 설명 중 옳지 않은 것은? (다툼이 있는 경우 판례에 의함)

① 소송 계속 중 甲은 피고 丙과의 사이에서만 소송상 화해를 할 수 있다.

② 법원이 乙에 대해서만 판결을 하였다면, 누락된 丙에 대해서는 나중에 추가판결을 선고하면 된다.

③ 법원이 乙에 대해서만 판결을 하였다면, 누락된 丙도 위 판결에 대해 항소의 이익이 있어 항소할 수 있다.

④ 乙에 대해 전부 승소판결을 선고하더라도 丙에 대해서도 판결을 선고하여야 한다.

⑤ 乙에 대한 청구를 인용하고 丙에 대한 청구를 기각한 제1심 판결에 대하여 乙만이 항소하더라도 丙에 대한 청구부분도 항소심에 이심되어 항소심의 심판대상이 된다.

①, ④ ○ 예비적 공동소송에서 소송행위는 합일적으로 모두의 이익을 위해서만 효력을 가지지만(민사소송법 제70조 제1항 본문) 단서상 화해를 각자 할 수 있고 다수설은 예비적 피고만의 화해도 가능하다고 한다.

> **제70조(예비적·선택적 공동소송에 대한 특별규정)**
> ① 공동소송인 가운데 일부의 청구가 다른 공동소송인의 청구와 법률상 양립할 수 없거나 공동소송인 가운데 일부에 대한 청구가 다른 공동소송인에 대한 청구와 법률상 양립할 수 없는 경우에는 제67조 내지 제69조를 준용한다. 다만, 청구의 포기·인낙, 화해 및 소의 취하의 경우에는 그러하지 아니하다.
> ② 제1항의 소송에서는 모든 공동소송인에 관한 청구에 대하여 판결을 하여야 한다.

② X ⑤ ○ 주관적·예비적 공동소송은 동일한 법률관계에 관하여 모든 공동소송인이 서로 간의 다툼을 하나의 소송절차로 한꺼번에 모순 없이 해결하는 소송형태로서 모든 공동소송인에 대한 청구에 관하여 판결을 하여야 하고(민사소송법 제70조 제2항), 그 중 일부 공동소송인에 대해서만 판결을 하거나 남겨진 당사자를 위하여 추가판결을 하는 것은 허용되지 않는다. 그리고 주관적·예비적 공동소송에서 주위적 공동소송인과 예비적 공동소송인 중 어느 한 사람이 상소를 제기하면 다른 공동소송인에 관한 청구 부분도 확정이 차단되고 상소심에 이심되어 심판대상이 된다(대판 2018.2.13. 2015다242429).

③ ○ **(판결 이유 중)** 민사소송법 제70조 제2항은 같은 조 제1항의 예비적·선택적 공동소송에서는 모든 공동소송인에 관한 청구에 대하여 판결을 하도록 규정하고 있으므로, 이러한 공동소송에서 일부 공동소송인에 관한 청구에 대하여만 판결을 하는 경우 이는 일부판결이 아닌 흠이 있는 전부판결에 해당하여 상소로써 이를 다투어야 하고, 그 판결에서 누락된 공동소송인은 이러한 판단유탈을 시정하기 위하여 상소를 제기할 이익이 있다(대판 2008.3.27. 2005다49430).

정답 ②

제2절 선정당사자

26 16변시-61   정답 ③

甲, 乙, 丙, 丁은 甲이 운전하는 자동차를 함께 타고 가다가 A가 중앙선을 침범하여 자동차를 운행한 과실에 의해 발생한 사고로 인하여 A에 대하여 각 1억 원의 손해배상채권을 가지게 되었다. 이에 甲, 乙, 丙, 丁은 A를 상대로 손해배상청구의 소를 제기하면서 甲과 乙을 선정당사자로 선정하였다. 이에 관한 설명 중 옳지 않은 것은? (다툼이 있는 경우 판례에 의함)

① 甲과 乙은 丙과 丁으로부터 특별한 권한을 받을 필요 없이 청구를 포기할 수 있다.
② 甲과 乙이 선정당사자로 선정되었다는 것은 서면으로 증명하여야 하고, 이를 소송기록에 붙여야 한다.
③ 별도의 소송대리인이 없으면, 甲이 사망한 경우 선정자들이 다시 새로운 선정당사자를 선정할 때까지 소송절차는 중단된다.
④ 별도의 약정 등이 없는 한 선정의 효력은 소송의 종료 시까지 유지되므로 甲과 乙의 소송수행권은 제1심에 한정되지 않는다.
⑤ 甲과 乙이 자신들의 청구 부분에 대하여 소를 전부 취하하고 A가 이에 동의한 경우, 甲과 乙은 선정당사자 자격을 상실한다.

① ○ 선정당사자는 선정자들로부터 소송수행을 위한 포괄적인 수권을 받은 자이므로 소의 취하, 화해, 포기·인낙, 상소의 제기를 할 수 있다. 선정당사자는 선정자의 대리인이 아니라 당사자 본인이므로 소송수행에 있어서 제90조 제2항의 제한을 받지 않는다.

> **관련판례** 선정당사자는 선정자들로부터 소송수행을 위한 포괄적인 수권을 받은 것으로서 일체의 소송행위는 물론 소송수행에 필요한 사법상의 행위도 할 수 있는 것이고 개개의 소송행위를 함에 있어서 선정자의 개별적인 동의가 필요한 것은 아니다(대판 2003.5.30. 2001다10748).

② ○ 선정당사자의 자격은 대리인의 경우와 마찬가지로 서면으로 증명하여야 하며, 이를 소송기록에 붙여야 한다.

> **제58조(법정대리권 등의 증명)**
> ① 법정대리권이 있는 사실 또는 소송행위를 위한 권한을 받은 사실은 서면으로 증명하여야 한다. 제53조의 규정에 따라서 당사자를 선정하고 바꾸는 경우에도 또한 같다.
> ② 제1항의 서면은 소송기록에 붙여야 한다.

③ X 선정당사자 가운데 일부가 죽거나 그 자격을 잃은 경우에는 소송절차가 중단되지 않고 다른 선정당사자가 소송을 속행하게 된다(민사소송법 제54조). 따라서 별도의 소송대리인이 없더라도 甲이 사망한 경우에는 소송절차가 중단되지 않으며, 다른 선정당사자인 乙이 소송을 수행하게 된다.

> **제54조(선정당사자 일부의 자격상실)**
> 제53조의 규정에 따라 선정된 여러 당사자 가운데 죽거나 그 자격을 잃은 사람이 있는 경우에는 다른 당사자가 모두를 위하여 소송행위를 한다.

④ O 특별한 약정이 없으면 선정의 효력은 소송이 종료될 때까지 계속된다.

관련판례 공동의 이해관계가 있는 다수자가 당사자를 선정한 경우에는 선정된 당사자는 당해 소송의 종결에 이르기까지 총원을 위하여 소송을 수행할 수 있고, 상소와 같은 것도 역시 이러한 당사자로부터 제기되어야 하는 것이지만, 당사자 선정은 총원의 합의로써 장래를 향하여 이를 취소, 변경할 수 있는 만큼 당초부터 특히 어떠한 심급을 한정하여 당사자인 자격을 보유하게끔 할 목적으로 선정을 하는 것도 역시 허용된다고 할 것이나, 선정당사자의 선정행위시 심급의 제한에 관한 약정 등이 없는 한 선정의 효력은 소송이 종료에 이르기까지 계속되는 것이다(대판 2003.11.14. 2003다34038).

⑤ O 선정당사자가 소를 취하한 경우에는 공동의 이해관계가 소멸할 뿐만 아니라 공동소송인의 지위에 있다고 할 수 없으므로, 선정당사자는 그 자격을 상실한다. 반대로 선정당사자에 대한 소가 취하되거나 판결이 확정되는 등으로 공동의 이해관계가 소멸하는 경우에도 선정당사자는 그 자격을 상실한다.

관련판례 민사소송법 제53조 소정의 선정당사자는 공동의 이해관계를 가진 여러 사람 중에서 선정되어야 하는 것이므로, 선정당사자 본인에 대한 부분의 소가 취하되거나 판결이 확정되는 등으로 공동의 이해관계가 소멸하는 경우에는 선정당사자는 선정당사자의 자격을 당연히 상실한다고 보아야 할 것이다(대판 2006.9.28. 2006다28775).

27 12변시-53 정답 ⑤

원고 측의 선정당사자에 관한 아래 설명 중 옳은 것을 모두 고른 것은? (다툼이 있는 경우에는 판례에 의함)

ㄱ. 선정당사자에 대하여는 소송대리인에 관한 규정이 준용되므로, 선정당사자가 소를 취하하려면 선정자들로부터 특별수권을 받아야 한다.

ㄴ. 선정당사자와 선정자들 사이에는 공동의 이해관계가 있어야 하는바, 선정자가 공동의 이해관계가 없는 자를 선정당사자로 선정한 경우, 이는 재심사유에 해당한다.

ㄷ. 선정당사자가 변경된 때 그 변경사실을 상대방에게 통지하지 않았더라도 그 사실이 법원에 알려진 경우, 종전의 선정당사자는 상대방의 동의를 얻었더라도 소를 취하하지 못한다.

ㄹ. 심급을 한정하여 선정을 할 수 없는 것은 아니나, 선정당사자의 지위는 제1심에 한하지 않고 소송이 종결될 때까지 유지되는 것이 원칙이다.

ㅁ. 선정은 소송계속 전·후를 불문하고 할 수 있고, 소송계속 후 선정을 하면 선정자는 당연히 소송에서 탈퇴한 것으로 본다.

① ㄴ, ㄷ ② ㄹ, ㅁ
③ ㄱ, ㄷ, ㅁ ④ ㄱ, ㄹ, ㅁ
⑤ ㄷ, ㄹ, ㅁ

해설

ㄱ. X 선정당사자는 선정자들로부터 소송수행을 위한 포괄적인 수권을 받은 것으로서 일체의 소송행위는 물론 소송수행에 필요한 사법상의 행위도 할 수 있는 것이고 개개의 소송행위를 함에 있어서 선정자의 개별적인 동의가 필요한 것은 아니다(대판 2003.5.30. 2001다10748).

ㄴ. X 다수자 사이에 공동소송인이 될 관계에 있기는 하지만 주요한 공격방어방법을 공통으로 하는 것이 아니어서 공동의 이해관계가 없는 자가 선정당사자로 선정되었음에도 법원이 그러한 선정당사자 자격의 흠을 간과하여 그를 당사자로 한 판결이 확정된 경우, 선정자가 스스로 당해 소송의 공동소송인 중 1인인 선정당사자에게 소송수행권을 수여하는 선정행위를 하였다면 그 선정자로서는 실질적인 소송행위를 할 기회 또는 적법하게 당해 소송에 관여할 기회를 박탈당한 것이 아니므로, 비록 그 선정당사자와의 사이에 공동의 이해관계가 없었다고 하더라도 그러한 사정은 민사소송법 제451조 제1항 제3호가 정하는 재심사유에 해당하지 않는 것으로 봄이 상당하고, 이러한 법리는 그 선정당사자에 대한 판결이 확정된 경우뿐만 아니라 그 선정당사자가 청구를 인낙하여 인낙조서가 확정된 경우에도 마찬가지라 할 것이다(대판 2007.7.12. 2005다10470).

ㄷ. O 선정당사자가 변경된 경우에는 상대방에게 그 사실을 통지해야 하고 통지하지 아니하면 그 효력을 주장하지 못한다. 다만 법원에 알려진 뒤에는 종전의 선정당사자가 소의 취하, 화해, 청구의 포기·인낙(認諾) 등을 하지 못한다(제63조).

제56조(법정대리인의 소송행위에 관한 특별규정)
① 미성년후견인, 대리권 있는 성년후견인 또는 대리권 있는 한정후견인이 상대방의 소 또는 상소 제기에 관하여 소송행위를 하는 경우에는 그 후견감독인으로부터 특별한 권한을 받을 필요가 없다.
② 제1항의 법정대리인이 소의 취하, 화해, 청구의 포기·인낙(認諾) 또는 제80조에 따른 탈퇴를 하기 위해서는 후견감독인으로부터 특별한 권한을 받아야 한다. 다만, 후견감독인이 없는 경우에는 가정법원으로부터 특별한 권한을 받아야 한다.

제63조(법정대리권의 소멸통지)
① 소송절차가 진행되는 중에 법정대리권이 소멸한 경우에는 본인 또는 대리인이 상대방에게 소멸된 사실을 통지하지 아니하면 소멸의 효력을 주장하지 못한다. 다만, 법원에 법정대리권의 소멸사실이 알려진 뒤에는 그 법정대리인은 제56조 제2항의 소송행위를 하지 못한다.
② 제53조의 규정에 따라 당사자를 바꾸는 경우에는 제1항의 규정을 준용한다.

ㄹ. O 선정당사자의 제도가 당사자 다수의 소송에 있어서 소송절차를 간소화, 단순화하여 소송의 효율적인 진행을 도모하는 것을 목적으로 하고, 선정된 자가 당사자로서 소송의 종료에 이르기까지 소송을 수행하는 것이 그 본래의 취지임에 비추어 보면, 제1심에서 제출된 선정서에 사건명을 기재한 다음에 '제1심 소송절차에 관하여' 또는 '제1심 소송절차를 수행하게 한다'라는 문언이 기재되어 있는 경우라 하더라도, 특단의 사정이 없는 한, 그 기재는 사건명 등과 더불어 선정당사자를 선정하는 사건을 특정하기 위한 것으로 보아야 하고, 따라서 그 선정의 효력은 제1심의 소송에 한정하는 것이 아니라 소송의 종료에 이르기까지 계속하는 것으로 해석함이 상당하다고 본 사례(대결 1995.10.5. 94마2452).

ㅁ. O

제53조(선정당사자)
① 공동의 이해관계를 가진 여러 사람이 제52조의 규정에 해당되지 아니하는 경우에는, 이들은 그 가운데에서 모두를 위하여 당사자가 될 한 사람 또는 여러 사람을 선정하거나 이를 바꿀 수 있다.
② 소송이 법원에 계속된 뒤 제1항의 규정에 따라 당사자를 바꾼 때에는 그 전의 당사자는 당연히 소송에서 탈퇴한 것으로 본다.

28 21법전협-3-50 정답 ①

선정당사자 제도에 관한 다음 설명 중 옳지 않은 것을 모두 고른 것은? (다툼이 있는 경우 판례에 의함)

ㄱ. 다수자의 권리·의무가 동종이며 발생원인이 동종인 관계에 있으면 '공동의 이해관계'가 인정되므로 선정당사자의 선정이 항상 허용된다.
ㄴ. 선정당사자는 선정자들로부터 임의적 소송담당을 받은 관계이므로 선정자명단에 선정당사자를 포함시키는 것은 위법하다.
ㄷ. 선정당사자의 선정행위 시 심급 제한에 관한 약정 등이 없는 한 선정의 효력은 소송 종료에 이르기까지 계속된다.
ㄹ. 당사자 선정은 언제든지 장래를 위하여 이를 취소·변경할 수 있으며, 선정을 철회한 경우에 선정자 또는 당사자가 상대방 또는 법원에 대하여 선정 철회 사실을 통지하지 아니하면 철회의 효력을 주장하지 못한다.
ㅁ. 다수자 사이에 공동의 이해관계가 없는 자가 선정당사자로 선정되어 청구를 인낙한 경우, 선정자가 스스로 선정행위를 하였다면 선정당사자 자격의 흠은 민사소송법상의 재심사유에 해당하지 않는다.

① ㄱ, ㄴ
② ㄴ, ㄹ
③ ㄷ, ㅁ
④ ㄹ, ㅁ
⑤ ㄱ, ㄷ

ㄱ. **X** 공동의 이해관계가 있는 다수자는 선정당사자를 선정할 수 있는바, 이 경우 공동의 이해관계란 다수자 상호 간에 공동소송인이 될 관계에 있고 또 주요한 공격방어방법을 공통으로 하는 것을 의미하므로, 다수자의 권리·의무가 동종이며 그 발생원인이 동종인 관계에 있는 것만으로는 공동의 이해관계가 있다고 할 수 없어 선정당사자의 선정을 허용할 것이 아니다(대판 2007.7.12. 2005다10470).
ㄴ. **X (판결 이유 중)** 민사소송법 제53조에 "공동의 이해관계를 가진 여러 사람이 제52조의 규정에 해당되지 아니하는 경우에는, 이들은 그 가운데에서 모두를 위하여 당사자가 될 한 사람 또는 여러 사람을 선정하거나 이를 바꿀 수 있다(제1항). 소송이 법원에 계속된 뒤 제1항의 규정에 따라 당사자를 바꾼 때에는 그 전의 당사자는 당연히 소송에서 탈퇴한 것으로 본다(제2항)."라고 규정하고 있는바, 선정당사자 자신도 공동의 이해관계를 가진 사람으로서 선정행위를 하였다면, 선정행위를 하였다는 의미에서 선정자로 표기하는 것이 허용되지 않는다고 할 수 없으므로, 그 선정당사자를 선정자로 표기하는 것이 위법하다고 볼 수 없다. 원심이 이와 다른 관점에서, 제1심판결문 별지 선정자명단에 선정당사자인 원고를 선정자로 표시한 위법이 있다고 판단한 것은 잘못이다(대판 2011.9.8. 2011다17090).
ㄷ. **O** 공동의 이해관계가 있는 다수자가 당사자를 선정한 경우에는 선정된 당사자는 당해 소송의 종결에 이르기까지 총원을 위하여 소송을 수행할 수 있고, 상소와 같은 것도 역시 이러한 당사자로부터 제기되어야 하는 것이지만, 당사자 선정은 총원의 합의로써 장래를 향하여 이를 취소, 변경할 수 있는 만큼 당초부터 특히 어떠한 심급을 한정하여 당사자인 자격을 보유하게끔 목적으로 선정을 하는 것도 역시 허용된다고 할 것이나, 선정당사자의 선정행위시 심급의 제한에 관한 약정 등이 없는 한 선정의 효력은 소송이 종료에 이르기까지 계속되는 것이다(대판 2003.11.14. 2003다34038).

ㄹ. **O (판결 이유 중)** 당사자 선정은 언제든지 장래를 위하여 이를 취소·변경할 수 있으며, 선정을 철회한 경우에 선정자 또는 당사자가 상대방 또는 법원에 대하여 선정 철회 사실을 통지하지 아니하면 철회의 효력을 주장하지 못하지만(민사소송법 제63조 제2항, 제1항), 선정의 철회는 반드시 명시적이어야만 하는 것은 아니고 묵시적으로도 가능하다고 보아야 한다(대판 2015.10.15. 2015다31513).
ㅁ. **O** 다수자 사이에 공동소송인이 될 관계에 있기는 하지만 주요한 공격방어방법을 공통으로 하는 것이 아니어서 공동의 이해관계가 없는 자가 선정당사자로 선정되었음에도 법원이 그러한 선정당사자 자격의 흠을 간과하여 그를 당사자로 한 판결이 확정된 경우, 선정자가 스스로 당해 소송의 공동소송인 중 1인인 선정당사자에게 소송수행권을 수여하는 선정행위를 하였다면 그 선정자로서는 실질적인 소송행위를 할 기회 또는 적법하게 당해 소송에 관여할 기회를 박탈당한 것이 아니므로, 비록 그 선정당사자와의 사이에 공동의 이해관계가 없었다고 하더라도 그러한 사정은 민사소송법 제451조 제1항 제3호가 정하는 재심사유에 해당하지 않는 것으로 봄이 상당하고, 이러한 법리는 그 선정당사자에 대한 판결이 확정된 경우뿐만 아니라 그 선정당사자가 청구를 인낙하여 인낙조서가 확정된 경우에도 마찬가지라 할 것이다(대판 2007.7.12. 2005다10470).

29 21법전협-1-50 정답 ⑤

선정당사자에 관한 설명 중 옳지 않은 것은? (다툼이 있는 경우 판례에 의함)

① 주택의 임차인들이 甲을 임대차계약상의 임대인이라고 주장하면서 甲에게 그 각 보증금의 전부 또는 일부의 반환을 청구하는 경우, 임차인들은 공동의 이해관계가 있어 선정당사자를 선정할 수 있다.
② 선정당사자는 선정자들로부터 소송수행을 위한 포괄적인 수권을 받은 당사자로서 선정자들 모두를 위한 일체의 소송행위를 할 수 있음은 물론 소송수행에 필요한 사법상의 행위도 할 수 있다.
③ 선정당사자의 선정 행위 시 심급의 제한에 관한 약정 등이 없는 한 선정의 효력은 소송의 종료에 이르기까지 계속된다 할 것이다.
④ 선정당사자가 변경된 경우 대리권 소멸의 경우처럼 상대방에게 통지하여야 하며, 그렇지 않으면 상대방에게 소멸의 효력을 주장하지 못한다.
⑤ 선정당사자의 자격은 선정당사자의 사망, 선정의 취소의 경우에는 상실되지만 선정당사자 본인에 대한 부분의 소가 취하되거나 판결이 확정되는 경우에는 상실되지 않는다.

해설

① O 임차인들이 갑을 임대차계약상의 임대인이라고 주장하면서 갑에게 그 각 보증금의 전부 내지 일부의 반환을 청구하는 경우, 그 임차인들은 상호간에 공동소송인이 될 관계가 있을 뿐 아니라 주요한 공격방어 방법을 공통으로 하는 경우에 해당함이 분명하다고 할 것이어서, 민사소송법 제49조 소정의 공동의 이해관계가 있어 선정당사자를 선정할 수 있다(대판 1999.8.24. 99다15474).

② O 선정당사자는 선정자들로부터 소송수행을 위한 포괄적인 수권을 받은 것으로서 일체의 소송행위는 물론 소송수행에 필요한 사법상의 행위도 할 수 있는 것이고 개개의 소송행위를 함에 있어서 선정자의 개별적인 동의가 필요한 것은 아니다(대판 2003.5.30. 2001다10748).

③ O 선정당사자의 제도가 당사자 다수의 소송에 있어서 소송절차를 간소화, 단순화하여 소송의 효율적인 진행을 도모하는 것을 목적으로 하고, 선정된 자가 당사자로서 소송의 종료에 이르기까지 소송을 수행하는 것이 그 본래의 취지임에 비추어 보면, 제1심에서 제출된 선정서에 사건명을 기재한 다음에 '제1심 소송절차에 관하여' 또는 '제1심 소송절차를 수행하게 한다'라는 문언이 기재되어 있는 경우라 하더라도, 특단의 사정이 없는 한, 그 기재는 사건명 등과 더불어 선정당사자를 선정하는 사건을 특정하기 위한 것으로 보아야 하고, 따라서 그 선정의 효력은 제1심의 소송에 한정하는 것이 아니라 소송의 종료에 이르기까지 계속하는 것으로 해석함이 상당하다고 본 사례(대결 1995.10.5. 94마2452).

④ O

> **제63조(법정대리권의 소멸통지)**
> ① 소송절차가 진행되는 중에 법정대리권이 소멸한 경우에는 본인 또는 대리인이 상대방에게 소멸된 사실을 통지하지 아니하면 소멸의 효력을 주장하지 못한다. 다만, 법원에 법정대리권의 소멸사실이 알려진 뒤에는 그 법정대리인은 제56조 제2항의 소송행위를 하지 못한다.
> ② 제53조의 규정에 따라 당사자를 바꾸는 경우에는 제1항의 규정을 준용한다.
>
> **제53조(선정당사자)**
> ① 공동의 이해관계를 가진 여러 사람이 제52조의 규정에 해당되지 아니하는 경우에는, 이들은 그 가운데에서 모두를 위하여 당사자가 될 한 사람 또는 여러 사람을 선정하거나 이를 바꿀 수 있다.

⑤ X 민사소송법 제53조의 선정당사자는 공동의 이해관계를 가진 여러 사람 중에서 선정되어야 하므로, 선정당사자 본인에 대한 부분의 소가 취하되거나 판결이 확정되는 등으로 공동의 이해관계가 소멸하는 경우에는 선정당사자는 선정당사자의 자격을 당연히 상실한다(대판 2006.9.28. 2006다28775).

---

30 19법전협-1-49 정답 ⑤

선정당사자에 대한 설명 중 옳지 않은 것은? (다툼이 있는 경우 판례에 따름)

① 선정당사자의 선정행위시 심급의 제한에 관한 약정 등이 없는 한 선정의 효력은 소송이 종료에 이르기까지 계속된다.

② 선정당사자는 선정자들로부터 소송수행을 위한 포괄적인 수권을 받은 것으로서 일체의 소송행위는 물론 소송수행에 필요한 사법상의 행위도 할 수 있는 것이고 개개의 소송행위를 함에 있어서 선정자의 개별적인 동의가 필요한 것은 아니다.

③ 선정당사자가 선정자로부터 별도의 수권 없이 변호사 보수에 관한 약정을 하였다면 선정자들이 이를 추인하는 등의 특별한 사정이 없는 한 선정자에 대하여 효력이 없다.

④ 민사소송법에 따라 선정된 여러 당사자 가운데 죽거나 그 자격을 잃은 사람이 있는 경우에는 다른 당사자가 모두를 위하여 소송행위를 한다.

⑤ 선정자가 공동의 이해관계가 없는 자를 선정당사자로 선정하여 선정당사자적격에 흠이 있을 때 그 선정당사자가 청구인낙을 한 경우 대리권에 흠이 있는 것으로 보아 재심으로 다툴 수 있다.

해설

① O 선정당사자의 제도가 당사자 다수의 소송에 있어서 소송절차를 간소화, 단순화하여 소송의 효율적인 진행을 도모하는 것을 목적으로 하고, 선정된 자가 당사자로서 소송의 종료에 이르기까지 소송을 수행하는 것이 그 본래의 취지임에 비추어 보면, 제1심에서 제출된 선정서에 사건명을 기재한 다음에 '제1심 소송절차에 관하여' 또는 '제1심 소송절차를 수행하게 한다'라는 문언이 기재되어 있는 경우라 하더라도, 특단의 사정이 없는 한, 그 기재는 사건명 등과 더불어 선정당사자를 선정하는 사건을 특정하기 위한 것으로 보아야 하고, 따라서 그 선정의 효력은 제1심의 소송에 한정하는 것이 아니라 소송의 종료에 이르기까지 계속하는 것으로 해석함이 상당하다(대결 1995.10.5. 94마2452).

②, ③ O 선정당사자는 선정자들로부터 소송수행을 위한 포괄적인 수권을 받은 것으로서 일체의 소송행위는 물론 소송수행에 필요한 사법상의 행위도 할 수 있는 것이고 개개의 소송행위를 함에 있어서 선정자의 개별적인 동의가 필요한 것은 아니라 할 것이므로, 자신과 선정자들을 위한 공격이나 방어를 위하여 필요한 범위에서 특정한 법률관계에 실체법적 효과를 발생시키는 행위나 변제의 수령 등을 할 수 있다고 할 것이지만, 변호사인 소송대리인과 사이에 체결하는 보수약정은 소송위임에 필수적으로 수반되어야 하는 것은 아니므로 선정당사자가 그 자격에 기한 독자적인 권한으로 행할 수 있는 소송수행에 필요한 사법상의 행위라고 할 수 없다. 따라서 선정당사자가 선정자로부터 별도의 수권 없이 변호사 보수에 관한 약정을 하였다면 선정자들이 이를 추인하는 등의 특별한 사정이 없는 한 선정자에 대하여 효력이 없다고 할 것이며, 뿐더러 그와 같은 보수약정을 하면서 향후 변호사 보수와 관련하여 다투지 않기로 부제소합의를 하거나 약정된 보수액이 과도함을 이유로 선정자들이 제기한 별도의 소송에서 소취하합의를 하더라도 이와 관련하여 선정자들로부터 별도로 위임받은 바가 없다면 선정자에 대하여 역시 그 효력을 주장할 수 없다(대판 2010.5.13. 2009다105246).

④ ○ 지문은 제54조의 내용으로 일부가 죽거나 자격을 잃은 경우이다.

> [참고] 선정당사자 모두가 죽거나 자격을 잃으면 소송절차는 중단된다.

> **제54조(선정당사자 일부의 자격상실)**
> 제53조의 규정에 따라 선정된 여러 당사자 가운데 죽거나 그 자격을 잃은 사람이 있는 경우에는 다른 당사자가 모두를 위하여 소송행위를 한다.

⑤ X 다수자 사이에 공동소송인이 될 관계에 있기는 하지만 주요한 공격방어방법을 공통으로 하는 것이 아니어서 공동의 이해관계가 없는 자가 선정당사자로 선정되었음에도 법원이 그러한 선정당사자 자격의 흠을 간과하여 그를 당사자로 한 판결이 확정된 경우, 선정자가 스스로 당해 소송의 공동소송인 중 1인인 선정당사자에게 소송수행권을 수여하는 선정행위를 하였다면 그 선정자로서는 실질적인 소송행위를 할 기회 또는 적법하게 당해 소송에 관여할 기회를 박탈당한 것이 아니므로, 비록 그 선정당사자와의 사이에 공동의 이해관계가 없었다고 하더라도 그러한 사정은 민사소송법 제451조 제1항 제3호가 정하는 재심사유에 해당하지 않는 것으로 봄이 상당하고, 이러한 법리는 그 선정당사자에 대한 판결이 확정된 경우뿐만 아니라 그 선정당사자가 청구를 인낙하여 인낙조서가 확정된 경우에도 마찬가지라 할 것이다(대판 2007.7.12. 2005다10470).

---

31 19법전협-3-50 정답 ③

법인 아닌 사단과 선정당사자에 관한 설명 중 옳지 않은 것은? (다툼이 있는 경우 판례에 의함)

① 법인 아닌 사단에 대표자가 없는 경우에는 그 사단의 이름으로 당사자가 될 수 없다.
② 법인 아닌 사단이 당사자로서 받은 판결의 효력은 사단의 구성원에게 미치지 않고, 사단 구성원의 개인재산에 대하여는 강제집행을 할 수 없다.
③ 수인의 선정당사자 중 1인이 사망한 때에는 소송절차가 중단된다.
④ 선정당사자가 선정자들의 의사에 반해 선정자들에게 불리한 청구의 포기·인낙이나 상대방이 주장하는 사실에 대해 자백을 하더라도 그 소송행위는 유효하다.
⑤ 당사자 선정은 총원의 합의로써 장래를 향하여 이를 취소·변경할 수 있는 만큼 당초부터 특히 어떠한 심급을 한정하여 당사자인 자격을 보유하게끔 할 목적으로 선정을 하는 것도 역시 허용된다.

 해설

① ○

> **제52조(법인이 아닌 사단 등의 당사자능력)**
> 법인이 아닌 사단이나 재단은 대표자 또는 관리인이 있는 경우에는 그 사단이나 재단의 이름으로 당사자가 될 수 있다.

② ○ 기판력이 미치는 주관적 범위는 신분관계소송이나 회사관계소송 등에서 제3자에게도 그 효력이 미치는 것으로 규정되어 있는 경우를 제외하고는 원칙적으로 당사자, 변론을 종결한 뒤의 승계인 또는 그를 위하여 청구의 목적물을 소지한 사람과 다른 사람을 위하여 원고나 피고가 된 사람이 확정판결을 받은 경우의 그 다른 사람에 국한되고, 그 외의 제3자나 변론을 종결하기 전의 승계인에게는 미치지 않는 것이며(민사소송법 제218조 제1항, 제3항), 한편 민사소송법 제52조에 의하여 대표자가 있는 법인 아닌 사단이 소송의 당사자가 되는 경우에도 그 법인 아닌 사단은 대표자나 구성원과는 별개의 주체이므로, 그 대표자나 구성원을 당사자로 한 판결의 기판력이 법인 아닌 사단에 미치지 아니함은 물론 그 법인 아닌 사단을 당사자로 한 판결의 기판력 또한 그 대표자나 구성원에게 미치지 아니하는 것이 당연하다(대판 2010.12.23. 2010다58889).

③ X

> **제237조(자격상실로 말미암은 중단)**
> ② 제53조의 규정에 따라 당사자가 될 사람을 선정한 소송에서 선정된 당사자 모두가 자격을 잃거나 죽은 때에 소송절차는 중단된다. 이 경우 당사자를 선정한 사람 모두 또는 새로 당사자로 선정된 사람이 소송절차를 수계하여야 한다.

즉, 선정당사자 모두가 사망한 것이 아니라면 동조 제1항에 따라 같은 자격을 가진 사람이 소송절차를 수계한다.

④ ○ 선정당사자는 선정자의 대리인이 아니고 당사자 본인이므로 소송수행에 있어서 소송대리인에 관한 민사소송법 제90조 제2항과 같은 제한을 받지 않는다.

> **제90조(소송대리권의 범위)**
> ① 소송대리인은 위임을 받은 사건에 대하여 반소(반소)·참가·강제집행·가압류·가처분에 관한 소송행위 등 일체의 소송행위와 변제(변제)의 영수를 할 수 있다.
> ② 소송대리인은 다음 각호의 사항에 대하여는 특별한 권한을 따로 받아야 한다.
>   1. 반소의 제기
>   2. 소의 취하, 화해, 청구의 포기·인낙 또는 제80조의 규정에 따른 탈퇴
>   3. 상소의 제기 또는 취하
>   4. 대리인의 선임

⑤ ○ 공동의 이해관계가 있는 다수자가 당사자를 선정한 경우에는 선정된 당사자는 당해 소송의 종결에 이르기까지 총원을 위하여 소송을 수행할 수 있고, 상소와 같은 것도 역시 이러한 당사자로부터 제기되어야 하는 것이지만, 당사자 선정은 총원의 합의로써 장래를 향하여 이를 취소, 변경할 수 있는 만큼 당초부터 특히 어떠한 심급을 한정하여 당사자인 자격을 보유하게끔 할 목적으로 선정을 하는 것도 역시 허용된다고 할 것이나, 선정당사자의 선정행위시 심급의 제한에 관한 약정 등이 없는 한 선정의 효력은 소송이 종료에 이르기까지 계속되는 것이다(대판 2003.11.14. 2003다34038).

제3절 소송참가

32 22변시-56 정답 ④

보조참가에 관한 설명 중 옳지 않은 것은? (다툼이 있는 경우 판례에 의함)

① 보조참가인이 피고를 보조하여 소송을 수행하였으나 피고가 소송에서 패소하여 그 판결이 확정된 경우에는 피고 보조참가인이 피고에게 패소판결이 부당하다고 주장할 수 없도록 하는 참가적 효력이 생긴다.
② 전소 확정판결의 참가적 효력은 전소 확정판결의 결론의 기초가 된 사실상 및 법률상의 판단으로서 보조참가인이 피참가인과 공동이익으로 주장하거나 다툴 수 있었던 사항에 한하여 미친다.
③ 보조참가인이 당해 소송에서 독립당사자참가를 하였다면 그와 동시에 보조참가는 종료된 것으로 보아야 한다.
④ 재심의 소에 공동소송적 보조참가인이 참가한 후에 피참가인이 재심의 소를 취하한 경우 공동소송적 보조참가인의 동의가 없어도 소 취하의 효력이 발생한다.
⑤ 참가적 효력은 피참가인의 상대방과 보조참가인 사이에서는 발생하지 아니한다.

 해설

①, ② ○ 보조참가인이 피참가인을 보조하여 공동으로 소송을 수행하였으나 피참가인이 소송에서 패소한 경우에는 형평의 원칙상 보조참가인이 피참가인에게 패소판결이 부당하다고 주장할 수 없도록 구속력을 미치게 하는 이른바 참가적 효력이 인정되지만(①), 전소 확정판결의 참가적 효력은 전소 확정판결의 결론의 기초가 된 사실상 및 법률상의 판단으로서 보조참가인이 피참가인과 공동이익으로 주장하거나 다툴 수 있었던 사항에 한하여 미치고(②), 전소 확정판결에 필수적인 요소가 아니어서 결론에 영향을 미칠 수 없는 부가적 또는 보충적인 판단이나 방론 등에까지 미치는 것은 아니다(대판 1997.9.5. 95다42133).
③ ○ 소송당사자인 독립당사자참가인은 그의 상대방 당사자인 원·피고의 어느 한 쪽을 위하여 보조참가를 할 수는 없는 것이므로 보조참가인이 독립당사자참가를 하였다면 그와 동시에 보조참가는 종료된 것으로 보아야 할 것이고, 따라서 보조참가인의 입장에서는 상고할 수 없다(대판 1993.4.27. 93다5727,93다5734).
④ ✕ 재심의 소를 취하하는 것은 통상의 소를 취하하는 것과는 달리 확정된 종국판결에 대한 불복의 기회를 상실하게 하여 더 이상 확정판결의 효력을 배제할 수 없게 하는 행위이므로, 이는 재판의 효력과 직접적인 관련이 있는 소송행위로서 확정판결의 효력이 미치는 공동소송적 보조참가인에 대하여는 불리한 행위이다. 따라서 재심의 소에 공동소송적 보조참가인이 참가한 후에는 피참가인이 재심의 소를 취하하더라도 공동소송적 보조참가인의 동의가 없는 한 효력이 없다(대판 2015.10.29. 2014다13044).
⑤ ○ 민사소송법 65조의 규정에 의한 보조참가의 경우에 그 재판이 참가인에게 미치는 참가적 효력은 참가인과 피참가인 사이에만 발생되고 참가인과 피참가인의 상대방 간에는 미치지 않는다(대판 1974.6.4. 73다1030).

33 20변시-61 정답 ⑤

乙은 甲에 대한 대여금채무자이고, 丙은 乙의 甲에 대한 위 대여금채무의 보증인이다. 甲은 丙을 상대로 보증채무의 이행을 구하는 소를 제기하였고, 위 소송계속 중 乙이 丙 측에 보조참가하여 자신의 甲에 대한 채무가 존재하지 아니한다고 주장하였다. 이에 관한 설명 중 옳지 않은 것은? (다툼이 있는 경우 판례에 의함)

① 위 소송에서 법원은 丙과는 별도로 乙에게도 소송서류를 송달하여야 한다.
② 위 소송에서 丙이 甲의 주장 사실을 명백히 다투지 아니함으로써 「민사소송법」 제150조 제1항에 의하여 그 사실을 자백한 것으로 보게 되는 경우에도 乙은 그 사실에 대하여 다툴 수 있다.
③ 위 소송에서 패소한 丙을 위하여 乙이 항소한 경우에도 丙은 乙의 위 항소를 취하할 수 있다.
④ 위 소송 결과 법원의 판결이 확정되어 참가적 효력이 인정되는 경우에도 참가적 효력은 乙과 丙 사이에서만 발생한다.
⑤ 위 소송이 화해권고결정으로 종료된 경우에도 확정판결에서와 같은 참가적 효력이 발생한다.

 해설

① ○ 보조참가인의 소송수행권능은 피참가인으로부터 유래된 것이 아니라 독립의 권능이라고 할 것이므로 피참가인과는 별도로 보조참가인에 대하여도 기일의 통지, 소송서류의 송달 등을 행하여야 하고, 보조참가인에게 기일통지서 또는 출석요구서를 송달하지 아니함으로써 변론의 기회를 부여하지 아니한 채 행하여진 기일의 진행은 적법한 것으로 볼 수 없다(대판 2007.2.22. 2006다75641).
② ○ 민사소송법 제76조 제2항이 규정하는 참가인의 소송행위가 피참가인의 소송행위에 어긋나는 경우라 함은 참가인의 소송행위가 피참가인의 행위와 명백히 적극적으로 배치되는 경우를 말하고 소극적으로만 피참가인의 행위와 불일치하는 때에는 이에 해당하지 않는 것인바, 피참가인인 피고가 원고가 주장하는 사실을 명백히 다투지 아니하여 민사소송법 제150조에 의하여 그 사실을 자백한 것으로 보게 될 경우라도 참가인이 보조참가를 신청하면서 그 사실에 대하여 다투는 것은 피참가인의 행위와 명백히 적극적으로 배치되는 경우라 할 수 없어 그 소송행위의 효력이 없다고 할 수 없다(대판 2007.11.29. 2007다53310).
③ ○ 공동소송적 보조참가는 그 성질상 필수적 공동소송 중에서는 이른바 유사필수적 공동소송에 준한다 할 것인데, 유사필수적 공동소송에서는 원고들 중 일부가 소를 취하하는 경우에 다른 공동소송인의 동의를 받을 필요가 없다. 또한 소취하는 판결이 확정될 때까지 할 수 있고 취하된 부분에 대해서는 소가 처음부터 계속되지 아니한 것으로 간주되며(민사소송법 제267조), 본안에 관한 종국판결이 선고된 경우에도 그 판결 역시 처음부터 존재하지 아니한 것으로 간주되므로, 이는 재판의 효력과는 직접적인 관련이 없는 소송행위로서 공동소송적 보조참가인에게 불이익이 된다고 할 것도 아니다. 따라서 피참가인이 공동소송적 보조참가인의 동의 없이 소를 취하하였다 하더라도 이는 유효하다(대판 2013.3.28. 2011두13729).
④ ○ 민사소송법 65조의 규정에 의한 보조참가의 경우에 그 재판이 참가인에게 미치는 참가적 효력은 참가인과 피참가인 사이에만 발생되고 참가인과 피참가인의 상대방 간에는 미치지 않는다(대판 1974.6.4. 73다1030).

⑤ X 보조참가인이 피참가인을 보조하여 공동으로 소송을 수행하였으나 피참가인이 소송에서 <u>패소한 경우</u>에는 형평의 원칙상 보조참가인이 피참가인에게 패소판결이 부당하다고 주장할 수 없도록 구속력을 미치게 하는 이른바 참가적 효력이 인정되지만, 전소 확정판결의 참가적 효력은 전소 확정판결의 결론의 기초가 된 사실상 및 법률상의 판단으로서 보조참가인이 피참가인과 공동이익으로 주장하거나 다툴 수 있었던 사항에 한하여 미친다. 이러한 법리에 비추어 보면 <u>전소가 확정판결이 아닌 화해권고결정</u>에 의하여 종료된 경우에는 확정판결에서와 같은 법원의 사실상 및 법률상의 판단이 이루어졌다고 할 수 없으므로 참가적 효력이 인정되지 아니한다(대판 2015.5.28. 2012다78184).

34 19변시-53   정답 ④

보조참가에 관한 설명 중 옳지 않은 것은? (다툼이 있는 경우 판례에 의함)

① 특정 소송사건에서 당사자의 일방을 보조하기 위하여 보조참가를 하려면 당해 소송의 결과에 대하여 이해관계가 있어야 하고, 여기에서 말하는 이해관계라 함은 사실상, 경제상 이해관계가 아니라 법률상 이해관계를 의미한다.

② 불법행위로 인한 손해배상채권을 가지는 甲이 공동불법행위자 乙 및 丙을 상대로 제기한 손해배상청구소송의 2심에서, 甲의 乙에 대한 손해배상청구는 인용된 반면 甲의 丙에 대한 손해배상청구는 전부 기각되는 판결이 선고된 경우, 위 2심 판결 중 甲의 丙에 대한 청구 전부 기각 부분에 대하여 甲이 상고기간 내에 상고하지 않더라도 甲의 상고기간 내라면 乙이 甲을 위하여 보조참가를 함과 동시에 상고를 제기할 수 있다.

③ 서울특별시장과 같은 행정청은 「민사소송법」상의 보조참가를 할 수 없다.

④ 당사자가 보조참가에 대하여 이의를 신청한 때에는, 법원이 참가 허가 여부를 결정하여야 하고, 이를 결정으로만 하여야 하며 종국판결로 하면 위법하다.

⑤ 피참가인과는 별도로 보조참가인에 대하여도 기일의 통지를 하여야 하나, 기일통지서를 송달받지 못한 보조참가인이 변론기일에 직접 출석하여 변론할 기회를 가졌고 위 변론기일 당시 기일통지서를 송달받지 못한 점에 관하여 이의를 하지 아니하였다면, 기일통지를 하지 않은 절차상 흠이 치유된다.

 해설

① O 특정 소송사건에서 당사자 일방을 보조하기 위하여 보조참가를 하려면 당해 소송의 결과에 대하여 이해관계가 있어야 하고, 여기서 말하는 이해관계라 함은 사실상, 경제상 또는 감정상의 이해관계가 아니라 법률상의 이해관계를 가리킨다(대판 2000.9.8. 99다26924).

② O 불법행위로 인한 손해배상책임을 지는 자는 피해자가 다른 공동불법행위자들을 상대로 제기한 손해배상 청구소송의 결과에 대하여 법률상의 이해관계를 갖는다고 할 것이므로, 위 소송에 원고를 위하여 보조참가를 할 수가 있고, 피해자인 원고가 패소판결에 대하여 상소를 하지 않더라도 원고의 상소기간 내라면 보조참가와 동시에 상소를 제기할 수도 있다(대판 1999.7.9. 99다12796).

③ O 타인 사이의 항고소송에서 소송의 결과에 관하여 이해관계가 있다고 주장하면서 민사소송법(2002. 1. 26. 법률 제6626호로 전문 개정된 것) 제71조에 의한 보조참가를 할 수 있는 제3자는 민사소송법상의 당사자능력 및 소송능력을 갖춘 자이어야 하므로 그러한 당사자능력 및 소송능력이 없는 행정청으로서는 민사소송법상의 보조참가를 할 수는 없고 다만 행정소송법 제17조 제1항에 의한 소송참가를 할 수 있을 뿐이다(행정청에 불과한 서울특별시장의 보조참가신청을 부적법하다고 한 사례)(대판 2002.9.24. 99두1519).

④ X 당사자가 보조참가에 대하여 이의를 신청한 때에는, 법원은 참가를 허가할 것인지 아닌지를 결정하여야 하고, 다만 이를 결정이 아닌 종국판결로써 심판하였더라도 위법한 것은 아니다. 그러나 판결에는 법원의 판단을 분명하게 하기 위하여 결론을 주문에 기재하도록 하고 있으므로, 비록 판결 이유에서 그 당부를 판단하였더라도 주문에 설시가 없으면 특별한 사정이 없는 한 그에 대한 재판은 누락된 것으로 보아야 하고, 재판의 누락이 있는 경우 그 부분 소송은 여전히 그 심급에 계속중이라 할 것이어서 적법한 상소의 대상이 되지 아니하므로 그 부분에 대한 상소는 부적법한 것이 된다(대판 2007.11.16. 2005다15700).

⑤ O [1] 보조참가인의 소송수행권능은 피참가인으로부터 유래된 것이 아니라 독립의 권능이라고 할 것이므로 피참가인과는 별도로 보조참가인에 대하여도 기일의 통지, 소송서류의 송달 등을 행하여야 하고, 보조참가인에게 기일통지서 또는 출석요구서를 송달하지 아니함으로써 변론의 기회를 부여하지 아니한 채 행하여진 기일의 진행은 적법한 것으로 볼 수 없다.
[2] 기일통지서를 송달받지 못한 보조참가인이 변론기일에 직접 출석하여 변론할 기회를 가졌고, 위 변론 당시 기일통지서를 송달받지 못한 점에 관하여 이의를 하지 아니하였다면, 기일통지를 하지 않은 절차진행상의 흠이 치유된다(대판 2007.2.22. 2006다75641).

35   19변시-67   정답 ④

다음 설명 중 옳은 것을 모두 고른 것은? (다툼이 있는 경우 판례에 의함)

ㄱ. 주주대표소송을 제기한 주주는 그 확정판결에 관하여 집행채권자가 될 수 있다.
ㄴ. 주식을 인수하거나 양수하려는 자가 타인의 명의를 빌려 회사의 주식을 인수하거나 양수하고 타인의 명의로 주주명부상 주주로 기재된 경우에도, 회사에 대한 관계에서는 원칙적으로 주주명부상 주주만이 주주로서 의결권 등 주주권을 적법하게 행사할 수 있다.
ㄷ. 「상법」제404조 제1항에서 규정하고 있는 주주대표소송에서의 주식회사의 참가는 공동소송참가를 의미하며 이러한 공동소송참가는 항소심에서도 할 수 있다.
ㄹ. 주주대표소송에서 승소한 주주는 피고에 대하여만 소송비용을 청구할 수 있고 회사에 대하여는 소송비용을 청구할 수 없다.

① ㄱ, ㄴ   ② ㄱ, ㄷ
③ ㄴ, ㄹ   ④ ㄱ, ㄴ, ㄷ
⑤ ㄴ, ㄷ, ㄹ

ㄱ. ○ 주주대표소송의 주주와 같이 다른 사람을 위하여 원고가 된 사람이 받은 확정판결의 집행력은 확정판결의 당사자인 원고가 된 사람과 다른 사람 모두에게 미치므로, 주주대표소송의 주주는 집행채권자가 될 수 있다(대결 2014.2.19. 2013마2316).
ㄴ. ○ 주식을 양수하였으나 아직 주주명부에 명의개서를 하지 아니하여 주주명부에는 양도인이 주주로 기재되어 있는 경우뿐만 아니라, 주식을 인수하거나 양수하려는 자가 타인의 명의를 빌려 회사의 주식을 인수하거나 양수하고 타인의 명의로 주주명부에의 기재까지 마치는 경우에도, 회사에 대한 관계에서는 주주명부상 주주만이 주주로서 의결권 등 주주권을 적법하게 행사할 수 있다. 이는 주주명부에 주주로 기재되어 있는 자는 특별한 사정이 없는 한 회사에 대한 관계에서 주식에 관한 의결권 등 주주권을 적법하게 행사할 수 있고, 회사의 주식을 양수하였더라도 주주명부에 기재를 마치지 아니하면 주식의 양수를 회사에 대항할 수 없다는 법리에 비추어 볼 때 자연스러운 결과이다.
또한 언제든 주주명부에 주주로 기재해 줄 것을 청구하여 주주권을 행사할 수 있는 자가 자기의 명의가 아닌 타인의 명의로 주주명부에 기재를 마치는 것은 적어도 주주명부상 주주가 회사에 대한 관계에서 주주권을 행사하더라도 이를 허용하거나 받아들이려는 의사였다고 봄이 합리적이다(대판 2017.3.23. 2015다248342 전원합의체).
ㄷ. ○ [1] 주주의 대표소송에 있어서 원고 주주가 원고로서 제대로 소송수행을 하지 못하거나 혹은 상대방이 된 이사와 결탁함으로써 회사의 권리보호에 미흡하여 회사의 이익이 침해될 염려가 있는 경우 그 판결의 효력을 받는 권리귀속주체인 회사가 이를 막거나 자신의 권리를 보호하기 위하여 소송수행권을 가진 정당한 당사자로서 그 소송에 참가할 필요가 있으며, 회사가 대표소송에 당사자로서 참가하는 경우 소송경제가 도모될 뿐만 아니라 판결의 모순·저촉을 유발할 가능성도 없다는 사정과, 상법 제404조 제1항에서 특별히 참가에 관한 규정을 두어 상의 대표

소송의 특성을 살려 회사의 권익을 보호하려한 입법 취지를 함께 고려할 때, 상법 제404조 제1항에서 규정하고 있는 회사의 참가는 공동소송참가를 의미하는 것으로 해석함이 타당하고, 나아가 이러한 해석이 중복제소를 금지하고 있는 민사소송법 제234조에 반하는 것도 아니다.
[2] 공동소송참가는 항소심에서도 할 수 있는 것이고, 항소심절차에서 공동소송참가가 이루어진 이후에 피참가소가 소송요건의 흠결로 각하된다고 할지라도 소송의 목적이 당사자 일방과 제3자에 대하여 합일적으로 확정될 경우에 한하여 인정되는 공동소송참가의 특성에 비추어 볼 때, 심급이익 박탈의 문제는 발생하지 않는다(대판 2002.3.15. 2000다9086).
ㄹ. X

> **상법 제405조(제소주주의 권리의무)**
> ① 제403조 제3항과 제4항의 규정에 의하여 소를 제기한 주주가 승소한 때에는 그 주주는 회사에 대하여 소송비용 및 그 밖에 소송으로 인하여 지출한 비용중 상당한 금액의 지급을 청구할 수 있다. 이 경우 소송비용을 지급한 회사는 이사 또는 감사에 대하여 구상권이 있다.

36   17변시-63   정답 ④

甲이 乙을 상대로 매매를 원인으로 한 소유권이전등기청구의 소를 제기하여 제1심 계속 중 丙이 이 소송에 독립당사자참가를 신청하였다. 이에 관한 설명 중 옳지 않은 것은? (다툼이 있는 경우 판례에 의함)

① 丙이 자신이 진정한 매수인이라고 주장하면서 乙에 대하여 소유권이전등기절차의 이행을 구함과 동시에 甲에 대하여는 甲이 매매당사자가 아님을 이유로 소유권이전등기청구권의 부존재확인을 구하는 것은 적법하다.
② 제1심 법원이 본안판결을 할 때에는 甲, 乙, 丙 3인을 당사자로 하는 하나의 종국판결을 하여야 한다.
③ 제1심 법원이 甲, 乙, 丙 3인에 대하여 화해권고결정을 하였는데 이에 대하여 丙만이 이의신청을 한 경우, 위 화해권고결정은 세 당사자 사이에서 효력이 발생하지 않는다.
④ 제1심 법원이 甲 승소판결을 하여 이에 대하여 丙만이 항소를 제기한 경우, 항소심 법원은 항소 또는 부대항소를 제기하지 않은 乙에게 결과적으로 제1심 판결보다 유리한 내용으로 판결을 변경할 수 없다.
⑤ 제1심 법원이 丙의 독립당사자참가신청을 각하하고 甲의 청구를 기각하였는데 丙은 항소를 제기하지 아니하였고 甲만이 항소한 경우, 위 독립당사자참가신청을 각하한 부분은 별도로 확정된다.

① O 甲(원고)은 乙(피고)과의 사이에 체결된 매매계약의 매수당사자가 甲이라고 주장하면서 그 소유권이전등기절차이행을 구하고 있고 이에 대하여 丙(참가인)은 자기가 그 매수당사자라고 주장하는 경우라면 丙은 甲에 의하여 자기의 권리 또는 법률상의 지위를 부인당하고 있는 한편 그 불안을 제거하기 위하여서는 매수인으로서의 권리의무가 丙에 있다는 확인의 소를 제기하는 것이 유효적절한 수단이라고 보여지므로 결국 丙이 乙에 대하여 그 소유권이전등기절차의 이행을 구함과 동시에 甲에 대하여 소유권이전등기청구권 등 부존재확인의 소를 구하는 것은 확인의 이익이 있는 적법한 것이라고 할 것이다(대판 1988.3.8. 86다148).
② O 민사소송법 제79조 제1항에 따라 원·피고, 독립당사자참가인(참가인)간의 소송에 대하여 본안판결을 할 때에는 위 3당사자를 판결의 명의인으로 하는 하나의 종국판결만을 내려야 하는 것이지 위 당사자의 일부에 관해서만 판결을 하는 것은 허용되지 않는다(대판 1991.3.22. 90다19329 참조).
③ O 원심법원의 화해권고결정에 대하여 원고 甲만 적법한 이의신청을 하고 나머지 원고들과 피고들은 이의신청을 하지 아니한 사안에서, 대법원은 "원고 甲과 피고들 사이의 화해권고결정은 적법한 이의신청으로 말미암아 화해권고결정 이전의 상태로 돌아가지만, 나머지 원고들과 피고들 사이의 화해권고결정은 이의신청 제기기한을 도과함으로써 확정되어 그 소송이 종료되었음"을 이유로, 나머지 원고들에 대한 부분까지 심리·판단한 원심판결을 파기하고 그 부분에 대한 소송종료선언을 하였다(대판 2010.10.28. 2010다53754).
④ X 민사소송법 제79조에 의한 독립당사자참가소송은 동일한 권리관계에 관하여 원고, 피고, 참가인이 서로간의 다툼을 하나의 소송절차로 한꺼번에 모순 없이 해결하는 소송형태로서, 독립당사자참가가 적법하다고 인정되어 원고, 피고, 참가인간의 소송에 대하여 본안판결을 할 때에는 위 세 당사자를 판결의 명의인으로 하는 하나의 종국판결을 선고함으로써 위 세 당사자들 사이에서 합일확정적인 결론을 내려야 하고, 이러한 본안판결에 대하여 일방이 항소한 경우에는 제1심판결 전체의 확정이 차단되고 사건 전부에 관하여 이심(移審)의 효력이 생긴다. 항소심의 심판대상은 실제 항소를 제기한 자의 항소 취지에 나타난 불복범위에 한정되되 위 세 당사자 사이의 결론의 합일확정의 필요성을 고려하여 그 심판의 범위를 판단하여야 하고, 이에 따라 항소심에서 심리·판단을 거쳐 결론을 내림에 있어 위 세 당사자 사이의 결론의 합일확정을 위하여 필요한 경우에는 그 한도 내에서 항소 또는 부대항소를 제기한 바 없는 당사자에게 결과적으로 제1심판결보다 유리한 내용으로 판결이 변경되는 것도 배제할 수는 없다(대판 2007.10.26. 2006다86573,86580).
⑤ O 제1심 판결에서 참가인의 독립당사자참가신청을 각하하고 원고의 청구를 기각한 데 대하여 참가인은 항소기간 내에 항소를 제기하지 아니하였고, 원고만이 항소한 경우 위 독립당사자참가신청을 각하한 부분은 원고의 항소에도 불구하고 피고에 대한 본소청구와는 별도로 이미 확정되었다 할 것이다(대판 1992.5.26. 91다4669).

37 14변시-65 정답 ⑤

제3자의 소송참가에 관한 설명 중 옳지 않은 것은?
(다툼이 있는 경우에는 판례에 의함)

① 채권자 甲이 연대보증인 丙을 상대로 연대보증채무의 이행을 구하는 소송에서 주채무자 乙이 丙을 위하여 보조참가하여 주채무의 부존재를 주장하였으나 丙이 패소하였다. 그 후 甲이 乙을 상대로 주채무의 이행을 청구한 경우 乙은 전소의 판결이 부당하다고 주장하며 주채무의 존재를 다툴 수 있다.
② 甲이 乙을 상대로 제기한 소송에서 乙을 위하여 보조참가한 丙은 乙의 상소기간이 도과하지 않은 한 상소를 제기할 수 있다.
③ 甲이 乙을 상대로 제기한 소송에서 丙이 독립당사자참가를 한 경우에 甲과 乙만이 재판상 화해를 하는 것은 허용되지 않는다.
④ 甲이 乙을 상대로 근저당권설정등기의 불법말소를 이유로 그 회복등기를 구하는 소를 제기한 경우에 후순위 근저당권자인 丙은 甲과 乙이 당해 소송을 통하여 자신을 해할 의사, 즉 사해의사를 갖고 있다고 객관적으로 인정되고 그 소송의 결과 자신의 권리 또는 법률상의 지위가 침해될 염려가 있다고 인정되면 甲·乙을 상대로 근저당권부존재확인을 구하는 독립당사자참가를 할 수 있다.
⑤ 교통사고 피해자인 甲이 보험회사 丙을 상대로 제기한 손해배상청구의 소에서 소송계속 중, 甲은 교통사고 가해자인 乙을 상대로 丙이 부담하는 책임보험의 한도액을 초과하는 손해에 대하여 이를 청구할 권리가 있다는 취지의 소송고지신청을 하였고 그 소송고지서가 乙에게 송달되었다. 이와 같은 소송고지는 민법 제174조에서 정한 시효중단사유로서의 최고의 효력이 있고, 위 조항에 규정된 6월의 기간은 소송고지된 때부터 기산하여야 한다.

① O 보조참가인이 피참가인을 보조하여 공동으로 소송을 수행하였으나 피참가인이 그 소송에서 패소한 경우에는 형평의 원칙상 보조참가인이 피참가인에게 그 패소판결이 부당하다고 주장할 수 없도록 구속력을 미치게 하는 이른바 참가적 효력이 있음에 불과하고 피참가인과 그 소송상대방간의 판결의 기판력을 참가인과 피참가인의 상대방과의 사이에까지 미치게 하는 것은 아니다(대판 1988.12.13. 86다카2289).
② O 불법행위로 인한 손해배상책임을 지는 자는 피해자가 다른 공동불법행위자들을 상대로 제기한 손해배상 청구소송의 결과에 대하여 법률상의 이해관계를 갖는다고 할 것이므로, 위 소송에 원고를 위하여 보조참가를 할 수가 있고, 피해자인 원고가 패소판결에 대하여 상소를 하지 않더라도 원고의 상소기간 내라면 보조참가와 동시에 상소를 제기할 수도 있다(대판 1999.7.9. 99다12796).
③ O 민사소송법 제79조에 의한 소송은 동일한 권리관계에 관하여 원고, 피고 및 참가인 상호간의 다툼을 하나의 소송절차로 한꺼번에 모순 없이 해결하려는 소송형태로서 두 당사자 사이의 소송행위는 나머지 1인에게 불이익이 되는 한 두 당사자 간에도 효력이 발생하지 않는다고 할 것이므로, 원·피고 사이에만 재판상 화해를 하는 것은 3자 간의 합일확정의 목적에 반하기 때문에 허용되지 않는다(대판 2005.5.26. 2004다25901,25918).

④ O 근저당권설정등기의 불법말소를 이유로 그 회복등기를 구하는 본안소송에서 원고가 승소판결을 받는다고 하더라도 그 후순위 근저당권자가 있는 경우에는 바로 회복등기를 할 수 있는 것은 아니고 부동산등기법 제75조에 의하여 이해관계 있는 제3자인 후순위 근저당권자의 승낙서 또는 이에 대항할 수 있는 재판의 등본을 첨부하여야 하므로 원고로서는 후순위 근저당권자를 상대로 승낙을 구하는 소송을 별도로 제기하여 승소판결을 받아야 하고, 따라서 본안소송에서 원고가 승소판결을 받는다고 하더라도 그 기판력은 회복등기에 대한 승낙을 구하는 소송에는 미치지 아니하므로 후순위 근저당권자는 그 소송에서 위 근저당권이 불법으로 말소되었는지의 여부를 다툴 수 있는 것이기는 하지만, 말소회복등기소송에서의 사실인정관계가 승낙의사표시 청구소송에서도 유지되어 후순위 근저당권자는 선순위 근저당권을 수인하여야 할 것이기에 본안소송의 결과는 당연히 후순위 근저당권자를 상대로 승낙을 구하는 소에 사실상 영향을 미치게 됨으로써 후순위 근저당권자의 권리의 실현 또는 법률상의 지위가 침해될 염려가 있다 할 것이다. 따라서 후순위 근저당권자에게는 원·피고들에 대한 <u>근저당권부존재확인청구라는 참가소송을 통하여 후일 발생하게 될 이러한 불안 내지 염려를 사전에 차단할 필요가 있는 것이고, 이러한 참가소송은 사해판결로 인하여 초래될 이러한 장애를 방지하기 위한 유효적절한 수단이 된다고 할 것이다</u>(대판 2001.8.24. 2000다12785).

⑤ X 소송고지의 요건이 갖추어진 경우에 그 소송고지서에 고지자가 피고지자에 대하여 채무의 이행을 청구하는 의사가 표명되어 있으면 민법 제174조 소정의 시효중단사유로서의 최고의 효력이 인정된다 할 것이고, 시효중단제도는 그 제도의 취지에 비추어 볼 때 이에 관한 기산점이나 만료점은 원권리자를 위하여 너그럽게 해석하는 것이 상당하다 할 것인데, 소송고지로 인한 최고의 경우 보통의 최고와는 달리 법원의 행위를 통하여 이루어지는 것으로서, 그 소송에 참가할 수 있는 제3자를 상대로 소송고지를 한 경우에 그 피고지자는 그가 실제로 그 소송에 참가하였는지 여부와 관계없이 후일 고지자와의 소송에서 전소 확정판결에서의 결론의 기초가 된 사실상·법률상의 판단에 반하는 것을 주장할 수 없어 그 소송의 결과에 따라서는 피고지자에 대한 참가적 효력이라는 일정한 소송법상의 효력까지 발생함에 비추어 볼 때, 고지자로서는 소송고지를 통하여 당해 소송의 결과에 따라 피고지자에게 권리를 행사하겠다는 취지의 의사를 표명한 것으로 볼 것이므로, <u>당해 소송이 계속중인 동안은 최고에 의하여 권리를 행사하고 있는 상태가 지속되는 것으로 보아 민법 제174조에 규정된 6월의 기간은 당해 소송이 종료된 때로부터 기산되는 것으로 해석하여야 할 것이다</u>(대판 2009.7.9. 2009다14340).

38 12변시-69   정답 ①

甲은 친구 소유의 화물차(丙 보험회사의 업무용 자동차 책임보험에 가입되어 있음)의 조수석에 동승하여 가다가 위 화물차의 추돌사고로 상해를 입게 되었다. 한편 甲은 위 사고 이전에 자신 소유의 승용차에 대하여 乙 보험회사와 사이에, 위와 같은 책임보험만으로는 보상되지 않는 손해를 보상하는 내용의 상해담보특약을 포함하는 자동차 종합보험계약을 체결하였다. 이에 기해 甲은 위 사고를 이유로 乙 보험회사를 상대로 보험금('이 사건 보험금')을 청구하고자 한다. 다음 설명 중 밑줄 친 부분이 옳지 않은 것을 모두 고른 것은? (각 지문은 독립적이고, 다툼이 있는 경우에는 판례에 의함)

ㄱ. 甲은 乙 보험회사에 대한 이 사건 보험금 청구에 앞서 위 화물차의 책임보험자인 丙 보험회사를 상대로 위 사고로 인한 손해배상청구의 소를 제기하였는데, 丙 보험회사가 부담하여야 할 책임보험금의 한도액에 따라 乙 보험회사의 보험금 지급책임의 범위가 정해지므로 甲은 丙 보험회사를 상대로 한 <u>위 손해배상청구소송 도중 그 소송결과에 이해관계가 있는 乙 보험회사에게 소송고지를 할 수 있다.</u>

ㄴ. 가령 위 ㄱ.에서 甲의 소송고지가 적법하다면, 그 소송고지가 이 사건 보험금청구권의 소멸시효 완성 전에 행하여졌고, 그 고지서에 피고지자에 대한 채무이행청구의 의사가 나타나 있는 경우, <u>그 소송고지는 이 사건 보험금청구권에 대한 민법 제174조의 시효중단사유로서의 최고의 효력이 인정된다.</u>

ㄷ. 이 사건 보험금청구권은 책임보험만으로는 전보되지 못하는 손해를 보상하는 것이라고 하더라도 그 소멸시효기간을 <u>일반 불법행위로 인한 손해배상청구권의 경우와 같이 그 손해 및 가해자를 안 날로부터 3년간이라고 볼 것은 아니고, 상법 제662조에서 정한 보험금액의 청구권과 같이 2년간 행사하지 않으면 소멸시효가 완성된다고 보아야 한다.</u>

ㄹ. 만약 乙 보험회사가 이미 甲을 상대로 이 사건 보험금채무부존재확인청구의 소를 제기하여 계속 중, 이에 대해 甲이 乙 보험회사를 상대로 이 사건 보험금청구의 반소를 제기한 경우, <u>반소가 제기되었다는 사정만으로 위 본소청구에 대한 확인의 이익이 소멸한다고는 볼 수 없다.</u>

① 없음   ② ㄴ
③ ㄷ   ④ ㄱ, ㄷ
⑤ ㄷ, ㄹ

ㄱ. O 소송고지(訴訟告知)라 함은 소송계속 중에 당사자가 소송참가를 할 이해관계 있는 제3자에 대하여 일정한 방식에 따라서 소송계속의 사실을 통지하는 것을 말한다(민사소송법 제84조). 설문에서 원고 甲이 乙보험회사와 사이에 맺은 상해담보특약은 책임보험만으로는 보상되지 않는 손해를 보상하는 내용의 계약이므로,

丙보험회사가 甲에게 부담하여야 할 책임보험금의 한도액에 따라 乙보험회사의 보험금 지급책임의 범위가 정해진다는 점에서 乙보험회사는 이해관계 있는 제3자에 해당하여 소송고지의 상대방이 될 수 있다(대판 2009.7.9. 2009다14340 판결도 같은 취지).

> **제84조(소송고지의 요건)**
> ① 소송이 법원에 계속된 때에는 당사자는 참가할 수 있는 제3자에게 소송고지(訴訟告知)를 할 수 있다.

ㄴ. O 소송고지의 요건이 갖추어진 경우에 그 소송고지서에 고지자가 피고지자에 대하여 채무의 이행을 청구하는 의사가 표명되어 있으면 민법 제174조에 정한 시효중단사유로서의 최고의 효력이 인정된다(대판 2009.7.9. 2009다14340).

ㄷ. O 무보험자동차에 의한 상해담보특약에 기한 보험이 실질적으로 피보험자가 무보험자동차에 의한 사고로 사망 또는 상해의 손해를 입게 됨으로써 전보되지 못하는 실손해를 보상하는 것이라고 하더라도 그 보험금청구권은 상법 제662조에 의한 보험금액의 청구권에 다름 아니어서 이를 2년간 행사하지 아니하면 소멸시효가 완성된다고 할 것이며, 보험금청구권은 보험사고의 발생으로 인하여 구체적으로 확정되어 그때부터 그 권리를 행사할 수 있게 되는 것이므로 그 소멸시효는 달리 특별한 사정이 없는 한 민법 제166조 제1항의 규정에 의하여 보험사고가 발생한 때로부터 진행한다(대판 2009.7.9. 2009다14340).

ㄹ. O 소송요건을 구비하여 적법하게 제기된 본소가 그 후에 상대방이 제기한 반소로 인하여 소송요건에 흠결이 생겨 다시 부적법하게 되는 것은 아니므로, 원고가 피고에 대하여 손해배상채무의 부존재확인을 구할 이익이 있어 본소로 그 확인을 구하였다면, 피고가 그 후에 그 손해배상채무의 이행을 구하는 반소를 제기하였다 하더라도 그러한 사정만으로 본소청구에 대한 확인의 이익이 소멸하여 본소가 부적법하게 된다고 볼 수는 없다(대판 2010.7.15. 2010다2428,2435).

해설

① X 보조참가인은 피참가인인 당사자의 승소를 위한 보조자일 뿐 자신이 당사자가 되는 것이 아니므로 소송 계속중 보조참가인이 사망하더라도 본소의 소송절차는 중단되지 아니한다(대판 1995.8.25. 94다27373).

② X 보조참가인의 소송수행권능은 피참가인으로부터 유래된 것이 아니라 독립의 권능이라고 할 것이므로 피참가인과는 별도로 보조참가인에 대하여도 기일의 통지, 소송서류의 송달 등을 행하여야 하고, 보조참가인에게 기일통지서 또는 출석요구서를 송달하지 아니함으로써 변론의 기회를 부여하지 아니한 채 행하여진 기일의 진행은 적법한 것으로 볼 수 없다(대판 2007.2.22. 2006다75641).

③ O 민사소송법 제70조 제2항 규정의 취지는 피참가인들의 소송행위와 보조참가인들의 소송행위가 서로 저촉될 때는 피참가인의 의사가 우선하는 것을 뜻하는 것이라 할 것이므로 피참가인은 참가인의 행위와 저촉되는 행위를 할 수 있고, 따라서 보조참가인들이 제기한 항소를 포기 또는 취하할 수도 있다(대판 1984.12.11. 84다카659).

④ X 보조참가인의 증거신청행위가 피참가인의 소송행위와 저촉되지 아니하고(즉, 피참가인이 증거신청행위와 저촉되는 소송행위를 한 바 없고), 그 증거들이 적법한 증거조사절차를 거쳐 법원에 현출되었다면 법원이 이들 증거에 터잡아 피참가인에게 불이익한 사실을 인정하였다 하여 그것이 민사소송법 제70조 제2항에 위배된다고 할 수 없다(대판1994.4.29. 94다3629).

⑤ X 보조참가인이 피참가인을 보조하여 공동으로 소송을 수행하였으나 피참가인이 소송에서 패소한 경우에는 형평의 원칙상 보조참가인이 피참가인에게 패소판결이 부당하다고 주장할 수 없도록 구속력을 미치게 하는 이른바 참가적 효력이 인정되지만, 전소 확정판결의 참가적 효력은 전소 확정판결의 결론의 기초가 된 사실상 및 법률상의 판단으로서 보조참가인이 피참가인과 공동이익으로 주장하거나 다툴 수 있었던 사항에 한하여 미친다. 이러한 법리에 비추어 보면 전소가 확정판결이 아닌 화해권고결정에 의하여 종료된 경우에는 확정판결에서와 같은 법원의 사실상 및 법률상의 판단이 이루어졌다고 할 수 없으므로 참가적 효력이 인정되지 아니한다(대판 2015.5.28. 2012다78184).

---

39 21법전협-2-51   정답 ③

보조참가에 관한 설명 중 옳은 것은? (다툼이 있는 경우 판례에 의함)

① 소송 계속 중 보조참가인이 사망하면 참가인의 승계인이 수계할 때까지 본소의 소송절차는 중단된다.

② 보조참가인에게 기일통지서 또는 출석요구서를 송달하지 아니한 채 변론기일이 진행되었다고 하여도 그 기일의 진행은 적법하다.

③ 피참가인은 보조참가인이 제기한 항소를 포기 또는 취하할 수 있다.

④ 보조참가인의 증거신청행위가 피참가인의 소송행위와 저촉되지 아니하고 그 증거들이 적법한 증거조사절차를 거쳐 법원에 현출되었다고 하더라도 법원은 이들 증거에 터잡아 피참가인에게 불이익한 사실을 인정할 수 없다.

⑤ 전소가 확정판결이 아닌 화해권고결정에 의하여 종료된 경우에도 참가적 효력은 인정된다.

40 19법전협-1-50 정답 ④

보조참가(공동소송적 보조참가 제외)에 대한 설명 중 옳은 것은? (다툼이 있는 경우 판례에 따름)

① 불법행위로 인한 손해배상책임을 지는 자는 피해자가 다른 공동불법행위자들을 상대로 제기한 손해배상 청구소송에 원고를 위하여 보조참가를 할 수 없다.
② 피고 보조참가인이 상고장을 제출한 경우에 피고에 대한 관계에 있어서 상고기간이 경과하더라도 보조참가인에 대하여 판결정본이 송달된 때로부터 기산하여 상고기간 내의 상고가 된다면 보조참가인의 상고는 적법하다.
③ 보조참가인에게 기일통지서 또는 출석요구서를 송달하지 아니하여 변론의 기회를 부여하지 아니한 채 행하여진 기일의 진행은 적법하다.
④ 기일통지서를 송달받지 못한 보조참가인이 변론기일에 직접 출석하여 변론할 기회를 가졌고, 위 변론 당시 기일통지서를 송달받지 못한 점에 관하여 이의를 하지 아니하였다면, 기일통지를 하지 않은 절차진행상의 흠이 치유된다.
⑤ 피참가인은 보조참가인이 제기한 항소를 포기 또는 취하할 수 없다.

① X 불법행위로 인한 손해배상책임을 지는 자는 피해자가 다른 공동불법행위자들을 상대로 제기한 손해배상 청구소송의 결과에 대하여 법률상의 이해관계를 갖는다고 할 것이므로, 위 소송에 원고를 위하여 보조참가를 할 수가 있고, 피해자인 원고가 패소판결에 대하여 상소를 하지 않더라도 원고의 상소기간 내라면 보조참가와 동시에 상소를 제기할 수도 있다(대판 1999.7.9. 99다12796).
② X 피고 보조참가인은 참가할 때의 소송의 진행 정도에 따라 피참가인이 할 수 없는 소송행위를 할 수 없으므로, 피고 보조참가인이 상고장을 제출한 경우에 피고 보조참가인에 대하여 판결정본이 송달된 때로부터 기산한다면 상고기간 내의 상고라 하더라도 이미 피참가인인 피고에 대한 관계에 있어서 상고기간이 경과한 것이라면 피고 보조참가인의 상고 역시 상고기간 경과 후의 것이 되어 피고 보조참가인의 상고는 부적법하다(대판 2007.9.6. 2007다41966).
③ X 보조참가인의 소송수행권능은 피참가인으로부터 유래된 것이 아니라 독립의 권능이라고 할 것이므로 피참가인과는 별도로 보조참가인에 대하여도 기일의 통지, 소송서류의 송달 등을 행하여야 하고, 보조참가인에게 기일통지서 또는 출석요구서를 송달하지 아니함으로써 변론의 기회를 부여하지 아니한 채 행하여진 기일의 진행은 적법한 것으로 볼 수 없다(대판 2007.2.22. 2006다75641).
④ O 기일통지서를 송달받지 못한 보조참가인이 변론기일에 직접 출석하여 변론할 기회를 가졌고, 위 변론 당시 기일통지서를 송달받지 못한 점에 관하여 이의를 하지 아니하였다면, 기일통지를 하지 않은 절차진행상의 흠이 치유된다(대판 2007.2.22. 2006다75641).
⑤ X 민사소송법 제76조 제2항은 참가인의 소송행위가 피참가인의 소송행위에 어긋나는 경우에는 참가인의 소송행위는 효력을 가지지 아니한다고 규정하고 있는데, 그 규정의 취지는 피참가인들의 소송행위와 보조참가인들의 소송행위가 서로 어긋나는 경우에는 피참가인의 의사가 우선하는 것을 뜻하므로 피참가인은 참가인의 행위에 어긋나는 행위를 할 수 있고, 따라서 보조참가인들이 제기한 항소를 포기 또는 취하할 수도 있다(대판 2010.10.14. 2010다38168).

41 21법전협-2-52 정답 ②

공동소송적 보조참가·공동소송참가에 관한 설명 중 옳지 않은 것을 모두 고른 것은? (다툼이 있는 경우 판례에 의함)

ㄱ. 乙로부터 X부동산을 매수한 丙이 소유권이전등기를 미루고 있는 사이에 甲이 乙에 대한 채권을 주장하면서 아직 乙의 명의로 남아 있던 X부동산에 대하여 가압류를 하고 본안소송을 제기하였다면 丙은 이 소송에 공동소송적 보조참가를 할 수 있다.
ㄴ. 공동소송적 보조참가인이 적법하게 상고를 제기하고 그 상고이유서를 제출기간 내에 제출하였다면, 상고를 제기하지 않은 피참가인의 상고이유서 제출기간이 도과하였다고 하더라도, 그 상고이유서의 제출은 적법하다.
ㄷ. 공동소송적 보조참가인의 재심청구 당시 피참가인이 이미 사망하였다면, 재심청구를 허용하는 특별한 규정이 없는 한 공동소송적 보조참가인의 재심청구는 허용되지 않는다.
ㄹ. 항소심절차에서 공동소송참가가 이루어진 이후에 피참가소가 소송요건의 흠결로 각하된다면 공동소송참가도 부적법한 것으로 각하되어야 한다.
ㅁ. 학교법인의 이사회결의무효확인의 소에는 제3자가 공동소송참가를 할 수 없다.

① ㄱ, ㄷ ② ㄱ, ㄹ
③ ㄴ, ㄷ ④ ㄴ, ㅁ
⑤ ㄷ, ㄹ

ㄱ. X 피고로부터 부동산을 매수한 참가인이 소유권이전등기를 미루고 있는 사이에 원고가 피고에 대한 채권이 있다 하여 당시 피고의 소유명의로 남아 있던 위 부동산에 대하여 가압류를 하고 본안소송을 제기하자 참가인이 피고보조참가를 한 사안에서, 원고가 승소하면 위 가압류에 기하여 위 부동산에 대한 강제집행에 나설 것이고 그렇게 되면 참가인은 그 후 소유권이전등기를 마친 위 부동산의 소유권을 상실하게 되는 손해를 입게 되며, 원고가 피고에게 구하는 채권이 허위채권으로 보여지는데도 피고가 원고의 주장사실을 자백하여 원고를 승소시키려 한다는 사유만으로는 참가인의 참가가 이른바 공동소송적 보조참가에 해당하여 참가인이 피참가인인 피고와 저촉되는 소송행위를 할 수 있는 지위에 있다고 할 수 없다(대판 2001.1.19. 2000다59333).
ㄴ. O 공동소송적 보조참가를 한 참가인은 상고를 제기하지 않은 채 피참가인이 상고를 제기한 부분에 대한 상고이유서를 제출할 수 있지만 이 경우 상고이유서 제출기간을 준수하였는지는 피참가인을 기준으로 판단하여야 한다. 따라서 상고하지 않은 참가인이 피참가인의 상고이유서 제출기간이 지난 후 상고이유서를 제출하였다면 적법한 기간 내에 제출한 것으로 볼 수 없다(대판 2020.10.15. 2019두40611).
ㄷ. O 통상의 보조참가인은 참가 당시의 소송상태를 전제로 피참가인을 보조하기 위하여 참가하는 것이므로 참가할 때의 소송 진행 정도에 따라 피참가인이 할 수 없는 행위는 할 수 없다(민사소송법 제76조 제1항 단서 참조). 공동소송적 보조참가인도 원래 당사자가 아니라 보조참가인이므로 위와 같은 점에서는 통상의 보조참가인과 마찬가지이다.

판결 확정 후 재심사유가 있을 때에는 보조참가인이 피참가인을 보조하기 위하여 보조참가신청과 함께 재심의 소를 제기할 수 있다. 그러나 보조참가인의 재심청구 당시 피참가인인 재심청구인이 이미 사망하여 당사자능력이 없다면, 이를 허용하는 규정 등이 없는 한 보조참가인의 재심청구는 허용되지 않는다. 이는 신분관계에 관한 소송에서 소송의 상대방이 될 자가 존재하지 않는 경우 이해관계인들의 이익을 위하여 공익의 대표자인 검사를 상대방으로 삼아 소송을 할 수 있도록 하는 경우(민법 제849조, 제864조, 제865조, 가사소송법 제24조 제3항, 제4항, 대판 1992.5.26. 90므1135)와는 구별된다(대판 2018.11.29. 2018므14210).

ㄹ. X 비록 원고 주주들이 주주대표소송의 사실심 변론종결시까지 대표소송상의 원고 주주요건을 유지하지 못하여 종국적으로 소가 각하되는 운명에 있다고 할지라도 회사인 원고 공동소송참가인의 참가시점에서는 원고 주주들이 적법한 원고적격을 가지고 있었다고 할 것이어서 회사인 원고 공동소송참가인의 참가는 적법하다고 할 것이고, 뿐만 아니라 원고 주주들의 주주대표소송이 확정적으로 각하되기 전에는 여전히 그 소송계속 상태가 유지되고 있는 것이어서, 그 각하판결 선고 이전에 회사가 원고 공동소송참가를 신청하였다면 그 참가 당시 피참가소송의 계속이 없다거나 그로 인하여 참가가 부적법하게 된다고 볼 수는 없다(대판 2002.3.15. 2000다9086).

ㅁ. O 공동소송참가는 타인간의 소송의 목적이 당사자 일방과 제3자에 대하여 합일적으로 확정될 경우 즉, 타인간의 소송의 판결의 효력이 제3자에게도 미치게 되는 경우에 한하여 그 제3자에게 허용되는바, 학교법인의 이사회의 결의에 하자가 있는 경우에 관하여 법률에 별도의 규정이 없으므로 그 결의에 무효사유가 있는 경우에는 이해관계인은 언제든지 또 어떤 방법에 의하든지 그 무효를 주장할 수 있고, 이와 같은 무효주장의 방법으로서 이사회결의무효확인소송이 제기되어 승소확정판결이 난 경우, 그 판결의 효력은 위 소송의 당사자 사이에서만 발생하는 것이지 대세적 효력이 있다고 볼 수는 없으므로, 이사회결의무효확인의 소는 그 소송의 목적이 당사자 일방과 제3자에 대하여 합일적으로 확정될 경우가 아니어서 제3자는 공동소송참가를 할 수 없다(대판 2001.7.13. 2001다13013).

| 42 | 20법전협-1-42 | 정답  |

공동소송적 보조참가에 관한 설명 중 옳게 설명된 것으로 묶인 것은? (다툼이 있으면 판례에 의함)

ㄱ. 공동소송적 보조참가인에게 소송절차를 중단 또는 중지하여야 할 사유가 있다고 하더라도 소송절차는 중단 또는 중지되지 않는다.
ㄴ. 공동소송적 보조참가는 성질상 고유필수적 공동소송에 준한다.
ㄷ. 재심의 소에 공동소송적 보조참가인이 참가한 후 피참가인이 공동소송적 보조참가인의 동의 없이 한 재심의 소를 취하하였다면 이는 효력이 없다.
ㄹ. 공동소송적 보조참가인은 소송의 진행 정도에 따라 피참가인이 할 수 없는 행위를 할 수 없다.
ㅁ. 공동소송적 보조참가인이 상소를 할 경우에는 피참가인이 상소취하나 상소포기를 할 수 없다.

① ㄱ, ㄴ, ㅁ ② ㄱ, ㄴ, ㄹ
③ ㄷ, ㄹ, ㅁ ④ ㄱ, ㄷ, ㄹ
⑤ ㄴ, ㄷ, ㅁ

해설

ㄱ. X

> 제78조(공동소송적 보조참가)
> 재판의 효력이 참가인에게도 미치는 경우에는 그 참가인과 피참가인에 대하여 제67조 및 제69조를 준용한다.
>
> 제67조(필수적 공동소송에 대한 특별규정)
> ③ 제1항의 공동소송에서 공동소송인 가운데 한 사람에게 소송절차를 중단 또는 중지하여야 할 이유가 있는 경우 그 중단 또는 중지는 모두에게 효력이 미친다.

ㄴ. X 공동소송적 보조참가는 그 성질상 필수적 공동소송 중에서는 이른바 유사필수적 공동소송에 준한다 할 것인데 유사필수적 공동소송의 경우에는 원고들 중 일부가 소를 취하하는 데 다른 공동소송인의 동의를 받을 필요가 없다(대판 2013.3.28. 2012아43).

ㄷ. O 재심의 소를 취하하는 것은 통상의 소를 취하하는 것과는 달리 확정된 종국판결에 대한 불복의 기회를 상실하게 하여 더 이상 확정판결의 효력을 배제할 수 없게 하는 행위이므로, 이는 재판의 효력과 직접적인 관련이 있는 소송행위로서 확정판결의 효력이 미치는 공동소송적 보조참가인에 대하여는 불리한 행위이다. 따라서 재심의 소에 공동소송적 보조참가인이 참가한 후에는 피참가인이 재심의 소를 취하하더라도 공동소송적 보조참가인의 동의가 없는 한 효력이 없다(대판 2015.10.29. 2014다13044).

ㄹ. O 통상의 보조참가인은 참가 당시의 소송상태를 전제로 하여 피참가인을 보조하기 위하여 참가하는 것이므로 참가할 때의 소송의 진행 정도에 따라 피참가인이 할 수 없는 행위를 할 수 없다(민사소송법 제76조 제1항 단서 참조). 공동소송적 보조참가인 또한 판결의 효력을 받는 점에서 민사소송법 제78조, 제67조에 따라 필수적 공동소송인에 준하는 지위를 부여받기는 하였지만 원래 당사자가 아니라 보조참가인의 성질을 가지므로 위와 같은 점에서는 통상의 보조참가인과 마찬가지이다(대판 2015.10.29. 2014다13044).

ㅁ. O 민사소송법 제78조의 공동소송적 보조참가에는 필수적 공동소송에 관한 민사소송법 제67조 제1항, 즉 "소송목적이 공동소송인 모두에게 합일적으로 확정되어야 할 공동소송의 경우에 공동소송인 가운데 한 사람의 소송행위는 모두의 이익을 위하여서만 효력을 가진다."라고 한 규정이 준용되므로, 피참가인의 소송행위는

모두의 이익을 위하여서만 효력을 가지고, 공동소송적 보조참가인에게 불이익이 되는 것은 효력이 없으므로, 참가인이 상소를 할 경우에 피참가인이 상소취하나 상소포기를 할 수는 없다(대판 2017.10.12. 2015두36836).

43 19법전협-2-44 정답 ②

제3자의 소송참가에 대한 설명 중 옳지 않은 것은?
(다툼이 있는 경우 판례에 따름)

① 전소 확정판결의 참가적 효력은 전소 확정판결의 결론의 기초가 된 사실상 및 법률상의 판단으로서 보조참가인이 피참가인과 공동이익으로 주장하거나 다툴 수 있었던 사항에 한하여 미친다.
② 전소가 화해권고결정에 의하여 종료된 경우에 참가적 효력이 인정된다.
③ 피참가인이 공동소송적 보조참가인의 동의 없이 소를 취하하였다 하더라도 이는 유효하다.
④ 재심의 소에 공동소송적 보조참가인이 참가한 후에는 피참가인이 재심의 소를 취하하더라도 공동소송적 보조참가인의 동의가 없는 한 효력이 없다.
⑤ 재심의 소를 취하하는 것은 재판의 효력과 직접적인 관련이 있는 소송행위로서 확정판결의 효력이 미치는 공동소송적 보조참가인에 대하여는 불리한 행위이다.

① O ② X 보조참가인이 피참가인을 보조하여 공동으로 소송을 수행하였으나 피참가인이 소송에서 패소한 경우에는 형평의 원칙상 보조참가인이 피참가인에게 패소판결이 부당하다고 주장할 수 없도록 구속력을 미치게 하는 이른바 참가적 효력이 인정되지만, 전소 확정판결의 참가적 효력은 전소 확정판결의 결론의 기초가 된 사실상 및 법률상의 판단으로서 보조참가인이 피참가인과 공동이익으로 주장하거나 다툴 수 있었던 사항에 한하여 미친다. 이러한 법리에 비추어 보면 전소가 확정판결이 아닌 화해권고결정에 의하여 종료된 경우에는 확정판결에서와 같은 법원의 사실상 및 법률상의 판단이 이루어졌다고 할 수 없으므로 참가적 효력이 인정되지 아니한다(대판 2015.5.28. 2012다78184).
③ O 한편 민사소송법 제78조의 공동소송적 보조참가에는 필수적 공동소송에 관한 민사소송법 제67조 제1항, 즉 "소송목적이 공동소송인 모두에게 합일적으로 확정되어야 할 공동소송의 경우에 공동소송인 가운데 한 사람의 소송행위는 모두의 이익을 위하여서만 효력을 가진다"고 한 규정이 준용되므로, 피참가인의 소송행위는 모두의 이익을 위하여서만 효력을 가지고, 그 반대로 공동소송적 보조참가인에게 불이익이 되는 것은 효력이 없다고 할 것이다.

그런데 공동소송적 보조참가는 그 성질상 필수적 공동소송 중에서는 이른바 유사필수적 공동소송에 준한다 할 것인데 유사필수적 공동소송의 경우에는 원고들 중 일부가 소를 취하하는 데 다른 공동소송인의 동의를 받을 필요가 없다. 또한 소취하는 판결이 확정될 때까지 할 수 있고 취하된 부분에 대해서는 소가 처음부터 계속되지 아니한 것으로 간주되며(민사소송법 제267조) 본안에 관한 종국판결이 선고된 경우에도 그 판결 역시 처음부터 존재하지 아니한 것으로 간주되므로, 이는 재판의 효력과는 직접적인 관련이 없는 소송행위로서 공동소송적 보조참가인에게 불이익이 된다고 할 것도 아니다. 따라서 피참가인이 공동소송적 보조참가인의 동의 없이 소를 취하하였다 하더라도 이는 유효하다(대결 2013.3.28. 2012아43).

④, ⑤ O 재심의 소를 취하하는 것은 통상의 소를 취하하는 것과는 달리 확정된 종국판결에 대한 불복의 기회를 상실하게 하여 더 이상 확정판결의 효력을 배제할 수 없게 하는 행위이므로, 이는 재판의 효력과 직접적인 관련이 있는 소송행위로서 확정판결의 효력이 미치는 공동소송적 보조참가인에 대하여는 불리한 행위이다. 따라서 재심의 소에 공동소송적 보조참가인이 참가한 후에는 피참가인이 재심의 소를 취하하더라도 공동소송적 보조참가인의 동의가 없는 한 효력이 없다. 이는 재심의 소를 피참가인이 제기한 경우나 통상의 보조참가인이 제기한 경우에도 마찬가지이다. 특히 통상의 보조참가인이 재심의 소를 제기한 경우에는 피참가인이 통상의 보조참가인에 대한 관계에서 재심의 소를 취하할 권능이 있더라도 이를 통하여 공동소송적 보조참가인에게 불리한 영향을 미칠 수는 없으므로 피참가인의 재심의 소 취하로 재심의 소 제기가 무효로 된다거나 부적법하게 된다고 볼 것도 아니다(대판 2015.10.29. 2014다13044).

44 20법전협-2-49 정답 ②

소송고지에 관한 설명 중 옳지 않은 것은?

① 소송고지(訴訟告知)란, 당사자 일방이 법률상의 방식에 따라서 소송계속사실을 제3자에게 알리고 참가를 촉구하는 행위를 가리킨다.
② 소송고지는 사실심의 계속 중에만 할 수 있으므로, 상고심 계속 중에는 할 수 없다.
③ 소송고지를 할지 여부는 고지자의 재량이지만, 예외적으로 고지의무가 정해진 경우가 있는데, 민사집행법상의 추심의 소에 관한 규정, 상법상의 주주대표소송에 관한 규정 등이 그 예이다.
④ 소송당사자로부터 소송고지를 받은 피고지자도 다시 고지를 할 수 있다
⑤ 보조참가를 할 수 있는 사람뿐만 아니라, 독립당사자참가·공동소송참가를 할 수 있는 사람도 피고지자에 포함된다.

① O

> 제84조(소송고지의 요건)
> ① 소송이 법원에 계속된 때에는 당사자는 참가할 수 있는 제3자에게 소송고지(訴訟告知)를 할 수 있다.

소송고지제도는 소송의 결과에 대하여 이해관계를 가지는 제3자로 하여금 보조참가를 하여 그 이익을 옹호할 기회를 부여함과 아울러 한편으로는 고지자가 패소한 경우의 책임을 제3자에게 분담시켜 후일에 고지자와 피고지자간의 소송에서 피고지자가 패소의 결과를 무시하고 전소확정판결에서의 인정과 판단에 반하는 주장을 못하게 하기 위해 둔 제도(대판 1986.2.25. 85다카2091)이다.

② X 소송고지는 상소심에서도 할 수 있다(이시윤, 신민사소송법, 박영사(2017), 801). 즉, 상고심에서도 가능하다.

③ O

> 민사집행법 제238조(추심의 소제기)
> 채권자가 명령의 취지에 따라 제3채무자를 상대로 소를 제기할 때에는 일반규정에 의한 관할법원에 제기하고 채무자에게 그 소를 고지하여야 한다. 다만, 채무자가 외국에 있거나 있는 곳이 분명하지 아니한 때에는 고지할 필요가 없다.

> 상법 제403조(주주의 대표소송)
> ① 발행주식의 총수의 100분의 1 이상에 해당하는 주식을 가진 주주는 회사에 대하여 이사의 책임을 추궁할 소의 제기를 청구할 수 있다.
> ② 제1항의 청구는 그 이유를 기재한 서면으로 하여야 한다.
> ③ 회사가 전항의 청구를 받은 날로부터 30일내에 소를 제기하지 아니한 때에는 제1항의 주주는 즉시 회사를 위하여 소를 제기할 수 있다.
> ④ 제3항의 기간의 경과로 인하여 회사에 회복할 수 없는 손해가 생길 염려가 있는 경우에는 전항의 규정에 불구하고 제1항의 주주는 즉시 소를 제기할 수 있다.

> 상법 제404조(대표소송과 소송참가, 소송고지)
> ① 회사는 전조 제3항과 제4항의 소송에 참가할 수 있다.
> ② 전조 제3항과 제4항의 소를 제기한 주주는 소를 제기한 후 지체없이 회사에 대하여 그 소송의 고지를 하여야 한다.

④ O

> 제84조(소송고지의 요건)
> ② 소송고지를 받은 사람은 다시 소송고지를 할 수 있다.

⑤ O 고지를 받을 수 있는 사람은 당사자 이외에 그 소송에 참가할 수 있는 제3자이다. 본법 제79조(독립당사자참가)의 참가(본법 제81조의 참가도 포함) 본법 제83조(공동소송참가)의 참가를 할 수 있는 제3자라도 상관 없다. 본법 제82조의 인수승계의 경우는 법원이 소송인수를 명하고 그에 의하여 참가하기 때문에 소송고지의 필요는 없다(김홍엽, 민사소송법, 박영사(2016), 1059; 이시윤, 신민사소송법, 박영사(2017), 802).

45 20법전협-1-43 정답 ④

피고의 경정에 관한 설명 중 옳지 않은 것은? (다툼이 있는 경우 판례에 의함)

① 피고의 경정은 제1심 변론종결시까지 원고의 신청에 따라 법원의 결정으로 허가된다.
② 피고의 경정은 청구취지나 청구원인의 기재 내용 자체로 보아 원고가 법률적 평가를 그르치는 등의 이유로 피고의 지정이 잘못된 것이 명백하거나 법인격의 유무에 관하여 착오를 일으킨 것이 명백한 경우에 인정된다.
③ 피고의 경정은 피고로 되어야 할 자가 누구인지를 증거조사를 거쳐 사실을 인정하고 그 인정 사실에 터잡아 법률 판단을 해야 인정할 수 있는 경우에는 인정되지 않는다.
④ 피고의 경정 신청을 법원이 허가하는 결정을 하였더라도 종전의 피고에 대한 소는 취하되었다고 볼 수 없다.
⑤ 피고의 경정이 있는 경우 시효중단의 효과는 법원에 경정신청서를 제출한 때 발생한다.

① O 피고경정은 새로운 피고의 심급이익을 위해 1심 변론종결시까지만 가능하다.

②, ③ O 민사소송법 제260조 제1항 소정의 '피고를 잘못 지정한 것이 분명한 경우'라고 함은 청구취지나 청구원인의 기재 내용 자체로 보아 원고가 법률적 평가를 그르치는 등의 이유로 피고의 지정이 잘못된 것이 명백하거나 법인격의 유무에 관하여 착오를 일으킨 것이 명백한 경우 등을 말하고, 피고로 되어야 할 자가 누구인지를 증거조사를 거쳐 사실을 인정하고 그 인정 사실에 터잡아 법률 판단을 해야 인정할 수 있는 경우는 이에 해당하지 않는다(대결 1997.10.17. 97마1632).

④ X

> 제261조(경정신청에 관한 결정의 송달 등)
> ④ 신청을 허가하는 결정을 한 때에는 종전의 피고에 대한 소는 취하된 것으로 본다.

⑤ O

> 제265조(소제기에 따른 시효중단의 시기)
> 시효의 중단 또는 법률상 기간을 지킴에 필요한 재판상 청구는 소를 제기한 때 또는 제260조 제2항·제262조 제2항 또는 제264조 제2항의 규정에 따라 서면을 법원에 제출한 때에 그 효력이 생긴다.

46 21법전협-1-52 정답 ②

甲이 乙에게 X 토지에 대한 취득시효 완성을 원인으로 한 소유권이전등기를 구하는 소를 제기하였고, 위 소송계속 중 丙이 甲에 대하여는 관리위탁계약의 해제를 이유로 X 토지의 인도를, 乙에 대하여는 X 토지에 대한 진정한 시효 취득자는 자신이라며 취득시효 완성을 원인으로 한 소유권이전등기를 구하는 독립당사자참가신청을 하였다. 아래 설명 중 옳은 것을 모두 고른 것은? (다툼이 있는 경우 판례에 의함)

> ㄱ. 甲의 청구와 丙의 청구는 서로 양립할 수 없는 관계에 있으므로, 丙의 독립당사자참가신청은 적법하다.
> ㄴ. 丙이 독립당사자참가를 하면서 예비적으로 보조참가를 하는 것도 허용될 수 있다.
> ㄷ. 丙의 독립당사자참가에 따라 甲은 乙의 동의 없이 탈퇴할 수 있다.
> ㄹ. 제1심 법원이 甲, 乙, 丙에 대하여 화해권고결정을 하였는데 이에 대하여 丙만이 이의를 하였다면 그 이의의 효력은 甲·乙 사이에도 미친다.
> ㅁ. 제1심 법원이 丙의 승소판결을 선고하여 이에 대하여 甲만이 항소를 제기한 경우, 항소심 법원이 항소나 부대항소를 하지 않는 乙에게 결과적으로 유리한 내용의 판결을 할 수 있다.

① ㄱ, ㄷ, ㅁ ② ㄱ, ㄹ, ㅁ
③ ㄴ, ㄷ, ㅁ ④ ㄴ, ㄷ, ㄹ
⑤ ㄷ, ㄹ, ㅁ

 해설

ㄱ. **O** 자신이 진정한 시효완성자라고 주장하는 것은 채권에 대한 청구이지만 양립불가능한 경우에 해당하므로 독립당사자참가가 가능하다고 보아야 한다.

참고판례 갑(원고)은 을(피고)과의 사이에 체결된 매매계약의 매수당사자가 갑이라고 주장하면서 그 소유권이전등기절차이행을 구하고 있고 이에 대하여 병(참가인)은 자기가 그 매수당사자라고 주장하는 경우라면 병은 갑에 의하여 자기의 권리 또는 법률상의 지위를 부인당하고 있는 한편 그 불안을 제거하기 위하여는 매수인으로서의 권리의무가 병에 있다는 확인의 소를 제기하는 것이 유효적절한 수단이라고 보여지므로 결국 병이 을에 대하여 그 소유권이전등기절차의 이행을 구함과 동시에 갑에 대하여 소유권이전등기청구권 등 부존재확인의 소를 구하는 것은 확인의 이익이 있는 적법한 것이라고 할 것이다(대판 1988.3.8. 86다148(본소),149(반소),150(참가),86다카762(본소),763(반소),764(참가)).

(판결 이유 중) 이 사건에 있어서 원고의 피고에 대한 소유권이전등기청구권과 참가인의 피고에 대한 소유권이전등기청구권은, 당사자참가가 인정되지 아니하는 2중매매 등 통상의 경우와는 달리 하나의 계약에 기초한 것으로서 어느 한쪽의 이전등기청구권이 인정되면 다른 한쪽의 이전등기청구권은 인정될 수 없는 것이므로 그 각 청구가 서로 양립할 수 없는 관계에 있음은 물론이고, 이는 하나의 판결로써 모순없이 일시에 해결할 수 있는 경우에 해당한다고 할 것이므로 이 사건 당사자참가는 적법하다고 아니할 수 없다.

ㄴ. **X** 당사자참가는 소송의 목적의 전부나 일부가 자기의 권리임을 주장하거나 소송의 결과에 의하여 권리의 침해를 받을 것을 주장하는 제3자가 독립한 당사자로서 원·피고 쌍방을 상대방으로 하여 소송에 참가하여 3당사자 사이에 서로 대립되는 권리 또는 법률관계를 하나의 판결로써 모순없이 일거에 해결하려는 제도이고, 보조참가는 원·피고의 어느 일방의 승소를 보조하기 위하여 소송에 참가하는 것으로서, 이러한 제도의 본래의 취지에 비추어 볼 때, 당사자참가를 하면서 예비적으로 보조참가를 한다는 것은 허용될 수 없는 것이다(대판 1994.12.27. 92다22473).

ㄷ. **X**

> **제80조(독립당사자참가소송에서의 탈퇴)**
> 제79조의 규정에 따라 자기의 권리를 주장하기 위하여 소송에 참가한 사람이 있는 경우 그가 참가하기 전의 원고나 피고는 상대방의 승낙을 받아 소송에서 탈퇴할 수 있다. 다만, 판결은 탈퇴한 당사자에 대하여도 그 효력이 미친다.

ㄹ. **O** [1] 민사소송법 제79조에 의한 소송은 동일한 권리관계에 관하여 원고, 피고 및 참가인 상호간의 다툼을 하나의 소송절차로 한꺼번에 모순 없이 해결하려는 소송형태로서 두 당사자 사이의 소송행위는 나머지 1인에게 불이익이 되는 한 두 당사자 간에도 효력이 발생하지 않는다고 할 것이므로, 원·피고 사이에만 재판상 화해를 하는 것은 3자 간의 합일확정의 목적에 반하기 때문에 허용되지 않는다.
[2] 독립당사자참가인이 화해권고결정에 대하여 이의한 경우, 이의의 효력이 원·피고 사이에도 미친다고 한 사례(대판 2005.5.26. 2004다25901).

ㅁ. **O** 민사소송법 제79조에 의한 독립당사자참가소송은 동일한 권리관계에 관하여 원고, 피고, 참가인이 서로간의 다툼을 하나의 소송절차로 한꺼번에 모순 없이 해결하는 소송형태로서, 독립당사자참가가 적법하다고 인정되어 원고, 피고, 참가인간의 소송에 대하여 본안판결을 할 때에는 위 세 당사자를 판결의 명의인으로 하는 하나의 종국판결을 선고함으로써 위 세 당사자들 사이에서 합일확정적인 결론을 내려야 하고, 이러한 본안판결에 대하여 일방이 항소한 경우에는 제1심판결 전체의 확정이 차단되고 사건 전부에 관하여 이심(移審)의 효력이 생긴다. 그리고 이러한 경우 항소심의 심판대상은 실제 항소를 제기한 자의 항소 취지에 나타난 불복범위에 한정하되 위 세 당사자 사이의 결론의 합일확정의 필요성을 고려하여 그 심판의 범위를 판단하여야 하고, 이에 따라 항소심에서 심리·판단을 거쳐 결론을 내림에 있어 위 세 당사자 사이의 결론의 합일확정을 위하여 필요한 경우에는 그 한도 내에서 항소 또는 부대항소를 제기한 바 없는 당사자에게 결과적으로 제1심판결보다 유리한 내용으로 판결이 변경되는 것도 배제할 수는 없다(대판 2007.10.26. 2006다86573).

47 19법전협-1-43   정답 ②

甲이 乙을 상대로 S 토지에 관한 소유권존재확인의 소를 제기하였다. 이와 관련하여 소취하의 동의에 관한 설명 중 옳은 것은? (다툼이 있는 경우 판례에 따름)

① 乙이 甲의 소에 대해 주위적으로 소 각하, 예비적으로 청구기각을 구한 경우에도 본소의 취하에는 乙의 동의가 필요하다.
② 乙이 甲의 소에 대해 반소를 제기한 후 甲의 본소가 각하된 경우, 乙의 반소의 취하에 甲의 동의가 필요하다.
③ 甲의 본소에 대해 S 토지의 소유자임을 주장하는 丙이 독립당사자참가를 하였는데, 甲이 소송계속 후 본소를 취하하는 경우에는 乙의 동의만 있으면 되고, 丙의 동의는 필요 없다.
④ 甲의 본소에 대해 S 토지의 소유자임을 주장하는 丙이 甲과 乙을 상대로 하여 독립당사자참가를 하였는데, 丙이 참가신청을 취하하는 경우 甲이나 乙의 동의는 필요 없다.
⑤ 甲의 소취하에 대해 乙이 동의를 거절하면 소취하의 효력이 생기지 않으나, 곧 마음을 바꾸어 동의의 의사표시를 하면 소취하의 효력이 생긴다.

 해설

① X 피고가 본안전 항변으로 소각하를, 본안에 관하여 청구기각을 각 구한 경우에는 본안에 관한 것은 예비적으로 청구한 것이므로 원고는 피고의 동의 없이 소취하를 할 수 있다(대판 1968.4.23. 68다217).
② O 제271조는 원고가 반소의 제기를 유발한 본소는 스스로 취하해 놓고 그로 인하여 유발된 반소만의 유지를 상대방에게 강요한다는 것은 공평치 못하다는 이유에서 원고가 본소를 취하한 때에는 피고도 원고의 동의없이 반소를 취하할 수 있도록 한 규정이므로 본소가 원고의 의사와 관계없이 부적법하다 하여 각하됨으로써 종료된 경우에까지 유추적용 할 수 없고, 원고의 동의가 있어야만 반소취하의 효력이 발생한다 할 것이다(대판 1984.7.10. 84다카298).
③ X 독립당사자 참가 소송에 있어 원고의 본소 취하에는 피고의 동의 외에 당사자 참가인의 동의를 필요로 한다(대결 1972.11.30. 72마787).
④ X 독립당사자 참가신청의 성질은 소이므로 그 취하에는 민사소송법 제239조 제2항이 적용되어 상대방인 원피고 쌍방의 동의를 요한다(대판 1981.12.8. 80다577).
⑤ X 소취하에 대하여 피고가 이의하여 동의를 거절하면 소취하 효력을 발생할 수 없고 후에 동의하더라도 취하의 효력이 없다(대판 1969.5.27. 69다130,131,132).

제4절 당사자의 변경

48 21변시-70   정답 ⑤

소송승계에 관한 설명 중 옳지 않은 것은? (다툼이 있는 경우 판례에 의함)

① 소송인수가 있은 후 탈퇴한 원고가, 소송인수인의 소송목적 승계의 효력이 부정되어 소송인수인에 대한 청구기각 판결이 확정된 날부터 6월 내에 다시 탈퇴 전과 같은 재판상의 청구를 한 때에는, 탈퇴 전에 원고가 제기한 재판상의 청구로 인하여 발생한 시효중단의 효력은 그대로 유지된다.
② 甲의 乙에 대한 매매를 원인으로 한 X토지에 관한 소유권이전등기청구의 소송계속 중 그 소송목적이 된 X 토지에 관한 乙의 이전등기의무를 승계함이 없이 단순히 X토지에 관한 소유권이전등기가 乙로부터 제3자 丙 앞으로 경료되었다고 하더라도, 丙을 상대로 위 경료된 丙 명의 소유권이전등기의 말소를 구하기 위한 소송의 인수는 허용되지 않는다.
③ 제1심 법원이 승계참가인의 참가신청과 피참가인의 소송탈퇴가 적법함을 전제로 승계참가인과 상대방 사이의 소송에 대해서만 판결을 하였는데 항소심에서 승계참가인의 참가신청이 부적법하다고 밝혀진 경우, 항소법원은 탈퇴한 피참가인의 청구에 관하여 심리·판단할 수 없다.
④ 당사자가 사망하였으나 그를 위한 소송대리인이 있어 소송절차가 중단되지 않는 경우, 상속인으로 당사자의 표시를 정정하지 아니한 채 망인을 그대로 당사자로 표시하여 판결하였더라도 그 판결의 효력은 망인의 소송상 지위를 당연승계한 상속인들 모두에게 미친다.
⑤ 원고가 제3자인 원고 승계참가인의 승계 여부에 대해 다투지 않으면서도 소송탈퇴, 소 취하 등을 하지 않거나 이에 대하여 피고의 승낙, 동의를 받지 못하여 원고가 소송에 남아 있다면, 승계로 인해 청구가 중첩된 원고와 승계참가인은 통상공동소송인의 관계에 있다.

 해설

① O 소송목적인 권리를 양도한 원고는 법원이 소송인수 결정을 한 후 피고의 승낙을 받아 소송에서 탈퇴할 수 있는데(민사소송법 제82조 제3항, 제80조), 그 후 법원이 인수참가인의 청구의 당부에 관하여 심리한 결과 인수참가인의 청구를 기각하거나 소를 각하하는 판결을 선고하여 판결이 확정된 경우에는 원고가 제기한 최초의 재판상 청구로 인한 시효중단의 효력은 소멸한다. 다만 소송탈퇴는 소취하와는 성질이 다르며, 탈퇴 후 잔존하는 소송에서 내린 판결은 탈퇴자에 대하여도 효력이 미친다(민사소송법 제82조 제3항, 제80조 단서). 이에 비추어 보면 인수참가인의 소송목적 양수 효력이 부정되어 인수참가인에 대한 청구기각 또는 소각하 판결이 확정된 날부터 6개월 내에 탈퇴한 원고가 다시 탈퇴 전과 같은 재판상의 청구 등을 한 때에는, 탈퇴 전에 원고가 제기한 재판상의 청구로 인하여 발생한 시효중단의 효력은 그대로 유지된다(대판 2017.7.18. 2016다35789).

② O 부동산소유권이전등기 청구소송계속중 그 소송목적이 된 부동산에 대한 이전등기이행채무 자체를 승계함이 없이 단순히 같은 부동산에 대한 소유권이전등기(또는 근저당설정등기)가 제3자 앞으로 경료되었다 하여도 이는 민사소송법 제75조 제1항 소정의 "그 소송의 목적이 된 채무를 승계한 때"에 해당한다고 할 수 없으므로 위 제3자에 대하여 등기말소를 구하기 위한 소송의 인수는 허용되지 않는다(대결 1983.3.22. 80마283).

③ O 소송의 탈퇴는 승계참가가 적법한 경우에만 허용되는 것이므로, 승계참가가 부적법한 경우에는 피참가인의 소송 탈퇴는 허용되지 않고 피참가인과 상대방 사이의 소송관계가 유효하게 존속한다. 따라서 승계참가인의 참가신청이 부적법함에도 불구하고 법원이 이를 간과하여 승계참가인의 참가신청과 피참가인의 소송탈퇴가 적법함을 전제로 승계참가인과 상대방 사이의 소송에 대해서만 판결을 하였는데 상소심에서 승계참가인의 참가신청이 부적법하다고 밝혀진 경우, 피참가인과 상대방 사이의 소송은 여전히 탈퇴 당시의 심급에 계속되어 있으므로 상소심법원은 탈퇴한 피참가인의 청구에 관하여 심리·판단할 수 없다(대판 2012.4.26. 2011다85789).

④ O 민사소송법 제95조 제1호, 제238조에 따라 소송대리인이 있는 경우에는 당사자가 사망하더라도 소송절차가 중단되지 않고 소송대리인의 소송대리권도 소멸하지 않으며, 이때 망인의 소송대리인은 당사자 지위의 당연승계로 인하여 상속인에게서 새로이 수권을 받을 필요 없이 법률상 당연히 상속인의 소송대리인으로 취급되어 상속인들 모두를 위하여 소송을 수행하게 되는 것이고, 당사자가 사망하였으나 그를 위한 소송대리인이 있어 소송절차가 중단되지 않는 경우에 비록 상속인으로 당사자의 표시를 정정하지 아니한 채 망인을 그대로 당사자로 표시하여 판결하였다고 하더라도 그 판결의 효력은 망인의 소송상 지위를 당연승계한 상속인들 모두에게 미치는 것이다. 한편 소송이 종료되었음에도 이를 간과하고 심리를 계속 진행한 사실이 발견된 경우 법원은 직권으로 소송종료선언을 하여야 한다(대판 2011.4.28. 2010다103048).

⑤ X 승계참가에 관한 민사소송법 규정과 2002년 민사소송법 개정에 따른 다른 다수당사자 소송제도와의 정합성, 원고 승계참가인(이하 '승계참가인'이라 한다)과 피참가인인 원고의 중첩된 청구를 모순 없이 합일적으로 확정할 필요성 등을 종합적으로 고려하면, 소송이 법원에 계속되어 있는 동안에 제3자가 소송목적인 권리의 전부나 일부를 승계하였다고 주장하며 민사소송법 제81조에 따라 소송에 참가한 경우, 원고가 승계참가인의 승계 여부에 대해 다투지 않으면서도 소송탈퇴, 소 취하 등을 하지 않거나 이에 대하여 피고가 부동의하여 원고가 소송에 남아 있다면 승계로 인해 중첩된 원고와 승계참가인의 청구 사이에는 필수적 공동소송에 관한 민사소송법 제67조가 적용된다(대판 2019.10.23. 2012다46170 전원합의체).

49 18변시-64 정답 ②, ③ (출제 당시 정답 ②)

소송승계에 관한 설명 중 옳지 않은 것은? (다툼이 있는 경우 판례에 의함)

① 청구이의의 소가 제기되기 전에 그 소의 대상이 된 집행권원에 표시된 청구권을 양수하고 대항요건을 갖춘 자가 그 청구이의의 소에 승계참가신청을 하는 것은 특별한 사정이 없는 한 부적법하다.

② 매매를 원인으로 한 부동산소유권이전등기청구의 소 계속 중 제3자가 그 소송목적인 등기절차이행의무 자체를 승계한 것이 아니라 단순히 그 부동산에 대하여 자신의 명의로 소유권이전등기를 마친 경우, 그 제3자에 대하여 등기말소를 구하기 위한 소송의 인수는 허용된다.

③ 甲의 乙에 대한 손해배상청구의 소 계속 중 甲이 丙에게 위 손해배상채권을 양도하고 乙에게 채권양도의 통지를 한 다음 丙이 승계참가신청을 하자 탈퇴를 신청하였으나 乙의 부동의로 탈퇴하지 못한 경우, 甲의 청구와 丙의 청구는 통상의 공동소송으로서 모두 유효하게 존속한다.

④ 신주발행무효의 소 계속 중 원고적격의 근거가 되는 주식이 전부 양도된 경우에 그 양수인은 제소기간 등의 요건이 충족된다면 새로운 주주의 지위에서 신소를 제기할 수도 있고, 양도인이 이미 제기한 위 소송을 적법하게 승계할 수도 있다.

⑤ 당사자인 법인이 합병에 의하여 소멸된 때에는 합병에 의하여 설립된 법인 또는 합병한 뒤의 존속법인이 소송절차를 수계하여야 한다.

해설

① O 민사소송법 제74조의 권리승계참가는 소송의 목적이 된 권리를 승계한 경우뿐만 아니라 채무를 승계한 경우에도 이를 할 수 있으나 다만 그 채무승계는 소송의 계속중에 이루어진 것임을 요함은 위 법조의 규정상 명백하다. 그러므로 청구 이의의 소 계속중 그 소송에서 집행력배제를 구하고 있는 채무명의에 표시된 청구권을 양수한 자는 소송의 목적이 된 채무를 승계한 것이므로 승계집행문을 부여받은 여부에 관계없이 위 청구 이의의 소에 민사소송법 제74조에 의한 승계참가를 할 수 있으나, 다만 위 소송이 제기되기 전에 그 채무명의에 표시된 청구권을 양수한 경우에는 특단의 사정이 없는 한 승계참가의 요건이 결여된 것으로서 그 참가인정은 부적법한 것이라고 볼 수밖에 없다(대판 1983.9.27. 83다카1027).

② X 부동산소유권이전등기청구 소송계속 중 그 소송목적이 된 부동산에 대한 이전등기이행채무 자체를 승계함이 없이 단순히 같은 부동산에 대한 소유권이전등기(또는 근저당설정등기)가 제3자 앞으로 경료되었다 하여도 이는 민사소송법 제82조 제1항 소정의 "그 소송의 목적이 된 채무를 승계한 때"에 해당한다고 할 수 없으므로 위 제3자에 대하여 등기말소를 구하기 위한 소송의 인수는 허용되지 않는다(대결 1983.3.22. 80마283).

③ X 승계참가에 관한 민사소송법 규정과 2002년 민사소송법 개정에 따른 다른 다수당사자 소송제도와의 정합성, 원고 승계참가인(이하 '승계참가인'이라 한다)과 피참가인인 원고의 중첩된 청구를 모순 없이 합일적으로 확정할 필요성 등을 종합적으로 고려하면, 소송이 법원에 계속되어 있는 동안에 제3자가 소송목적인 권리의

전부나 일부를 승계하였다고 주장하며 민사소송법 제81조에 따라 소송에 참가한 경우, 원고가 승계참가인의 승계 여부에 대해 다투지 않으면서도 소송탈퇴, 소 취하 등을 하지 않거나 이에 대하여 피고가 부동의하여 원고가 소송에 남아 있다면 승계로 인해 중첩된 원고와 승계참가인의 청구 사이에는 필수적 공동소송에 관한 민사소송법 제67조가 적용된다(대판 2019.10.23. 2012다46170 전원합의체).

④ O 민사소송법 제81조에서 규정하고 있는 소송의 목적인 권리관계의 승계라 함은 소송물인 권리관계의 양도뿐만 아니라 당사자적격 이전의 원인이 되는 실체법상의 권리 이전을 널리 포함하는 것이므로, 신주발행무효의 소 계속중 그 원고적격의 근거가 되는 주식이 양도된 경우에 그 양수인은 제소기간 등의 요건이 충족된다면 새로운 주주의 지위에서 신소를 제기할 수 있을 뿐만 아니라, 양도인이 이미 제기한 기존의 위 소송을 적법하게 승계할 수도 있다(대판 2003.2.26. 2000다42786).

⑤ O

> **제234조(법인의 합병으로 말미암은 중단)**
> 당사자인 법인이 합병에 의하여 소멸된 때에 소송절차는 중단된다. 이 경우 합병에 의하여 설립된 법인 또는 합병한 뒤의 존속법인이 소송절차를 수계하여야 한다.

---

50 19법전협-3-42 정답 ②

소송승계에 관한 다음 설명 중 옳은 것은? (다툼이 있는 경우 판례에 의함)

① 소송이 법원에 계속되어 있는 동안에 제3자가 소송목적인 권리 또는 의무의 전부를 승계한 경우에만 법원은 직권 또는 당사자의 신청에 따라 그 제3자로 하여금 소송을 인수하게 할 수 있다.
② 승계참가가 이루어졌다면 기존의 청구와 사이에 청구의 기초에 변경이 없는 한 승계참가인은 상대방에 대한 자기 고유의 권리를 주장하는 것이 가능하다
③ 소송인수신청이 있는 때에는 법원은 신청인과 제3자를 심문하고 판결로서 그 허가여부를 재판한다.
④ 피고에 대한 부동산 소유권이전등기청구의 소송계속 중 그 소송목적이 된 피고의 위 부동산에 대한 이전등기이행 채무자체를 승계하지 않고 위 부동산에 대한 소유권이전등기가 피고로부터 제3자 앞으로 경료된 경우 이 소유권이전등기말소를 구하기 위한 소송의 인수는 허용된다.
⑤ 승계참가의 경우 시효의 중단 또는 법률상 기간준수의 효력은 참가신청을 한 때부터 생긴다.

 해설

①, ③ X

> **제82조(승계인의 소송인수)**
> ① 소송이 법원에 계속되어 있는 동안에 제3자가 소송목적인 권리 또는 의무의 전부나 일부를 승계한 때에는 법원은 당사자의 신청에 따라 그 제3자로 하여금 소송을 인수하게 할 수 있다.
> ② 법원은 제1항의 규정에 따른 결정을 할 때에는 당사자와 제3자를 심문하여야 한다.

② O 소송이 법원에 계속되어 있는 동안에 제3자가 소송목적인 권리의 전부나 일부를 승계하였다고 주장하며 독립당사자참가의 규정에 따라 참가를 한 경우에, 승계참가인은 소송절차를 현저히 지연시키는 경우가 아닌 한 승계한 권리와 청구의 기초가 바뀌지 아니하는 한도 안에서 청구의 취지 또는 원인을 바꿀 수 있다(민사소송법 제81조, 제262조). 그리고 승계참가를 한 경우라고 하여 그 변경하고자 하는 청구의 내용이 반드시 종전 원고로부터 권리승계를 한 것이어야만 한다거나 이에 관해서도 승계참가의 요건을 갖추어야만 한다고 볼 것은 아니다. 일단 승계참가가 이루어진 이상 기존의 청구와 사이에 청구의 기초에 변경이 없는 한 상대방에 대한 자기 고유의 권리를 주장하는 것도 무방하다고 할 것이다. 다만 이 경우 민사소송법 제81조에서 시효의 중단 또는 법률상 기간준수의 효력이 처음 소가 제기된 때에 소급하여 생긴다고 한 부분은 권리승계를 주장하는 청구에 한정하여 적용된다 할 것이다(대판 2012.7.5. 2012다25449).

④ X 부동산소유권이전등기 청구소송계속중 그 소송목적이 된 부동산에 대한 이전등기이행채무 자체를 승계함이 없이 단순히 같은 부동산에 대한 소유권이전등기(또는 근저당설정등기)가 제3자 앞으로 경료되었다 하여도 이는 민사소송법 제75조 제1항 소정의 "그 소송의 목적이 된 채무를 승계한 때"에 해당한다고 할 수 없으므로 위 제3자에 대하여 등기말소를 구하기 위한 소송의 인수는 허용되지 않는다(대결 1983.3.22. 80마283).

⑤ X

> **제81조(승계인의 소송참가)**
> 소송이 법원에 계속되어 있는 동안에 제3자가 소송목적인 권리 또는 의무의 전부나 일부를 승계하였다고 주장하며 제79조의 규정에 따라 소송에 참가한 경우 그 참가는 소송이 법원에 처음 계속된 때에 소급하여 시효의 중단 또는 법률상 기간준수의 효력이 생긴다.

제6편 상소심절차

제1장 | 총설

01   19변시-57   정답 ①

파기환송심을 포함한 상소심에 관한 설명 중 옳지 않은 것은? (다툼이 있는 경우 판례에 의함)

① 판결이 상고인에게 불이익한 것인지는 원칙적으로 판결의 주문과 이유를 모두 표준으로 하여 판단하여야 한다.
② 상고인이 적법한 상고이유서 제출기간 경과 후에 매매예약완결권이 제척기간 도과로 인하여 소멸되었다고 주장하였다고 할지라도 상고법원은 이를 판단하여야 한다.
③ 대법원의 파기환송 판결의 환송 후 2심(당해 사건에 대하여)은 파기의 이유가 된 잘못된 견해만 피하면 당사자가 새로 주장·증명한 바에 따른 다른 가능한 견해에 의하여 환송 전 2심 판결(당해 사건에 대하여)과 동일한 결론을 가져 온다고 하여도 대법원의 파기환송 판결의 기속력에 반하지 아니한다.
④ 상고심에서 항소심으로 파기환송된 사건이 다시 상고되었을 경우 환송 전 상고심에서의 소송대리인의 대리권은 그 사건이 다시 상고심에 계속되면서 부활하지 아니한다.
⑤ 상고이유서에 상고이유를 특정하여 원심판결의 어떤 점이 법령에 어떻게 위반되었는지에 관한 구체적이고도 명시적인 이유의 설시가 없는 때에는 상고이유서를 제출하지 않은 것으로 취급한다.

① X 상고는 자기에게 불이익한 재판에 대하여 자기에게 유리하게 취소·변경을 구하기 위하여 하는 것이고, 재판이 상소인에게 불이익한 것인지 여부는 원칙적으로 재판의 주문을 표준으로 하여 판단하여야 하는 것이어서, 재판의 주문상 청구의 인용부분에 대하여 불만이 없다면 비록 그 판결이유에 불만이 있더라도 그에 대하여는 상소의 이익이 없다(대판 1994.12.27. 94므895).
② O 매매예약완결권의 제척기간이 도과하였는지 여부는 소위 직권조사 사항으로서 이에 대한 당사자의 주장이 없더라도 법원이 당연히 직권으로 조사하여 재판에 고려하여야 하므로, 상고법원은 매매예약완결권이 제척기간 도과로 인하여 소멸되었다는 주장이 적법한 상고이유서 제출기간 경과 후에 주장되었다 할지라도 이를 판단하여야 한다(대판 2000.10.13. 99다18725).
③ O 상고법원으로부터 사건을 환송받은 법원은 그 사건을 다시 재판함에 있어서 상고법원이 파기 이유로 한 사실상과 법률상의 판단에 기속을 받는 것이나, 환송 후의 심리 과정에서 새로운 주장·입증이 제출되어 기속적 판단의 기초가 된 사실관계에 변동이 생긴 때에는 그 기속력은 미치지 아니하고, 환송판결의 하급심에 대한 법률상 판단의 기속은 그 파기의 이유로서 원심판결의 판단이 정당치 못하다는 소극적인 면에서만 발생하는 것이고, 하급심은 파기의 이유로 된 잘못된 견해만 피하면 다른 가능한 견해에 의하여 환송 전의 판결과 동일한 결론을 가져온다고 하여도 환송판결의 기속을 받지 아니한 위법을 범한 것이라 할 수 없다(대판 1996.1.26. 95다12828).
④ O 소송대리권의 범위는 특별한 사정이 없는 한 당해 심급에 한정되므로, 상고심에서 항소심으로 파기환송된 사건이 다시 상고되었을 경우에는 항소심에서의 소송대리인은 그 소송대리권을 상실하게 되고, 이 때 환송 전의 상고심에서의 소송대리인의 대리권이 그 사건이 다시 상고심에 계속되면서 부활하게 되는 것은 아니라고 할 것이어서, 새로운 상고심은 변호사보수의소송비용산입에관한규칙의 적용에 있어서는 환송 전의 상고심과는 별개의 심급으로 보아야 한다(대결 1996.4.4. 96마148).
⑤ O 상고이유서에는 상고이유를 특정하여 원심판결의 어떤 점이 법령에 어떻게 위반되었는지에 관하여 구체적이고도 명시적인 이유의 설시가 있어야 할 것이므로, 상고인이 제출한 상고이유서에 위와 같은 구체적이고도 명시적인 이유의 설시가 없는 때에는 상고이유서를 제출하지 않은 것으로 취급할 수밖에 없다(대판 2017.5.31. 2017다216981).

02 12변시-59 정답 ⑤

甲은 乙을 상대로 불법행위를 원인으로 한 손해배상금 1억 원의 지급을 구함과 동시에 X 토지에 관하여 매매를 원인으로 한 소유권이전등기절차의 이행을 구하는 소를 제기하였다. 제1심 법원은 乙로 하여금 불법행위로 인한 손해배상금 1,000만 원을 甲에게 지급할 것을 명하고, 甲의 나머지 청구는 모두 기각하는 판결을 선고하였다. 甲은 제1심 판결정본을 송달받은 후 항소에 따른 인지대 납부에 부담을 느껴, 기각된 불법행위로 인한 손해배상금 청구(9,000만 원 청구 부분) 중 2,000만 원 부분에 대해서만 항소기간 내에 항소를 제기하였다. 이후 항소심 소송계속 중 甲이 적법하게 할 수 있는 것으로 옳은 것을 모두 고른 것은?

> ㄱ. 甲은 제1심에서 기각된 9,000만 원의 손해배상금 청구 부분 전부에 대하여 다투는 것으로 항소취지를 변경(확장)할 수 있다.
> ㄴ. 甲은 제1심에서 기각된 9,000만 원 부분뿐만 아니라 동일한 불법행위로 인한 손해배상으로 그 청구액을 2억 원으로 변경(확장)할 수 있다.
> ㄷ. 불복하지 않은 청구도 항소심에 함께 이심된다는 입장에 따르면, 甲은 제1심에서 기각된 소유권이전등기청구 부분에 대하여 다투는 것으로 항소취지를 변경(확장)할 수 있다.

① 없음 ② ㄱ
③ ㄱ, ㄷ ④ ㄴ, ㄷ
⑤ ㄱ, ㄴ, ㄷ

ㄱ, ㄴ, ㄷ. O
상소불가분의 원칙에 따라서 상소인의 불복범위와 상관없이 원심판결 전부에 대하여 확정이 차단되고 이심의 효력이 발생한다(차단효와 이심효). 항소심에서도 청구의 변경은 허용되는데 이때에도 청구변경의 요건(① 청구기초의 동일성, ② 소송절차를 현저히 지연시키지 않을 것, ③ 동종절차·공통관할)을 갖추어야 한다.
관련판례 항소심에서도 청구의 기초에 변경이 없는 한 청구의 확장 변경이 가능하다(대판 1969.12.26. 69다406).

03 21법전협-3-46 정답 ①

상소와 관련된 설명 중 옳지 않은 것은? (다툼이 있는 경우 판례에 의함)

① 제1심에서 전부 패소한 원고가 항소포기를 하더라도 피고의 항소기간이 만료되어야 그 판결이 확정된다.
② 원고가 소제기 이전에 이미 사망한 사실을 간과하고 원고 청구를 인용한 판결은 무효이며 이에 대한 상소는 허용되지 않는다.
③ 소송당사자가 구체적인 사건의 소송 계속 중 미리 상소하지 아니하기로 합의한다면, 이러한 합의는 반드시 서면에 의하여야 한다.
④ 특정 법률관계에 관하여 당사자 쌍방이 제1심판결 선고 전에 미리 불상소의 합의를 하였다면, 제1심판결 선고 후에는 당사자의 합의에 의하더라도 그 불상소합의를 해제하고 소송계속을 부활시킬 수 없다.
⑤ 가분채권에 대해 일부만 청구한다는 취지를 명시하지 아니하고 그 이행을 구하는 소를 제기하여 전부 승소한 채권자에게는 나머지 부분에 관하여 청구를 확장하기 위한 항소의 이익이 인정된다.

① X 상대방이 전부 승소하여 항소의 이익이 없는 경우에는 항소권을 가진 패소자만 항소포기를 하면 비록 상대방의 항소기간이 만료하지 않았더라도 제1심판결은 확정된다(대결 2006.5.2. 2005마933).
② O 원고가 소제기 이전에 이미 사망한 사실이 인정된다면 이를 간과한 채 본안판단에 나아가 원고 청구를 인용한 원심판결은 당연무효라 할 것이나 민사소송이 당사자의 대립을 그 본질적 형태로 하는 것임에 비추어 사망한 자를 상대로 한 상고는 허용될 수 없다 할 것이므로, 이미 사망한 자를 상대방으로 하여 제기한 상고는 부적법하다(대판 1994.1.11. 93누9606).
③ O 구체적인 사건의 소송 계속중 그 소송 당사자 쌍방이 판결선고 전에 미리 상소하지 아니하기로 합의하였다면 그 판결은 선고와 동시에 확정되는 것이므로, 이러한 합의는 소송당사자에 대하여 상소권의 사전포기와 같은 중대한 소송법상의 효과가 발생하게 되는 것으로서 반드시 서면에 의하여야 할 것이며, 그 서면의 문언에 의하여 당사자 쌍방이 상소를 하지 아니한다는 취지가 명백하게 표현되어 있을 것을 요한다(대판 2007.11.29. 2007다52317,52324).
④ O 구체적인 어느 특정 법률관계에 관하여 당사자 쌍방이 제1심판결선고전에 미리 항소하지 아니하기로 합의하였다면, 제1심판결은 선고와 동시에 확정되는 것이므로 그 판결선고 후에는 당사자의 합의에 의하더라도 그 불항소합의를 해제하고 소송계속을 부활시킬 수 없다(대판 1987.6.23. 86다카2728).
⑤ O 가분채권에 대한 이행청구의 소를 제기하면서 그것이 나머지 부분을 유보하고 일부만 청구하는 것이라는 취지를 명시하지 아니한 경우에는 그 확정판결의 기판력은 나머지 부분에까지 미치는 것이어서 별소로써 나머지 부분에 관하여 다시 청구할 수는 없으므로, 일부 청구에 관하여 전부 승소한 채권자는 나머지 부분에 관하여 청구를 확장하기 위한 항소가 허용되지 아니한다면 나머지 부분을 소구할 기회를 상실하는 불이익을 입게 되고, 따라서 이러한 경우에는 예외적으로 전부 승소한 판결에 대해서도 나머지 부분에 관하여 청구를 확장하기 위한 항소의 이익을 인정함이 상당하다(대판 1997.10.24. 96다12276).

04 20법전협-2-46 정답 ③

상소에 관한 설명 중 옳지 않은 것은?

① 결정이나 명령으로 재판할 수 없는 사항에 대하여 결정 또는 명령을 한 때에는 이에 대하여 항고로 다툴 수 있다.
② 결정의 이유에 그 당부 판단이 기재되어 있더라도 주문에 기재된 바 없으면 그에 대한 재판이 누락된 것으로서 아직 결정이 없는 상태이다.
③ 제1심이 기존의 청구를 배척하면서 "원고의 청구를 기각한다."고 판결하였고 항소심에 이르러 새로운 청구가 추가되었는데 항소심이 기존의 청구와 항소심에서 추가된 청구를 모두 배척할 경우, 항소심 법원은 추가된 청구에 대하여 별도로 판단할 필요 없이 항소를 기각한다.
④ 당사자에게 여러 소송대리인이 있는 경우 항소기간은 소송대리인 중 1인에게 최초로 판결정본이 송달되었을 때부터 기산된다.
⑤ 중간판결은 독립하여 상소의 대상이 될 수 없으나, 일부판결 또는 추가판결은 상소의 대상이 된다.

해설

① O
> **제440조(형식에 어긋나는 결정·명령에 대한 항고)**
> 결정이나 명령으로 재판할 수 없는 사항에 대하여 결정 또는 명령을 한 때에는 항고할 수 있다.

② O ③ X [1] 항소심에 이르러 새로운 청구가 추가된 경우, 항소심은 추가된 청구에 대하여는 실질상 제1심으로서 재판하여야 하므로 제1심이 기존의 청구를 배척하면서 "원고의 청구를 기각한다."고 판결하였는데, 항소심이 기존의 청구와 항소심에서 추가된 청구를 모두 배척할 경우 단순히 "항소를 기각한다."는 주문 표시만 하면 되는 것은 아니고, 이와 함께 항소심에서 추가된 청구에 대하여 "원고의 청구를 기각한다."는 주문 표시를 하여야 한다.
[2] 판결에는 법원의 판단을 분명하게 하기 위하여 결론을 주문에 기재하도록 되어 있으므로 재판의 누락이 있는지 여부는 우선 주문의 기재에 의하여 판정하여야 하고, 판결이유에서 청구가 이유 없다고 설시하고 있더라도 주문에서 설시가 없으면 특별한 사정이 없는 한 재판의 누락이 있다고 보아야 한다(대판 2004.8.30. 2004다24083).

④ O 민사소송의 당사자는 민사소송법 제396조 제1항에 의하여 판결정본이 송달된 날부터 2주 이내에 항소를 제기하여야 한다. 한편 당사자에게 여러 소송대리인이 있는 때에는 민사소송법 제93조에 의하여 각자가 당사자를 대리하게 되므로, 여러 사람이 공동으로 대리권을 행사하는 경우 그 중 한 사람에게 송달을 하도록 한 민사소송법 제180조가 적용될 여지가 없어 법원으로서는 판결정본을 송달함에 있어 여러 소송대리인에게 각각 송달을 하여야 하지만, 그와 같은 경우에도 소송대리인 모두 당사자 본인을 위하여 소송서류를 송달받을 지위에 있으므로 당사자에 대한 판결정본 송달의 효력은 결국 소송대리인 중 1인에게 최초로 판결정본이 송달되었을 때 발생한다. 따라서 당사자에게 여러 소송대리인이 있는 경우 항소기간은 소송대리인 중 1인에게 최초로 판결정본이 송달되었을 때부터 기산된다(대결 2011.9.29. 2011마1335).

⑤ O 일부판결(제200조)과 추가판결(제212조)은 소송, 청구의 일부에 대한 종국판결이므로 항소의 대상(제390조)이나 중간판결(제201조)은 사건에 대해 심판을 마치고 심급을 이탈시키는 것이 아니므로 항소대상이 아니다.

> **제390조(항소의 대상)**
> ① 항소(抗訴)는 제1심 법원이 선고한 종국판결에 대하여 할 수 있다. 다만, 종국판결 뒤에 양 쪽 당사자가 상고(上告)할 권리를 유보하고 항소를 하지 아니하기로 합의한 때에는 그러하지 아니하다.
>
> **제200조(일부판결)**
> ① 법원은 소송의 일부에 대한 심리를 마친 경우 그 일부에 대한 종국판결을 할 수 있다.
> ② 변론을 병합한 여러 개의 소송 가운데 한 개의 심리를 마친 경우와, 본소(本訴)나 반소의 심리를 마친 경우에는 제1항의 규정을 준용한다.
>
> **제201조(중간판결)**
> ① 법원은 독립된 공격 또는 방어의 방법, 그 밖의 중간의 다툼에 대하여 필요한 때에는 중간판결(中間判決)을 할 수 있다.
> ② 청구의 원인과 액수에 대하여 다툼이 있는 경우에 그 원인에 대하여도 중간판결을 할 수 있다.
>
> **제212조(재판의 누락)**
> ① 법원이 청구의 일부에 대하여 재판을 누락한 경우에 그 청구부분에 대하여는 그 법원이 계속하여 재판한다.

관련판례 종국판결이라 함은 소 또는 상소에 의하여 계속중인 사건의 전부 또는 일부에 대하여 심판을 마치고 그 심급을 이탈시키는 판결이라고 이해하여야 할 것이다(대판 1995.2.14. 93재다27,34반소 전원합의체).

05 | 19법전협-3-46 | 정답 ④

상소심의 심판범위 및 판결에 관한 다음 설명 중 옳지 않은 것은? (다툼이 있는 경우 판례에 의함)

① 甲이 乙을 대위하여 丙을 상대로 소유권이전등기청구의 소를 제기하였다. 제1심법원은 甲의 乙에 대한 피보전채권이 존재하지 않는다는 이유로 소각하 판결을 선고하였다. 甲이 항소를 제기하여 항소심 심리결과 甲이 乙에 대한 피보전채권은 있으나, 乙의 丙에 대한 피대위채권이 존재하지 아니한 것으로 판단하는 경우 항소심 법원은 甲의 항소를 기각하여야 한다.

② 환송을 받은 원심법원이 변론을 거쳐 새로운 증거나 보강된 증거에 의하여 본안의 쟁점에 관하여 새로운 사실인정을 할 수 있다.

③ 피고만이 항소한 항소심에서 원고가 청구취지를 확장·변경하여 항소심이 제1심판결의 인용금액을 초과하여 원고의 청구를 인용할 수 있다.

④ 피고의 상계항변이 받아들여져 원고의 청구가 기각된 경우 원고만이 항소하였으나 원고 주장의 소구채권이 부존재하는 것으로 밝혀진 경우 제1심판결을 취소하고 원고의 청구를 기각할 수 있다.

⑤ 주위적 청구기각, 예비적 청구인용의 원판결에 대하여 피고만이 불복 상고하여 예비적 청구부분이 파기환송된 경우 주위적 청구 부분은 환송심의 심판대상이 되지 않는다.

해설

① O [참조판례] 구 국가배상법(2000. 12. 29. 법률 제6310호로 개정되기 전의 것)을 적용하여 배상심의회의 배상결정 등을 거치지 아니하였다는 이유로 소를 각하한 원심에 대하여 원고들만이 상고한 사건에서, 원심이 적법하게 인정한 사실에 의하더라도 원심의 청구가 기각될 것이 분명하여 불이익변경금지의 원칙에 따라 원심판결을 파기하는 대신 상고를 기각한 사례(대판 2001.9.7. 99다50392).

② O 상고법원으로부터 사건의 환송을 받은 원심법원은 상고법원이 파기의 이유로 한 사실상 및 법률상의 판단에 기속되는 바 그 사실상의 판단에 기속받는다 함은 상고법원이 그 직권조사 사항에 대하여 한 사실상의 판단만에 기속을 받는다는 취지이므로, 환송을 받은 원심법원이 새로운 변론을 거쳐 새로운 증거나 보강된 증거에 의하여 본안의 쟁점에 관하여 새로운 사실인정을 할 수 없다는 것은 아니다(대판 1987.8.25. 86다카2930).

③ O 피고만이 항소한 항소심에서 원고가 청구취지를 확장변경한 경우에는 그에 의하여 피고에게 불리하게 되는 한도에서 부대항소를 한 취지라고 볼 것이므로, 항소심이 1심판결의 인용금액을 초과하여 원고청구를 인용하더라도 불이익변경금지의 원칙에 위배되지 않는다(대판 1991.9.24. 91다21688).

④ X 제1심판결이 원고가 청구한 채권의 발생을 인정한 후 피고가 한 상계항변을 받아들여 원고 청구의 전부 또는 일부를 기각하고 이에 대하여 원고만이 항소한 경우에 항소심이 제1심과는 다르게 원고가 청구한 채권의 발생이 인정되지 않는다는 이유로 원고의 청구를 기각하는 것은 항소심의 심판범위를 벗어나 항소인인 원고에게 불이익하게 제1심판결을 변경하는 것이어서 허용되지 않는다(대판 2011.10.13. 2011다51205).

⑤ O 원고의 주위적 청구를 기각하면서 예비적 청구를 일부 인용한 환송 전 항소심판결에 대하여 피고만이 상고하고 원고는 상고도 부대상고도 하지 않은 경우에, 주위적 청구에 대한 항소심판단의 적부는 상고심의 조사대상으로 되지 아니하고 환송 전 항소심판결의 예비적 청구 중 피고 패소 부분만이 상고심의 심판대상이 되는 것이므로, 피고의 상고에 이유가 있는 때에는 상고심은 환송 전 항소심판결 중 예비적 청구에 관한 피고 패소 부분만 파기하여야 하고, 파기환송의 대상이 되지 아니한 주위적 청구부분은 예비적 청구에 관한 파기환송판결의 선고와 동시에 확정되며 그 결과 환송 후 원심에서의 심판범위는 예비적 청구 중 피고 패소 부분에 한정된다(대판 2001.12.24. 2001다62213).

06 | 19법전협-1-46 | 정답 ②

판결의 심판대상에 관한 설명 중 옳지 않은 것은? (다툼이 있는 경우 판례에 따름)

① 예비적 병합사건에서 주위적 청구를 인용하는 판결에 대하여 피고만 항소하면 제1심에서 심판을 받지 않은 예비적 청구도 모두 이심되고 항소심이 제1심에서 인용되었던 주위적 청구를 배척할 때에는 다음 순위의 예비적 청구에 관하여 심판하여야 한다.

② 선택적 병합사건에서 어느 한 개의 청구에 대한 인용판결이 선고되어 피고가 항소를 제기한 경우, 항소심은 제1심에서 인용된 청구를 먼저 심리하여 판단하여야 한다.

③ 통상공동소송에서 공동소송인 중 일부에 대해서만 불복한 경우 항소로 인한 확정차단의 효력은 당사자별로 판단하여야 한다.

④ 선택적으로 병합된 수개의 청구를 모두 기각한 항소심 판결에 대하여 원고가 상고한 경우, 상고법원이 선택적 청구 중 어느 하나의 청구에 관한 상고가 이유 있다고 인정할 때에는 원심판결을 전부 파기하여야 한다.

⑤ 주위적 청구를 배척하면서 예비적 청구에 대하여 판단하지 아니하는 판결을 한 경우에는 그 판결에 대한 상소가 제기되면 판단이 누락된 예비적 청구 부분도 상소심으로 이심이 되고 그 부분이 재판의 누락에 해당하여 원심에 계속 중이라고 볼 것은 아니다.

 해설

① O 청구의 예비적 병합이란 병합된 수개의 청구 중 주위적 청구(제1차 청구)가 인용되지 않을 것에 대비하여 그 인용을 해제조건으로 예비적 청구(제2차 청구)에 관하여 심판을 구하는 병합형태로서, 이와 같은 예비적 병합의 경우에는 원고가 붙인 순위에 따라 심판하여야 하며 주위적 청구를 배척할 때에는 예비적 청구에 대하여 심판하여야 하나 주위적 청구를 인용할 때에는 다음 순위인 예비적 청구에 대하여 심판할 필요가 없는 것이므로, <u>주위적 청구를 인용하는 판결은 전부판결로서 이러한 판결에 대하여 피고가 항소하면 제1심에서 심판을 받지 않은 다음 순위의 예비적 청구도 모두 이심되고 항소심이 제1심에서 인용되었던 주위적 청구를 배척할 때에는 다음 순위의 예비적 청구에 관하여 심판을 하여야 하는 것이다</u>(대판 2000.11.16. 98다22253 전원합의체).

② X 수개의 청구가 제1심에서 처음부터 선택적으로 병합되고 그중 어느 한 개의 청구에 대한 인용판결이 선고되어 피고가 항소를 제기한 경우는 물론, 원고의 청구를 인용한 판결에 대하여 피고가 항소를 제기하여 항소심에 이심된 후 청구가 선택적으로 병합된 경우에 있어서도 항소심은 제1심에서 인용된 청구를 먼저 심리하여 판단할 필요는 없고, <u>선택적으로 병합된 수개의 청구 중 제1심에서 심판되지 아니한 청구를 임의로 선택하여 심판할 수 있다</u>고 할 것이나, 심리한 결과 그 청구가 이유 있다고 인정되고 그 결론이 제1심판결의 주문과 동일한 경우에도 피고의 항소를 기각하여서는 안되며 제1심판결을 취소한 다음 새로이 청구를 인용하는 주문을 선고하여야 할 것이다(대판 1992.9.14. 92다7023).

③ O 통상 공동소송에서는 공동당사자들 상호간의 공격방어방법의 차이에 따라 모순되는 결론이 발생할 수 있으므로, <u>통상 공동소송에서 상소로 인한 확정차단의 효력은 상소인과 그 상대방에 대해서만 생기고, 다른 공동소송인에 대한 청구에 대하여는 미치지 아니한다</u>(대판 2011.9.29. 2009다7076).

④ O 선택적으로 병합된 수개의 청구를 모두 기각한 항소심판결에 대하여 원고가 상고한 경우, 상고법원이 선택적 청구 중 일부라도 그에 관한 상고가 이유 있다고 인정할 때에는 원심판결을 전부 파기하여야 한다(대판 2012.1.19. 2010다95390 전원합의체).

⑤ O 예비적 병합의 경우에는 수개의 청구가 하나의 소송절차에 불가분적으로 결합되어 있기 때문에 주위적 청구를 먼저 판단하지 않고 예비적 청구만을 인용하거나 주위적 청구만을 배척하고 예비적 청구에 대하여 판단하지 않는 등의 일부판결은 예비적 병합의 성질에 반하는 것으로서 법률상 허용되지 아니하며, 그럼에도 불구하고 주위적 청구를 배척하면서 예비적 청구에 대하여 판단하지 아니하는 판결을 한 경우에는 그 판결에 대한 상소가 제기되면 판단이 누락된 예비적 청구 부분도 상소심으로 이심이 되고 그 부분이 재판의 탈루에 해당하여 원심에 계속중이라고 볼 것은 아니다(대판 2000.11.16. 98다22253 전원합의체).

제2장 | 항소

01 20변시-69 정답 ②

甲은 乙을 상대로 1억 원의 매매대금청구의 소를 제기하였는데, 乙은 매매계약이 무효임을 이유로 매매대금채권의 부존재를 주장하는 한편, 甲에 대한 1억 5,000만 원의 대여금채권을 반대채권으로 하여 상계항변을 하였다. 이에 관한 설명 중 옳지 않은 것은? (다툼이 있는 경우 판례에 의함)

① 위 소송에서 법원이 甲의 주장 및 乙의 상계항변을 모두 받아들여 甲의 청구를 기각한 경우, 위 판결에 대하여 乙은 항소이익이 있다.

② 위 소송에서 법원이 甲의 주장 및 乙의 상계항변을 모두 받아들여 甲의 청구를 기각하였다. 위 판결에 대하여 甲만이 항소하고 乙은 부대항소도 하지 아니한 경우, 항소심 법원이 甲의 매매대금채권이 부존재한다고 판단하였다면, 乙의 대여금채권 존부와 관계없이 항소심 법원은 위 판결을 취소하고 원고의 청구를 기각하여야 한다.

③ 위 소송에서 법원이 甲의 소를 각하하였고 위 판결에 대하여 甲만이 항소한 경우, 항소심 법원이 甲의 매매대금청구의 소는 적법하나 매매계약이 무효여서 매매대금채권이 존재하지 아니한다고 판단하였다면, 항소심 법원은 甲의 항소를 기각하여야 한다.

④ 위 소송에서 법원이 甲의 주장 및 乙의 상계항변을 모두 받아들여 甲의 청구를 기각하였고 위 판결이 그대로 확정된 경우, 위 확정판결의 기판력은 乙의 甲에 대한 5,000만 원(상계로 대등액에서 소멸되고 남은 금액)의 대여금 지급을 구하는 후소에 미치지 아니한다.

⑤ 위 소송에서 법원이 甲의 주장은 받아들였으나 乙의 상계항변은 대여금채권 전액 부존재를 이유로 배척하여 甲의 청구를 전부 인용하였고 위 판결이 그대로 확정된 경우, 위 확정판결의 기판력은 乙의 甲에 대한 5,000만 원(대여금채권의 존재가 인정되었다면 상계로 대등액에서 소멸되고 남았을 금액)의 대여금 지급을 구하는 후소에 미치지 아니한다.

 해설

① O 소송상 방어방법으로서의 상계항변은 통상 수동채권의 존재가 확정되는 것을 전제로 하여 행하여지는 일종의 예비적 항변으로서, 소송상 상계의 의사표시에 의해 확정적으로 그 효과가 발생하는 것이 아니라 당해 소송에서 수동채권의 존재 등 상계에 관한 법원의 실질적 판단이 이루어지는 경우에 비로소 실체법상 상계의 효과가 발생한다. 따라서 원고의 소구채권 자체가 인정되지 않는 경우 더 나아가 피고의 상계항변의 당부를 따져볼 필요도 없이 원고 청구가 배척될 것이므로, '<u>원고의 소구채권 그 자체를 부정하여 원고의 청구를 기각한 판결</u>'과 '<u>소구채권의 존재를 인정하면서도 상계항변을 받아들인 결과 원고의 청구를 기각한 판결</u>'은 민사소송법 제216조에 따라 기판력의 범위를 서로 달리하고, 후자의 판결에 대하여 <u>피고는 상소의 이익</u>이 있다(대판 2014.6.12. 2013다95964).

② X 제1심판결이 원고가 청구한 채권의 발생을 인정한 후 피고가 한 상계항변을 받아들여 원고의 청구를 기각하고 이에 대하여 원고만이 항소한 경우에 항소심이 제1심과는 다르게 원고가 청구한 채권의 발생이 인정되지 않는다는 이유로 원고의 청구를 기각하는 것은 항소인인 <u>원고에게 불이익하게 제1심판결을 변경하는 것이 되어 허용되지 아니한다</u>(대판 2010.12.23. 2010다67258).

③ O 구 국가배상법을 적용하여 배상심의회의 배상결정 등을 거치지 아니하였다는 이유로 소를 각하한 원심에 대하여 <u>원고들만이 상고한 사건에서, 원심이 적법하게 인정한 사실에 의하더라도 원심의 청구가 기각될 것이 분명하여 불이익변경금지의 원칙에 따라 원심판결을 파기하는 대신 상고를 기각한 사례</u>(대판 2001.9.7. 99다50392)

④ O 상계를 주장한 청구가 성립되는지 아닌지의 판단은 **상계하자고 대항한 액수에 한하여 기판력을 가진다**(민사소송법 제216조 제2항). 1억 원에 한하여 기판력을 가지므로 乙의 甲에 대한 5,000만 원(상계로 대등액에서 소멸되고 남은 금액)의 대여금 지급을 구하는 후소에 미치지 아니한다.

⑤ O 상계를 주장한 청구가 성립되는지 아닌지의 판단은 <u>상계하자고 대항한 액수에 한하여 기판력을 가진다</u>(민사소송법 제216조 제2항). 상계항변을 배척하는 경우에는 자동채권의 부존재에 대하여 기판력이 생긴다. 1억 원에 한하여 기판력을 가지므로 乙의 甲에 대한 5,000만 원(대여금채권의 존재가 인정되었다면 상계로 대등액에서 소멸되고 남았을 금액)의 대여금 지급을 구하는 후소에 미치지 아니한다.

> **참고판례** 피고가 상계항변으로 2개 이상의 반대채권(또는 자동채권, 이하 '반대채권'이라고만 한다)을 주장하였는데 법원이 그중 어느 하나의 반대채권의 존재를 인정하여 수동채권의 일부와 대등액에서 상계하는 판단을 하고, 나머지 반대채권들은 모두 부존재한다고 판단하여 그 부분 상계항변은 배척한 경우에, 수동채권 중 위와 같이 상계로 소멸하는 것으로 판단된 부분은 피고가 주장하는 반대채권들 중 그 존재가 인정되지 않은 채권에 관한 분쟁이나 그에 관한 법원의 판단과는 관련이 없어 기판력의 관점에서 동일하게 취급할 수 없으므로, 그와 같이 반대채권들이 부존재한다는 판단에 대하여 기판력이 발생하는 전체 범위는 위와 같이 <u>상계를 마친 후의 수동채권의 잔액을 초과할 수 없다고 보아야 한다</u>(대판 2018.8.30. 2016다46338,46345).

02 19변시-56 정답 ④

건물 임대인 甲은 임대차계약기간 만료일인 2015. 5. 2.이 경과 되었음에도 불구하고 건물 임차인인 乙이 건물을 인도하지 않으므로 乙을 상대로 아래 청구취지로 소를 제기하여 1심에서 아래 주문과 같은 판결을 선고받았다(임대차보증금 1억 원). 이에 관한 설명 중 옳은 것을 모두 고른 것은? (다툼이 있는 경우 판례에 의함)

<청구취지>
1. 피고는 원고에게 별지 목록 기재 건물을 인도하라.
2. 피고는 원고에게 2015. 5. 3.부터 별지 목록 기재 건물의 인도 완료일까지 매월 1,000,000원의 비율로 계산한 돈을 지급하라.
3. 소송비용은 피고가 부담한다.
4. 제1, 2항은 가집행할 수 있다.

<주문>
1. 피고는 원고로부터 100,000,000원을 지급받음과 동시에 원고에게 별지 목록 기재 건물을 인도하라.
2. 피고는 원고에게 2015. 5. 3.부터 별지 목록 기재 건물의 인도 완료일까지 매월 1,000,000원의 비율로 계산한 돈을 지급하라.
3. 원고의 나머지 청구를 기각한다.
4. 소송비용 중 1/3은 원고가, 나머지는 피고가 각 부담한다.
5. 제1, 2항은 가집행할 수 있다.

ㄱ. 甲에게는 위 판결에 대한 항소이익이 있다.
ㄴ. 법원이 주문 제2항의 판결을 선고하려면 甲의 청구에 미리 청구할 필요가 인정되어야 한다.
ㄷ. 위 청구취지와 달리 甲의 청구가 없다면 법원은 주문 제5항을 직권으로 선고하지 못한다.
ㄹ. 소송 진행 도중에 甲의 채권자 丙이 甲의 乙에 대한 차임채권에 대하여 압류 및 추심명령을 받더라도 임대차계약이 종료되어 목적물이 반환될 때에는 그때까지 추심되지 아니한 채 잔존하는 차임채권 상당액도 임대차보증금에서 당연히 공제된다.

① ㄴ ② ㄱ, ㄴ
③ ㄷ, ㄹ ④ ㄱ, ㄴ, ㄹ
⑤ ㄱ, ㄴ, ㄷ, ㄹ

 해설

ㄱ. O 상환이행판결은 일부인용판결로서 甲에게는 판례인 형식적 불복설에 따라 판결에 대한 항소이익이 있다.

ㄴ. O 민사소송법 제251조는 "장래에 이행할 것을 청구하는 소는 미리 청구할 필요가 있어야 제기할 수 있다."라고 정하고 있다. 채무자의 태도나 채무의 내용과 성질에 비추어 채무의 이행기가 도래하더라도 채무자의 이행을 기대할 수 없다고 판단되는 경우에는 미리 청구할 필요가 있다고 보아야 한다.

장래에 채무의 이행기가 도래할 예정인 경우에도 채무불이행 사유가 언제까지 존속할 것인지 불확실하여 변론종결 당시에 확정적으로 채무자가 책임을 지는 기간을 예정할 수 없다면 장래의 이행을 명하는 판결을 할 수 없다. 그러나 채무의 이행기가 장래에 도래할 예정이고 그때까지 채무불이행 사유가 계속 존속할 것이 변론종결 당시에 확정적으로 예정되어 있다면, 장래의 이행을 명하는 판결을 할 수 있다(대판 2018.7.26. 2018다227551).

ㄷ. X 가집행선고는 당사자의 신청 유무에 관계없이 법원이 직권으로 판단할 사항이다(대판 1998.11.10. 98다42141).

ㄹ. O 부동산 임대차에 있어서 수수된 보증금은 차임채무, 목적물의 멸실·훼손 등으로 인한 손해배상채무 등 임대차에 따른 임차인의 모든 채무를 담보하는 것으로서 그 피담보채무 상당액은 임대차관계의 종료 후 목적물이 반환될 때에 특별한 사정이 없는 한 별도의 의사표시 없이 보증금에서 당연히 공제되는 것이므로, 임대보증금이 수수된 임대차계약에서 차임채권에 관하여 압류 및 추심명령이 있었다 하더라도, 당해 임대차계약이 종료되어 목적물이 반환될 때에는 그 때까지 추심되지 아니한 채 잔존하는 차임채권 상당액은 임대보증금에서 당연히 공제된다(대판 2004.12.23. 2004다56554).

 해설

① O 상소불가분의 원칙에 따라서 확정차단 및 이심의 효력은 원판결 전부에 발생하므로, 판결의 일부에 대한 상소가 있더라도 판결전부에 확정차단 및 이심의 효력이 발생한다.

② O 구 국가배상법(2000. 12. 29. 법률 제6310호로 개정되기 전의 것)을 적용하여 배상심의회의 배상결정 등을 거치지 아니하였다는 이유로 소를 각하한 원심에 대하여 원고들만이 상고한 사건에서, 원심이 적법하게 인정한 사실에 의하더라도 원심의 청구가 기각될 것이 분명하여 불이익변경금지의 원칙에 따라 원심판결을 파기하는 대신 상고를 기각한 사례(대판 2001.9.7. 99다50392).

③ O 상소는 자기에게 불이익한 재판에 대하여 유리하게 취소변경을 구하기 위하여 하는 것이므로 전부 승소한 판결에 대하여는 항소가 허용되지 않는 것이 원칙이나, 하나의 소송물에 관하여 형식상 전부 승소한 당사자의 상소이익의 부정은 절대적인 것이라고 할 수도 없는바, 원고가 재산상 손해(소극적 손해)에 대하여는 형식상 전부 승소하였으나 위자료에 대하여는 일부 패소하였고, 이에 대하여 원고가 원고 패소부분에 불복하는 형식으로 항소를 제기하여 사건 전부가 확정이 차단되고 소송물 전부가 항소심에 계속되게 된 경우에는, 더욱이 불법행위로 인한 손해배상에 있어 재산상 손해나 위자료는 단일한 원인에 근거한 것인데 편의상 이를 별개의 소송물로 분류하고 있는 것에 지나지 아니한 것이므로 이를 실질적으로 파악하여, 항소심에서 위자료는 물론이고 재산상 손해(소극적 손해)에 관하여도 청구의 확장을 허용하는 것이 상당하다(대판 1994.6.28. 94다3063).

④ O

> **제66조(통상공동소송인의 지위)**
> 공동소송인 가운데 한 사람의 소송행위 또는 이에 대한 상대방의 소송행위와 공동소송인 가운데 한 사람에 관한 사항은 다른 공동소송인에게 영향을 미치지 아니한다.

⑤ X 민사소송법 제79조에 의한 독립당사자참가소송은 동일한 권리관계에 관하여 원고, 피고, 참가인이 서로간의 다툼을 하나의 소송절차로 한꺼번에 모순 없이 해결하는 소송형태로서, 독립당사자참가가 적법하다고 인정되어 원고, 피고, 참가인간의 소송에 대하여 본안판결을 할 때에는 위 세 당사자를 판결의 명의인으로 하는 하나의 종국판결을 선고함으로써 위 세 당사자들 사이에서 합일확정적인 결론을 내려야 하고, 이러한 본안판결에 대하여 일방이 항소한 경우에는 제1심판결 전체의 확정이 차단되고 사건 전부에 관하여 이심(移審)의 효력이 생긴다. 그리고 이러한 경우 항소심의 심판대상은 실제 항소를 제기한 자의 항소 취지에 나타난 불복범위에 한정하되 위 세 당사자 사이의 결론의 합일확정의 필요성을 고려하여 그 심판의 범위를 판단하여야 하고, 이에 따라 항소심에서 심리·판단을 거쳐 결론을 내림에 있어 위 세 당사자 사이의 결론의 합일확정을 위하여 필요한 경우에는 그 한도 내에서 항소 또는 부대항소를 제기한 바 없는 당사자에게 결과적으로 제1심판결보다 유리한 내용으로 판결이 변경되는 것도 배제할 수는 없다(대판 2007.10.26. 2006다86573,86580).

---

03 | 13변시-57 | 정답 ⑤

다음 설명 중 옳지 않은 것은? (다툼이 있는 경우에는 판례에 의함)

① 원고가 건물인도청구 및 손해배상청구의 소를 제기하여 건물인도청구 인용·손해배상청구 기각의 판결을 받은 후 패소한 손해배상 부분에 대하여 항소한 경우, 승소한 건물인도 부분도 확정이 차단되고 항소심으로 이심된다.

② 소가 부적법하다는 이유로 각하를 한 제1심 판결에 대하여 원고만이 항소하고 피고는 부대항소를 하지 않은 경우, 항소심이 소 자체는 적법하지만 청구기각할 사안이라고 판단할 때에는 항소기각 판결을 해야 한다.

③ 손해배상청구소송에서 원고가 재산상 손해에 대해서는 전부승소, 위자료에 대해서는 일부패소하였다. 이에 원고가 위자료 패소부분에 대하여 항소한 경우, 전부승소한 재산상 손해에 대한 청구의 확장도 허용된다.

④ 甲이 주채무자 乙과 보증인 丙을 공동피고로 삼아 제기한 소송에서 甲이 전부 승소하자 乙만이 항소한 경우, 丙에 대한 판결은 그대로 확정된다.

⑤ 소송요건과 참가요건을 모두 갖춘 독립당사자참가소송에서 원고 甲 승소, 피고 乙 패소, 참가인 丙 패소의 경우, 丙만이 항소하여 항소심에서 심리한 결과 乙이 권리자로 판단되더라도 불이익변경금지의 원칙상 乙 승소판결을 할 수 없다.

04 21법전협-2-42   정답 ⑤

소취하와 항소취하에 관한 설명 중 옳은 것은? (다툼이 있는 경우 판례에 의함)

① 소취하와 항소취하는 모두 종국판결 확정시까지 할 수 있다.
② 소취하와 항소취하가 각기 그 효력이 생기기 위해서는 상대방의 동의가 언제나 필요 없다.
③ 본안에 대한 종국판결 선고 후에 소를 취하한 자는 언제나 동일한 소를 다시 제기할 수 없게 되는 효과가 발생하지만, 항소를 취하하면 원판결은 그대로 확정된다.
④ 소취하와 항소취하는 반드시 서면으로 행해져야 하는 것은 아니지만, 항소취하가 서면으로 행해진 경우 그 서면이 법원에 제출되었을 때가 아니라 상대방에게 송달되었을 때 항소취하의 효력이 생긴다.
⑤ 소취하는 소의 전부나 일부에 대하여 할 수 있지만 항소취하는 항소의 전부에 대하여만 허용되고 항소의 일부취하는 효력이 없다.

 해설

> **제266조(소의 취하)**
> ① 소는 판결이 확정될 때까지 그 전부나 일부를 취하할 수 있다.
> ② 소의 취하는 상대방이 본안에 관하여 준비서면을 제출하거나 변론준비기일에서 진술하거나 변론을 한 뒤에는 상대방의 동의를 받아야 효력을 가진다.
> ③ 소의 취하는 서면으로 하여야 한다. 다만, 변론 또는 변론준비기일에서 말로 할 수 있다.
> ④ 소장을 송달한 뒤에는 취하의 서면을 상대방에게 송달하여야 한다.
> ⑤ 제3항 단서의 경우에 상대방이 변론 또는 변론준비기일에 출석하지 아니한 때에는 그 기일의 조서등본을 송달하여야 한다.
>
> **제267조(소취하의 효과)**
> ① 취하된 부분에 대하여는 소가 처음부터 계속되지 아니한 것으로 본다.
> ② 본안에 대한 종국판결이 있은 뒤에 소를 취하한 사람은 같은 소를 제기하지 못한다.
>
> **제393조(항소의 취하)**
> ① 항소는 항소심의 종국판결이 있기 전에 취하할 수 있다.
> ② 항소의 취하에는 제266조 제3항 내지 제5항 및 제267조 제1항의 규정을 준용한다.
>
> **제395조(항소권의 포기방식)**
> ① 항소권의 포기는 항소를 하기 이전에는 제1심 법원에, 항소를 한 뒤에는 소송기록이 있는 법원에 서면으로 하여야 한다.
> ② 항소권의 포기에 관한 서면은 상대방에게 송달하여야 한다.

① X 항소취하는 항소심 종국판결이 있기 전까지만 가능하다(제393조 제1항).
② X 민사소송법 제393조 제2항은 상대방의 동의에 관한 제266조 제2항을 준용하지 않고 판례도 '항소심에서의 항소취하는 상대방의 동의가 필요 없다.'는 입장이다(대판 1971.10.22. 71다1965).
③ X 항소취하가 있는 경우 원판결이 확정되는 후단부분은 옳은 서술이다. 그러나 소취하가 있더라도 새로운 권리보호이익이 있으면 재소금지에 반하지 않으므로 전단부분이 옳지 않은 서술이다.

관련판례 항소취하가 있으면 소송은 처음부터 항소심에 계속되지 아니한 것으로 보게 되나(제393조 제2항, 제267조 제1항), 항소취하는 소의 취하나 항소권 포기와 달리 제1심 종국판결이 유효하게 존재하므로, 항소기간 경과 후에 항소취하가 있는 경우에는 항소기간 만료 시로 소급하여 제1심판결이 확정된다(대판 2017.9.21. 2017다233931).

관련판례 민사소송법 제267조 제2항은 "본안에 대한 종국판결이 있은 뒤에 소를 취하한 사람은 같은 소를 제기하지 못한다"라고 규정하고 있는데, 이는 소취하로 인하여 그동안 판결에 들인 법원의 노력이 무용화되고 종국판결이 당사자에 의하여 농락당하는 것을 방지하기 위한 제재적 취지의 규정이므로, 본안에 대한 종국판결이 있은 후 소를 취하한 자라 할지라도 이러한 규정의 취지에 반하지 아니하고 소제기를 필요로 하는 정당한 사정이 있다면 다시 소를 제기할 수 있다(대판 2009.6.25. 2009다22037).

④ X 소의 취하와 항소의 취하는 서면으로 하여야 하나 변론(준비)기일에서는 말로 할 수 있고, 이 경우에는 조서에 이를 적어야 한다(민사소송법 제393조 제2항, 제266조 제3항)(제요 민사Ⅲ 1676). 그러나 항소의 취하는 즉시 효력이 발생하여 항소심의 소송절차가 종료하고, 항소기간 경과 후의 항소취하라면 항소기간의 만료시에 소급하여 제1심판결이 확정된다(제393조 제2항, 제267조 제1항). (제요 민사Ⅲ 1677). 판례도 같은 입장이다.

관련판례 적법한 항소취하서가 제출되면 그때에 취하의 효력이 발생하는 것이고, 민사소송법 제363조 제2항에서 같은법 제239조 제4항을 준용하여 항소취하서를 상대방에게 송달하도록 한 취지는 항소취하를 알려주라는 뜻이지 그 통지를 항소취하의 요건 내지 효력으로 한다는 취지는 아니다(대판 1980.8.26. 80다76).

⑤ O 항소의 취하는 항소의 전부에 대하여 하여야 하고 항소의 일부 취하는 효력이 없으므로 병합된 수개의 청구 전부에 대하여 불복한 항소에서 그중 일부 청구에 대한 불복신청을 철회하였더라도 그것은 단지 불복의 범위를 감축하여 심판의 대상을 변경하는 효과를 가져오는 것에 지나지 아니하고, 항소인이 항소심의 변론종결시까지 언제든지 서면 또는 구두진술에 의하여 불복의 범위를 다시 확장할 수 있는 이상 항소 자체의 효력에 아무런 영향이 없다(대판 2017.1.12. 2016다241249).

05 21법전협-3-47   정답 ③

불이익변경금지의 원칙에 관한 설명 중 옳지 않은 것을 모두 고른 것은? (다툼이 있는 경우 판례에 의함)

ㄱ. 재산상 손해배상청구와 위자료청구를 병합하여 제기된 사건에서 항소법원이 제1심 판결에 대해 항소하지 아니한 원고에 대하여 제1심 판결보다 더 많은 위자료의 지급을 명하는 것은 위법하다.

ㄴ. 원고의 수 개의 청구 중 하나의 청구를 인용하고 나머지 청구를 기각한 제1심 판결에 대하여 원고만이 항소를 제기하고 피고가 부대항소를 하지 아니하였다면, 항소법원이 원고가 불복하지 않은 청구에 대하여 확인의 이익의 유무를 조사하여 원고의 청구를 각하하는 것은 위법하다.

ㄷ. 원고의 청구가 모두 인용된 제1심 판결에 대하여 피고가 지연손해금 부분에 대하여만 항소를 제기하고 원금 부분에 대하여는 항소를 제기하지 아니하였는데, 제1심에서 전부 승소한 원고가 항소심 계속 중 부대항소로서 청구취지를 확장하고 항소심이 원고의 부대항소를 받아들여 제1심 판결의 인용금액을 초과하여 원고 청구를 인용하는 것은 위법하다.

ㄹ. 제1심 판결에 대해 원고만이 항소를 제기하고 피고는 항소 또는 부대항소를 제기하지 않은 경우, 항소법원이 제1심 판결을 부당하다고 인정하더라도 그 판결을 원고의 불이익으로 변경하는 것은 허용될 수 없다.

① ㄱ, ㄴ   ② ㄱ, ㄷ
③ ㄴ, ㄷ   ④ ㄴ, ㄹ
⑤ ㄷ, ㄹ

ㄱ. O 재산상 손해배상청구와 위자료청구는 소송물이 동일하지 아니한 별개의 청구이므로 원심이 1심 판결에 대하여 항소하지 아니한 원고에 대하여 1심 판결보다 더 많은 위자료의 지급을 명하였음은 위법하다(대판 1980.7.8. 80다1192).

ㄴ. X 원고의 수 개의 청구 중 하나의 청구를 인용하고 나머지 청구를 기각한 제1심판결에 대하여 원고만이 항소를 제기하고 피고가 부대항소를 하지 아니하였다고 하더라도 원고 승소 부분은 원고의 항소로 인하여 항소심에 이심되는 것이고, 제1심판결의 변경은 불복신청의 한도에서 할 수 있다는 민사소송법 제385조의 규정은 법원이 당사자의 신청과는 관계없이 직권으로 조사하여야 할 사항에는 그 적용이 없는 것이므로, 항소심이 원고들이 불복하지 않은 청구에 대하여도 확인의 이익의 유무를 조사하여 원고들의 청구를 각하한 조치는 정당하고, 불이익변경금지의 원칙에 반하지 않는다(대판 1995.7.25. 95다14817).

ㄷ. X 원고의 청구가 모두 인용된 제1심판결에 대하여 피고가 지연손해금 부분에 대하여만 항소를 제기하고, 원금 부분에 대하여는 항소를 제기하지 아니하였다고 하더라도 제1심에서 전부 승소한 원고가 항소심 계속중 부대항소로서 청구취지를 확장할 수 있는 것이므로, 항소심이 원고의 부대항소를 받아들여 제1심판결의 인용금액을 초과하여 원고 청구를 인용하였더라도 거기에 불이익변경금지의 원칙이나 항소심의 심판범위에 관한 법리오해의 위법이 없다(대판 2003.9.26. 2001다68914).

ㄹ. O 항소심은 당사자의 불복신청범위내에서 제1심 판결의 당부를 판단할 수 있을 뿐이므로 설사 제1심 판결이 부당하다고 인정되는 경우라 하더라도 그 판결을 불복당사자의 불이익으로 변경하는 것은 당사자가 신청한 불복의 한도를 넘어 제1심 판결의 당부를 판단하는 것이 되어 허용될 수 없다(대판 1983.12.27. 83다카1503).

제3장 | 상고

01 20법전협-3-46   정답 ③

상소 및 재심에 관한 설명 중 옳은 것은? (다툼이 있는 경우 판례에 의함)

① 상소권은 상소의 제기 이전에만 포기할 수 있다.

② 상소장을 다른 법원이나 기관 또는 상소심 법원에 잘못 접수한 경우 상소기간의 준수 여부는 그 다른 법원이나 기관 또는 상소심 법원에 접수된 때를 기준으로 판단한다.

③ 소장 부본부터 공시송달의 방법으로 송달되었고, 피고가 귀책사유 없이 소나 항소가 제기된 사실조차 모르는 상태에서 피고의 출석 없이 변론기일이 진행된 경우, 절대적 상고이유가 된다.

④ 상고이유서 제출기간이 지난 후에 제출된 상고이유보충서에 기재된 새로운 상고이유는 직권조사사항에 관한 것이라도 대법원이 심리할 수 없다.

⑤ 환송판결은 재심의 대상인 확정된 종국판결에 해당하므로, 환송판결을 대상으로 하여 제기한 재심의 소는 적법하다.

해설

① X

> 제394조(항소권의 포기)
> 항소권은 포기할 수 있다.
> 제395조(항소권의 포기방식)
> ① 항소권의 포기는 항소를 하기 이전에는 제1심 법원에, 항소를 한 뒤에는 소송기록이 있는 법원에 서면으로 하여야 한다.
> ② 항소권의 포기에 관한 서면은 상대방에게 송달하여야 한다.
> ③ 항소를 한 뒤의 항소권의 포기는 항소취하의 효력도 가진다.

② X 항소제기기간의 준수 여부는 항소장이 제1심 법원에 접수된 때를 기준으로 하여 판단하여야 하며 비록 항소장이 항소제기기간 내에 제1심 법원 이외의 법원에 제출되었다 하더라도 항소제기의 효력이 있는 것은 아니다(대결 1992.4.15. 92마146).

③ O 피항소인이 항소장 부본부터 공시송달의 방법으로 송달되어 귀책사유 없이 항소가 제기된 사실조차 모르고 있었고, 이러한 상태에서 피항소인의 출석 없이 원심의 변론기일이 진행되어 제1심에서 의제자백에 의한 승소판결을 받은 피항소인이 자신의 주장에 부합하는 증거를 제출할 기회를 상실함으로써 피항소인은 당사자로서 절차상 부여된 권리를 침해당하였다고 할 것이어서, 이와 같은 경우는 당사자가 대리인에 의하여 적법하게 대리되지 않았던 경우와 마찬가지로 보아 민사소송법 제394조 제1항 제4호의 규정을 유추적용할 수 있다(대판 1997.5.30. 95다21365).

④ X 상고이유서 제출기간이 지난 후에 제출된 상고이유보충서에 기재된 상고이유는 그것이 기간 내에 제출된 상고이유서에서 이미 개진된 상고이유를 보충한 것이거나 직권조사사항에 관한 것이 아닌 새로운 주장을 포함하고 있을 때에는 그 새로운 주장은 적법한 상고이유로 삼을 수 없다(대판 1998.3.27. 97다55126).

⑤ X 가. 원래 종국판결이라 함은 소 또는 상소에 의하여 계속중인 사건의 전부 또는 일부에 대하여 심판을 마치고 그 심급을 이탈시키는 판결이라고 이해하여야 할 것이다. 대법원의 환송판결도 당해 사건에 대하여 재판을 마치고 그 심급을 이탈시키는 판결인 점에서 당연히 제2심의 환송판결과 같이 종국판결로 보아야 할 것이다. 따라서 위의 견해와는 달리 대법원의 환송판결을 중간판결이라고 판시한 종전의 대법원판결은 이를 변경하기로 하는바, 이 점에 관하여는 관여 대법관 전원의 의견이 일치되었다.

나. [다수의견] 재심제도의 본래의 목적에 비추어 볼 때 재심의 대상이 되는 "확정된 종국판결"이란 당해 사건에 대한 소송절차를 최종적으로 종결시켜 그것에 하자가 있다고 하더라도 다시 통상의 절차로는 더 이상 다툴 수 없는 기판력이나 형성력, 집행력을 갖는 판결을 뜻하는 것이라고 이해하여야 할 것이다. 대법원의 환송판결은 형식적으로 보면 "확정된 종국판결"에 해당하지만, 여기서 종국판결이라고 하는 의미는 당해 심급의 심리를 완결하여 사건을 당해 심급에서 이탈시킨다는 것을 의미하는 것일 뿐이고 실제로는 환송받은 하급심에서 다시 심리를 계속하게 되므로 소송절차를 최종적으로 종료시키는 판결은 아니며, 또한 환송판결도 동일절차 내에서는 철회, 취소될 수 없다는 의미에서 기속력이 인정됨은 물론(법원조직법 제8조, 민사소송법 제406조 제2항 후문의 규정에 의하여 하급심에 대한 특수한 기속력은 인정되지만 소송물에 관하여 직접적으로 재판하지 아니하고 원심의 재판을 파기하여 다시 심리판단하여 보라는 종국적 판단을 유보한 재판의 성질상 직접적으로 기판력이나 실체법상 형성력, 집행력이 생기지 아니한다고 하겠으므로 이는 중간판결의 특성을 갖는 판결로서 "실질적으로 확정된 종국판결"이라 할 수 없다. 종국판결은 당해 심급의 심리를 완결하여 심급을 이탈시킨다는 측면에서 상소의 대상이 되는 판결인지 여부를 결정하는 기준이 됨은 분명하지만 종국판결에 해당하는 모든 판결이 바로 재심의 대상이 된다고 이해할 아무런 이유가 없다. 통상의 불복방법인 상소제도와 비상의 불복방법인 재심제도의 본래의 목적상의 차이에 비추어 보더라도 당연하다. 따라서 환송판결은 재심의 대상을 규정한 민사소송법 제422조 제1항 소정의 "확정된 종국판결"에는 해당하지 아니하는 것으로 보아야 할 것이어서, 환송판결을 대상으로 하여 제기한 이 사건 재심의 소는 부적법하므로 이를 각하하여야 한다.

제4장 | 항고

01 19법전협-1-48   정답 ④

민사소송법상 항고제도에 관한 설명 중 옳은 것을 모두 고른 것은?

ㄱ. 항고법원·고등법원 또는 항소법원의 결정 및 명령에 대하여 재판에 영향을 미친 헌법·법률·명령 또는 규칙의 위반을 이유로 한 불복방법은 재항고이다.
ㄴ. 항고제기의 기간에 제한이 없으며 항고의 이익이 있으면 어느 때나 제기할 수 있는 불복방법은 즉시항고이다.
ㄷ. 신속한 해결의 필요상 재판이 고지된 날로부터 1주일의 불변기간이 있고 원칙적으로 집행정지의 효력이 따르게 되는 불복방법은 통상항고이다.
ㄹ. 불복신청을 할 수 없는 결정·명령에 대하여 재판에 영향을 미친 헌법위반이 있는 경우 대법원에 직접 하는 불복방법은 특별항고이다.
ㅁ. 원심법원은 항고에 정당한 이유가 있다고 인정하여도 재판의 기속력으로 인하여 그 재판을 경정할 수 없다.

① ㄱ, ㄷ, ㅁ   ② ㄴ, ㄹ
③ ㄴ, ㄷ, ㄹ   ④ ㄱ, ㄹ
⑤ ㄷ, ㄹ, ㅁ

 해설

ㄱ. O

> 제442조(재항고)
> 항고법원·고등법원 또는 항소법원의 결정 및 명령에 대하여는 재판에 영향을 미친 헌법·법률·명령 또는 규칙의 위반을 이유로 드는 때에만 재항고(再抗告)할 수 있다.

ㄴ. X 통상항고에 대한 설명이다.
ㄷ. X 즉시항고에 대한 설명이다.
ㄹ. O

> 제449조(특별항고)
> ① 불복할 수 없는 결정이나 명령에 대하여는 재판에 영향을 미친 헌법위반이 있거나, 재판의 전제가 된 명령·규칙·처분의 헌법 또는 법률의 위반여부에 대한 판단이 부당하다는 것을 이유로 하는 때에만 대법원에 특별항고(特別抗告)를 할 수 있다.

ㅁ. X

> 제446조(항고의 처리)
> 원심법원이 항고에 정당한 이유가 있다고 인정하는 때에는 그 재판을 경정하여야 한다.

제7편 재심절차

01 18변시-62 정답 ③

재심에 관한 설명 중 옳은 것은? (다툼이 있는 경우 판례에 의함)

① 확정되지 아니한 판결에 대한 재심의 소는 부적법하지만, 판결 확정 전에 제기된 재심의 소가 각하되지 아니하고 있는 동안에 그 판결이 확정되었다면 재심의 소는 적법한 것이 된다.

② 확정된 재심판결에 재심사유가 있더라도 그 재심판결에 대하여 다시 재심의 소를 제기할 수 없다.

③ 재심사유와 추후보완항소사유가 동시에 존재하는 경우 추후보완항소기간이 경과하였다 하더라도 재심제기의 기간이 경과하지 않았다면 재심청구를 할 수 있다.

④ 재심사유 중 「민사소송법」 제451조 제1항 제3호의 대리권의 흠은 무권대리인이 실질적인 대리행위를 한 경우만을 말하고, 당사자 본인이나 그의 대리인이 실질적인 소송행위를 하지 못한 경우는 포함하지 않는다.

⑤ 채권을 보전하기 위하여 필요한 경우에는 실체법상 권리뿐만 아니라 소송법상 권리에 대하여도 대위가 허용되기 때문에 채무자와 제3채무자 사이의 소송이 계속된 이후의 그 소송과 관련한 재심의 소 제기는 채권자대위권의 목적이 될 수 있다.

 해설

① X 미확정판결은 상소로 다투면 되므로 재심의 대상이 되지 못한다. 따라서 확정 전에 제기한 소는 판결이 확정되어도 적법하게 되지 못한다(대판 1980.7.8. 80다1132).

② X 민사소송법 제451조 제1항은 '확정된 종국판결'에 대하여 재심의 소를 제기할 수 있다고 규정하고 있는바, **재심의 소에서 확정된 종국판결도 위 조항에서 말하는 '확정된 종국판결'에 해당**하므로 확정된 재심판결에 위 조항에서 정한 재심사유가 있을 때에는 확정된 재심판결에 대하여 재심의 소를 제기할 수 있다(대판 2015.12.23. 2013다17124).

③ O 당사자가 상대방의 주소 또는 거소를 알고 있었음에도 불구하고 소재불명 또는 허위의 주소나 거소로 하여 소를 제기한 탓으로 공시송달의 방법에 의하여 판결(심판)정본의 송달된 때에는 민사소송법 제451조 제1항 제11호에 의하여 재심을 제기할 수 있음은 물론이나 또한 같은법 제173조에 의한 소송행위 추완에 의하여도 상소를 제기할 수 있다(대판 2011.12.22. 2011다73540).

④ X 민사소송법 제451조 제1항 제3호 소정의 재심사유는 무권대리인이 대리인으로서 본인을 위하여 실질적인 소송행위를 하였을 경우뿐만 아니라 대리권의 흠결로 인하여 본인이나 그의 소송대리인이 실질적인 소송행위를 할 수 없었던 경우도 이에 해당한다(대판 1994.1.11. 92다47632).

⑤ X 채권을 보전하기 위하여 대위행사가 필요한 경우는 실체법상 권리뿐만 아니라 소송법상 권리에 대하여서도 대위가 허용되나, 채무자와 제3채무자 사이의 소송이 계속된 이후의 소송수행과 관련한 개개의 소송상 행위는 그 권리의 행사를 소송당사자인 채무자의 의사에 맡기는 것이 타당하므로 채권자대위가 허용될 수 없다. 같은 취지에서 볼 때 상소의 제기와 마찬가지로 종전 재심대상판결에 대하여 불복하여 종전 소송절차의 재개·속행 및 재심판을 구하는 재심의 소 제기는 채권자대위권의 목적이 될 수 없다(대판 2012.12.27. 2012다75239).

02 15변시-62 정답 ②

甲은 乙의 주소를 알고 있었음에도 소재불명으로 속여 乙에 대해 대여금 청구의 소를 제기하였다. 乙에 대한 공시송달에 의한 재판진행 결과 甲 일부 승소의 제1심 판결이 공시송달로 확정되었다. 그 후 乙은 위 사건기록 열람과 판결정본의 수령으로 위와 같이 공시송달에 의해 재판이 진행된 것을 알게 되었다. 다음 설명 중 옳지 않은 것은? (다툼이 있는 경우 판례에 의함)

① 乙은 위 사실을 알게 된 날부터 30일 이내에 재심을 제기할 수 있다.

② 乙이 추후보완항소 제기기간을 도과하였을 경우에는 재심청구 제기기간 내에 있더라도 재심을 제기할 수 없다.

③ 乙의 추후보완항소가 적법하게 계속될 경우 甲은 부대항소를 제기할 수 있다.

④ 乙이 재심을 제기할 경우 법원은 재심의 소가 적법한지 여부와 재심사유가 있는지 여부에 관한 심리 및 재판을 본안에 관한 심리 및 재판과 분리하여 먼저 시행할 수 있다.

⑤ 乙이 추후보완항소를 제기할 경우 판결의 선고 및 송달 사실을 알지 못하여 항소기간을 지키지 못한 데 과실이 없다는 사정은 乙이 주장·증명하여야 한다.

해설

① O 견해의 대립이 있으나, 판례는 공시송달에 의한 판결편취에 대하여 제451조 제1항 제11호에 의한 재심 또는 제173조에 의한 추완상소를 통해 다툴 수 있다고 한다.

> **관련판례** 공시송달의 방법에 의하여 판결정본이 송달된 경우 피고의 주소지를 허위로 하여 소가 제기된 경우라 하더라도 그 송달은 유효한 것이고 그때부터 상소제기기간이 도과되면 그 판결은 확정되는 것이므로 피고는 재심의 소를 제기하거나 추완항소를 제기하여 그 취소변경을 구하여야 한다(대판 1980.7.8. 79다1528).

제451조(재심사유)
① 다음 각호 가운데 어느 하나에 해당하면 확정된 종국판결에 대하여 재심의 소를 제기할 수 있다. 다만, 당사자가 상소에 의하여 그 사유를 주장하였거나, 이를 알고도 주장하지 아니한 때에는 그러하지 아니하다.
11. 당사자가 상대방의 주소 또는 거소를 알고 있었음에도 있는 곳을 잘 모른다고 하거나 주소나 거소를 거짓으로 하여 소를 제기한 때

제173조(소송행위의 추후보완)
① 당사자가 책임질 수 없는 사유로 말미암아 불변기간을 지킬 수 없었던 경우에는 그 사유가 없어진 날부터 2주 이내에 게을리 한 소송행위를 보완할 수 있다. 다만, 그 사유가 없어질 당시 외국에 있던 당사자에 대하여는 이 기간을 30일로 한다.

② X 민사소송법 제451조 제1항 제11호의 재심사유가 있는 경우 추완항소기간 내에 항소를 제기하지 아니하면 재심의 소를 제기할 수 없는지 문제된 사안에서, 재심사유와 추완항소사유가 동시에 존재하고 추완항소기간을 도과한 경우 재심기간이 경과하지 않았다 하더라도 민사소송법 제451조 제1항 단서에 의하여 재심청구를 할 수 없다고 보아 재심사유의 존재 여부에 관하여는 나아가 심리·판단하지 아니한 원심판결에는 재심청구의 제기기간에 관한 법리오해의 위법이 있다고 한 사례(대판 2011.12.22. 2011다73540).

③ O 형식적으로 확정된 제1심판결에 대한 피고의 항소추완신청이 적법하여 해당 사건이 항소심에 계속된 경우 그 항소심은 다른 일반적인 항소심과 다를 바 없다. 따라서 원고와 피고는 형식적으로 확정된 제1심판결에도 불구하고 실기한 공격·방어방법에 해당하지 아니하는 한 자유로이 공격 또는 방어방법을 행사할 수 있고, 나아가 피고는 상대방의 심급의 이익을 해할 우려가 없는 경우 또는 상대방의 동의를 받은 경우에는 반소를 제기할 수도 있다(대판 2013.1.10. 2010다75044,75051).

④ O

제454조(재심사유에 관한 중간판결)
① 법원은 재심의 소가 적법한지 여부와 재심사유가 있는지 여부에 관한 심리 및 재판을 본안에 관한 심리 및 재판과 분리하여 먼저 시행할 수 있다.
② 제1항의 경우에 법원은 재심사유가 있다고 인정한 때에는 그 취지의 중간판결을 한 뒤 본안에 관하여 심리·재판한다.

⑤ O 판결의 선고 및 송달 사실을 알지 못하여 상소기간을 지키지 못한 데 과실이 없다는 사정은 상소를 추후보완 하고자하는 당사자 측에서 주장·입증하여야 한다(대판 2012.10.11. 2012다44730).

---

03 14변시-60 정답 ③

甲 소유의 X 부동산이 甲→乙→丙→丁 순으로 순차 매도되었으나 甲이 소유권이전등기절차를 이행하지 않자 丁이 丙과 乙을 순차 대위하여 甲을 상대로 X 부동산에 관한 처분금지가처분결정을 받아 그 등기가 마쳐졌다. 다음 설명 중 옳은 것(○)과 옳지 않은 것(×)을 올바르게 조합한 것은? (다툼이 있는 경우에는 판례에 의함)

ㄱ. 위 처분금지가처분의 피보전권리는 오직 乙의 甲에 대한 소유권이전등기청구권이고, 丙의 乙에 대한 소유권이전등기청구권이나 丁의 丙에 대한 소유권이전등기청구권까지 포함하는 것은 아니다.

ㄴ. 위 처분금지가처분은 丁이 자신의 丙에 대한 소유권이전등기청구권 보전을 위하여 甲이 乙 이외의 사람에게 처분행위를 못하게 하는 데에 그 목적이 있는 것으로서 위 처분금지가처분 이후에 乙이 甲으로부터 소유권이전등기를 넘겨받는 것은 위 처분금지가처분의 효력에 위배되는 것이 아니다.

ㄷ. 위 처분금지가처분 이후에 乙이 甲으로부터 소유권이전등기를 넘겨받아 丙이 아닌 戊에게 소유권이전등기를 마쳐주더라도 戊 명의의 소유권이전등기는 유효한 등기이다.

ㄹ. 위 처분금지가처분 이후에 甲으로부터 직접 丙 앞으로 경료된 소유권이전등기는 丁에 대하여 소유권이전등기의무를 부담하고 있는 자인 丙에게로의 처분이므로 위 처분금지가처분의 효력에 위배되는 것이 아니다.

ㅁ. 丙이 乙을 상대로 乙의 甲에 대한 소유권이전등기청구권의 처분금지가처분결정을 받았다면, 甲이 乙에게 소유권이전등기를 마쳐주더라도 乙명의의 소유권이전등기는 무효인 등기이다.

① ㄱ(×), ㄴ(○), ㄷ(×), ㄹ(○), ㅁ(○)
② ㄱ(×), ㄴ(×), ㄷ(×), ㄹ(○), ㅁ(○)
③ ㄱ(○), ㄴ(○), ㄷ(○), ㄹ(×), ㅁ(×)
④ ㄱ(○), ㄴ(×), ㄷ(○), ㄹ(○), ㅁ(×)
⑤ ㄱ(○), ㄴ(○), ㄷ(×), ㄹ(×), ㅁ(×)

해설

ㄱ. O ㄴ. O ㅁ. X 부동산의 전득자(채권자)가 양수인 겸 전매인(채무자)에 대한 소유권이전등기청구권을 보전하기 위하여 양수인을 대위하여 양도인(제3채무자)을 상대로 처분금지가처분을 한 경우 그 피보전권리는 양수인의 양도인에 대한 소유권이전등기청구권일 뿐, 전득자의 양수인에 대한 소유권이전등기청구권까지 포함되는 것은 아니고, 그 가처분결정에서 제3자에 대한 처분을 금지하였다 하여도 그 제3자 중에는 양수인은 포함되지 아니하므로 그 가처분 후에 양수인이 양도인으로부터 넘겨받은 소유권이전등기는 위 가처분의 효력에 위배되지 아니하여 유효하다(대판 1991.4.12. 90다9407).

ㄷ. O 乙에게 이전등기가 된 이상 가처분은 목적이 달성된 것이다. 유효하게 이전등기를 받은 乙이 戊에게 양도한 것은 이중매매에 해당하는 것으로 이전등기가 당연히 무효라고 볼 수는 없다.

[관련판례] 원고가 피고 丙 소유의 토지에 관하여 피고 乙을 대위하여 한 처분금지 가처분은 원고 자신의 乙에 대한 이전등기청구권을 보전하기 위하여 丙이 乙 이외의 다른 사람에게 소유권이전등 처분행위를 못하도록 하는데 그 목적이 있으므로 그 가처분결정에서 丙에 대하여 제3자에 대한 처분을 금하였다 하여 그 제3자 중에 가처분권리자인 乙이 포함되는 것은 아니므로 乙이 丙으로부터 소유권이전등기를 넘겨받은 이상 그 가처분의 목적은 달성되었다고 할 것이고, 그 후 乙로부터 넘겨받은 제3자의 등기가 무효가 될 리 없고 이는 단순한 이중매매에 불과하다(대판 1983.3.22. 80다1416).

ㄹ. X 甲으로부터 乙, 丙을 거쳐 부동산을 전득한 丁이 그의 丙에 대한 소유권이전등기청구권을 보전하기 위하여 乙 및 丙을 순차 대위하여 甲을 상대로 처분금지가처분을 한 경우, 그 처분금지가처분은 丁의 丙에 대한 소유권이전등기청구권을 보전하기 위하여 丙 및 乙을 순차 대위하여 甲이 乙 이외의 자에게 그 소유권의 이전 등 처분행위를 못하게 하는 데 그 목적이 있는 것으로서, 그 피보전권리는 실질적 가처분채권자인 乙의 甲에 대한 소유권이전등기청구권이고 丙의 乙에 대한 소유권이전등기청구권이나 丁의 丙에 대한 소유권이전등기청구권까지 포함하는 것은 아니므로, 위 처분금지가처분 이후에 가처분채무자인 甲으로부터 丙 앞으로 경료된 소유권이전등기는 비록 그 등기가 가처분채권자인 丁에 대하여 소유권이전등기의무를 부담하고 있는 자에게로의 처분이라 하여도 위 처분금지가처분의 효력에 위배되어 가처분채권자인 丁에게 대항할 수 없고, 따라서 丁의 말소신청에 따라 처분금지가처분의 본안에 관한 확정판결에 기하여 丙 명의의 소유권이전등기를 말소한 것은 적법하다(대판 1998.2.13. 97다47897).

04 19법전협-2-47   정답 ②

판결과 재심에 관한 설명 중 옳은 것은? (다툼이 있는 경우 판례에 따름)

① 대법원의 환송판결은 당해 심급의 심리를 완결하여 사건을 당해 심급에서 이탈시킬 뿐 실제로는 환송받은 하급심에서 다시 심리를 계속하게 되므로 소송절차를 최종적으로 종료시키는 판결은 아니어서 종국판결이 아니다.
② 대법원의 환송판결은 중간판결의 특성을 갖는 판결이므로 "실질적으로 확정된 종국판결"이라고 할 수 없어 재심의 대상이 되지 않는다.
③ 소송수계 또는 당사자표시정정 등 절차를 밟지 아니하고 제소전 사망한 사람을 당사자로 하여 선고된 판결은 당연무효로서 확정력이 없으나 재심의 소의 대상이 될 수 있다.
④ 추완상소와 재심을 모두 선택할 수 있는 사안에서 추완상소기간이 도과하였다면 재심기간 내에 재심의 소를 제기할 수 없다.
⑤ 재심사건에서 본안의 변론과 재판은 재심청구이유의 범위 안에서 하여야 하고, 재심의 이유는 바꿀 수 없다.

① X 원래 종국판결이라 함은 소 또는 상소에 의하여 계속중인 사건의 전부 또는 일부에 대하여 심판을 마치고 그 심급을 이탈시키는 판결이라고 이해하여야 할 것이다. 대법원의 환송판결도 당해 사건에 대하여 재판을 마치고 그 심급을 이탈시키는 판결인 점에서 당연히 제2심의 환송판결과 같이 종국판결로 보아야 할 것이다(대판 1995.2.14. 93재다27,34(반소) 전원합의체).
② O 재심제도의 본래의 목적에 비추어 볼 때 재심의 대상이 되는 "확정된 종국판결"이란 당해 사건에 대한 소송절차를 최종적으로 종결시켜 그것에 하자가 있다고 하더라도 다시 통상의 절차로는 더 이상 다툴 수 없는 기판력이나 형성력, 집행력을 갖는 판결을 뜻하는 것이라고 이해하여야 할 것이다. 대법원의 환송판결은 형식적으로 보면 "확정된 종국판결"에 해당하지만, 여기서 종국판결이라고 하는 의미는 당해 심급의 심리를 완결하여 사건을 당해 심급에서 이탈시킨다는 것을 의미하는 것일 뿐이고 실제로는 환송받은 하급심에서 다시 심리를 계속하게 되므로 소송절차를 최종적으로 종료시키는 판결은 아니며, 또한 환송판결도 동일절차 내에서는 철회, 취소될 수 없다는 의미에서 기속력이 인정됨은 물론 법원조직법 제8조, 민사소송법 제406조 제2항 후문의 규정에 의하여 하급심에 대한 특수한 기속력은 인정되지만 소송물에 관하여 직접적으로 재판하지 아니하고 원심의 재판을 파기하여 다시 심리판단하여 보라는 종국적 판단을 유보한 재판의 성질상 직접적으로 기판력이나 실체법상 형성력, 집행력이 생기지 아니한다고 하겠으므로 이는 중간판결의 특성을 갖는 판결로서 "실질적으로 확정된 종국판결"이라 할 수 없다. 종국판결은 당해 심급의 심리를 완결하여 심급을 이탈시킨다는 측면에서 상소의 대상이 되는 판결인지 여부를 결정하는 기준이 됨은 분명하지만 종국판결에 해당하는 모든 판결이 바로 재심의 대상이 된다고 이해할 아무런 이유가 없다. 통상의 불복방법인 상소제도와 비상의 불복방법인 재심제도의 본래의 목적상 차이에 비추어 보더라도 당연하다. 따라서 환송판결은 재심의 대상을 규정한 민사소송법 제422조 제1항 소정의 "확정된 종국판결"에는 해당하지 아니하는 것으로 보아야 할 것이어서, 환송판결을 대상으로 하여 제기한 이 사건 재심의 소는 부적법하므로 이를 각하하여야 한다(대판 1995.2.14. 93재다27,34(반소) 전원합의체).
③ X 제소전 사망을 간과한 판결은 당연무효로 상소와 재심의 대상이 되지 않는다.
④ X 추완상소와 재심은 별개의 제도로 추완상소기간이 도과되었더라도 재심기간이라면 재심의 소를 제기할 수 있다.
⑤ X

제459조(변론과 재판의 범위)
① 본안의 변론과 재판은 재심청구이유의 범위안에서 하여야 한다.
② 재심의 이유는 바꿀 수 있다.

05 20법전협-1-47   정답 ②

재심에 관한 설명 중 옳지 않은 것은? (다툼이 있는 경우 판례에 의함)

① 확정된 재심판결에 대하여 재심의 소를 제기할 수 있다.
② 미확정판결에 대한 재심의 소는 부적법하나, 판결확정 전에 제기한 재심의 소가 부적법하다는 이유로 각하되지 아니하고 있는 동안에 그 판결이 확정된 경우에는 그 재심의 소는 적법한 것으로 된다.
③ 재심사유를 안 날부터 진행하는 제소기간이 경과한 이상 재심대상판결 확정일부터 진행하는 제척기간이 경과하였는지 여부와는 관계없이 재심의 소를 제기할 수 없다.
④ 재심사유가 있는 것을 알았음에도 불구하고 상소를 제기하지 아니하여 그대로 확정된 경우에는 같은 사유로 재심의 소를 제기할 수 없다.
⑤ 확정된 지급명령에 대하여는 준재심의 소를 제기할 수 없다.

해설

① O 민사소송법 제451조 제1항은 '확정된 종국판결'에 대하여 재심의 소를 제기할 수 있다고 규정하고 있는데, 재심의 소에서 확정된 종국판결도 위 조항에서 말하는 '확정된 종국판결'에 해당하므로 확정된 재심판결에 위 조항에서 정한 재심사유가 있을 때에는 확정된 재심판결에 대하여 재심의 소를 제기할 수 있다(대판 2015.12.23. 2013다17124).

② X 판결확정전에 제기한 재심의 소가 부적법하다는 이유로 각하되지 않고 있는 동안에 판결이 확정되었다고 하더라도 위 재심의 소가 적법한 것으로 되는 것이 아니다(대판 1980.7.8. 80다1132).

③ O 재심사유의 발생일이 아니라 재심사유를 안 날로부터 진행하는 민사소송법 제456조 제1항의 출소기간은 같은 조 제3항 제척기간과는 별개의 재심제기기간으로서, 그 출소기간이 경과한 이상 재심대상판결의 확정일로부터 진행하는 제척기간이 경과하였는지 여부와는 관계없이 재심의 소를 제기할 수 없다(대판 1996.5.31. 95다33993).

④ O

> **제451조(재심사유)**
> ① 다음 각호 가운데 어느 하나에 해당하면 확정된 종국판결에 대하여 재심의 소를 제기할 수 있다. 다만, 당사자가 <u>상소에 의하여 그 사유를 주장하였거나, 이를 알고도 주장하지 아니한 때에는</u> 그러하지 아니하다.

관련판례 재심대상판결에 판단을 유탈한 위법이 있는 것을 알고도 상소에 의하여 그 사유를 주장하지 아니하였다면 그 사유로는 재심의 소를 제기할 수 없다(대판 1993.11.9. 93다39553).

⑤ O 지급명령은 확정되어도 기판력이 생기지 않으므로(대판 2002.2.22. 2001다73480), 준재심의 대상이 아니다.

제8편 채권자대위소송 · 채권자취소소송 · 일부청구

제1장 | 채권자대위소송 · 채권자취소소송

01 21변시-64 정답 ②

사해행위취소소송에 관한 설명 중 옳지 않은 것은? (다툼이 있는 경우 판례에 의함)

① 사해행위의 수익자 소유의 부동산에 대한 경매절차에서 취소채권자가 수익자에 대한 가액배상판결에 기하여 받은 배당액은 배당요구를 한 취소채권자에게 그대로 귀속되는 것이 아니라 채무자의 책임재산으로 회복되는 것이다.

② 수익자가 채무자의 채권자인 경우 수익자가 가액배상을 할 때에 수익자 자신도 사해행위취소의 효력을 받는 채권자 중 1인이라는 이유로 취소채권자에 대하여 총채권액 중 자기의 채권에 대한 안분액의 분배를 청구할 수 있다.

③ 가액배상의무는 그 가액배상금의 지급을 명하는 판결이 확정된 때에 비로소 발생하므로 그 판결이 확정된 다음 날부터 이행지체의 책임이 있다.

④ 사해행위 취소판결에 의하여 수익자 또는 전득자가 사해행위의 취소로 인한 원상회복 또는 이에 갈음하는 가액배상을 하여야 할 의무를 부담한다고 하더라도, 이는 채권자에 대한 관계에서 생기는 법률효과에 불과하고 채무자에 대한 관계에서 그 취소로 인한 법률관계가 형성되는 것은 아니다.

⑤ 사해행위인 매매예약에 기하여 수익자 앞으로 가등기를 마친 후 전득자 앞으로 그 가등기 이전의 부기등기를 마치고 그 가등기에 기한 본등기까지 마친 경우라도 채권자는 수익자를 상대로 그 사해행위인 매매예약의 취소를 청구할 수 있다.

해설

① O 사해행위취소란 채권의 보전을 위하여 일반 채권자들의 공동담보에 제공되고 있는 채무자의 재산이 그의 처분행위로 감소되는 경우, 채권자의 청구에 의해 이를 취소하고, 일탈된 재산을 채무자의 책임재산으로 환원시키는 제도로서, 사해행위의 취소와 원상회복은 모든 채권자의 이익을 위하여 효력이 있으므로(민법 제407조), 취소채권자가 자신이 회복해 온 재산에 대하여 우선권을 가지는 것은 아니라고 할 것이므로, 사해행위의 수익자 소유의 부동산에 대한 경매절차에서 취소채권자가 수익자에 대한 가액배상판결에 기하여 배당을 요구하여 배당을 받은 경우, 그 배당액은 배당요구를 한 취소채권자에게 그대로 귀속되는 것이 아니라 채무자의 책임재산으로 회복되는 것이며, 이에 대하여 채무자에 대한 채권자들은 채권만족에 관한 일반원칙에 따라 채권 내용을 실현할 수 있는 것이다(대판 2005.8.25. 2005다14595).

② X 채권자취소권은 채권의 공동담보인 채무자의 책임재산을 보전하기 위하여 채무자와 수익자 사이의 사해행위를 취소하고 채무자의 일반재산으로부터 일탈된 재산을 모든 채권자를 위하여 수익자 또는 전득자로부터 환원시키는 제도이므로, 수익자인 채권자로 하여금 안분액의 반환을 거절하도록 하는 것은 자신의 채권에 대하여 변제를 받은 수익자를 보호하고 다른 채권자의 이익을 무시하는 결과가 되어 제도의 취지에 반하게 되므로, 수익자가 채무자의 채권자인 경우 수익자가 가액배상을 할 때에 수익자 자신도 사해행위취소의 효력을 받는 채권자 중의 1인이라는 이유로 취소채권자에 대하여 총채권액 중 자기의 채권에 대한 안분액의 분배를 청구하거나, 수익자가 취소채권자의 원상회복에 대하여 총채권액 중 자기의 채권에 해당하는 안분액의 배당요구권으로써 원상회복청구와의 상계를 주장하여 그 안분액의 지급을 거절할 수는 없다(대판 2001.2.27. 2000다44348).

③ O 가액배상의무는 사해행위의 취소를 명하는 판결이 확정된 때에 비로소 발생하므로 그 판결이 확정된 다음날부터 이행지체 책임을 지게 되고, 따라서 소송촉진 등에 관한 특례법 소정의 이율은 적용되지 않고 민법 소정의 법정이율이 적용된다(대판 2009.1.15. 2007다61618, 대판 2002.3.26. 2001다72968 참조).

④ O 채권자가 사해행위의 취소와 함께 수익자 또는 전득자로부터 책임재산의 회복을 구하는 사해행위취소의 소를 제기한 경우 그 취소의 효과는 채권자와 수익자 또는 전득자 사이의 관계에서만 생기는 것이므로, 수익자 또는 전득자가 사해행위의 취소로 인한 원상회복 또는 이에 갈음하는 가액배상을 하여야 할 의무를 부담한다고 하더라도 이는 채권자에 대한 관계에서 생기는 법률효과에 불과하고 채무자와 사이에서 그 취소로 인한 법률관계가 형성되는 것은 아니고, 그 취소의 효력이 소급하여 채무자의 책임재산으로 회복되는 것도 아니라 할 것이다(대판 2008.9.25. 2007다47216, 대판 2006.8.24. 2004다23110 등 참조).

⑤ O 사해행위인 매매예약에 기하여 수익자 앞으로 가등기를 마친 후 전득자 앞으로 가등기 이전의 부기등기를 마치고 나아가 가등기에 기한 본등기까지 마쳤다 하더라도, 위 부기등기는 사해행위인 매매예약에 기초한 수익자의 권리의 이전을 나타내는 것으로서 부기등기에 의하여 수익자로서의 지위가 소멸하지는 아니하며, 채권자는 수익자를 상대로 사해행위인 매매예약의 취소를 청구할 수 있다. 그리고 설령 부기등기의 결과 가등기 및 본등기에 대한 말소청구소송에서 수익자의 피고적격이 부정되는 등의 사유로 인하여 수익자의 원물반환의무인 가등기말소의무의 이행이 불가능하게 된다 하더라도 달리 볼 수 없으며, 특별한 사정이 없는 한 수익자는 가등기 및 본등기에 의하여 발생된 채권자들의 공동담보 부족에 관하여 원상회복의무로서 가액을 배상할 의무를 진다(대판 2015.5.21. 2012다952 전원합의체).

02 21변시-65   정답 ④

채권자대위권에 관한 설명 중 옳지 않은 것은? (다툼이 있는 경우 판례에 의함)

① 가처분결정에 대한 본안제소명령의 신청권이나 제소기간의 도과에 의한 가처분의 취소신청권은 채권자대위권의 목적이 될 수 있다.
② 채무자와 제3채무자 사이에 있었던 소송의 재심대상판결에 대하여 재심의 소를 제기하는 것은 채권자대위권의 목적이 될 수 없다.
③ 채권자대위소송의 제기로 인한 피대위권리의 소멸시효 중단 효과는 채무자에게 발생한다.
④ 채권자가 채권자대위권을 행사하여 제3채무자에 대하여 그 명의의 소유권보존등기나 소유권이전등기의 말소등기절차를 직접 자기에게 이행할 것을 청구하는 소송에서 제3채무자의 말소등기의무가 인정된다고 하더라도, 법원은 제3채무자에 대하여 채권자에게 직접 말소등기절차를 이행할 것을 명할 수 없다.
⑤ 채권자가 채무자를 상대로 하여 그 보전되는 청구권에 기한 이행청구의 소를 제기하여 승소판결을 선고받고 그 판결이 확정되면, 채권자가 제기한 대위소송의 피고인 제3채무자는 그 청구권의 존재를 다툴 수 없다.

 해설

① O 민사집행법 제301조에 의하여 가처분절차에도 준용되는 같은 법 제287조 제1항에 따라 가압류·가처분결정에 대한 본안의 제소명령을 신청할 수 있는 권리나 같은 조 제2항 및 제3항에 따라 제소기간의 도과에 의한 가압류·가처분의 취소를 신청할 수 있는 권리 또는 같은 법 제288조 제1항에 따라 사정변경에 따른 가압류·가처분의 취소를 신청할 수 있는 권리는 가압류·가처분 신청에 기한 소송을 수행하기 위한 소송절차상의 개개의 권리가 아니라 가압류·가처분신청에 기한 소송절차와는 별개의 독립된 소송절차를 개시하게 하는 권리라고 할 것이므로, 이는 채권자대위권의 목적이 될 수 있는 권리라고 봄이 상당하다(대결 2011.9.21. 2011마1258, 대결 1993.12.27. 93마1655 참조).
② O 채권을 보전하기 위하여 대위행사가 필요한 경우는 실체법상 권리뿐만 아니라 소송법상 권리에 대하여서도 대위가 허용되나, 채무자와 제3채무자 사이의 소송이 계속된 이후의 소송수행과 관련한 개개의 소송상 행위는 그 권리의 행사를 소송당사자인 채무자의 의사에 맡기는 것이 타당하므로 채권자대위가 허용될 수 없다. 같은 취지에서 볼 때 상소의 제기와 마찬가지로 종전 재심대상판결에 대하여 불복하여 종전 소송절차의 재개, 속행 및 재심판을 구하는 재심의 소 제기는 채권자대위권의 목적이 될 수 없다(대판 2012.12.27. 2012다75239).
③ O 채권자대위권 행사의 효과는 채무자에게 귀속되는 것이므로 채권자대위소송의 제기로 인한 소멸시효 중단의 효과 역시 채무자에게 생긴다(대판 2011.10.13. 2010다80930).
④ X 채권자대위권을 행사함에 있어서 채권자가 제3채무자에 대하여 자기에게 직접 급부를 요구하여도 상관없는 것이고 자기에게 급부를 요구하여도 어차피 그 효과는 채무자에게 귀속되는 것이므로, 채권자대위권을 행사하여 채권자가 제3채무자에게 그 명의의 소유권보존등기나 소유권이전등기의 말소절차를 직접 자기에게 이행할 것을 청구하여 승소하였다고 하여도 그 효과는 원래의 소유자인 채무자에게 귀속되는 것이니, 법원이 채권자대위권을 행사하는 채권자에게 직접 말소등기 절차를 이행할 것을 명하였다고 하여 무슨 위법이 있다고 할 수 없다(대판 1996.2.9. 95다27998).
⑤ O 채권자대위권을 재판상 행사하는 경우에 있어서도 채권자인 원고는 그 채권의 존재사실 및 보전의 필요성, 기한의 도래 등을 입증하면 족한 것이지, 채권의 발생원인사실 또는 그 채권이 제3채무자인 피고에게 대항할 수 있는 채권이라는 사실까지 입증할 필요는 없으며, 따라서 채권자가 채무자를 상대로 하여 그 보전되는 청구권에 기한 이행청구의 소를 제기하여 승소판결이 확정되면 제3채무자는 그 청구권의 존재를 다툴 수 없다(대판 2003.4.11. 2003다1250).

03 16변시-56   정답 ⑤

채권자대위권 및 채권자취소권에 관한 설명 중 옳지 않은 것은? (다툼이 있는 경우 판례에 의함)

① 채무자가 채권자대위권 행사의 통지를 받은 후에 제3채무자가 채무자의 채무불이행을 이유로 채무자에 대하여 매매계약을 해제한 경우, 원칙적으로 제3채무자는 그 계약해제로써 채권자대위권을 행사하는 채권자에게 대항할 수 있다.
② 채권자대위소송에서 대위에 의하여 보전될 채무자에 대한 채권자의 권리가 존재하는지 여부는 소송요건으로서 법원의 직권조사사항이다.
③ 채권자의 채권이 사해행위 이전에 성립하였다면 사해행위 이후에 양도되었다고 하더라도 그 채권의 양수인은 채권자취소권을 행사할 수 있다.
④ 사해행위 당시 이미 채권 성립의 기초가 되는 법률관계가 발생되어 있고, 가까운 장래에 그 법률관계에 기하여 채권이 성립되리라는 점에 대한 고도의 개연성이 있으며, 실제로 가까운 장래에 그 개연성이 현실화되어 사해행위 이후에 채권이 성립된 경우에는 채권자취소권의 피보전채권이 될 수 있다.
⑤ 여러 명의 채권자가 사해행위취소 및 원상회복청구의 소를 제기하여 여러 개의 소송이 계속 중인 경우에는 각 소송에서 채권자의 청구에 따라 사해행위의 취소 및 원상회복을 명하는 판결을 선고하여야 하고, 수익자 또는 전득자가 가액배상을 하여야 할 경우, 수익자 또는 전득자는 채권자들의 채권액에 비례하여 채권자별로 안분한 범위 내에서 이를 반환하여야 한다.

해설

① O 민법 제405조 제2항은 '채무자가 채권자대위권행사의 통지를 받은 후에는 그 권리를 처분하여도 이로써 채권자에게 대항하지 못한다'고 규정하고 있다. 위 조항의 취지는 채권자가 채무자에게 대위권 행사사실을 통지하거나 채무자가 채권자의 대위권 행사사실을 안 후에 채무자에게 대위의 목적인 권리의 양도나 포기 등 처분행위를 허용할 경우 채권자에 의한 대위권행사를 방해하는 것이 되므로 이를 금지하는 데에 있다. 그런데 채무자의 채무불이행 사실 자체만으로는 권리변동의 효력이 발생하지 않아 이를 채무자가 제3채무자에 대하여 가지는 채권을 소멸시키는 적극적인 행위로 파악할 수 없는 점, 더구나 법정해제는 채무자의 객관적 채무불이행에 대한 제3채무자의 정당한 법적 대응인 점, 채권이 압류·가압류된 경우에도 압류 또는 가압류된 채권의 발생원인이 된 기본계약의 해제가 인정되는 것과 균형을 이룰 필요가 있는 점 등을 고려할 때 채무자가 자신의 채무불이행을 이유로 매매계약이 해제되도록 한 것을 두고 민법 제405조 제2항에서 말하는 '처분'에 해당한다고 할 수 없다. 따라서 채무자가 채권자대위권행사의 통지를 받은 후에 채무를 불이행함으로써 통지 전에 체결된 약정에 따라 매매계약이 자동적으로 해제되거나, 채권자대위권행사의 통지를 받은 후에 채무자의 채무불이행을 이유로 제3채무자가 매매계약을 해제한 경우 제3채무자는 계약해제로써 대위권을 행사하는 채권자에게 대항할 수 있다. 다만 형식적으로는 채무자의 채무불이행을 이유로 한 계약해제인 것처럼 보이지만 실질적으로는 채무자와 제3채무자 사이의 합의에 따라 계약을 해제한 것으로 볼 수 있거나, 채무자와 제3채무자가 단지 대위채권자에게 대항할 수 있도록 채무자의 채무불이행을 이유로 하는 계약해제인 것처럼 외관을 갖춘 것이라는 등의 특별한 사정이 있는 경우에는 채무자가 피대위채권을 처분한 것으로 보아 제3채무자는 계약해제로써 대위권을 행사하는 채권자에게 대항할 수 없다(대판 2012.5.17. 2011다87235 전원합의체).

② O 채권자대위소송에서 대위에 의하여 보전될 채권자의 채무자에 대한 권리(피보전채권)가 존재하는지 여부는 소송요건으로서 법원의 직권조사사항이므로, 법원으로서는 그 판단의 기초자료인 사실과 증거를 직권으로 탐지할 의무까지는 없다 하더라도, 법원에 현출된 모든 소송자료를 통하여 살펴보아 피보전채권의 존부에 관하여 의심할만한 사정이 발견되면 직권으로 추가적인 심리·조사를 통하여 그 존재 여부를 확인하여야 할 의무가 있다(대판 2009.4.23. 2009다3234).

③ O 사해행위라고 볼 수 있는 행위가 행하여지기 전에 발생한 채권은 원칙적으로 채권자취소권에 의하여 보호될 수 있는 채권이 될 수 있고, 채권자의 채권이 사해행위 이전에 성립한 이상 사해행위 이후에 양도되었다고 하더라도 양수인은 채권자취소권을 행사할 수 있으며, 채권 양수일에 채권자취소권의 피보전채권이 새로이 발생되었다고 할 수 없다(대판 2012.2.9. 2011다77146).

④ O 채권자취소권에 의하여 보호될 수 있는 채권은 원칙적으로 사해행위라고 볼 수 있는 행위가 행하여지기 전에 발생된 것임을 요하지만, 그 사해행위 당시에 이미 채권 성립의 기초가 되는 법률관계가 발생되어 있고, 가까운 장래에 그 법률관계에 기하여 채권이 성립되리라는 점에 대한 고도의 개연성이 있으며, 실제로 가까운 장래에 그 개연성이 현실화되어 채권이 성립된 경우에는, 그 채권도 채권자취소권의 피보전채권이 될 수 있다(대판 1995.11.28. 95다27905).

⑤ X 채권자취소권의 요건을 갖춘 각 채권자는 고유의 권리로서 채무자의 재산처분 행위를 취소하고 그 원상회복을 구할 수 있으므로 여러 명의 채권자가 사해행위취소 및 원상회복청구의 소를 제기하여 여러 개의 소송이 계속중인 경우에는 각 소송에서 채권자의 청구에 따라 사해행위의 취소 및 원상회복을 명하는 판결을 선고하여야 하고, 수익자 또는 전득자가 가액배상을 하여야 할 경우에도 수익자 등이 반환하여야 할 가액을 채권자의 채권액에 비례하여 채권자별로 안분한 범위 내에서 반환을 명할 것이 아니라, 수익자 등이 반환하여야 할 가액 범위 내에서 각 채권자의 피보전채권액 전액의 반환을 명하여야 한다. 이와 같은 법리는 여러 명의 채권자들이 제기한 각 사해행위취소 및 원상회복청구의 소가 민사소송법 제141조에 의하여 병합되어 하나의 소송절차에서 심판을 받는 경우에도 마찬가지이다(대판 2008.6.12. 2008다8690,8706).

04 14변시-30 정답 ②

甲은 2012. 10. 1. 乙에게 5,000만 원을 대여하였다. 乙은 2012. 11. 1. A 은행으로부터도 3,000만 원을 대출받고 유일한 재산인 X 아파트(시가 1억 원이고, 그 후에도 변동이 없다)에 관하여 채권최고액 4,000만 원의 근저당권을 설정한 다음, 같은 날 위와 같은 사정을 잘 아는 아들 丙에게 X 아파트를 증여하고 소유권이전등기를 경료하여 주었다. 甲은 2012. 12. 1. 乙의 증여행위가 사해행위임을 알게 되자, 같은 날 丙을 상대로 乙과 丙 사이의 증여계약을 취소하고 丙 명의의 소유권이전등기를 말소하라는 내용의 채권자취소소송을 제기하였다. 다음 중 옳은 것을 모두 고른 것은? (이자, 지연손해금은 없는 것으로 가정한다. 다툼이 있는 경우에는 판례에 의하고, 각 지문은 모두 독립적이다)

ㄱ. 甲이 제기한 소송의 심리 과정에서, 甲이 2012. 11. 15. 乙로부터 대여금채권을 모두 변제받아 피보전채권이 소멸한 사실이 밝혀졌다. 법원은 甲의 소를 각하하여야 한다.

ㄴ. 甲이 제기한 소송이 진행되던 중 丙은 A 은행에 3,000만 원을 변제하고 근저당권설정등기를 말소하였다. 이에 甲은 위 소송의 청구를 5,000만 원의 범위 내에서 위 증여계약을 취소하고 5,000만 원의 가액배상을 구하는 것으로 변경하였다. 한편, 乙에 대하여 7,000만 원의 물품대금채권을 가지고 있던 다른 채권자 丁은 2013. 10. 5. 별소로 丙을 상대로 7,000만 원의 범위 내에서 위 증여계약을 취소하고 7,000만 원의 가액배상을 구하는 채권자취소소송을 제기하였는데 위 양 소송이 병합되어 심리되었다. 이 소송에서 甲과 丁은 둘 다 전부승소판결을 받을 수 있다.

ㄷ. 甲은 위 소송에서 승소판결을 받고 그 판결이 확정되었다. 한편, 丙은 위 소송의 변론종결 전인 2012. 12. 10. X 아파트를 악의인 戊에게 매도하고 소유권이전등기를 경료하여 준 상태였다. 이에 甲은 2013. 12. 9. 戊를 상대로 다시 乙과 丙 사이의 증여계약을 취소하고 戊 명의의 등기의 말소를 구하는 소를 제기하였다. 甲은 이 소송에서 승소할 수 있다.

① ㄱ  ② ㄴ
③ ㄷ ④ ㄱ, ㄴ
⑤ ㄴ, ㄷ

해설

ㄱ. X 채권자취소권을 행사하려면 채무자에 대하여 채권을 행사할 수 있음이 전제되어야 할 것인데, 채권자의 채무자에 대한 소유권이전등기청구소송이나 손해배상청구소송이 패소확정되어 행사할 수 없게 되었다면 소유권이전등기청구권이나 손해배상청구권을 행사하기 위하여 채무자의 제3자에 대한 소유권이전등기의 말소를 구하는 사해행위취소청구도 인용될 수 없다(대판 1993.2.12. 92다25151).

주의해야 할 것은 채권자취소소송에서 피보전채권의 존재는 본안 판단사항이라는 점이다. 따라서 피보전채권이 존재하지 않으면 법원은 소를 각하하는 것이 아니라 기각하여야 한다.

참고 채권자대위권에서 피보전채권이 존재하지 않으면 소각하판결을 한다.

ㄴ. O 사해행위후 저당권의 피담보채권이 변제로 말소된 경우이므로 원물반환을 청구할 수는 없고, 乙의 사해행위 후 수익자 丙이 3,000만 원을 변제하고 저당권설정등기를 말소하였으므로 X부동산의 가액인 1억 원에서 저당권의 피담보채무액 3천만 원을 공제한 7천만 원을 가지고, 甲은 자신의 피보전채권액 5천만 원의 범위내에서, 丁은 자신의 피보전채권액 7천만 원의 범위내에서 가액배상을 구할 수 있다.

관련판례 부동산에 관한 법률행위가 사해행위에 해당하는 경우에는 원칙적으로 그 사해행위를 취소하고 소유권이전등기의 말소 등 부동산 자체의 회복을 명하는 것이 원칙이지만, 저당권이 설정되어 있는 부동산에 관하여 사해행위가 이루어진 경우에 그 사해행위는 부동산의 가액에서 저당권의 피담보채권액을 공제한 잔액의 범위 내에서만 성립한다고 보아야 하므로, 사해행위 후 변제 등에 의하여 저당권설정등기가 말소된 경우, 사해행위를 취소하여 그 부동산 자체의 회복을 명하는 것은 당초 일반 채권자들의 공동담보로 되어 있지 아니하던 부분까지 회복을 명하는 것이 되어 공평에 반하는 결과가 되므로, 그 부동산의 가액에서 저당권의 피담보채무액을 공제한 잔액의 한도에서 사해행위를 취소하고 그 가액의 배상을 구할 수 있을 뿐이고, 그와 같은 가액 산정은 사실심 변론종결시를 기준으로 하여야 한다(대판 2001.12.27. 2001다33734).

관련판례 채권자취소권의 요건을 갖춘 각 채권자는 고유의 권리로서 채무자의 재산처분 행위를 취소하고 그 원상회복을 구할 수 있는 것이므로 각 채권자가 동시 또는 이시에 채권자취소 및 원상회복소송을 제기한 경우 이들 소송이 중복제소에 해당하는 것이 아니다(대판 2003.7.11. 2003다19558).

관련판례 채권자취소권의 요건을 갖춘 각 채권자는 고유의 권리로서 채무자의 재산처분 행위를 취소하고 그 원상회복을 구할 수 있으므로 여러 명의 채권자가 사해행위취소 및 원상회복청구의 소를 제기하여 여러 개의 소송이 계속중인 경우에는 각 소송에서 채권자의 청구에 따라 사해행위의 취소 및 원상회복을 명하는 판결을 선고하여야 하고, 수익자 또는 전득자가 가액배상을 하여야 할 경우에도 수익자 등이 반환하여야 할 가액을 채권자의 채권액에 비례하여 채권자별로 안분한 범위 내에서 반환을 명할 것이 아니라, 수익자 등이 반환하여야 할 가액 범위 내에서 각 채권자의 피보전채권액 전액의 반환을 명하여야 한다. 이와 같은 법리는 여러 명의 채권자들이 제기한 각 사해행위취소 및 원상회복청구의 소가 민사소송법 제141조에 의하여 병합되어 하나의 소송절차에서 심판을 받는 경우에도 마찬가지이다(대판 2008.6.12. 2008다8690,8706).

ㄷ. X 甲의 전득자를 상대로 한 채권자취소소송은 甲이 사해행위임을 안 날인 2012. 12. 1.부터 1년이 경과한 2013. 12. 9.에 제기된 것으로 제소기간이 경과하여 부적법하다. 따라서 甲의 소는 각하될 것이다.

관련판례 채권자가 전득자를 상대로 민법 제406조 제1항에 의한 채권자취소권을 행사하기 위해서는, 같은 조 제2항에서 정한 기간 안에 채무자와 수익자 사이의 사해행위의 취소를 소송상 공격방법의 주장이 아닌 법원에 소를 제기하는 방법으로 청구하여야 하는 것이고, 비록 채권자가 수익자를 상대로 사해행위의 취소를 구하는 소를 이미 제기하여 채무자와 수익자 사이의 법률행위를 취소하는 내용의 판결을 선고받아 확정되었더라도 그 판결의 효력은 그 소송의 피고가 아닌 전득자에게는 미칠 수 없는 것이므로, 채권자가 그 소송과는 별도로 전득자에 대하여 채권자취소권을 행사하여 원상회복을 구하기 위해서는 위에서 본 법리에 따라 민법 제406조 제2항에서 정한 기간 안에 전득자에 대한 관계에 있어서 채무자와 수익자 사이의 사해행위를 취소하는 청구를 하지 않으면 아니 된다(대판 2005.6.9. 2004다17535).

민법 제406조(채권자취소권)
② 전항의 소는 채권자가 취소원인을 안 날로부터 1년, 법률행위있은 날로부터 5년내에 제기하여야 한다.

05 12변시-60 정답 ④

채권자취소소송에 관한 설명 중 옳지 않은 것은? (다툼이 있는 경우에는 판례에 의함)

① 채권자취소권은 법원에 소를 제기하는 방법으로 행사하여야 하고, 피고가 소송에서 항변으로 행사할 수는 없다.

② 채권자취소소송은 사해행위로 인하여 이익을 받은 자나 그로부터 전득한 자를 피고로 하여야 하고, 채무자는 피고적격이 없다.

③ 사해행위취소판결의 기판력은 그 취소권을 행사한 채권자와 그 상대방인 수익자 또는 전득자에게 미치고, 채무자에게는 그가 소송계속 사실을 알았을 경우라도 미치지 않는다.

④ 채권자가 사해행위의 취소 및 원상회복을 구함에 대하여 법원이 원상회복으로 원물반환이 아닌 가액배상을 명하고자 할 경우, 청구취지의 변경 없이 곧바로 가액배상을 명하는 것은 처분권주의에 반한다.

⑤ 채무자 乙의 사해행위에 대하여 채권자 甲이 제기한 채권자취소소송의 계속 중, 다른 채권자 丙이 제기한 채권자취소소송은 중복소송에 해당하거나 권리보호의 이익이 없는 것으로 볼 수 없다.

 해설

① O 채무자가 채권자를 해함을 알고 재산권을 목적으로 한 법률행위를 한 경우, 채권자는 사해행위의 취소를 법원에 소를 제기하는 방법으로 청구할 수 있을 뿐 소송상의 공격방어방법으로 주장할 수 없다(대판 1995.7.25. 95다8393).

② O 채권자가 채권자취소권을 행사하려면 사해행위로 인하여 이익을 받은 자나 전득한 자를 상대로 그 법률행위의 취소를 청구하는 소송을 제기하여야 되는 것으로서, 채무자를 상대로 그 소송을 제기할 수는 없다(대판 1991.8.13. 91다13717).

③ O 채권자대위소송에서 소송계속의 사실을 채무자가 알았을 경우에 기판력이 채무자에게 미치게 된다는 점과 다르다. 사해행위취소소송의 기판력은 채무자에게 미치지 않는다.

관련판례 사해행위취소판결의 기판력은 그 취소권을 행사한 채권자와 그 상대방인 수익자 또는 전득자와의 상대적인 관계에서만 미칠 뿐 그 소송에 참가하지 아니한 채무자 또는 채무자와 수익자 사이의 법률관계에는 미치지 아니한다(대판 1988.2.23. 87다카1989).

④ X 사해행위인 계약 전부의 취소와 부동산 자체의 반환을 구하는 청구취지 속에는 위와 같이 일부취소를 하여야 할 경우 그 일부취소와 가액배상을 구하는 취지도 포함되어 있다고 볼 수 있으므로 청구취지의 변경이 없더라도 바로 가액반환을 명할 수 있다(대판 2001.6.12. 99다20612).

⑤ O [1] 채권자취소권의 요건을 갖춘 각 채권자는 고유의 권리로서 채무자의 재산처분 행위를 취소하고 그 원상회복을 구할 수 있는 것이므로 각 채권자가 동시 또는 이시에 채권자취소 및 원상회복소송을 제기한 경우 이들 소송이 중복제소에 해당하는 것이 아니다.
[2] 어느 한 채권자가 동일한 사해행위에 관하여 채권자취소 및 원상회복청구를 하여 승소판결을 받아 그 판결이 확정되었다는 것만으로 그 후에 제기된 다른 채권자의 동일한 청구가 권리보호의 이익이 없어지게 되는 것은 아니고, 그에 기하여 재산이나 가액의 회복을 마친 경우에 비로소 다른 채권자의 채권자취소 및 원상회복청구는 그와 중첩되는 범위 내에서 권리보호의 이익이 없게 된다(대판 2003.7.11. 2003다19558).

06 21법전협-3-39   정답 ②

乙에 대한 대여금채권을 가지고 있다고 주장하는 甲은 乙이 丙에게 X 건물을 매각한 것이 사해행위라는 이유로 丙을 상대로 사해행위 취소의 소를 제기하였다. 이와 관련하여 옳은 설명을 모두 고른 것은? (다툼이 있는 경우 판례에 의함)

ㄱ. 위 소가 계속 중, 丁이 丙을 상대로 동일한 행위의 취소를 구하는 사해행위 취소의 소를 제기하여도 이는 중복제소가 되지 않는다.
ㄴ. 위 소가 계속 중, 이와 별도로 甲이 乙에 대한 공사대금채권을 피보전권리로 하여 丙을 상대로 X 건물의 매각을 취소할 것을 구하여도 중복제소가 되지 않는다.
ㄷ. 甲과 乙 사이에 위 대여금채권과 관련된 분쟁에 대해 소를 제기하지 않기로 하는 합의가 있다면 甲의 청구는 인용될 수 없다.
ㄹ. 甲이 위 소를 제기하지 않고, 丙을 상대로 X 건물의 인도를 구하는 소를 제기한 후 공격방어방법으로 사해행위의 취소를 주장하여도 무방하다.
ㅁ. 丙이 乙에 대해 매매계약에 기하여 X 건물의 이전등기를 구하는 소를 제기하였는데, 甲이 乙과 丙 사이의 계약이 사해행위라고 주장하며 그 취소를 구하는 독립당사자참가를 할 수는 없다.

① ㄱ, ㄴ, ㄷ
② ㄱ, ㄷ, ㅁ
③ ㄴ, ㄷ, ㄹ
④ ㄴ, ㄹ, ㅁ
⑤ ㄷ, ㄹ, ㅁ

ㄱ. O 채권자취소권의 요건을 갖춘 각 채권자는 고유의 권리로서 채무자의 재산처분 행위를 취소하고 그 원상회복을 구할 수 있는 것이므로 각 채권자가 동시 또는 이시에 채권자취소 및 원상회복소송을 제기한 경우 이들 소송이 중복제소에 해당하는 것이 아니다(대판 2003.7.11. 2003다19558).

ㄴ. X 채권자가 사해행위취소 및 원상회복청구를 하면서 보전하고자 하는 채권을 추가하거나 교환하는 것은 사해행위취소권과 원상회복청구권을 이유 있게 하는 공격방법에 관한 주장을 변경하는 것일 뿐이지 소송물 또는 청구 자체를 변경하는 것이 아니므로, 채권자가 보전하고자 하는 채권을 달리하여 동일한 법률행위의 취소 및 원상회복을 구하는 채권자취소의 소를 이중으로 제기하는 경우 전소와 후소는 소송물이 동일하다고 보아야 하고, 이는 전소나 후소 중 어느 하나가 승계참가신청에 의하여 이루어진 경우에도 마찬가지이다(대판 2012.7.5. 2010다80503).

ㄷ. O (판결 이유 중) 채권자취소권을 행사하려면 채무자에 대하여 피보전채권을 행사할 수 있음이 전제되어야 하고 이를 행사할 수 없다면 그 채권을 행사하기 위한 사해행위취소청구도 인용될 수 없으므로(대판 1993.2.12. 92다25151 참조), 피고의 주장처럼 원고가 이 사건 합의각서로 인하여 진흥아스콘에 대한 물품대금채권을 소송상 행사할 수 없다면 원고는 이를 피보전채권으로 하여 진흥아스콘과 피고 사이에 이루어진 사해행위의 취소를 구할 수는 없다(대판 2012.3.29. 2011다81541).

ㄹ. X 채무자가 채권자를 해함을 알고 재산권을 목적으로 한 법률행위를 한 경우, 채권자는 사해행위의 취소를 법원에 소를 제기하는 방법으로 청구할 수 있을뿐 소송상의 공격방어방법으로 주장할 수 없다(대판 1995.7.25. 95다8393).

ㅁ. O 채권자가 사해행위의 취소와 함께 수익자 또는 전득자로부터 책임재산의 회복을 명하는 사해행위취소의 판결을 받은 경우 취소의 효과는 채권자와 수익자 또는 전득자 사이에만 미치므로, 수익자 또는 전득자가 채권자에 대하여 사해행위의 취소로 인한 원상회복 의무를 부담하게 될 뿐, 채권자와 채무자 사이에서 취소로 인한 법률관계가 형성되거나 취소의 효력이 소급하여 채무자의 책임재산으로 복구되는 것은 아니다. 이러한 사해행위취소의 상대적 효력에 의하면, 원고의 피고에 대한 청구의 원인행위가 사해행위라는 이유로 원고에 대하여 사해행위취소를 청구하면서 독립당사자참가신청을 하는 경우, 독립당사자참가인의 청구가 그대로 받아들여진다 하더라도 원고와 피고 사이의 법률관계에는 아무런 영향이 없고, 따라서 그러한 참가신청은 사해방지참가의 목적을 달성할 수 없으므로 부적법하다(대판 2014.6.12. 2012다47548,47555).

07 | 19법전협-1-40 | 정답 ④

채권자취소소송에 대한 설명 중 옳지 않은 것은? (다툼이 있는 경우 판례에 따름)

① 사해행위의 취소만을 먼저 청구한 다음 원상회복을 나중에 청구할 수 있다.
② 피보전권리를 추가하거나 교환하여도 소송물이 달라지지 않는다.
③ 채무자의 동일한 행위에 대하여 수인의 채권자가 각각 제기한 채권자취소소송이 동시에 계속 중이면 중복소송에 해당한다.
④ 채권자취소소송에서 원상회복으로 채무자와 수익자 사이의 확정판결에 기하여 마쳐진 등기의 말소를 명하는 것은 위 확정판결의 기판력에 반하지 않는다.
⑤ 채무자의 동일한 행위에 대하여 어떤 채권자가 받은 채권자취소소송의 승소확정판결이 있다는 사정만으로 다른 채권자가 채권자취소소송을 제기할 권리보호의 이익이 없어지는 것은 아니다.

 해설

① O 대판 2001.9.4. 2001다14108 등
② O 채권자가 사해행위의 취소를 청구하면서 그 보전하고자 하는 채권을 추가하거나 교환하는 것은 그 사해행위취소권을 이유 있게 하는 공격방법에 관한 주장을 변경하는 것일 뿐이지 소송물 또는 청구 자체를 변경하는 것이 아니므로 소의 변경이라 할 수 없다(대판 2003.5.27. 2001다13532).
③ O ⑤ O 채권자취소권의 요건을 갖춘 각 채권자는 고유의 권리로서 채무자의 재산처분행위를 취소하고 그 원상회복을 구할 수 있는 것이므로 각 채권자가 동시 또는 이시에 사해행위의 취소 및 원상회복을 구하는 소송을 제기하였다 하여도 그 중 어느 소송에서 승소판결이 선고·확정되고 그에 기하여 <u>재산이나 가액의 회복을 마치기 전에는 각 소송이 중복제소에 해당한다거나 권리보호의 이익이 없게 되는 것은 아니다</u>(대판 2005.5.27. 2004다67806).
④ X 사해행위취소판결의 기판력은 그 취소권을 행사한 채권자와 그 상대방인 수익자 또는 전득자와의 상대적인 관계에서만 미칠 뿐 그 소송에 참가하지 아니한 채무자 또는 채무자와 수익자 사이의 법률관계에는 미치지 아니한다(대판 1988.2.23. 87다카1989).

08 | 21법전협-2-53 | 정답 ④

甲은 A에 대해 매매대금채권을 갖고 있다. A가 자신이 소유하는 부동산(이 사건 부동산)에 乙을 채권자로 하는 근저당권을 설정하자(이 사건 설정계약), 甲은 乙을 상대로 사해행위취소의 소를 제기하였다. 이에 관한 설명 중 옳지 않은 것은? (다툼이 있는 경우 판례에 의함)

① 이 소송 진행 중 A와 乙이 이 사건 설정계약을 해제하면, 이 소송은 특별한 사정이 없는 한 권리보호의 이익이 없다.
② A는 이미 채무초과 상태에 빠져 있고 이 사건 부동산도 A의 유일한 재산이라면, 乙은 자신이 선의로 이 사건 설정계약을 체결하였다고 증명해야 한다.
③ A가 이 사건 설정계약을 체결하기 전에 B를 채권자로 하는 근저당권을 이 사건 부동산에 설정하고 그 피담보채무액이 이 사건 부동산의 가액을 초과하면, 乙에 대한 이 사건 설정계약은 사해행위에 해당한다고 할 수 없다.
④ 甲이 이 소송에서 주장하는 사해행위취소의 피보전권리를 매매대금채권에서 대여금채권으로 변경하면 소의 변경에 해당한다.
⑤ 이 사건 부동산에 관한 근저당권설정등기가 乙이 A를 상대로 제기한 근저당권설정등기청구소송의 확정판결을 통해 마쳐진 경우, 그 근저당권설정등기가 사해행위취소로 인한 원상회복으로써 말소되어도 확정판결 등의 효력에 반하지 않는다.

 해설

① O 채권자가 채무자의 부동산에 관한 사해행위를 이유로 수익자를 상대로 사해행위의 취소 및 원상회복을 구하는 소송을 제기한 후 소송계속 중에 사해행위가 해제 또는 해지되고 채권자가 <u>사해행위의 취소에 의해 복귀를 구하는 재산이 벌써 채무자에게 복귀한 경우에는, 특별한 사정이 없는 한 사해행위취소소송의 목적은 이미 실현되어 더 이상 소에 의해 확보할 권리보호의 이익이 없어진다. 그리고 이러한 법리는 사해행위취소소송이 제기되기 전에 사해행위의 취소에 의해 복귀를 구하는 재산이 채무자에게 복귀</u>한 경우에도 마찬가지로 타당하다(대판 2015.5.21. 2012다952 전원합의체).
② O [1] 이미 채무초과상태에 빠져 있는 채무자가 그의 유일한 재산인 부동산을 채권자들 중 1인에게 채권담보로 제공하는 행위는 다른 특별한 사정이 없는 한 다른 채권자들에 대한 관계에서 <u>채권자취소권의 대상이 되는 사해행위가 된다.</u>
[2] 채무자의 제3자에 대한 담보제공행위가 객관적으로 <u>사해행위에 해당하는 경우 수익자의 악의는 추정되는 것이므로 수익자가 그 법률행위 당시 선의였다는 입증을 하지 못하는 한</u> 채권자는 그 법률행위를 취소하고 그에 따른 원상회복을 청구할 수 있다.
[3] 채무자의 제3자에 대한 담보제공 등의 재산처분행위가 사해행위에 해당할 경우에, 그 사해행위 당시 수익자가 선의였음을 인정함에 있어서는 객관적이고 납득할 만한 증거자료 등이 뒷받침되어야 할 것이고, 채무자의 일방적인 진술이나 제3자의 추측에 불과한 진술 등에만 터잡아 그 사해행위 당시 수익자가 선의였다고 선뜻 단정하여서는 안 된다.
[4] 근저당권설정계약이 사해행위에 해당함을 이유로 한 사해행위취소소송에서, 수익자인 근저당권자가 근저당권설정계약 당시 선의였다고 판단한 원심판결을 채증법칙 위반 등을 이유로 파기한 사례(대판 2006.4.14. 2006다5710).

③ O 저당권이 설정되어 있는 재산이 사해행위로 양도된 경우에 그 사해행위는 그 재산의 가액, 즉 시가에서 저당권의 피담보채권액을 공제한 잔액의 범위 내에서 성립하고, 피담보채권액이 그 재산의 가액을 초과하는 때에는 당해 재산의 양도는 사해행위에 해당한다고 할 수 없다(대판 2006.4.13. 2005다70090).

④ X 채권자가 사해행위의 취소를 청구하면서 그 보전하고자 하는 채권을 추가하거나 교환하는 것은 그 사해행위취소권을 이유 있게 하는 공격방법에 관한 주장을 변경하는 것일 뿐이지 소송물 또는 청구 자체를 변경하는 것이 아니므로 소의 변경이라 할 수 없다(대판 2003.5.27. 2001다13532).

⑤ O 채권자가 사해행위의 취소와 함께 수익자 또는 전득자로부터 책임재산의 회복을 명하는 사해행위취소의 판결을 받은 경우 수익자 또는 전득자가 채권자에 대하여 사해행위의 취소로 인한 원상회복 의무를 부담하게 될 뿐, 채권자와 채무자 사이에서 취소로 인한 법률관계가 형성되는 것은 아니다. 따라서 위와 같이 채무자와 수익자 사이의 소송절차에서 확정판결 등을 통해 마쳐진 소유권이전등기가 사해행위취소로 인한 원상회복으로써 말소된다고 하더라도, 그것이 확정판결 등의 효력에 반하거나 모순되는 것이라고는 할 수 없다(대판 2017.4.7. 2016다204783).

09 20법전협-1-41 정답 ⑤

채권자취소소송에 관한 설명 중 옳지 않은 것은? (다툼이 있으면 판례에 의함)

① 사해행위로서의 계약 전부의 취소와 부동산 자체의 반환을 구하는 청구취지 속에는 일부취소를 하여야 할 경우 그 일부취소와 가액배상을 구하는 취지도 포함되어 있다고 볼 수 있으므로 청구취지의 변경 없이도 법원은 그 가액반환을 명할 수 있다.

② 근저당권이 설정되어 있는 부동산에 관하여 사해행위가 이루어진 후에 그 근저당권이 말소된 경우, 사해행위를 통해 그 부동산에 관한 권리를 취득한 자에 대해서는 사실심 변론종결시의 부동산가액에서 말소된 근저당권의 피담보채무액을 공제한 금액의 한도에서 그가 취득한 이익에 대한 가액배상을 명할 수 있다.

③ 소유권이전등기청구권보전을 위한 가등기가 사해행위에 의해 이루어지기 전에 근저당권이 설정되고 그 가등기 후에 근저당권설정등기가 말소된 경우 채권자는 가등기의 원인이 된 매매예약의 취소와 원상회복으로서 가등기의 말소등기절차의 이행을 구하는 소를 제기할 수 있다.

④ 채권자는 원칙적으로 자신의 채권액을 초과하여 채권자취소권을 행사할 수 없는데, 채권자의 채권액에는 사해행위 이후 사실심 변론종결시까지 발생한 이자나 지연손해금도 포함된다.

⑤ 채권자취소권은 채권자의 고유한 권리이므로 동일한 채권자가 채무자의 동일한 법률행위에 대하여 피보전채권을 달리 하여 채권자취소의 소를 제기하더라도 이는 중복제소에 해당하지 아니한다.

① O 사해행위인 계약 전부의 취소와 부동산 자체의 반환을 구하는 청구취지 속에는 위와 같이 일부취소를 하여야 할 경우 그 일부취소와 가액배상을 구하는 취지도 포함되어 있다고 볼 수 있으므로 청구취지의 변경이 없더라도 바로 가액반환을 명할 수 있다(대판 2001.6.12. 99다20612).

② O 근저당권이 설정되어 있는 부동산에 관하여 사해행위가 이루어진 후 근저당권이 말소되어 그 부동산의 가액에서 근저당권 피담보채무액을 공제한 나머지 금액의 한도에서 사해행위를 취소하고 가액의 배상을 명하는 경우 그 가액의 산정은 사실심 변론종결시를 기준으로 하여야 하고, 기존의 근저당권이 말소된 후 사해행위에 의하여 그 부동산에 관한 권리를 취득한 전득자에 대하여도 사실심 변론종결시의 부동산 가액에서 말소된 근저당권 피담보채무액을 공제한 금액의 한도에서 그가 취득한 이익에 대한 가액 배상을 명할 수 있다(대판 2001.9.4. 2000다66416).

③ O 소유권이전등기청구권보전을 위한 가등기가 사해행위로서 이루어진 경우 그 매매예약을 취소하고 원상회복으로서 가등기를 말소하면 족한 것이고, 가등기 후에 저당권이 말소되었다거나 그 피담보채무가 일부 변제된 점 또는 그 가등기가 사실상 담보가등기라는 점 등은 그와 같은 원상회복의 방법에 아무런 영향을 주지 않는다(대판 2001.6.12. 99다20612).

④ O 채권자가 채권자취소권을 행사할 때에는 원칙적으로 자신의 채권액을 초과하여 취소권을 행사할 수는 없지만, 이때 채권자의 채권액에는 사해행위 이후 사실심 변론종결시까지 발생한 이자나 지연손해금이 포함된다(대판 2001.12.11. 2001다64547).

⑤ X 채권자가 사해행위취소 및 원상회복청구를 하면서 보전하고자 하는 채권을 추가하거나 교환하는 것은 사해행위취소권과 원상회복청구권을 이유 있게 하는 공격방법에 관한 주장을 변경하는 것일 뿐이지 소송물 또는 청구 자체를 변경하는 것이 아니므로, 채권자가 보전하고자 하는 채권을 달리하여 동일한 법률행위의 취소 및 원상회복을 구하는 채권자취소의 소를 이중으로 제기하는 경우 전소와 후소는 소송물이 동일하다고 보아야 하고, 이는 전소나 후소 중 어느 하나가 승계참가신청에 의하여 이루어진 경우에도 마찬가지이다(대판 2012.7.5. 2010다80503).

10 20법전협-2-51   정답 ③

채권자취소소송에 관한 설명 중 옳지 않은 것은? (다툼이 있는 경우 판례에 의함)

① 상속의 포기는 사해행위취소의 대상이 되지 않는다.
② 채권자의 채권이 사해행위 이전에 성립한 이상 사해행위 이후에 채권이 양도되었다고 하더라도 그 양수인은 채권자취소권을 행사할 수 있다.
③ 채권자가 사해행위취소 및 원상회복청구를 하면서 피보전채권을 교환적으로 변경하는 것은 청구의 변경에 해당한다.
④ 사해행위의 목적물이 부동산인 경우 채권자는 수익자나 전득자인 현재의 등기명의인을 상대로 채무자 앞으로의 소유권이전등기절차 이행을 구할 수도 있다.
⑤ 채권자가 사해행위취소 및 가액배상을 구하여 승소함에 따라 가액배상금을 직접 수령한 경우, 다른 채권자가 취소채권자를 상대로 하여 안분액의 지급을 직접 구할 수 있는 권리를 취득하는 것은 아니다.

해설

① O 상속의 포기는 비록 포기자의 재산에 영향을 미치는 바가 없지 아니하나(그러한 측면과 관련하여서는 '채무자 회생 및 파산에 관한 법률' 제386조도 참조) 상속인으로서의 지위 자체를 소멸하게 하는 행위로서 순전한 재산법적 행위와 같이 볼 것이 아니다. 오히려 상속의 포기는 1차적으로 피상속인 또는 후순위상속인을 포함하여 다른 상속인 등과의 인격적 관계를 전체적으로 판단하여 행하여지는 '인적 결단'으로서의 성질을 가진다. 그러한 행위에 대하여 비록 상속인인 채무자가 무자력상태에 있다고 하여서 그로 하여금 상속포기를 하지 못하게 하는 결과가 될 수 있는 채권자의 사해행위취소를 쉽사리 인정할 것이 아니다. 그리고 상속은 피상속인이 사망 당시에 가지던 모든 재산적 권리 및 의무·부담을 포함하는 총체재산이 한꺼번에 포괄적으로 승계되는 것으로서 다수의 관련자가 이해관계를 가지는데, 위와 같이 상속인으로서의 자격 자체를 좌우하는 상속포기의 의사표시에 사해행위에 해당하는 법률행위에 대하여 채권자 자신과 수익자 또는 전득자 사이에서만 상대적으로 그 효력이 없는 것으로 하는 채권자취소권의 적용이 있다고 하면, 상속을 둘러싼 법률관계는 그 법적 처리의 출발점이 되는 상속인 확정의 단계에서부터 복잡하게 얽히게 되는 것을 면할 수 없다. 또한 상속인의 채권자의 입장에서는 상속의 포기가 그의 기대를 저버리는 측면이 있다고 하더라도 채무자인 상속인의 재산을 현재의 상태보다 악화시키지 아니한다. 이러한 점들을 종합적으로 고려하여 보면, 상속의 포기는 민법 제406조 제1항에서 정하는 "재산권에 관한 법률행위"에 해당하지 아니하여 사해행위취소의 대상이 되지 못한다(대판 2011.6.9. 2011다29307).

② O 사해행위라고 볼 수 있는 행위가 행하여지기 전에 발생된 채권은 원칙적으로 채권자취소권에 의하여 보호될 수 있는 채권이 될 수 있고(대판 1978.11.28. 77다2467; 대판 1995.2.10. 94다2534 등 참조), 채권자의 채권이 사해행위 이전에 성립되어 있는 이상 사해행위 이후에 채권이 양도되었다고 하더라도 양수인은 채권자취소권을 행사할 수 있으며, 채권 양수일에 채권자취소권의 피보전채권이 새로이 발생되었다고 할 수 없다(대판 2012.2.9. 2011다77146).

③ X 채권자가 사해행위의 취소를 청구하면서 그 보전하고자 하는 채권을 추가하거나 교환하는 것은 그 사해행위취소권을 이유 있게 하는 공격방법에 관한 주장을 변경하는 것일 뿐이지 소송물 또는 청구 자체를 변경하는 것이 아니므로, 소의 변경이라 할 수 없다(대판 1964.11.24. 64다564; 대판 2003.5.27. 2001다13532).

④ O 자기 앞으로 소유권을 표상하는 등기가 되어 있었거나 법률에 의하여 소유권을 취득한 자가 진정한 등기명의를 회복하기 위한 방법으로는 그 등기의 말소를 구하는 외에 현재의 등기명의인을 상대로 직접 소유권이전등기절차의 이행을 구하는 것도 허용되어야 하는바, 이러한 법리는 사해행위 취소소송에 있어서 취소 목적 부동산의 등기명의를 수익자로부터 채무자 앞으로 복귀시키고자 하는 경우에도 그대로 적용될 수 있다고 할 것이고, 따라서 채권자는 사해행위의 취소로 인한 원상회복 방법으로 수익자 명의의 등기의 말소를 구하는 대신 수익자를 상대로 채무자 앞으로 직접 소유권이전등기절차를 이행할 것을 구할 수도 있다(대판 2000.2.25. 99다53704).

⑤ O 사해행위의 취소와 원상회복은 모든 채권자의 이익을 위하여 그 효력이 있으므로(민법 제407조), 채권자취소권의 행사로 채무자에게 회복된 재산에 대하여 취소채권자가 우선변제권을 가지는 것이 아니라 다른 채권자도 총채권액 중 자기의 채권에 해당하는 안분액을 변제받을 수 있는 것이지만, 이는 채권의 공동담보로 회복된 채무자의 책임재산으로부터 민사집행법 등의 법률상 절차를 거쳐 다른 채권자도 안분액을 지급받을 수 있다는 것을 의미하는 것일 뿐, 다른 채권자가 이러한 법률상 절차를 거치지 아니하고 취소채권자를 상대로 하여 안분액의 지급을 직접 구할 수 있는 권리를 취득한다거나, 취소채권자에게 인도받은 재산 또는 가액배상금에 대한 분배의무가 인정된다고 볼 수는 없다. 가액배상금을 수령한 취소채권자가 이러한 분배의무를 부담하지 아니함으로 인하여 사실상 우선변제를 받는 불공평한 결과를 초래하는 경우가 생기더라도, 이러한 불공평은 채무자에 대한 파산절차 등 도산절차를 통하여 시정하거나 가액배상금의 분배절차에 관한 별도의 법률 규정을 마련하여 개선하는 것은 별론으로 하고, 현행 채권자취소 관련 규정의 해석으로는 불가피하다(대판 2008.6.12. 2007다37837).

제2장 | 일부청구

01 17변시-59 정답 ⑤

일부청구에 관한 설명 중 옳지 않은 것은? (다툼이 있는 경우 판례에 의함)

① 특정채권 중 일부만을 청구한 경우에도 그 취지로 보아 채권 전부에 관하여 판결을 구하는 것으로 해석되는 경우에는 그 채권의 동일성의 범위 내에서 전부에 관하여 시효중단의 효력이 발생한다.

② 불법행위의 피해자가 일부청구임을 명시하여 그 손해의 일부만을 청구한 전소가 상고심에 계속 중인 경우, 나머지 치료비를 구하는 손해배상청구의 소는 중복제소에 해당하지 않는다.

③ 불법행위의 피해자가 일부청구임을 명시하여 그 손해의 일부만을 청구한 경우, 그 일부청구에 대한 판결의 기판력은 청구의 인용 여부에 관계없이 그 청구의 범위에 한하여 미친다.

④ 일부청구임을 명시하는 방법으로는 일부청구하는 채권의 범위를 잔부청구와 구별하여 심리의 범위를 특정할 수 있는 정도의 표시를 하여 전체 채권의 일부로서 우선 청구하고 있는 것임을 밝히는 것으로 충분하다.

⑤ 가분채권에 대한 이행의 소를 제기하면서 그것이 나머지 부분을 유보하고 일부만 청구하는 것이라는 취지를 명시하지 아니한 경우, 일부 청구에 관하여 전부승소한 채권자는 나머지 부분에 관하여 청구를 확장하기 위한 항소를 제기할 수 없다.

 해설

① O 청구의 대상으로 삼은 채권 중 일부만을 청구한 경우에도 그 취지로 보아 채권 전부에 관하여 판결을 구하는 것으로 해석되는 경우에는 그 동일성의 범위 내에서 그 전부에 관하여 시효중단의 효력이 발생하고, 이러한 법리는 특정 불법행위로 인한 손해배상채권에 대한 지연손해금청구의 경우에도 마찬가지로 적용된다(대판 2001.9.28. 99다72521).

② O 대법원은 「명시적 일부청구설」에 따라 전소에서 일부청구임을 명시한 경우에는 후소에서 나머지 청구를 하더라도 중복소송에 해당하지 않는다는 입장이다(아래 판례 참조).

관련판례 전 소송에서 불법행위를 원인으로 치료비청구를 하면서 일부만을 특정하여 청구하고 그 이외의 부분은 별도소송으로 청구하겠다는 취지를 명시적으로 유보한 때에는 그 전소송의 소송물은 그 청구한 일부의 치료비에 한정되는 것이고 전 소송에서 한 판결의 기판력은 유보한 나머지 부분의 치료비에까지는 미치지 아니한다 할 것이므로 전 소송의 계속 중에 동일한 불법행위를 원인으로 유보한 나머지 치료비청구를 별도소송으로 제기하였다 하더라도 중복소송에 해당하지 아니한다(대판 1985.4.9. 84다552).

③ O 불법행위의 피해자가 일부청구임을 명시하여 그 손해의 일부만을 청구한 경우 그 일부청구에 대한 판결의 기판력은 청구의 인용 여부에 관계없이 청구의 범위에 한하여 미치는 것이고, 잔액 부분 청구에는 미치지 아니한다(대판 2000.2.11. 99다10424).

④ O 대법원은 일부청구임을 명시한 경우에는 일부청구한 부분만 소송물이 되고, 일부청구임을 명시하지 않은 경우에는 나머지 부분을 포함하여 소송물이 된다는 입장이다(명시적 일부청구설).

관련판례 불법행위의 피해자가 일부청구임을 명시하여 손해의 일부만을 청구하는 경우 그 명시방법으로는 반드시 전체 손해액을 특정하여 그 중 일부만을 청구하고 나머지 손해액에 대한 청구를 유보하는 취지임을 밝혀야 할 필요는 없고 일부청구하는 손해의 범위를 잔부청구와 구별하여 그 심리의 범위를 특정할 수 있는 정도의 표시를 하여 전체 손해의 일부로서 우선 청구하고 있는 것임을 밝히는 것으로 족하다(대판 1989.6.27. 87다카2478).

⑤ X 가분채권에 대한 이행청구의 소를 제기하면서 그것이 나머지 부분을 유보하고 일부만 청구하는 것이라는 취지를 명시하지 아니한 경우에는 그 확정판결의 기판력은 나머지 부분에까지 미치는 것이어서 별소로써 나머지 부분에 관하여 다시 청구할 수는 없으므로, 일부 청구에 관하여 전부 승소한 채권자는 나머지 부분에 관하여 청구를 확장하기 위한 항소가 허용되지 아니한다면 나머지 부분을 소구할 기회를 상실하는 불이익을 입게 되고, 따라서 이러한 경우에는 예외적으로 전부 승소한 판결에 대해서도 나머지 부분에 관하여 청구를 확장하기 위한 항소의 이익을 인정함이 상당하다(대판 1997.10.24. 96다12276).

02 12변시-57 정답 ④

甲은 乙에게 과실로 인한 손해배상으로 3,000만 원을 청구하는 이 사건 소를 제기하였고, 이에 대해 乙은 甲에 대하여 가지는 5,000만 원의 대여금채권으로 상계한다는 항변을 하였다. 다음 설명 중 옳지 않은 것은? (다툼이 있는 경우에는 판례에 의함)

① 乙이 이 사건에서 위 상계항변을 제출할 당시 이미 甲을 상대로 위 대여금 5,000만 원의 지급을 구하는 별소를 제기한 경우, 위 상계항변은 중복제소에 해당한다는 이유로는 배척되지 않는다.

② 이 사건 소송에서 乙의 상계항변이 인정되어 甲의 전부패소판결이 선고된 경우, 乙은 甲의 3,000만 원의 손해배상채권이 원래부터 부존재함을 이유로 항소할 수 있다.

③ 만약 乙의 위 대여금채권 성립 전에 甲의 채권자 丙에 의하여 甲의 위 손해배상채권이 가압류되고 그 가압류결정이 乙에게 송달되었다면, 乙은 丙에게 위와 같은 상계로 대항할 수 없다.

④ 만약 이 사건 소송에서 乙의 상계항변 없이 甲의 승소판결이 확정된 경우, 그 후 乙의 상계권 행사를 허용한다면 甲이 위 확정판결에 기하여 강제집행할 수 있는 지위가 무너지게 되어 부당하므로, 乙은 상계권을 행사하여 甲의 집행을 저지할 수 없다.

⑤ 만약 법원이 이 사건 소송의 심리결과 수동채권인 甲의 손해배상채권액은 5,000만 원, 자동채권인 乙의 대여금채권액은 1,000만 원이라는 심증을 형성하였다면, 이 사건 청구에 대하여 3,000만 원 전부를 인용하는 판결을 하게 된다.

해설

① O 상계의 항변을 제출할 당시 이미 자동채권과 동일한 채권에 기한 소송을 별도로 제기하여 계속 중인 경우, 사실심의 담당재판부로서는 전소와 후소를 같은 기회에 심리·판단하기 위하여 이부, 이송 또는 변론병합 등을 시도함으로써 기판력의 저촉·모순을 방지함과 아울러 소송경제를 도모함이 바람직하였다고 할 것이나, 그렇다고 하여 특별한 사정이 없는 한 별소로 계속 중인 채권을 자동채권으로 하는 소송상 상계의 주장이 허용되지 않는다고 볼 수는 없다(대판 2001.4.27. 2000다4050).

② O 원심은 원고의 청구원인사실을 모두 인정한 다음 피고의 상계항변을 받아들여 상계 후 잔존하는 원고의 나머지 청구부분만을 일부 인용하였는데, 이 경우 피고로서는 원심판결 이유 중 원고의 소구채권을 인정하는 전제에서 피고의 상계항변이 받아들여진 부분에 관하여도 상고를 제기할 수 있고, 상고심에서 원고의 소구채권 자체가 인정되지 아니하는 경우 더 나아가 피고의 상계항변의 당부를 따져볼 필요도 없이 원고 청구가 배척될 것이므로, 결국 원심판결은 그 전부에 대하여 파기를 면치 못한다(대판 2002.9.6. 2002다34666).

③ O

> **민법 제498조(지급금지채권을 수동채권으로 하는 상계의 금지)**
> 지급을 금지하는 명령을 받은 제삼채무자는 그 후에 취득한 채권에 의한 상계로 그 명령을 신청한 채권자에게 대항하지 못한다.

④ X 당사자 쌍방의 채무가 서로 상계적상에 있다 하더라도 그 자체만으로 상계로 인한 채무소멸의 효력이 생기는 것은 아니고, 상계의 의사표시를 기다려 비로소 상계로 인한 채무소멸의 효력이 생기는 것이므로, 채무자가 채무명의인 확정판결의 변론종결 전에 상대방에 대하여 상계적상에 있는 채권을 가지고 있었다 하더라도 채무명의인 확정판결의 변론종결 후에 이르러 비로소 상계의 의사표시를 한 때에는 민사소송법 제505조 제2항이 규정하는 '이의원인이 변론종결 후에 생긴 때'에 해당하는 것(현행 민사집행법 제44조)으로서, 당사자가 채무명의인 확정판결의 변론종결 전에 자동채권의 존재를 알았는가 몰랐는가에 관계없이 적법한 청구이의 사유로 된다(대판 1998.11.24. 98다25344).

> **민사집행법 제44조(청구에 관한 이의의 소)**
> ① 채무자가 판결에 따라 확정된 청구에 관하여 이의하려면 제1심 판결법원에 청구에 관한 이의의 소를 제기하여야 한다.
> ② 제1항의 이의는 그 이유가 변론이 종결된 뒤(변론 없이 한 판결의 경우에는 판결이 선고된 뒤)에 생긴 것이어야 한다.

⑤ O 원고의 일부청구에 대하여 피고가 반대채권으로 상계를 하는 경우에 판례는 외측설의 입장이다.
따라서 원고의 손해배상채권 5,000만 원에 대하여 피고의 자동채권 1,000만 원을 상계하고 남은 금액 4,000만 원, 원고가 청구한 3,000만 원을 한도에서 인용할 수 있다(처분권주의).

> **관련판례** 원고가 피고에게 합계금 5,151,900원의 금전채권중 그 일부인 금 3,500,000원을 소송상 청구하는 경우에 이를 피고의 반대채권으로써 상계함에 있어서는 위 금전채권 전액에서 상계를 하고 그 잔액이 청구액을 초과하지 아니할 경우에는 그 잔액을 인용할 것이고 그 잔액이 청구액을 초과할 경우에는 청구의 전액을 인용하는 것으로 해석하는 것이 일부 청구를 하는 당사자의 통상적인 의사이고 원고의 청구액을 기초로 하여 피고의 반대채권으로 상계하여 그 잔액만을 인용한 원심판결은 상계에 관한 법리를 오해한 위법이 있다 할 것이다(대판 1984.3.27. 83다323).

---

03 21법전협-3-51 정답

甲은 乙로부터 건물공사를 도급받아 2011. 6. 10. 완공하였으나, 乙이 공사비용 3억 원을 지급하지 않아서 수차례 독촉하였으나 乙은 곧 주겠다고만 하고 차일피일 미루고 있는 실정이다. 이에 甲은 2014. 4. 22. 우선 급하게 2억 원 부분을 청구하면서 3억 원의 총 채권 중 일부라고 명시하였다. 이 소의 제기 등과 관련한 소멸시효 중단의 문제에 관한 설명으로 옳은 것을 모두 고른 것은? (다툼이 있는 경우 판례에 의함)

ㄱ. 甲이 청구한 부분을 제외한 나머지 1억 원 부분은 2016. 6. 10. 시효가 완성된다.

ㄴ. 위 일부청구소송의 계속 중 2015. 5. 20. 甲이 나머지 1억 원 부분에 대해 청구를 확장하였다면 나머지 부분에 대해서도 시효가 중단된다.

ㄷ. 甲이 소장에 소송 종료 전까지 나머지 1억 원 부분에 대해 청구를 확장할 의사를 밝히고 당해 소송이 종료될 때까지 실제로 청구금액을 확장한 경우에는 위 2억 원의 일부청구시에 나머지 부분도 함께 시효가 중단된다.

ㄹ. 甲이 소송 계속 중 나머지 부분에 대해 청구확장의 의사를 밝히고도 실제 청구를 확장하지 않은 채 판결이 확정된 경우, 6월 이내에 나머지 부분에 대해 이행의 소를 제기 함으로써 시효를 중단시킬 수 있다.

① ㄱ, ㄴ ② ㄱ, ㄷ
③ ㄴ, ㄷ ④ ㄴ, ㄹ
⑤ ㄷ, ㄹ

해설

ㄱ. X 지문과 같이 소장에 확장할 의사를 표시하지 않은 명시적 일부청구의 경우에는 그 시효중단의 범위에 관하여 판례는 명시설을 취하고 있다. 이에 의하면 청구한 부분을 제외한 나머지 1억 원 부분에는 시효중단의 효력이 미치지 않는다. 한편 甲의 채권은 수급인의 공사에 관한 채권이므로 3년의 소멸시효 기간이 적용되며 그 기산점은 완공일인 2011. 6. 10.이다. 즉 甲의 채권은 2014.6.10. 시효가 완성된다.

> **관련판례** 청구부분이 특정될 수 있는 경우에 있어서의 일부청구는 나머지 부분에 대한 시효중단의 효력이 없고 나머지 부분에 관하여는 소를 제기하거나 그 청구를 확장(청구의 변경)하는 서면을 법원에 제출한 때에 비로소 시효중단의 효력이 생긴다(대판 1975.2.25. 74다1557).

> **민법 제163조(3년의 단기소멸시효)**
> 다음 각호의 채권은 3년간 행사하지 아니하면 소멸시효가 완성한다.
> 1. 생략
> 2. 생략
> 3. 도급받은 자, 기사 기타 공사의 설계 또는 감독에 종사하는 자의 공사에 관한 채권

ㄴ. X 소송경위는 위 ㄱ.과 동일하므로 청구를 확장한 2015.5.20.에 비로서 시효중단의 효력이 생기지만 1억원 부분은 2014.6.10. 이미 시효가 완성 되어 소멸하였으므로 시효가 중단할 여지가 없다.

관련판례 청구부분이 특정될 수 있는 경우에 있어서의 일부청구는 나머지 부분에 대한 시효중단의 효력이 없고 나머지 부분에 관하여는 소를 제기하거나 그 청구를 확장(청구의 변경)하는 서면을 법원에 제출한 때에 비로소 시효중단의 효력이 생긴다(대판 1975.2.25. 74다1557).

ㄷ. O 하나의 채권 중 일부에 관하여만 판결을 구한다는 취지를 명백히 하여 소송을 제기한 경우(편집 주: 명시적 일부청구)에는 소제기에 의한 소멸시효중단의 효력이 그 일부에 관하여만 발생하고, 나머지 부분에는 발생하지 아니하나, 소장에서 청구의 대상으로 삼은 채권 중 일부만을 청구하면서 소송의 진행경과에 따라 장차 청구금액을 확장할 뜻을 표시하고 당해 소송이 종료될 때까지 실제로 청구금액을 확장한 경우에는 소제기 당시부터 채권 전부에 관하여 판결을 구한 것으로 해석되므로, 이러한 경우에는 소제기 당시부터 채권 전부에 관하여 재판상 청구로 인한 시효중단의 효력이 발생한다(대판 2020.2.6. 2019다223723).

ㄹ. O 소장에서 청구의 대상으로 삼은 채권 중 일부만을 청구하면서 소송의 진행경과에 따라 장차 청구금액을 확장할 뜻을 표시하였으나 당해 소송이 종료될 때까지 실제로 청구금액을 확장하지 않은 경우에는 소송의 경과에 비추어 볼 때 채권 전부에 관하여 판결을 구한 것으로 볼 수 없으므로, 나머지 부분에 대하여는 재판상 청구로 인한 시효중단의 효력이 발생하지 아니한다. 그러나 이와 같은 경우에도 소를 제기하면서 장차 청구금액을 확장할 뜻을 표시한 채권자로서는 장래에 나머지 부분을 청구할 의사를 가지고 있는 것이 일반적이라고 할 것이므로, 다른 특별한 사정이 없는 한 당해 소송이 계속 중인 동안에는 나머지 부분에 대하여 권리를 행사하겠다는 의사가 표명되어 최고에 의해 권리를 행사하고 있는 상태가 지속되고 있는 것으로 보아야 하고, 채권자는 당해 소송이 종료된 때부터 6월 내에 민법 제174조에서 정한 조치를 취함으로써 나머지 부분에 대한 소멸시효를 중단시킬 수 있다(대판 2020.2.6. 2019다223723).